WITHDRAWN

WITHDRAWN

LA MENTE
ILUMINADA

Si este libro le ha interesado y desea que lo mantengamos
informado de nuestras publicaciones, puede escribirnos a
comunicacion@editorialsirio.com,
o bien suscribirse a nuestro boletín de novedades en:
www.editorialsirio.com

Título original: THE MIND ILLUMINATED
Traducido del inglés por Francesc Prims
Diseño de portada: Editorial Sirio, S.A.
Maquetación y diseño de interior: Toñi F. Castellón

©   de la edición original
     2015 John Charles Yates

©   de la presente edición
     EDITORIAL SIRIO, S.A.
     C/ Rosa de los Vientos, 64
     Pol. Ind. El Viso
     29006-Málaga
     España

www.editorialsirio.com
sirio@editorialsirio.com

I.S.B.N.: 978-84-17030-36-0
Depósito Legal: MA-1050-2017

Impreso en Imagraf Impresores, S. A.
c/ Nabucco, 14 D - Pol. Alameda
29006 - Málaga

Impreso en España

Puedes seguirnos en Facebook, Twitter, YouTube e Instagram.

*Cualquier forma de reproducción, distribución, comunicación pública o transformación de esta
obra solo puede ser realizada con la autorización de sus titulares, salvo excepción prevista por la
ley. Diríjase a CEDRO (Centro Español de Derechos Reprográficos, www.cedro.org) si necesita
fotocopiar o escanear algún fragmento de esta obra.*

Culadasa (John Yates)

Matthew Immergut / Jeremy Graves

LA MENTE ILUMINADA

*Una guía de meditación que integra
la sabiduría budista con la neurociencia*

Este libro está dedicado a mi adorable y querida esposa, Nancy. Sin tu apoyo y tu infinita paciencia, nunca lo habría acabado. También está dedicado a mis hijos, Charles y Sean, quienes a veces pensaron que habían perdido a su padre a lo largo de este proyecto.

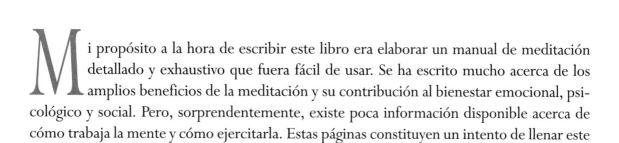

Introducción

Mi propósito a la hora de escribir este libro era elaborar un manual de meditación detallado y exhaustivo que fuera fácil de usar. Se ha escrito mucho acerca de los amplios beneficios de la meditación y su contribución al bienestar emocional, psicológico y social. Pero, sorprendentemente, existe poca información disponible acerca de cómo trabaja la mente y cómo ejercitarla. Estas páginas constituyen un intento de llenar este gran vacío.

Esta obra es adecuada para cualquier persona que tenga un fuerte interés en la meditación, desde un completo principiante hasta alguien que lleve décadas practicando. Será especialmente útil para quienes ya hayan llegado a un punto de su práctica en el que se sienten listos para ir más lejos en la senda de la contemplación. También está concebido para aquellos que están descontentos con sus progresos a pesar de llevar años meditando. Esto incluye a los practicantes que sienten que la meditación les ha aportado beneficios pero que han empezado a creer que los estados de consciencia más profundos que esta ofrece están fuera de su alcance. Ten el convencimiento de que los beneficios plenos de la meditación están más cerca de lo que piensas.

Para ayudarte en este propósito, trato cada contenido en detalle y atendiendo a los matices. Creo sinceramente que cualquier persona que esté motivada puede tener éxito con la meditación y que esto no tiene por qué requerir mucho tiempo. La totalidad del proceso se divide en diez etapas claras, fáciles de identificar, e incluye explicaciones e instrucciones exhaustivas —desde los primeros pasos en la senda de la contemplación hasta las etapas finales, ya a las puertas del **Despertar**.[1]

MEDITACIÓN: LA CIENCIA Y EL ARTE DE VIVIR

La meditación es una ciencia: el proceso sistemático de ejercitar la mente. Es la *ciencia* de la meditación lo que permite que personas de todos los ámbitos experimenten los mismos beneficios asombrosos. Se ha demostrado que su práctica regular en posición sentada aumenta la concentración, reduce la presión sanguínea y ayuda a conciliar el sueño. La meditación se utiliza para tratar el dolor crónico, el trastorno de estrés postraumático, la ansiedad, la depresión y los trastornos obsesivo-compulsivos. Los meditadores obtienen valiosas revelaciones acerca de su personalidad, sus comportamientos y sus relaciones, y les resulta más fácil reconocer y cambiar antiguos condicionamientos y perspectivas contraproducentes que les crean dificultades en la vida. Tienen mayor conciencia de los demás y una mayor sensibilidad en relación con ellos, lo cual les resulta enormemente útil en el trabajo y en las relaciones personales. Los efectos calmantes y relajantes de la meditación también se traducen en una mayor estabilidad emocional a la hora de confrontar las inevitables tensiones de la vida. Aun así, *todo esto no son más que beneficios secundarios*.

Las habilidades meditativas, una vez que han sido plenamente desarrolladas, también dan lugar a unos estados mentales únicos y maravillosos caracterizados por el bienestar y el placer físicos, el gozo y la felicidad, una profunda satisfacción y una gran paz interior. Estos estados pueden abrir la mente a apreciar de una manera intuitiva la conexión existente entre todos nosotros y disipar la ilusión de separación creada por nuestros egos. Además, estos frutos pueden disfrutarse a lo largo de todo el día, durante largos periodos de tiempo, y podemos volver a obtenerlos siempre que queramos, solo con que nos sentemos y practiquemos. Voy a describir estos estados mentales en detalle, y la ejercitación sistemática que aquí presento te conducirá a ellos con absoluta certeza. Pero, siendo esto así, *estas experiencias cumbre no constituyen el beneficio último de la meditación*. Si bien la dicha, el gozo, la tranquilidad y la ecuanimidad son estados placenteros, son transitorios, y se ven fácilmente interrumpidos por la enfermedad, el envejecimiento y las dificultades de la vida. Tampoco nos protegen de las perniciosas influencias de la lujuria, la codicia o la aversión, ni de sus consecuencias. Por lo tanto, estos estados no son un fin en sí mismos, sino solamente un medio en aras de un objetivo más elevado.

Este objetivo más elevado es el *Despertar*. También se conoce como *Iluminación*, *Liberación* o *Autorrealización*. Todos estos términos hacen referencia a una libertad total y duradera respecto del sufrimiento que no se ve afectada por el envejecimiento, las enfermedades o las circunstancias. La verdadera felicidad, la dicha de la satisfacción perfecta, sigue a la liberación del sufrimiento. El Despertar no es una experiencia transitoria de unidad ni de disolución temporal del ego. Es la obtención de la auténtica sabiduría, una Comprensión iluminada que surge de una profunda realización y de haber despertado a la realidad última. Se trata de un *evento cognitivo* que disipa la ignorancia por medio de la experiencia directa. El conocimiento directo de la verdadera naturaleza de la realidad y la liberación permanente respecto del sufrimiento constituyen el único objetivo auténticamente satisfactorio del camino espiritual. Una mente dotada con este tipo de Comprensión experimenta la vida, y la muerte, como una gran aventura, con el claro propósito de manifestar amor y compasión por todos los seres.

Si bien este libro es una especie de manual técnico, también es un manual artístico. La meditación es el *arte* de vivir con plena consciencia. Lo que hacemos con nuestra vida (la suma total de nuestros pensamientos y emociones, nuestras palabras y acciones que llenan el breve intervalo entre el nacimiento y la muerte) es nuestra gran obra de arte creativa. La belleza y la importancia de una vida bien vivida no consisten en las obras que dejamos, ni en lo que dirá la historia de nosotros. Derivan de la calidad de la experiencia consciencial que impregna todos los momentos de nuestra vigilia y del impacto que tenemos en los demás.

«Conócete a ti mismo», nos aconsejan los sabios. Para vivir la vida de forma consciente y creativa, como una obra de arte, hemos de entender la materia prima con la que tenemos que trabajar. Esta materia prima no es más que el río de la experiencia consciencial, en continuo despliegue, que es nuestra vida. Tanto si estamos despiertos como dormidos, este río consiste en sensaciones, pensamientos y emociones, y en las elecciones que llevamos a cabo en respuesta a ellos. Esta *es* nuestra realidad personal. El arte y la ciencia de la meditación nos ayudan a vivir una vida más plena, porque nos proporcionan las herramientas que necesitamos para examinar nuestra experiencia consciencial y trabajar con ella.

En otras palabras, con el fin de crear tu realidad personal a propósito, en lugar de dejar que acontezca azarosamente, tienes que comprender tu mente. Pero el tipo de comprensión que se requiere no es meramente intelectual, lo cual sería ineficaz. Como los naturalistas, que estudian los organismos en sus hábitats, necesitamos desarrollar una comprensión intuitiva de nuestra mente. Esto solo puede ser el resultado de la observación y la experiencia directas. Para que la vida llegue a ser una bella obra de arte creada a conciencia, antes debemos advertir la capacidad innata que tenemos de convertirnos en seres más plenamente conscientes. Por medio de la acción consciente, convenientemente dirigida, podemos desarrollar una comprensión intuitiva de la verdadera naturaleza de la realidad. Solo por medio de este tipo de Comprensión —más específicamente conocida como *Insight*— podremos alcanzar el más alto fin de la práctica meditativa: el Despertar. Este debería ser el objetivo de tu práctica.

Cuando vivimos la vida de forma plenamente consciente, con sabiduría, podemos acabar por superar todas las emociones y comportamientos perjudiciales. No experimentamos codicia, ni siquiera ante la carencia. Tampoco deseamos el mal a los demás, aunque nos hallemos ante su agresividad y hostilidad. Cuando nuestras palabras y nuestros actos surgen de un espacio de sabiduría y compasión, siempre dan lugar a mejores resultados que si son fruto de la codicia y la ira.

Todo esto es posible porque la verdadera felicidad proviene de dentro, lo cual significa que siempre podemos encontrar el gozo, tanto en los buenos tiempos como en los malos. Si bien el dolor y el placer forman parte, inevitablemente, de la vida humana, el sufrimiento y la felicidad son totalmente opcionales. La elección es nuestra. Un ser humano totalmente despierto, totalmente consciente, cuenta con amor, compasión y energía para cambiar para mejor aquello que puede cambiar, ecuanimidad para aceptar lo que no puede cambiar y sabiduría para conocer la diferencia entre ambos.

Así pues, haz que el objetivo de tu práctica meditativa sea el cultivo de una mente capaz de experimentar este tipo de Despertar. Esta es la posición desde la que he escrito este libro. También espero, sinceramente, que sea tu posición. Hay tantos mitos y tanto misterio en torno al Despertar que muchas personas tienden a descartarlo. Ten la seguridad de que es un objetivo que está al alcance de todos. Buda dijo que, con la ejercitación apropiada, no debería requerir más de siete años lograrlo;[2] incluso puede alcanzarse en menos tiempo. Aquí aprenderás todo lo que necesitas saber acerca de lo que debes hacer, cómo hacerlo y por qué. Piensa en este libro como una «guía para el viajero», que te proporciona mapas del territorio e indicaciones detalladas para que puedas llegar allí adonde te propongas.

UN MAPA DE MEDITACIÓN MODERNO

Este libro es el resultado de descubrir el escaso número de practicantes veteranos que han experimentado alguna vez alguno de los estados meditativos más exaltados, no digamos ya las profundas revelaciones que la meditación puede ofrecer. Me di cuenta de que, aunque llevasen muchos años intentándolo, no estaban haciendo el tipo de progresos que deberían hacer. Definitivamente, la sinceridad de sus aspiraciones y la cantidad de tiempo que pasaban practicando no eran el problema. Lo que les faltaba era una comprensión clara de cuáles eran exactamente las habilidades que necesitaban cultivar, en qué orden y cómo hacerlo. Dicho de otro modo, carecían de un mapa claro del proceso.

No es que esta clase de mapas no existan, porque sí que existen, pero son en gran medida inaccesibles para la mayor parte de los meditadores. Hace unos dos mil quinientos años, Buda presentó la ejercitación en la meditación como una secuencia de etapas progresivas en una serie de poemas conocidos como *Ānāpānasati Sutta*. Cada uno de ellos describe un paso dentro de un método progresivo de entrenamiento de la mente. De cualquier modo, estos poemas ofrecen muy pocos detalles prácticos, y son tan crípticos que resultan incomprensibles para todos, excepto para los meditadores más experimentados. Tal vez Buda no tuvo ninguna necesidad de ser más explícito porque, en su época, había muchas otras personas capaces de interpretar sus palabras y ofrecer unas instrucciones claras.

Unos ochocientos años más tarde, el monje indio Asanga identificó nueve etapas distintas en el proceso del desarrollo de la concentración.[3] Cuatro siglos después de Asanga, otro monje indio, Kamalasila, que después enseñó en el Tíbet, desarrolló estas etapas de ejercitación en su obra *Bhavanakrama* («Etapas de la meditación»). Otra fuente de información de valor inestimable es el *Visuddhimagga* («Camino de purificación»), compilado en el siglo v por Buddhaghosa, el gran comentarista del budismo *theravada*. Todos estos maestros se dieron cuenta de que enseñar la meditación por etapas es una manera fácil y eficaz de ayudar a la gente a alcanzar los más altos objetivos de la práctica.

Desafortunadamente, este y otros muchos mapas de meditación excelentes están enterrados en la literatura «comentarista» de distintas tradiciones budistas. Habida cuenta el volumen y la diversidad de estos comentarios, y debido a que muchos de ellos aún tienen que traducirse a lenguas europeas, no es de extrañar que el meditador promedio occidental siga desconociéndolos. También está el tema de la interpretación. Pocas personas, aparte de los eruditos serios, pueden lidiar con la oscura terminología y el complejo lenguaje de textos densos pertenecientes a un tiempo y una cultura muy diferentes de los nuestros. A eso se le añade que las enseñanzas de meditación tradicionales no pueden comprenderse adecuadamente si no se tiene alguna experiencia de los tipos de estados mentales que se describen. A menos que esos eruditos sean también meditadores serios (lo cual, a menudo, no es el caso), sus intentos de interpretación siempre se quedarán cortos.[4]

El mapa moderno que se ofrece en este libro combina la experiencia, la tradición y la ciencia. Constituye una síntesis basada en experiencias de primera mano y extendida a partir de experiencias compartidas por muchos otros practicantes abnegados. Para encontrar sentido a mis propias meditaciones y hallar orientación acerca de la siguiente etapa de mi práctica, me dirigí a mis profesores, a los *suttas* en idioma pali y a los comentarios de varias tradiciones budistas. Una y otra vez, estas fuentes tradicionales me dieron la información que necesitaba y me proporcionaron un contexto adecuado para unir las piezas. Por medio de integrar esta información y mis propias experiencias con los hallazgos de la psicología y la neurociencia cognitiva, he hecho «ingeniería inversa» con las instrucciones de meditación tradicionales con el fin de crear un mapa de meditación contemporáneo. Este mapa se divide en diez etapas progresivas, para que las utilices a la hora de «cartografiar» tu proceso.

La estructura de esta presentación procede directamente de las enseñanzas tradicionales, particularmente de las del filósofo y santo indio Asanga, aunque no puede decirse lo mismo de las instrucciones meditativas que se integran en ella. Además, este libro constituye una fusión de enseñanzas de distintas tradiciones budistas. Si bien es totalmente coherente con todas ellas, no refleja ninguna en particular. Creo que este es uno de sus grandes puntos fuertes. Integra las enseñanzas meditativas de la tradición indotibetana *mahayana* y las del *theravada*, y muestra cómo cada una llena las carencias de la otra. Las técnicas que aquí se presentan son aplicables a todos los tipos de prácticas meditativas.

Ten en cuenta que todas estas enseñanzas originarias estaban pensadas para monjes que vivían en comunidades de meditadores, que se apoyaban entre sí. Así que no era muy necesario que ofreciesen instrucciones básicas, detalles prácticos o ejemplos. Este no es el caso de los practicantes laicos modernos. Muchos practican con poca orientación, y a menudo por su cuenta. Por lo tanto, en estas páginas, a la vez que sigo de cerca las enseñanzas originales, doy muchos detalles y ejemplos. También he añadido una etapa extra a las nueve de Asanga, «El establecimiento de la práctica», para ayudar a quienes tienen empleo, familia y otras responsabilidades a afrontar el reto de encontrar el tiempo que necesitan para meditar en medio de sus ajetreadas vidas.[5] Estas y otras diferencias presentes en este libro reflejan las disparidades que existen entre practicar como miembro de una familia y como monje. Con el fin de ayudarte a avanzar en medio de tu vida laica, te ofrezco una hoja de ruta clara del proceso que describe la totalidad del viaje, paso a paso: lo que necesita lograrse en cada etapa y cómo hacerlo, qué es mejor dejar para una etapa posterior y qué escollos deberían sortearse. De otro modo, la senda contemplativa puede parecerse a viajar de Nueva York a Los Ángeles con indicaciones del tipo «gira a la derecha» o «gira a la izquierda», pero sin un mapa de carreteras o una descripción del terreno. Algunas personas acabarían por llegar, pero la mayoría se perdería. Sin embargo, un mapa preciso te permitirá saber dónde estás y adónde necesitas encaminarte a continuación. También hará que el conjunto del viaje sea más rápido, fácil y placentero.

Una obra como esta precisa, inevitablemente, su propio vocabulario técnico. Algunos de estos términos han recibido la influencia de la psicología occidental y las ciencias cognitivas, y unos cuantos proceden de los antiguos idiomas de la India: el pali y el sánscrito.[6] Muchos otros son palabras familiares que estás acostumbrado a escuchar, como *atención* y *conciencia*, pero los utilizaré de una manera muy específica. Dedicar un poco de tiempo extra a aprender el significado de estos términos te será muy útil, pues nos proporcionan un lenguaje preciso para describir la práctica y para comprender experiencias y estados mentales sutiles. Defino estas palabras clave de la forma más sencilla y clara posible, y las pongo en negrita cada vez que aparecen en un nuevo contexto. Puedes encontrar la definición de todas ellas en el glosario que aparece al final del libro.

PONER ESTA PRÁCTICA EN CONTEXTO

En Occidente, el panorama de la meditación es vibrante pero confuso. Las prácticas tibetanas ponen el acento en elaboradas visualizaciones o en sofisticadas meditaciones analíticas, mientras que el zen deja la meditación «en los huesos», al dar solamente unas instrucciones mínimas, como «solo siéntate». Algunos profesores del *theravada* ponen el acento en el cultivo del *mindfulness*,[*] excluyendo la atención estable, enfocada, mientras que otros insisten

---

* Tal y como el propio autor explica más adelante, tanto la palabra *mindfulness* como su equivalente en castellano, "atención plena", constituyen traducciones no muy afortunadas de la palabra pali *sati*, porque sugieren la actitud de estar

en que lo mejor es practicar una concentración intensa que conduzca a una profunda **absorción meditativa**.[7] En lugar de ofrecer argumentos en favor de cualquier técnica específica, este libro te ayudará a encontrar el sentido a todos estos distintos enfoques, sin que tengas que rechazar ninguno de ellos. Pero para hacer esto, antes debo aclarar un importante conjunto de términos que se encuentran habitualmente en la literatura sobre la meditación; debo mostrar cómo se relacionan entre sí y en aras del **Despertar**.[8] Estos términos son: *Ŝamatha*[9] (tranquilidad o calma mental), *vipassanā*[10] (**Insight**),* *samādhi* (concentración o **atención estable**) y *sati* (**mindfulness**).

Despertar de nuestra forma habitual de percibir las cosas requiere un profundo cambio en nuestra comprensión intuitiva de la naturaleza de la realidad. El Despertar es un evento cognitivo, el *Insight* cumbre dentro de una serie de *Insights* muy especiales denominados *vipassanā*. Este clímax del progreso del *Insight* solo tiene lugar cuando la mente se halla en un estado único denominado *Ŝamatha*.[11] El *Ŝamatha* y el *vipassanā* se generan, ambos, por medio del uso de la atención estable (*samādhi*) y el *mindfulness* (*sati*). Si bien es posible cultivar tanto el *Ŝamatha* como el *vipassanā* independientemente el uno del otro, ambos con necesarios para Despertar.[12]

ŜAMATHA, VIPASSANĀ Y DESPERTAR

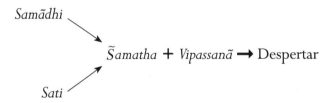

El *Ŝamatha* tiene cinco características: la atención estable sin esfuerzo (*samādhi*),[13] el *mindfulness* potente (*sati*), el gozo, la tranquilidad y la ecuanimidad.[14] El estado completo de *Ŝamatha* es el resultado de trabajar con la atención estable y el *mindfulness* hasta que surge el

---

atento o de acordarse de prestar atención. En realidad, esto no transmite todo el significado y la importancia de *sati*. Una traducción más precisa, pero que no suena tan bien como "atención plena", sería "conciencia poderosamente efectiva" o "atención plenamente consciente". Para simplificar y unificar, en este texto hemos optado por mantener la palabra *mindfulness* porque la mayoría de los lectores están más familiarizados con ella.

* El término *insight* admite muchas traducciones, entre ellas 'revelación', que es la que más se ha empleado en la traducción de este libro. Sin embargo, cuando el autor se refiere al *Insight* con mayúscula inicial, se conserva dicho término a causa de que contiene un matiz intraducible. Como se explica en el glosario, *Insight* «hace referencia a revelaciones profundamente intuitivas, distintas del conocimiento intelectual, que transforman radicalmente nuestra comprensión de nosotros mismos y nuestra relación con el mundo». (N. del T.)

gozo. El gozo, entonces, madura progresivamente como tranquilidad, y la ecuanimidad surge de esa tranquilidad. Una mente en $\tilde{S}$amatha es el instrumento ideal para alcanzar el *Insight*.[15]

SAMĀDHI Y SATI CONDUCEN A S̃AMATHA

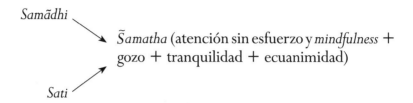

El término *vipassanā* hace referencia específicamente al *Insight* (comprensión intuitiva) de la verdadera naturaleza de la realidad *que transforma radicalmente nuestra comprensión de nosotros mismos y nuestra relación con el mundo*. De todos modos, la meditación también da lugar a la comprensión intuitiva de muchos aspectos mundanos tales como nuestra propia personalidad, las interacciones sociales y el comportamiento humano en general, y el funcionamiento de la vida cotidiana. Nos puede proporcionar destellos de brillo creativo o revelaciones intelectuales que nos permitan resolver problemas o que nos ayuden a efectuar nuevos descubrimientos. Estos destellos de comprensión intuitiva son útiles, pero no son el *vipassanā*, porque no nos transforman como personas ni modifican nuestra comprensión de la realidad de modo profundo. Los *Insights* llamados *vipassanā* no son intelectuales. Su base es la experiencia; son revelaciones profundamente intuitivas que trascienden, y en última instancia rompen, las creencias y percepciones comunes. Entre estos *Insights*, los cinco más importantes son los relativos a la impermanencia, la vacuidad, la naturaleza del sufrimiento, la interdependencia causal entre todos los fenómenos y la ilusión del yo separado (el *no yo*).[16]

Se pueden experimentar los primeros cuatro de estos *Insights* utilizando la atención estable (*samādhi*)[17] y el *mindfulness* (*sati*)[18] para investigar los fenómenos (*dhamma vicaya*)[19] con persistencia y energía (*viriya*)[20]. El quinto, el *Insight* del no yo, es el *Insight* cumbre que da lugar al Despertar, porque solo por medio de superar nuestra falsa visión del mundo centrada en el yo podemos realizar nuestra verdadera naturaleza. Pero este *Insight* crucial requiere, además de los cuatro primeros, que la mente se halle en estado de $\tilde{S}$amatha, llena de una tranquilidad y ecuanimidad profundas.[21]

Tanto para el $\tilde{S}$amatha como para el *vipassanā* hay que gozar de una atención estable (*samādhi*) y de *mindfulness* (*sati*).[22] Desafortunadamente, muchas tradiciones meditativas separan el *samādhi* del *sati* y vinculan exclusivamente la práctica de la concentración con el $\tilde{S}$amatha, y la práctica del *mindfulness* con el *vipassanā*.[23] Esto da lugar a todo tipo de problemas y malentendidos, tales como poner el acento en el *mindfulness* en detrimento de la atención estable, o viceversa. Sin el *mindfulness*, un enfoque exclusivo en la atención estable conduce solo a un estado de dicha apática; es un callejón sin salida.[24] Y lo contrario es igualmente cierto. Sencillamente, no se puede desarrollar el *mindfulness* sin una atención estable. A menos que se goce de un grado moderado de estabilidad, la «práctica del *mindfulness*» consistirá principalmente en **divagación mental**, malestar físico, somnolencia y frustración. Tanto la atención estable como el *mindfulness* son necesarios; son como las dos alas de un pájaro. Cuando se cultivan juntos, el destino de este vuelo es el $\tilde{S}$*amatha* y el *vipassanā*.[25]

Además, breves episodios de $\tilde{S}$*amatha* pueden tener lugar mucho antes de que uno llegue a ser un practicante experto. El *Insight* también puede acontecer en cualquier momento. Esto significa que una convergencia temporal del $\tilde{S}$*amatha* y el *vipassanā* es posible, y puede conducir al Despertar *en cualquier etapa*. En este sentido, el Despertar es de algún modo impredecible, casi como un accidente. Aunque la posibilidad de Despertar existe en cualquier momento, las probabilidades aumentan progresivamente a medida que se avanza por las etapas. Por lo tanto, *el Despertar es un accidente, pero la práctica continua te hará propenso a este accidente*. Ejercitas la mente a través de las diez etapas, cultivando todas las cualidades del $\tilde{S}$*amatha*. A medida que avanzas, es inevitable que tu mente se vuelva cada vez más fértil para que las semillas del *Insight* maduren y florezcan como el Despertar.

Las diez etapas que propongo proporcionan un proceso sistemático para desarrollar la atención estable y el *mindfulness* juntos, en equilibrio: el $\tilde{S}$*amatha* y el *vipassanā* serán el resultado de ello. La descripción más precisa y útil de este método es «meditación del $\tilde{S}$*amatha*-*vipassanā*», o «la práctica de la tranquilidad y el *Insight*». Insisto en que la práctica que se ofrece en estas páginas no tiene por qué sustituir a otras técnicas, sino que puede complementar cualquier otro tipo de meditación que ya se haya adoptado. Puedes utilizar las diez etapas junto con cualquiera de las muchas prácticas del *mahayana* o el *theravada*, o antes de realizarlas.

CÓMO USAR ESTE LIBRO

Voy a hacer un breve resumen de la estructura del libro, para que puedas hacerte una idea del camino que vas a emprender. Dicho resumen empieza con una descripción general de las diez etapas y los cuatro hitos (logros) que señalan el progreso por las etapas. Siguen los capítulos en que se trata en detalle cada etapa, con una serie de interludios entre cada una de ellas.

El primer interludio prepara el terreno para la práctica. Se te presentará el modelo de la experiencia consciencial y aprenderás a trabajar con la atención y la conciencia periférica. El segundo te presenta los mayores obstáculos y problemas que afrontarás en tu práctica. El tercero parte de las ideas que has aprendido hasta ahí para explicar cómo opera el *mindfulness*. Los interludios cuarto y quinto presentan modelos de la mente nuevos, más profundos: el modelo de los momentos conscienciales y el modelo del sistema mental. El sexto sienta las bases de las tres últimas etapas. Y el séptimo matiza y perfecciona la información sobre los modelos de la mente aprendidos hasta el momento, con el fin de ayudarte a comprender plenamente los estados meditativos sutiles y profundos.

Puedes utilizar este libro de varias maneras. Una de ellas es leerlo de principio a fin como harías con cualquier otro libro, y otra emplearlo más bien como una guía de referencia y elegir qué capítulos leer a partir del estado actual de tu práctica. Muchos lectores encontrarán muy útiles los interludios, pero quienes no sean tan amantes de los tecnicismos pueden preferir simplemente echar una ojeada a los últimos interludios, con el único fin de contextualizar su práctica. Si en cualquier momento te sientes perdido, inseguro acerca de hacia dónde te encaminas, debes leer de nuevo «Descripción general de las diez etapas», en la página 21. Finalmente, puedes consultar, cuando lo necesites, los apéndices y el glosario que se encuentran al final del libro. Si eres novel, te animo especialmente a leer el apéndice sobre la meditación caminando y a incorporar inmediatamente esta meditación en tu práctica diaria. Los temas de los otros apéndices son la meditación analítica, la meditación de la bondad amorosa, las absorciones meditativas (las **jhānas**) y una práctica de revisión para ayudarte a alinear tu vida diaria con tu práctica meditativa.

Las etapas más los interludios te llevarán a una profunda aventura de autodescubrimiento y cultivo mental. Si le dedicas tiempo, estudias las ideas y las pones en práctica, vas a superar dificultades psicológicas, experimentar estados extraordinarios y aprender a usar la mente con una pericia asombrosa. Vas a descubrir una calma interior sin precedentes y a obtener una profunda comprensión —incluso una experiencia directa— de la verdad última.

Las diez etapas de la meditación: el monje es el meditador. La cuerda que lleva representa el *mindfulness* vigilante, alerta. El acicate que tiene en la otra mano indica una fuerte intención y una firme resolución. El elefante representa la mente y el color negro de este, los cinco obstáculos y los siete problemas que surgen. El mono simboliza la dispersión de la atención y su color negro, la distracción sutil y la fuerte, el olvido y la divagación mental. El conejo representa el embotamiento sutil. Las hogueras señalan la vigilancia y el esfuerzo, y cuando el esfuerzo ya no es necesario, desaparecen. La longitud del camino entre las sucesivas etapas indica el tiempo relativo que se requiere para avanzar de una etapa a la siguiente. Las etapas están cada vez más próximas hasta llegar a la séptima, en que vuelven a espaciarse. Como el camino serpentea, es posible saltar a etapas más elevadas o caer en etapas más bajas.

Descripción general de las diez etapas

La totalidad del proceso se despliega en diez etapas. Cada una de ellas presenta sus características distintivas, retos que superar y técnicas específicas para trabajar con estos desafíos. Las etapas definen mejoras progresivas de las capacidades. A medida que avances, te encontrarás con los *cuatro hitos*, que permiten dividir las diez etapas en cuatro partes concretas. Son puntos de transición especialmente significativos en tu práctica, en que el dominio de ciertas habilidades lleva tu meditación a un nivel completamente nuevo.

Las etapas y los hitos, en conjunto, constituyen un extenso mapa que te ayuda a discernir dónde estás y cómo continuar. De todos modos, puesto que cada persona es única, el camino que siga tu viaje espiritual será siempre al menos un poco diferente del de cualquier otro practicante. Por esta razón, también se hablará sobre cómo se despliega el proceso, sobre lo rápida o lentamente que puedes progresar y sobre el tipo de actitud que es conveniente tener. No se trata de que fuerces tu experiencia para que concuerde con algo que has leído. En lugar de ello, utiliza este libro como una guía para trabajar con tus propias experiencias y comprenderlas —sean cuales sean las formas que adopten.

Estas páginas iniciales esbozan el despliegue general de la práctica y el resto de capítulos proporcionan los detalles. Te resultará útil consultar este capítulo de vez en cuando para mantener la visión de conjunto. Cuanto más claramente comprendas las etapas y por qué se suceden en el orden en que lo hacen, más rápidamente y con mayor gozo vas a recorrer el camino hacia la felicidad y la libertad.

Las etapas y los hitos constituyen un extenso mapa que te ayuda a discernir dónde estás y cómo continuar.

Consulta este capítulo de vez en cuando para mantener la visión de conjunto.

CÓMO SE DESPLIEGA EL PROCESO

Cada una de las diez etapas del camino que conduce a ser un meditador experto se define en términos de ciertas habilidades que es necesario dominar. Solo cuando hayas dominado las habilidades de una etapa en concreto serás capaz de progresar hacia la etapa siguiente. Esto es así porque las capacidades relativas a la meditación se desarrollan progresivamente a partir de las anteriores. Así como tienes que aprender a caminar antes de poder correr, es necesario que pases por las etapas siguiendo un orden, sin saltarte ninguna de ellas. Para avanzar, debes determinar correctamente en qué etapa te hallas en la actualidad, trabajar diligentemente con las técnicas que se te dan y seguir adelante solamente cuando las hayas dominado. Tomar «atajos» no hace más que provocar problemas y acaba por alargar el proceso; así que en realidad no son atajos. Todo lo que necesitas para progresar lo más rápidamente posible es ser diligente.

Tomar «atajos» no hace más que provocar problemas y acaba por alargar el proceso; así que en realidad no son atajos.

Sin embargo, aunque las etapas se presentan como un camino lineal hacia delante, la práctica no avanza de una manera tan directa. Por ejemplo, un meditador principiante trabajará con las etapas primera y segunda al mismo tiempo. A medida que tu práctica avance, a menudo te encontrarás transitando por varias etapas a la vez, yendo adelante y atrás entre ellas a lo largo de semanas, días o incluso durante el curso de una sola sesión. Esto es perfectamente normal. Espera también encontrarte con que haya ocasiones en que te parecerá haber dado el salto a una etapa más avanzada, así como otras en que te parecerá haber retrocedido. En todos los casos, lo importante es practicar de acuerdo con lo que sea que esté aconteciendo en tu meditación *en el presente*. No te anticipes a lo que está ocurriendo en realidad. Por otra parte, cuando hayas superado los obstáculos de una determinada etapa, *aunque sea temporalmente*, puedes trabajar con los obstáculos de la siguiente.

También observarás que muchas de las técnicas son similares en varias etapas. Un meditador que se encuentre en la tercera etapa, por ejemplo, utiliza unas técnicas similares a las que usa un meditador que se halle en la cuarta etapa. Ocurre lo mismo en las etapas quinta y sexta. No obstante, los objetivos de cada etapa son siempre distintos.

El secreto para avanzar es trabajar con los obstáculos y objetivos específicos que sean acordes con tu actual nivel de destreza. Es como aprender a patinar: tienes que asimilar lo básico antes de poder empezar a hacer triples giros. Cuesta más tiempo dominar las primeras etapas; sin embargo, puesto que las etapas se basan unas en otras, los métodos se solapan. Las habilidades desarrolladas en una etapa se usan en la siguiente y se empieza a avanzar cada vez más deprisa. Por ejemplo, pasar de la etapa tercera a la cuarta puede requerir mucho tiempo, pero el progreso de la cuarta a la quinta es normalmente más rápido.

Es habitual tener, ocasionalmente o incluso con frecuencia, experiencias meditativas que corresponden a etapas posteriores. Incluso un meditador principiante que se encuentre

Figura 1. El avance por las etapas no es lineal: espera oscilar entre varias etapas en el curso de varias sesiones de meditación...

... o incluso en el curso de una sola sesión.

en la segunda etapa puede vivir experiencias parecidas a las de etapas avanzadas. Cuando ocurre esto, puede ser que sobrevalore sus capacidades e intente reproducir esa experiencia en lugar de trabajar para dominar las habilidades correspondientes a la etapa en que se halla. Estas experiencias no son realmente significativas en cuanto al progreso de la persona, si bien le muestran qué puede llegar a experimentar. Úsalas como inspiración mientras sigues trabajando para dominar la etapa en que te halles. En cualquier momento pueden tener lugar experiencias meditativas aisladas, pero si no se logra volver a ellas de forma sistemática e intencional, tienen poco valor. Cuando tu práctica madure, tendrás el conocimiento y las habilidades que te permitirán generar este tipo de experiencias regularmente.

EL RITMO DEL AVANCE POR LAS DIEZ ETAPAS

Algunos libros transmiten la impresión de que requiere muchísimos años, incluso décadas, llegar a ser un meditador experto. ¡Esto no es cierto! Los laicos que practiquen correctamente pueden dominar las diez etapas en pocos meses o años.[1] Lo que se necesita es sentarse a meditar regularmente durante una o dos horas al día y combinar esto con algunas de las prácticas complementarias que se describen en los apéndices. Los retiros de meditación son bastante útiles, pero no es necesario hacer retiros que duren meses o años. Meditar a diario de forma diligente y combinar esto, ocasionalmente, con períodos de práctica más largos basta para alcanzar el éxito.

Cabe añadir que hay varios factores que determinan la rapidez del avance. Podemos influir sobre algunos de ellos, y sobre otros no. Para empezar, distintas personas tienen distintas capacidades naturales para trabajar con la atención y la conciencia. Algunos estilos de vida y algunas profesiones favorecen el desarrollo de estas habilidades. Además, algunos son más capaces de disciplinarse para practicar con regularidad y diligencia. Sean cuales sean tus capacidades naturales, para avanzar debes dominar ineludiblemente la primera etapa, «El establecimiento de la práctica».

Hay factores de la vida y acontecimientos estresantes que también pueden afectar al proceso. Perder el trabajo, la muerte del cónyuge o un problema de salud pueden hacer que incluso un meditador avanzado regrese a las primeras etapas. De hecho, casi todo lo que ocurre fuera de la meditación tiene el *potencial* de causar este efecto. Esto constituye un recordatorio más de que los logros meditativos, como todo lo demás, dependen de ciertas condiciones, y pueden por lo tanto verse influidos por los acontecimientos mundanos.

Otro factor que afecta al avance es el problema de la compartimentación. Tenemos tendencia a separar la práctica meditativa del resto de nuestras vidas. Sin embargo, si las habilidades y las revelaciones que adquirimos en el cojín no calan en nuestra vida diaria, el avance será muy lento. Es como pretender llenar un cubo agujereado. Esta puede ser una de las razones por las que algunas personas consideran que los retiros largos son la única forma de avanzar realmente. Los retiros son ciertamente maravillosos y pueden ayudarte a llevar tu práctica a un nivel totalmente nuevo, pero no olvides que solo podemos experimentar todos los beneficios si la sabiduría que adquirimos permea todas las facetas de nuestras vidas, y esto requiere trabajo. Si no es así, los retiros largos son como llenar un cubo agujereado más grande.

El factor más importante para mejorar con rapidez es una comprensión clara de cada etapa. Esto significa reconocer las facultades mentales que hay que cultivar, así como los métodos correctos para superar los obstáculos específicos. También significa no querer ir demasiado deprisa. Sé sistemático y practica en el nivel adecuado. Así como para operar es más efectivo un bisturí que un cuchillo grande, unos medios hábiles y un refuerzo positivo son mucho mejores para apaciguar la mente que la persistencia ciega, obstinada. Ser sutil y paciente vale la pena.

LAS DIEZ ETAPAS DE LA EJERCITACIÓN MEDITATIVA

Voy a describir brevemente las características distintivas de cada etapa, así como sus objetivos y desafíos, y las técnicas que permiten alcanzar estos objetivos y trabajar con estos desafíos. Hay cuatro logros especialmente significativos que dividen las diez etapas en cuatro partes diferenciadas: las tres primeras etapas corresponden al nivel del principiante, de la cuarta a la sexta corresponden al nivel del meditador hábil, la séptima es de transición y de la octava a la décima al nivel del meditador experto (ver la tabla 1). Resulta útil pensar en cada etapa en términos del hito que tienen delante. También verás que hay algunas palabras clave en negrita. No te preocupes si desconoces el significado de esas palabras o si no puedes recordar todo lo que se va a presentar ahora; todo ello se explica en mayor detalle en los capítulos siguientes y en el glosario.

EL PRINCIPIANTE: ETAPAS PRIMERA, SEGUNDA Y TERCERA

Primera etapa: el establecimiento de la práctica

En esta etapa se trata de establecer una práctica meditativa constante y diligente. Ser constante significa establecer un horario fijo para meditar y atenerse a él a menos que se produzcan circunstancias que estén más allá del propio control. **Diligencia** implica comprometerse con la práctica con entusiasmo en lugar de pasar el tiempo en el cojín haciendo planes o soñando despierto.

Figura 2. Si las habilidades y revelaciones que aprendes en el cojín no calan en tu vida diaria, el avance será bastante lento. Es como llenar un cubo agujereado.

Objetivo: llevar a cabo la práctica meditativa con regularidad.
Obstáculos: las resistencias, la postergación, la fatiga, la impaciencia, el aburrimiento, la falta de motivación.
Habilidades: Crear rutinas de práctica, establecer unos objetivos específicos en relación con la práctica, generar una fuerte motivación, cultivar la disciplina y la diligencia.
Has dominado esta etapa cuando nunca faltas a tu cita con la sesión de práctica diaria.

Segunda etapa: la atención interrumpida y la superación de la divagación mental

La segunda etapa tiene que ver con la simple práctica de sostener la atención en la respiración. Esto es más fácil decirlo que hacerlo. Vas a descubrir que la atención se ve fácilmente atrapada por alguna **distracción** que te hace olvidar que se supone que estás prestando atención a la respiración. El **olvido** conduce rápidamente a la **divagación mental**, que puede prolongarse durante unos pocos segundos, varios minutos o toda la sesión. Esta secuencia es tan importante que vale la pena recordarla: la mente no ejercitada produce *distracciones* que

TABLA 1. LAS DIEZ ETAPAS Y LOS CUATRO HITOS		
EL MEDITADOR PRINCIPIANTE	Primera etapa:	El establecimiento de la práctica
	Segunda etapa:	La atención interrumpida y la superación de la divagación mental
	Tercera etapa:	Mayor continuidad de la atención y la superación del olvido
Primer hito: La atención continua al objeto de meditación		
EL MEDITADOR HÁBIL	Cuarta etapa:	La atención continua y la superación de la distracción y el embotamiento fuertes
	Quinta etapa:	La superación del embotamiento sutil y el incremento del *mindfulness*
	Sexta etapa:	Dominar las distracciones sutiles
Segundo hito: Sostener la atención en un único foco		
LA TRANSICIÓN	Séptima etapa:	La atención exclusiva y la unificación de la mente
Tercer hito: La estabilidad de la atención sin esfuerzo		
EL MEDITADOR EXPERTO	Octava etapa:	La docilidad mental y el apaciguamiento de los sentidos
	Novena etapa:	La docilidad mental y física y el apaciguamiento de la intensidad del gozo meditativo
	Décima etapa:	La tranquilidad y la ecuanimidad
Cuarto hito: La persistencia de las cualidades mentales del meditador experto		

conducen al *olvido*, cuyo resultado es la *divagación mental*. En la segunda etapa se trabaja solamente con este último elemento (la divagación mental).

Objetivo: acortar los períodos de divagación mental y alargar los períodos de atención sostenida al objeto de meditación.

Obstáculos: la divagación mental, la mente de mono y la impaciencia.

Habilidades: reforzar la **conciencia introspectiva** espontánea y aprender a sostener la atención en el objeto de meditación. La conciencia introspectiva espontánea es el momento «ajá» en el que de pronto te das cuenta de que hay una desconexión entre lo que querías hacer (observar la respiración) y lo que estás haciendo realmente (pensar en alguna otra cosa).

La captación es cada vez más rápida, de modo que los períodos de divagación mental se hacen cada vez más cortos.

Has dominado esta etapa cuando puedes sostener la atención en el objeto de meditación durante minutos, mientras que la mayor parte de los períodos de divagación mental no duran más que unos pocos segundos.

Tercera etapa: mayor continuidad de la atención y la superación del olvido

Las etapas segunda y tercera son similares. En la tercera, el período de divagación mental se hace cada vez más corto, hasta que cesa por completo. La mayor dificultad en esta etapa es el olvido, pero la somnolencia también constituye, a menudo, un problema.

Objetivo: superar el olvido y evitar dormirse.

Obstáculos: las distracciones, el olvido, la divagación mental y la somnolencia.

Habilidades: usar las técnicas de **examinar la respiración** y de **conexión** para extender los períodos de atención ininterrumpida y familiarizarse con el mecanismo que conduce al olvido. Cultivar la conciencia introspectiva por medio de las prácticas de **etiquetar** y **comprobar**. Estas técnicas permiten captar las distracciones *antes* de que conduzcan al olvido.

Has dominado esta etapa cuando en muy pocas ocasiones te olvidas de la respiración o te duermes.

Primer hito: la atención continua al objeto de meditación

El primer hito es la atención continua al objeto de meditación, lo que se logra al final de la tercera etapa. Antes de esto, uno es un principiante (una persona que medita; no un meditador hábil). Cuando alcanzas este hito, ya no eres un principiante, propenso al olvido, la divagación mental o el adormecimiento. Al dominar las tres primeras etapas has adquirido las habilidades básicas, correspondientes al primer nivel, en aras del objetivo de la **estabilidad de la atención**. Ahora puedes hacer algo que ninguna persona ordinaria, carente de ejercitación, puede lograr.[2] A lo largo de las tres etapas siguientes te basarás en este conjunto de habilidades iniciales, para llegar a ser un **meditador hábil**.

El meditador hábil: etapas cuarta, quinta y sexta

Cuarta etapa: la atención continua y la superación de la distracción y el embotamiento fuertes[3]

Puedes permanecer enfocado en la respiración de una forma más o menos continua, pero la atención sigue oscilando entre la respiración y varias distracciones. Siempre que una distracción pasa a ser el objeto principal de tu atención, desplaza al objeto de meditación a un segundo plano. Esta es la **distracción fuerte**. Pero cuando la mente se calma más, tiende a haber otro problema, el **embotamiento fuerte**. Con el fin de lidiar con estas dos dificultades, desarrollas la **conciencia introspectiva** continua para que te alerte de su presencia.

Objetivo: superar la distracción y el embotamiento fuertes.

Obstáculos: las distracciones, el dolor y la incomodidad, las percepciones intelectuales, las visiones y recuerdos con carga emocional.

Habilidades: desarrollar la conciencia introspectiva continua, lo cual permite hacer correcciones antes de que las distracciones sutiles se conviertan en distracciones fuertes y el embotamiento sutil se convierta en embotamiento fuerte. Aprender a trabajar con el dolor. Purificar la mente de los traumas del pasado y los condicionamientos insanos.

Has dominado esta etapa cuando ya no hay grandes distracciones que releguen la respiración a un segundo plano y las sensaciones de la respiración no se diluyen o resultan distorsionadas a causa del embotamiento fuerte.

Quinta etapa: la superación del embotamiento sutil y el incremento del mindfulness

Se han superado las distracciones y el embotamiento fuertes, pero existe la tendencia a caer en un **embotamiento sutil estable**. Esto hace que las sensaciones de la respiración sean menos vívidas y que la **conciencia periférica** se diluya. Si no lo reconoces, el embotamiento sutil puede llevarte a sobrestimar tus habilidades y a pasar a la siguiente etapa de forma prematura, lo que desemboca en la concentración con embotamiento. De ese modo, no experimentarás más que una imitación superficial de las últimas etapas, y tu práctica entrará en un callejón sin salida. Para superar el embotamiento sutil tienes que agudizar tu atención y tu conciencia.

Objetivo: superar el embotamiento sutil e incrementar la potencia del *mindfulness*.

Obstáculos: el embotamiento sutil es difícil de reconocer, crea la ilusión de una atención estable y es seductoramente placentero.

Habilidades: cultivar una conciencia introspectiva más fuerte y continua para detectar y corregir el embotamiento sutil. Aprender una nueva técnica de exploración del cuerpo que ayude a incrementar la potencia del *mindfulness*.

Has dominado esta etapa cuando puedes sostener o incluso incrementar la potencia de tu *mindfulness* durante cada sesión de meditación.

Sexta etapa: dominar las distracciones sutiles

La atención es bastante estable pero sigue alternando entre el objeto de meditación y las **distracciones sutiles** que están en segundo plano. Ahora estás listo para llevar tu facultad de la atención a un nivel completamente nuevo en que las distracciones sutiles desaparecen por completo. Lograrás la **atención exclusiva** al objeto de meditación (a esto se le llama también **atención en un solo punto**).

Objetivo: dominar las distracciones sutiles y desarrollar la **conciencia introspectiva metacognitiva**[4].

Obstáculos: la tendencia que tiene la atención a alternar entre el torrente continuo de pensamientos distractores y otros objetos mentales que se hallan en la conciencia periférica.

Habilidades: definir el ámbito de la atención con mayor precisión que antes e ignorar todo lo que se halle fuera de ese ámbito hasta que las distracciones sutiles se disipen. Desarrollar una conciencia mucho más afinada y selectiva de la misma mente, lo cual se denomina conciencia introspectiva metacognitiva. Utilizar un método denominado *experimentar el cuerpo con la respiración* para sojuzgar aún más las distracciones potenciales.

Has dominado esta etapa cuando las distracciones sutiles han desaparecido casi por completo y gozas de una atención exclusiva, no oscilante, junto con un vívido *mindfulness*.

Segundo hito: sostener la atención en un único foco

Cuando se dominan estas tres etapas, la atención deja de alternar entre la respiración y las distracciones de fondo. Puedes enfocarte en el objeto de meditación y excluir cualquier otra cosa, y el ámbito de tu atención también es estable. El embotamiento ha desaparecido totalmente y el *mindfulness* adquiere la forma de una potente **conciencia introspectiva metacognitiva**. Es decir, ahora eres consciente de tu estado mental en todo momento, incluso cuando te enfocas en la respiración. Has alcanzado los dos grandes objetivos de la ejercitación meditativa: la atención estable y un *mindfulness* potente. Con estas capacidades, ahora eres un **meditador hábil**, y has alcanzado el segundo hito.

LA TRANSICIÓN: SÉPTIMA ETAPA

Séptima etapa: la atención exclusiva y la unificación de la mente

Ahora puedes investigar cualquier objeto con un enfoque tan amplio o estrecho como elijas aplicar. Pero tienes que permanecer en actitud de **vigilancia** y hacer un esfuerzo consciente para mantener a raya las distracciones sutiles y el embotamiento sutil.

Objetivo: la atención exclusiva sostenida y sin esfuerzo y el *mindfulness* potente.

Obstáculos: las distracciones y el embotamiento van a regresar si dejas de esforzarte en mantenerlos a raya. Tienes que seguir sosteniendo el esfuerzo hasta que la atención exclusiva y el *mindfulness* se vuelvan automáticos; entonces, el esfuerzo ya no será necesario. Mientras tanto, el aburrimiento, la inquietud y las dudas tienden a hacer acto de presencia; además, sensaciones extrañas y movimientos corporales involuntarios pueden distraerte de la práctica. Saber cuándo soltar todo esfuerzo es el próximo obstáculo. Pero realizar un esfuerzo se ha convertido en un hábito, por lo que es difícil dejar de hacerlo.

Métodos:[5] practicar con paciencia y diligencia te llevará hasta el umbral de la **ausencia de esfuerzo.** Te permitirá superar todo aburrimiento y todas las dudas, así como las sensaciones y movimientos extraños. Dejar de esforzarte a propósito de vez en cuando te permitirá saber cuándo el esfuerzo y la vigilancia ya no son necesarios. A partir de entonces puedes trabajar en soltar la necesidad de tener el control. Varios *Insights* y prácticas de *jhāna* aportan variedad a esta etapa.

Has dominado esta etapa cuando puedes soltar todo esfuerzo y la mente sigue conservando un grado de estabilidad y claridad sin precedentes.

Tercer hito: la estabilidad de la atención sin esfuerzo

El tercer hito se caracteriza por el sostenimiento, sin esfuerzo, de la atención exclusiva, junto con el *mindfulness* potente.[6] Este estado se denomina **docilidad mental** y tiene lugar como consecuencia del **apaciguamiento total de la mente discernidora,** lo que significa que el parloteo mental y el análisis discursivo ya no están presentes. Distintas partes de la mente ya no ofrecen tantas resistencias ni están tan preocupadas por otros asuntos, y diversos procesos mentales empiezan a reunirse en torno a un único propósito. Esta **unificación de la mente** significa que, en lugar de luchar contra sí misma, la mente funciona más como un todo coherente, armónico. Se ha completado la transición que conduce al meditador hábil a convertirse en un **meditador experto.**[7]

EL MEDITADOR EXPERTO: ETAPAS OCTAVA, NOVENA Y DÉCIMA

Octava etapa: la docilidad mental y el apaciguamiento de los sentidos

Con la docilidad mental, puedes sostener la atención exclusiva y el *mindfulness* sin esfuerzo, pero el dolor físico y la incomodidad siguen limitando el tiempo en que puedes permanecer sentado. Las sensaciones extrañas y los movimientos involuntarios que empezaron en la séptima etapa no solo siguen haciendo acto de presencia, sino que pueden intensificarse. Con la continua unificación de la mente y el total **apaciguamiento de los sentidos** surge la **docilidad física,** y estos problemas desaparecen. Apaciguar los sentidos no implica entrar en algún tipo de trance; solo significa que los cinco sentidos físicos, así como el **sentido mental,**[8] se acallan temporalmente durante la meditación.

Objetivo: el total apaciguamiento de los sentidos y el pleno surgimiento del **gozo meditativo**.

Obstáculos: el primer desafío es no dejarse distraer o angustiar por la amplia variedad de experiencias extraordinarias que acontecen en esta etapa: sensaciones inusuales y a menudo desagradables, movimientos involuntarios, sacudidas de corrientes energéticas fuertes en el cuerpo y un gozo intenso. Sencillamente, hay que permitir que todo eso esté ahí.

Método: practicar la atención sin esfuerzo y la conciencia introspectiva conducirá, de forma natural, a la unificación continua, al apaciguamiento de los sentidos y a la aparición del gozo meditativo. Las prácticas de *jhāna* y otras prácticas de *Insight* son muy eficaces como parte de este proceso.

Has dominado esta etapa cuando los ojos solo perciben una luz interior y los oídos un sonido interno, el cuerpo está bañado por una sensación de placer y confort y el estado mental es el de un gozo intenso. Con esta docilidad mental y física, puedes estar sentado durante horas sin experimentar embotamiento, distracciones o incomodidad física.

Novena etapa: la docilidad mental y física y el apaciguamiento de la intensidad del gozo meditativo

Con la docilidad mental y física viene el gozo meditativo, un estado mental único que aporta una gran felicidad y placer físico.

Objetivo: la maduración del gozo meditativo, lo que da lugar a la tranquilidad y la ecuanimidad.

Obstáculos: la intensidad del gozo meditativo puede alterar la mente y convertirse así en una distracción e interrumpir la práctica.

Método: familiarizarse con el gozo meditativo por medio de la práctica continua hasta que la exaltación remita y sea sustituida por la tranquilidad y la ecuanimidad.

Has dominado esta etapa cuando puedes evocar sistemáticamente la docilidad mental y física y ello va acompañado por una tranquilidad y una ecuanimidad profundas.

Décima etapa: la tranquilidad y la ecuanimidad

Se entra en la décima etapa con todas las cualidades del *S̃amatha*: la atención estable sin esfuerzo, el *mindfulness*, el gozo, la tranquilidad y la ecuanimidad. Al principio, estas cualidades se desvanecen inmediatamente después del fin de la sesión de práctica meditativa. Pero a medida que se practica persisten cada vez durante más tiempo entre las sesiones. Finalmente, pasan a constituir el estado normal de la mente. Puesto que las características del *S̃amatha* no desaparecen nunca por completo, siempre que te sientes en el cojín alcanzas rápidamente un estado meditativo pleno.[9] Has llegado al dominio de la décima etapa cuando las cualidades del *S̃amatha* persisten durante muchas horas después de que te has levantado del cojín. Una vez que se ha dominado la décima etapa, la mente se describe como *inmejorable*[10].

Cuarto hito: la persistencia de las cualidades mentales del meditador experto

Cuando se ha dominado la décima etapa, las muchas cualidades mentales positivas que se experimentan durante la meditación están muy presentes incluso entre una sesión y otra, de modo que la vida diaria se ve imbuida por la atención estable sin esfuerzo, el *mindfulness*, el gozo, la tranquilidad y la ecuanimidad.[11] Este es el cuarto y último hito y señala la culminación de la ejercitación del meditador experto.

EL CULTIVO DE LA ACTITUD CORRECTA Y EL ESTABLECIMIENTO DE UNAS INTENCIONES CLARAS

Tendemos a pensar en nosotros mismos, de forma natural, como en el agente responsable de obtener resultados por medio de la voluntad y el esfuerzo. Algunas palabras que no podemos evitar utilizar cuando hablamos de meditación, como *alcanzar* y *dominar*, no hacen más que reforzar esta idea. A menudo creemos que debemos tener el control, que debemos ser los dueños de nuestras propias mentes. Pero esta creencia solo da lugar a problemas a la hora de practicar. Si la albergas, te conducirá a intentar forzar a la mente a que se someta por medio de tu voluntad. Cuando, inevitablemente, fracases en este empeño, tenderás a desanimarte y a sentirte culpable. Esto puede convertirse en un hábito a menos que te des cuenta de que no hay ningún *yo* al cargo de tu mente, y por lo tanto no hay nadie a quien culpar. A medida que medites, este hecho de que no hay ningún yo se te hará cada vez más claro, pero no puedes permitirte esperar a tener este Insight. Con el fin de avanzar, es mejor que te desprendas de la noción del yo, al menos en el nivel intelectual, lo antes posible.

> En realidad, todo lo que «hacemos» con la meditación es dar forma a unas intenciones conscientes específicas y sostenerlas; nada más.

En realidad, todo lo que «hacemos» con la meditación es dar forma a unas **intenciones conscientes** específicas y sostenerlas; nada más. De hecho, aunque no sea evidente, todos tus logros tienen su origen en tus intenciones. Piensa en cuando eras niño y jugabas al beisbol. Al principio tu brazo y tu mano no se movían de la forma correcta cuando tratabas de agarrar la pelota. Sin embargo, mantuviste la intención y, después de mucha práctica, tu brazo y tu mano acabaron por lograrlo siempre que querías. «Tú» no atrapas la pelota, sino que solo tienes la intención de atrapar la pelota, y el resto acontece. «Tú» tienes la intención y el cuerpo actúa.

Exactamente de la misma manera, podemos utilizar la intención para transformar de un modo profundo el comportamiento de la mente. La intención, siempre que esté correctamente formulada y sea correctamente sostenida, es lo que crea las causas y condiciones para la atención estable y el *mindfulness*. Las intenciones, sostenidas repetidamente en el curso de muchas sesiones de meditación, dan lugar a actos mentales que se repiten con frecuencia y que acaban por convertirse en hábitos de la mente —los hábitos de la mente que conducen al gozo, la ecuanimidad y el *Insight*.

En cada etapa, todo lo que «tú» haces realmente es, con paciencia y persistencia, sostener intenciones con el fin de responder de maneras específicas a todo lo que ocurre durante la meditación. Lo esencial es establecer y sostener las intenciones *correctas*. Si la intención es fuerte, tendrán lugar las respuestas adecuadas, y la práctica transcurrirá de una forma muy natural y predecible. La exquisita simplicidad de este proceso no es tan evidente en las primeras etapas; sin embargo, cuando llegues a la octava etapa y lleves a cabo tus meditaciones sin ningún esfuerzo, lo tendrás claro.

Por más útiles que sean, las listas de objetivos, obstáculos, habilidades y maestrías expuestas anteriormente pueden eclipsar la visión de lo simple que es en realidad el proceso subyacente: las intenciones conducen a acciones mentales y las acciones mentales repetidas se convierten en hábitos mentales. Esta sencilla fórmula se encuentra en el núcleo de todas las etapas. Por lo tanto, se ofrece a continuación un breve resumen de las diez etapas, en que se presentan de una manera totalmente diferente –poniendo todo el énfasis en el papel de la intención en cada una de ellas–. Acude al esbozo anterior cuando necesites orientarte dentro del contexto de las etapas concebidas como un todo, y al esbozo siguiente siempre que el trabajo dentro de una etapa en particular te resulte muy arduo.

Primera etapa: pon todo tu esfuerzo en establecer y sostener la intención consciente de sentarte a meditar durante un período de tiempo determinado cada día y de practicar diligentemente durante toda la sesión. Si tus intenciones son claras y fuertes, las acciones correctas derivarán naturalmente de ello, y encontrarás que te sientas a meditar de forma regular. Si no ocurre esto, en lugar de fustigarte e intentar forzarte a practicar, trabaja para reforzar tu motivación y tus intenciones.

Segunda etapa: la fuerza de voluntad no puede evitar que la mente olvide la respiración. Tampoco puedes obligarte a hacerte consciente de que la mente está divagando. En lugar de ello, sostén la intención de captar el momento «ajá» que reconoce la divagación mental y, de forma suave pero firme, vuelve a llevar la atención a la respiración. Después, ten la intención de implicarte con la respiración tanto como puedas sin perder la conciencia periférica. Con el tiempo, las simples acciones que emanarán de estas tres intenciones se convertirán en hábitos mentales. Los períodos de divagación mental se acortarán, los períodos de atención a la respiración se alargarán y habrás logrado tu objetivo.

Tercera etapa: establece la intención de invocar la atención introspectiva con frecuencia, *antes* de haberte olvidado de la respiración o de haberte dormido, y lleva a cabo correcciones tan pronto como percibas distracciones o embotamiento. Además, ten la intención de sostener la atención periférica mientras te implicas con la respiración todo lo posible. Estas tres intenciones y las acciones a que dan lugar son meras elaboraciones de las de la segunda etapa. Cuando se conviertan en hábitos, raramente vas a olvidarte de la respiración.

Etapas cuarta, quinta y sexta: establece y sostén la intención de estar alerta para que la conciencia introspectiva pase a ser continua y perciba y corrige inmediatamente el embotamiento y las distracciones. Estas intenciones madurarán hasta convertirse en las habilidades altamente desarrolladas que son la atención estable y el *mindfulness*. Superarás todas las clases de embotamiento y distracción y alcanzarás tanto la atención exclusiva, en un solo punto, como la conciencia introspectiva metacognitiva.

Séptima etapa: todo se vuelve incluso más simple. Con la intención consciente de estar continuamente alerta contra el embotamiento y las distracciones, la mente acaba por acostumbrarse totalmente a sostener la atención y el *mindfulness* sin esfuerzo.

Etapas octava, novena y décima: tu intención no es otra que la de seguir practicando, usando las habilidades correspondientes sin ningún esfuerzo. En la octava etapa, la atención exclusiva sostenida sin esfuerzo da lugar a la docilidad mental y física, al placer y al gozo. En la novena, el solo hecho de permanecer en el estado de gozo meditativo hace que surjan una tranquilidad y una ecuanimidad profundas. En la décima, por el solo hecho de seguir practicando con regularidad, el gozo, la felicidad, la tranquilidad y la ecuanimidad profundos que experimentas en la meditación persisten entre las sesiones, y también afectan a tu vida diaria.

Figura 3. Enfadarse en cada ocasión en que la mente ha estado divagando es como arrancar todas las plantas del huerto para eliminar las malas hierbas.

Intentar forzar la atención para que se mantenga estable es como tratar de hacer que un árbol crezca por medio de tirar de él.

Como cuando se siembran semillas, en cada etapa hay que sembrar las intenciones apropiadas en la tierra de la mente. Riega estas intenciones con la diligencia de la práctica regular y protégelas de las plagas destructivas que son la postergación, la duda, el deseo, la aversión y la agitación. Estas intenciones florecerán de forma natural en una serie específica de eventos mentales que madurarán para dar lugar a los frutos de nuestra práctica. ¿Germinará más rápidamente una semilla si la vas desenterrando y sembrando de nuevo? No. Por lo tanto, no permitas que la impaciencia o la frustración te lleven a dejar de practicar o te convenzan de que necesitas buscar una práctica «mejor» o «más fácil». Enfadarse en cada ocasión en que la mente ha estado divagando o en que uno se ha adormecido es como arrancar todas las plantas del huerto para eliminar las malas hierbas. Intentar forzar la atención para que se mantenga estable es como tratar de hacer que un árbol crezca por medio de tirar de él. Perseguir la docilidad física y el gozo meditativo es como abrir un capullo para que florezca con mayor rapidez. La impaciencia y el esfuerzo no harán que nada crezca más deprisa. Sé paciente y confía en el proceso. Cuida de la mente como un buen jardinero, y todo florecerá y dará fruto a su debido tiempo.

Perseguir la docilidad física y el gozo meditativo es como abrir un capullo para que florezca con mayor rapidez.

Cuida de la mente como un buen jardinero, y todo florecerá y dará fruto a su debido tiempo.

La experiencia consciencial y los objetivos de la meditación

En este capítulo presento un **modelo de la experiencia consciencial** básico, conceptual. Puedes considerar que es un mapa topográfico —el paisaje de la mente, por así decirlo—. Las instrucciones meditativas son como los caminos que te permiten explorar este paisaje cómodamente. De todos modos, recuerda que un mapa no es más que una representación; no lo confundas con la realidad. Cuando las circunstancias cambien (a medida que tu práctica mejore), encontrarás que necesitas un nuevo mapa. Este es el motivo por el cual, en capítulos posteriores, te proporciono dos modelos más de la mente, mucho más profundos, para que trabajes a partir de ellos. Cada mapa se basa en los previos, y juntos te conducen hacia los dos grandes objetivos de la práctica meditativa: la **atención estable** y el **mindfulness**. En este interludio examinaremos ambos.

UN MODELO DE LA EXPERIENCIA CONSCIENCIAL

La **consciencia**[1] hace referencia a todo lo que estamos experimentando en el momento. Se parece mucho a la visión: así como los objetos presentes en nuestro campo visual cambian de un momento a otro, los objetos que aparecen en el **campo de la conciencia percibida**[*] (lo que puede verse, oírse, olerse y otros fenómenos externos) también surgen y desaparecen. Por supuesto, este campo no se limita solamente a lo que percibimos con nuestros sentidos externos; también incluye los objetos mentales interiores, que aparecen en forma de pensamientos, emociones y recuerdos transitorios.

---

[*] Nota del traductor: En inglés, *conscious awareness*, que literalmente se traduciría como 'conciencia consciente', o más precisamente, en el uso que hace el autor de la expresión, 'conciencia de la que se es consciente'. En aras de una mejor lectura, he optado por la denominación *conciencia percibida*, que refleja fielmente lo que el autor quiere designar (ver su definición en el glosario, correspondiente a la que da el autor para *conscious awareness*). Siguiendo la misma lógica, *non-conscious awareness* aparece traducido como 'conciencia no percibida'.

La atención y la conciencia periférica

La experiencia consciencial adopta dos formas distintas, la **atención** y la **conciencia periférica**. Siempre que centramos nuestra *atención* en algo, ello domina nuestra experiencia consciencial. A la vez, sin embargo, podemos ser más generalmente *conscientes* de objetos que están en un segundo plano. Por ejemplo, ahora mismo tu atención está enfocada en lo que estás leyendo. A la vez, también eres consciente de otras cosas que ves, oyes, hueles y sientes en la periferia.

Figura 4. El campo de la conciencia percibida hace referencia a todo lo que estás experimentando en el momento.

La manera en que trabajan juntas la atención y la conciencia periférica se parece mucho a la relación existente entre el foco visual y la visión periférica. Prueba a fijar tus ojos en un objeto externo. Te darás cuenta de que, mientras estás enfocado en el objeto, tu visión periférica capta otra información presente en cualquier otro lugar de tu campo visual. Puedes comparar esto con tu experiencia de la atención y la conciencia periférica en la vida diaria, en que prestas atención a algunas cosas mientras permaneces periféricamente consciente de otras. Por ejemplo, puede ser que estés escuchando atentamente lo que está diciendo una persona. A la vez, eres periféricamente consciente del aroma del té que estás tomando, de los ruidos de fondo del tráfico y de la sensación agradable de estar sentado en una silla confortable. Como ocurre con la visión, eres más plenamente consciente del objeto que ocupa el centro de tu atención, pero también eres consciente de los muchos objetos que se hallan en tu conciencia periférica. Cuando cambias el foco, lo que había ocupado el centro de tu atención pasa a estar en la periferia. A medida que la atención se mueve de un objeto a otro (de la conversación a la taza de té) te haces más consciente del objeto en cuestión, mientras permaneces periféricamente consciente de los demás.

Es importante darse cuenta de que la atención y la conciencia periférica son dos formas diferentes de «conocer» el mundo.[2] Ambas tienen sus virtudes y sus carencias. La atención aísla un pequeño retazo del contenido del campo de la conciencia percibida del resto con el fin de analizarla e interpretarla. Por otra parte, la conciencia periférica es más integral, abierta e inclusiva, y proporciona el contexto general de la experiencia consciencial. Tiene más que ver con las *relaciones* de los objetos entre sí y con el conjunto. En este libro, con el término **conciencia** siempre se hace referencia a la conciencia periférica. *Nunca significa atención.*[3] La distinción entre estos dos términos es clave; el hecho de no reconocerla da lugar a una gran confusión.

En meditación, se trabaja tanto con la atención como con la conciencia periférica para cultivar la **atención estable** y el **mindfulness**, los dos objetivos principales de la práctica meditativa.

Trabajarás tanto con la atención como con la conciencia periférica para cultivar la atención estable y el mindfulness, que son los dos objetivos principales de la meditación.

Figura 5. Puedes escuchar atentamente lo que está diciendo otra persona mientras eres periféricamente consciente de otras cosas.

Cuando cambias el enfoque de tu atención (de la conversación a la taza de té), te haces más consciente del objeto en cuestión, mientras permaneces periféricamente consciente de los demás.

Figura 6. La atención y la conciencia son dos maneras diferentes de conocer el mundo. La atención aísla una pequeña parte del contenido del campo de la conciencia percibida del resto con el fin de analizarla e interpretarla. La conciencia periférica proporciona el contexto general de la experiencia consciencial.

¡EMPIEZA TU PRÁCTICA!

Aunque es esencial entender plenamente qué es la atención y qué es la conciencia, tal vez te apetezca empezar a practicar. Así que te presento una versión básica y rápida de las instrucciones relativas a la meditación.

1. La postura

    a. Tanto si te sientas en una silla como en un cojín en el suelo, ponte lo más cómodo posible, con la espalda recta.

    b. Haz que tu espalda, cuello y cabeza estén alineados, tanto en su vertical como en el plano lateral (es decir, que ninguno «asome» por delante o por detrás, o por algún lado).

    c. Recomiendo tener los ojos cerrados para empezar, pero puedes mantenerlos abiertos si lo prefieres.

2. Relájate

    a. Mientras permaneces con la espalda recta, suelta cualquier tensión presente en tu cuerpo.

    b. Relaja la mente. Dedica unos momentos a apreciar el hecho de que estás regalándote un tiempo que no tiene nada que ver con todas tus tareas y preocupaciones habituales.

3. La intención y la respiración

    a. Decide practicar diligentemente durante toda la sesión de meditación independientemente de cómo te vaya.

    b. Respira por la nariz del modo más natural posible, sin tratar de controlar la respiración.

    c. Lleva la atención a las sensaciones asociadas con la respiración dentro y alrededor de las fosas nasales, o en el labio superior. Otra opción es la de centrar la atención en las sensaciones asociadas con la respiración en el abdomen. Comprueba en cuáles de estas sensaciones te es más fácil enfocarte y después céntrate en ellas, al menos durante esta sesión. Van a constituir tu objeto de meditación.

    d. Deja que tu atención permanezca centrada en el objeto de meditación mientras tu conciencia periférica permanece relajada y abierta a cualquier cosa que surja (por ejemplo, los sonidos del entorno, las sensaciones físicas del cuerpo, los pensamientos que están en el fondo).

    e. Trata de mantener la atención centrada en el objeto de meditación. Inevitablemente, tu mente se distraerá y alejará. Tan pronto como reconozcas que ha ocurrido esto, dedica un momento a apreciar el hecho de que has recordado tu intención de meditar y dale a tu mente una «palmadita en la espalda» imaginaria. Tendrás la tendencia de juzgarte a ti mismo y sentirte decepcionado por haber perdido el enfoque, pero hacer esto es contraproducente. Es natural que la mente se disperse, por lo que no supone ningún problema que lo hayas perdido. Lo importante es que recuerdes tu objeto de meditación y vuelvas a centrarte en él. Por lo tanto, refuerza positivamente este tipo de comportamiento; haz lo que puedas para recompensar a la mente por recordar.

    f. Ahora vuelve a centrar la atención, con suavidad, en el objeto de meditación.

    g. Repite el paso 3 hasta que la sesión de meditación haya terminado, y recuerda esto: ¡la única sesión de meditación mala es la que no se ha hecho!

EL PRIMER OBJETIVO DE LA MEDITACIÓN: LA ESTABILIDAD DE LA ATENCIÓN

El concepto de *concentración* es bastante vago, y tiene el peligro de ser malinterpretado o de que los estudiantes de meditación tengan sus propias ideas preconcebidas al respecto. Yo prefiero usar la denominación *atención estable* (o *estabilidad de la atención*), que es más útil y precisa; describe mejor lo que tratamos de hacer, en realidad, en el contexto de la meditación.

Dirigir y sostener intencionalmente la atención solo significa que aprendemos a elegir el objeto en el que vamos a fijarnos y que mantenemos la atención fija en él de forma continua. Controlar el ámbito de la atención sería entrenar la mente para que ajuste la amplitud del foco y nos permita ser más selectivos e intencionales respecto a lo que incluimos y excluimos. Para hacer una analogía, piensa en cómo funciona la visión: para ver algo con todos sus detalles, debemos mantener la mirada fija en ello durante el tiempo que sea necesario, sin restringir demasiado nuestro enfoque ni hacerlo demasiado amplio.

La atención estable es la capacidad de dirigir y sostener intencionalmente el enfoque de la atención, así como de controlar el ámbito de la atención.

Para muchas personas, la vida diaria es la suma de la distracción más la realización frenética de múltiples tareas. Contar con una atención enfocada, sostenida y selectiva es una manera mucho más tranquila y atractiva de experimentar el mundo. También es la herramienta más valiosa de la que disponemos para investigar nuestras mentes y llegar a comprendernos a nosotros mismos. Vamos a hablar con mayor detalle de cómo cultivar la estabilidad de la atención.

LOS MOVIMIENTOS ESPONTÁNEOS DE LA ATENCIÓN

Para desarrollar la atención estable, intencionalmente dirigida, primero debes tener una comprensión clara de su contrario, los **movimientos espontáneos de la atención**. La atención se mueve espontáneamente de tres formas diferentes: explorando, siendo atrapada y alternando.

La atención *explora* cuando el enfoque se desplaza de un objeto a otro, volcándose hacia el mundo exterior o hacia el interior de la mente, en busca de algo de interés. La atención *es atrapada* cuando un objeto (como un pensamiento, una sensación corporal o algún estímulo externo) la capta de repente. La sirena de una ambulancia puede hacer que tu atención se aparte del libro que estás leyendo, o el dolor del dedo de uno de tus pies tras golpear algo puede hacer que tu atención se desvíe de los pensamientos agradables que estabas teniendo durante un paseo. Probablemente estás familiarizado con este tipo de movimiento espontáneo de la atención, ya que acontece todo el tiempo.

El tercer movimiento espontáneo, la **atención alternante**, es un tipo de atención intermitente, más sutil, que solo captan los meditadores experimentados. Dejemos claro que la atención de todas las personas alterna, tanto si meditan como si no. La diferencia está en que el no meditador no percibe que su atención alterne. En lugar de ello, tiene la ilusión de que

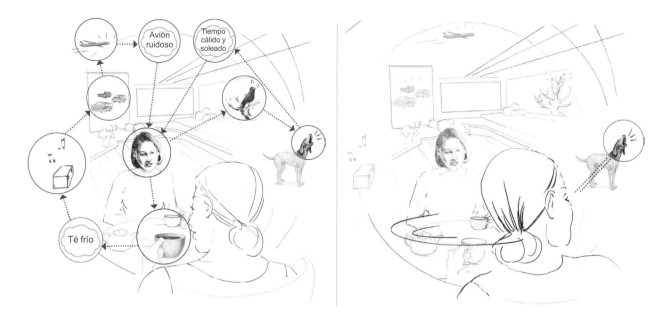

Figura 7. La atención se mueve espontáneamente de tres formas diferentes: explorando, siendo atrapada y alternando. La observación tiene lugar cuando el enfoque pasa de un objeto a otro, en busca de algo de interés. Si la atención no encuentra nada, regresa a su foco original.

La atención se ve atrapada cuando un objeto (como un pensamiento, una sensación corporal o algún estímulo externo) la capta de repente.

está prestando atención a *dos o más cosas simultáneamente*. Lo que ocurre en realidad es que la atención cambia de foco con mucha rapidez; alterna entre varios objetos y permanece enfocada en cada uno de ellos durante la misma cantidad de tiempo, aproximadamente. Este es el tipo de atención que aplicamos cuando estamos realizando varias tareas a la vez. Si haces garabatos en clase mientras escuchas al profesor, tu enfoque se está moviendo con tanta rapidez que parece que tu atención a ambas cosas no se interrumpe, y que es simultánea. Otra forma en que podemos experimentar la atención alternante consiste en estar centrados en un objeto, aparentemente, mientras otros destacan en la conciencia periférica. Por ejemplo, puede ser que estés respondiendo a un correo electrónico mientras oyes que el gato maúlla pidiendo comida y mientras sientes ganas de orinar. También en este caso la atención está pasando rápidamente de un objeto a otro, pero permanece durante más tiempo en el objeto principal, que es responder al correo. Esencialmente, todo aquello que destaca en el segundo plano de la conciencia periférica lo hace porque, de forma intermitente, la atención se fija en ello. En todos estos ejemplos, experimentamos una continuidad de la atención, pero esta pasa rápidamente de un objeto a otro. A menos que estés haciendo varias cosas a la vez a propósito, la atención alternante es un tipo de movimiento espontáneo de la atención. Esto significa que hay cierta cantidad de **distracción** presente.

Figura 8. El tercer tipo de movimiento espontáneo consiste en que la atención alterna entre dos objetos o más.

Durante la meditación, los desplazamientos intencionales de la atención acabarán por sustituir a los tres tipos de movimientos espontáneos de la atención. Este proceso se despliega de forma gradual y sistemática a través de las distintas etapas de ejercitación. Veamos ahora qué significa dirigir y sostener la atención intencionalmente y cómo controlar el ámbito de la atención.

Dirigir y sostener la atención intencionalmente

La **atención dirigida intencionalmente**[4] significa justamente esto: decidimos conscientemente a qué prestar atención. Cuando estamos en el trabajo, tenemos que cambiar deliberadamente nuestro enfoque de una cosa a la siguiente para concluir las tareas. Y cuando nos distraemos y olvidamos el foco, tenemos que regresar intencionadamente a lo que estábamos haciendo.

Dirigir y sostener intencionalmente la atención significa que dejan de tener lugar sus desplazamientos espontáneos.

En las primeras etapas (la segunda y la tercera), ejercitas y fortaleces tu capacidad de dirigir la atención. Pero esto es solo la mitad del trabajo. Después de dirigir tu atención a la respiración, pronto descubrirás que tu mente se ha desviado. Por esta razón, también tienes que aprender a sostener la atención.[5] Esto significa detener todos sus desplazamientos espontáneos.

Ahora bien, sostener la atención es más difícil que dirigirla. ¿Por qué? Es posible dirigir la atención a voluntad; sin embargo, la parte de la mente que sostiene la atención durante más de unos pocos momentos opera de forma totalmente inconsciente. Por lo tanto, no podemos utilizar la voluntad para controlar durante cuánto tiempo permanecemos enfocados en algo. Es un proceso inconsciente el que pondera la importancia de aquello en lo que nos estamos enfocando por oposición a otros posibles objetos de atención. Si un objeto es suficientemente importante o interesante, la atención permanece estable; pero si algún otro se juzga más importante o interesante, la balanza se inclina, y la atención pasa a situarse en ese otro objeto.[6]

Aunque este proceso de ponderación no esté bajo nuestro control consciente, podemos influir en él por medio de sostener intenciones a conciencia. Basta con que tengamos la intención de observar un objeto y de regresar a él siempre que nos distraigamos para entrenar a ese proceso inconsciente para que nos ayude a permanecer enfocados con mayor continuidad. Esto se parece mucho a aprender a lanzar dardos. Las complejas habilidades motoras que se requieren para lanzar dardos implican también entrenar un proceso inconsciente por medio de la intención y la repetición. Al sostener la intención de dar en la diana al lanzar los dardos se ejercita una coordinación inconsciente e involuntaria entre la mano y los ojos, hasta que se puede dar siempre en el blanco.

Toda información sostenida en la consciencia es comunicada al inconsciente. Formular la **intención consciente** de enfocarse en el objeto de meditación proporciona una nueva información que tendrán en cuenta los procesos inconscientes. El hecho de sostener esta intención, junto con volver a llevar la atención a la respiración una y otra vez siempre que nos distraigamos, da al proceso inconsciente de ponderación la información de que sostener el enfoque en la respiración es importante. En la segunda etapa se empiezan a lanzar dardos mentales a la diana de la atención sostenida. Hacia la cuarta etapa, se ha desarrollado la sólida capacidad de sostener la atención en el objeto de meditación.

La atención parece continua y estable en la cuarta etapa, pero el enfoque sigue alternando rápidamente entre el objeto de meditación y las distracciones —las cuales se experimentan como objetos que destacan en la conciencia periférica—. Con el fin de dominar verdaderamente la atención dirigida y sostenida, hay que superar esta tendencia que tiene la atención a alternar. La **atención exclusiva**[7] a un objeto, también llamada **atención en un solo punto**, es muy distinta de la atención alternante. La atención exclusiva no oscila entre las distracciones y el foco de atención que decidimos. Entre las etapas primera y quinta se incrementa mucho la estabilidad de la atención en general, pero la atención exclusiva solo se alcanza en la sexta.

Se ha descrito cómo la intención consciente influye sobre los mecanismos inconscientes que sostienen la atención, pero esto no es más que el comienzo. A lo largo de las etapas, se utiliza la intención consciente para ejercitar la mente inconsciente de varias maneras. El uso correcto de la intención puede transformar también los malos hábitos, deshacer puntos

Repetir tareas simples con una intención clara puede reprogramar procesos mentales inconscientes. Esto puede transformar por completo quién eres como persona.

de vista incorrectos y cultivar perspectivas más saludables. En pocas palabras, la hábil aplicación de la intención consciente puede reestructurar por completo la mente y transformar quiénes somos.[8] Esta es la mismísima esencia de la meditación: reprogramamos procesos mentales inconscientes por medio de repetir tareas básicas una y otra vez con una intención clara. Se hablará más acerca de cómo esta simple actividad cambia los procesos inconscientes cuando se presente el modelo del sistema mental en el quinto interludio.

CONTROLAR EL ÁMBITO DE LA ATENCIÓN

Cuando puedas dirigir y sostener tu atención, trabajarás en controlar el **ámbito (o alcance) de la atención**: podrás decidir su amplitud o su estrechez. Muchas tareas de la vida diaria requieren que expandamos o contraigamos el enfoque de nuestra atención. A la hora de enhebrar una aguja, o al esforzarnos para escuchar a alguien en una sala bulliciosa, tenemos que enfocarnos y prestar atención al detalle. Cuando vemos un partido de fútbol, nuestra atención puede estar puesta en el delantero centro al principio, pero tan pronto como consigue la pelota, el ámbito de nuestra atención se expande a todo lo que ocurre en el campo. Aunque tenemos algún control al respecto, el ámbito de la atención tiende a cambiar automáticamente si no estamos ejercitados, a causa de influencias de las que no somos conscientes.[9]

Tener un ámbito de atención expandido se parece mucho a la atención alternante, en el sentido de que se pueden incluir más objetos en la atención. También puede ser una herramienta útil a la hora de hacer varias cosas a la vez. De todos modos, cuando estamos intentando tener una atención estable, si el ámbito de la atención se sigue expandiendo espontáneamente, se producirán toda clase de distracciones. La atención no será realmente estable hasta que podamos determinar intencionalmente el alcance de nuestro enfoque y no cambiarlo.

Esta habilidad se cultiva sobre todo en la sexta etapa, una vez que el enfoque de la atención se ha vuelto más estable. El alcance de la atención se aprende a controlar por medio de una serie de ejercicios en que uno pasa deliberadamente de un enfoque estrecho a otro amplio y viceversa. En las etapas sexta y séptima se pone un énfasis especial en el *enfoque exclusivo* en el objeto de meditación. En la octava se ha adquirido el dominio sobre el control del alcance de la atención y se puede ampliar el enfoque para que incluya todo el campo de la conciencia percibida en un solo «no foco», abierto y expansivo. De ordinario, tener un foco tan amplio significaría ser vagamente consciente de muchas cosas a la vez.[10] Afortunadamente, también podemos incrementar la capacidad de la consciencia, lo que significa que todo seguirá percibiéndose con bastante claridad. Esto nos lleva al segundo objetivo de la meditación: el *mindfulness*.

EL SEGUNDO OBJETIVO DE LA MEDITACIÓN: EL *MINDFULNESS*

Cuando a un guerrero samurai le falla el *mindfulness*, pierde la vida. Cuando nosotros, en la vida diaria, carecemos de *mindfulness*, nos ocurre algo similar. Nos enredamos tanto en nuestros propios pensamientos y emociones que perdemos la visión de conjunto. Nuestra perspectiva se estrecha y nos extraviamos. Hacemos y decimos cosas lamentables que nos ocasionan un sufrimiento innecesario a nosotros mismos y a los demás. El *mindfulness* nos permite reconocer nuestras opciones, elegir sabiamente nuestras respuestas y tomar el control del rumbo de nuestras vidas. También nos da el poder de cambiar nuestro condicionamiento pasado y convertirnos en las personas que queremos ser. Y, lo que es aún más importante, el *mindfulness* nos conduce al *Insight* y al Despertar.

El mindfulness nos permite reconocer nuestras opciones, elegir nuestras respuestas y tomar el control de nuestras vidas. Nos da el poder de convertirnos en las personas que queremos ser. También nos conduce al Insight, la Sabiduría y el Despertar.

Pero ¿qué es el *mindfulness*? Tanto la palabra *mindfulness* como su equivalente en castellano, *atención plena*, constituyen traducciones no muy afortunadas de la palabra pali *sati*, porque sugieren la actitud de estar atento o de acordarse de prestar atención. En realidad, esto no transmite todo el significado y toda la importancia de *sati*. Incluso sin *sati*, *siempre* estamos prestando atención a *algo*. Pero con *sati* prestamos atención a las cosas adecuadas, y de forma más hábil. Esto es así porque tener *sati* significa estar más plenamente consciente y alerta de lo habitual. Como resultado de ello, nuestra conciencia periférica es mucho más fuerte, y utilizamos la atención con una precisión y una objetividad sin precedentes. Una traducción de *sati* más precisa, pero que no suena tan bien como atención plena o *mindfulness*, sería 'conciencia poderosamente efectiva' o 'atención plenamente consciente'. Utilizo la palabra *mindfulness* porque la gente está familiarizada con ella. Sin embargo, por medio de esta palabra quiero indicar específicamente *la interacción óptima entre la atención y la conciencia periférica*, lo cual requiere *incrementar el conjunto de la capacidad consciencial de la mente*. Vamos a analizar esta definición.

El mindfulness es la interacción óptima entre la atención y la conciencia periférica.

LAS FUNCIONES NORMALES DE LA ATENCIÓN Y LA CONCIENCIA PERIFÉRICA

Para comprender realmente qué es el *mindfulness*, primero tenemos que saber cómo se desarrollan normalmente la atención y la conciencia periférica. Ambas tienen funciones distintas y proporcionan dos tipos de información diferentes. Pero también trabajan juntas, y necesitamos ambas para responder con inteligencia a nuestro entorno. Con esta comprensión, verás cómo la atención ordinaria y la conciencia pueden dar lugar a la interacción óptima que denominamos *mindfulness*.

La atención tiene una función muy específica: elige un objeto presente en el campo general de la conciencia percibida y después analiza e interpreta dicho objeto. Es la facultad de la atención la que nos ayuda a discernir entre informaciones en conflicto (por ejemplo, ¿es esto una serpiente en el camino o solo un trozo de cuerda?). Una vez que un objeto en que se ha fijado la atención se ha identificado y analizado, se puede examinar con mayor profundidad, se puede reflexionar sobre él, se puede juzgar y se puede responder a él. Para que este proceso tenga lugar de forma rápida y efectiva, la atención convierte todos sus objetos en conceptos o ideas abstractas —a menos, por supuesto, que el objeto ya sea un concepto o una idea—. En general, la atención traslada nuestra experiencia primaria del mundo a términos que podemos entender con mayor facilidad, los cuales organizamos después como una imagen de la realidad.

La conciencia periférica, por otra parte, opera de forma muy diferente. En lugar de elegir un objeto para analizarlo, implica una conciencia general de todo lo que perciben nuestros sentidos. La conciencia periférica es solo mínimamente conceptual. Es abierta e inclusiva, así como holística. Es decir, se ocupa de las *relaciones* que tienen los objetos entre sí y con el conjunto. La conciencia periférica nos permite responder de manera más eficaz por medio de darnos información sobre el fondo y el contexto de nuestra experiencia: dónde estamos, qué está ocurriendo a nuestro alrededor, qué estamos haciendo y por qué (por ejemplo, no nos permite confundir la cuerda con una serpiente, porque estamos en Alaska y es invierno).

La atención analiza nuestra experiencia y la conciencia periférica proporciona el contexto. *Cuando la una o la otra no hacen su trabajo, o cuando no se produce la suficiente interacción entre ambas, respondemos a las situaciones con menor eficacia. Puede ser que reaccionemos de forma exagerada, tomemos malas decisiones o malinterpretemos lo que está aconteciendo.*

La atención analiza la experiencia y la conciencia periférica proporciona el contexto. Cuando la una o la otra no hacen su trabajo, malinterpretamos, reaccionamos de forma exagerada y tomamos malas decisiones.

Cualquier sensación, pensamiento o emoción aparece primero en la conciencia periférica.[11] Es aquí donde la mente decide si algo es o no lo suficientemente importante como para que la atención se fije en ello. La conciencia periférica filtra la información no importante y «atrapa» los objetos que merecen ser escrutados más detenidamente por parte de la atención. Esta es la razón por la que unos objetos específicos parece que surgen de la conciencia periférica para que la atención se fije en ellos. La atención también hace un barrido de los objetos presentes en la conciencia periférica en busca de algo relevante o importante, o sencillamente más entretenido, que examinar. Este es el proceso de «exploración» que se ha descrito anteriormente. Pero lo que hacemos con la atención también «entrena» a la conciencia periférica a seleccionar ciertas cosas. Si te interesan los pájaros, por ejemplo, tu conciencia periférica aprende a fijarse en los objetos voladores emplumados.

Mientras la atención se fija en algo, la conciencia periférica está alerta y busca algo nuevo o inusual. Cuando la conciencia capta algo que podría ser interesante, libera a la atención del objeto en que está puesta en ese momento y la redirige hacia el nuevo objeto. Supongamos que estás absorto en una conversación mientras estás caminando cuando, por el rabillo del ojo, percibes una forma que se está moviendo hacia ti. La conciencia periférica alerta a la atención, que procesa rápidamente la información: «¡Estamos en el carril bici y un ciclista viene directo hacia nosotros!». Así que agarras a tu amigo y os echáis a un lado. *La conciencia periférica nos ayuda a estar alerta a nuestro entorno y a usar la atención con la mayor eficacia posible. Cuando la conciencia periférica no hace su trabajo, la atención se mueve a ciegas, sin ninguna guía, y puede ser sorprendida con la guardia baja.*

Por fortuna, no es necesario analizar todas las experiencias; de otro modo, la atención se vería bastante abrumada. La conciencia periférica se ocupa de muchas cosas sin invocar la atención, como espantar una mosca que ha aterrizado en tu cara mientras estás comiendo. Ciertamente, puede implicarse a la atención en el acto de espantar la mosca, así como en otras pequeñas acciones, como elegir lo siguiente que vas a servirte en el plato. Pero hay muchas tareas básicas que no requieren atención; sería imposible usarla para todas ellas. También hay situaciones que acontecen con demasiada rapidez para que la atención pueda hacer algo. Por ejemplo, la atención no puede proporcionar la respuesta rápida, refleja, de una madre que detiene a su hijo para que no atraviese una calzada con tráfico. Como la conciencia periférica no procesa la información de forma tan completa como la atención, responde con mucha mayor rapidez.[12] *Si la conciencia periférica no hace su trabajo, la atención se satura con demasiada facilidad y es demasiado lenta como para asumir estas funciones. Como resultado, no reaccionamos ante esos acontecimientos en absoluto, o reaccionamos ante ellos de una forma totalmente inconsciente y automática (a ciegas, sin pensar y sin obtener ninguno de los beneficios del procesamiento consciente).*

Otra forma en que la atención y la **conciencia** trabajan juntas es a la hora de ayudarnos a ver las cosas con mayor objetividad. Por sí misma, la atención suele implicar una fuerte preocupación por el *yo*. Esto tiene sentido, considerando que parte del trabajo de la atención consiste en evaluar la importancia de las cosas en términos de nuestro bienestar personal. Pero esto también significa que los objetos de la atención pueden verse fácilmente distorsionados por el deseo, el miedo, la aversión y otras emociones. La atención no solo interpreta los objetos a partir del interés propio; nos conduce a identificarnos con objetos externos («este es 'mi' coche») o con estados mentales («'estoy' enfadado, feliz...»). La conciencia periférica es menos «personal» y capta las cosas con mayor objetividad, «tal como son». Los objetos externos, los estados emocionales y la actividad mental aparecen en la conciencia periférica como parte de un cuadro más grande. Podemos ser periféricamente conscientes, por ejemplo, de que algo molesto está surgiendo. Esto es muy diferente de tener el pensamiento «estoy molesto». Una conciencia periférica fuerte ayuda a reducir las tendencias egocéntricas de la atención y hace que la percepción sea más objetiva. *Pero cuando la conciencia periférica se desdibuja, la forma en que percibimos las cosas se vuelve egocéntrica y distorsionada.*

Finalmente, la atención y la conciencia periférica pueden ser **extrospectivas**[*] o **introspectivas**. *Extrospectivas* significa que la atención o la conciencia se dirigen hacia objetos que proceden de fuera de la mente (por ejemplo, lo que vemos u olemos, o sensaciones corporales). *Introspectivas* significa que los objetos presentes en la consciencia son internos (pensamientos, sentimientos y estados y actividades de la mente). Aunque la atención y la conciencia pueden ser tanto extrospectivas como introspectivas, *solo la conciencia periférica puede observar el estado mental general* (por ejemplo, si es feliz, apacible o agitado), *así como las actividades de la mente* (por ejemplo, si la atención se está desplazando o no, y si está ocupada pensando, recordando o escuchando). La situación en que la mente «da un paso atrás» para observar su propio estado y sus propias actividades se denomina **conciencia introspectiva metacognitiva**.[13] La atención, por otra parte, no puede observar las actividades de la mente porque sus propios movimientos

Figura 9. La conciencia periférica introspectiva significa que los objetos presentes en la consciencia son internos (pensamientos, emociones y estados y actividades de la mente).

y compendios de información procedente de la conciencia *son* actividades de la mente. En otras palabras, no podemos estar atentos a la atención. Cuando la atención está centrada en recordar, por ejemplo, no se puede utilizar también para saber que se está recordando. Pero se puede ser *consciente* de estar recordando. Además, puesto que la atención trabaja por medio

---

[*] La palabra *extrospectivo* no existe en castellano, pero podemos concebirla por oposición a introspectivo (N. del T.).

de aislar objetos, no puede observar los estados globales de la mente. Si vuelves hacia dentro tu atención, esta toma una «instantánea» de tu estado mental, ofrecido por la conciencia periférica, justo antes de que miraras. Supongamos que alguien te pregunta: «¿Cómo te sientes?». Cuando miras en tu interior, la atención intenta transformar la conciencia de tu estado mental general en un pensamiento conceptual específico, como: «Soy feliz».

Tras haber comprobado lo diferentes e interdependientes que son la atención y la conciencia periférica, es obvio lo importante que es tener ambas. Estamos respondiendo a *algo* casi en cada momento de la vigilia, un *algo* procedente del entorno o del interior de nuestras mentes. Estas respuestas no incluyen solamente nuestras palabras y acciones, sino también los pensamientos que tenemos y las emociones que experimentamos. Aunque no pueda parecerlo, siempre hay más de una respuesta posible, lo que significa que también hay siempre en marcha un proceso continuo de toma de decisiones. La calidad de las decisiones que tomamos momento a momento depende de la calidad de la información que ponen a nuestra disposición tanto la atención como la conciencia.

TABLA 2. COMPARACIÓN ENTRE LA CONCIENCIA PERIFÉRICA Y LA ATENCIÓN	
Conciencia periférica	**Atención**
Holística, relacional, contextual	Aísla y analiza
Filtra toda la información que entra	Selecciona la información que ofrece la conciencia
Siempre vigilante, actúa como un sistema de alerta	Se centra en objetos
Procesa menos; su respuesta es más rápida	Procesa más; la respuesta es más lenta
Menos personal y más objetiva	Más egocéntrica
Puede ser introspectiva y extrospectiva	Puede ser introspectiva o extrospectiva

Todo lo que pensamos, sentimos, decimos o hacemos momento a momento (quiénes somos y cómo nos comportamos) depende, en última instancia, de las interacciones que tienen lugar entre la atención y la conciencia. El *mindfulness* es la *interacción óptima* entre ambas, por lo que cultivarlo puede cambiar para mejor todo lo que pensamos, sentimos, decimos y hacemos. Puede transformar por completo quiénes somos.

El cultivo del MINDFULNESS

¿Por qué no es el *mindfulness* un estado más natural en nosotros? ¿Por qué tiene que cultivarse? Hay dos razones principales. En primer lugar, la mayoría de nosotros no hemos aprendido nunca a usar la conciencia periférica con eficacia. En segundo lugar, no tenemos la suficiente capacidad consciencial para sostener el *mindfulness*, especialmente en los momentos en que más lo necesitamos.

Describo el primero de estos problemas como *trastorno del déficit de conciencia*.[14] Esto significa una falta crónica de conciencia a causa de un uso excesivo de la atención. La mayoría de la gente utiliza la atención en exceso porque tiene el control consciente directo de ella, cosa que no ocurre con la conciencia periférica. La conciencia surge de forma automática en respuesta a estímulos externos o internos, por lo que es fácil pasarla por alto. El problema de pasar por alto constantemente la conciencia periférica en favor de la atención es que acaba por atrofiar la facultad de la conciencia. En la meditación las distracciones son mínimas, y esto nos permite aprender a utilizar la conciencia periférica con eficacia y volvernos hábiles en el uso conjunto de la atención y la conciencia. De todos modos, esta habilidad no es más que un componente del cultivo del *mindfulness*.

El otro componente es el desarrollo del poder mental puro. Este factor no se tiene en cuenta a menudo. Pero si no incrementas este poder, no llegarás muy lejos en el cultivo del *mindfulness*; te encontrarás con que sigues perdiéndolo cuando más lo necesitas, sobre todo cuando no estés sentado en el cojín. Por ejemplo, si tu pareja ha tenido un mal día en el trabajo y se queja de la comida que has preparado, necesitas *mindfulness* para conservar una conciencia objetiva que reconozca la causa real de la queja. Pero cuando las emociones fuertes toman el control, toda tu energía se vierte en una atención hiperenfocada mientras entras en el modo de lucha o huida. Tu conciencia naufraga y tu atención se centra en la crítica como si se tratara de un ataque a tu persona. Sostener el *mindfulness* requiere una consciencia más potente de lo habitual.

Piensa en la consciencia como en una fuente de energía limitada. Tanto la atención como la conciencia extraen su energía de esta fuente compartida. Al haber solamente una cantidad de energía limitada para ambas, siempre se producirá una negociación entre las dos. Cuando la atención se enfoca intensamente en un objeto, el campo de la conciencia percibida empieza a contraerse, y la conciencia periférica del entorno se diluye. Si se intensifica lo suficiente este enfoque, el contexto y la guía proporcionados por la conciencia periférica desaparecen por completo. En este estado, la conciencia ya no puede asegurar que la atención se dirija adonde es más necesario y beneficioso. Es como llevar anteojeras o tener visión de túnel. Sencillamente, no tenemos la suficiente capacidad consciencial para seguir siendo conscientes de nuestro entorno mientras nos enfocamos tan intensamente en el objeto. Esto es siempre un problema en las situaciones en que la atención drena nuestra capacidad consciencial, como durante una discusión, una situación urgente o cuando nos enamoramos.

Podemos perder el *mindfulness* de otras maneras también, pero en todos los casos ocurre que no tenemos la suficiente capacidad consciencial para sostener una interacción óptima entre la atención y la conciencia. Requiere una capacidad consciencial considerable estar atentos a muchos objetos diferentes, de modo que perdemos la conciencia.[15] Así, perdemos el *mindfulness* siempre que nuestra atención oscila rápidamente entre distintos objetos; por ejemplo, cuando hacemos varias cosas a la vez.[16] El estrés emocional conduce al mismo resultado: tenemos tantas inquietudes y preocupaciones compitiendo por nuestra atención que perdemos la perspectiva. Y, por supuesto, el embotamiento también nos roba la capacidad consciencial necesaria para que acontezca el *mindfulness*. Por otra parte, cuando estamos relajados, la conciencia tiende a abrirse y la intensidad de la atención se disipa. Relájate aún más y la atención se desvanecerá aún más. Lo habitual es que el embotamiento haga acto de presencia. Puesto que la atención y la conciencia beben de la misma consciencia, que tiene una capacidad limitada, cuando una adquiere brillo la otra se atenúa, y el resultado es un rendimiento menos que óptimo y la pérdida del *mindfulness*.

> *Podemos perder el mindfulness de muchas maneras, pero en todos los casos ocurre que no tenemos la suficiente capacidad consciencial para sostener una interacción óptima entre la atención y la conciencia.*

El cultivo correcto del *mindfulness* cambia esta ecuación, pues nos proporciona una mayor capacidad consciencial en favor de una interacción óptima, y dejan de ser necesarias las negociaciones entre la atención y la conciencia. El objetivo, por lo tanto, es *incrementar la capacidad total de la consciencia disponible tanto para la atención como para la conciencia*. El resultado es una conciencia periférica más clara y un uso más adecuado de la atención: un uso premeditado, en el momento presente, y sin empantanarse en juicios y proyecciones.

> *La atención y la conciencia beben de la misma consciencia, que tiene una capacidad limitada. El objetivo es incrementar la capacidad total de la consciencia disponible para ambas.*

Incrementar la potencia del mindfulness

Incrementar la capacidad de la consciencia no es un proceso misterioso. Se parece mucho a la ejercitación en el levantamiento de pesas. Sencillamente, se trata de hacer ejercicios para practicar el sostenimiento de una gran atención y una fuerte conciencia periférica *al mismo tiempo*. Esta es la única manera de capacitar más a la consciencia. Cuanto más vívida pueda ser la atención mientras se sostiene la conciencia, más capacidad consciencial se obtiene. Aprenderás varios ejercicios al respecto al progresar por las etapas. En las etapas más avanzadas de la meditación, la atención y la conciencia se mezclan para convertirse en un sistema plenamente integrado (se abunda en esto en el capítulo dedicado a la octava etapa).

Como cuando fortalecemos un músculo, el desarrollo de un *mindfulness* potente implica incrementar una capacidad natural que tenemos todos. Reflexiona por un momento sobre cómo tu alerta y tu claridad mental cambian en el transcurso del día. A veces nos sentimos bastante agudos, enérgicos y lúcidos. Una situación en la que nuestra vida se vea amenazada es un ejemplo excepcional de esto. El tiempo transcurre más lento. Sintonizamos con cualquier detalle, por pequeño que sea —todos los colores, formas, sonidos y sensaciones se nos presentan vívidos—. A veces podemos tener la sensación de que somos un observador externo atento a cómo se desarrollan los acontecimientos. Los deportistas denominan a este estado hiperconsciente *estar en la zona*. Este es un extremo. En el otro, hay veces durante el día en que nos sentimos amodorrados. La falta de energía mental nos conduce al embotamiento, y de ahí a la somnolencia. En este tipo de estados, nos perdemos mucho de lo que está ocurriendo a nuestro alrededor, y a menudo malinterpretamos lo que somos capaces de percibir. Un gran cansancio o el alcohol pueden ocasionar un gran embotamiento, cuyo grado más alto es el sueño profundo.

Como cuando fortalecemos un músculo, el desarrollo de un mindfulness potente implica incrementar una capacidad natural que tenemos todos.

La variedad de estas experiencias nos muestra el abanico de la capacidad consciencial de nuestras mentes. Compara tu nivel de consciencia habitual con el de un deportista que se encuentre «en la zona» o con el de una persona que se halle en una situación de emergencia. Te darás cuenta de que la vida diaria consiste sobre todo en distintos grados de embotamiento e inconsciencia. A medida que progresas por cada etapa en esta práctica, te apartas firmemente del embotamiento y avanzas hacia estados de consciencia incrementados que favorecen un mayor *mindfulness*.

En esta práctica, te apartas firmemente del embotamiento y avanzas hacia estados de consciencia incrementados que favorecen un mayor mindfulness.

Tener mayor capacidad consciencial significa que la *calidad* de la atención y la conciencia periférica aumenta. Esto transforma la interacción entre ambas de varias maneras importantes:

- La conciencia periférica no se diluye cuando la atención está muy enfocada.
- La conciencia periférica cumple mejor su función de proporcionarte un contexto y te hace más sensible a cómo los objetos se relacionan entre sí y con el conjunto.
- La conciencia periférica procesa la información más cabalmente y selecciona mejor los objetos en los que la atención debe enfocarse.
- La atención se dirige siempre hacia los objetos más importantes.
- La atención se vuelve más clara, más intensa, y puede analizar las cosas con mayor eficacia.

- Como la conciencia periférica es más potente, la atención no se atasca en la subjetividad y las proyecciones. La percepción es más objetiva y está más imbuida de la cualidad de la conciencia de «ver las cosas tal como son».

Cómo progresa el *mindfulness* a lo largo de las diez etapas

A lo largo de las etapas de la meditación ejercitas sistemáticamente tu atención y tu conciencia periférica con el fin de desarrollar el *mindfulness*. Esto tiene que ver tanto con el desarrollo de habilidades como con el incremento de la capacidad total de la consciencia.

Esta ejercitación empieza en la tercera etapa. Practicas enfocándote cada vez más en el objeto de meditación mientras sostienes la conciencia extrospectiva. En las etapas cuarta, quinta y sexta, puesto que la claridad y la estabilidad de la atención aumentan drásticamente, pones el acento en el desarrollo de una fuerte conciencia introspectiva.[17] En la quinta etapa, el objetivo específico es incrementar la capacidad de la consciencia por medio de intentar detectar sensaciones muy sutiles sin perder la conciencia. En la sexta, incrementas más la capacidad consciencial por medio de expandir de forma contundente el ámbito de la atención para que incluya la totalidad del cuerpo, mientras aún intentas detectar sensaciones muy sutiles. Al final de la sexta etapa la atención es extremadamente estable y has perfeccionado la **conciencia introspectiva metacognitiva** (la capacidad de observar continuamente el estado y la actividad de la mente). En la séptima etapa practicas restringir el ámbito de la atención fijándote en los detalles siempre cambiantes de las sensaciones, y en la octava logras el máximo desarrollo de la capacidad de la consciencia.[18]

Los beneficios del *mindfulness*

Cuando hayas cultivado el *mindfulness*, tu vida será más rica, más vívida, más satisfactoria, y no te tomarás tan personalmente todo lo que suceda. Tu atención jugará un papel más adecuado dentro del contexto de una conciencia más amplia y potente. Estarás más plenamente presente, serás más feliz y estarás más a gusto, porque no te verás tan fácilmente atrapado por las historias y melodramas que a la mente le gusta urdir. Utilizarás los poderes de la atención para examinar el mundo de forma más adecuada y efectiva. Serás más objetivo y gozarás de mayor claridad mental, y serás más consciente de todo lo presente. Cuando todos estos factores estén perfeccionados, estarás listo para tener un profundo **Insight** de la verdadera naturaleza de la realidad. Estos son los extraordinarios beneficios del *mindfulness*.

Con el mindfulness, tu vida será más rica y satisfactoria. No te tomarás las cosas personalmente. Tu atención jugará un papel adecuado dentro del contexto de una conciencia más amplia y potente.

RESUMEN

Los dos objetivos principales de la práctica de la meditación son estos:

- Desarrollar una atención estable.
- Cultivar un *mindfulness* potente que optimice la interacción entre la atención y la conciencia.

Una famosa analogía de la tradición zen compara la mente con un estanque. Esta es una forma útil de concebir la ejercitación y los objetivos de la meditación. Si el agua está agitada por el viento y las corrientes, no ofrece un reflejo claro ni podemos ver el fondo. Pero cuando todo se calma, el lodo que la enturbiaba empieza a aposentarse, y el agua se vuelve clara. Un estanque calmado también refleja perfectamente el cielo y las nubes.

De la misma forma, si nuestras mentes están agitadas, perturbadas por las vicisitudes de la vida diaria, no reflejan la experiencia de forma apropiada, sino que estamos atrapados en nuestras proyecciones y nos falta perspectiva. Nuestros procesos mentales también son turbios; están llenos de un lodo mental que perturba nuestro pensamiento. Desarrollar una atención estable es la clave para calmar el agua, aposentarla, purificarla. El *mindfulness* es como la luz del sol que ilumina tanto la superficie como las profundidades.

No olvides, sin embargo, que el camino es tan importante como la meta. Las etapas que se describen en este libro pueden conducirte a un estado de paz e *Insight*, pero son también un viaje emocionante de descubrimiento de la naturaleza de la mente. Saborea este viaje, que es hermoso, a veces difícil. El objetivo no es solamente llegar a un estanque silencioso y calmado sino también aprender sobre la constitución del agua misma mientras pasa del estado de agitación al de calma, mientras pasa de estar turbia a estar clara como el cristal.

El establecimiento de la práctica

El objetivo de la primera etapa es establecer una práctica de meditación regular. Pon todo tu esfuerzo en crear y sostener la intención consciente de sentarte a meditar durante un período de tiempo establecido cada día, y de practicar con diligencia a lo largo de la sesión. Si tus intenciones son claras y fuertes, resultarán de ello las acciones apropiadas, de forma natural, y te encontrarás con que te sientas regularmente a meditar. Si esto no ocurre, en lugar de regañarte a ti mismo e intentar forzarte a practicar, trabaja para fortalecer tu motivación y tus intenciones.

Primera etapa: el meditador empieza a perseguir al elefante que corre, sosteniendo un acicate en una mano y una cuerda en la otra. Estos elementos representan el *mindfulness* vigilante, alerta (la cuerda) y la intención fuerte (el acicate), que finalmente servirán para domar al elefante (la mente). El elefante es conducido por un mono que corre (la dispersión de la atención).

- El elefante es completamente negro, lo que significa que la mente está dominada por los cinco obstáculos y los siete problemas.
- El mono es también negro, lo que representa que la atención se dispersa porque hay poco control intencional sobre sus movimientos.
- La hoguera indica el esfuerzo necesario para pasar de la primera etapa a la segunda.

OBJETIVOS DE LA PRÁCTICA EN LA PRIMERA ETAPA

L a primera etapa consta de dos objetivos. Primero aprenderás a prepararte para la práctica y a usar un sencillo método para entrar en la meditación de forma progresiva. Y el segundo objetivo, el más importante, consiste en asentar una práctica diaria constante en la que medites al máximo de tu capacidad a lo largo de todas las sesiones. Para tener éxito, necesitarás reconocer los obstáculos que hay en tu camino y crear soluciones. El dominio de esta etapa te proporciona la firme base que necesitas para avanzar con rapidez por las diez etapas.

CÓMO EMPEZAR LA PRÁCTICA

La práctica básica que propone este libro es muy simple: dirige tu atención hacia un objeto de meditación bien definido. Siempre que tu atención «resbale», dirígela de nuevo a ese objeto. Repite esto tan a menudo como sea necesario. Pero no vamos a empezar directamente por ahí, sino con dos prácticas preliminares que te ayudarán a preparar el cuerpo y la mente para efectuar una transición suave al objeto de meditación.

SEIS PUNTOS PARA PREPARARSE PARA MEDITAR

Recomiendo los seis puntos siguientes a los nuevos estudiantes. Deberías prepararte para la meditación como lo harías en el caso de otras actividades: pensando y planificando de antemano. Memoriza estos seis puntos y aplícalos tan pronto como te sientes. Incluso puedes repasarlos mentalmente mientras te estés encaminando a tu lugar de meditación. Estos puntos son: la motivación, los objetivos, las expectativas, la diligencia, las distracciones y la postura.

1. Despierta tu motivación

Justo tras sentarte, lo primero que debes hacer es recordarte a ti mismo por qué has elegido meditar. Tal vez para gozar de un poco más de paz mental e incrementar tus habilidades mentales, tal vez para alcanzar el **Despertar**. O tal vez porque sabes que te sentirás mejor durante el resto del día si meditas que si no lo haces. No juzgues tus razones como buenas o malas; sencillamente, reconócelas y acéptalas tal como son. Tener un propósito claro despertará tu motivación y te ayudará a lidiar con cualquier sensación de inquietud o resistencia.

2. Ponte objetivos razonables

Los objetivos proporcionan dirección y es importante que sean realistas para no acabar decepcionado. Pregúntate qué esperas lograr en cada sesión en particular. Piensa en los problemas en los que has estado trabajando en sesiones recientes y decide cuál es la mejor manera en que puedes abordar la práctica hoy. A continuación, elige un objetivo para la sesión que tienes por delante que sea razonable a tenor de tus recientes progresos. Al principio, tus objetivos pueden ser simples, como no rendirte y no pasar a soñar despierto, o conservar la paciencia cuando tu mente divague o te entre sueño. Comprender las etapas y saber en cuál te hallas es una herramienta eficaz para ponerte metas realistas; para ello, revisa periódicamente la «Descripción general de las diez etapas», en la página 21.

3. Ten cuidado con las expectativas

Debes ponerte objetivos y practicar con diligencia para alcanzarlos, pero ve con cuidado con las expectativas ambiciosas en cuanto a dónde «deberías estar»; de otro modo, puedes predisponerte fácilmente a la decepción. Encuentra el gozo en cada meditación ocurra lo que ocurra, y saborea cualquier logro. El solo hecho de sentarte a practicar es un logro.

Habrá sesiones en las que te será fácil enfocarte. Este será el fruto de tu práctica previa. Pero no esperes advertir un progreso evidente cada vez que te sientes. Habrá «mesetas» en las que nada parecerá cambiar durante días o semanas. Hoy puede que te resulte más difícil estabilizar la atención o gozar del *mindfulness* que semanas o incluso meses atrás. Esto es normal, así que permanece relajado. Que tu esfuerzo sea diligente y aun así gozoso. No te quedes atrapado en las expectativas. Y recuerda siempre que las «malas» meditaciones no existen.

4. Comprométete a ser diligente

La **diligencia** significa implicarse de todo corazón con la práctica en lugar de pasar el tiempo en el cojín planeando algo o soñando despierto. Tendrás la tentación de pensar en cosas que son más interesantes o «importantes» que el objeto de meditación (problemas por resolver, proyectos que planificar y fantasías que recrear). Así que comprométete a no transigir con estas distracciones tentadoras. Además, juzgar la calidad de tu práctica quizá te conduzca a la duda y ello puede dar lugar a la postergación y la resistencia (ver «Obstáculos para el establecimiento de la práctica», en la página 69). Recuérdate que, siempre que surjan resistencias, la mejor forma de superarlas es seguir practicando. Decide practicar con diligencia durante toda la sesión, independientemente de cómo vaya tu meditación.

5. Revisa las distracciones potenciales

Es importante que sepas cuál es tu estado mental antes de empezar a meditar. Haz un inventario rápido de todo aquello presente en tu vida que podría manifestarse como distracciones, tales como un problema en el trabajo o una discusión con un amigo. Comprueba si tu mente está ocupada con cualquier preocupación sobre el futuro, arrepentimientos por hechos pasados, dudas u otras perturbaciones. (Te será de ayuda echar un vistazo a los cinco obstáculos que se describen en el segundo interludio). Reconoce estos pensamientos y emociones, sean cuales sean, y decide echarlos a un lado si surgen. Acaso no tengas un éxito total, pero el solo hecho de establecer la intención hará que te sea más fácil manejarlos.

6. Ajusta la postura

Antes de empezar, comprueba tu postura y ponte cómodo. He aquí una lista de detalles que debes tener en cuenta:

- Ajusta los soportes que utilices para ayudarte a sentarte cómodamente.
- Cabeza, cuello y espalda deben estar alineados, no inclinados hacia delante o hacia atrás, o hacia algún lado.
- Tus hombros deben estar alineados y ambas manos al mismo nivel, para que tus músculos estén en equilibrio.
- Tus labios deben permanecer cerrados, tus dientes ligeramente separados y tu lengua contra el paladar, con la punta contra la parte posterior de los dientes superiores.

- Empieza con los ojos cerrados y ligeramente inclinados hacia abajo, como si estuvieses leyendo un libro. Esto alivia la tensión en frente y cara. Si lo prefieres, deja los ojos ligeramente abiertos, con la mirada dirigida al suelo, delante de ti. Tus ojos se moverán durante la meditación, pero cuando adviertas algún movimiento, haz que regresen a la posición original.
- Con los labios cerrados, respira por la nariz de forma natural. No deberías sentir que controlas o fuerzas la respiración.
- Relájate y diviértete. Explora el cuerpo en busca de cualquier tensión y suéltala. Toda la actividad de la meditación está en la mente, de modo que el cuerpo debe ser como la arcilla (sólido y estable, pero totalmente maleable). Esto ayuda a que las distracciones físicas sean mínimas. (Para saber más acerca de la forma de sentarte, lee «La postura correcta», en la página 74).

TABLA 3. PREPARACIÓN PARA LA MEDITACIÓN	
MOTIVACIÓN	Revisa el propósito que tienes al meditar. ¡Sé honesto! No juzgues tus razones. Sé consciente y acéptalas. Ejemplo: «Quiero más paz mental»
OBJETIVOS	Decide en qué quieres trabajar en esta sesión. Establece un objetivo razonable en función de la etapa en la que estás. Póntelo fácil. No te propongas grandes metas. Por ejemplo: «No molestarme cuando la mente divague»
EXPECTATIVAS	Recuerda los peligros de las expectativas y sé amable contigo mismo. Disfruta con cada meditación, ocurra lo que ocurra. Las «malas» meditaciones no existen
DILIGENCIA	Decide practicar con diligencia durante toda la sesión. Recuerda que la mejor manera de superar las resistencias es seguir practicando, sin juzgarte
DISTRACCIONES	Haz un rápido inventario de distracciones presentes en tu vida que podrían aparecer. Reconoce estos pensamientos y emociones y decide echarlos a un lado si surgen. Puede que no tengas un éxito completo, pero al menos habrás plantado una semilla: la intención de no dejar que dominen tu mente
POSTURA	Revisa tu postura y ponte cómodo. Pon atención a tus instrumentos de apoyo y a tu cabeza, cuello, espalda, hombros, labios, ojos y respiración. Relájate y diviértete. Toda la actividad de la meditación está en la mente, por lo que el estado adecuado del cuerpo es semejante a la arcilla blanda (sólido y estable, pero totalmente maleable). Esto hará que las distracciones físicas sean mínimas

No importa el tiempo que dediques a la preparación, porque también constituye una forma de meditación. Si tu mente divaga, vuelve a enfocarla en la respiración, aplicando las técnicas que se describen. Cuanto más a menudo lo hagas, más rápidamente regresará a su lugar.

A veces, los estudiantes noveles dicen: «Me parece que paso mucho tiempo haciendo la preparación para la práctica; ¿es esto un problema?». Cuando les pregunto cómo les fue después el resto de la meditación, a menudo esto responde a la pregunta. Cuando pasan por los seis puntos, su mente está bien asentada. La preparación también ayuda a establecer una práctica consistente, libre de resistencias y de pérdidas de tiempo deliberadas. Y no importa la cantidad de tiempo que dediques a la preparación, porque esta es también una forma de meditación en la que, intencionalmente, se dirige y sostiene la atención. Si tu mente divaga, vuelve a centrarla usando las mismas técnicas que se describen en el siguiente apartado. Con el tiempo, integrarás la preparación y la llevarás a cabo con mucha mayor rapidez.

El objeto de meditación

Un objeto de meditación es algo que se elige intencionadamente para que sea el foco de la atención durante la práctica. Aunque se puede elegir casi cualquier cosa, la respiración es ideal para el cultivo de la atención y el *mindfulness*. En primer lugar, la respiración está siempre contigo. En segundo lugar, te permite ser un observador totalmente pasivo. No necesitas hacer nada, no necesitas repetir un mantra, generar una visualización o apoyarte en un elemento especial, como una vela, un símbolo o una *kasiṇa*.[1] Puedes meditar en la respiración siempre que tengas oportunidad, estés donde estés, cada día —puedes hacerlo hasta en tu último aliento—. La respiración también cambia con el tiempo; se vuelve más débil cuando la concentración es más profunda. Esto hace que sea adecuada para desarrollar una atención potente, desde el momento en que los detalles en los que te enfocas se vuelven más sutiles a medida que las sensaciones son menos identificables. De la misma forma, el hecho de que las sensaciones cambien continuamente, momento a momento, conduce al *Insight* de la naturaleza de la impermanencia. Además, la respiración se repite constantemente, reiterando el mismo patrón una y otra vez, lo que la hace apropiada como objeto de meditación fijo (es decir, relativamente estable) para entrar en estados de absorción meditativa. A causa de estas distintas cualidades, la respiración se utiliza como la base para la práctica de la serenidad y el *Insight* (*śamatha-vipassanā*), las prácticas del *Insight* seco[*] (*sukkha-vipassanā*) y las absorciones meditativas (*jhāna*).

Siempre que nos referimos a la *respiración* como el objeto de meditación, en realidad queremos indicar las *sensaciones* producidas por la inhalación y la exhalación, no alguna visualización o idea del aire entrando y saliendo. Cuando te indico que observes la respiración en el pecho o en el abdomen, quiero señalar las sensaciones de movimiento,

> *Siempre que nos referimos a la respiración como el objeto de meditación, queremos indicar las sensaciones producidas por la inhalación y la exhalación.*

---

[*] A estos Insights se los denomina secos porque les falta la «humedad» lubricante del śamatha: el gozo, la tranquilidad y la ecuanimidad que hacen que sea mucho más fácil afrontar las experiencias perturbadoras y temibles del Insight de la impermanencia, la vacuidad y el sufrimiento. Todo esto se explicará más adelante.

presión y tacto que tienen lugar ahí mientras inspiras y espiras. Cuando menciono la *respiración en la nariz*, hago referencia a las sensaciones de temperatura, presión y aire que se mueven por la piel en la zona de la punta y el borde de la nariz, las fosas nasales o la parte del labio superior que está justo debajo de estas.

A lo largo de las diez etapas, las sensaciones de la respiración en la nariz serán a menudo tu objeto de meditación, pero no siempre. Algunos profesores sugieren que se utilicen las sensaciones relacionadas con la subida y la bajada del abdomen en su lugar. Los principiantes encuentran a menudo que los amplios movimientos abdominales son más fáciles de seguir al principio. Pero cuando la respiración se vuelve muy superficial, la sensibilidad menos sutil del abdomen puede hacer que sea más difícil detectar las sensaciones de la respiración. Recomiendo la nariz porque sus terminaciones nerviosas son mucho más sensibles.[2] Elige el área, en la zona de las fosas nasales, que te vaya mejor.

Si bien la respiración como objeto de meditación presenta muchos beneficios, los mismos principios y métodos pueden aplicarse a cualquier objeto de meditación y a la mayor parte de las otras técnicas meditativas.

Si bien la respiración presenta muchos beneficios, los métodos que se muestran a lo largo de las diez etapas se pueden utilizar también con un objeto visualizado o con un mantra, o en las prácticas de la bondad amorosa. Los mismos principios pueden emplearse en conjunción con la técnica de percepción del método *vipassanā* al estilo de Mahasi, la concentración en la respiración y las técnicas de exploración del cuerpo del método *vipassanā* de U Ba Khin y Goenka o el *vipassanā* singularmente sistemático de Shinzen Young. En todos ellos se afrontan los problemas de la **divagación mental**, la **distracción** y el **embotamiento**, que pueden abordarse con las técnicas que se van a presentar. Dicho esto, no todos los objetos de meditación conducen hasta las últimas etapas con la misma certeza con que lo hacen las sensaciones de la respiración.

Una transición gradual, en cuatro pasos, hacia el objeto de meditación

Con esta práctica vas a hacer, suavemente, la transición desde la atención oscilante de la vida diaria hasta la concentración en la respiración en la nariz. Esta transición tiene lugar en cuatro pasos. En cada uno de ellos defines un «dominio» o «espacio» específico en el que permites que tu atención se desplace libremente. Cualquier objeto presente en ese espacio puede servirte como foco de atención en cualquier momento —es decir, tu enfoque cambiará de uno a otro según tu voluntad—. Mientras avanzas de etapa en etapa vas restringiendo cada vez más el espacio en que la atención puede moverse con libertad, hasta que acabas centrado en las sensaciones de la respiración en la nariz. Mientras llevas a cabo esta transición con atención, acuérdate de conservar siempre la atención periférica. Todos los pasos de la transición proporcionan una buena oportunidad de aprender a distinguir entre la atención y la conciencia. Tómate en serio esta práctica; no la concibas solamente como una manera

Figura 10. La transición en cuatro pasos hacia el objeto de meditación. Primer paso: establece una conciencia y una atención abiertas y relajadas. Permítete ser consciente de todo, pero da prioridad a las sensaciones sobre los pensamientos.

Segundo paso: enfócate en las sensaciones corporales, pero sigue siendo consciente de todo lo demás.

Tercer paso: enfócate en las sensaciones relacionadas con la respiración, pero sigue siendo consciente de todo lo demás.

Cuarto paso: enfócate en las sensaciones de la respiración en la nariz, pero sigue siendo consciente de todo lo demás.

agradable de empezar una meditación. Úsala cada vez que te sientes a meditar, especialmente si eres un principiante.

Mientras recorres estos cuatro pasos, acuérdate siempre de relajar el cuerpo, calmar la mente y evocar sentimientos de satisfacción. Es como entrar poco a poco en un *spa*. Percibe continuamente cualquier elemento interno placentero que contribuya a que tengas una sensación de relajación, bienestar y felicidad general. Como aprenderás, la relajación y la felicidad juegan un papel importante en el proceso de ejercitación de la mente.

Primer paso: céntrate en el presente

En primer lugar, cierra los ojos y dedica unos momentos a volverte plenamente presente. Asume todo lo que te muestren los sentidos. Con los ojos cerrados, encontrarás que los dos estímulos sensoriales principales son los sonidos y las sensaciones que se originan en el cuerpo. Abre plenamente tu conciencia periférica. A continuación, permite que tu atención sintonice con cualquiera de los sonidos, sensaciones corporales, olores o pensamientos que puedas experimentar. Dentro de este panorama holístico, la única limitación que debes poner a los desplazamientos de la atención es permanecer en el *presente, aquí y ahora*.

Permanecer presente es extremadamente importante. Mientras que todos los sonidos y sensaciones corporales tienen lugar en el aquí y ahora, los pensamientos sobre ellos (aquello que va más allá del mero hecho de percibirlos y reconocerlos) te sacan del presente. Así pues, permite que tu atención vaya a cualesquiera sensaciones que la atraigan, pero no las analices o pienses sobre ellas. Observa las sensaciones corporales objetivamente, sin identificarte con ellas como «mías». Deja que tu atención se desplace a su antojo, conducida por el surgimiento y la desaparición, momento a momento, de los objetos sensoriales que están dentro del campo de tu conciencia percibida.

Si encuentras que una sensación en particular es placentera, dedica un momento a disfrutarla. Permite que ese placer conduzca a tu mente hacia un estado de felicidad en el presente. Trata de distinguir claramente entre la cualidad subjetiva del placer y el objeto sensorial que lo desencadenó y saborea el placer, no el objeto sensorial. Si tu mente reacciona frente a algo no placentero, distingue entre esa reacción y el objeto que la produjo, y después suelta la reacción.

También serás consciente de todo tipo de actividad mental, además de la mencionada: recuerdos, pensamientos sobre el futuro, hechos que acontecen en cualquier sitio, etcétera. Espera que esta clase de actividad se suceda en tu mente. Estar plenamente presente significa ser *consciente* de ella pero no identificarse con sus contenidos. Pasa por alto cualquier pensamiento que no tenga nada que ver con el momento presente. Incluso los pensamientos sobre el presente debes recibirlos con cautela, porque pueden sacarte rápidamente del aquí y ahora. Por otra parte, algunos pensamientos, como el de cómo adoptar una postura más cómoda, pueden ayudarte a asentarte en el presente.

En general, observar los pensamientos con atención plena es complicado, por lo que es mejor que te enfoques en los sonidos, los olores y las sensaciones físicas para evitar verte arrastrado por los pensamientos. Una reflexión útil que puedes recordar cuando lidies con distracciones de cualquier tipo es esta: *deja que venga, deja que esté, deja que se vaya*. No intentes reprimir el objeto de distracción; *deja que venga* a tu conciencia periférica. No te impliques con la distracción ni le dediques atención; sencillamente, no le hagas caso y *deja que esté* en segundo plano. A continuación, *deja que se vaya* por sí misma. Este proceso es pasivo. No hay nada que «hacer» salvo permitir que estos objetos surjan y pasen por sí mismos, momento a momento. Cuando descubras que tu atención se ha visto atrapada por un pensamiento, limítate a regresar al presente.

Segundo paso: enfócate en las sensaciones corporales

Una vez que estés plenamente presente con cualquier tipo de estímulo sensorial, limita tu atención a las sensaciones corporales. Estas incluyen todas las sensaciones físicas que se manifiesten en el cuerpo, como sensaciones táctiles, presiones, calor, frío, movimientos, hormigueo, sensaciones viscerales profundas (como ruido de tripas), etcétera. Con tu atención limitada a las sensaciones corporales, permite que todo lo demás se deslice al segundo plano de la conciencia periférica. No reprimas o excluyas nada del campo de la conciencia percibida. Permite que los sonidos, los olores y los pensamientos circulen en el trasfondo, pero no te enfoques en ellos. Deja que vengan a la conciencia periférica, deja que estén en ella y deja que se vayan mientras limitas todos los movimientos de tu atención a las sensaciones corporales. Siempre que percibas que tu atención se desplaza a un sonido o pensamiento, vuelve a dirigirla al cuerpo.

Mientras prestas más atención al cuerpo, suelta cualquier tensión que encuentres y haz unos ajustes finales en tu postura. De nuevo, percibe cualquier sensación placentera, distingue entre la sensación como tal y la reacción de tu mente a ella y dedica unos momentos a disfrutar del placer. Estas sensaciones placenteras pueden incluir lo que nos hace sentir el aire al moverse sobre nuestra piel, el calor o el frío y la blandura o la firmeza del cojín de meditación. Puedes experimentar sensaciones placenteras dentro de tus músculos y articulaciones mientras te relajas, o sensaciones cálidas en el pecho y el abdomen. Puede ser que percibas una sensación placentera general de quietud y paz. Sean cuales sean las sensaciones, disfruta de ellas y explóralas libremente.

A un principiante le puede costar relajarse al principio, porque su mente se halla agitada y su cuerpo no está acostumbrado a permanecer quieto durante mucho tiempo. Cuando empieces a sentirte inquieto o tu sensación de satisfacción remita, comenzarán a aparecer pensamientos, recuerdos y emociones. No te enfades ni intentes reprimirlos. En lugar de ello, regresa al primer paso, y amplía tu conciencia hasta que vuelvas a estar plenamente presente con todo lo que ocurra en el momento. Particularmente, busca los aspectos placenteros del presente e intenta restablecer y reforzar los sentimientos de satisfacción y felicidad. Repite este proceso de dar marcha atrás y volver a empezar tan a menudo como sea necesario, hasta que tu mente pueda reposar con facilidad con la atención enfocada *solamente* en las sensaciones corporales. No hay ninguna necesidad de apresurarse hasta el siguiente paso.

Si nunca vas más allá del segundo paso durante toda tu sesión de meditación, no te preocupes. Sin embargo, puede ser que enfocarte más también te ayude a prepararte, así que no dudes en intentar pasar al siguiente paso. Siempre puedes regresar a este si acotar el enfoque no te funciona.

Tercer paso: enfócate en las sensaciones corporales relacionadas con la respiración

Mientras estás sentado en silencio observando tu cuerpo, tu atención gravitará, de forma natural, hacia las sensaciones del movimiento producido por la respiración, puesto que hay pocas cosas más que cambien mientras uno está sentado en silencio. Cuando sintonices con esto, empieza a prestar atención a las distintas clases de sensaciones relacionadas con la respiración. Las percibirás especialmente en la nariz, la cara, el pecho y el abdomen. Puede ser que descubras sensaciones de movimiento causadas por la respiración en la parte superior de los brazos y en los hombros, o en algún otro lugar. Dedica el tiempo que necesites a familiarizarte con todas estas sensaciones relacionadas con la respiración. Especialmente, saborea todas las cualidades placenteras asociadas con ellas. Tal vez percibas que la mente se vigoriza un poco durante la inhalación, mientras que la exhalación te parece más relajadora y calmante.

Sin reprimir nada que se halle en el campo de tu conciencia percibida, limita tu atención a estas sensaciones relacionadas con la respiración. Una vez que te hayas ambientado, céntrate más directamente en las sensaciones de la respiración en zonas específicas. Observa atentamente la subida y bajada del abdomen, después la expansión y contracción del pecho y a continuación las sensaciones producidas por el aire al entrar y salir de las fosas nasales. Permite que tu mente se desplace libremente por el abdomen, el pecho, la nariz y cualquier otro lugar en el que experimentes sensaciones relacionadas con la respiración.

Es importante que respires con naturalidad. Sé un observador pasivo atento a cualquier sensación presente. No tienes que exagerar la respiración para hacer que te sea más fácil percibir las sensaciones. Si quieres percibirlas con mayor claridad, prueba a imaginar que estás mirando el lugar en el que están aconteciendo las sensaciones. Permite que tus ojos descansen en una posición que le sea útil a tu imaginación, pero no intentes dirigirlos a la punta de la nariz o al abdomen; esto te generaría incomodidad. De forma natural, tus ojos tenderán a descansar como si estuviesen mirando un punto situado a unos centímetros de tu cara. No visualices esa zona en tu mente. Toma nota de cualquier sentimiento de paz y felicidad, saborea dichos sentimientos e incluso indúcetelos a propósito, sobre todo mientras tu atención se vuelve más estable y experimentas mayor calma interior.

Cuarto paso: enfócate en las sensaciones de la respiración en la nariz

Ahora, dirige la atención a las sensaciones producidas por el aire al entrar y salir de las fosas nasales. Identifica el lugar en que percibes estas sensaciones de forma más clara (dentro de las fosas, la punta de la nariz, el labio superior o cualquier otro sitio). Esta zona puede ser tan pequeña como la goma de borrar de un lápiz o extenderse a lo largo de cinco centímetros. Además, la localización de las sensaciones puede no ser la misma en el caso de la inhalación que en el de la exhalación.

Sostén la atención en la zona en que las sensaciones de la respiración sean más claras. No intentes seguir el aire cuando entra en el cuerpo o cuando sale de la nariz. Limítate a observar las *sensaciones* del aire al pasar por el sitio en que estás enfocando la atención. Recuerda que el objeto de meditación son las sensaciones de la respiración, *no la respiración misma*.

Sin excluir a propósito nada de tu conciencia, sigue observando las sensaciones de la inhalación y la exhalación. Si tu atención divaga, tráela de vuelta con suavidad. ¡Esto es todo! De ahora en adelante, las sensaciones de la respiración en la punta de la nariz —o cualquier otro lugar a su alrededor donde las experimentes— serán tu principal objeto de meditación.

El cultivo de la **atención estable** se prolongará hasta el transcurso de la sexta etapa. El desarrollo de la **atención exclusiva** es el final del proceso y no acontecerá antes de esa etapa, así que ni siquiera te preocupes por ello en las primeras fases. Por ahora, tu objetivo no es otro que tamizar los constantes movimientos de la atención, y a la vez intentar conservar la **conciencia periférica** de lo que haya en segundo plano. En otras palabras, se trata de que desarrolles la atención estable con el *mindfulness*.

CONTAR COMO MÉTODO PARA ESTABILIZAR LA ATENCIÓN

Contar las respiraciones al principio de la sesión ayuda a estabilizar la atención. Si eres un principiante, deberías utilizar este método todo el tiempo. Una vez que has transitado por los cuatro pasos y tienes la atención enfocada en la respiración en la nariz, empieza a contar cada respiración en silencio. Tu objetivo será ser consciente de las sensaciones continuamente, durante diez respiraciones consecutivas. Cuando tu atención se desvíe o pierdas la cuenta —lo cual ocurrirá a menudo al principio—, empieza de nuevo desde el uno.

Por ahora, considera que tu atención es continua si no te has perdido ninguna inhalación o exhalación, y si no has perdido la cuenta de tus respiraciones. Sin embargo, no esperes la perfección. Si eres un principiante, lo estás haciendo bien si eres consciente de *la mayor parte* de las inhalaciones y exhalaciones. Puedes ponerte normas más estrictas a medida que te vuelvas más hábil, pero al principio no tiene sentido que lo hagas; esto solamente te descorazonaría. Tampoco serás capaz de centrarte exclusivamente en la respiración. De hecho, si intentas hacerlo, esto solo ocasionará que tu mente divague más. Así que espera ser consciente de muchas otras cosas mientras observas la respiración. Finalmente, aún no es el momento de que intentes llevar a cabo una observación no verbal o no conceptual. Puedes hablarte a ti mismo y pensar en la respiración tanto como quieras mientras la observas, siempre que no abandones totalmente la conciencia de las sensaciones o pierdas la cuenta.

Es interesante el hecho de que lo que consideras que es el principio y el final de un ciclo de respiración tiene su importancia. Tendemos a considerar, de forma automática, que una respiración empieza con la inhalación y termina con la pausa que tiene lugar después de la exhalación. Sin embargo, si piensas de esta manera acerca de la respiración, esa pausa se convierte en la oportunidad perfecta para que tus pensamientos divaguen, puesto que la mente tiende, de forma natural, a ocuparse de otra cosa cuando ha terminado una tarea. Así pues, intenta esto: considera el *inicio de la exhalación* como el principio del ciclo. De esta manera, la pausa tiene lugar en la mitad del ciclo, y es menos probable que te despiste. Es un pequeño detalle, pero a menudo marca la diferencia. También puedes decir para tus adentros el número durante la pausa del final de la exhalación. Esto «llena el vacío» y ayuda a la mente a seguir en la tarea.

Si has empezado muchas veces y no has logrado llegar al diez, proponte llegar al cinco. Al cabo de poco te será fácil llegar al diez. Una vez que hayas logrado contar hasta cinco o diez, sigue observando las sensaciones de la respiración, pero deja de contar. El hecho de contar se vuelve pronto automático, y puede ser que olvides la respiración y que tu mente divague mientras sigues contando. Por eso, contar más de diez respiraciones sirve de poco. La regla es *nunca más de diez, nunca menos de cinco*.

De todos modos, si tu mente está especialmente agitada o vuelve a divagar poco después de que la hayas traído de vuelta, cuenta de nuevo hasta diez cuando vuelvas a centrarte en la respiración. Cuando seas consciente de que tu mente deambula durante mucho tiempo (varios minutos o más), no regreses enseguida a la respiración en la nariz. Regresa al segundo paso y enfócate brevemente en las sensaciones corporales, después al tercer paso y enfócate en las sensaciones de la respiración en general, y a continuación empieza a contar las respiraciones en la nariz.

Si utilizas un objeto de meditación distinto de la respiración, contar sigue siendo una forma maravillosa de hacer la transición de las actividades diarias a un estado más enfocado, meditativo. Como los perros de Pavlov, la mente recibe con el tiempo el condicionamiento de que contar es una señal de que empieza la meditación; así pues, se calmará de forma automática. Tanto si eres un meditador principiante como avanzado, te recomiendo encarecidamente el ejercicio de contar como parte de la práctica regular. Contar te proporcionará información valiosa sobre el estado de tu mente y las distracciones a las que es más probable que te enfrentes. Cuando domines la décima etapa, alcanzarás la concentración sin esfuerzo antes de llegar a la décima respiración.

RESUMEN DE LA PRÁCTICA BÁSICA

Siéntate, cierra los ojos y pasa por los seis puntos de preparación para la meditación: la motivación, los objetivos, las expectativas, la diligencia, las distracciones y la postura. A continuación, lleva a cabo la transición en cuatro pasos, restringiendo de forma gradual los movimientos naturales de la atención al pasar de un paso al siguiente. La transición tiene que ser suave y progresiva. Pon más el acento en la relajación, la tranquilidad y el placer que en la fuerza de voluntad y el esfuerzo. Cuando llegues al cuarto paso y te estés centrando en la respiración en la nariz, estabiliza la atención por medio de contar cinco o diez respiraciones de forma ininterrumpida. Cuando hayas acabado de contar, sigue prestando atención a las sensaciones de la respiración en la nariz.

El tiempo necesario para recorrer toda esta secuencia varía de una persona a otra, y entre las distintas sesiones. Un principiante puede necesitar la mayor parte de la sesión, o toda ella, para efectuar la totalidad de la transición de cuatro pasos. A medida que mejores irás más rápido. Con el tiempo pasarás por los seis puntos, y de la atención dispersa de la vida diaria a estar enfocado de manera estable en el objeto de meditación, en cuestión de minutos o segundos.

ESTABLECER LA PRÁCTICA

Ahora que sabes cómo empezar la práctica, vamos a centrarnos en el principal objetivo de la primera etapa: establecer una práctica regular, diaria. Esto puede parecer obvio, incluso trivial, pero pocos meditadores, incluidos los que tienen muchos años de experiencia, sostienen un régimen de práctica realmente constante. Sin embargo, para cosechar realmente los muchos beneficios de la meditación, debes dominar esta primera etapa por medio de superar los obstáculos y dar los pasos necesarios.

OBSTÁCULOS PARA EL ESTABLECIMIENTO DE LA PRÁCTICA

En esta etapa hay cuatro grandes obstáculos por superar: no tener el tiempo suficiente para meditar, dejarlo para otra ocasión en lugar de sentarse a practicar (postergar la práctica), reticencias y resistencias a la hora de practicar y dudas acerca de las propias capacidades.

Tendrás que superar cuatro grandes obstáculos: no tener el tiempo suficiente, la postergación, las reticencias y resistencias en relación con la práctica y la inseguridad.

El tiempo

Encontrar tiempo para practicar es tu primer gran reto. Cuando decides por primera vez empezar a meditar, estás ansioso por hacerlo, de forma natural. Tal vez encontraste la inspiración en un libro o una conferencia. Tal vez asististe a una clase de meditación o tienes un amigo que medita. Al principio, el puro entusiasmo te ayuda a encontrar tiempo para practicar. Sin embargo, a medida que tu primera emoción se diluye, pronto comienzas a sentir la presión de otras obligaciones que exigen que las atiendas. Hablaremos de algunas soluciones prácticas para superar este obstáculo, pero el antídoto más eficaz es muy simple: como harías con cualquier otro compromiso, debes *reservarte* el tiempo para meditar. No sé de nadie que haya asentado una práctica meditativa en su tiempo «libre». Además, la mayor parte de nosotros apenas tenemos tiempo libre. Si no estableces un horario regular, lo más probable será que no medites. Haz que tu práctica sea una prioridad.

La postergación

La postergación es uno de los «problemas» clásicos en el ámbito de la meditación. La vida moderna tiende a ser ajetreada, a estar llena de plazos de entrega y a ser estresante. Tal vez empezaste a meditar para gestionar mejor tu estrés y has acabado por encontrarte con que la práctica es otra exigencia más en medio de un tiempo y una energía que ya estás explotando al máximo. Cuando ocurre esto, es fácil decir: «Voy a meditar cuando haya atendido esto y esto» o «Tendré más tiempo para meditar mañana». Es por esto por lo que debes convertir tu práctica en una prioridad. De otro modo, siempre encontrarás algo más importante que hacer antes. Además, cuando lleves un tiempo meditando con regularidad, te sentirás más a gusto y relajado en la vida diaria. Paradójicamente, sentirás que tienes más tiempo, no menos.

Reticencias y resistencias

La razón por la cual muchos acuden a la meditación es la promesa de un mayor *mindfulness* y una mayor paz interior. Sin embargo, cuando te sientas y descubres lo salvaje e incontrolable que puede ser tu mente, te puedes frustrar con facilidad y llegar a la conclusión de que la meditación requiere mucho trabajo y ofrece pocas compensaciones. Es entonces cuando suelen aparecer las reticencias y resistencias a practicar. Mientras que la postergación evita que nos sentemos, las reticencias y resistencias nos llevan a pasar el tiempo en el cojín soñando despiertos, fantaseando o haciendo planes más que meditando. En otras palabras, harás casi cualquier cosa para evitar lo que ahora piensas que es una tarea aburrida, difícil e insatisfactoria. Las claves para superar las reticencias y resistencias son la inspiración y la motivación. Cuando empieces a practicar las primeras veces, necesitarás obtener la inspiración de alguna otra parte; sin embargo, cuando vayas haciendo progresos, tu propio éxito te brindará motivación.

La inseguridad

Tendemos a engancharnos a las actividades en las que somos naturalmente buenos y a evitar aquellas que nos resultan difíciles. Cuando descubras que no puedes controlar tu alborotada mente, acaso empezarás a dudar de tus capacidades: «Quizá soy diferente en algún sentido o me falta autodisciplina». O tal vez creerás que no eres lo suficientemente «inteligente» o «espiritual» para meditar. Es fácil pensar que algún obstáculo inherente se está interponiendo, especialmente si empiezas a comparar tus experiencias con lo que otras personas parecen estar logrando. No obstante, el obstáculo real es tu inseguridad, la cual es poderosa y puede robarte tu entusiasmo y determinación a la hora de establecer una práctica regular. Y si no practicas con regularidad tardarás mucho en ver algún progreso real, y esto te generará aún más inseguridad. En el origen de la inseguridad está el clásico obstáculo de la duda, que se expone en el primer interludio. Ahí también encontrarás la explicación acerca de cómo lidiar con ella. Pero el antídoto básico es simple: confianza y perseverancia, que requieren inspiración y motivación.

CREAR SOLUCIONES

La manera más eficaz de superar tanto la postergación como las reticencias y resistencias a practicar es *hacerlo*. No hay nada que funcione de forma tan rápida o efectiva como la **diligencia**. El simple acto de sentarte con constancia y poner la atención en el objeto de meditación, día tras día, es el primer paso esencial del que fluye todo lo demás en las diez etapas. Después, una vez que estés sentado, debes ejercitarte, de forma suave y sin autojuicios, para realmente meditar, en lugar de implicarte con alguna actividad mental más entretenida. Date cuenta de que he dicho *ejercitarte*, no *forzarte* o *disciplinarte*. La obligación forzada, la culpa y la fuerza de voluntad no van a dar lugar a una práctica sostenible, sobre todo por las emociones negativas que activan. Ejercitarte significa trabajar en tu motivación y tus

Figura 11. A veces harás casi cualquier cosa para posponer la meditación. Pero el simple acto de sentarte y poner la atención en el objeto de meditación es el primer paso esencial del que fluye todo lo demás.

Cuando ya te hayas sentado, ejercítate, con suavidad y sin autojuicios, para meditar realmente en lugar de implicarte en algún tipo de actividad mental más entretenida.

intenciones hasta que los actos simples de sentarte y meditar tengan lugar con naturalidad. Repite estas actividades cada día, hasta que se conviertan en hábitos. Cuando empieces a practicar con regularidad, te sorprenderá ver la rapidez con que la meditación se vuelve más fácil y gratificante.

La diligencia te ayuda a arrancar en tu camino, pero la verdadera solución a estos obstáculos es que aprendas a disfrutar de tu práctica. Una manera sencilla y potente de hacer esto consiste en saborear intencionalmente todas las sensaciones de bienestar físico y cultivar a propósito el placer que puede hallarse en la quietud. Encuentra satisfacción en el hecho de que, efectivamente, te has sentado a meditar. ¡Esto es un logro en sí mismo! Demasiado a menudo, la gente asume la meditación como si estuviera tomando un medicamento: sabe mal, pero hacen una mueca y aguantan porque se supone que les va a hacer algún bien. En lugar de tener esta actitud, haz de la meditación una actividad placentera. Si estás a gusto y feliz, tendrás más éxito que si estás tenso y fuerzas la situación. Cuanto más éxito tengas a la hora de descubrir los aspectos placenteros de la meditación, más motivado estarás y más ilusión tendrás por practicar. Todo lo demás ocupará su debido lugar. Las dudas desaparecerán. Te sentirás inspirado a meditar y podrás encontrar mucho tiempo para ello. Una vez que hayas saboreado la alegría y el placer de practicar, la postergación y las resistencias se desvanecerán. Estarás ansioso por sentarte en el cojín y preservarás la práctica como algo muy valioso. A medida que progreses hasta las etapas más avanzadas, no solo vas a cultivar el gozo, sino que este acabará por convertirse en tu estado mental por defecto.

Los pasos prácticos: elegir una hora y un lugar adecuados, encontrar la mejor postura para ti, cultivar la actitud correcta y generar una fuerte motivación.

LOS PASOS PRÁCTICOS

Junto con *solo hacerlo* y aprender a saborear tus meditaciones, hay algunos pasos prácticos conducentes a asentar una práctica regular. Estos incluyen elegir una hora y un lugar adecuados, encontrar la mejor postura para ti, cultivar la actitud correcta y generar una fuerte motivación.

Establecer una hora y lugar

Lo ideal es que medites cada día a la misma hora. Así aprendes a asociar esa hora con la meditación y estás menos inclinado a posponer la práctica, porque no tienes que decidir *cuándo* meditar. Elige un período que no entre en conflicto con otras actividades y obligaciones. Puede ser que tengas que efectuar algunos ajustes en tu rutina diaria. Si te resulta imposible practicar cada día a la misma hora, ubica tu práctica junto a una actividad de tu rutina, siempre la misma (por ejemplo, antes del desayuno o después de tu ejercicio diario). Fijar un período de tiempo para la práctica, establecido por el reloj o por la rutina diaria, es la mejor manera de fomentar la constancia.

Los meditadores primerizos olvidan a menudo tener en cuenta su energía y claridad mental a la hora de elegir una hora fija para practicar. Elige el momento en que tiendes a estar menos agitado o cansado. Cada uno tiene sus propios ritmos naturales, pero generalmente el mejor momento es temprano por la mañana o, al menos, antes de la una de la tarde. La mayoría de la gente prefiere meditar poco después de levantarse por la mañana, pero antes de desayunar, puesto que es mejor evitar meditar justo después de una comida. El siguiente mejor momento es el final de la tarde o al anochecer. A menudo, la peor franja horaria es la que va del principio hasta la mitad de la tarde.[3]

La manera más fácil de encontrar tiempo para practicar es levantarse un poco más temprano. Te sentirás renovado y alerta, y será menos probable que la familia y los amigos te molesten. Además, tu mente no estará agitada por el estrés y la actividad de la vida diaria. Por supuesto, lo de levantarte más temprano solo funciona si te acuestas más temprano.

Sea cual sea el momento del día que elijas, tendrás que efectuar ajustes en otras áreas de tu vida con el fin de respetar tu compromiso con la práctica. Es insoslayable el hecho de que el tiempo que emplees en meditar será un tiempo que podrías haber empleado para alguna otra cosa. Si no haces que la meditación sea una prioridad para ti, por encima de algunas otras actividades, no vas a practicar.

Tendrás que efectuar ajustes en otras áreas de tu vida. Si no haces que la meditación sea una prioridad para ti, por encima de otras actividades, no vas a practicar.

Empieza con meditaciones cortas. Sugiero diez o veinte minutos al día durante la primera o las dos primeras semanas. A continuación, aumenta la duración de tus sesiones añadiendo cinco minutos cada semana o cada pocos días, hasta llegar a cuarenta y cinco minutos. Usa un temporizador de meditación en lugar de mirar un reloj y acostúmbrate a no mirarlo; limítate a escuchar la campana. Algunas personas encuentran más fácil hacer dos meditaciones cortas, de veinte o treinta minutos, cada día. Esto está bien al principio, pero te recomiendo encarecidamente al menos una sesión diaria de cuarenta y cinco minutos como mínimo. Esto te proporcionará una base sólida para tu práctica. A medida que avances por las etapas y adquieras mayor destreza, tus meditaciones se volverán más interesantes y agradables. Al final no tendrás problema en alargar los cuarenta y cinco minutos hasta una hora y en practicar más de una vez al día si eliges hacerlo. Siempre es mejor aumentar el tiempo de práctica progresivamente que abarcar demasiado al principio y desanimarse.

Cuando hayas elegido tu momento de meditar, trata la meditación como cualquier otro compromiso relacionado con un horario, como ir al trabajo o a la escuela. Dedica a meditar el período que hayas establecido para ello; no hagas nada más durante ese rato. Asegúrate de que las personas pertinentes sepan que no estarás disponible en ese momento del día. Al principio, puede ser que te encuentres con alguna resistencia por parte de tu familia o alguien que no esté acostumbrado a que no estés disponible, pero aprenderán a adaptarse, e incluso puede ser que decidan acompañarte en la práctica —especialmente cuando empiecen a notar los resultados de tus sesiones—. Sobre todo, recuérdate que el tiempo de meditación es *tu* tiempo, el cual has reservado para ti mismo —un tiempo libre de las exigencias del mundo—. Habida cuenta lo mucho que la meditación mejorará tus relaciones con los demás, no deberías contemplarla como algo egoísta. Este «tiempo personal» acabará por beneficiar a todos quienes entren en contacto contigo.

Si es posible, practica con alguien más. Su compromiso reforzará el tuyo, y viceversa. No obstante, si tú has establecido claramente tu intención pero tu compañero de práctica no lo ha hecho, es mejor poner fin al trato. Los grupos de meditación proporcionan un apoyo especialmente fuerte, pero lo más habitual es que no se reúnan a diario.

Para acabar, determinar un espacio fijo en el que meditar es tan importante como determinar una hora fija. Elige un lugar confortable en el que no se te moleste. Debería ser lo suficientemente silencioso y aislado como para que pudieses sentirlo como tu lugar especial de meditación. Lo ideal es contar con uno destinado exclusivamente a la práctica. Si esto no es posible, también puede ser un espacio que utilices para otras actividades cuando hayas acabado. Pero debería ser un lugar en el que pudieses dejar tus cojines de meditación, tu chal o cualquier otro objeto que uses en tus sesiones. Diséñalo y decóralo de formas que te inspiren, y recuérdate por qué estás meditando y qué esperas obtener. A algunas personas les gusta poner un altar, de carácter religioso o no; su propósito es proporcionar inspiración y motivación para practicar.

Un espacio fijo en el que meditar es tan importante como una hora fija. Es mejor contar con uno destinado exclusivamente a la meditación.

La postura correcta

Cualquier postura confortable es adecuada para meditar, siempre que no sea tan confortable que te quedes dormido. Hay cuatro posturas de meditación tradicionales: sentado, de pie, caminando y tumbado. Todas ellas son eficaces y ninguna es más «correcta» que las otras. Aquí nos centraremos en algunos consejos para ayudarte a encontrar una buena postura sentada.

Puedes meditar sentado en una silla, en un banco de meditación o en el suelo. La posición de doble loto (las piernas cruzadas con los pies sobre las rodillas) es muy estable y ayuda a sostener la alerta, pero no es necesaria para tener éxito al meditar. Además, si no eres lo suficientemente flexible para sentarte en doble loto con facilidad, puedes causarte una lesión grave. La posición de medio loto, con las piernas cruzadas y solo un pie sobre la rodilla opuesta, también es muy estable; de todos modos, tampoco es fácil de adoptar por parte de muchos adultos occidentales. La postura de meditación más popular es probablemente sentarse en el suelo en un *zafu* (un cojín redondo, de estilo japonés) con las piernas cruzadas y los tobillos ubicados ligeramente por debajo del muslo o la rodilla opuestos. Otra alternativa es que ambas rodillas y la parte inferior de las piernas estén planas en el suelo, con una pierna delante de la otra (el denominado estilo birmano). Los bancos de meditación bajos de estilo japonés (los *seizas*) también se utilizan a menudo. Si se te hace difícil sentarte en el suelo, siéntate en una silla convencional, de respaldo recto. Experimenta con distintas posturas antes de decidir cuál prefieres. Además, hay muchas maneras de afinar cualquier postura usando cojines y almohadas, soportes lumbares, cinturones o correas de meditación, asientos de altura regulable, etcétera.

Sea cual sea la postura que elijas, es importante que experimentes la menor tensión o el menor dolor físico posible, especialmente si vas a sentarte durante mucho tiempo. Espera algunos dolores y molestias por el solo hecho de permanecer quieto pero intenta reducir al mínimo el dolor en general y no facilites que se agraven lesiones preexistentes. Contempla las incomodidades que quedan como parte de tu práctica. Por medio de observarlas descubrirás cómo interactúan tu cuerpo y tu mente. Y sé paciente. A medida que tu práctica avance, te resultará más fácil permanecer sentado. Con el tiempo, serás capaz de sentarte durante horas sin sentir ninguna incomodidad; incluso te levantarás sintiéndote muy bien, sin ninguna rigidez ni entumecimiento.

Permanece todo lo quieto que te sea posible durante la meditación sentado, a pesar de cualquier incomodidad que puedas sentir. Esto puede ser duro para un principiante, pero espera siempre todo el tiempo que puedas antes de moverte. Y cuando lo hagas, no dejes de meditar al cambiar de postura; muévete despacio y deliberadamente, prestando plena atención a las sensaciones del cuerpo mientras efectúas el cambio. Es probable que descubras que, a pesar de que lo que te hizo moverte en primer lugar ha desaparecido, otra sensación irritante, posiblemente más intensa, ocupa pronto su lugar. Sencillamente, no puedes superar todas las incomodidades físicas por el hecho de ajustar la postura.

No puedes superar todas las incomodidades por el hecho de ajustar la postura. Elimina las que puedas, pero acepta lo que quede como parte de la práctica.

La actitud correcta

Para tener éxito, necesitamos abordar la práctica de una forma relajada, libres de juicios y expectativas. Si bien podemos empezar de esta manera, podemos caer rápidamente en una actitud crítica, esforzada, cuando nos hallemos ante problemas como la dispersión mental, la somnolencia y la impaciencia. Esta actitud se convierte en el mayor inconveniente para la continuidad del progreso. Cuando palabras como *esfuerzo* o *difícil* acuden a la mente, o si tienes la sensación de que estás «intentándolo realmente, pero no haciendo ningún progreso», sabrás que ha llegado la hora de examinar tu actitud.

La meditación consiste en una serie de tareas simples, fáciles de ejecutar, que solo necesitan ser repetidas hasta que dan fruto. Así pues, ¿de dónde procede la sensación de dificultad y de demasiado esfuerzo? A menudo describes una tarea como difícil porque estás insatisfecho con tu desempeño, lo cual significa que has empezado a juzgar. Tus expectativas no se han cumplido y acaso estás empezando a dudar de si tendrás éxito alguna vez, lo cual puede minar tu motivación. En realidad, no estás luchando con la meditación, sino con unas expectativas no realistas y una imagen idealizada de lo que piensas que «debería» estar sucediendo. Como resultado, sientes que te estás forzando a hacer algo en lo que piensas que no eres muy bueno. Si te crees estas impresiones, el yo-ego procurará evitar, de forma natural, la culpa. Si puedes convencerte a ti mismo de que lo has estado intentando realmente, el yo-ego no se siente culpable por no dar la talla con sus propias expectativas autoimpuestas. Puede ser que culpes al profesor o al método, o que confecciones una historia sobre por qué la meditación no es apropiada para ti. Sin embargo, el problema real no es que la meditación requiera demasiado esfuerzo o que tengas alguna carencia innata. Son tus juicios y expectativas.

«Una buena meditación es la que hiciste; la única mala meditación es la que no hiciste».

Así que suelta las expectativas y genera una actitud de fe y confianza: fe en el método y confianza en que los resultados vendrán con la práctica continua, así como en tu propia capacidad. El esfuerzo gozoso y la diligencia son la actitud correcta. En lugar de luchar, céntrate en los elementos positivos, agradables, de cada sesión, y repite alegremente las mismas sencillas tareas tantas veces como sea necesario para lograr el objetivo. Este es precisamente el significado de la diligencia. Con la práctica espiritual en general, y la meditación en particular, pequeños actos repetidos con constancia dan lugar a enormes resultados. El único gran esfuerzo que se ha de realizar en el ámbito de la meditación es el de adaptar el propio horario para pasar más tiempo practicando. Date cuenta de que en la meditación no existen los fracasos, excepto el de no llevar a cabo la práctica. Como le gusta decir a la profesora de meditación Stephanie Nash: «Una buena meditación es la que hiciste; la única mala meditación es la que no hiciste». Lleva su sabio consejo en tu corazón.

Permanecer motivado

No estarías leyendo esto ahora si no estuvieses inspirado de alguna manera a explorar la meditación. Mantente inspirado y encuentra nuevas formas de estimularte. Ten por norma recordarte a menudo por qué decidiste meditar y cuáles son los beneficios. Reflexiona sobre las cualidades admirables de meditadores experimentados que conozcas. Lee libros, asiste a conferencias y escucha charlas grabadas. Piensa en cómo tú y todos los que te rodean os beneficiaréis de tu práctica. Haz todo lo que puedas para permanecer motivado, como harías si empezases un programa de ejercitación física o aprendieses a tocar un instrumento.

Además, apoya e inspira a otras personas, y permite a tu vez que estas te apoyen e inspiren. Practica con amigos que compartan tu interés por la meditación y reservaos un día a la semana para sentaros, estudiar y debatir juntos. Busca grupos de meditación o del *dharma* en tu localidad, o crea uno. Como dijo en una ocasión Buda a su discípulo Ananda: «Los amigos y compañeros nobles lo son todo en la vida santa».[4] Cuando sientas que estás preparado para abrazar una práctica más intensiva, asiste a un retiro organizado.

Apoya e inspira a otras personas y permite que estas te apoyen e inspiren. Como dijo en una ocasión Buda a Ananda: «Los amigos y compañeros nobles lo son todo en la vida santa».

CONCLUSIÓN

Has dominado la primera etapa cuando nunca te pierdes una sesión de práctica diaria, excepto cuando es absolutamente inevitable, y cuando raramente, o nunca, dedicas el tiempo que estás en el cojín a pensar, planificar o hacer otra cosa además de meditar. Esta etapa es la más difícil de dominar, pero puede lograrse en unas pocas semanas. Si sigues las instrucciones básicas y cultivas la actitud correcta, desarrollarás el esfuerzo alegre y la diligencia y establecerás una práctica diaria regular. El tiempo y el esfuerzo que dediques a dominar esta etapa valdrán la pena, mucho más de lo que puedas llegar a imaginar.

Aquí, monjes, un monje va al bosque, al pie de un árbol o a un lugar vacío, se sienta, cruza las piernas, mantiene la espalda recta y lleva la atención absoluta al primer plano. Con atención plena inspira, con atención plena espira.

Ānāpānasati Sutta

Los obstáculos y problemas

Todas las habilidades mentales necesarias para meditar son capacidades innatas que podemos elegir cultivar selectivamente. Esto no es diferente de la adquisición de cualquier habilidad nueva; tanto si estamos aprendiendo una disciplina científica como a tocar un instrumento musical o a lanzar un disco volador, en realidad estamos solo ejercitándonos de una manera que favorece ciertas capacidades inherentes sobre otras. Piensa en la meditación como en un entrenamiento que ejercita ciertos «músculos mentales» para que respondan con mayor facilidad y sirvan mejor a tus necesidades.

Así como las capacidades mentales que desarrollamos y usamos en la meditación son completamente naturales y normales, también lo son las actividades de la mente que pueden dificultar nuestra práctica o incluso hacernos renunciar a ella. La literatura tradicional acerca de la meditación identifica cinco obstáculos específicos por superar antes de poder obtener un progreso real, y comprenderlos será de un valor inestimable. En la vida diaria, estos llamados obstáculos sirven en realidad a propósitos útiles y necesarios. Una vez que estés familiarizado con ellos y su funcionamiento, se te hará evidente que ni la represión ni el autocastigo te ayudarán a superar este tipo de condicionamientos (los cuales, a menudo, son muy útiles). Por otro lado, el refuerzo positivo de otras tendencias naturales de la mente que se oponen a estos obstáculos da muy buenos resultados.

Todas las habilidades mentales necesarias para meditar son capacidades innatas. Con la meditación se ejercitan ciertos «músculos mentales».

Recuerda que todo el mundo se enfrenta a estos retos. No te atañen solo a ti y no constituyen defectos personales. Lo más importante es que, muy afortunadamente, estos obstáculos han sido bien comprendidos, y hay métodos eficaces para resolver todos y cada uno de ellos.

LOS CINCO OBSTÁCULOS

Podemos ubicar casi todos los problemas que se presentan en la meditación a alguna (una o más) de las cinco predisposiciones psicológicas innatas y universales conocidas como los **cinco obstáculos**: el deseo mundano, la aversión, la pereza y el letargo, la agitación debida a la preocupación y el remordimiento y, por último, la duda. Se llaman obstáculos porque *obstaculizan* los esfuerzos vinculados a la meditación, y originan también todo tipo de problemas en la vida diaria. Por lo tanto, como reconocen un sinnúmero de manuales de meditación, aprender acerca de ellos al comienzo es crucial.

A pesar de que estas predisposiciones innatas ocasionan problemas, las tenemos precisamente porque fueron útiles a nuestra especie en su evolución. El primer paso a la hora de trabajar con los obstáculos de forma hábil es entender los propósitos que normalmente sirven. El segundo paso consiste en cultivar los denominados **cinco factores de la meditación:**[1] la atención dirigida, la atención sostenida, el gozo meditativo, el placer/felicidad y la unificación de la mente. Todos estos factores actúan como un antídoto contra uno o más de los obstáculos y contribuyen a un objetivo clave de la meditación: purificar la mente de estas poderosas facetas de nuestra programación biológica y de sus influencias negativas. Los cinco factores de la meditación se abordarán en profundidad más adelante.

Podemos ubicar casi todos los problemas que se presentan en la meditación en uno de los cinco obstáculos, o en una combinación de ellos.

No te confundas; superar estos obstáculos no te quitará la capacidad de sobrevivir y cuidar de ti mismo. De hecho, ocurre todo lo contrario: hemos desarrollado otras capacidades, como la inteligencia y la cooperación, que permiten satisfacer las mismas necesidades de manera más eficaz y menos problemática. A medida que dejes de depender de esta programación que una vez fue útil pero que ahora está anticuada, estarás más plenamente despierto y serás más capaz de tomar decisiones lúcidas y llevar a cabo las acciones apropiadas.

También te darás cuenta de que estos obstáculos son la base de las historias o melodramas que teje la mente. Un ejemplo de historia arraigada en los deseos mundanos es esta: «*Necesito* una casa preciosa y *quiero* una carrera de éxito para poder ser feliz». Y he aquí algunos ejemplos de historias arraigadas en la aversión: «*Odio* la gente grosera», «*No es justo* que siempre consigan lo que quieren», «*No quiero* estar enfermo hoy» o «*Ya no soporto* este lugar». A continuación, ejemplos de historias que surgen de la pereza y el letargo: «*Estoy demasiado cansado* para ayudarte en este momento», «*Es demasiado tarde* para tratar de terminar este proyecto» o «*Intentarlo es una pérdida de tiempo*». Ejemplos de historias ligadas a la agitación debida a la preocupación y el remordimiento serían: «*¿Y si me atrapan?*», «*Me da vergüenza* comportarme de esta manera» o «*Tengo miedo*». También hay historias de autoderrota erigidas sobre la duda, como estas: «*No puedo* meditar», «*Soy demasiado* torpe para jugar a esto» o «*No soy* lo suficientemente bueno, inteligente o rápido». Estas son las historias que definen gran parte

TABLA 4. LOS CINCO OBSTÁCULOS		
Obstáculo	**Explicación**	**Factor de meditación opuesto***
DESEO MUNDANO	Persecución de placeres relacionados con nuestra existencia material y el deseo de evitar sus opuestos: ganancia-pérdida, placer-dolor, fama-invisibilidad, elogio-reproche	La unificación de la mente: una mente unificada y feliz no tiene ningún motivo para perseguir deseos mundanos
AVERSIÓN	Un estado mental negativo que implica juicio, rechazo y negación. Incluye: odio, ira, resentimiento, insatisfacción, crítica, impaciencia, culpa y aburrimiento	El placer/felicidad: hay poco espacio para la negatividad en una mente llena de gozo
PEREZA Y LETARGO	La pereza aparece cuando el coste de una actividad parece superar sus beneficios. El letargo se manifiesta como falta de energía, postergación y escasa motivación	La atención dirigida: en meditación, *solo hazlo* significa dirigir la atención al objeto de meditación para contrarrestar la postergación y la pérdida de energía mental
AGITACIÓN DEBIDA A LA PREOCUPACIÓN Y EL REMORDIMIENTO	Remordimiento por actividades imprudentes, malsanas, inmorales o ilegales. Preocupación por las consecuencias de acciones pasadas o por algo que imaginas que podría ocurrirte. La preocupación y el remordimiento hacen que sea difícil enfocar los recursos mentales en ninguna otra cosa	El gozo meditativo: el gozo supera la preocupación porque genera confianza y optimismo. El gozo supera el remordimiento porque una persona gozosa lamenta los daños pasados y se enfoca en arreglar las cosas
DUDA	Un proceso mental inconsciente sesgado que se enfoca en los posibles resultados negativos; el tipo de incertidumbre que nos hace dudar y que evita que hagamos el esfuerzo necesario para corroborar algo experiencialmente. La falta de confianza en nosotros mismos debilita nuestra voluntad y socava nuestras intenciones	La atención sostenida: se logra por medio del esfuerzo constante. El éxito conduce a la confianza, y la duda desaparece

* Es una calle de doble sentido: los obstáculos se interponen en el camino de los factores de meditación, pero cultivar los factores de meditación reduce los obstáculos. Este «cultivo» es una forma de afrontamiento desde el polo positivo, en lugar de «combatir» el negativo.

de nuestras vidas. Pero por medio de la meditación podemos cuestionar, y finalmente superar, las narrativas que nos impiden avanzar.

Familiarízate con estos obstáculos y sus antídotos y aprende a reconocerlos, no solo en la meditación, sino también en la vida diaria. ¡Tu esfuerzo valdrá la pena!

Familiarízate con los obstáculos y sus antídotos. Reconocerlos en la meditación y en la vida diaria te será muy útil.

1. El deseo mundano

El **deseo mundano** (a veces llamado deseo sensual) hace referencia a que perseguimos los placeres de la existencia material, nos deleitamos en ellos y nos apegamos a ellos. Esto también significa que deseamos evitar lo opuesto. Estos deseos son los siguientes: obtener objetos materiales y evitar perderlos; tener experiencias placenteras y evitar el dolor; adquirir fama, poder e influencia y evitar la infamia y el descrédito, y obtener el amor y la admiración de los demás y evitar que nos odien e inculpen. En el budismo, estos deseos se denominan a menudo *los ocho dharmas mundanos*. He aquí una fórmula sencilla que te ayudará a recordarlos: *ganancia-pérdida, placer-dolor, fama-invisibilidad y elogio-reproche*.

Este tipo de deseo constituye una parte tan fundamental de tu programación biológica que puede ser que nunca te hayas preguntado por qué existe, o que nunca te hayas cuestionado sus efectos o si estarías mejor sin él. El deseo mundano surgió porque, en el mundo natural, tenemos que luchar por los recursos que necesitamos para sobrevivir y reproducirnos, y esto requiere esfuerzo y motivación. Estamos programados desde el nacimiento para disfrutar, desear y perseguir los objetos y experiencias que nos ayudan a permanecer sanos, conseguir pareja y mantener a nuestra progenie. Y somos animales sociales, de modo que nos complacemos en la aceptación, el estatus y el poder; y no solo nos complacemos en ello sino que lo ansiamos, porque también es importante en aras de nuestra supervivencia y reproducción. La predisposición innata a desear todo aquello que proporciona placer ha hecho que los humanos hayamos tenido mucho éxito.

La meditación no reprime el deseo mundano. Te libera de verte gobernado por el deseo.

Sin embargo, en cuanto a los efectos del deseo en *tu* vida, ten en cuenta que el mundo ha cambiado desde que esos deseos aparecieron. El sexo, la comida (especialmente los alimentos altos en calorías, grasos, azucarados y salados) y los dispositivos que nos ahorran trabajo son mucho más accesibles hoy en día. El deseo desenfrenado conduce no solo al exceso de consumo y a los problemas de salud y en las relaciones, sino también a muchas otras cosas que la meditación revela. Dicho esto, la meditación no implica reprimir los deseos mundanos. Lo que hace es darnos el **Insight** directo, experiencial, de las muchas maneras en que el deseo conduce al dolor y la ansiedad. Este *Insight* nos libera de vernos gobernados por el deseo de modo que podamos cultivar sus opuestos, el desapego y la ecuanimidad. Nuestras nuevas motivaciones procederán de un espacio de generosidad, bondad amorosa y gozo compartido. Se hablará de estas cualidades positivas en capítulos posteriores.

El deseo mundano está tan profundamente cristalizado en nosotros que puede resultarte problemático imaginar cómo podríamos vivir sin él. Sin embargo, en calidad de criaturas inteligentes, ya no necesitamos vernos impulsados por el deseo compulsivo con el fin de cuidar de nosotros mismos. Podemos actuar con eficacia sobre la base de la razón y la ecuanimidad. Por otra parte, la generosidad, la bondad amorosa y la alegría comprensiva no harán más que incrementar la supervivencia de seres sociales como nosotros. Eliminar el deseo tampoco mitiga nuestra experiencia del placer y la felicidad. Libres de anhelos y llenos de amor, estamos más plenamente presentes para gozar de las experiencias positivas de todo tipo.

Las prácticas de este libro te harán más consciente del deseo y te proporcionarán muchas oportunidades de practicar su abandono. La **unificación de la mente**[2] es el factor de la meditación que se opone específicamente al obstáculo del deseo mundano (también es el factor al que más se opone el deseo mundano). A medida que la mente se unifica, el deseo mundano se debilita y llega a desaparecer, no solo durante la meditación, sino también en la vida diaria. Experimentada de primera mano, esta es una transformación extraordinaria. No te vuelves ni estoico ni indiferente al placer, ni pierdes tu motivación, sino que estás lleno de alegría, calma y satisfacción. En otras palabras, una mente unificada y feliz no tiene ninguna razón para perseguir los deseos mundanos. Vivirás una vida más dinámica, no limitado por el anhelo, y estarás abierto a muchas más posibilidades.

2. La aversión

La **aversión** (a veces llamada mala voluntad o malevolencia) es un estado mental negativo que implica resistencia. Su forma más extrema es el odio imbuido con la intención de dañar o destruir, pero cualquier compulsión de eliminar o evitar lo desagradable, por sutil que sea, es aversión. La insatisfacción y el resentimiento, la mayor parte de las formas de crítica e incluso la culpa, la impaciencia y el aburrimiento son formas de aversión. Al igual que los otros obstáculos, la aversión ha sido de gran ayuda para la supervivencia humana. De la misma manera que estamos programados para disfrutar y desear cualquier cosa que apoye la continuidad de nuestra existencia, estamos programados para experimentar disgusto y aversión hacia lo que es potencialmente dañino. La aversión nos motiva a evitar o eliminar lo que es desagradable.

Este obstáculo dificulta la meditación de varias maneras. Por ejemplo, los pensamientos acerca de alguien que no nos gusta, una obligación futura que tememos o remordimientos sobre el pasado se convierten fácilmente en distracciones durante la meditación. Los juicios y la impaciencia sobre nuestra práctica socavan nuestra motivación y estimulan las dudas. En las últimas etapas, vestigios sutiles, inconscientes, de aversión pueden evitar que se desarrolle la **docilidad mental y física** y evitar que surja el factor meditativo del **placer/felicidad**.[3]

Del mismo modo que la aversión se opone a la felicidad mental y al placer físico, el factor de la meditación del placer/felicidad se opone a la aversión. El placer/felicidad contrarresta la aversión haciendo que sea imposible permanecer anclado en los estados de ánimo negativos, a pesar de que puedan regresar con toda su fuerza posteriormente. En resumen, hay poco o ningún margen para la negatividad en una mente llena de dicha. Esta es una de las razones por las que es crucial buscar siempre sensaciones y sentimientos placenteros y alentar estados mentales positivos durante la práctica.

Aprenderás a sustituir la aversión por la bondad amorosa, la compasión y la inofensividad.

Aprenderás a reconocer la aversión y a reemplazarla por la ecuanimidad, la aceptación y la paciencia. A medida que estas se conviertan en tus nuevas predisposiciones, la ira, la frialdad y la lesividad se verán sustituidas por la bondad amorosa, la compasión y la inofensividad. Te asombrará la profunda transformación que experimentarás cuando la aversión desaparezca de tu vida diaria.

3. La pereza y el letargo

La pereza se manifiesta sobre todo como postergación. Su contraparte, el letargo, es una tendencia a la inactividad, al descanso y, en última instancia, al sueño. Ambos implican falta de energía. Cada uno ocasiona distintos problemas, pero juntos constituyen un poderoso obstáculo. Cuando nos falta motivación, la pereza y el letargo surgen y nos impiden hacer el esfuerzo suficiente.

La pereza es resistirse a hacer alguna actividad en particular. A menudo se considera como algo negativo, pero sirve a un propósito: nos impide gastar tiempo y energía en actividades innecesarias, improductivas o desagradables. Ese tiempo y energía pueden utilizarse para actividades que contribuyan a la felicidad, la supervivencia y el éxito en la reproducción. La pereza también nos motiva a utilizar nuestras habilidades e inteligencia para descubrir formas más fáciles de hacer las cosas. Se manifiesta cuando el coste de una actividad parece ser mayor que sus beneficios.

El letargo surge cuando no parece estar aconteciendo nada interesante, emocionante o potencialmente gratificante. Esto también sirve a un propósito: nuestros cuerpos y nuestras mentes necesitan tiempo para descansar y recuperarse. Se utiliza mejor el tiempo descansando que dedicándolo a actividades improductivas. Al igual que la pereza, el letargo es una adaptación evolutiva para preservar tiempo y energía. Su esencia es una pérdida progresiva e involuntaria de energía mental. Cuanto más avanza, más difícil es detener su progresión.

Hay dos antídotos contra la pereza y el letargo. El primero es motivarte por medio de pensar en recompensas futuras. Esto significa sopesar los pros y los contras de una manera racional e inteligente, en lugar de limitarte a hacer caso a tus emociones. Por ejemplo, cada vez que tengas problemas para ponerte a meditar, puedes recordar todos los beneficios que obtendrás si sigues practicando. Por lo tanto, para hacer frente a la pereza, es necesario que reúnas la motivación suficiente para emprender la tarea que quieres completar. Lidiar con el letargo significa tener la motivación suficiente para completar la tarea, en lugar de dejarla o dormirte.

El segundo antídoto es *solo hacerlo*. Esto significa que te pones a ello a pesar de las resistencias y que luego te implicas totalmente con la tarea. Esto funciona bien contra la pereza, porque su poder se encuentra en la postergación. Antes de empezar una actividad, podemos cuestionar su valor y sugerir alternativas que parezcan más atractivas. La pereza hace que sea difícil iniciar una tarea, pero una vez que empezamos, es más fácil seguir con ella. Si se nos interrumpe, sin embargo, la pereza puede regresar y hacer difícil la reanudación. En cualquier caso, dado que con frecuencia se desvanece cuando comenzamos una tarea, el antídoto es *solo hacerla*. Implicarse plenamente con una tarea también sirve contra el letargo porque revigoriza la mente; pero la eficacia de esto depende de la rapidez con que reconozcamos la aparición del letargo.

La atención dirigida llega a ser lo suficientemente potente y automática como para superar por completo la pereza y el letargo.

El factor de meditación de la **atención dirigida**[4] se opone a la pereza y el letargo, y viceversa. Este obstáculo impide dirigir la atención porque no podemos gobernar fácilmente una mente embotada, cansada y desmotivada. En meditación, *solo hacerlo* significa seguir dirigiendo la atención al objeto de meditación, contrarrestando la postergación y cualquier pérdida de energía mental. Con el tiempo, la atención dirigida llega a ser lo suficientemente potente y automática como para superar por completo la pereza y el letargo.

4. La agitación debida a la preocupación y el remordimiento

Sentimos este tipo de agitación cuando estamos en conflicto con el pasado o preocupados por el futuro. Esta agitación puede tomar la forma de remordimiento causado por actividades imprudentes, insanas o inmorales llevadas a cabo en el pasado, o por algo que no hicimos. También podemos experimentar la agitación debida al remordimiento cuando estamos inquietos por las posibles consecuencias de nuestros actos. Por ejemplo, puedes sentir remordimientos por una aventura, ya sea por el dolor que experimentaría tu cónyuge si se enterase, o por tu propio sentimiento de culpabilidad.

La otra forma con que puede presentarse esta agitación es la preocupación. Sí, nos preocupamos por las consecuencias de las acciones malsanas, pero también nos preocupamos por las acciones neutras. Por ejemplo, es posible que estés preocupado por si has cerrado o no con llave la puerta trasera de la casa. Incluso las actividades sanas pueden causar ansiedad: tal vez has llevado a tu pareja al hospital porque tenía la gripe y ahora te preocupa la posibilidad de haberla contraído... El caso es que cuando empiezas a preocuparte, esto te conduce a menudo a una mayor agitación, puesto que te preguntas cómo podrías evitar las consecuencias de los escenarios que imaginas —o lidiar con dichas consecuencias—. También nos preocupamos por hechos muy improbables, como ser víctimas de un atentado terrorista. Podemos crear incesantes combinaciones de preocupación y remordimiento, todas las cuales nos provocan mayor agitación.

Nuestra predisposición a la agitación debida a la preocupación y el remordimiento nos ayuda a motivarnos a corregir las cosas cuando es posible, para protegernos cuando nos hallamos frente a unas consecuencias inevitables y para prepararnos lo mejor posible para un futuro incierto. La incomodidad mental también nos ayuda a disuadirnos de ocasionar situaciones semejantes en el futuro. Sin embargo, si no podemos hacer un buen uso de nuestra energía agitada, esto nos estresa, porque no hemos dado salida a nuestro impulso de actuar. Esto también hace que sea más difícil centrarse en cualquier otra cosa. Incluso cuando dejamos de lado conscientemente la preocupación y el remordimiento, o cuando los reprimimos inconscientemente, la mente permanece agitada, afectando a nuestro cuerpo y nuestras emociones.

La mayoría de nosotros somos bastante conscientes de los efectos adversos de este tipo de estrés. Sin embargo, en meditación descubrimos directamente cómo incluso acciones negativas del pasado lejano y preocupaciones olvidadas hace mucho tiempo pueden seguir produciendo agitación. Son como semillas enterradas en los surcos inconscientes de la mente, y solo cuando nos aquietamos lo suficiente pueden emerger plenamente a la luz de la consciencia. Nuestro pasado da forma a nuestras percepciones y comportamientos actuales, y los temas sin resolver pueden interponerse en el camino de la paz mental, la alegría y la felicidad en el presente.

El mejor antídoto contra este tipo de agitación es asumir la práctica de la virtud.[5] Cuando tenemos un comportamiento virtuoso, nuestros actos no serán la causa de nuevos remordimientos y preocupaciones. Pero ¿qué es la virtud? No me estoy refiriendo a la moral, en el sentido de la obligación de adherirse a una norma externa impuesta por una deidad u otra autoridad. Tampoco me estoy refiriendo a la ética, como sistema de reglas que prescriben la mejor manera de actuar. Tanto los principios morales como los códigos éticos pueden seguirse a ciegas, sin tener que resolver necesariamente los propios hábitos mentales nocivos. La virtud es la práctica de la purificación interior, lo cual *tiene como resultado* un buen comportamiento. Si piensas en la mente como en una máquina, la práctica de la virtud permite que dicha máquina tenga el funcionamiento más fluido y potente posible. Del mismo modo, toda acción que no tenga una buena intención, por más sutil que sea esta falta de bondad de la intención, es como un poco de arenilla que reduce el rendimiento de la mente. Si eres una persona virtuosa, disfrutarás de una paz mental que te posibilitará alcanzar las etapas más altas de la meditación. Por supuesto, ser virtuoso tiene muchas otras ventajas, pero la práctica de la virtud es intrínsecamente gratificante.

Si bien la ejercitación en la virtud ayuda a prevenir las malas conductas en el futuro, el otro remedio consiste en hacer todo lo posible para resolver cualquier fuente de preocupación o remordimiento mediante la adopción de medidas positivas. Después de haber hecho lo que has podido, debes perdonarte a ti mismo y buscar el perdón de los demás por lo que no puede ser resuelto. A continuación, suelta de una vez por todas estos acontecimientos y tus juicios sobre ellos. Con la meditación tiene lugar una profunda purificación mental, y una gran parte de esta purificación implica «poner a descansar» las preocupaciones por las malas conductas pasadas, reales o percibidas.

La agitación debida a la preocupación y el remordimiento es un estado mental específico. El factor de meditación del **gozo meditativo**[6] es también un estado mental. Dado que los dos son opuestos, no pueden existir juntos, de modo que la persistencia de este tipo de agitación interfiere en el surgimiento del gozo meditativo. Del mismo modo, a medida que la mente se vuelve más gozosa con la práctica continua, la agitación debida a la preocupación y el remordimiento se diluye. El gozo vence a la preocupación porque genera confianza, optimismo y la certeza de que uno puede gestionar cualquier desafío que la vida pueda presentarle. Del mismo modo, el gozo vence al remordimiento porque una persona gozosa lamenta sinceramente cualquier daño que haya causado en el pasado y está ansiosa por arreglar las cosas.

El gozo vence a la preocupación porque genera la certeza de que puedes gestionar los desafíos de la vida. El gozo vence al remordimiento porque hace que estés ansioso por arreglar las cosas.

5. La duda

La duda es sana y valiosa cuando nos motiva a cuestionar, investigar y probar cosas por nosotros mismos. Evita que aceptemos ciegamente lo que otros dicen o lo que parece verdadero, y que nos engañen y se aprovechen de nosotros. Como estrategia de supervivencia, impide que desperdiciemos nuestro tiempo y nuestros recursos. La duda comienza como un proceso mental inconsciente que se centra en los resultados y en los posibles desenlaces negativos. Una vez que la mente decide que una situación debe ser examinada con más detenimiento, la duda pasa a formar parte de la experiencia consciencial. Si la emoción de la duda es lo suficientemente fuerte, nos obliga a reconsiderar una actividad o a abandonarla por completo. Su propósito no es otro que el de poner a prueba la fuerza de nuestra motivación: nos invita a evaluar nuestras actividades e intenciones actuales con la razón y la lógica.

La duda se convierte en un obstáculo si, en lugar de revaluar la situación de forma racional, respondemos solamente a la incertidumbre emocional que genera. Con demasiada frecuencia, esto nos impide hacer el esfuerzo necesario para validar algo a través de nuestra propia experiencia. Nunca podremos tener éxito en ninguna tarea difícil si nos limitamos a abandonar lo que nos crea incertidumbre. Esta forma de duda se parece más a una fe perversa en el fracaso que debilita nuestra voluntad y socava nuestras intenciones. Por ejemplo, si dudas de tu capacidad de tener éxito con la meditación, tu motivación se desvanecerá y no te sentarás a practicar.

El remedio para la duda es utilizar nuestra capacidad de razonamiento para visualizar la posibilidad del éxito a largo plazo, y contrarrestar así la presión emocional que nos brinda este obstáculo a corto plazo. Una vez que hemos superado los efectos paralizantes de la duda, podemos avanzar con una motivación más fuerte y alcanzar la certeza por medio de la acción. El remedio último para la duda es la confianza y la seguridad procedentes del éxito, y el éxito depende del esfuerzo persistente.

A pesar de que la duda se proyecta a menudo sobre otras personas, objetos y situaciones, es habitual que adopte la forma de la inseguridad (la falta de confianza en nuestras propias capacidades). Entre las muchas formas que adopta la duda, la inseguridad está tan generalizada que vale la pena abordarla específicamente, y proporcionar algunas garantías y antídotos más. Si dudas de tu capacidad de concentración, recuerda que a pesar de que algunas personas son más tranquilas por naturaleza que otras, muy pocas tienen unas mentes tan activas como para no poder meditar. Incluso casos graves del trastorno de déficit de atención no impiden que esas personas alcancen los más altos objetivos de la meditación.[7] Si tu mente es más activa que las mentes promedio, las tres primeras etapas te serán las más difíciles; pero ten la seguridad de que puedes dominarlas, y de que cuando lo logres las etapas que siguen te resultarán mucho más fáciles.

Para algunos, la inseguridad tiene que ver con la autoestima, específicamente al compararse con otras personas a las que consideran más brillantes o capaces. Sin embargo, la capacidad intelectual no es especialmente importante para tener éxito en la meditación. La meditación tiene que ver con la atención y la conciencia. Si puedes leer este libro y seguir sus instrucciones, posees inteligencia más que suficiente para aprender a meditar. Incluso si no entiendes algo de lo que leas aquí, solo con que sigas las instrucciones básicas relativas a cada etapa tendrás éxito.

Algunos dudan de tener la autodisciplina necesaria, pero si puedes hacer ejercicio con regularidad o ir al trabajo o a estudiar, puedes establecer una práctica meditativa. El factor clave no es la disciplina, sino más bien la motivación y los hábitos. Si te cuestionas si tienes la suficiente disciplina para meditar, vuelve a examinar tu motivación. Sin motivación, la disciplina no te ayudará mucho. Convertir la meditación en un hábito también es fundamental. Por ejemplo, si tenemos el hábito de ir a trabajar, aunque seamos reacios a ir lo hacemos de todos modos, a menudo sin dedicar ningún pensamiento a las consecuencias. El hábito es poderoso. En la primera etapa se expusieron maneras de crear las condiciones adecuadas para que la práctica se convirtiera en un hábito.

La duda, obviamente, se interpone en el camino de la persistencia. Por el contrario, el factor de meditación de la **atención sostenida**,[8] alcanzado a través del esfuerzo constante, es lo que permite superar la duda. Es decir, a medida que sigas perseverando, descubrirás que eres capaz de sostener la atención y alcanzar otros resultados positivos. El éxito conduce a la confianza en la práctica y en uno mismo. Cuando te des cuenta de esto, superarás la duda completamente.

El éxito conduce a la confianza en la práctica y en uno mismo. Si practicas con diligencia, superarás totalmente la duda.

LOS SIETE PROBLEMAS

Los cinco obstáculos clásicos constituyen una descripción general de los obstáculos psicológicos que se interponen en la meditación. Distintas combinaciones de estos obstáculos conducen a retos específicos que yo denomino *los siete problemas*. Te enfrentarás a todos ellos a medida que avances por las etapas; en cada etapa se proporcionan los detalles acerca de los problemas específicos y de cómo superarlos. Utiliza la lista y la tabla que siguen a continuación como una guía de referencia fácil que vincula los problemas específicos con sus obstáculos. Esto te ayudará a comprender rápidamente qué problema se deriva de qué obstáculo para que puedas aplicar el antídoto apropiado.

1. **La postergación y la resistencia a practicar:** los obstáculos de la pereza y la duda contribuyen a la postergación y a la resistencia a practicar. Si no estamos convencidos de que meditar merezca nuestro tiempo y esfuerzo, la pereza se manifiesta como resistencia. Aquí es donde hace acto de presencia la duda. Puedes comenzar a dudar de tus propias capacidades, del profesor o del método. Cualquiera de estas dudas puede reforzar la postergación y socavar tu motivación y tu determinación.

2. **Las distracciones, los olvidos y la divagación mental:** los obstáculos del deseo mundano, la aversión, la agitación y la duda pueden, todos ellos, manifestarse como distracciones que provocan el olvido, y a continuación la divagación mental. Los pensamientos sobre los *dharmas* mundanos (la riqueza, el placer, la fama y los elogios) son mucho más atractivos para un principiante que las sensaciones de la respiración. Incluso deseos triviales como querer comprobar el correo electrónico ocasionan suficiente distracción como para hacer que uno se olvide de la respiración. La aversión al dolor corporal, los ruidos u otras distracciones pueden perturbar la meditación, así como pueden hacerlo los estados de impaciencia, aburrimiento o insatisfacción con el propio progreso. La carga emocional de sentimientos como el enojo y el resentimiento hace que desees reflexionar sobre ellos; recreas los conflictos y planificas tus respuestas. La preocupación y el remordimiento también dan lugar a pensamientos sobre el pasado o el futuro que te distraen y te sacan del presente. Los pensamientos relacionados con la duda se convierten también fácilmente en distracciones.

3. **La impaciencia:** se basa en varios de los mismos obstáculos que provocan la distracción y la divagación mental: la aversión, el deseo mundano y la duda. La diferencia es que la

impaciencia se manifiesta como una emoción perturbadora en lugar de hacerlo como un pensamiento o un recuerdo que distraen.

4. **La mente de mono:** la agitación debida a la preocupación y el remordimiento ocasiona a menudo la mente de mono. También puede ser causada por el enfado y la aversión, la anticipación de satisfacer un deseo fuerte o incluso la inquietud que acompaña a la impaciencia. De hecho, la mente de mono puede provenir de cualquiera de los obstáculos, excepto la pereza y el letargo.

5. **La inseguridad:** el obstáculo de la duda está en la raíz de la inseguridad, como se vio anteriormente.

6. **El embotamiento, la somnolencia y el sueño:** el obstáculo de la pereza y el letargo da lugar al embotamiento y la somnolencia, sobre todo el letargo. Este es una disminución de la energía mental que se manifiesta como un confortable y agradable empañamiento de la percepción o como una pesada somnolencia. A medida que la actividad mental se apaga, la energía mental decrece, y con ello el interés, la conciencia y la capacidad de respuesta.

7. **El malestar físico:** el deseo mundano y la aversión son lo que convierte las molestias físicas en un problema. Una picazón, por ejemplo, no es más que una estimulación de la piel, pero se convierte en sufrimiento cuando surgen la aversión y el deseo de que la comezón desaparezca.

CONCLUSIÓN

Los cinco obstáculos son más que obstáculos para la meditación, ya que impiden llevar una vida feliz y productiva. Mediante la práctica de la meditación y la superación de dichos obstáculos, logramos algo de un valor incalculable, que presenta también amplias ventajas en todas las otras facetas de nuestras vidas.

Cuando llegues a la décima etapa, habrás superado totalmente estos obstáculos, que ya no estarán presentes en tu meditación ni en tu vida diaria. Y mientras puedas llegar regularmente al *śamatha* en tu práctica —o si logras el suficiente Insight—, no volverán.

TABLA 5. LOS SIETE PROBLEMAS Y SUS ANTÍDOTOS	
Problema	**Antídoto**
POSTERGACIÓN Y RESISTENCIA A PRACTICAR	Recuerda a menudo los beneficios de la práctica, refresca y renueva tu motivación y solo hazlo con frecuencia (ver la primera etapa)
DISTRACCIONES, OLVIDOS Y DIVAGACIÓN MENTAL	Cada parte del problema se aborda secuencialmente. En la segunda etapa, trabaja con la divagación mental. En la tercera, trabaja en superar el olvido. En las etapas cuarta, quinta y sexta, trabaja en superar todas las distracciones
IMPACIENCIA	En lugar de identificarte con la impaciencia, aprende a observarla con objetividad. Cultiva el gozo, la paz, la satisfacción y la ecuanimidad (ver la segunda etapa)
MENTE DE MONO	Una mente agitada, con demasiada energía, está en constante movimiento y no puede permanecer enfocada en nada. El antídoto es enraizarse en el cuerpo (ver la segunda etapa)
INSEGURIDAD	Haz todo lo que puedas para conservar una fuerte motivación. No te compares con los demás. Convierte la meditación en un hábito
EMBOTAMIENTO, SOMNOLENCIA Y SUEÑO	Una energía mental baja conduce al embotamiento, y después al adormecimiento y al sueño. Combate el embotamiento fuerte por medio de energizar la mente usando las técnicas que se describen en las etapas tercera y cuarta. En la quinta etapa, trabaja para superar el embotamiento sutil
MALESTAR FÍSICO	Encuentra la postura más cómoda posible (ver la primera etapa). Utiliza el malestar físico como parte de la práctica para desarrollar el *Insight* de que el dolor es inevitable pero el sufrimiento es opcional (ver las etapas tercera y cuarta)

La atención interrumpida y la superación de la divagación mental

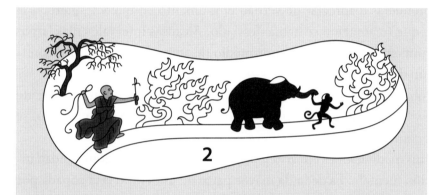

2

El objetivo de la segunda etapa es acortar los períodos de divagación mental y alargar los de sostenimiento de la atención en el objeto de meditación. La fuerza de voluntad no puede evitar que la mente olvide la respiración; tampoco puedes obligarte a hacerte consciente de que la mente está deambulando. En lugar de ello, mantén la intención de apreciar el momento «ajá» que reconoce la divagación mental, mientras vuelves a dirigir la atención a la respiración con suavidad pero con firmeza. A continuación, sostén la intención de implicarte con la respiración tan cabalmente como puedas sin perder la conciencia periférica. Con el tiempo, las simples acciones que fluirán de estas tres intenciones se convertirán en hábitos mentales. Los períodos de divagación mental se acortarán, mientras que los de atención a la respiración se alargarán, y habrás logrado tu objetivo.

Segunda etapa: el meditador aún está persiguiendo al elefante, pero el elefante y el mono han desacelerado un poco; ahora caminan en lugar de correr.

- La parte superior de la cabeza del elefante se ha vuelto blanca, lo que indica que la pereza, la postergación, las resistencias, las reticencias y las dudas se han superado lo suficiente como para establecer una práctica regular.
- La parte superior de la cabeza del mono también es blanca, lo que significa que los períodos de divagación mental se están acortando.
- Las hogueras indican que se requiere esfuerzo.

OBJETIVOS DE LA PRÁCTICA EN LA SEGUNDA ETAPA

La primera etapa era preparatoria; te enseñó a establecer la práctica y a que estuvieses sentado y atento a las sensaciones de la respiración en la punta de la nariz. La segunda marca el inicio del proceso de ejercitación de la mente mientras tratas de permanecer enfocado en la respiración. Se necesita trabajo para calmar la mente, pero trabajarás de forma inteligente, en lugar de esforzarte demasiado, si utilizas la delicadeza, la paciencia y el refuerzo positivo.

Mantener la atención en la respiración puede parecer una tarea sencilla, pero pronto vas a descubrir lo difícil que puede llegar a ser. A la mayoría de los meditadores noveles les sorprende averiguar lo rebelde que es la mente. Puedes sentir como si estuvieras tratando de domar a un animal salvaje, o incluso que la meditación hace que tu mente esté más agitada. En realidad, solo estás tomando conciencia de lo que siempre ha estado sucediendo en tu mente. Reconocer esto es un primer paso importante.

Aprenderás a trabajar de forma inteligente, en lugar de esforzarte demasiado, si utilizas la delicadeza, la paciencia y el refuerzo positivo más que la fuerza de voluntad.

En la segunda etapa hay dos objetivos principales: acortar los períodos de divagación mental y sostener la atención en la respiración durante períodos más largos. Vas a hacer frente a la divagación mental con el refuerzo positivo; aprenderás a apreciar de verdad el momento en que «despiertas» al hecho de que tu atención se había desviado. Alcanzas intervalos más largos de sostenimiento de la atención por medio de aprender a implicarte con la respiración de forma activa.

Los obstáculos de esta etapa son el olvido, la divagación mental, la mente de mono y la impaciencia. Aunque se hablará del olvido en esta etapa, no se abordará como obstáculo hasta la tercera.

Al iniciar esta etapa, tus meditaciones consisten principalmente en una «continuidad interrumpida de la divagación mental». Es decir, la mayor parte de tu tiempo está copada por la divagación mental, interrumpida por breves períodos de atención a la respiración. Hacia el final de esta etapa, experimentarás lo contrario: la mayor parte del tiempo estarás atento a la respiración y solo experimentarás breves períodos de divagación mental o «continuidad interrumpida de la atención». Has dominado esta etapa cuando los episodios de divagación mental son breves, mientras que tu atención a la respiración dura mucho más tiempo.

EL PROBLEMA DEL OLVIDO Y LA DIVAGACIÓN MENTAL

Los problemas combinados del olvido y la divagación mental dominarán tus sesiones de meditación en la segunda etapa. El **olvido** significa que arrinconamos el objeto de meditación, así como nuestra intención de enfocarnos en la respiración. La **divagación mental** es lo que sucede *después* de que hemos olvidado lo que estábamos haciendo: la mente deambulará de un pensamiento a otro, a menudo durante mucho tiempo, antes de que «despertemos» a lo que está ocurriendo.

En la raíz de estos problemas están los distintos tipos de movimientos espontáneos de la atención que se describen al principio de esta obra. Ponemos la atención en la respiración, pero la mente produce **distracciones**. La atención alternante explora estas distracciones en busca de algo más interesante, importante, emocionante, intenso o novedoso, cuyo interés e importancia se juzgan de acuerdo con la capacidad que percibimos que tiene de aumentar el placer o reducir el dolor, provocar felicidad o infelicidad, o mejorar o poner en peligro nuestro bienestar físico. Cuando algo capta la atención, se abandona la respiración y sobreviene el olvido. Cuando la atención se cansa de una distracción, pasa a otra, generalmente a través de cadenas de asociaciones. Este tipo de divagación mental es el principal obstáculo con el que vamos a trabajar en esta etapa.

¿Por qué se desplaza de esta manera la atención? Por una cuestión evolutiva: las presiones de la selección natural han favorecido el desplazamiento espontáneo de la atención con más fuerza que la atención estable. Desplazar constantemente la atención nos mantiene a la expectativa de lo que nos ayudará a sobrevivir y reproducirnos. Incluso si eres un buscador espiritual que tiene la intención de descubrir el significado último de la vida, si tu atención no divagara a veces, tu casa podría quemarse completamente a tu alrededor. Así pues, si bien el olvido y la divagación mental pueden ser obstáculos para la meditación, constituyen una parte normal y necesaria de la vida diaria, pues nos permiten usar los recursos limitados de nuestra consciencia de manera más eficiente. La mente de un meditador experto sigue desplazándose de forma espontánea en la vida diaria, poniendo la consciencia donde se necesita, pero no se deja atrapar de forma innecesaria.

Por otra parte, la atención estable también es útil para la supervivencia, así que todos tenemos también esta capacidad inherente. Dicho de otro modo, la evolución no ha efectuado una selección *en contra de* la atención estable, a pesar de que no tenemos una predisposición tan fuerte a usarla. Cuando meditamos, estamos ejercitando y fortaleciendo esta capacidad innata pero menos utilizada. Mediante el cultivo de la atención estable, la meditación calma la mente errante y genera paz interior. Cuando la atención está acompañada por una mayor conciencia, gozamos de un **mindfulness** fuerte, lo que significa que podemos volver a enfocar y estabilizar la atención donde y cuando es necesario.

Despertar de la divagación mental

Tiene lugar un momento crítico durante la divagación mental cuando de repente te das cuenta de que ya no estás observando la respiración: de forma abrupta, «despiertas» al hecho de que no estabas haciendo lo que te habías propuesto. Es como si de repente recordaras una llamada telefónica que olvidaste hacer o cayeras en la cuenta de que no has revisado el correo electrónico no deseado: el pensamiento acude a la cabeza, como si viniera de la nada. Aunque estuvieses preocupado por cualquier otra cosa, alguna parte inconsciente de tu mente te hace percatarte de que se supone que estás atento a la respiración.

Nuestra tendencia natural es la de volver rápidamente a la respiración, a menudo enérgicamente y emitiendo autojuicios. Esta reacción es típica de nuestro enfoque de las tareas cotidianas: nos apresuramos a regresar a lo que estábamos haciendo. Durante la meditación, sin embargo, si regresas a la respiración tan pronto como te das cuenta de que te has olvidado de ella, te perderás una oportunidad clave de ejercitar la mente.

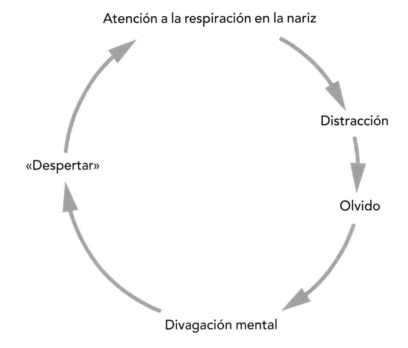

El ciclo distracción → olvido → «despertar»

Atención a la respiración en la nariz

Distracción

«Despertar»

Olvido

Divagación mental

Despertar al presente es una importante ocasión de comprender y apreciar cómo funciona la mente. Acabas de tener una revelación menor, un momento «¡ajá!» en que te has dado cuenta de que hay una desconexión entre lo que estás haciendo (pensar en otra cosa) y lo que pretendías hacer (observar la respiración). Pero esto no es algo que hayas hecho *tú*. Tampoco puedes hacer que suceda con tu voluntad. El proceso que ha puesto al descubierto esta desconexión *no está bajo tu control consciente*. Sucede inconscientemente, pero cuando el «hallazgo» deviene consciente, tienes un momento «ajá» de **conciencia introspectiva**.

La manera de superar la divagación mental es adiestrar este proceso inconsciente para que haga el descubrimiento y lo traiga a la consciencia antes y con mayor frecuencia. Pero

Adiestra a tu mente por medio del refuerzo positivo. Saborea la sensación de estar más plenamente consciente y presente que cuando estabas perdido en la divagación mental.

¿cómo se adiestra algo que acontece inconscientemente? Basta con que te dediques un momento a disfrutar y apreciar el hecho de haber «despertado» de la divagación mental. Saborea la sensación de estar más plenamente consciente y presente. Aprecia tu revelación y anímate a tener más. La intención consciente y la afirmación influyen poderosamente en nuestros procesos inconscientes. Al valorar este momento estás adiestrando a la mente, a través del refuerzo positivo, para que te despierte con mayor rapidez en el futuro.

Además, evita molestarte o ser autocrítico en relación con la divagación mental. No importa que tu mente divagara. *Lo importante es que te diste cuenta de ello.* Molestarte o ser autocrítico en el momento «ajá» ralentizará tu progreso. No se puede regañar a la mente para que cambie, sobre todo cuando estamos lidiando con patrones mentales tan arraigados como el olvido y la divagación mental. Y, lo que es peor, la retroalimentación negativa quedará asociada con el acontecimiento más reciente: la aparición espontánea de la conciencia introspectiva. Así, se acaba desalentando el mismísimo proceso que detiene la divagación mental. Es como decirle a tu inconsciente que no quieres que tu divagación mental se vea interrumpida. Si se presentan emociones negativas, limítate a advertirlas y *deja que vengan, deja que estén y deja que se vayan.*

Es como adiestrar a una mascota: el refuerzo positivo inmediato y constante de los comportamientos que queremos será mucho más eficaz que castigar los comportamientos que no queremos. A medida que sigas aplicando esta técnica, la conciencia introspectiva acabará por intervenir antes de que olvides por completo el objeto de meditación (este es el objetivo de la tercera etapa). Con el tiempo, la conciencia introspectiva se hará tan fuerte que estará siempre presente, y nunca vas a perder el objeto de meditación como el foco de tu atención (este es el objetivo de la cuarta etapa). De hecho, el avance de etapa en etapa, hasta la última, depende de reforzar positivamente, cultivar y fortalecer la conciencia introspectiva. Por lo tanto, a partir de esta etapa, aprecia siempre esta toma de conciencia cuando surja, y haz que la satisfacción y el placer sean una piedra angular de toda tu práctica.

El refuerzo positivo inmediato y constante es mucho más eficaz que el autocastigo.

DIRIGIR Y REDIRIGIR LA ATENCIÓN

Dirigir y redirigir la atención a propósito es una parte importante del entrenamiento meditativo. Se trata de cultivar continuamente la capacidad de dirigir la atención *intencionalmente* a cualquier objeto que uno elija, con independencia del interés intrínseco de dicho objeto. Esto se hace por medio de redirigir la atención, una y otra vez, al objeto de meditación, siempre que divague. Esta es la forma en que la atención dirigida conduce a la **atención estable**. Si eres reacio a soltar algún objeto que encuentres particularmente atractivo, recuerda la disciplina y la **diligencia**. La disciplina no significa forzar la mente a hacer algo que no puede hacer, sino que es la determinación intencional y firme de dejar ir el objeto que ha atrapado la atención y volver a la respiración. Ser diligente implica hacer esto de forma constante y sin dilación.

Si se repite a menudo la reorientación intencional de la atención, esto adiestra al inconsciente a hacerlo de forma automática. Al final, los otros objetos no atrapan la atención.

Al igual que ocurre con un músculo, cuanto más ejercitas esta facultad, más fuerte se hace. En otras palabras, tu intención consciente de redirigir la atención, repetida con la suficiente frecuencia, adiestrará gradualmente a tu inconsciente a hacerlo de forma automática y casi instantánea. Cuando eso sucede, los movimientos *intencionales* de tu atención reemplazarán a los movimientos *espontáneos*, y no habrá otros objetos que secuestren tu atención. Hacia la cuarta etapa, la reorientación de la atención al objeto de meditación tendrá lugar de forma totalmente automática.

MANTENER LA ATENCIÓN EN EL OBJETO DE MEDITACIÓN

Una vez que has redirigido la atención, se trata de aumentar los períodos de atención sostenida en el objeto de meditación. Una técnica que puede ayudarte en este sentido consiste en **examinar la respiración**. Se trata de una serie de tareas, semejantes a un juego, que tienen por objetivo ayudarte a implicarte activamente con la respiración, que te intereses por ella y la investigues totalmente para, así, contrarrestar la tendencia natural que tiene la atención a desplazarse. Para empezar, intenta identificar el momento exacto en que comienza la inhalación y el momento exacto en que termina. Del mismo modo, trata de percibir el momento exacto en que empieza y termina la exhalación. Comprobarás que el inicio de la inhalación es fácil de identificar, debido al fuerte impacto del aire fresco que entra en la piel. El inicio de la exhalación será también obvio, probablemente, aunque menos claro, ya que el aire que sale es más cálido. Por el contrario, el momento exacto del final de la inhalación y de la exhalación es menos evidente. Asimismo advertirás breves pausas entre las inhalaciones y las exhalaciones, y entre las exhalaciones y las inhalaciones. Si te resulta difícil percibir con claridad el final de la entrada y la salida del aire, te será de ayuda identificar las pausas en primer lugar, y a continuación proceder al revés. Una vez que hayas identificado las pausas con cierto grado de certeza, así como el inicio y el final de las dos partes del ciclo de la respiración, trata de observar todos estos puntos con la misma claridad. Estas tareas implican a la mente por medio de plantearle un desafío. Al principio, las sensaciones parecen ir y venir tan rápidamente y son tan sutiles que es verdaderamente un reto identificarlas; sin embargo, con la práctica, estas actividades estabilizarán tu atención en el objeto de meditación.

Por ahora, no te preocupes por observar la respiración de una manera no verbal, no discursiva o no conceptual. En lugar de ello, haz cualquier cosa que te ayude a examinarla y a identificar claramente los distintos puntos del ciclo. Habla contigo mismo en silencio y piensa en la respiración tanto como quieras. Si te es útil, puedes pensar: «Principio, final, principio, final». Si se te da bien visualizar, crea una imagen mental, como un círculo que se expande y se contrae con la respiración. En este caso no estás tratando de imaginar qué aspecto presenta la respiración, sino que estás usando una imagen para ayudarte a examinar las sensaciones. La imagen debe ser suscitada por las sensaciones, no superponerse a ellas. Si se te da mejor la percepción cenestésica, imagina algún tipo de movimiento en relación con el ciclo de la respiración, como el cuerpo expandiéndose y contrayéndose.

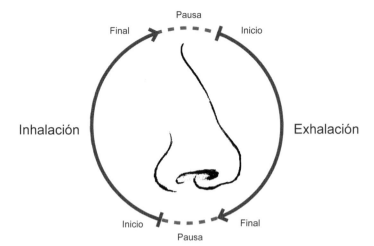

Figura 12. Examinar la respiración implica a la mente por medio de plantearle un desafío, lo cual puede abordarse como un juego. Identifica los comienzos y los finales de cada parte del ciclo de la respiración y las pausas que tienen lugar entre cada una de esas partes. A continuación, intenta observar todos estos puntos con la misma claridad.

A medida que tu percepción se agudiza y puedes identificar claramente todos los puntos del ciclo de la respiración, esta tarea va resultando menos difícil, y tu interés decae. Recuerda que la fuerza de voluntad no es muy eficaz para nada en la meditación, incluido el sostenimiento de la atención, por lo que la mente debe encontrar nuevos retos para permanecer activamente implicada. El siguiente reto consiste en observar todas las sensaciones que puedas durante el curso de cada inhalación y exhalación, así como en percibir las pausas lo más claramente posible.

La fuerza de voluntad no es muy eficaz para sostener la atención, por lo que tu mente debe encontrar nuevos retos para permanecer activamente implicada.

Es probable que te sorprenda ver lo rápidamente que se afinan tus facultades de percepción. Este es el primer cambio que experimentarás cuando tu mente empiece a fortalecerse. Posteriormente, a medida que te vuelvas más consciente, ya no necesitarás las palabras, imágenes y juegos mentales –de hecho, pasarán a ser obstáculos–. Por lo tanto, prescinde de ellos, de forma natural, cuando ya no te sean útiles. Puede ser que esto no ocurra completamente hasta bien entrada la cuarta etapa, o incluso hasta el inicio de la quinta. Mientras tanto, no dudes en utilizar estas técnicas mientras te resulten útiles.

Enfocarse en el objeto de meditación sin perder la conciencia periférica

Las cuatro primeras etapas tienen por finalidad conseguir que la atención sea más estable. Los meditadores principiantes a menudo tratan de estabilizar la atención por medio de enfocarse intensamente en la respiración y empujar todo lo demás fuera de la conciencia. *No hagas esto.* No trates de limitar la **conciencia periférica**. En lugar de ello, para cultivar el *mindfulness*, haz justo lo contrario: permite que los sonidos,

No limites la conciencia periférica. Para cultivar el mindfulness, permite que los sonidos, las sensaciones, los pensamientos, los recuerdos y los sentimientos sigan presentes en segundo plano.

REPASO RÁPIDO DE LA PRÁCTICA DE LA SEGUNDA ETAPA

Las instrucciones para esta etapa son sencillas. Siéntate, efectúa la preparación para la práctica, lleva a cabo la transición gradual a las sensaciones de la respiración en la punta de la nariz y cuenta diez respiraciones. Mantén la intención de examinar las sensaciones de la respiración en la nariz y sostener la atención en ellas. Muy pronto, sin embargo, descubrirás que has olvidado la respiración y que tu mente está divagando, a veces durante unos segundos y a veces durante muchos minutos. Acabarás por «despertar», abruptamente, al hecho de que, aunque intentaste observar la respiración, has estado pensando en alguna otra cosa. Siéntete feliz y complacido por este momento «ajá» de conciencia introspectiva. Después, suavemente, vuelve a llevar la atención a la respiración. Para implicarte más cabalmente con el objeto de meditación, practica el examen de la respiración. Estás haciéndolo bien siempre que valores el momento del «despertar» de la divagación mental y seas diligente a la hora de volver a llevar la atención al objeto de meditación e implicarte totalmente con él. Si permaneces sentado durante toda la sesión sin desanimarte y si sigues regresando a la respiración cuando tu mente divague, considera que tu meditación es todo un éxito.

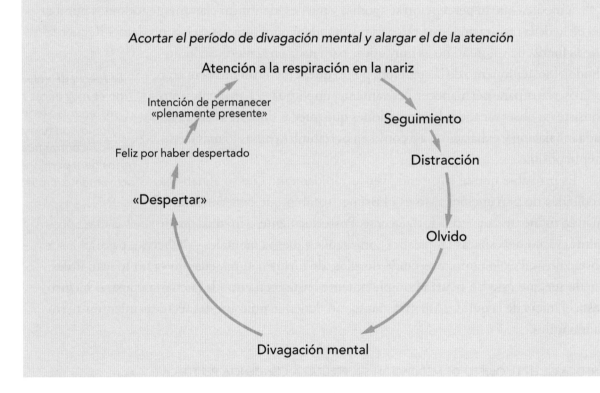

Acortar el período de divagación mental y alargar el de la atención

las sensaciones, los pensamientos y los sentimientos sigan presentes en segundo plano. Ten cuidado con la tendencia a llegar a estar tan intensamente enfocado en la respiración que pierdas la conciencia periférica. Si ocurre esto, olvidarás la respiración con mayor facilidad. Pero si conservas la conciencia periférica, acabarás por percibir las distracciones potenciales cuando surjan, y esto reducirá las posibilidades de que tu atención se vea atrapada.

Si una de estas distracciones de fondo captura momentáneamente tu atención, permite que siga estando ahí mientras vuelves a dirigir la atención al objeto de meditación. El enfoque es siempre el mismo: *deja que venga, deja que esté y deja que se vaya*. Aprende a aceptar estas distracciones; reconoce que van a desaparecer por sí mismas y que se verán reemplazadas por otras. Sigue con tu tarea mientras permaneces relajado. Sencillamente, disfruta el proceso.

EL OBJETO DE MEDITACIÓN NO SERÁ SIEMPRE EL CENTRO DE TU ATENCIÓN

En las tres primeras etapas se ejercita la mente para que, hacia la cuarta etapa, la atención nunca llegue a desviarse por completo del objeto de meditación. Pero en esta etapa no importa si la respiración ocupa el centro de la atención o si está en segundo plano. Siéntete siempre satisfecho con cualquier lapso de tiempo en que el objeto de meditación permanezca en el **campo de la conciencia percibida**.

No importa si la respiración ocupa el centro de la atención o si está en segundo plano. Siéntete satisfecho mientras el objeto de meditación permanezca en el campo de la conciencia percibida.

Durante estas primeras etapas, tu conciencia incluirá toda una serie de objetos más, tales como sonidos, pensamientos, sentimientos y sensaciones corporales. Es de esperar que tu atención alterne entre estos objetos y la respiración. Todos ellos constituyen distracciones que están compitiendo por tu atención, por lo que no te sorprendas cuando uno la atrape. Cuando esto ocurra, el objeto de meditación o bien pasará a estar en segundo plano o bien perderás totalmente la conciencia de él. En cualquiera de los dos casos, una vez que te hayas dado cuenta de que ha ocurrido esto, vuelve a centrar la atención en el objeto de meditación.

«TÚ» NO TIENES EL CONTROL DE «TU» MENTE

La divagación mental acontece constantemente. Forma parte de nuestra experiencia habitual en tal medida que rara vez nos damos cuenta de que tiene lugar, lo cual nos lleva a creer que somos los dueños de nuestras propias mentes, que tenemos siempre el control de ellas. La meditación acaba muy pronto con este mito. Incluso la más simple de las instrucciones, como la de «mantén la atención centrada en la respiración», revela cómo la mente, en cierto sentido, tiene una mente propia.

La creencia de que deberíamos tener el control de la mente no hace más que traernos problemas a la hora de practicar. Una vez que descubrimos el poco control que realmente tenemos, podemos incluso decidir que hay algo que «no está bien» con la mente, que no está funcionando como debería. Cuando objetivamos la mente de esta manera, la convertimos en un «ente» disfuncional. Si, por el contrario, la identificamos con nuestro *yo*, es posible que pensemos que fracasamos porque no podemos evitar que la mente divague. Cualquiera de las dos perspectivas hace que veamos la divagación mental de forma desfavorable y que, por tanto, nos sintamos frustrados.

En lugar de emitir juicios, permite que tu práctica meditativa arroje luz sobre lo que está sucediendo en realidad: ¡no hay ningún yo al cargo de la mente, y por lo tanto no hay nadie a quien culpar! La mente es un conjunto de procesos que operan ya sea a través de un consenso, ya sea por medio de una prevalencia muy temporal de un proceso sobre los demás. Una parte de tu mente puede llevar un gran sombrero con la palabra *yo* estampada en él durante un rato, pero no tiene la capacidad inherente de seguir así mucho tiempo. Inevitablemente, algún otro proceso mental que es fruto de un condicionamiento distinto y que tiene otros «planes» toma el control y pasa a ser el «yo». Si la parte controladora de la mente se esfuerza demasiado o se debilita por alguna razón, a continuación es otra parte de la mente la que asume el mando. En definitiva, no hay ningún «tú» que sea el jefe de «tu» mente. En última instancia, la meditación significa entrenar a un sistema complejo, constituido por múltiples partes (la mente), para que trabaje de manera cooperativa, coherente y constante en un consenso compartido hacia unos objetivos comunes. Si puedes asumir este hecho y soltar las nociones de «yo», «mí» y «mi mente», tu práctica transcurrirá de forma mucho más suave.

Figura 13. Una parte de tu mente puede llevar un gran sombrero con la palabra *yo* estampada en él durante un rato, pero no tiene la capacidad inherente de seguir así mucho tiempo. Inevitablemente, algún otro proceso mental que es fruto de un condicionamiento distinto y que tiene otros «planes» toma el control y pasa a ser el yo.

CALMAR LA MENTE DE MONO

La denominación *mente de mono* hace referencia a un estado especialmente agitado en que la atención salta con rapidez de un objeto al siguiente, como un mono excitado. Esto es bastante diferente de la divagación mental, que tiene lugar a un ritmo más lento. En cuanto a la mente de mono, te darás cuenta de que la atención no permanece en ningún sitio durante más de unos pocos segundos: pasa de la respiración a los sonidos y de ahí a las sensaciones, a los pensamientos, a los recuerdos... y después tal vez vuelve a depositarse en la respiración. En este sentido también es diferente de la divagación mental, en la que uno puede perderse durante mucho tiempo en un solo pensamiento o cadena de pensamientos. La mente de mono, si bien puede ser que también siga regresando a alguna cuestión problemática, solo permanece allí un momento antes de volver a saltar a lo loco entre pensamientos, sensaciones e imágenes. Este movimiento constante de la mente provoca inquietud y debe abordarse de forma diferente que la divagación mental ordinaria.

La «mente de mono» provoca inquietud y debe abordarse de forma diferente que la divagación mental ordinaria.

El antídoto que calma la mente de mono es *enraizarse en el cuerpo*. Esto significa ampliar el espacio en el que se permite que se desplace la atención para incluir todo el cuerpo y, si es necesario, los otros sentidos. Para ello regresa al paso primero o segundo contenidos en el apartado «Una transición gradual, en cuatro pasos, hacia el objeto de meditación» (página 62) que se expone en la primera etapa. La agitación de la mente de mono se debe a los pensamientos y las emociones, por lo que «la conciencia del cuerpo» opera por medio de alejar la atención y la conciencia de los contenidos y actividades de la mente. Algunas técnicas de enraizamiento son explorar las sensaciones del cuerpo parte por parte, prestar atención a alguna sensación corporal fuerte, evocar la conciencia de todo el cuerpo o tomar conciencia de otras sensaciones, como los sonidos.

La regla básica para la ejercitación de la mente en la meditación es *seleccionar siempre intencionadamente dónde poner la atención*. Es decir, debes elegir de forma deliberada la «zona» en la que quieres que permanezca la atención (esta zona pueden ser, por ejemplo, las sensaciones de la respiración, las sensaciones corporales, los pensamientos o alguna combinación de estos ámbitos). Todas las prácticas encaminadas a lograr la estabilidad de la atención se basan en este principio. Con la mente de mono, la atención se está desplazando constantemente, por lo que mejoras la situación al ampliar intencionadamente esta zona: dejas que la mente se siga desplazando, pero solo dentro de los límites que has configurado con tu intención. En lugar de tratar de sujetar al mono para que se esté quieto, le das una jaula más grande en la que moverse.

SUPERAR LA IMPACIENCIA Y CULTIVAR EL GOZO

Es inevitable que, muy pronto, te impacientes y pienses: «Esto no está funcionando; tiene que haber una manera más fácil» o «Podría estar haciendo algo mejor con mi tiempo».

Estos pensamientos y estas emociones surgen porque no ha sucedido algo que querías, deseabas o esperabas.

Por ejemplo, tal vez pensaste que después de un período de práctica diligente estarías en la tercera etapa. En cambio, te encuentras con que tu atención no es muy estable y tu mente sigue divagando mucho. Tu decepción por el hecho de que la meditación no está cumpliendo con tus expectativas se combina con tu deseo mundano de alguna forma alternativa de gratificación. Las expectativas no cumplidas y la mengua del entusiasmo traen el aburrimiento, el cual amplifica cualquier aversión que sientas por la incomodidad física o mental. Mientras la mente se centra en estos resultados negativos, pueden surgir las dudas. El resultado final es el estado *emocional*, insidioso y penetrante, de la impaciencia. Tendemos a identificarnos con dicho estado; pensamos: «*Soy* impaciente», lo cual contribuye a sostener dicho estado, socava nuestra motivación y desencadena otros pensamientos negativos, del estilo: «Hoy me siento demasiado impaciente como para meditar».

Sin embargo, estos pensamientos y estas emociones son causados por algo más que está «entre bastidores»: en realidad, la impaciencia es el resultado de unos conflictos más profundos, inconscientes, que tienen lugar en la mente. Recuerda que «la mente» no es una sola entidad, sino un conjunto de muchos procesos distintos. Cada uno tiene su propia finalidad y sus propios objetivos, pero todos tratan de servir a la felicidad y el bienestar del conjunto. Cuando no estás satisfecho con tu práctica, esto te genera dudas e incertidumbre, lo cual hace que distintas partes de tu mente te impulsen hacia otras fuentes de gratificación. Una vez que estos procesos mentales ya no están unificados en torno a la intención de meditar, surge

Figura 14. La «mente» no es una sola entidad, sino más bien un conjunto de muchos procesos distintos. Cada uno tiene su propia finalidad y sus propios objetivos, pero todos tratan de servir a la felicidad y el bienestar del conjunto. Cuando estás insatisfecho con tu práctica, distintas partes de tu mente te impulsan hacia otras fuentes de gratificación. Intentar permanecer enfocado en la respiración puede ser parecido a tratar de dirigir a una manada de gatos.

el conflicto interno: una parte de la mente acaso quiere meditar, mientras que otras quieren reflexionar, planear o fantasear.

A pesar de que estas distintas «mentes» comparten el mismo objetivo (la satisfacción personal y la felicidad), como las expectativas se han visto frustradas, no están de acuerdo sobre la mejor manera de lograr dicha felicidad. Una mente en conflicto y desarmonizada nos impide asentar un estado meditativo relajado, alerta y tranquilo.

Si sigues tratando de meditar con esta mente dividida y, por lo tanto, menos eficaz, esto no hace más que conducir a una mayor desilusión y a más dudas, con lo cual aún te vuelves más impaciente. Has configurado el bucle de retroalimentación de la *desarmonía-insatisfacción-impaciencia*: cuanta menos armonía haya entre las distintas partes de tu mente, más insatisfacción e impaciencia sentirás. Y cuanto mayor sea la impaciencia, mayor será la falta de armonía, puesto que habrá distintas «mentes» presionando cada vez más con sus propuestas de alternativas a la meditación. Y así sucesivamente.

Cuanta menos armonía haya entre las distintas partes de tu mente, más insatisfacción e impaciencia sentirás. Cuanto mayor sea la impaciencia, mayor será la falta de armonía... Se crea un bucle de retroalimentación.

Por lo general, tratamos de resolver este conflicto interno de una de las dos siguientes maneras, ambas torpes: cedemos y hacemos otra cosa o tratamos de forzar la mente a cumplir. Pero cuando una parte de la mente intenta imponerse a otras partes, esto solo da lugar a una lucha que parece un ejercicio de fuerza de voluntad. Y la fuerza de voluntad *nunca* puede tener éxito a la hora de superar este tipo de resistencia interna.[1] Mientras una parte de la mente se esfuerce cada vez más por llevar la batuta, la lucha no hará más que aumentar, alimentando el ciclo de la desarmonía-insatisfacción-impaciencia.

La mejor manera de evitar la impaciencia o acabar con ella es disfrutar la práctica. Si bien esto no siempre es fácil, una buena forma de empezar consiste en centrarse sistemáticamente en los aspectos positivos de la meditación en lugar de hacerlo en los aspectos negativos. Percibe cuándo el cuerpo está relajado y cómodo, o cuándo la mente está enfocada y alerta. Busca y reconoce estos aspectos gratificantes, por poco importantes que parezcan. Saborea una sensación fugaz de placer físico, la satisfacción de seguir un ciclo de respiración entero o la sensación de logro derivada del solo hecho de sentarte y hacer el esfuerzo de meditar. A medida que estas sensaciones placenteras se hagan más fuertes, saboréalas y estimúlalas para que se fortalezcan aún más. Además, recuerda que la impaciencia no es más que una emoción. No te identifiques con ella pensando: «Soy impaciente». Considérala una sensación más que surge y desaparece; piensa: «La impaciencia está surgiendo». Busca las cualidades positivas de tu experiencia del momento presente, percibe las sensaciones de la respiración lo mejor que puedas y limítate a observar la impaciencia cuando aparezca, sin quedar atrapado en ella. Y cuenta como un éxito el hecho de no quedar atrapado en la impaciencia. Utiliza la misma

La mejor manera de evitar la impaciencia o acabar con ella es disfrutar la práctica.

estrategia cuando afrontes los problemas del olvido o la divagación mental: céntrate en el único acontecimiento que es realmente importante: el hecho de que has despertado a lo que estaba ocurriendo. A continuación, vuelve a examinar la respiración, aceptando todo lo que suceda y sintiéndote feliz con cada éxito, lo que te conducirá a una mayor satisfacción y un mayor éxito. Recuerda siempre que el éxito viene a través de la repetición con una actitud relajada, más que de la lucha con esfuerzo.

Al hacer que la meditación sea satisfactoria y agradable, la parte de la mente que quiere meditar puede conseguir que las otras partes dejen de resistirse y se sumen. Los procesos mentales entran en armonía. A medida que la mente se unifica cada vez más, hay menos conflictos internos. La atención se vuelve más estable, y las sensaciones de placer y felicidad aumentan. Así, los distintos procesos mentales entran en una armonía cada vez mayor, hasta que la mente se sumerge en un estado de gozo, lo cual da lugar al bucle de retroalimentación de la *armonía-gozo* (lo opuesto al bucle de la desarmonía-insatisfacción-impaciencia).

En cada etapa, cultiva la paz, la satisfacción, la felicidad y el gozo cada vez que tengas la oportunidad.

Armonizar entre sí las distintas partes de la mente es crucial para lograr uno de los objetivos principales de la meditación: la **unificación de la mente**. Por lo tanto, en cada etapa, cultiva la paz, la satisfacción, la felicidad y el gozo cada vez que tengas la oportunidad. Además, crea estos sentimientos de todas las formas saludables que puedas en la vida diaria y lleva este gozo a tu práctica.

Figura 15. Si se hace que la meditación sea satisfactoria y agradable, la parte de la mente que quiere meditar puede conseguir que las otras partes dejen de ofrecer resistencia y se sumen.

UNA FÓRMULA PARA TENER ÉXITO CON LA MEDITACIÓN

He aquí una fórmula que deberías conservar en la memoria con el fin de hacer que el gozo y la relajación formen parte de tu práctica de forma natural: *relájate y busca el gozo; observa; deja que venga, deja que esté y deja que se vaya*. Recítala cada vez que te sientes, especialmente cuando te descubras pensando que meditar es difícil.

- *Relájate* significa que sueltes cualquier tensión mental o física tan pronto como te hagas consciente de ella.
- *Busca el gozo* te indica que percibas los aspectos agradables de la práctica a cada momento. Los pensamientos, las sensaciones y los sentimientos negativos son inevitables, pero no tienes por qué verte atrapado por ellos y permitir que condicionen tu práctica. Incluso si sientes dolor en alguna parte, siempre habrá una sensación placentera en algún otro lugar. De la misma forma, a menudo se encuentran presentes sentimientos de paz, satisfacción y felicidad. Sostenlos en tu conciencia para que formen parte, de forma regular, de tu experiencia consciencial.
- *Observa* significa que seas consciente de lo que está ocurriendo en el momento sin reaccionar ante nada, rechazar nada ni aferrarte a nada. Tanto si la atención es estable como si está dispersa, tanto si surge la inquietud como si se instala el embotamiento, tanto si la mente está clara y calmada como si algún pensamiento distractor se empeña en aparecer, limítate a observar lo que está aconteciendo, sin juzgarlo.
- *Deja que venga, deja que esté y deja que se vaya* significa exactamente esto; lo veíamos en la primera etapa (página 64). Sean cuales sean los pensamientos o los sentimientos/emociones que surjan, no los reprimas, ni luches contra ellos, ni dejes que te saquen de la práctica. Desaparecerán a su debido tiempo.

CONCLUSIÓN

Considera cada obstáculo como una oportunidad para aprender acerca de la mente. Si practicas con diligencia todos los días, no pasará mucho tiempo antes de que hayas fortalecido la conciencia introspectiva hasta el punto de que los períodos de divagación mental sean bastante breves; podrás, rápidamente pero con suavidad, volver a llevar la atención al objeto de meditación; y podrás sostener la atención en el objeto de meditación durante períodos más largos. Si no notas que tu atención mejore mucho en una sola sesión, confía en que lo hará en los próximos días y semanas de práctica. Solo con que sigas estas instrucciones, esto ocurrirá por sí mismo, con tanta seguridad como la noche sigue al día. Habrás dominado esta etapa cuando puedas permanecer constantemente enfocado en el objeto de meditación durante unos minutos, mientras que la divagación mental se prolonga solamente unos segundos.

Mayor continuidad de la atención y la superación del olvido

El objetivo de la tercera etapa es superar el olvido y el quedarse dormido. Establece la intención de invocar la atención introspectiva con frecuencia, antes de olvidar la respiración o dormirte, y lleva a cabo correcciones tan pronto como percibas distracciones o embotamiento. Además, intenta sostener la conciencia periférica mientras te implicas con la respiración todo lo posible. Estas tres intenciones y las acciones a que dan lugar son meras elaboraciones de las de la segunda etapa. Una vez que se conviertan en hábitos, raramente olvidarás la respiración.

Tercera etapa: el meditador ha alcanzado lo suficiente al elefante como para ponerle la cuerda alrededor del cuello, lo que indica que el poder del *mindfulness* está empezando a contener la mente. Ha aparecido un conejo en el lomo del elefante, que representa el embotamiento sutil que conduce a la somnolencia y el sueño. El mono, el elefante y el conejo están mirando hacia atrás, al meditador, lo cual significa que han empezado a responder a sus esfuerzos.

- La cabeza, las orejas y la trompa del elefante se han vuelto blancas, porque los obstáculos y problemas no son tan fuertes como antes.
- La cabeza del mono también es blanca, lo que indica que los períodos de divagación mental se han acortado y el olvido tiene lugar con menor frecuencia.
- La cabeza del conejo es, asimismo, blanca, lo que señala que el meditador está aprendiendo a reconocer el embotamiento antes de que sea lo suficientemente fuerte como para desembocar en el sueño.
- Las hogueras indican el esfuerzo que se requiere para avanzar hasta la cuarta etapa.

OBJETIVOS DE LA PRÁCTICA EN LA TERCERA ETAPA

Se empieza la tercera etapa con períodos más largos de atención sostenida en la respiración. La mente aún divaga a veces, pero no durante tanto tiempo. Basta con que sigas practicando lo aprendido en la segunda etapa, y la divagación mental acabará por cesar por completo.

El objetivo principal de esta etapa es superar el **olvido**. Para ello, vas a usar las técnicas de **examinar la respiración** y **conexión** para implicarte activamente con el objeto de meditación y extender los períodos de atención ininterrumpida; y cultivarás la conciencia introspectiva a través de las prácticas de **etiquetar** y **comprobar**. Estas técnicas te permiten captar las distracciones *antes* de que te conduzcan al olvido. También aprenderás a lidiar con el dolor y la somnolencia que acostumbran a presentarse en esta etapa.

Has dominado la tercera etapa cuando ya no olvidas la respiración. Entonces has llegado al primer hito: la atención continua al objeto de meditación.

CÓMO ACONTECE EL OLVIDO

La distracción real es la que compite con el objeto de meditación por obtener la atención. Para dejar de olvidar, debes entender las distracciones y trabajar con ellas.

El campo de nuestra conciencia percibida contiene mucho más que el objeto de meditación. También incluye la conciencia de sensaciones corporales y de lo que hay en nuestro entorno, así como un flujo constante de pensamientos, sentimientos y emociones. Cualquiera de estos elementos constituye una distracción potencial, pero la distracción real es la que compite con el objeto de meditación por obtener la atención. Cuando la atención alterna entre la respiración y un sonido, un pensamiento, un sentimiento/emoción o una sensación corporal, aunque esta alternancia tenga la duración de un parpadeo, eso es una distracción. En general, existen varias de estas distracciones en el campo de la conciencia percibida en un momento dado. Es posible que no adviertas estos movimientos de la atención porque son muy rápidos. Sin embargo, esta **atención alternante** da lugar a una **dispersión de la atención** hacia las distracciones. Estas son las distracciones que tienen el potencial de ocasionar el olvido.

Hay dos tipos distintos de distracciones: las fuertes y las sutiles. La diferencia entre ambas es la cantidad de tiempo en que la atención permanece situada en la distracción en lugar de estar enfocada en la respiración. Cuando se emplea menos tiempo en la distracción y el objeto de meditación sigue siendo el principal foco de atención, nos encontramos ante una **distracción sutil**. Estas distracciones sutiles, junto con la conciencia periférica, son las que constituyen el «segundo plano» de la experiencia consciencial. Sin embargo, si una de estas distracciones se sitúa en el lugar central y mantiene ocupada tu atención durante la mayor parte del tiempo, de modo que el objeto de meditación pase al segundo plano, se convierte en una **distracción fuerte**.

Las distracciones que permanecen en el segundo plano son distracciones sutiles. Las distracciones fuertes ocupan el lugar central, de tal manera que es el objeto de meditación el que pasa al segundo plano.

Mientras examinas la respiración, la atención alterna entre esta y una variedad de distracciones sutiles, que van cambiando, procedentes del trasfondo. Tarde o temprano, aparece una distracción sutil que es lo suficientemente atractiva como para desplazar al objeto de meditación como foco principal de atención. En ese momento, la distracción sutil se convierte en una distracción fuerte, y el objeto de meditación pasa al segundo plano. En un principio, la atención alternará entre la distracción fuerte y el objeto de meditación. Sin embargo, debido al hecho de que la distracción es más convincente que la respiración, tu atención se enfoca cada vez más en ella. Finalmente, la atención deja de regresar al objeto de meditación. Incluso sin que se le dedique nada de atención, la respiración puede permanecer en la conciencia periférica durante un rato. Pero cuanto más tiempo acapara la atención la distracción fuerte, más se diluye la respiración, hasta que te olvidas de ella por completo.

Las distracciones sutiles están siempre presentes. Cuando una de ellas se convierte en una distracción fuerte –si acapara tu atención con suficiente fuerza o durante el suficiente tiempo–, te olvidas del objeto de meditación.

Figura 16. Cómo acontece el olvido. Al principio, tu atención alterna entre la distracción y el objeto de meditación.

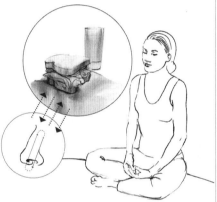

Puesto que la distracción es más convincente que la respiración, tu atención se enfoca más en ella.

Finalmente, la atención deja de regresar al objeto de meditación y sobreviene el olvido.

El olvido acontece a menudo de forma gradual, pero si el pensamiento o la sensación que te distraen tienen mucha «carga», la atención puede verse atrapada de forma rápida e intensa, y el objeto de meditación desaparece enseguida de la conciencia. Sea como sea, tenga lugar el proceso con rapidez o lentitud, el resultado es el mismo: te olvidas de la respiración, y también olvidas lo que estabas haciendo. Luego, cuando la atención se ha cansado de esa distracción, pasa a situarse en otra cosa. Empieza la divagación mental.

SUPERAR EL OLVIDO

El olvido se supera captando las distracciones *antes* de que lo provoquen. Para ello, primero tienes que ampliar los períodos de atención a la respiración, de tal forma que puedas mirar la mente de manera introspectiva y ver lo que está ocurriendo en ella. Los períodos prolongados de estabilidad de la atención se alcanzan mediante la técnica de **examinar la respiración**, que se expuso en la segunda etapa. Sin embargo, en esta etapa, observarás las sensaciones de la respiración con mucho más detalle y aprenderás la técnica de la **conexión**, que guarda relación con la técnica anterior. La otra clave para superar el olvido es el cultivo de la **conciencia introspectiva**. Esto te permite ver las distracciones que están a punto de hacer que olvides la respiración. Las prácticas de **etiquetar** y **comprobar** te permitirán desarrollar esta capacidad.

Para superar el olvido, antes tienes que ampliar los períodos de atención a la respiración, de tal forma que puedas mirar la mente de manera introspectiva y ver lo que está ocurriendo en ella.

Piensa en la mente no ejercitada como en un mar turbulento. La atención a la respiración es como un ancla, que hace que la balsa en la que flotamos esté lo suficientemente firme como para que podamos pararnos y mirar hacia fuera. Cuando no podemos mantener la atención durante más de unas cuantas respiraciones, nuestra ancla no es segura y la balsa es inestable. Antes de darnos cuenta, nos dejamos arrastrar por una ola. Sin embargo, si somos capaces de mantener el enfoque durante más tiempo, haciendo así que la balsa permanezca más estable, podremos ver la ola que se acerca y maniobrar de tal forma que el impacto se vea mitigado; incluso tal vez podamos evitarlo. Esta analogía es útil para entender que los períodos prolongados de atención, junto con la conciencia introspectiva, nos permiten corregir las distracciones antes de que provoquen el olvido.

Los períodos prolongados de atención y conciencia introspectiva te permiten corregir las distracciones antes de que provoquen el olvido.

SOSTENER LA ATENCIÓN A TRAVÉS DE LAS TÉCNICAS DE EXAMINAR LA RESPIRACIÓN Y DE CONEXIÓN

Examinar la respiración y la conexión son herramientas que utilizarás a lo largo de muchas etapas para desarrollar una mayor viveza, claridad y estabilidad de la atención. En esta etapa, las utilizas para sostener la atención en el objeto de meditación durante períodos más largos *sin* perder la conciencia periférica. Ambos métodos le dan a la mente una serie de tareas sencillas que llevar a cabo, o «juegos» a los que jugar, que hacen que observar la respiración sea más interesante. Esto ayuda a contrarrestar la tendencia a que la atención abandone la respiración en favor de otra cosa. El examen y la conexión deberían efectuarse siempre de una forma relajada, no intensa.

Examinar la respiración

A medida que avances por las etapas observarás la respiración cada vez con mayor atención, en busca de más detalles. En la segunda etapa, esto significaba identificar el comienzo y el final de las inhalaciones y las exhalaciones, así como las pausas entre ambas. Tu primer objetivo en la tercera etapa, si aún no lo has alcanzado, consiste en discernir cada uno de estos puntos con la misma claridad.

Cuando intentas percibir todas las fases de la respiración por igual, te puede parecer que la estás de alguna manera «forzando» con el fin de hacer que algunas destaquen más claramente. De hecho, la respiración cambiará de resultas de tu observación. Cuando te propones, conscientemente, discernir ciertas características con mayor claridad, determinados procesos mentales inconscientes tratan de ayudarte por medio de exagerar la respiración. Esto está perfectamente bien, *siempre y cuando no lo hagas deliberadamente*. Este es un punto sutil pero importante. Si no modificas la respiración de forma consciente y deliberada, no caigas en la trampa habitual de apropiarte de algo que no hiciste. Cuando la respiración cambia a causa de procesos *inconscientes* —aunque encajen con tus propósitos *conscientes*—, «tú» no llevaste a cabo ese cambio; así pues, no interfieras. Sencillamente, date cuenta de que la respiración ha cambiado y sigue observándolo todo de forma pasiva y objetiva, dejando que la respiración siga siendo como es. También puede ser que las sensaciones se atenúen o incluso desaparezcan de una fosa nasal, o que alternen entre las fosas. Esto también es completamente normal, y no tienes que hacer más que percibirlo.

Una vez que puedes percibir todos los puntos importantes del ciclo de la respiración de forma clara y vívida, necesitas un desafío mayor. A continuación, practicarás el reconocimiento de las sensaciones individuales que componen cada inhalación y exhalación. En primer lugar, observa cuidadosamente las sensaciones que tienen lugar entre el comienzo y el final de la inhalación, hasta que puedas reconocer tres o cuatro sensaciones diferentes cada vez. A continuación, sigue observando el resto del ciclo de la respiración tan claramente como antes. Cuando puedas reconocer sistemáticamente varias sensaciones con cada inhalación, haz lo mismo con la exhalación. Ten la intención de examinar la respiración con viveza y claridad y percibir detalles muy sutiles. Si no lo logras, no te preocupes; siempre tienes la siguiente respiración para trabajar con ella.

Con la práctica, la cantidad de sensaciones que reconozcas aumentará. Es posible identificar de forma constante entre cuatro y tal vez una docena o más de sensaciones en cada inhalación, y un número algo menor en cada exhalación (las sensaciones son más sutiles en este caso). Sin embargo, esto no significa que vayas a percibir necesariamente tantas sensaciones. La cantidad que puedas percibir no es tan importante. Lo que importa es que tu percepción se agudiza, y que permaneces interesado en la respiración y atento a ella. A medida que avances puedes, si es necesario, seguir aumentando el nivel de detalle, para que la mente permanezca activamente implicada.

A medida que te vas implicando más cabalmente con la respiración, es muy importante que conserves también la **conciencia extrospectiva**. Puede ser que esto no sea fácil. Cuando nos enfocamos mucho, la mente tiende, de forma natural, a abandonar la conciencia de las sensaciones corporales y los estímulos externos. No dejes que esto suceda, porque vas a ser más vulnerable al olvido y a la somnolencia. Por otra parte, poner el acento *tanto* en la atención *como* en la conciencia periférica *al mismo tiempo* aumenta la capacidad total de la conciencia (ver el primer interludio). Una mayor capacidad consciencial es la clave para avanzar en las etapas posteriores. Por último, cuando permites que la conciencia esté presente en todo su alcance y que albergue todos los contenidos, hay muchas posibilidades de que acontezca el Insight, incluso en estas primeras etapas. No estás limitándote a observar la respiración, sino que también estás observando la actividad de tu mente concebida como un todo y aprendiendo de ello.

La conexión

Cuando ya puedes discernir claramente y examinar con facilidad las sensaciones de la respiración, es posible que necesites un nuevo reto para que tu atención siga implicada. Es por eso por lo que se presenta aquí la **conexión**, aunque es una técnica más avanzada. La conexión es una extensión del examen de la respiración que conlleva hacer comparaciones y asociaciones.

Mientras estés examinando el ciclo completo de la respiración, empieza a ejercer la conexión por medio de observar atentamente las dos pausas, y advierte cuál es más larga y cuál es más corta. A continuación, compara entre sí la inhalación y la exhalación. ¿Duran lo mismo, o una dura más que la otra? Cuando puedas comparar claramente las duraciones, amplía el ejercicio para que incluya los cambios relativos en el tiempo. Las inhalaciones y exhalaciones ¿duran más o menos que las de antes? Si la inhalación duraba más que la exhalación, o viceversa, ¿sigue siendo esto así? Las pausas entre las inhalaciones y las exhalaciones ¿tienen la misma duración que antes? En cuanto a la duración de las dos pausas, ¿sigue siendo la misma que antes?

Cuando llegues a las etapas cuarta y quinta, tu conciencia introspectiva habrá mejorado lo suficiente como para que puedas comenzar a asociar los detalles del ciclo de la respiración con tu estado mental. Cuando encuentres que tu mente está agitada y hay más distracciones, pregúntate: ¿es la respiración más larga o más corta, más profunda o más superficial, más sutil o más burda que cuando la mente está en calma? ¿Qué ocurre con la duración o la profundidad de la respiración durante un arrebato de somnolencia? Los estados de agitación, distracción, concentración y embotamiento ¿afectan a la exhalación más o de un modo distinto a como afectan a la inhalación? ¿Afectan a la pausa anterior a la inhalación más o menos de como afectan a la pausa anterior a la exhalación? Al hacer este tipo de comparaciones, no solo estás investigando la respiración para agudizar y estabilizar la atención; también estás aprendiendo otra manera de detectar los estados mentales sutiles y cambiantes y a ser más plenamente consciente de ellos.

Seguirás utilizando este examen de la mente y la conexión en las etapas cuarta y quinta, así que no tengas unas expectativas demasiado altas en este momento. Incluso puede ser que encuentres que la conexión no te es particularmente útil en esta etapa. Se describe aquí solamente porque hay algunos practicantes que obtendrán beneficios de usarla antes.

EXAMINAR LA RESPIRACIÓN Y CONECTAR EN SILENCIO

En la segunda etapa se dijo que puede ser útil utilizar el diálogo interno mental a la hora de examinar la respiración. A estas alturas, te has dado cuenta de que mucha de la actividad mental adopta la forma del diálogo interior. Como un comentarista deportivo que habla de las jugadas de un partido, el discurso mental constituye una manera de seguir el movimiento de la atención y calibrar la calidad de la conciencia. De todos modos, tal vez te has dado también cuenta de que el diálogo interior puede ocasionar problemas. Es resbaladizo como el mercurio, de modo que fluye de la investigación de la respiración a algún otro tema asociado, y después a otro. ¡De pronto, has caído en la madriguera de la divagación! Por lo tanto, si bien es correcto tener un poco de diálogo interno de forma ocasional, en esta etapa es mejor empezar a reducir los comentarios verbales y apreciar el apacible silencio que rodea a la respiración. Descubrirás que puedes examinar igualmente lo que está ocurriendo y que eres capaz de pensar en el objeto de meditación de forma no verbal.

EL CULTIVO DE LA CONCIENCIA INTROSPECTIVA POR MEDIO DE ETIQUETAR Y COMPROBAR

Hasta ahora, has trabajado en el desarrollo de la conciencia extrospectiva, y se trata de mantenerla. Pero ha llegado el momento de empezar a cultivar, también, la conciencia introspectiva. Con la conciencia introspectiva, eres consciente de lo que está sucediendo en tu mente mientras sigues enfocando atentamente la atención en la respiración. Vas a ejercitar y fortalecer tu capacidad relativa a la conciencia introspectiva a través de las prácticas de **etiquetar** y **comprobar**.

Cultiva la conciencia introspectiva. Con ella, eres consciente de lo que está ocurriendo en tu mente.

Etiquetar

Hasta ahora, te has basado en la conciencia introspectiva espontánea —o lo que hemos llamado el momento «ajá»— para alertarte acerca del olvido y la divagación mental. Cuando refuerzas de manera positiva estas percepciones espontáneas, la conciencia aprende a darse cuenta de la divagación mental cada vez con mayor rapidez, de modo que ahora tu mente solo diverga durante algunos segundos. Sin embargo, tu conciencia probablemente no es lo bastante fuerte como para que puedas recordar qué distracción estaba acaparando tu atención antes de tu momento «ajá». Tienes suficiente capacidad consciencial para «despertar», pero no la suficiente para saber lo que te estaba pasando por la mente. Es como cuando de repente alguien te pregunta en qué estás pensando y no puedes recordarlo.

Para fortalecer la conciencia introspectiva, utiliza el etiquetado para practicar la identificación de la distracción *en el mismo momento en que te das cuenta de que ya no estás en la respiración*. Por ejemplo, si te descubres pensando sobre tu próxima comida o sobre algo que sucedió el día anterior, asígnale a la distracción una etiqueta neutra, como «pensamiento», «planificación» o «recuerdo». Es menos probable que las etiquetas simples, neutras, ocasionen nuevas distracciones como resultado de quedar atrapado en el etiquetado. Si hay una serie de pensamientos, etiqueta únicamente el más reciente. Además, evita siempre analizar las distracciones, lo cual solo da lugar a más distracciones. Una vez que hayas etiquetado la distracción, vuelve a dirigir, suavemente, la atención a la respiración.

A menudo, lo último en lo que estabas pensando cuando despertaste de la divagación mental no fue lo que te alejó de la respiración inicialmente. Sin embargo, puesto que la divagación mental tiene lugar ahora con menos frecuencia, la distracción que identifiques y etiquetes en ese momento será la misma que ocasionó tu olvido. Con el tiempo, la práctica de etiquetar reforzará tu conciencia introspectiva lo suficiente para que puedas identificar sistemáticamente qué distracciones tienden más a secuestrar tu atención en primer lugar. La conciencia introspectiva acabará por ser lo bastante fuerte como para avisarte de una distracción *antes* de que acontezca el olvido.

La mayor continuidad de la atención y el incremento de la conciencia introspectiva

Atención a la respiración en la nariz

Examinar la respiración y conexión

Distracciones sutiles

Distracción fuerte

Olvido

«Despertar»

Etiquetar
Feliz por haber despertado

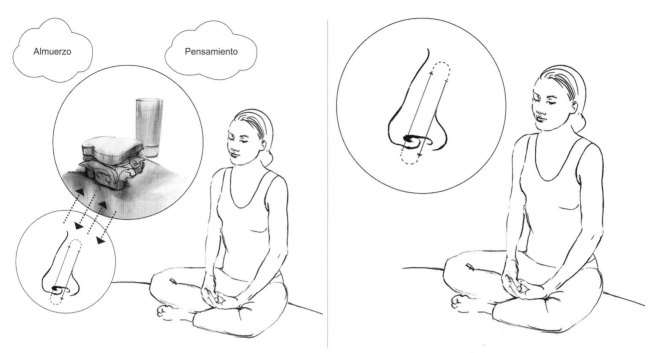

Figura 17. Etiquetar. Practica identificar la distracción con una etiqueta rápida y sencilla.

Después, suelta la distracción y regresa a la respiración.

Comprobar

La segunda parte del cultivo de la conciencia introspectiva requiere comprobar usando la **atención introspectiva**. En lugar de esperar a que la conciencia introspectiva surja espontáneamente, como has hecho hasta ahora, vuelca intencionadamente tu atención hacia el interior para ver lo que está ocurriendo en tu mente. Llevar a cabo esta comprobación requiere períodos más largos de estabilidad de la atención. Es por eso por lo que examinar la respiración y la conexión son tan importantes en esta etapa. Estas técnicas proporcionan una mayor estabilidad a tu atención, por lo que te es más fácil cambiar momentáneamente el enfoque de la atención y ver lo que está sucediendo en tu mente.

Sí, esta comprobación interrumpe tu enfoque en la respiración, pero cuando haces una pausa para reflexionar sobre todo lo que ocurre en tu mente, la atención debe cambiar de foco. En esta etapa, esto no solo es totalmente correcto, sino que constituye la clave para cultivar la conciencia introspectiva. Lo que estás haciendo en realidad es ejercitar y fortalecer la conciencia introspectiva mediante el uso de la atención, hasta que tener conciencia de la actividad mental se convierte en un hábito. Recuerda que en el primer interludio se decía que la conciencia periférica filtra a través de una enorme cantidad de información y selecciona lo que es relevante para la atención.

En lugar de esperar a que la conciencia introspectiva surja espontáneamente, lleva a cabo comprobaciones periódicas por medio de la atención introspectiva.

Pero la atención también entrena a la conciencia periférica para saber qué es importante. Por ejemplo, si empiezas a interesarte en los coches deportivos, pronto te llamarán la atención todos los coches deportivos. En este caso, si te interesas atentamente por lo que está sucediendo en tu mente, sobre todo en cuanto a si están o no presentes distracciones fuertes, estás ejercitando la conciencia para que te avise de su presencia.

Comprobar no solo refuerza la conciencia introspectiva, sino que también permite corregir la distracción fuerte antes de que ocasione el olvido. Es como si cambiásemos el enfoque de la atención a propósito para tomar una «instantánea» de la actividad actual de la mente para ver si hay alguna distracción que esté a punto de provocar el olvido. Cuando adviertas una distracción fuerte, refuerza la atención en la respiración para evitar el olvido. También te puede ser útil dedicar un momento a etiquetar la distracción antes de regresar a la respiración.

Comprueba siempre *muy suavemente y durante poco tiempo*, por medio de dirigir la atención hacia dentro para evaluar cuánta dispersión estaba teniendo lugar. ¿Hay alguna distracción fuerte? Si es así, sabes que estabas a punto de olvidar la respiración. Cuando reconozcas una distracción fuerte antes de que atrape tu atención por completo, vuelve a llevar la atención a la respiración y agudiza tu focalización. Esto evitará que caigas en el olvido. A veces, el solo hecho de identificar una distracción fuerte como tal basta para que se disipe. Si no lo hace, implícate con la respiración tan cabalmente como puedas hasta que lo haga. Si sigue regresando, continúa repitiendo este sencillo proceso.

Superar el olvido a través de la comprobación

Atención a la respiración en la nariz

Examen de la respiración y conexión

Distracciones sutiles

Distracción fuerte

Comprobar

Corregir

Ejercítate para comprobar regularmente con la atención introspectiva. Para empezar, trata de hacerlo cada seis respiraciones más o menos –pero no empieces a contarlas–. La práctica de comprobar debería convertirse en un hábito. Cada vez que compruebas con atención, refuerzas el poder y la consistencia de la conciencia introspectiva. Además, cuanto más a menudo te lleve la comprobación a descubrir una distracción fuerte y fortalecer tu focalización, menos a menudo olvidarás la respiración.

Uniendo las dos prácticas

Cada una de estas dos prácticas refuerza, por sí misma, la conciencia introspectiva, pero también trabajan juntas para superar el olvido. Etiquetar las distracciones acostumbra a la conciencia a saber cuáles debe tener en cuenta en el futuro, cuando sea el momento de comprobar. Se podría decir que etiquetar enseña a la conciencia introspectiva a reconocer las «caras de los secuestradores» (esas distracciones peligrosas que roban la atención y causan el olvido).

Para comprobar, también puedes utilizar el etiquetado. Si compruebas y te das cuenta de que un pensamiento, un recuerdo o una emoción estaba a punto de distraerte y alejarte, puedes colocarle una simple etiqueta y volver a implicarte con la respiración, hasta que la distracción se desvanezca. Pero recuerda que no estás tratando de erradicar por completo las distracciones de la conciencia. Mientras permanezcan en segundo plano, *deja que vengan, deja que estén y deja que se vayan*. Si practicas con diligencia, cuando llegues a la cuarta etapa gozarás de una atención totalmente estable y serás capaz de otear todo el horizonte de la mente con la conciencia introspectiva.

EL DOLOR Y EL MALESTAR

A medida que empezamos a sentarnos durante más tiempo, aparecen el dolor y otras sensaciones desagradables, tales como el entumecimiento, el hormigueo y la picazón. Nuestros cuerpos no están acostumbrados a permanecer quietos. Aunque tengamos una vida diaria bastante sedentaria, nos desplazamos y nos movemos. Incluso cuando dormimos, cambiamos constantemente de postura para estar cómodos. La buena noticia es que, con el tiempo, se hace más fácil permanecer sentado. Y una noticia aún mejor es que, con más tiempo, no experimentarás ningún tipo de molestia física. De hecho, estar sentado en reposo se vuelve tan agradable que necesitarás ejercer un acto de voluntad para moverte. Pero acostumbrarse a la verdadera quietud requiere tiempo y práctica.

Por lo tanto, ponte siempre lo más cómodo posible y ajusta tu postura para reducir las molestias al mínimo (ver la primera etapa). Cuando surjan sensaciones desagradables, ignóralas durante tanto tiempo como puedas. Resiste la tentación de moverte para encontrar alivio. Cuando el malestar sea demasiado intenso para ignorarlo, dirige la atención hacia el dolor y haz que sea el foco de tu atención. Recuerda que, a la hora de ejercitar la mente, se trata siempre de *elegir deliberadamente* el foco de la atención. Por lo tanto, cada vez que una distracción se haga demasiado fuerte como para ignorarla, tanto si se trata de un dolor corporal como del sonido de un martillo neumático que esté en marcha en la calle, conviértela deliberadamente en tu objeto de meditación.

Observa la sensación desagradable sin moverte durante todo el tiempo que puedas. Si desaparece o disminuye lo suficiente como para que seas capaz de ignorarla, regresa a las sensaciones de la respiración. Si, en cambio, el impulso de moverte se vuelve irresistible, decide de antemano cuándo vas a moverte (por ejemplo, al final de la próxima exhalación), qué movimiento vas a hacer exactamente (por ejemplo, mover la pierna o levantar la mano para rascarte) y a continuación permanece muy atento a ese movimiento.

Después de que uno se ha movido, la incomodidad a menudo regresa rápidamente, o vuelve a aparecer en otro lugar. Cuando veas que esto sigue sucediendo, tendrás menos interés en moverte, porque te darás cuenta de que no tiene sentido. A partir de entonces te resultará más fácil permanecer con el dolor e investigarlo durante más tiempo.

Se hablará más acerca de meditar sintiendo dolor y malestar en la cuarta etapa, en que estos son aún más molestos. Por ahora, basta con que recuerdes que por medio de meditar en estas fuentes de dolor inocuas obtenemos una mayor comprensión acerca de la naturaleza del deseo y la aversión, al observar cómo la resistencia y la impaciencia ocasionan sufrimiento. A medida que avances, descubrirás una verdad profunda: en la vida, como en la meditación, el dolor físico es inevitable, pero todo tipo de sufrimiento es completamente opcional.

EL EMBOTAMIENTO Y LA SOMNOLENCIA

Cuando empieces a gozar de períodos más largos de estabilidad de la atención, te enfrentarás al problema de la somnolencia y el sueño. ¿Por qué surge el embotamiento justo cuando nuestra concentración comienza a mejorar? La primera razón es que cuando meditamos, dirigimos la mente de forma intencional hacia dentro. Y toda la vida hemos sido condicionados a asociar el hecho de dirigirnos hacia dentro con irnos a dormir. La segunda razón es que, cuando tenemos éxito a la hora de domar la mente y calmar su estado normal de relativa agitación, el nivel de energía global desciende.

Un famoso símil budista habla de adiestrar a un joven elefante atándolo a una estaca. En un primer momento, el elefante embiste en todas direcciones, tratando de escapar. Cuando se da cuenta de que no puede, se tumba y se duerme. De la misma manera, cuando atamos la mente al objeto de meditación, refrenamos su tendencia natural a buscar estímulos, y se queda dormida. Al igual que el elefante, la mente no entrenada necesita un estímulo para mantenerse despierta.

En la meditación, el **embotamiento** se presenta en muchos grados diferentes, que van desde una forma fuerte, tal como la somnolencia, hasta otras más sutiles, como la sensación estar

Figura 18. La gestión del dolor y el malestar. Cuando surjan sensaciones desagradables, ignóralas durante tanto tiempo como puedas. Resiste el impulso de moverte para encontrar alivio.

Cuando el malestar pase a ser demasiado intenso como para ignorarlo, conviértelo en el foco de tu atención.

Si el impulso de moverte se vuelve irresistible, decide de antemano cuándo vas a moverte y qué movimiento vas a realizar; después, observa con mucha atención el movimiento.

un poco «atontado». La somnolencia a menudo hace acto de presencia en esta etapa. Al igual que la distracción, el embotamiento es otra forma de **dispersión de la atención**. Pero mientras que la distracción dispersa la atención hacia otros objetos de la conciencia, el embotamiento la dispersa hacia un vacío en el que no se percibe nada en absoluto.

En la meditación, el embotamiento se presenta en muchos grados diferentes, desde el adormecimiento hasta la sensación estar un poco «atontado». La somnolencia a menudo hace acto de presencia en esta etapa.

El embotamiento y la somnolencia que aquí nos interesan son debidos específicamente a la práctica de la meditación, y deben distinguirse claramente del embotamiento debido a otras causas. Como es obvio, si estás fatigado por el estrés físico o mental, una enfermedad o la falta de sueño, te sentirás somnoliento durante la meditación. Por lo tanto, considera el buen descanso nocturno como una parte importante de tu práctica. El momento en que meditas también influye. La mayoría de la gente siente somnolencia después de comer o de realizar una actividad física intensa, y la primera parte de la tarde o la noche también pueden favorecerla. Si has descansado bien y has tenido en cuenta todos estos factores pero aún ves que te adormeces, sabrás que se trata del embotamiento relacionado con la meditación.

EL TRABAJO CON LA SOMNOLENCIA

En la meditación, la somnolencia conduce, por lo general, a breves momentos de sueño. Unos segundos después de quedarte dormido, tus músculos posturales se relajan y tu cabeza se inclina, o tu cuerpo comienza a caer. A continuación, te despiertas con una sacudida repentina, mientras los reflejos musculares te hacen volver a la posición vertical —es la llamada *sacudida zen*—. Por supuesto, si estás tumbado o sentado en una silla cómoda, puedes permanecer dormido durante mucho tiempo. (Esta es la razón por la que no debes meditar en estas posiciones, a menos que la artritis o algún otro problema de salud lo exija). Si te has despertado de golpe, es probable que dentro de un corto lapso de tiempo sientas que el embotamiento acude de nuevo, como un manto pesado. Cuando ocurre esto, tienes una gran oportunidad para investigar cómo se desarrolla el embotamiento y se convierte en somnolencia.

Si observas atentamente lo que sucede, notarás que abandonar la somnolencia es claramente desagradable. Es probable que prefieras permanecer en ella. Sin embargo, si resistes el impulso y regresas a la práctica, lo normal será que experimentes un estado confortable en el que aún puedes examinar la respiración, aunque sin la misma **intensidad, viveza o claridad** que antes. Esto es el **embotamiento sutil**, que acaba por conducir al **embotamiento fuerte**, en el que la atención todavía se aferra a la respiración, si bien el foco se muestra débil y difuso, y las sensaciones se perciben con vaguedad. La somnolencia que precede al sueño es semejante a tratar de ver a través de una densa niebla. La respiración a menudo se percibe distorsionada,

Figura 19. El embotamiento sutil es un estado confortable en el que aún puedes examinar la respiración, pero no de forma vívida o intensa.

El embotamiento sutil acaba por conducir al embotamiento fuerte en forma de somnolencia.

transformada por la imaginería onírica, y pensamientos sin sentido empiezan a flotar por la mente. Al final, uno se duerme.

Trabajar con el embotamiento sutil cuando surge puede ser muy productivo, pero luchar contra el embotamiento fuerte cuando ya está presente no funciona bien. Por lo tanto, si estás somnoliento o ya te has quedado dormido durante la sesión, *primero* debes sacar la mente del embotamiento. A continuación, podrás trabajar con él cuando empiece a regresar. He aquí algunos «antídotos», aproximadamente en orden de intensidad del más leve al más fuerte, para sacar la mente del embotamiento:

Si ya te has dormido o estás muy somnoliento, antes debes estimular la mente para poder trabajar con el embotamiento cuando vuelva.

- Haz tres o cuatro inspiraciones profundas, llenando los pulmones todo lo posible, y retén el aire durante un momento. Luego, exhala con toda la fuerza que puedas, por completo, a través de los labios, que deben estar fuertemente apretados.
- Tensa todos los músculos del cuerpo hasta que empieces a temblar un poco, y después relájalos. Repite esto varias veces.
- Medita de pie.
- Medita caminando.

- En el peor de los casos, levántate, salpícate agua fría en la cara y a continuación regresa a la práctica.

Estas estrategias funcionan porque te estimulan, no solo física, sino también mentalmente, al aumentar el flujo de estímulos externos que recibe tu mente. En general, haz siempre lo que sea necesario para volver a adquirir energía y regresar a un estado de conciencia vigilante. Cuando la somnolencia vuelve muy pronto después de que te has estimulado, a esto se le llama *hundimiento*: sientes que estás atrapado en unas arenas movedizas mentales. El hundimiento es una señal indudable de que no se ha reenergizado lo suficiente la mente. En ese caso hay que emplear antídotos más fuertes, hasta que la somnolencia no regrese durante varios minutos al menos. ¡Pero trata de no hacer más de lo necesario o vas a entrar en un estado de agitación!

Ahora que has estimulado la mente, mantenla alerta y energizada mediante el mantenimiento de la conciencia extrospectiva. Recuerda que el embotamiento es el resultado de dirigir la mente demasiado hacia dentro y de perder energía a partir de la falta de estimulación. Si encuentras que el hecho de enfocarte en la respiración está haciendo que tu conciencia extrospectiva se diluya, puedes corregir esto expandiendo la conciencia para que incluya las sensaciones corporales, los sonidos, etc., a la vez que no pierdes la atención en la respiración. Sin embargo, también puedes permitir que la respiración sea algo secundario temporalmente en relación con un estado de conciencia expandido, omni-inclusivo. Cuando vuelvas a sentir que estás alerta, enfoca de nuevo la atención en las sensaciones que experimentes en la punta de la nariz. El objetivo es encontrar un equilibrio entre estar demasiado *interiorizado* y demasiado *exteriorizado*.

Otra forma de mantener la mente energizada es a través de la **intención**. El hecho de sostener la fuerte intención consciente de percibir con claridad las sensaciones de la respiración a la vez que conservas la conciencia periférica hará que tu mente se mantenga energizada. Debes establecer esta intención *antes* de que aparezcan las sensaciones. Esto hace que permanezcas atento. Pero no proyectes muy allá. Por ejemplo, durante la pausa previa a la exhalación, proponte observar el comienzo de esta. Al principio de la exhalación, proponte observar las sensaciones que acontecerán a la mitad. Y cuando estés en la mitad de la exhalación, proponte percibir el final. Haz lo mismo con la inhalación. Esta investigación requiere práctica. Sin embargo, da energía a la mente y nos mantiene lo suficientemente implicados como para que no caigamos con tanta facilidad en la somnolencia.

Recuerda que siempre es mejor reconocer y corregir el embotamiento antes de que se vuelva demasiado fuerte. La atención introspectiva, y finalmente la conciencia introspectiva, son lo que te advierte del embotamiento antes de que experimentes somnolencia y te quedes dormido. Por lo tanto, cada vez que compruebes la existencia de distracciones fuertes, observa también si está presente el embotamiento. Además, ten en cuenta que tu intención no es solamente deshacerte de la somnolencia, sino también aprender acerca de la naturaleza del embotamiento. Por ello, examina la respiración, y cuando surja el embotamiento, considera que es una oportunidad de aprender y practicar. Con el tiempo, a través del esfuerzo y la ejercitación, el embotamiento desaparecerá de forma natural.

La atención introspectiva puede advertirte del embotamiento antes de que experimentes somnolencia y te quedes dormido. Cada vez que compruebes la existencia de distracciones fuertes, observa también si está presente el embotamiento.

CONCLUSIÓN

Has dominado la tercera etapa cuando dejan de tener lugar el olvido y la divagación mental y eres constantemente consciente de la respiración. Esto supone un patrón de comportamiento totalmente nuevo para tu mente. La mente aún ruge, pero está «atada» al objeto de meditación y nunca se aleja demasiado; los procesos mentales inconscientes que sostienen la atención nunca sueltan por completo el objeto de meditación.

Puesto que la atención ya no se desplaza automáticamente a los objetos de deseo y aversión, puedes mantener deliberadamente la atención en un objeto emocionalmente neutro, como la respiración, durante períodos prolongados. La capacidad de *sostener continuamente la atención* en el objeto de meditación es notable, así que siéntete satisfecho por tu logro. Ahora puedes hacer algo que la mayoría de la gente no puede hacer, algo que incluso tal vez pensaste que tú mismo no serías capaz de lograr. ¡Felicidades: has alcanzado el primer hito y estás a las puertas de la meditación avanzada!

Cómo opera el *mindfulness*

La práctica del *mindfulness* conduce tanto a la curación psicológica como a profundas revelaciones espirituales. Para entender de qué manera, antes debemos ver cuál es el papel de la mente en la formación de la personalidad.

Lo que somos hoy fue conformado por nuestro pasado. Las huellas de las experiencias pasadas ejercen una poderosa influencia sobre nuestras reacciones emocionales y nuestro comportamiento en el presente. Por lo general, ni siquiera somos conscientes de su efecto. Reflexiona acerca de hasta qué punto la vida diaria se compone de comportamientos irracionales, automáticos, accionados por los condicionamientos inconscientes.[1] Por supuesto, estos se entremezclan con las acciones intencionadas; si una respuesta automática no está disponible de inmediato, tenemos que decidir conscientemente qué hacer o qué decir. Pero incluso estas elecciones conscientes están fuertemente influenciadas por estados mentales y sentimientos condicionados. También son fruto del condicionamiento lo que a veces llamamos *intuiciones* (puntos de vista profundamente arraigados acerca de las personas, de nosotros mismos, del mundo, de los valores morales y de la naturaleza misma de la realidad). Todos estos condicionamientos ejercen una influencia potente, pero completamente inconsciente, que conduce de forma invisible nuestros procesos conscientes de toma de decisiones.

El condicionamiento inconsciente es como un conjunto de programas invisibles. Estos programas se pusieron en marcha, a menudo hace mucho tiempo, a partir de experiencias conscientes. Nuestras reacciones a esas experiencias (nuestros pensamientos, emociones,

> *La persona que eres hoy fue conformada por tu pasado. Las huellas de tus experiencias pasadas ejercen una influencia potente pero inconsciente sobre tus pensamientos, emociones y comportamientos actuales.*

palabras y acciones) acaso fueron apropiadas en esos momentos. El problema es que se convirtieron en patrones programados, sumergidos en el inconsciente, no sujetos al cambio. Permanecen en estado latente hasta que son activados por algo que acontece en el presente. Cuando ocurre esto, a menudo nos enfocamos tanto en el evento desencadenante y en nuestras propias emociones que estos programas inconscientes no incorporan ninguna información nueva acerca de la situación actual. Esta es la razón por la que no cambian.

La práctica del *mindfulness* funciona porque proporciona nueva información a estos programas. Pero la cantidad de reprogramación que tenga lugar dependerá de nuestro grado de *mindfulness*. En otras palabras, el *mindfulness* tiene distintos niveles de aplicación. En su nivel más básico, tiene que ver solamente con moderar el comportamiento. La **magia del mindfulness** (su poder de transformarnos como personas) solo comienza a actuar cuando vamos más allá del primer nivel. En el segundo nivel, por medio de sostener un *mindfulness* más potente durante períodos más largos en la vida diaria, nos volvemos menos reactivos y más intencionadamente presentes. El tercer nivel implica reprogramar el condicionamiento profundo que ha dado forma a nuestra personalidad, y esto solo ocurre en el contexto de la meditación. El cuarto nivel es el recondicionamiento radical de las tendencias innatas que ocasionan todo nuestro sufrimiento, y esto solo tiene lugar a través de las **experiencias de Insight**.

PRIMER NIVEL: MODERAR EL COMPORTAMIENTO

Una y otra vez, ocurre que situaciones concretas de la vida diaria activan nuestros patrones de comportamiento programados. Por ejemplo, si tu pareja, o incluso alguien desconocido, dice algo que pulsa uno de tus botones, puedes enojarte o molestarte. Sin *mindfulness*, reaccionamos emocionalmente en lugar de responder de manera racional e intencionada. A menudo, nos creamos más problemas; como mínimo, terminamos de mal humor y somos menos eficaces en lo que sea que estemos haciendo.

Conservar el mindfulness significa que estás más calmado, no reaccionas tan rápidamente o no te dejas distraer por tus emociones. Si gozas de mindfulness, reconoces más opciones, eliges mejor y tienes el control de tu comportamiento.

Pero si podemos conservar el *mindfulness*, también estamos más calmados, no reaccionamos tan rápidamente o no nos dejamos distraer tanto por nuestras emociones. Esto nos permite estar más atentos a nuestros sentimientos y ser más conscientes de las situaciones y las posibles consecuencias de nuestros actos, por lo que podemos regular nuestro comportamiento de formas positivas. El solo hecho de ser consciente de que nuestro sufrimiento tiene más que ver con nuestras reacciones emocionales que con lo que las ha activado nos puede ayudar a soltar esas emociones negativas con mayor facilidad. *Si, con plena conciencia, reconocemos nuestras emociones y asumimos la responsabilidad de nuestras reacciones, esto nos permite reconocer más opciones, elegir respuestas más acertadas y tener el control de nuestro comportamiento.* La conciencia en el momento presente nos permite reducir la velocidad y cambiar nuestro comportamiento, pero no efectúa ningún cambio permanente; la próxima vez que estemos en una situación similar nos comportaremos de la misma forma automática y reactiva —a menos que, por supuesto, volvamos a gozar de *mindfulness*.

SEGUNDO NIVEL: REACCIONAR MENOS Y RESPONDER MÁS

Todo el mundo querría tomar decisiones más inteligentes. Sin embargo, las respuestas más saludables a las situaciones de la vida son solamente uno de los beneficios que presenta el funcionamiento conjunto de la atención y la conciencia. La verdadera «magia» del *mindfulness* es algo completamente diferente, que da lugar a transformaciones espirituales y psicológicas extraordinarias. Es por eso por lo que los terapeutas utilizan actualmente la ejercitación en el *mindfulness* para ayudar a tratar todo tipo de problemas emocionales y conductuales, tales como el estrés, la ira, las fobias, los comportamientos compulsivos, los trastornos de la alimentación, las adicciones y la depresión. La magia del *mindfulness* permite a las personas superar la *raíz psicológica* de sus problemas. Los individuos que han cultivado el *mindfulness* están más afinados y son menos reactivos. Gozan de mayor autocontrol y conciencia de sí mismos, de mejores habilidades comunicativas y relaciones, de un pensamiento y unas intenciones más claros, y son más resilientes ante el cambio.

¿Cómo actúa esta magia? Cuando la atención no está tan totalmente atrapada por la intensidad del momento como para que la conciencia se desvanezca, somos capaces de observarnos más atentamente y con mayor constancia. La atención y la conciencia proporcionan a la mente inconsciente información nueva, en tiempo real, que es directamente relevante para lo que está sucediendo en el momento. Los procesos inconscientes reciben la información de que las reacciones que están provocando no son apropiadas en la situación presente, que son más perjudiciales que beneficiosas. Con esta nueva información, puede tener lugar la reprogramación en los niveles más profundos del inconsciente. Cuanto más tiempo podamos gozar de *mindfulness* en una situación en particular, más información nueva pasa a estar disponible, y más *mindfulness* puede ejercer su magia.

Sin embargo, la magia del *mindfulness* no termina con el acontecimiento en sí. La conciencia puede seguir recogiendo y comunicando las consecuencias del suceso y sus efectos sobre nuestro estado mental mucho tiempo después.[2] Por lo tanto, la duración del *mindfulness* es importante, como lo es la constancia. Cuanto más sistemáticamente podamos aplicar el *mindfulness* a situaciones similares en el futuro, más podrá su magia cambiar nuestro condicionamiento.

Siempre que algún acontecimiento active uno de nuestros «programas invisibles» tenemos la oportunidad de aplicar el *mindfulness* a la situación, para que nuestro condicionamiento inconsciente pueda ser reprogramado. El hecho de ser realmente conscientes de nuestras reacciones y sus consecuencias puede alterar la forma en que reaccionemos en el futuro. Cada vez que experimentemos una situación similar, nuestras reacciones emocionales serán más débiles y nos resultará más fácil soltarlas. Podremos responder con atención plena a la situación real en lugar de reaccionar sin pensar. A medida que nos volvemos menos reactivos, tenemos la capacidad de responder de manera más objetiva y consciente. Con el tiempo, estas cualidades pasarán a constituir nuestro nuevo condicionamiento.

Ser realmente consciente de tus reacciones y sus consecuencias altera tu forma de reaccionar en el futuro. Siempre que algo activa uno de tus «programas invisibles», tienes oportunidad de aplicar el mindfulness.

Pero ¿y si nuestras emociones y condicionamientos del pasado son tan potentes en el momento que no podemos cambiar la forma en que sentimos y actuamos? No te preocupes. Mientras gocemos del suficiente *mindfulness*, les damos a nuestros procesos inconscientes nueva información, y vamos a tener más éxito en el futuro. A base de repetir este esfuerzo llegaremos a ser menos reactivos, tal vez sin siquiera darnos cuenta. Incluso si perdemos totalmente el *mindfulness* en el calor del momento, podemos utilizarlo posteriormente para reflexionar sobre lo sucedido, sobre nuestras reacciones y su impacto en nosotros mismos y los demás. Si recordamos los acontecimientos vívidamente y los examinamos con honestidad y sin hacer juicios, se iniciará el proceso de reprogramación, lo que a su vez hará que nos sea más fácil gozar de *mindfulness* en el futuro. Esto es muy diferente de lo que suele ocurrir. Puesto que siempre es doloroso revisar una situación que nos hizo sentir incómodos, por lo general nos gusta expulsarla de nuestras mentes, o, si no podemos hacerlo, tratamos de justificar lo que hicimos y poner la culpa en otro lugar. Esto evita que llegue nueva información vital a nuestros procesos mentales inconscientes.

Examinar nuestras acciones desde el *mindfulness* también significa que miramos objetivamente nuestras *emociones* en relación con cómo actuamos. Podemos ver que nos sentimos culpables, por ejemplo, y reconocer que esa culpabilidad es una consecuencia desagradable de nuestras acciones. Pero no debemos permanecer sumergidos en esa emoción. Si te encuentras atrapado en los autorreproches, solo estás reaccionando a partir de una programación malsana y reforzándola.

Por supuesto, es mucho más difícil conservar el *mindfulness* cuando más importa, es decir, en las situaciones difíciles. Por este motivo, tenemos que practicarlo intencionalmente en la vida cotidiana, sobre todo cuando es fácil, como cuando estamos conduciendo o comiendo. Así desarrollamos la habilidad y el «músculo mental» del *mindfulness* para cuando nos encontremos con situaciones más difíciles.

TERCER NIVEL: REPROGRAMAR EL CONDICIONAMIENTO PROFUNDO

En la vida diaria, incluso si gozamos de *mindfulness* a cada momento, el condicionamiento inapropiado solo puede reprogramarse cuando algo lo activa. Así pues, si bien es esencial practicar el *mindfulness* en la vida diaria, hacerlo en el contexto de la meditación formal es aún más eficaz, ya que no tenemos que esperar a que algo active un programa inconsciente para practicarlo. Cuando nuestras mentes se estabilizan y aquietan, todo tipo de recuerdos, pensamientos y emociones profundos que activan nuestros programas inconscientes pueden salir a la superficie. Entonces pueden ser purificados por el poder iluminador del *mindfulness*.

La reprogramación que tiene lugar en la meditación también transforma la manera en que pensamos, sentimos y actuamos de formas más radicales y eficaces. Esto es así porque el condicionamiento inconsciente que surge es de una naturaleza más fundamental y estimula un amplio abanico de comportamientos reactivos que, de otro modo, requerirían acontecimientos desencadenantes muy distintos. Los condicionamientos que son de una naturaleza tan fundamental permanecen, por lo general, profundamente ocultos, pero pueden surgir en la quietud de la meditación. Por lo tanto, la aplicación del *mindfulness* en la meditación puede proporcionar rápidamente mucho más de lo que jamás podría lograrse por medio del proceso gradual de confrontar el condicionamiento en la vida diaria.

> *El mindfulness en la meditación puede lograr más que el proceso gradual de confrontar el condicionamiento en la vida diaria. El condicionamiento que surge en la meditación estimula un amplio abanico de comportamientos reactivos.*

Para realmente entender y apreciar esta profunda **purificación mental**, resulta útil considerar cómo las experiencias pasadas conforman y condicionan nuestras vidas en el presente. Recuerda que cada experiencia deja una impronta en la mente. Cuanto más emocionalmente potente es la experiencia, más fuerte es la impronta. La mayoría de nosotros tenemos una gran «reserva» de improntas procedentes de eventos traumáticos o que tuvieron una carga emocional que no encajan con la persona en que nos hemos convertido. Estas partes no resueltas de nuestra historia personal están profundamente enterradas en la psique. A menudo, son demasiado dolorosas o conllevan un conflicto interno demasiado intenso para que podamos afrontarlas y resolverlas directamente. Puede ser que los acontecimientos se hayan incluso olvidado, pero el condicionamiento inconsciente que dejaron tras de sí influye sobre nuestro comportamiento de formas que a menudo no reconocemos.

Algunas de nuestras reacciones condicionadas pueden sernos útiles, pero muchas no lo son. E incluso el condicionamiento útil puede presentarse en momentos inapropiados o de modos inadecuados. Considera, por ejemplo, los problemas psicológicos que afrontan muchos veteranos de guerra cuando regresan a la vida civil, momento en el que los entrenamientos para el combate, previamente útiles, interfieren en su readaptación a la vida cotidiana. Esto se debe a que, cada vez que se activa nuestro condicionamiento pasado, se desencadenan emociones fuertes que nos impulsan a comportarnos de maneras específicas. El comportamiento condicionado de cada persona (la forma en que cada cual suele actuar y reaccionar) es absolutamente único. De hecho, lo que llamamos *personalidad* es precisamente este conjunto de comportamientos. Y aunque tener una personalidad es maravilloso, la mayoría de los individuos presentan rasgos de personalidad que no les son particularmente útiles (algunos incluso son directamente perjudiciales). Pero con el *mindfulness* podemos purificar ese condicionamiento profundo y cambiar la personalidad para mejor.

Esta purificación acontece principalmente en la cuarta etapa, pero también en la séptima.

CUARTO NIVEL: EL *MINDFULNESS*, EL *INSIGHT* Y EL FIN DEL SUFRIMIENTO

Sin lugar a dudas, el efecto más importante del *mindfulness* es su capacidad de reprogramar radicalmente nuestras ideas falsas más profundas sobre la naturaleza de la realidad, y sobre quiénes y qué somos. Nuestra intuición visceral nos dice que somos seres separados en un mundo en que hay otras personas y objetos, y que nuestro sufrimiento y nuestra felicidad individuales dependen de las circunstancias externas. Esto puede parecer de sentido común, pero se trata de una percepción errónea que procede de nuestra programación *innata*,[3] la cual se ve continuamente reforzada por el condicionamiento cultural.

El efecto más importante del mindfulness es su capacidad de reprogramar radicalmente nuestras ideas falsas más profundas sobre la naturaleza de la realidad, y sobre quiénes y qué somos.

A medida que practicamos el *mindfulness*, sin embargo, vamos acumulando cada vez más pruebas de que las cosas son muy diferentes de como creíamos que eran. En particular, vemos con mayor objetividad los pensamientos, sentimientos y recuerdos que asociamos con nuestro sentido del yo; se revelan como procesos que tienen lugar en distintas partes de la mente, procesos que son impersonales, están cambiando constantemente y a menudo son contradictorios.

Estas son **experiencias de Insight**. Cuando el *mindfulness* permite que se anclen en el nivel de la experiencia, reprograman profundamente nuestra visión intuitiva de la realidad y nos transforman como personas de una manera maravillosa. Si creemos que somos seres separados que necesitan ciertos elementos externos para ser felices, vamos a manifestar espontáneamente este sentido territorial, y nos ocasionaremos daño a nosotros mismos y a los demás. Por paradójico que pueda parecer, el anhelo de evitar el sufrimiento y buscar el placer es la causa real del sufrimiento. Pero cuando nos desprendemos de nuestro egocentrismo, actuamos automáticamente de forma más objetiva, por el bien de todos en cada situación. En ese punto, hemos descubierto la verdadera fuente de la felicidad y el fin del sufrimiento. Esta es la forma en que el *mindfulness* nos permite superar la tristeza y el dolor y nos libera de todo sufrimiento.

Si eres escéptico en cuanto a lo que acabo de decir, es comprensible. Incluso puede ser que dudes de que una transformación así sea deseable. Eso no supone ningún problema. Utiliza el poder de esclarecimiento del *mindfulness* para explorar estas cuestiones. ¿Eres tus pensamientos? ¿Eres tus sentimientos? No dejes de hacerte estas preguntas. A medida que tu meditación mejore, averiguarás las respuestas por ti mismo.

Figura 20. Los distintos niveles en los que opera el *mindfulness* pueden compararse a lidiar con un arbusto espinoso. En el primer nivel del *mindfulness*, puedes aprender a esquivar el arbusto.

En el segundo nivel, puedes podar las ramas.

El tercer nivel es como cortar todo el tronco. Pero la raíz sigue ahí...

El cuarto nivel del *mindfulness*, el *Insight* del Despertar, destruirá la raíz.

UNA METÁFORA SOBRE LOS NIVELES DE *MINDFULNESS*

Expongo ahora una metáfora para ayudarte a recordar los distintos niveles en los que opera el *mindfulness*. Digamos que caminas habitualmente, en el campo, por un estrecho sendero junto al cual hay un arbusto espinoso. Cuando empiezas a practicar el *mindfulness*, pasas a estar lo suficientemente presente en la vida diaria como para reconocer tus opciones y moderar tu comportamiento. Por lo tanto, eres capaz de esquivar el arbusto y evitar que alguna espina te haga un rasguño en la cara o un agujero en la camisa. Este es el primer nivel del *mindfulness*. Sin embargo, el arbusto espinoso sigue estando ahí, y si no gozas de *mindfulness* al día siguiente, te engancharás en esa ocasión. Es decir, no cambia nada a largo plazo. No hay nada mágico en este tipo de *mindfulness*.

La magia solo empieza a tener lugar cuando el *mindfulness* comienza a operar en el segundo nivel. Cuando gozas del suficiente *mindfulness* en la vida diaria, y durante el tiempo suficiente y con la suficiente frecuencia, la consciencia puede comunicar el contexto real y las consecuencias de tus reacciones condicionadas a sus fuentes inconscientes. Esto ocasiona un cambio real. Es como podar las ramas del arbusto que invaden el sendero. Sin embargo, puede ser que requiera mucha poda despejar el camino, y siempre están creciendo nuevas ramas para reemplazar las anteriores.

Este arbusto espinoso tiene muchos troncos que crecen a partir de una sola raíz. La magia especial del tercer nivel del *mindfulness* —el tipo de *mindfulness* que acontece en meditación— es como cortar todo un tronco de raíz. Cuando ese tronco ya no está, todas sus ramas y espinas se han ido con él, no solo las que se metían en el sendero. Cada vez que purificas un aspecto de tu condicionamiento profundo en meditación, cortas otro tronco.

Sin embargo, si la raíz del árbol sigue viva, pueden volver a crecer nuevos troncos. A menos que te mantengas vigilante, puede ser que te encuentres con que el camino vuelve a estar invadido. Solo el cuarto nivel del *mindfulness* (el *Insight* del **Despertar**) destruirá por fin la raíz, lo que implica que el arbusto espinoso nunca más volverá a crecer.

CUARTA ETAPA

La atención continua y la superación de la distracción y el embotamiento fuertes

En la cuarta etapa, el objetivo es superar la distracción y el embotamiento fuertes. Establece y conserva la intención de mantenerte vigilante, de tal manera que la conciencia introspectiva se vuelva continua, y percibe y corrige inmediatamente el embotamiento y la distracción fuertes. Con el tiempo, la percepción y la corrección llegan a ser totalmente automáticas.

Cuarta etapa: el elefante y el mono han desacelerado lo suficiente como para que la cuerda del meditador aparezca holgada.

- La parte delantera del elefante es blanca, lo que indica la debilitación de la pereza y el letargo, y que se está superando el embotamiento fuerte.
- Los hombros y brazos del mono son blancos, lo que señala que se ha superado el olvido y la divagación mental, y el meditador está trabajando con la distracción fuerte.
- Las patas delanteras del conejo son también blancas, porque el meditador está aprendiendo a reconocer el embotamiento sutil y a contrarrestar su avance.
- La hoguera representa el esfuerzo requerido para alcanzar la quinta etapa.

OBJETIVOS DE LA PRÁCTICA EN LA CUARTA ETAPA

Empiezas esta etapa con la clara sensación de que tu atención es mucho más estable y continua. ¡Y, en comparación con las etapas anteriores, sin duda lo es! Sin embargo, tu atención aún alterna; se desplaza con una rapidez casi imperceptible hasta un sonido, un pensamiento o una emoción, y después vuelve a situarse en la respiración. No dejas de prestar atención al objeto de meditación, pero no le dedicas una atención exclusiva.

En esta etapa, el objetivo principal es superar la **dispersión de la atención** causada por la **distracción fuerte** y el **embotamiento fuerte**. Para lograr esto, tienes que desarrollar la conciencia introspectiva continua, lo que te permite detectar estos problemas, corregirlos y volver a poner toda tu atención en el objeto de meditación. A la vez que se trata de superar por completo las formas más fuertes de distracción y embotamiento, también se aprende a tolerar e incluso utilizar las **distracciones sutiles** y el **embotamiento sutil**. Ambos te ayudarán a lidiar con otro reto importante de esta etapa: aprender a identificar y sostener un equilibrio entre una mente demasiado energizada, que se distrae con facilidad, y una mente apagada, letárgica.

En esta etapa, a medida que tu mente se calme y estabilice más, irás experimentando una profunda purificación. Residuos inconscientes del pasado que estaban almacenados salen a la superficie y son liberados. El resultado es una profunda sanación. Y no tienes que hacer nada para facilitar las cosas; esta purificación es un proceso natural de la mente. Solo tienes que dejar que se despliegue de forma orgánica.

REPASO DE LA DISTRACCIÓN FUERTE Y SUTIL

Hasta aquí, te has familiarizado bastante con el «paisaje interior» de la mente, y estás acostumbrado a que cambie constantemente. Sensaciones físicas, pensamientos, recuerdos y emociones siguen surgiendo en tu conciencia periférica. Puesto que la atención alterna rápidamente entre el objeto de meditación y estos otros estímulos, hace que resalten del fondo; de ese modo, destacan más que otros objetos situados en la conciencia periférica. Mientras el objeto de meditación sigue siendo el principal foco de tu atención, se trata solamente de **distracciones sutiles**. Pero ocurre a menudo que uno de estos objetos que compiten por tu atención se convierte en el foco principal. Cuando ocurre esto, las sensaciones de la respiración parecen diluirse. Continúan siendo un objeto de la atención alternante, pero se perciben con mucha menos claridad.* Esta es la **distracción fuerte**, el primer gran obstáculo que se ha de superar en esta etapa.

* Ocasionalmente, cuando una distracción especialmente fuerte pasa a ser el centro de atención, la respiración se desliza totalmente al fondo y pasa a ser un objeto de la conciencia periférica. Estrictamente hablando, la atención deja de fijarse en la respiración cuando sucede esto. Pero desde el momento en que la respiración no ha desaparecido totalmente de la consciencia, lo que ocurre es distinto del olvido característico de la tercera etapa.

CÓMO SUPERAR LA DISTRACCIÓN FUERTE

Está extendida la idea errónea de que aquietar la mente significa deshacerse de los pensamientos e impedir todas las distracciones. A menudo, los estudiantes tratan de eliminar ambos por medio de enfocarse más intensamente en el objeto de meditación. Puede parecer una estrategia razonable. Sin embargo, la fuerza bruta no es útil durante mucho tiempo en la meditación. Sencillamente, no se puede obligar a la mente a hacer algo que no quiere.

Además, puesto que has incrementado tu **mindfulness** a lo largo de las etapas anteriores, eres más consciente que nunca de toda la actividad mental que tiene lugar en segundo plano, lo cual también hace que la represión sea imposible.

No solo se revelará infructuoso reprimir las distracciones, sino que tratar de forzar la atención a que se enfoque exclusivamente en la respiración sería un gran error en esta etapa. La visión de túnel, hiperenfocada, dirigida a algo que está «allá fuera» (en este caso, las sensaciones de la respiración) es exactamente el tipo de atención que acompaña a la respuesta de lucha o huida. Este tipo de enfoque suele ir acompañado de sensaciones de tensión y ansiedad, lo cual haría que tus meditaciones fuesen agitadas, frustrantes y difíciles. Además, podría ser que perdieses por completo la conciencia periférica, lo cual te haría aún más vulnerable frente a las distracciones y el embotamiento. La lección es que no tengas mano dura con tu mente para tratar de llevarla a un estado de calma. Relájate. Deja que suceda por sí mismo.

En este punto de la práctica, aquietar la mente significa reducir el constante *desplazamiento de la atención* entre la respiración y las distracciones fuertes. La clave al respecto es dirigir la atención y sostenerla. Sin embargo, para tener éxito, también necesitarás una fuerte conciencia periférica, para poder percibir las distracciones potenciales antes de que atrapen tu atención. Por ejemplo, cuando estás llevando una taza llena de té caliente a través de una habitación llena de gente, procuras sostener la atención en la taza sin dejar de ser consciente de todo lo demás que está a tu alrededor; así evitas chocar. Del mismo modo, haz que la respiración sea tu foco de atención principal y *permite* que todas las otras sensaciones y acontecimientos mentales que haya en tu conciencia periférica estén ahí. *Deja que vengan, deja que estén, deja que se vayan.*

Aquietar la mente no significa deshacerse de los pensamientos e impedir todas las distracciones. Significa reducir el constante desplazamiento de la atención.

La superación de las distracciones fuertes tiene lugar en dos pasos. El primero consiste en hacer frente a la distracción fuerte que ya está presente. Sencillamente, sigue llevando a cabo la práctica que aprendiste en la tercera fase destinada a evitar el olvido: reconoce cuándo una distracción fuerte está presente, renuncia a ella y vuelve a implicarte con la respiración.

El segundo paso es un afinamiento del primero que *impide* que la distracción fuerte tenga lugar. Reconoce cuándo una distracción sutil tiene el *potencial* de convertirse en una distracción fuerte *antes* de que lo haga. A continuación, refuerza tu enfoque en la respiración para que la distracción sutil no te saque de ahí. Por último, implícate con la respiración más cabalmente, para que esa distracción y todas las otras permanezcan a distancia. En ambos pasos, se utiliza la **conciencia introspectiva** para detectar las distracciones. A continuación, se trabaja con la **atención dirigida** para hacer que la respiración sea el principal foco de atención y con la **atención sostenida** para que siga siéndolo. Examinemos más detenidamente este proceso.

El cultivo de la conciencia introspectiva continua

El papel de la conciencia introspectiva en estas primeras etapas es ayudarte a detectar los problemas para que puedas aplicar el antídoto apropiado. A medida que avanzas, afinas constantemente tu conciencia introspectiva con el fin de reconocer problemas cada vez más sutiles. En la segunda etapa, te apoyaste en la conciencia introspectiva *espontánea* para reconocer la divagación mental. Reforzaste positivamente este momento «ajá» y luego regresaste con suavidad a la respiración. En la tercera etapa, utilizaste *intencionalmente* la **atención introspectiva** al **comprobar** si había distracciones fuertes para tomar medidas correctivas antes de que aconteciese el olvido. El hecho de emplear la atención de esta manera también ejerció y fortaleció la conciencia introspectiva. En la cuarta etapa, desarrollarás la conciencia introspectiva *continua* para observar y evaluar todas las distracciones.

No obstante, el hecho de utilizar la atención introspectiva para controlar la mente presenta dos inconvenientes. El primero lo mencioné en la tercera etapa: para comprobar, tienes que interrumpir tu enfoque en la respiración. Eso funcionó entonces, pero no ahora, ya que estás tratando de cultivar la atención continua. El otro problema es lo que «ve» la atención cuando se dirige hacia dentro. En realidad, el «objeto» de tu atención introspectiva proviene de los contenidos presentes en la conciencia introspectiva en el momento anterior. La atención introspectiva solo puede producir una instantánea conceptual de lo que estaba ocurriendo justo un momento antes (constituye una especie de eco) mientras que la conciencia introspectiva es capaz de monitorizar la mente *de forma continua*. Este es un punto bastante sutil. Dedica un tiempo a pensar en ello, ya que tiene consecuencias importantes.

Tu nuevo objetivo es observar la mente y detectar las distracciones de manera más eficaz, de tal forma que no interrumpas la atención. Lograrás hacer esto mediante el desarrollo de una conciencia introspectiva intencional, vigilante y continua que te avise de las distracciones fuertes mientras permaneces centrado en la respiración. En otras palabras, se trata de que tu atención en la respiración sea un ancla estable mientras permaneces observando todo el océano de la mente con la conciencia introspectiva.

¿Cómo es esta conciencia introspectiva vigilante? Bueno, ya estás un poco familiarizado con ella. En la tercera etapa, cuando regresabas a la respiración después de un momento de atención introspectiva, tal vez te diste cuenta de que la calidad de tu conciencia parecía más nítida y clara durante un tiempo. A lo largo de ese lapso, la conciencia introspectiva y la atención estaban más equilibradas. Si no lo advertiste, intenta hacerlo ahora. Dedica un minuto a concentrarte en la respiración y estabilizar la atención. Después, introspectivamente, comprueba el estado de tu mente. Al cabo de un momento, vuelve a llevar la atención a la respiración. Date cuenta de que la conciencia introspectiva sigue estando ahí mientras la atención permanece centrada en la respiración. Este es precisamente el tipo de conciencia introspectiva que necesitas fortalecer y extender, hasta que esté siempre ahí.

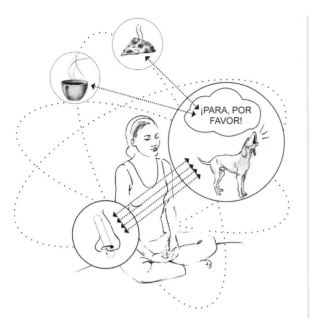

Figura 21. Superar las distracciones fuertes. Primer paso: reconoce cuándo se halla presente una distracción fuerte.

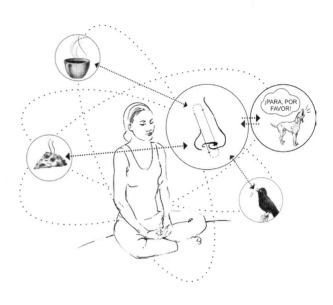

Después suelta la distracción y vuelve a implicarte con la respiración.

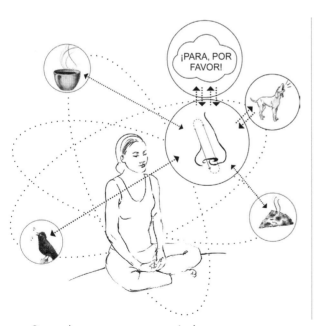

Segundo paso: reconoce cuándo una distracción sutil tiene el potencial de convertirse en una distracción fuerte.

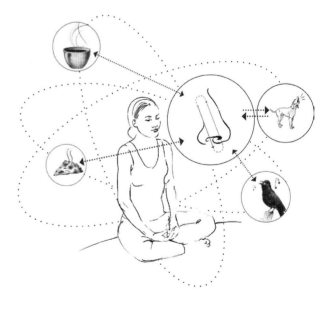

Después vuelve a implicarte con la respiración más cabalmente para mantener las distracciones a raya.

El cultivo de la conciencia introspectiva requiere un cambio de prioridades. Hasta ahora, has trabajado para mantener un equilibrio entre la atención enfocada en la respiración y la conciencia periférica de todo lo demás —principalmente, de todo lo que se hallase en la **conciencia extrospectiva**—. Sin embargo, ahora que has establecido este equilibrio, se trata de que empieces a poner el acento en la parte introspectiva de la conciencia periférica. Es como alejarse ligeramente del objeto de meditación, justo lo suficiente para que la respiración siga estando en el centro de tu atención mientras abarcas todo lo demás que ocurre en tu mente. Se trata de que fortalezcas la conciencia introspectiva y hagas que sea continua, como si hubiese en ti un centinela vigilante que te advirtiese de la presencia de una distracción fuerte, o de su posible aparición.

La conciencia introspectiva continua te avisa de las grandes distracciones. Intenta que tu atención en la respiración sea un ancla estable mientras observas la mente.

Cuando «mires más allá» del objeto de meditación, no pongas tu atención solamente en el *contenido* de la conciencia periférica. Toma conciencia de las actividades de la mente misma: los desplazamientos de la atención; la forma en que surgen pensamientos, sentimientos y otros objetos mentales y desaparecen en la conciencia periférica, y cualquier cambio en la claridad o nitidez de la percepción. Al usar la respiración como ancla mientras examinas la mente con atención plena, estás *observando la mente mientras la mente observa la respiración*. Esta es la **conciencia introspectiva metacognitiva**, y la dominarás plenamente hacia la octava etapa. Aprender a sostener la conciencia introspectiva *es extremadamente importante para la consecución de los objetivos generales de la meditación*. No se limita a hacer que la atención sea más estable, lo cual también puede lograrse por medio de llevar la atención a la respiración una y otra vez. Al anclar la atención en la respiración mientras mantienes la conciencia introspectiva, lo que estás haciendo es cultivar el *mindfulness*.

Observar los procesos mentales desde el *mindfulness* también proporciona una manera más eficaz, útil y satisfactoria de alcanzar la estabilidad de la atención. Es más eficaz porque obtienes una mejor comprensión de cómo se comporta la mente, y por lo tanto puedes trabajar de manera más eficaz. Es más útil porque necesitarás este tipo de conciencia introspectiva para las prácticas de las próximas etapas. Y, por último, es más satisfactorio porque no empleas el tiempo solamente para desconectar con la esperanza de obtener algún logro futuro, sino que estás constantemente implicado en un proceso de aprendizaje fascinante y transformador.

DIRIGIR Y REDIRIGIR LA ATENCIÓN

Cada vez que encuentres que tu mente se ha visto arrastrada a una distracción fuerte, suéltala y regresa a la respiración. Haz esto de una manera suave, no apresurada, incluso amorosa. Dedica un momento, acaso, a apreciar la parte de tu mente que se da cuenta de que te has salido del camino. Nuestra tendencia natural es la de regresar repentinamente a la respiración. Sin embargo, esto lentificará tu proceso a largo plazo, así que suelta la distracción suavemente y sin forzar. Cualquier molestia o autojuicio que puedas experimentar es algo que tienes que dejar de lado. Si afirmas tus éxitos, avanzarás más rápidamente. Una mente feliz es una mente más enfocada. No te preocupes si una distracción fuerte persiste como distracción sutil cuando hayas regresado a la respiración; solo con que dejes que esté ahí, por lo general se disipará por sí sola.

Soltar y redirigir la atención es solo el primer paso hacia la total superación de las distracciones fuertes. También debes aprender a fijar tu enfoque en el objeto de meditación *antes* de que una distracción sutil se convierta en una distracción fuerte. No obstante, no todas las distracciones sutiles plantean las mismas dificultades a la atención estable. Hay dos tipos que son especialmente problemáticos, por lo que debes aprender a reconocerlos. En primer lugar están las distracciones sutiles que atraen tu atención porque tienen algún interés especial. Por ejemplo, es posible que sientas hambre y te descubras pensando en la próxima comida, o puede ser que tengas un problema en el trabajo que no deja de importunarte. En el segundo tipo de distracción la atención acaba desviándose a causa de la forma en que se plantea la distracción: se cuela poco

Una mente feliz es una mente más enfocada. Tienes que soltar las molestias y los autojuicios. Si afirmas tus éxitos, avanzarás más rápidamente.

La corrección de la distracción fuerte

Atención a la respiración en la nariz

Examen de la respiración y conexión

Distracciones sutiles

Distracción fuerte

Conciencia introspectiva

Corrección

a poco, y acaba por desplazar el enfoque. Insisto en que tienes que aplicar una conciencia introspectiva vigilante y continua para distinguir estas distracciones sutiles más problemáticas del resto. Cuando las percibas, puedes protegerte de ellas por medio de acentuar tu atención en la respiración.

LAS DISTRACCIONES PERSISTENTES: EL DOLOR, LAS IDEAS BRILLANTES Y LAS EMOCIONES

A veces, una distracción fuerte y persistente no te permitirá *dejar que venga, dejar que esté y dejar que se vaya*. En esta etapa, hay tres tipos de distracciones sutiles que a menudo se convierten en distracciones fuertes persistentes: el dolor y el malestar físico; ideas interesantes, atractivas y aparentemente importantes, y recuerdos, pensamientos y experiencias «visionarias» con carga emocional. Tener que lidiar con estas distracciones abrumadoramente potentes puede deshacer toda la satisfacción que has llegado a sentir por ser capaz, al fin, de prestar atención a la respiración de forma continua. Puede ser que te sientas impaciente o escéptico en cuanto a los beneficios de la meditación o tus facultades para practicarla. Sin embargo, no tienes por qué preocuparte o juzgarte. En esta etapa, el surgimiento de distracciones fuertes y persistentes ¡es en realidad una señal de progreso! Estás entrando en contacto con impulsos primarios, capacidades sin explotar, arquetipos ocultos y emociones potentes que surgen de las partes más profundas de la mente. Recuerda que, tanto si estás lidiando con el dolor como si te estás encontrando con ideas brillantes o emociones fuertes, el objetivo es siempre el mismo: superar las distracciones con el antídoto correcto, volver a implicarte con la respiración hasta que la atención se vuelva estable y cultivar una conciencia introspectiva cada vez más fuerte. Vamos a examinar estas potentes distracciones y los métodos para lidiar con ellas.

En esta etapa, el surgimiento de distracciones fuertes y persistentes ¡es en realidad una señal de progreso!

El dolor y el malestar

Todo meditador debe aprender a lidiar con el dolor, el entumecimiento, los picores y otras sensaciones que tengan el potencial de distraerlo. En esta etapa, todo esto se percibe mucho más. Durante la tercera etapa, experimentaste dolor y malestar porque no estabas acostumbrado a permanecer sentado durante largos períodos; ahora, el dolor pasa a ser una expresión de la resistencia a practicar por parte de la mente. Tu mente tenderá a magnificar las molestias ordinarias; incluso creará sensaciones dolorosas que no tendrán una causa física, especialmente cuando te sientes durante más tiempo o en los retiros de meditación. Estos dolores a menudo desaparecen una vez que se convierten en el foco de la atención, pero se manifiestan en otra parte un poco después. Sea cual sea su origen, ahora debes afrontarlos como parte de la práctica.

Por supuesto, no tienes que buscar el dolor. Y no reprimas o ignores aquel que tiene un origen físico definido. Si sospechas que la causa de tu dolor puede ser una lesión o

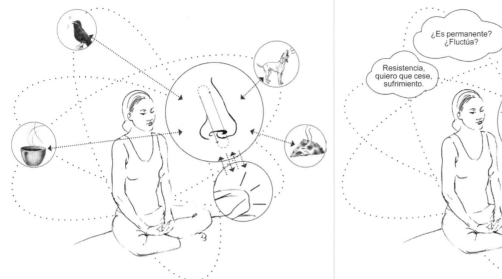

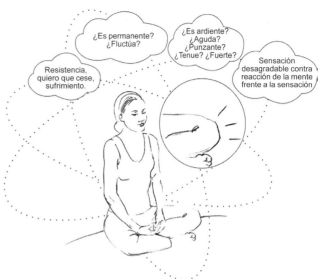

Figura 22. La estrategia para lidiar con el dolor empieza con ignorar las sensaciones desagradables durante todo el tiempo posible.

Cuando el dolor se vuelva demasiado fuerte para ignorarlo, haz de él el objeto de tu meditación. Percibe sus distintas cualidades y si están cambiando. Distingue entre la sensación desagradable y la reacción de tu mente a ella.

enfermedad, pero no estás seguro, lo mejor es que visites a un médico. No se trata de que tu postura sentada agrave cualquier problema ya existente, como una artritis en la rodilla o una torcedura de tobillo. Debes ponerte lo más cómodo posible para evitar que el cuerpo interfiera en la ejercitación de la mente. Usa almohadas, cojines o cualquier otro objeto para traer mayor confort a las zonas sensibles. Pero recuerda que, incluso con estos ajustes, experimentarás sensaciones desagradables.

Ya has aprendido la estrategia básica para lidiar con el dolor: ignorar las sensaciones desagradables el mayor tiempo posible, convertirlas en tu objeto de meditación si persisten y moverte con atención plena solo cuando sea absolutamente necesario. Sin embargo, en esta etapa debes examinar el dolor aún más a fondo y esperar aún más tiempo antes de moverte. El dolor es una sensación dinámica que tiene muchas cualidades sutiles. Investígalas. Percibe si se trata de un dolor agudo, punzante, ardiente, fuerte, tenue, etc. Averigua si la sensación es sólida e inmutable, o si su intensidad o ubicación fluctúan. Investiga si tu dolor es una sola sensación o una combinación de varias. Busca dentro de la *sensación* la fuente de lo desagradable. El «dolor» que estás experimentando ¿hasta qué punto es inherente a la sensación y hasta qué punto es la reacción de tu mente frente a la sensación? Este tipo de exploración profunda te ayudará a ser lo más objetivo posible a la hora de lidiar con él.

En un primer momento, puede parecer que centrarte en el dolor no hace más que intensificarlo. Sin embargo, si persistes en la investigación, el dolor suele desaparecer. Y lo hace

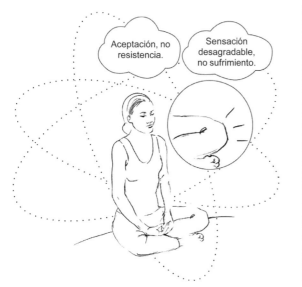

Figura 23. Después de perseverar en la investigación, el dolor a menudo desaparece por sí mismo, porque has dejado de resistirte y has aceptado su presencia.

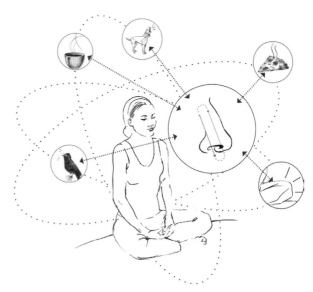

Cuando el dolor desaparece totalmente, o sigue presente en una forma que puedes ignorar, regresa siempre a las sensaciones de la respiración.

de tres maneras: su intensidad se desvanece por completo; continúa como una sensación fuerte, pero ya no lo experimentas como particularmente doloroso, o sigue siendo doloroso, pero puedes pasarlo por alto de forma eficaz. La razón por la que el dolor se disipa es que has dejado de resistirte a él y has empezado a aceptar su presencia. El maestro de meditación Shinzen Young pone esto en una fórmula matemática: la cantidad de sufrimiento (S) que experimentas es igual al dolor real (D) multiplicado por la resistencia de la mente (R) a ese dolor. Por lo tanto, $S = D \times R$. Si dejas de resistirte por completo, R será igual a cero. El dolor multiplicado por cero da como resultado cero, de modo que el sufrimiento que estabas experimentando se disuelve totalmente. Pero si esperas que esto suceda siempre, no lo hará. Esto se debe a que la *expectativa* de que el dolor se va a desvanecer te lleva de vuelta a la resistencia y la no aceptación. Cuando el dolor desaparece por completo, o sigue presente de una forma que puedes pasar por alto, regresa siempre a las sensaciones de la respiración. Repite todo el proceso cuando sea necesario.

$S = D \times R$. La cantidad de sufrimiento que experimentas equivale al dolor real multiplicado por la resistencia de la mente a ese dolor.

A veces, las sensaciones dolorosas no desaparecen. Cuando ocurra esto, permanece con el dolor como objeto de meditación. No te desanimes: puedes ejercitar la mente con la misma eficacia usando el dolor que por medio de las sensaciones de la respiración. De hecho, utilizar el dolor presenta ciertas ventajas: puesto que llama tu atención tan intensamente, es menos probable que experimentes embotamiento y distracción. Además, como genera muchos pensamientos y emociones, es más fácil mantener una fuerte conciencia introspectiva. En otras palabras, el dolor es bastante útil para desarrollar la estabilidad de la atención y un *mindfulness* potente. Haz un buen uso de él.

El malestar físico inevitable es también una oportunidad para descubrir la verdadera naturaleza del dolor. Con el tiempo, aprenderás a distinguir entre las molestias físicas como sensaciones y las reacciones innecesarias de la mente frente a ellas, las cuales constituyen el sufrimiento. En palabras de Buda: «Cuando la persona mundana no instruida experimenta una sensación de dolor, siente dos cosas, una corporal y otra mental. [...] Cuando el discípulo noble instruido experimenta una sensación de dolor, se trata de una sensación corporal, la mente no participa.».[1] El dolor desaparece por completo en las últimas etapas.

El brillo discursivo

Las ideas aparentemente brillantes son un tipo de distracción fuerte mucho más agradable. Por ejemplo, puede ser que encuentres nuevas maneras de hacer frente a ciertos problemas personales. O tal vez entiendas aspectos de tu mente y tu comportamiento, o conceptos filosóficos y metafísicos profundos. Estas revelaciones pueden surgir espontáneamente del inconsciente, manifestarse en tu conciencia periférica y tentarte a que les prestes atención. En otras ocasiones, aparecen de pronto en el centro del escenario. A menudo son bastante válidas y muy útiles. Esto es lo que hace que sean tan seductoras como distracciones potenciales.

¿Por qué surgen ahora, en esta etapa? Llegado este punto, tu atención se ha vuelto más estable y tu *mindfulness* más potente. Por lo tanto, tu mente es más capaz de crear y vincular ideas novedosas y puede apreciar mejor el significado de dichas ideas. Si decides seguir pensando en ellas, manteniendo la respiración en la conciencia periférica, te verás gratamente sorprendido por lo mucho que han aumentado tus capacidades relativas al pensamiento discursivo. De hecho, tu focalización será más fuerte que nunca. Te sentirás emocionado y satisfecho cuando reflexiones sobre alguna conclusión brillante. Pero luego te resultará difícil volver a la respiración —lo cual, normalmente, te llevará a buscar algo más en lo que pensar, o a levantarte del cojín—. También puedes decidir que los poderes analíticos que acabas de descubrir constituyen el beneficio real de la meditación.

A medida que la atención se estabiliza y el mindfulness se hace más potente, la habilidad a la hora de pensar se incrementa. La mente se vuelve más creativa y las ideas se combinan de formas novedosas.

Si sigues haciendo caso a estas ideas y pensando a partir de ellas, tendrás problemas importantes cada vez que te sientes a meditar. Habrás ejercitado tu mente para hacer de la meditación una especie de psicoterapia personal, o una herramienta para la creación intelectual o artística. Esto se convierte rápidamente en una alternativa entretenida a la tarea a veces tediosa de ejercitar la mente.

Tus ideas iniciales pueden, de hecho, ser significativas, pero a medida que tu mente siga sacando material a la luz, su calidad se reducirá. Pueden parecer profundas durante la meditación, pero si las examinas después, a menudo resultan triviales —se parecen mucho

Figura 24. Ideas excitantes pueden constituir una fuerte distracción.

Toma nota mentalmente de ellas, para abordarlas después.

a las «ideas brillantes» que a veces aparecen bajo la influencia de las drogas—.[2] Tanto si son importantes como triviales, el tema es el mismo: la brillantez discursiva se convierte rápidamente en *una trampa, que te saca de la práctica una y otra vez.*

Es fácil superar este obstáculo: evita caer en la trampa. Si tienes ideas interesantes, toma nota mentalmente de ellas y decide abordarlas después de la meditación. Y vuelve a centrarte en la respiración. También es útil reservar un tiempo específico para la **meditación analítica** (ver el apéndice B). Llevada a cabo como una forma de práctica distinta, que se realiza separadamente de la meditación ordinaria, la meditación analítica sobre las ideas y revelaciones brillantes que se presentan es extremadamente útil.[3]

A veces, un pensamiento potente regresa una y otra vez. Cuando ocurra esto, reconoce y acepta dicho pensamiento y, a continuación, haz que sea tu objeto de meditación temporal.

El brillo discursivo puede convertirse rápidamente en una trampa que te saque de la práctica. Si tienes ideas significativas, déjalas a un lado para otro momento.

Pero no analices su contenido. En lugar de ello, ponle una etiqueta: por ejemplo, «pensamiento, pensamiento» o «pensamiento que aparece». Esto te ayudará a mantener una distancia objetiva respecto a él. Enfoca tu atención en el pensamiento hasta que su intensidad disminuya. Esta operación puede requerir unos minutos y puede ser necesario repetirla varias veces durante la meditación. Cuando la intensidad se mitigue, regresa a la respiración. También puedes utilizar este procedimiento en otras situaciones. En general, siempre que no puedas pasar por alto una distracción potente, haz manejable la situación por medio de hacer que esa distracción pase a ser tu nuevo objeto de meditación.

Emociones, recuerdos y visiones

A medida que la mente se calma y las distracciones cotidianas desaparecen, empieza a aflorar a la consciencia material significativo del inconsciente. Este es un acontecimiento muy importante en la evolución de tu práctica. Sin embargo, este material potente no siempre sale a la superficie de inmediato, sino que puede verse precedido por fuertes sensaciones de inquietud e impaciencia. Estas sensaciones son como la punta de un iceberg, e indican que hay mucho más bajo la superficie. Por lo tanto, si experimentas inquietud, no la reprimas. Acéptala abiertamente e invita a que aflore todo lo que haya por debajo de ella. Si la inquietud y la impaciencia persisten y son demasiado fuertes para pasarlas por alto, tendrás que utilizar la técnica que se describe más adelante para hacer frente a otras emociones fuertes.

A medida que la mente se calma y las distracciones cotidianas desaparecen, empieza a aflorar a la consciencia material significativo procedente del inconsciente profundo.

Cuando este material ha aflorado a la consciencia, puede adoptar dos formas: puede aparecer como recuerdos, pensamientos o visiones, acompañados de emociones fuertes y a menudo difíciles, o bien puede manifestarse como las emociones mismas, en estado puro (miedo, tristeza, ira, etc.), sin la compañía de ningún objeto mental. Como no están acompañadas, tal vez parezca que estas emociones puras no tienen ninguna causa; son semejantes a la ansiedad inespecífica, o «flotante», que lleva a la gente a buscar terapia. Sin embargo, todo esto es perfectamente normal en el contexto de la meditación. De hecho, como se explicará, es otra señal de que se están haciendo progresos.

Este material perturbador proviene de problemas emocionales y psicológicos del pasado; a cuantos más de estos te hayas enfrentado, más vas a encontrar. Parte de este material puede ser bastante traumático (puede incluir algún abuso sexual, la pérdida del padre o la madre o el acoso escolar). Pero las grandes dificultades no son su única fuente; también lo son asuntos menores que pasan fácilmente desapercibidos, como las burlas, el favoritismo de los padres o los males de la adolescencia.

De igual modo, surgirá material inconsciente cargado si has interiorizado sistemas de creencias disfuncionales o conflictivos. Por ejemplo, es posible que creas en la liberación sexual, pero que aun así experimentes un conflicto interno a causa de las costumbres sexuales que te enseñaron en la infancia. O puede ser que tengas una ética laboral profundamente interiorizada que te haga sentir culpable cuando meditas porque piensas que no estás siendo productivo.

En algunos casos, tendrás bastante claro qué fue lo que originó esos pensamientos o emociones fuertes, especialmente si la causa fue traumática. Pero acaso no seas consciente de los traumas más comunes y sutiles que reforzaron este material cargado. Sin embargo, en muchos casos puede parecer que estos extraños pensamientos o imágenes angustiantes tienen poco o nada que ver contigo, o con nada que hayas experimentado nunca. Recuerda, sin embargo, que no hay nada en la meditación que sea casual o carente de sentido. Puede ser que no sepas de dónde vino alguna emoción o visión dolorosa, pero por más extraña o desagradable que pueda parecer, puedes estar seguro de que ocurrió *algo* en tu pasado que la causó. Por ejemplo, es posible que hayas tomado una imagen violenta de una película que hace tiempo que has olvidado. Pero no es importante que sepas o no la causa de lo que surja. Puedes estar seguro de que todo lo que aparezca durante la meditación forma parte de tu configuración psíquica. Nada de ello carece de importancia o es un sinsentido. Las imágenes surgen porque simbolizan unos contenidos que a la mente le resultaría incómodo afrontar de un modo más directo. Aprende a abrazar plenamente todo lo que aflore; son partes ocultas de tu psique. Y, lo que es aún más importante, entiende que cuando este material llega a la superficie, constituye un acto de purificación y un paso crítico hacia el desarrollo del *śamatha*. En la quietud de la meditación, la magia del *mindfulness* integra estos contenidos difíciles enterrados en el inconsciente de una manera saludable y sanadora. Regocíjate por ello.

La estrategia para lidiar con esas emociones, pensamientos o imágenes consiste en ignorar todo ello durante tanto tiempo como sea posible. Y, al igual que hay que hacer con el dolor, cuando algo se vuelva demasiado fuerte para pasarlo por alto, conviértelo en tu objeto de meditación. No te resistas a este potente material, ni lo evites, ni lo rechaces; si lo haces, no hará más que introducirse en el inconsciente y resurgir de nuevo más tarde. Reconocer, permitir y aceptar son los antídotos de evitar, resistirse y rechazar. *Reconoce* la validez de lo que surja, aunque no sepas cuál es su origen. *Permite* que esté ahí sin analizarlo o juzgarlo, mientras cultivas la actitud del observador objetivo. Por último, *acéptalo* como una manifestación de alguna parte oculta de ti mismo. Es importante que no te enredes examinando el contenido del material inconsciente; requiere mucho tiempo y puede interrumpir tu progreso.

¿Cómo se aprende a gestionar de forma objetiva este material cargado sin quedar atrapado en él? En primer lugar, conserva una conciencia fuerte, clara, de dónde te encuentras y lo que estás haciendo —es decir, toma conciencia de que en este momento presente estás a salvo y seguro, sentado cómodamente haciendo meditación—. A continuación, aísla el aspecto emocional de la experiencia. Si tienes recuerdos desagradables, por ejemplo, lidia primero con las emociones que los acompañan; solo entonces podrás ver esos recuerdos de una forma lo suficientemente objetiva y desapasionada como para aceptar los acontecimientos pasados que muestran y soltar dichos recuerdos. De la misma manera, si estás lidiando con proyecciones perturbadoras de tu imaginación, debes afrontar su componente emocional antes de poder aceptar esas imágenes y soltarlas. Y, por supuesto, tienes que abordar directamente las emociones puras que surgen a veces sin causa aparente. En todos los casos, aborda las emociones primero.

Se trata de crear cierta distancia objetiva respecto de estas emociones desagradables. Las verbalizaciones son importantes a este efecto. Si tienes el pensamiento «estoy enojado», sustitúyelo por el pensamiento «está surgiendo el enojo». Este tipo de reformulación no es solo útil para evitar enredarse en las emociones; también es más precisa. *No eres* estas emociones. No hay ningún *yo* en las emociones. Recuerda que, como todo lo demás, las emociones surgen debido a unas *causas y condiciones específicas*, y que se desvanecen cuando sus causas desaparecen. Haz todo lo posible para disociarte de estas emociones, manteniendo el papel de observador objetivo, aunque pueda resultarte difícil. Que te «disocies» no significa que no sientas totalmente las emociones, o que trates de echar agua fría sobre ellas. Significa que dejas que las emociones entren en tu consciencia y bailen, sin dejarte absorber por ellas.

A la hora de afrontar las emociones, empieza siempre por investigar las sensaciones físicas que las acompañan. Al igual que ocurre con el dolor, esta es la manera más eficaz de permanecer objetivo. Cada emoción tiene sus propias sensaciones características y sus correspondientes movimientos corporales. Explora tu propio cuerpo para descubrirlo por ti mismo. ¿Cuáles son las sensaciones corporales específicas que se corresponden con esa emoción en particular? ¿Dónde están ubicadas? ¿Son agradables, desagradables o neutras? ¿Cambian de intensidad? ¿Se expanden y contraen, o son sólidas y fijas? ¿Cambia su cualidad o sigue siendo la misma?

Solo cuando estés listo, haz que tu atención pase de los aspectos físicos de la emoción a los mentales. Sin quedar atrapado en tu experiencia subjetiva, trata de encontrar una etiqueta que describa la emoción de forma precisa (por ejemplo, «ansiedad», «culpabilidad», «lujuria») y su cualidad (por ejemplo, «intensa», «vaga», «perturbadora»). Percibe qué tipo de pensamientos desencadena la emoción. ¿Esta se hace más o menos intensa o permanece bastante estable? Es posible que se transforme. Por ejemplo, la ansiedad puede transformarse en miedo, y el miedo en ira, y la ira en culpa. De nuevo, es útil usar etiquetas verbales, tales como «está surgiendo ansiedad», para permanecer objetivo.

Como habrás adivinado, este proceso puede resultar muy agotador. Si es necesario, haz una pausa en tu meditación y descansa o haz otra cosa. Siempre y cuando permanezcas objetivo y no te identifiques con la emoción, no sufrirás en el proceso. Si sufres, física o emocionalmente, puedes estar seguro de que te estás identificando con alguna emoción desagradable. Trata de ver si puedes detectar dónde está esa emoción. La mente opera de formas sutiles. Puedes permanecer objetivo con una emoción y, a la vez, identificarte con otra. Por ejemplo, cuando investigas el enfado, puede haber un trasfondo de miedo. Sin darte cuenta, puede ser que conserves la objetividad hacia el enfado, pero que te identifiques con el miedo. La práctica de la conciencia introspectiva te ayudará a gestionar estos tipos de identificación

Figura 25. Recuerdos y emociones perturbadoras procedentes de la mente inconsciente pueden aflorar en la consciencia.

Cuando algo se vuelve demasiado fuerte como para pasarlo por alto, conviértelo en tu objeto de meditación.

No te resistas a ello; reconócelo, permítelo y acéptalo como una parte oculta de ti mismo.

Permite que esté ahí hasta que se vaya; después regresa al objeto de meditación con una atención estable y una mente calmada.

emocional más sutiles, más ocultos. Mientras mantienes la atención centrada en la emoción primaria, utiliza la conciencia introspectiva para encontrar la emoción de fondo con la que te estás identificando. A continuación, haz que la atención pase a enfocarse en dicha emoción de fondo. Una vez que hayas ganado cierta objetividad en relación con esa emoción, el sufrimiento se desvanecerá.

Sea cual sea la emoción, tu objetivo es siempre el mismo: reconocer, permitir y aceptar. Como señala el profesor de meditación Joseph Goldstein: «Lo importante no es lo que estamos sintiendo, sino la forma en que nos relacionamos con ello». Permite que la emoción esté ahí, hasta que se vaya. A veces desaparecerá; en otras ocasiones seguirá estando ahí, pero se volverá menos intensa. Cuando ocurra esto, a menos que haya recuerdos o imágenes asociados que aún no se hayan desvanecido, será el momento de regresar al objeto de meditación como el foco de atención principal.

Si ves que hay recuerdos o imágenes asociados que aún no se han desvanecido, limítate a observarlos, sin identificarte con ellos o juzgarlos. Puede ser que estuviesen presentes mientras te estabas enfocando en la emoción, o tal vez aparecieron después de que la emoción empezara a diluirse. En cualquiera de los casos, reconoce su presencia y acéptalos con ecuanimidad. A continuación, cuando te sea fácil hacerlo, vuelve a llevar la atención a la respiración. Los pensamientos o imágenes pueden desaparecer enseguida o permanecer durante un tiempo como distracciones sutiles; tú, mantén la respiración en el centro de la atención. Si la intensidad emocional asociada con estos objetos mentales regresa, repite el proceso tantas veces como sea necesario hasta que la perturbación desaparezca por completo.

Gestionar contenidos con carga emocional no es siempre fácil. Pueden persistir durante un tiempo sorprendentemente largo. Pero no te preocupes si, al principio, no tienes éxito. Tendrás muchas más oportunidades, pues esos contenidos seguirán regresando hasta que puedas recibirlos con plena aceptación y ecuanimidad. Por más veces que resurjan, reconócelos, permítelos y acéptalos. Cuando, finalmente, desaparezcan por sí mismos, ya no perturbarán tus meditaciones. Y no solo eso: también van a dejar de afectar a tu vida diaria de forma negativa.

En resumen, cuando la mente se aquieta a través de la meditación, emociones cargadas, pensamientos y visiones afloran a la consciencia desde el inconsciente. Ahí, se convierten en distracciones fuertes. Para superar eso, solo tienes que convertirlo en el objeto de tu atención, reconocerlo y aceptarlo hasta que se desvanezca por sí mismo. ¡Eso es todo! No es importante pensar por qué estás teniendo determinados pensamientos o de dónde vienen; este tipo de análisis discursivo te aleja del trabajo real de la meditación. De hecho, no hay necesidad de *hacer* nada en absoluto. Cada vez que juzgas en lugar de limitarte a observar, el *mindfulness* es menos eficaz. Por el solo hecho de permitir que los contenidos del inconsciente surjan y ser plenamente testigo de ellos, de forma continua y sin reaccionar, estás reprogramando tu mente de un modo más profundo de lo que podrías llegar a hacerlo nunca por medio del análisis intelectual. Estás purificando tu mente de todas las aflicciones que has acumulado a lo largo de tu vida. Este proceso es esencial para el crecimiento personal y el desarrollo espiritual en general, y para las etapas finales de esta práctica en particular. Cuando tenga lugar la purificación, dale la bienvenida, porque solo por medio de trabajar con nuestros problemas podemos, finalmente, vernos libres de ellos.

La purificación mental

La purificación emocional que tiene lugar en esta etapa puede ser el equivalente a años de terapia. Puedes purificar tu mente de aflicciones que has acumulado a lo largo de toda tu vida.

La purificación emocional que tiene lugar en la cuarta etapa puede ser el equivalente a años de terapia, y es crucial para progresar a lo largo de las diez etapas. Cuando podemos observar y aceptar los pensamientos, las emociones y las imágenes que reflejan nuestra programación inconsciente, el poder iluminador del *mindfulness* opera su magia. Los procesos inconscientes profundos reciben la información de que las circunstancias responsables de nuestro condicionamiento ya no existen, y de que las reacciones emocionales que tienen lugar ya no son útiles; ni siquiera somos ya la misma persona. Esta nueva información «reprograma» esos procesos inconscientes a un nivel profundo, y la estructura misma de nuestra personalidad se ve transformada y purificada. Nos volvemos menos susceptibles a las emociones destructivas y somos más capaces de apreciar y cultivar cualidades más sutiles de la mente. No es infrecuente que la meditación saque a relucir contenidos que de otro modo habrían permanecido reprimidos toda la vida. Lo mejor que podrías llegar a hacer por ti mismo es afrontarlos y trabajar con ellos.

Sin embargo, algunas personas tienen tantos problemas con estos contenidos emocionalmente cargados que las instrucciones que se han dado no funcionan para ellas. Si lo que aparece te perturba profundamente, haz lo que puedas para conectarte a tierra. Retira tu mente de todo ello por medio de la compañía de alguien, la buena alimentación, el ejercicio o viendo una película. Tener a alguien con quien hablar puede ser muy útil, siempre que esa persona sepa ser un buen oyente. Sin embargo, no escuches *nunca* el consejo de nadie a menos que ese alguien sea un profesor de meditación con experiencia en estas purificaciones o un consejero profesional capacitado. Si cualquier otra persona comienza a darte consejos, dale las gracias por su ayuda y cambia elegantemente de tema.

Si encuentras que estás constantemente abrumado por la intensidad de lo que aparece en esta práctica, realiza la meditación de la bondad amorosa, que se describe en el apéndice C. Practica la bondad amorosa hasta que puedas evocar fácilmente fuertes sentimientos de compasión por ti mismo y los demás. A continuación, prueba a reanudar la práctica de la cuarta etapa. Si encuentras que los contenidos siguen siendo demasiado intensos como para lidiar con ellos por tu cuenta, busca ayuda profesional.

SOSTENER LA ATENCIÓN POR MEDIO DE IMPLICARTE CON EL OBJETO DE MEDITACIÓN

Veamos ahora cómo sostener la atención en la respiración después de haber lidiado con las potentes distracciones fuertes que se acaban de comentar. Cada vez que regreses a la respiración, procura intensificar tu focalización en ella, pero no demasiado —lo suficiente para evitar que otras distracciones sutiles se conviertan en distracciones fuertes—. Acentuar la focalización ayuda a mantener a raya las distracciones: cuando no se les hace caso durante un tiempo, acaban por desaparecer de la conciencia.

Para que te resulte más fácil acentuar tu focalización, acude a las prácticas de **examinar la respiración** y de **conexión** que se describen en la tercera etapa. En la cuarta etapa, la práctica de la conexión es especialmente útil: observas los cambios que tienen lugar en tu respiración en el transcurso del tiempo y percibes cómo corresponden a cambios en tu estado mental.

No te centres en la respiración demasiado intensamente durante demasiado tiempo en esta etapa. Si intentas aplicar la atención exclusiva, en un solo punto, antes de estar lo suficientemente ejercitado, vas a perder la conciencia introspectiva y vas a ser vulnerable a

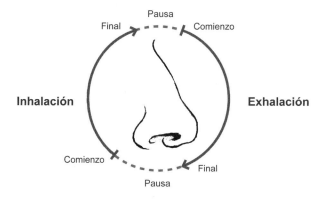

Figura 26. Conexión: compara las distintas partes del ciclo de tu respiración con las partes correspondientes del ciclo previo. La inhalación o exhalación actual ¿es más larga o más corta que la anterior? ¿Ha cambiado la duración de las pausas? ¿Son diferentes la inhalación, la exhalación o las pausas cuando hay presente una distracción más o menos sutil, o un mayor o menor embotamiento?

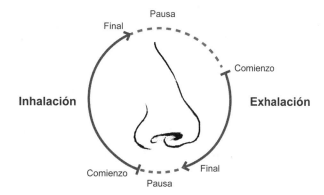

las distracciones y el embotamiento. Haz que tu atención sea más intensa, pero de la forma más relajada y suave posible. Te será útil aspirar a encontrar un equilibrio entre la atención y la conciencia introspectiva; es como sostener un huevo de petirrojo: con firmeza, para que no se caiga, pero también con cuidado, para que no se rompa.

CÓMO SUPERAR EL EMBOTAMIENTO FUERTE

A medida que te vuelvas más hábil a la hora de lidiar con las distracciones, el embotamiento fuerte se convertirá en tu próximo obstáculo importante.

A medida que te vuelvas más hábil a la hora de lidiar con las distracciones, el **embotamiento fuerte** se convertirá en tu próximo obstáculo importante. En la tercera etapa se te ofrecieron algunas herramientas para trabajar con la somnolencia provocada por el embotamiento fuerte. En esta etapa, tu objetivo es superar el embotamiento fuerte por completo.

El embotamiento tiene lugar cuando dirigimos la mente hacia dentro, lo cual reduce el flujo constante de pensamientos y sensaciones que suelen mantener la mente energizada y alerta. Por lo tanto, el nivel de energía general de la mente desciende.[4] Al contar con menos estimulación, el cerebro se relaja y se encamina hacia el sueño, y la mente se aletarga. Esto ocurre normalmente cuando estamos fatigados o cuando nos vamos a dormir.

En la meditación, no es solamente volverse hacia el interior lo que reduce la energía mental. Cuando nos enfocamos en la respiración con demasiada intensidad y durante demasiado tiempo, también estamos excluyendo los pensamientos y las sensaciones que suelen mantener la mente alerta. Esta es otra razón por la cual «mirar más allá» del objeto de meditación con la conciencia periférica es tan importante. Cuando permanecemos conscientes de lo que se halla en segundo plano, seguimos estimulando la actividad cerebral y evitamos caer en el embotamiento.

LA SUPERACIÓN DEL EMBOTAMIENTO FUERTE

Para lidiar eficazmente con el embotamiento fuerte, tenemos que distinguir entre dos tipos diferentes de **embotamiento sutil**: el **embotamiento sutil progresivo** y el **embotamiento sutil estable**. Como su propio nombre indica, el embotamiento sutil progresivo acaba por desembocar en el embotamiento fuerte —cuanto más tiempo está presente, más probable es que ocurra esto—. Por lo tanto, tendrás que aprender a reconocer el primero con el fin de superar el segundo.

Por el contrario, el embotamiento sutil estable no conduce al embotamiento fuerte. En esta etapa, tolerar el embotamiento sutil estable evita que la mente se agite e inquiete. Vas a perder algo de viveza, claridad e intensidad de la percepción pero gozarás de un estado mental más apacible y estable, en que habrá menos distracciones. Solo en la quinta etapa vas a trabajar para superar todas las formas de embotamiento sutil.

El embotamiento fuerte se puede superar en tres pasos. El primero de ellos es reconocer su presencia y sacar tu mente de él usando un antídoto apropiado. Esto puede ser difícil. Cuando el embotamiento es lo suficientemente profundo, hasta el punto de que estás somnoliento, no cuentas con ninguna conciencia introspectiva para que te avise del problema. Solo te das cuenta de su presencia cuando te encuentras cabeceando, roncando o soñando. Si te sucede esto, trata de despertarte por completo. Y si solo estás experimentando el embotamiento sutil progresivo, despéjate también. Con ambos tipos de embotamiento, lo primero es reenergizar la mente.

Cuando hayas hecho esto, el segundo paso es basarte en la conciencia introspectiva para advertir el regreso del embotamiento, antes de que se haga demasiado fuerte. Cuando vuelva, aplica el antídoto apropiado una vez más. Cuanto antes percibas el embotamiento sutil progresivo, más fácil te será contrarrestarlo. El tercer paso del proceso consiste en repetir los pasos primero y segundo hasta que el embotamiento no regrese en absoluto.

Puesto que el embotamiento sutil debilita la conciencia introspectiva, a menudo tendrás problemas para reconocer cuándo ha vuelto (segundo paso). Sin embargo, con tiempo y práctica aprenderás a identificar y corregir el embotamiento sutil progresivo antes de que se haga demasiado fuerte. Además, a medida que aprendas a reconocer su inicio con mayor rapidez, los antídotos que utilices no tendrán que ser tan fuertes, y van a resultar más efectivos. Cuando la percepción y la corrección del embotamiento sean automáticas, habrás superado totalmente el embotamiento fuerte.

Cuando la percepción y la corrección del embotamiento sutil progresivo sean automáticas, habrás superado totalmente el embotamiento fuerte.

Una mente bien ejercitada no caerá en el embotamiento fuerte excepto si está muy fatigada. Con el tiempo, será raro que se presente incluso el embotamiento sutil progresivo. En cuanto al embotamiento sutil estable, lo experimentarás hasta que lo superes en la quinta etapa.

TRES PASOS PARA SUPERAR EL EMBOTAMIENTO FUERTE

1. Aplica un antídoto lo bastante fuerte para despertar totalmente la mente siempre que el embotamiento fuerte o el embotamiento sutil progresivo estén presentes.
2. Sírvete de la conciencia introspectiva para reconocer su regreso lo antes posible, antes de que el embotamiento sutil se convierta en embotamiento fuerte, de tal manera que puedas aplicar el antídoto adecuado.
3. Repite este proceso hasta que el embotamiento no regrese.

Los antídotos contra el embotamiento

Cuando estés experimentando el embotamiento fuerte, acude a los antídotos que se describen en la tercera etapa para despejarte. Por ejemplo, toma algunas inspiraciones profundas y exhala con fuerza por la boca, creando resistencia por medio de fruncir los labios. O prueba a tensar todos los músculos y sostener la tensión durante unos segundos; a continuación, suelta y relájate de repente. Repite esto varias veces. Otro método útil es contraer el vientre mientras aprietas y sueltas el perineo. Todos estos recursos son estimulantes y resultan eficaces si el embotamiento no es demasiado fuerte. Si es muy fuerte, prueba a meditar caminando durante unos minutos, o medita de pie. Meditar de pie puede ser cansado e incómodo, pero es bastante eficaz, y a veces necesario. Si nada de esto funciona, levántate y salpícate un poco de agua fría en la cara, y luego regresa a la práctica.

Cuando el embotamiento no es tan fuerte, a veces puede bastar con expandir la conciencia periférica. Amplía el alcance de tu conciencia para que abarque todas las sensaciones corporales, sonidos, olores, etcétera, mientras sostienes la atención en la respiración. También puedes retirar la atención de la respiración y hacer del conjunto de tu cuerpo y del entorno el objeto de meditación durante un rato. O probar a meditar con los ojos abiertos. Si el embotamiento sutil progresivo se detecta a tiempo, cualquiera de estas técnicas puede ayudarte a vencerlo.

Si reconoces la presencia del embotamiento sutil progresivo en una fase lo suficientemente temprana, puedes incrementar tu energía mental por medio de reforzar tu intención de observar las sensaciones de la respiración con claridad y de forma más detallada. Sin embargo, esto solo funcionará para el embotamiento *muy* sutil, identificado en una fase *muy* temprana. Y recuerda que si aplicas una atención demasiado intensa durante demasiado tiempo, el *mindfulness* se desvanecerá. Además, el hecho de focalizarte intensamente puede hacer que experimentes un exceso de energía y agitación. Si te ocurre esto, relaja la fuerza de tu atención para permitirte experimentar un poco de embotamiento sutil, lo cual reducirá el nivel de tu energía mental. La clave para el ejercicio de la atención enfocada es encontrar un equilibrio: el enfoque no debe ser ni demasiado intenso y tenso ni demasiado relajado y suelto.

Cuando el embotamiento no regresa durante tres o cinco minutos cuando menos, puedes estar seguro de que el antídoto ha sido lo bastante fuerte y de que has superado totalmente la situación. Si regresa pronto, el antídoto no fue lo suficientemente fuerte o no se aplicó durante el tiempo necesario. Si vuelve casi de inmediato, te hallas en un estado llamado *hundimiento* —estás hundiéndote en el embotamiento con tanta rapidez que tus esfuerzos por escapar de él no son suficientes—. Esto significa que necesitas un antídoto mucho más fuerte. La regla básica es: *haz lo que sea necesario para revitalizar la mente de forma que permanezca en un estado de total alerta.*

Durante esta etapa, el embotamiento regresará a menudo, por más que te despejes. Así que mantente siempre *vigilante*. No te sorprendas o decepciones cuando vuelva. Sigue practicando, y anímate: cuanto antes captes el embotamiento, más fácilmente podrás despejar la mente, y más cerca estarás de superar el embotamiento fuerte por completo.

Prepárate para pasar sesiones enteras trabajando con el embotamiento. Recíbelo como una oportunidad para investigar su naturaleza. En algún momento de la sesión, por lo general después de muchas intervenciones, el embotamiento puede incluso desaparecer por completo. Cuando ocurra esto, percibirás que tu mente está ligera y alerta. Y con la experiencia podrás reconocer cuándo ha desaparecido cualquier indicio de embotamiento. Habrás alcanzado el objetivo de esta etapa cuando el embotamiento sutil progresivo rara vez se presente, y cuando lo haga, lo percibas y corrijas rápidamente.

Hasta que lo hayas superado, recibe la presencia del embotamiento como una oportunidad para trabajar con él y prepárate para afrontarlo durante sesiones enteras.

LA SEDUCCIÓN DEL EMBOTAMIENTO

El embotamiento fuerte puede ser una trampa seductora. Los estados de embotamiento conducen a imágenes oníricas, visiones arquetípicas, sensaciones placenteras, experiencias paranormales como canalizaciones y recuerdos de vidas pasadas y la sensación general de que algo profundo está aconteciendo. Si anclas la atención en la respiración, puedes conservar esas impresiones durante mucho tiempo sin dormirte. En ciertas tradiciones, estos estados se cultivan a propósito. Sin embargo, si el propósito es cultivar la atención y la conciencia, no son más que obstáculos. Recuerda que las experiencias visionarias, las ideas brillantes y otros encuentros aparentemente profundos deberían evitarse por completo en esta etapa.

Cuando tengas estas experiencias, decide soltarlas. Refuerza tu intención de observar los detalles de la respiración de forma tan clara y vívida como te sea posible. Ignora las visiones, sácate del embotamiento y sigue meditando. Puede ser que esto no te resulte sencillo si, en otros sistemas de práctica, has utilizado este tipo de experiencias y has encontrado significado y valor en ellas. Si descubres algún significado en alguna visión que surja, apártala a un lado y explórala en otro momento.

CONCLUSIÓN

Has dominado la cuarta etapa cuando estás libre tanto de las distracciones fuertes como del embotamiento fuerte. Los pensamientos, sensaciones físicas, recuerdos y emociones continúan surgiendo, pero tu atención ya no se va con ellos. El embotamiento ya no te conduce a la somnolencia, ni hace que tu percepción de las sensaciones de la respiración se difumine

La distracción y el embotamiento fuerte han sido superados

Atención a la respiración en la nariz

Distracciones sutiles o
embotamiento sutil progresivo

Distracción fuerte

Corrección automática

o desemboque en distorsiones hipnagógicas. Al final de la cuarta etapa, puedes dirigir y sostener la atención a voluntad. Esta es una capacidad única y potente.

La fuerza de tu *mindfulness* también ha alcanzado un grado importante. La atención puede examinar con precisión todas las partes de la respiración con poco esfuerzo. Tu percepción del objeto de meditación ha pasado a ser no verbal y no discursiva. Además, tu conciencia se ha vuelto más potente y puede discernir claramente cómo cambia la respiración con el tiempo. Con una atención así de fuerte y una conciencia así de clara, las palabras de Buda adquieren un nuevo significado:

Al hacer una inhalación larga, [él] sabe que hace una inhalación larga;
al hacer una exhalación larga, sabe que hace una exhalación larga.
Al hacer una inhalación corta, sabe que hace una inhalación corta;
al hacer una exhalación corta, sabe que hace una exhalación corta.

Ānāpānasati Sutta

El modelo de los momentos conscienciales

El modelo de la experiencia consciencial que aprendiste en el primer interludio introdujo las ideas de la atención y la conciencia periférica. Si bien este modelo fue útil para trabajar a lo largo de las primeras cuatro etapas, estaba incompleto. A medida que avances en la práctica, necesitarás modelos más detallados de la mente que te ayuden a encontrar el sentido a tus nuevas experiencias. A continuación, se presenta el **modelo de los momentos conscienciales**. Se basa en lo que ya has aprendido, si bien reformula muchos de los conceptos que hemos estado utilizando.

Este modelo procede de los textos *Abhidhamma* del budismo *theravada*, e incluye algunas elaboraciones y desarrollos procedentes de una escuela budista más tardía conocida como *yogācāra*. Este interludio y el siguiente toman ideas sobre la mente de estas dos fuentes y las exploran utilizando una terminología moderna y un marco de base más científica.

Ten en cuenta que este modelo tiene por objeto ayudarte a entender mejor tanto tus propias experiencias como las instrucciones para la meditación. No te molestes en tratar de dilucidar si las descripciones que se ofrecen son *literalmente* ciertas o no. A medida que maduren tus habilidades meditativas, tendrás mucho tiempo para decidir qué pensar al respecto, a partir de tus propias experiencias. Lo más importante es que el modelo te sea útil para encontrar un mayor sentido y trabajar más eficazmente durante la práctica.

LOS MOMENTOS CONSCIENCIALES

La experiencia consciencial que tenemos del mundo en lo cotidiano (los pensamientos y sensaciones que surgen y desaparecen) parece fluir sin solución de continuidad momento a momento. Sin embargo, de acuerdo con el modelo de los momentos conscienciales, esto es una ilusión. Si lo observásemos con el suficiente detenimiento, encontraríamos que la experiencia se divide en realidad en **momentos conscienciales** individuales. Cada vez tiene lugar uno solo de estos «momentos mentales» conscientes. Se parece mucho a lo que ocurre en el caso de una película, que está dividida en fotogramas separados. Puesto que los fotogramas pasan muy rápidamente y son muy numerosos, el discurrir de la película parece fluido. Del mismo modo, estos momentos separados de la consciencia son tan breves y numerosos que parecen constituir un flujo continuo e ininterrumpido de consciencia.

Si observases con el suficiente detenimiento, encontrarías que la experiencia se divide en realidad en momentos conscienciales individuales.

De acuerdo con este modelo, la consciencia consiste en una serie de eventos separados en lugar de continuos, porque solo podemos ser conscientes de la información procedente de *un órgano sensorial a la vez*. Los momentos visuales están separados de los momentos auditivos, los momentos olfativos están separados de los momentos táctiles, etcétera. Por lo tanto, cada uno es un acontecimiento mental independiente con su propio contenido, único. Entre los momentos de experiencia visual pueden intercalarse momentos de experiencia auditiva, táctil, mental y otras, pero no hay dos que puedan tener lugar al mismo tiempo. Por ejemplo, un momento determinado de consciencia visual debe terminar antes de que puedas tener un pensamiento (un momento consciencial mental) acerca de lo que acabas de ver. Es solo porque estos momentos diferentes se reemplazan entre sí con tanta rapidez por lo que los actos de ver, oír, pensar, etcétera, parecen ocurrir al mismo tiempo.

El modelo de los momentos conscienciales postula que, dentro de cada uno de estos momentos, nada cambia. Son, realmente, como imágenes congeladas. Incluso nuestra experiencia de ver que algo se mueve es el resultado de muchos momentos separados de consciencia visual, que se suceden con rapidez.[1] Por lo tanto, *toda* la experiencia consciencial, sin excepción, se compone de momentos breves, individuales, cada uno de los cuales contiene un solo fragmento de información, estático. En este sentido, podemos decir que *cada* momento mental solo proporciona un único «objeto» consciencial. Puesto que los momentos conscienciales procedentes de distintos órganos sensoriales contienen una información muy diferente, la consciencia no se parece tanto a una película, en que cada fotograma es similar al precedente, como a un collar formado por perlas de distintos colores.[2]

Dentro de cada momento consciencial nada cambia; son como imágenes congeladas. Tu experiencia de la visión del movimiento está compuesta por muchos momentos separados de consciencia visual, que se suceden con rapidez.

Aunque este modelo es muy diferente de la forma en que solemos pensar acerca de la consciencia, no es solo una bonita teoría que alguien ideó. La premisa básica de que hay momentos conscienciales separados que surgen y desaparecen de forma secuencial se basa en las experiencias meditativas reales de practicantes avanzados de un amplio abanico de tradiciones.[3] El modelo lo formularon los autores del *Abhidhamma*, quienes o bien tuvieron esta experiencia de primera mano, o bien supieron de ella por parte de otros meditadores avanzados. Es una experiencia que tú mismo tendrás en las últimas etapas. Sin embargo, mucho antes de que esto suceda, este modelo te será útil, al igual que lo ha sido para otros practicantes durante más de dos milenios.

Siete tipos diferentes de momentos conscienciales

En este modelo, los distintos tipos de momentos conscienciales varían en función de cuál de nuestros sentidos proporciona el «objeto» en un momento dado. En total, hay siete clases de momentos. Los cinco primeros son evidentes, ya que corresponden a los sentidos físicos: vista, oído, olfato, gusto y tacto. La sexta categoría, tal vez menos evidente, se denomina el **sentido mental**[4], que incluye objetos mentales como los pensamientos y las emociones.

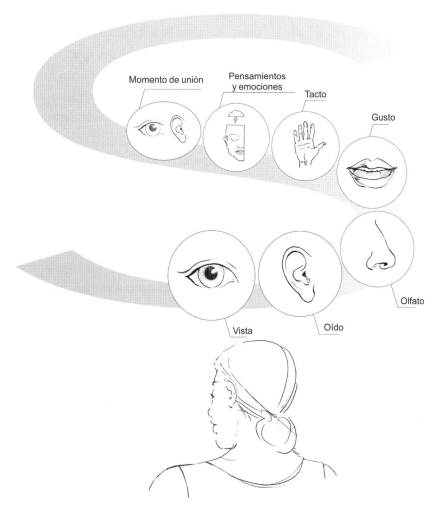

Figura 27. En total, hay siete tipos de momentos conscienciales. Los cinco primeros corresponden a los sentidos físicos: vista, oído, olfato, gusto y tacto. La sexta categoría se denomina el sentido mental, porque incluye objetos mentales como los pensamientos y las emociones. Finalmente, hay un séptimo tipo de consciencia, conocida como consciencia que une, que integra la información proporcionada por los otros sentidos.

Momento de unión

Pensamientos y emociones

Tacto

Gusto

Olfato

Oído

Vista

Finalmente, hay un séptimo tipo de consciencia, conocida como **consciencia que une**, que integra la información proporcionada por los otros sentidos. Vamos a ver más de cerca estos distintos tipos de momentos conscienciales.

De los cinco sentidos físicos, el último de la lista, el tacto, oportunamente conocido como *sensación somática*, es más complicado y diverso que los cuatro primeros. Sería más exacto decir que la categoría somatosensorial se halla compuesta por muchos sentidos diferentes. Por ejemplo, está la categoría de las sensaciones en la piel, que incluye no solo el tacto, sino también la presión, el movimiento y la vibración. Hay una categoría separada que incluye factores como la temperatura, el dolor, el cosquilleo, la picazón y algunas sensaciones sexuales. También existe lo que se llama *propiocepción*, el sentido que nos informa acerca de la posición, la ubicación y el movimiento de las partes del cuerpo. Las sensaciones de tensión muscular, las profundas sensaciones viscerales y las sensaciones físicas que asociamos con las emociones constituyen, cada una, categorías distintas de la experiencia sensorial. Por último, las sensaciones de aceleración, giro, equilibrio y gravedad constituyen otra categoría completamente ignorada por los cinco sentidos clásicos. Desde un punto de vista fisiológico, cada una de estas categorías somatosensoriales es en realidad un sentido único en sí mismo, que tiene a su servicio su propio subsistema dentro del sistema nervioso central. De acuerdo con el modelo de los momentos conscienciales, la información procedente de dos de estas categorías somatosensoriales tampoco puede ocupar el mismo momento consciencial. Es decir, del mismo modo que no podemos ver un objeto y escuchar un sonido al mismo tiempo, no podemos, por ejemplo, experimentar el movimiento y el dolor a la vez. Así que hay, de hecho, más de cinco tipos de sentidos físicos.

Con el sentido mental ocurre lo mismo. Tradicionalmente se lo trató como un único «sentido» a través del cual nos hacemos conscientes de los «objetos mentales». Sin embargo, en realidad, los recuerdos, las emociones y los pensamientos abstractos, por ejemplo, derivan de procesos cerebrales muy diferentes, y cada una de estas categorías ofrece un tipo de información único. Por lo tanto, la información de dos categorías mentales distintas tampoco puede compartir el mismo momento consciencial; es decir, no se puede resolver un problema de álgebra mientras, al mismo tiempo, se recuerda una mascota de la infancia. Tenemos que reconocer que tanto el sentido mental como el sentido somático son en realidad etiquetas-manta que cubren muchas categorías de sentidos, cada uno de los cuales transmite un determinado tipo de información. Sin embargo, en aras de la simplicidad, vamos a pasar por alto esta diversidad de sentidos y a referirnos solamente a seis categorías básicas de momentos conscienciales, correspondientes a la vista, el olfato, el gusto, el tacto, el oído y los sentidos mentales.[5]

Todo esto da lugar a las siguientes preguntas: si los contenidos de un momento se han ido antes de que surja el próximo, ¿cómo se integran entre sí estos distintos tipos de información en la experiencia consciencial? ¿Cómo lo unimos todo para poder entender lo que está sucediendo realmente? La respuesta es que los contenidos de muchos momentos separados, proporcionados por las seis categorías básicas de sentidos, se almacenan brevemente en una especie de memoria «operativa», donde se combinan e integran entre sí. El «producto» de esta integración se proyecta en la consciencia como otro tipo distinto de momento mental, el **momento consciencial de unión** (o de combinación).[6]

Considera la experiencia de escuchar hablar a alguien. Cuando se han combinado los contenidos de los momentos conscienciales visuales y auditivos, se producen momentos de unión. Estos momentos de unión combinan los sonidos que oímos con los objetos específicos que vemos en nuestro campo visual. Es así como nuestra experiencia subjetiva es la de oír palabras que salen de la boca de una persona en particular. Este tipo de actividad mental también tiene lugar cuando vemos una película: observa cómo tu mente, de forma automática, atribuye ciertas voces a determinados personajes, cuando en realidad el sonido procede de los altavoces ubicados en las paredes del cine; ¡incluso puede ser que el sonido proceda de detrás de ti! Y, por supuesto, la razón por la que los ventrílocuos pueden «engañarnos» es que los momentos de unión no siempre unen la información de una manera precisa.

Figura 28. Si los contenidos de un momento se han ido antes de que surja el próximo, ¿cómo lo unimos todo para poder entender lo que está sucediendo realmente? Los contenidos de momentos separados se almacenan brevemente en la memoria «operativa», donde los momentos se combinan e integran entre sí. El «producto» resultante se proyecta en la consciencia como un momento consciencial de unión.

Los momentos de unión son percepciones integradas que combinan información de los otros seis sentidos para dar lugar a representaciones complejas de lo que está sucediendo alrededor y dentro de nosotros. Son considerados como una séptima especie de momento consciencial, distinto de los otros seis. Por lo tanto, los siete tipos de momentos conscienciales son: el visual, el auditivo, el olfativo, el gustativo, el somatosensorial y el mental, más el momento de unión.

LOS MOMENTOS DE ATENCIÓN Y LOS MOMENTOS DE CONCIENCIA PERIFÉRICA

Recuerda, del primer interludio, que toda experiencia consciencial se filtra a través de la atención o la conciencia. Constituyen dos maneras distintas de conocer el mundo. Pero ¿cómo encajan la atención y la conciencia en este modelo más profundo? Si toda la experiencia consciencial consiste en los siete tipos de momentos mentales, ¿qué lugar hay para la atención y la conciencia? Es muy sencillo: cualquier momento consciencial (ya sea visual, auditivo, de pensamiento, etc.) toma la forma de un **momento de atención** o de un **momento de conciencia periférica**. Pensemos en un momento visual. Puede ser un momento visual como parte de la atención o un momento visual como parte de la conciencia periférica. Estas son las dos opciones. Si se trata de un momento de conciencia periférica, será amplio, inclusivo y holístico, sea cual sea la categoría (de las siete) a la que pertenezca. Un momento de atención, por otra parte, aislará un aspecto particular de la experiencia para centrarse en él.

Cualquier momento consciencial puede ser un momento de atención o un momento de conciencia periférica. Los momentos de conciencia contienen muchos objetos; los de atención solo contienen unos pocos.

Si examinamos los momentos de atención y los momentos de conciencia con un poco más de detenimiento, vemos dos grandes diferencias entre ellos. En primer lugar, los momentos de conciencia pueden contener muchos objetos, mientras que los momentos de atención contienen solo unos pocos. En segundo lugar, los contenidos de los momentos de conciencia son poco procesados mentalmente, mientras que los contenidos de los momentos de atención están sujetos a un procesamiento mental mucho más profundo. Por supuesto, ambos tipos de contenidos no están tan claramente divididos en la experiencia. Pero comprender estas diferencias te ayudará a apreciar cómo funcionan ambos y sus distintos propósitos en la organización de la realidad subjetiva.

Considera la primera diferencia, muchos objetos contra solo unos pocos, en cuanto a la escucha. Nuestros oídos captan todo lo audible procedente de nuestro entorno. Después, nuestro cerebro procesa esa información y la integra de dos formas diferentes. En primer lugar, crea un fondo auditivo que incluye prácticamente *todos* los sonidos que nuestros oídos han detectado. Cuando esto se proyecta en la consciencia, se convierte en un momento de conciencia periférica auditiva. La otra forma en que el cerebro procesa esta información

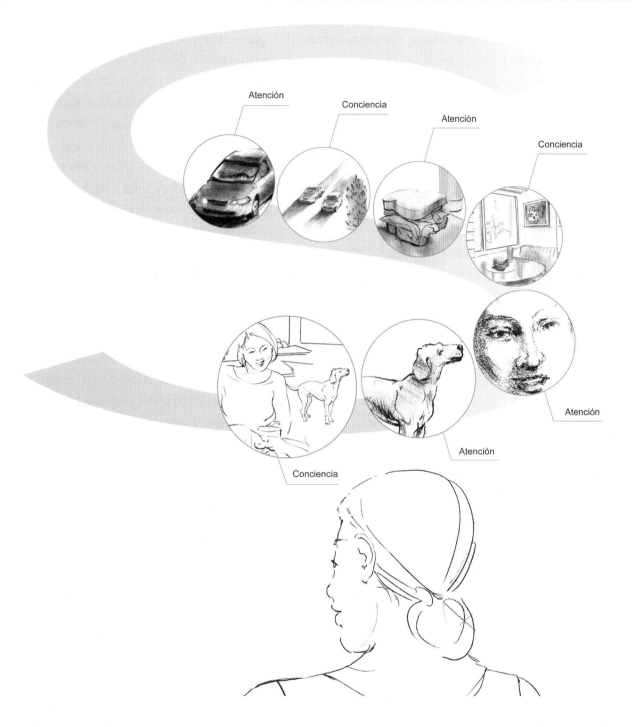

Figura 29. Todo momento consciencial es un momento de atención o de conciencia periférica. Si es un momento de conciencia periférica, será amplio, inclusivo y holístico, sea cual sea la categoría (de las siete) a la que pertenezca. Un momento de atención, por otra parte, aislará un aspecto particular de la experiencia para centrarse en él.

consiste en seleccionar solo una parte de los sonidos que están en el campo de la conciencia (por ejemplo, la voz de una persona). Cuando se proyecta en la consciencia, este sonido aislado pasa a constituir el contenido de un momento de atención auditiva. Por lo tanto, el cerebro tiene dos modos de procesar la información: uno crea momentos de conciencia con muchos objetos, mientras que el otro crea momentos de atención con solo unos pocos.

Estos dos modos son pertinentes para todo tipo de información sensorial, no solo la auditiva. Por ejemplo, supongamos que estás sentado en el porche de tu casa, que da a la montaña, contemplando el paisaje. Cada momento de conciencia visual incluirá varios objetos (montañas, árboles, pájaros y el cielo), todo al mismo tiempo. Los momentos de conciencia auditiva incluirán toda la diversidad de sonidos que constituyen el fondo sonoro (el canto de los pájaros, el viento en los árboles, un arroyo, etc.), de nuevo, todo al mismo tiempo. Por otra parte, los momentos de atención visual pueden consistir solo en el pájaro que estás viendo en una rama cercana. La atención auditiva puede ser que incluya únicamente los sonidos que están emitiendo los pájaros. Incluso cuando tu atención se divide entre varias cosas a la vez (tal vez estás tejiendo o tallando un trozo de madera mientras estás sentado), los momentos de atención siguen estando limitados a una pequeña cantidad de objetos. Por último, los momentos de unión de la atención y los momentos de unión de la conciencia toman el contenido de los momentos sensoriales anteriores y los combinan en un todo: estás *sentado en el porche, mirando hacia la montaña, mientras tallas una pieza de madera*.

Ahora, vamos a contemplar la segunda diferencia: el grado de procesamiento mental en los momentos de conciencia frente a los momentos de atención. Los momentos de conciencia individuales proporcionan información acerca de muchos elementos a la vez, pero dicha información ha sido solo mínimamente procesada. El resultado es la experiencia, con la que estamos familiarizados, de la conciencia periférica de muchos elementos que están en segundo plano. Sin embargo, estos momentos de conciencia *incluyen* algunas interpretaciones simples de los datos sensoriales: puedes ser consciente de que los sonidos que oyes proceden del «tráfico», o de que lo que está en el fondo de tu campo visual son «árboles». Estos conceptos simples te ayudan a evaluar y clasificar toda esa información, lo que contribuye a tu comprensión del contexto presente. A pesar de que estas interpretaciones preliminares no acostumbran a conducir a ningún tipo de acción, parte de esta información suele llevarse a la atención para someterla a un mayor escrutinio. En otras ocasiones (por ejemplo, cuando el sonido del tráfico incluye, de repente, el chirrido de neumáticos) la información que se halla en la conciencia periférica puede desencadenar una acción, un pensamiento o una emoción automáticos, cualquiera de los cuales puede convertirse en un objeto de la atención.

El trabajo de la atención, por el contrario, es aislar objetos específicos con el fin de analizarlos e interpretarlos con más detalle. Los momentos de atención contienen representaciones conceptuales, por lo general llevadas a cabo desde el sentido mental. Pueden ser conceptos simples relacionados con nuestras experiencias, acciones, pensamientos o emociones inmediatos, pero lo más habitual es que se trate de conceptos elaborados construidos a partir de estos conceptos más simples.

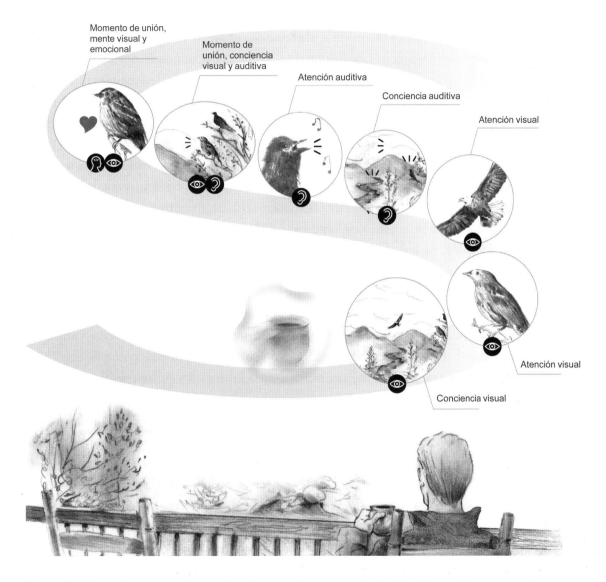

Figura 30. Sentado en un porche que da a la montaña, contemplando el paisaje, cada momento de conciencia visual incluye varios objetos (montañas, árboles, pájaros), todo a la vez. Los momentos de conciencia auditiva incluyen toda la diversidad de sonidos que hay en el entorno sonoro (el canto de los pájaros, el viento en los árboles, un arroyo). Por otra parte, los momentos de atención visual puede ser que incluyan únicamente los pájaros que estás mirando y la atención auditiva puede ser que incluya solo los sonidos que están emitiendo los pájaros. Los momentos de unión de la atención y los de unión de la conciencia toman los contenidos de los momentos sensoriales anteriores y los combinan en un todo.

Vamos a usar otro ejemplo para ayudar a aclarar la diferencia entre la atención y la conciencia en cuanto al procesamiento de la información. Imagina que acabas de oír un ruido inusual. La conciencia periférica puede atribuir inicialmente ese ruido a pasos en la escalera. Es decir, el sonido real ya ha sido sustituido por el concepto «alguien está subiendo por las escaleras» y la conciencia periférica ha remitido dicha información a tu facultad de la atención para que la analice más detenidamente. Observa que no es el sonido real el que se convierte en el nuevo objeto de la atención, sino la *idea* de que una persona está subiendo por las escaleras. Durante los momentos conscienciales que siguen, la atención filtra la información almacenada para interpretar el significado de que alguien esté subiendo por las escaleras. Una vez que la atención llega a una conclusión, puede empezar a dar una respuesta apropiada.

Los momentos de conciencia proporcionan información mínimamente procesada sobre muchos elementos a la vez. La atención aísla objetos específicos para que sean analizados e interpretados en detalle.

Hay una diferencia más sutil entre los momentos de conciencia y los de atención que vale la pena mencionar: el contenido de los momentos de conciencia acostumbra a proceder de los sentidos físicos, mientras que el contenido de los momentos de atención proviene, por lo general, del sentido mental. Lo que en la conciencia había sido un *sonido* atribuido al tráfico, se convierte en un *concepto* como el de «ruido de tráfico» cuando la atención se fija en ello. Sin embargo, esto solo es una regla general. Hay ocasiones en que los momentos de atención contienen información que proviene directamente de uno de los sentidos físicos. Pero incluso cuando un objeto sensorial *pasa a ser* un objeto de la atención es rápidamente reemplazado por una información conceptual más compleja, altamente procesada. Por ejemplo, prestar atención a un objeto tangible como las sensaciones de la respiración genera, habitualmente, muchos más momentos conscienciales procedentes del sentido mental que del sentido del tacto directamente, sobre todo en el caso de los meditadores principiantes. Los momentos de atención que incluyen información sensorial real son pocos y distantes entre sí; se ven muy superados en número por los que contienen objetos conceptuales tales como «respiración», «aire», «inhalando», «exhalando» y «nariz». Solamente si practicas con diligencia el **examen de la respiración**, observando detalles cada vez más sutiles, vas a entrenar tu mente para que genere más momentos de atención a las sensaciones reales de la respiración.

La ejercitación en el mindfulness incrementa los momentos de conciencia introspectiva (la conciencia de los objetos mentales, y de los estados y actividades de la mente misma).

Del mismo modo, hay casos en que tienen lugar momentos de conciencia periférica que implican al sentido mental. Estos incluyen por ejemplo una creciente sensación de molestia o la sospecha de que se nos ha olvidado algo. En general, sin embargo, la gente tiene menos conciencia periférica de lo que está sucediendo en sus mentes que de aquello que hay en su entorno exterior. Esto es especialmente cierto en el caso de las mentes no ejercitadas. La ejercitación en el *mindfulness* implica incrementar los momentos de conciencia **introspectiva** (momentos de conciencia periférica de los objetos mentales y de los estados y actividades de la mente).

Los momentos mentales de ausencia de percepción

Los **momentos mentales de ausencia de percepción**[7] son otra parte importante del modelo de los momentos conscienciales. Son momentos conscienciales *potenciales* más que *reales*. No

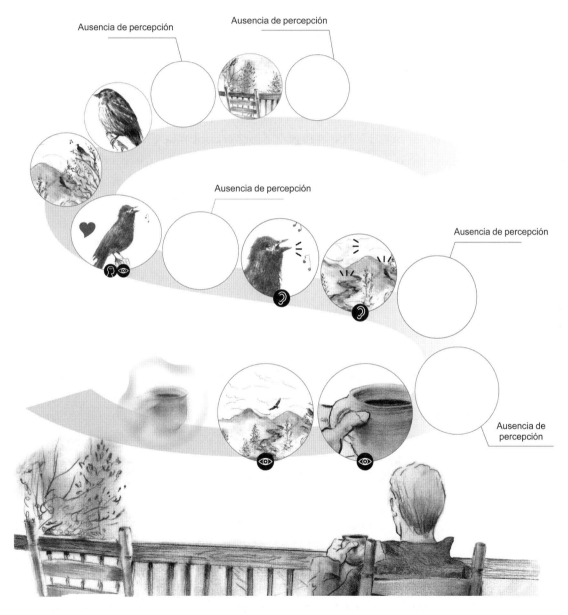

Figura 31. La experiencia consciencial ordinaria incluye un porcentaje significativo de momentos mentales de ausencia de percepción.

tiene lugar ninguna percepción, porque ninguno de los órganos de los sentidos proporciona ningún contenido a dichos momentos. Sin embargo, son eventos mentales reales, que sustituyen a los momentos conscienciales de percepción, y se asocian con una sensación de placer. Los momentos mentales de ausencia de percepción se intercalan entre los momentos conscienciales de percepción.

Intercalados entre los momentos conscienciales de percepción están los momentos mentales de ausencia de percepción, que son momentos conscienciales potenciales más que reales.

De acuerdo con el modelo, uno de los atributos de cada momento consciencial es una especie de fuerza o **energía vital**.[8] Los momentos mentales de ausencia de percepción tienen mucha menos de esta energía vital que los momentos conscienciales de percepción. Por lo tanto, el nivel de energía de la mente depende de la proporción existente entre los momentos de percepción y los de ausencia de percepción. Cuanto mayor es la proporción de estos últimos en un determinado período, mayor es el **embotamiento** que experimentamos. En la vida diaria, no para de entrar información sensorial en la mente, lo cual estimula y mantiene su nivel de energía de forma continua. Sin embargo, como se señaló en el primer interludio, incluso este nivel de consciencia ordinario implica una cantidad considerable de embotamiento, como lo demuestra nuestra capacidad de tener una mayor conciencia y un mayor estado de alerta en determinadas circunstancias, por ejemplo si se produce una emergencia. Esto significa que la experiencia consciencial ordinaria incluye un porcentaje significativo de momentos mentales de ausencia de percepción. El embotamiento se hace aún más fuerte si esta proporción aumenta.

La intención consciente

Hasta ahora, nos hemos centrado sobre todo en el aspecto pasivo de estos momentos conscienciales: la percepción.[9] Pero todos los momentos conscienciales tienen también un componente activo: la **intención consciente**.[10] *Tenemos la intención* de observar el objeto de meditación. *Tenemos la intención* de sacar la atención de las distracciones y volver a situarla en el objeto de meditación. *Tenemos la intención* de sostener la atención en dicho objeto. *Tenemos la intención* de implicarnos plenamente con sus detalles. La intención juega un papel importante en cada momento consciencial: determina los objetos de los momentos conscienciales siguientes. Cuanto más fuerte sea nuestra intención de estar atentos a un objeto en particular, más momentos de atención dedicaremos a ese objeto. Por lo tanto, si tienes la intención de observar la respiración, es más probable que los siguientes momentos conscienciales tomen la respiración como objeto. Aunque la intención forma parte de cada momento de percepción, la conciencia de estas intenciones acostumbra a ser subliminal —a menos, por supuesto, que la intención misma pase a ser el objeto de un momento consciencial.

Los momentos mentales de ausencia de percepción son también momentos mentales carentes de intención. La falta de intención da lugar a más momentos de ausencia de percepción, lo cual hace que el embotamiento se vuelva más fuerte.

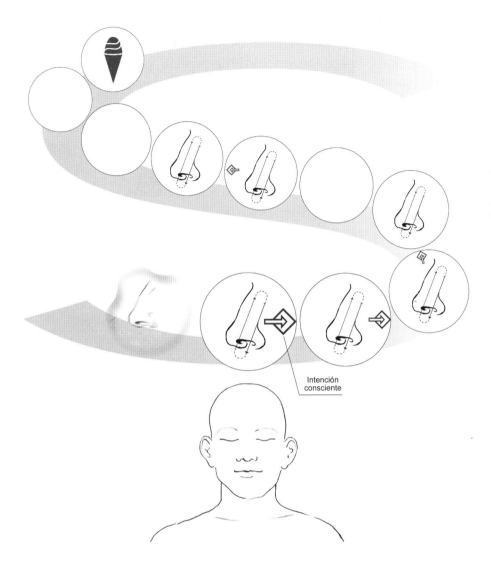

Intención
consciente

Figura 32. La intención de un momento determina qué es aquello que tomarán los momentos conscienciales siguientes como objetos. Cuanto más fuerte sea tu intención de estar atento a algo, más momentos de atención se enfocarán en ese objeto. La falta de intención de los momentos mentales de ausencia de percepción conduce a más momentos de ausencia de percepción y a un mayor embotamiento.

La intención también ejerce una poderosa influencia en la forma en que muchos de los próximos momentos mentales serán de percepción en lugar de no serlo. La fuerte intención de percibir algo da lugar a más momentos de percepción, y viceversa. Esto, a su vez, tiene un fuerte efecto sobre la actividad y los niveles de energía de la mente. Por el contrario, *la intención está completamente ausente de los momentos mentales de ausencia de percepción.* Por lo tanto, también son **momentos mentales carentes de intención**. Del mismo modo que la intención de los momentos de percepción conduce a más momentos de percepción, la falta de intención de los momentos de ausencia de percepción da lugar a más momentos de ausencia de percepción —es decir, el embotamiento se hace más fuerte.

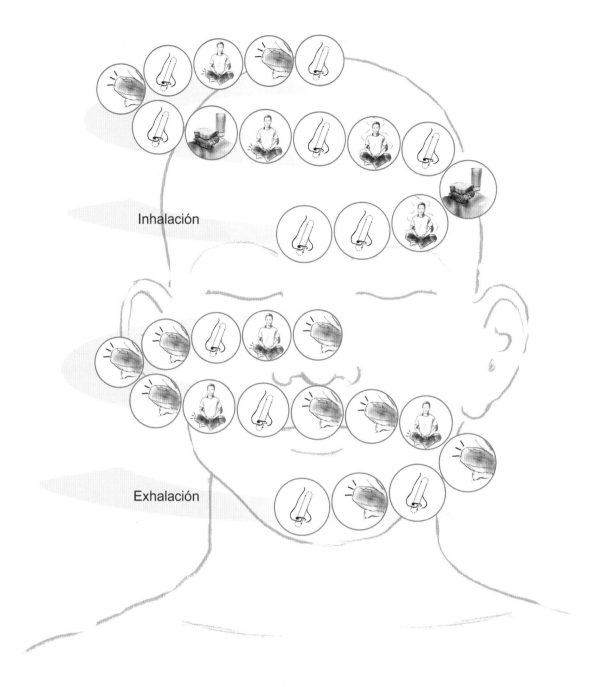

Inhalación

Exhalación

Figura 33. Inhalación: la mayor parte de los momentos conscienciales son momentos de atención cuyo objeto es la respiración, pero en otras ocasiones el objeto es el dolor en la rodilla o los pensamientos sobre el almuerzo. En realidad, la atención no está alternando entre la respiración y estas distracciones. Los sucesivos momentos de atención tienen distintos objetos. Intercalados entre estos momentos de atención hay momentos de conciencia periférica vinculados con otras sensaciones corporales. Exhalación: si el dolor de la rodilla llama tu atención, hay un mayor porcentaje de momentos de atención centrados en el dolor de la rodilla que en la respiración. El dolor es ahora una distracción fuerte y la respiración pasa a segundo plano.

LA APLICACIÓN DEL MODELO DE LOS MOMENTOS CONSCIENCIALES A LA MEDITACIÓN

Veamos lo que puede ser que ocurra durante un ciclo de respiración, en la meditación, usando el modelo de los momentos conscienciales, empezando con la inhalación. La experiencia subjetiva es la de una atención bastante continua a las sensaciones de la respiración, pero con **distracciones sutiles** tales como un dolor en la rodilla o sensaciones de inquietud destacando sobre el fondo de la conciencia periférica. Lo que ocurre en este caso, de acuerdo con el modelo, es que un gran número de momentos conscienciales separados[11] surgen y desaparecen en el transcurso de la inhalación. La mayoría son momentos de atención cuyo objeto son las sensaciones cambiantes de la respiración, pero en otras ocasiones el objeto es el dolor en la rodilla, los pensamientos sobre el almuerzo o las sensaciones de inquietud. En realidad, la atención no está alternando entre la respiración y estas distracciones, sino que los sucesivos momentos de atención tienen distintos objetos. Intercalados entre estos momentos de atención hay momentos de conciencia periférica vinculados a otras sensaciones corporales y a otros sonidos, pensamientos y emociones, que constituyen el «segundo plano». Después, durante la exhalación, si el dolor de la rodilla llama tu atención, hay un mayor porcentaje de momentos de atención centrados en el dolor de la rodilla que en la respiración. Considerado subjetivamente, el dolor es ahora una **distracción fuerte**, y la respiración pasa al segundo plano.

Cada momento de atención al dolor también conlleva la intención subconsciente de que los momentos siguientes sigan centrados en él. A causa de la ejercitación que te ha permitido llegar hasta esta etapa, al empezar la próxima inhalación, los momentos de conciencia periférica *introspectiva* te avisan de que la presencia del dolor constituye una distracción fuerte, la cual contrarrestas con la intención consciente de hacer que la respiración vuelva a ser tu foco. De modo que generas más momentos de atención a ella. Ahora, estás más rigurosamente atento a la respiración, con la fuerte intención de *no* prestar atención a la rodilla. El dolor de rodilla se desvanece en el fondo, y las sensaciones de la respiración vuelven a presentarse más nítidas y claras.

EL OLVIDO, LA DISTRACCIÓN Y LA ATENCIÓN EXCLUSIVA

De acuerdo con este modelo, los fenómenos del olvido, las distracciones fuertes y sutiles y el enfoque exclusivo existen a lo largo de un continuo. Dónde se ubique cada fenómeno en ese continuo depende de una sola premisa: la proporción de los momentos de atención, en un período determinado, cuyo objeto sean las sensaciones de la respiración, frente a alguna distracción. En el caso del olvido, *no hay momentos de atención con la respiración como objeto*; solo hay momentos cuyo objeto son las distracciones. En el caso de las distracciones fuertes, *hay más momentos dedicados a las distracciones* que a la respiración. En el caso de las distracciones sutiles, *hay más momentos dedicados a la respiración* que a las distracciones. Por último, el enfoque exclusivo de un practicante avanzado se encuentra en el extremo del espectro, puesto que

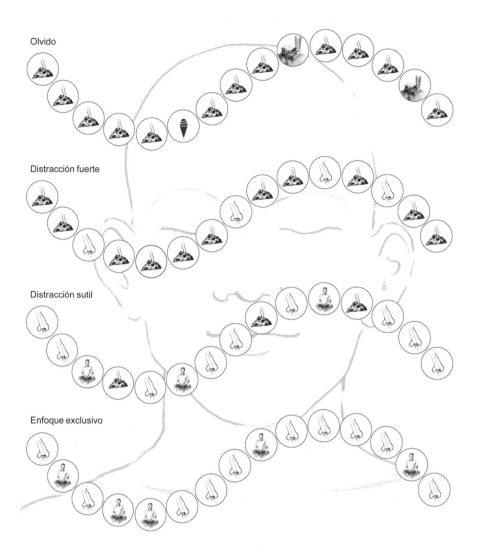

Figura 34. De acuerdo con este modelo, los fenómenos del olvido, las distracciones fuertes y sutiles y el enfoque exclusivo existen a lo largo de un continuo. Dónde se ubique cada fenómeno en ese continuo depende de una sola premisa: la proporción de los momentos de atención, en un período determinado, cuyo objeto sean las sensaciones de la respiración, frente a alguna distracción.

todo el contenido de sus momentos está relacionado con un único tema, claramente definido. En este caso, *las distracciones rara vez, o nunca, se convierten en los objetos de los momentos de atención*.

Así pues, que la atención es estable significa que la mayor parte de los momentos de atención están dedicados al objeto de meditación. Como puedes ver en la ilustración, ello también incluye momentos de conciencia periférica. La cantidad de momentos de conciencia periférica que tengas no es relevante. Sin embargo, el proceso de desarrollo de la estabilidad de la atención requiere que trabajes con la conciencia periférica introspectiva para superar el olvido y las distracciones fuertes. En otras palabras, utilizas el *mindfulness* (la interacción óptima entre los momentos de atención y los momentos de conciencia) para desarrollar la atención estable de forma progresiva.

EL *MINDFULNESS*, LA CONCIENCIA PERIFÉRICA Y LA ATENCIÓN

Mindfulness significa que, en cualquier situación en que nos encontremos, el equilibrio entre los momentos de atención y los momentos de conciencia es el correcto. Cada vez que perdemos este equilibrio, perdemos *mindfulness*.

La solución a *cualquier* pérdida de *mindfulness* es *aumentar la capacidad total de la consciencia*. Eso significa incrementar la proporción de los momentos mentales de percepción activa frente a los de ausencia de percepción. Para ello, tenemos que convertir los momentos mentales de ausencia de percepción en momentos de percepción de la atención y la conciencia. Este incremento conduce a un equilibrio más eficaz entre la atención y la conciencia, lo que nos permite gozar de *mindfulness* en la mayor parte de las situaciones. Si la consciencia es más potente, tendremos suficientes momentos mentales de percepción para conservar la conciencia periférica mientras sostenemos la atención en cualquier cosa que estemos haciendo —incluso si estamos acometiendo varias tareas a la vez.

> *Mindfulness significa el equilibrio correcto entre los momentos de atención y los momentos de conciencia. Incrementar el mindfulness implica aumentar la proporción de los momentos mentales de percepción frente a los de ausencia de percepción.*

Para arrojar más luz sobre este punto, tomemos como ejemplo a las personas con trastorno de déficit de atención (TDA). Básicamente, estas personas hacen varias cosas a la vez de forma involuntaria. Quienes sufren TDA tienen sin duda más dificultades para incrementar la conciencia periférica en las primeras etapas, ya que su atención empieza siendo muy inestable. Pero por medio de aumentar la cantidad total de momentos mentales de percepción, pueden generar suficientes momentos de conciencia como para lograr un equilibrio entre la atención y la conciencia. Al hacer esto, son tan capaces como cualquiera de alcanzar un alto grado de *mindfulness*.

Pero ¿es compatible el *mindfulness* con la atención en un solo punto (la capacidad de concentrarse en el objeto de meditación excluyendo todo lo demás)? La respuesta es sí. Incluso cuando los momentos de atención están exclusivamente centrados en un objeto, puede seguir habiendo suficientes momentos de conciencia periférica como para conservar el *mindfulness*. Eso sí, necesitamos la suficiente capacidad consciencial como para tener la conciencia necesaria acompañando la atención. De lo contrario, cuando la cantidad de momentos dedicados a los objetos de la atención aumente, la cantidad de momentos de conciencia descenderá necesariamente, porque no tendremos disponibles los suficientes momentos conscienciales para sostener el *mindfulness*.[12]

> *Si bien los momentos de atención se enfocan exclusivamente en un objeto, aún puedes tener los suficientes momentos de conciencia como para conservar el mindfulness. Pero solo si tienes la suficiente capacidad consciencial para ambos tipos de momentos.*

Hasta este punto, has estado cultivando momentos de conciencia periférica que han sido mayoritariamente extrospectivos. Ahora, de la quinta etapa en adelante, practicarás el aumento de los momentos de conciencia introspectiva, que acabará por conducirte a un nuevo nivel de la **conciencia intros-pectiva metacognitiva**. Es decir, serás consciente de tu estado mental a cada momento, incluso mientras estás enfocado en la respiración.

El embotamiento

El embotamiento se determina por la cantidad de momentos de ausencia de percepción mezclados con los momentos de percepción. A medida que la proporción de los primeros aumenta, experimentamos más embotamiento sutil. Si esta proporción aumenta aún más, experimentamos el embotamiento fuerte. Cuando la proporción llega a ser lo bastante eleva-da, nos quedamos dormidos. Cuando todos los momentos de percepción han desaparecido, estamos totalmente inconscientes. La pérdida del conocimiento y el sueño profundo están en un extremo de un continuo. En el otro extremo, todos los momentos de la mente son

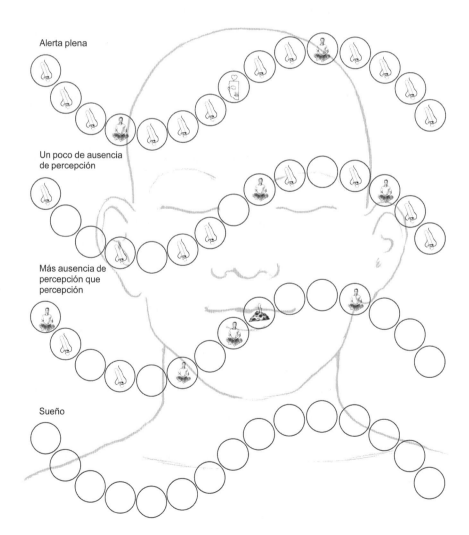

Figura 35. A medida que la proporción de los momentos de ausencia de percepción aumenta, experimentamos más embotamiento sutil. Si esta proporción aumenta aún más, experimentamos el embotamiento fuerte. Cuando la proporción llega a ser lo bastante elevada, nos quedamos dormidos.

momentos conscienciales de percepción, de modo que experimentamos el grado de alerta más elevado.

Como se señalaba anteriormente, la consciencia ordinaria incluye una proporción significativa de momentos mentales de ausencia de percepción. Por lo tanto, los diferentes grados de alerta de la vida cotidiana son en realidad distintos grados de **embotamiento sutil estable**. ¡Eso significa que experimentamos embotamiento sutil incluso antes de sentarnos a meditar!

La única razón por la que el embotamiento sutil de la vida diaria se mantiene estable es que hay suficientes estímulos diferentes fluyendo constantemente, produciendo nuevos momentos conscienciales, como para que nos mantengamos alerta. Pero cuando empezamos a meditar, acabamos con gran parte de esta estimulación al dar la espalda a las sensaciones y pensamientos en favor de un objeto de meditación relativamente aburrido. Cuando la proporción de los momentos conscienciales de percepción comienza a decaer, el nivel de energía de la mente también decae. Y recuerda que los momentos de ausencia de percepción son también momentos de *ausencia de intención*, por lo que no generan ninguna intención de percibir en los momentos siguientes. Por lo tanto, incluso más momentos de percepción pasan a ser momentos de ausencia de percepción y ausencia de intención. Si no tiene lugar ninguna intervención, este ciclo convierte el embotamiento sutil estable de la vida diaria en el **embotamiento sutil progresivo** de la meditación. Si se pasa por alto, se convierte en **embotamiento fuerte** y somnolencia.

En la tercera etapa, aprendiste a mantener un equilibrio entre la atención y la conciencia periférica con el fin de no enfocarte demasiado hacia dentro y dormirte. Estos momentos de conciencia extrospectiva te ayudaron a mantener la mente energizada. En la cuarta etapa, has descubierto cómo utilizar el poder de la intención para aumentar el nivel de energía de la mente lo suficiente como para superar el embotamiento sutil progresivo antes de que se convierta en embotamiento fuerte. Tu mente es ahora capaz de sostener un estado de embotamiento sutil estable durante la meditación, tal como lo hace en la vida diaria. En la quinta etapa aprenderás maneras de reducir el porcentaje de los momentos de ausencia de percepción y aumentar el porcentaje de los momentos de percepción. Experimentarás menos embotamiento sutil, más capacidad consciencial y, por lo tanto, un mayor *mindfulness*. La fuerte intención de percibir en cada momento consciencial es el verdadero antídoto contra el embotamiento en la meditación.

La consciencia ordinaria incluye un porcentaje significativo de momentos mentales de ausencia de percepción. En la próxima etapa, aprenderás a reducir este porcentaje.

En medio del embotamiento fuerte se presentan, a menudo, imágenes potentes, visiones y la sensación de haber experimentado algo profundo. Estas impresiones no forman parte, en realidad, del embotamiento mismo. Lo que ocurre es que el gran porcentaje de momentos de ausencia de percepción y de ausencia de intención da lugar a la oportunidad de que contenidos profundamente alojados en el subconsciente afloren a la consciencia. Con tantos momentos mentales no dedicados a los estímulos externos ni al objeto en el que deberían fijarse intencionadamente, pueden aparecer contenidos que de otro modo permanecerían en el subconsciente y convertirse en el objeto de los momentos de percepción. El sueño acontece de la misma manera. Tambores, cantos, movimientos corporales repetitivos y otras prácticas chamánicas se utilizan para inducir deliberadamente el mismo tipo de apertura y receptividad. Sin embargo, en estos casos, el practicante tiene por lo general cierta intención previa de que surjan estas visiones.

El modelo de los momentos conscienciales demostrará ser útil para entender el problema del embotamiento sutil y cómo superarlo en la quinta etapa. También será útil en las últimas etapas. Recuerda que este modelo y los otros que se presentan en este libro fueron desarrollados originalmente por meditadores para meditadores, en un intento de ayudarlos a alcanzar los objetivos finales de la práctica espiritual.

La superación del embotamiento sutil y el incremento del *Mindfulness*

El objetivo de la quinta etapa es superar el embotamiento sutil e incrementar la potencia del *mindfulness*. Establece y sostén la intención de percibir y corregir inmediatamente el embotamiento sutil, y un potente *mindfulness* pasará a constituir para ti un nuevo hábito mental.

Quinta etapa: el meditador ha empezado a controlar ligeramente al elefante, y ahora lo conduce y utiliza el acicate. El mono sigue interfiriendo pero ahora está detrás, tirando de la cola del elefante.

- El elefante es medio blanco. El obstáculo de la pereza y el letargo se ha superado, de modo que el embotamiento fuerte ha desaparecido; los obstáculos del deseo sensual, la malevolencia y la duda también se están debilitando.
- El mono, asimismo, es medio blanco. La distracción fuerte se ha superado totalmente.
- La mitad delantera del conejo también es blanca, porque el embotamiento sutil progresivo se ha superado. La mitad que aún es negra indica la presencia del embotamiento sutil no progresivo, que se superará en esta etapa.
- Las hogueras están reduciendo su tamaño, lo que indica que ahora se necesita aplicar menos esfuerzo.

OBJETIVOS DE LA PRÁCTICA EN LA QUINTA ETAPA

Al comienzo de la quinta etapa, la atención es mucho más estable. Eres libre de las distracciones fuertes, pero aún experimentas distracciones sutiles. También has superado el embotamiento fuerte y el embotamiento sutil progresivo, pero permaneces en un estado de **embotamiento sutil estable**.

Tus objetivos en esta etapa son superar por completo la tendencia a deslizarte más profundamente en el embotamiento sutil estable y aumentar la capacidad y claridad de tu consciencia. En otras palabras, se trata de que desarrolles un *mindfulness* más potente que incluya una atención viva y una fuerte conciencia periférica. Para lograr esto, aprenderás a reconocer cuándo empieza a hacerse más profundo el embotamiento sutil. A continuación, descubrirás cómo corregir esto y hacer que tu mente regrese a su estado anterior de alerta. Por último, después de haber reconocido y corregido el embotamiento sutil, incrementarás aún más la potencia de tu *mindfulness*.

Habrás dominado la quinta etapa cuando hayas superado por completo el embotamiento sutil estable y la intensidad de tu *mindfulness* aumente a medida que avance tu sesión.

EL PELIGRO DEL EMBOTAMIENTO SUTIL

Sin una guía, puedes confundir un estado más profundo de embotamiento sutil con haber alcanzado el nivel de práctica correspondiente a las etapas sexta y séptima.

Este nuevo nivel de atención estable es precisamente lo que nos hace más vulnerables a caer en un estado más profundo de embotamiento sutil sostenido. Esto se debe a que la agitación mental que estimulaba la mente y nos ayudaba a mantenernos despiertos en las etapas anteriores se ha calmado. Cuando el embotamiento sutil se hace más profundo, tanto la conciencia periférica como las distracciones sutiles se desvanecen. Si no reconocemos esto como un indicio de la presencia del embotamiento sutil, podemos confundirlo fácilmente con el enfoque fuerte y exclusivo de la sexta etapa. Las sensaciones placenteras que acompañan al embotamiento sutil también pueden malinterpretarse como los primeros signos del **gozo meditativo** de las etapas avanzadas. Si no cuentan con una guía, los meditadores a menudo confunden un estado más profundo de embotamiento sutil con haber alcanzado los estados más elevados correspondientes a etapas posteriores.

Podemos sostener este tipo de embotamiento sutil durante períodos muy largos. A menudo, esta experiencia se describe de formas como estas: «Mi concentración era tan profunda que una hora se me pasó como si hubiesen sido solo unos minutos» o «No sé adónde fui, pero me fui, y me sentí muy tranquilo y feliz». Cuando el placer del embotamiento es particularmente fuerte y nuestra conciencia periférica de los pensamientos y sensaciones se desvanece por completo, nos puede parecer que estamos en el estado de absorción meditativa (*jhāna*). Podemos apegarnos a estas experiencias rápidamente y apreciarlas como una prueba de nuestras habilidades meditativas. Sin embargo, en relación con los objetivos que persigue la práctica que se describe en este libro, son callejones sin salida. Es fundamental que aprendamos a reconocer y superar el embotamiento sutil para progresar en la práctica. Por lo tanto, ¡no te saltes esta etapa!

SUPERAR EL EMBOTAMIENTO SUTIL

El embotamiento sutil tiene tres características: la viveza y claridad del objeto de meditación disminuyen, tanto la conciencia extrospectiva como la introspectiva se atenúan y está presente una sensación cómoda, relajada y agradable. Estas tres características se presentan juntas, aunque en cada ocasión puede ser que percibas claramente solo una o dos. Tenemos que aprender a identificarlas con el fin de saber cuándo se está haciendo más profundo el embotamiento sutil.

LAS CARACTERÍSTICAS DEL EMBOTAMIENTO SUTIL
Pérdida de viveza

A medida que el embotamiento sutil se vuelve más profundo, las sensaciones de la respiración dejan de tener tanta viveza y la percepción de los detalles sutiles no es tan nítida y clara como antes. Cuando hayas aprendido a determinar este cambio en la percepción, te será bastante fácil percibirlo.

A medida que el embotamiento sutil se vuelve más profundo, las sensaciones de la respiración dejan de tener tanta viveza y tu percepción de los detalles no es tan nítida y clara como antes.

Un aumento de la cantidad de distracciones sutiles también ocasiona una pérdida de viveza y claridad. Esto se debe a que las distracciones están compitiendo con la respiración por los momentos de atención disponibles. Es una mera correlación: si hay más distracciones sutiles, la intensidad y claridad del objeto de meditación será menor; y si hay una disminución de las distracciones sutiles, el objeto de meditación será más perceptible. Puede ser que ya te hayas dado cuenta de esto, pero si no es así, proponte observar lo que ocurre con el objeto de meditación cuando las distracciones sutiles aumentan y disminuyen. Con el vaivén habitual de las distracciones sutiles en esta etapa, puedes observar fácilmente los cambios que se producen en cuanto a la viveza y la claridad momento a momento. El hecho de familiarizarte con la manera en que las distracciones sutiles afectan a la manifestación de la respiración te ayudará a reconocer cuándo el embotamiento está haciendo esto mismo.

Aunque el embotamiento y las distracciones dan lugar a unos cambios de percepción similares, cuando el primero es la causa de dichos cambios, la viveza y la claridad disminuyen más gradualmente, sin tantas fluctuaciones —y, por supuesto, no aumenta la cantidad de distracciones sutiles—. La viveza y la claridad se atenúan porque los momentos mentales de ausencia de percepción sustituyen progresivamente a los de percepción. Debes desarrollar la habilidad de reconocer esta atenuación. Como hacíamos con el embotamiento fuerte en la cuarta etapa, nos basamos en la conciencia introspectiva para que nos avise de la pérdida de viveza y claridad, para que podamos volver a incrementar la intensidad de la percepción. Sin embargo, esto no es tan fácil, porque *es precisamente cuando el embotamiento sutil se hace profundo cuando la conciencia introspectiva comienza a desvanecerse.*

La atenuación de la conciencia extrospectiva e introspectiva

Inicialmente, tu percepción de la respiración es clara y vívida, y permaneces plenamente consciente tanto de las sensaciones físicas como de los objetos mentales que hay en la periferia. Pero cuando el embotamiento sutil se vuelve más profundo, el **campo de la conciencia percibida** se contrae. Los sonidos y las sensaciones corporales están menos presentes en tu conciencia; a veces llegan a ser imperceptibles. Los pensamientos son menos y no acuden con tanta frecuencia. Al mismo tiempo, aumentan las sensaciones de relajación y bienestar, hasta que llegan a dominar la conciencia introspectiva. Te vuelves introspectivamente consciente de sensaciones de comodidad, de sentirte a gusto, más que de embotamiento. Esta es una situación delicada, porque la conciencia introspectiva, que es justo lo que necesitas para darte cuenta de que el embotamiento sutil se está volviendo más profundo, se ha visto afectada por dicho embotamiento sutil...

Cuando el embotamiento sutil se vuelve más profundo, el campo de la conciencia percibida se contrae, los sonidos y las sensaciones corporales están menos presentes en tu conciencia y acuden menos pensamientos.

Este problema es similar al que tenías en la tercera etapa. En ese caso, necesitabas la conciencia introspectiva para detectar las distracciones fuertes y la somnolencia, pero aún no estaba lo suficientemente desarrollada como para poder efectuar ese trabajo. Así que, en lugar de ello, utilizaste la atención para «comprobar»: buscaste en tu mente las distracciones y el embotamiento. En esta etapa, también vas a comprobar periódicamente por medio de la atención para buscar la presencia del embotamiento sutil.

El placer del embotamiento

Después de haber lidiado con el dolor y el malestar en la etapa anterior, ahora te es más fácil sentarte cómodamente durante períodos más largos. Además, debido a que gozas de una atención más estable y te sientes satisfecho con tus progresos, tus meditaciones son a menudo agradables. Sin embargo, tienes que aprender a distinguir este tipo de placer más completo de las sensaciones placenteras del embotamiento sutil. Las sensaciones agradables, *por sí mismas*, no son un indicio fiable de la presencia del embotamiento sutil.

Todo tipo de embotamiento es siempre agradable, excepto cuando nos resistimos activamente a él. Piensa por ejemplo en el alcohol, las drogas y las formas de entretenimiento

Todo tipo de embotamiento es siempre agradable, excepto cuando te resistes activamente a él. Serás consciente de una sensación de comodidad, de sentirte a gusto, más que de embotamiento.

superficiales. Todo esto proporciona un embotamiento placentero. Nos relajamos y nos encontramos agradablemente entumecidos. Nuestra conciencia está cuando menos opaca y nuestra atención flota libremente. Aunque esto es muy diferente del embotamiento que se experimenta en la meditación, muestra claramente por qué el placer del embotamiento es tan seductor. El embotamiento sutil que se experimenta en la meditación se parece más al estado de relajación que puedes experimentar recostado en una tumbona con los ojos cerrados, bajo una sombrilla de playa en un día caluroso. También se parece al estado de comodidad que experimentas cuando estás descansando en el sofá después de un gran banquete festivo.

No estás dormido, ni tan siquiera adormilado. De algún modo, sigues siendo consciente de lo que ocurre a tu alrededor. Incluso puede *parecer* que tienes la mente clara, pero en realidad no estás muy alerta.

Este es exactamente el tipo de embotamiento sutil más profundo, pero aún estable, que puede aparecer en la meditación y que podemos cultivar intencionadamente si no entendemos lo que está sucediendo. Podemos ejercitarnos a permanecer en este estado durante períodos prolongados. Como se ha mencionado, este embotamiento nos puede hacer pensar que hemos alcanzado el enfoque exclusivo y los estados de dicha de las etapas posteriores. Cuando nuestra práctica es así de agradable, tenemos la fuerte tentación de vernos como **meditadores expertos**.

Recuerda que el embotamiento sutil placentero es tanto una trampa como un callejón sin salida. Debes reconocer y evitar esta trampa. Al principio, te puede resultar difícil distinguir entre el placer saludable de la atención estable y el placer del embotamiento sutil, pero con el tiempo reconocerás el placer cálido, suave y tranquilo del embotamiento sutil como algo muy diferente del placer alerta y brillante propio de la fluencia del *mindfulness*.

> *El embotamiento sutil placentero es tanto una trampa como un callejón sin salida. Debes reconocer y evitar esta trampa.*

CÓMO DETECTAR Y CONTRARRESTAR EL AGRAVAMIENTO DEL EMBOTAMIENTO SUTIL

Las señales de que el embotamiento se está volviendo más profundo incluyen la disminución de la viveza y la claridad, la atenuación de la conciencia periférica y un placer seductor. Sin embargo, es más difícil detectar estas señales, porque el embotamiento hace que la conciencia introspectiva se mitigue. Así pues, ¿cómo podemos reconocer dichas señales cuando ya nos estamos viendo afectados? Algo que nos ayuda son cierto tipo de respuestas involuntarias, tales como las reacciones de sobresalto. Si alguna perturbación (un sonido inesperado, alguien que tose o un portazo) hace que tengas una sacudida corporal o interior, es probable que estuvieses experimentando embotamiento. Otros ejemplos son cuando te sorprende ver que estás haciendo una respiración profunda, o cuando descubres de pronto que estás corrigiendo una postura caída. Si hubieses gozado de un verdadero *mindfulness*, habrías sido consciente de la necesidad de hacerlo *antes* de que sucediera de forma automática. Como regla general, *cuanto más plenamente consciente se está en el momento, más difícil es sobresaltarse o sorprenderse*. Cuando te hayas sobresaltado y hayas entrado, así, en un estado de mayor conciencia, reflexiona sobre la calidad del estado meditativo en que te encontrabas justo antes del sobresalto. Esto te ayudará a reconocer los signos característicos del embotamiento sutil.

Sin embargo, no tienes que esperar asustarte para reconocer que tu embotamiento sutil se está agravando. Deberías comprobarlo intencionadamente de vez en cuando. Compara tu conciencia y tu atención actuales con las de sesiones de meditación anteriores en que te sentiste especialmente agudo y alerta. También puedes comparar tu conciencia y tu atención con las que tenías en ocasiones anteriores en la misma sesión. Asimismo, es útil que examines tu sesión de meditación después de haberla finalizado, en busca de cualquier indicio de que el embotamiento sutil pueda haber estado presente. Esto te enseñará a reconocer más fácilmente el embotamiento la próxima vez. Por último, otra señal de que estuviste sentado con embotamiento sutil es sentirte flojo o distraído después de practicar. Cuando te ocurra esto, recuerda lo mejor que puedas lo que estabas experimentando durante la meditación, lo cual también te ayudará a reconocer el embotamiento en el futuro.

La mejor manera de detectar el embotamiento sutil es por medio de fortalecer la conciencia introspectiva. La clave para hacer esto es la intención.

La mejor manera de detectar el embotamiento sutil es por medio de fortalecer la conciencia introspectiva. La clave para hacer esto es la *intención*. En las etapas segunda y tercera pusiste el acento, intencionadamente, en la conciencia extrospectiva continua. Ahora, debes fortalecer tu conciencia introspectiva. Mantén la intención de permanecer continuamente consciente de lo que sucede en tu mente, momento a momento. Sé consciente de qué distracciones sutiles están presentes y de la frecuencia con que la atención alterna entre ellas y la respiración. Sé consciente no solo de los *contenidos* de tu mente (los pensamientos, los sentimientos, las intenciones subyacentes, etcétera) sino también de sus actividades. Al mismo tiempo, sigue cultivando la intención de observar el objeto de meditación continuamente con la máxima intensidad y claridad posibles. Eso significa que también necesitas sostener la intención de saber si estás cumpliendo bien con esta intención (lo cual, por supuesto, requiere aún una mayor conciencia introspectiva) y, si la nitidez está menguando, tienes que saber por qué. ¿Se debe a que el embotamiento sutil está empezando a manifestarse? ¿O se debe a la agitación? En resumen, permanece continuamente vigilante en cuanto a los cambios en el grado de embotamiento o alerta de tu mente con el paso del tiempo. Esta **vigilancia** es el resultado de intenciones firmemente sostenidas y requiere conciencia introspectiva.

Cultivar intencionadamente la conciencia introspectiva vigilante no solo te ayudará a detectar el embotamiento sutil; también es un antídoto contra él. Recuerda que el embotamiento surge cuando los momentos conscienciales de percepción pasan a ser momentos mentales de ausencia de percepción. La fuerte intención de percibir invierte este proceso por medio de dar lugar a más momentos conscienciales de percepción. Basta con que establezcas la intención de observar la respiración de forma clara y vívida mientras sostienes la conciencia introspectiva para que afectes directamente a la causa raíz del embotamiento.

Agudiza tu observación del objeto de meditación cuando notes una disminución de la calidad de la conciencia y la atención. Utiliza las técnicas del **examen de la respiración** y la **conexión**. Escudriña las sensaciones de la respiración con la intención de percibir los detalles de la forma más clara y vívida posible. Es especialmente importante conectar los cambios en la respiración con el grado de agudeza o embotamiento de la mente. Cuando estás más atento, ¿tiende la respiración a ser más o menos profunda, más o menos larga? ¿Cómo cambian las pausas? Y ¿qué ocurre cuando estás embotado?

Otra forma de contrarrestar el embotamiento sutil es mediante la ampliación del ámbito de la atención para que incluya las sensaciones del cuerpo. Esto es útil para energizar la mente, porque usamos automáticamente una mayor capacidad consciencial para observar las sensaciones en una zona más amplia. Incluso encontrarás que el ámbito de tu atención tiende a expandirse de forma espontánea en esta etapa. Por ejemplo, es posible que te descubras observando las sensaciones de la respiración en el pecho y el abdomen cuando pretendías centrarte solo en la nariz.

Pero ten en cuenta algo: cuando el ámbito de la atención se expande de manera espontánea, también puede *ocultar* un aumento del embotamiento. Esto puede ocurrir de dos formas. En primer lugar, si no dispones de la suficiente capacidad consciencial, un mayor alcance de la atención solo te llevará a tener una percepción más difusa de muchos objetos a la vez. Como resultado, fácilmente podrá pasarte por alto la vaguedad propia del embotamiento a medida que avance. Cuando ocurre esto, uno se encuentra en realidad en un estado de «doble imprecisión»: la causada por la expansión de la conciencia y la causada por el embotamiento.

La segunda forma en que la atención espontáneamente expandida disfraza el embotamiento es que un alcance más amplio de ella incluye muchos objetos que pueden confundirse fácilmente con la conciencia extrospectiva. Con este mayor ámbito de atención, puedes sentir como que gozas de un buen equilibrio entre la atención y la conciencia, pero en realidad la conciencia se está disipando y el embotamiento se está haciendo más profundo. Así pues, cada vez que te encuentres con que el alcance de tu atención se está expandiendo por sí mismo, ten cuidado. Mira hacia dentro para ver si el embotamiento sutil está presente. Además, nunca te bases en la sensación subjetiva de la alerta y la claridad; examina la calidad real de tu conciencia y de tu atención.

Para resumir: se trata de que detectes cualquier agravamiento del embotamiento sutil lo antes posible. A continuación, aplica el antídoto apropiado. El objeto de meditación debería volver a mostrarse vívido y claro, y tanto tu conciencia introspectiva como la extrospectiva deberían volver a ser como eran antes del embotamiento. Tu siguiente tarea es aumentar aún más el nivel de energía de la mente.

Se trata de que detectes cualquier agravamiento del embotamiento sutil lo antes posible. A continuación, aplica el antídoto apropiado.

INCREMENTAR EL *MINDFULNESS* POR MEDIO DE LA EXPLORACIÓN DEL CUERPO

El segundo de los objetivos principales de esta etapa es aumentar el *mindfulness*. Podríamos desarrollar las habilidades del *mindfulness* sin incrementar el poder total de la mente, pero esto no serviría. Nos quedaríamos con un *mindfulness* menos efectivo, que perderíamos fácilmente.

Ya estás usando un método que aumenta la potencia del *mindfulness*: sostener la intención de mantener una conciencia periférica brillante mientras observas el objeto de meditación de una forma tan clara y vívida como en tus mejores meditaciones. El método de exploración del cuerpo que se describe a continuación proporciona una herramienta aún más potente para aumentar el *mindfulness*.[1] Este es el método, paso por paso:

1. Deja de poner la atención en la punta de la nariz y sitúala en la superficie del abdomen. Observa las sensaciones asociadas con la inhalación y la exhalación. Sin perder la conciencia de la respiración como acontecimiento familiar, repetido y cíclico, enfócate tanto como puedas en las *sensaciones* mismas, en lugar de hacerlo en los conceptos de «expansión», «contracción», «piel», «respiración», «aire» y «movimiento». Observa particularmente las cualidades *cambiantes* de estas sensaciones mientras el abdomen se eleva y desciende. Continúa hasta que tu atención sea estable y puedas reconocer claramente las sensaciones cambiantes.

2. Cuando tu percepción de la respiración en el abdomen esté bien asentada, elige una zona aislada del cuerpo alejada del abdomen, una en la que no esperarías experimentar sensaciones relacionadas con la respiración. Lleva la atención a esta zona y, al mismo tiempo, *sostén las sensaciones de la respiración en el abdomen en tu conciencia periférica*. Pongamos uno de tus pies como ejemplo. Lleva la atención a la mitad delantera de ese pie. Examina a fondo todas las sensaciones que experimentas en esa parte del pie sin perder la conciencia de la respiración. Investiga las sensaciones del pie para ver si alguna de ellas cambia con la inhalación o la exhalación (cuando empieces a hacerlo por primera vez, es probable que no notes ningún cambio). Repite este proceso con la mitad posterior del mismo pie. Después, pasa a la pantorrilla y la parte inferior de la pierna y examina de nuevo todas las sensaciones mientras buscas alguna conectada específicamente con la respiración. Repite este procedimiento con el otro pie y la otra pierna.

   No he sugerido un pie como punto de partida por nada en especial. Podrías elegir con la misma facilidad la parte superior de una oreja y luego avanzar por el cuero cabelludo y la cara. No importa por dónde empieces y el orden que sigas. Comienza por donde te vaya mejor. Al final, se trata de que examines atentamente las sensaciones en cada parte del cuerpo, primero en zonas pequeñas, en las que puedas enfocarte mucho, y a continuación en zonas más grandes. Conserva siempre la conciencia periférica de la respiración en el abdomen mientras buscas sensaciones relacionadas con la respiración en otras partes del cuerpo.

   También puedes aplicar la tradicional y potente **meditación en los elementos** (un tipo de meditación budista) a tu observación de las sensaciones corporales. Estos elementos son: la tierra (solidez y resistencia), el agua (cohesión y fluidez), el fuego (calor y frío), el viento (movimiento y cambio) y el espacio. Por ejemplo, cuando enfoques la atención en las sensaciones de tacto y presión en el pie, percibirás una combinación de los elementos tierra y agua. En cuanto al elemento tierra, sientes el pie firme y puedes percibir su resistencia a la presión por parte del peso de la pierna (desde arriba) y por parte del suelo (desde abajo). El pie tiene una solidez y un volumen intrínsecos, y una forma específica propia. Al mismo tiempo, es flexible y maleable; no se rompe o tuerce a causa de tu forma de sentarte. Este es el elemento agua de la cohesión y la fluidez. Del mismo modo, percibirás distintas sensaciones en cuanto a la temperatura (fuego) en todas partes, en mayor o menor grado. Tus sensaciones en cuanto a la forma, la posición y la ubicación del pie son, todas ellas, manifestaciones del elemento espacio.[2] Por último, a medida que observes estas sensaciones a lo largo del tiempo, notarás que cambian constantemente —se vuelven más o menos intensas, se desplazan, incluso vibran—. Este es el elemento viento del movimiento y el cambio. *Es la práctica de observar el elemento viento lo que te ayudará a descubrir las sensaciones relacionadas con la respiración en otras partes del cuerpo.* De hecho, en la tradición indotibetana, estas sensaciones relacionadas con la respiración se denominan los *vientos internos*. Recuerda que la práctica de los elementos no tiene otro objeto que el de ayudarte a investigar las sensaciones con mayor claridad. Si la encuentras útil, úsala; si no, puedes prescindir de ella.

3. Ahora, examina las sensaciones en todo un pie. Permanece consciente de la respiración en el abdomen y no dejes de buscar cualquier sensación presente en el pie que cambie con la respiración. A continuación, examina atentamente las sensaciones que experimentes en los dos pies a la vez y permanece alerta a las que cambien con la respiración. Haz lo mismo con las dos piernas. Sigue explorando todo el cuerpo de la misma manera, examinando primero atentamente las sensaciones en zonas aisladas y después en áreas cada vez más grandes, incluso en grandes regiones del cuerpo.

    En este recorrido, acabarás por llegar a zonas donde podrás observar con facilidad cambios en las sensaciones que corresponden claramente al ciclo de la respiración. Estas zonas incluirán, casi con seguridad, la parte superior de la espalda, el pecho y el abdomen, y posiblemente la zona lumbar, los hombros y la parte superior de los brazos. Estas sensaciones relacionadas con la respiración son relativamente densas, y son producidas por cambios en la presión y en el choque o el roce de ciertas partes del cuerpo con la ropa o entre sí. Con el tiempo, sin embargo, serás capaz de detectar cambios muy sutiles relacionados con la respiración en todas las partes del cuerpo. A medida que tu sensibilidad a estos cambios sutiles aumente, podrás comprender, por experiencia directa, el significado de expresiones tradicionales como *el flujo del* prana,

Figura 36. Exploración del cuerpo. Investiga sistemáticamente zonas del cuerpo diferenciadas, examinando todas las sensaciones, pero buscando especialmente aquellas que cambien con la respiración. Cuando esto se te vaya dando mejor, empieza a combinar zonas más pequeñas hasta que puedas observar sensaciones con la misma claridad en grandes regiones corporales. Cada vez que te des cuenta de que te hallas en un estado en que la percepción es mucho más potente que antes, vuelve a enfocarte en las sensaciones de la respiración en la nariz. Mantén esta percepción incrementada durante todo el tiempo que puedas, y cuando remita, regresa a la exploración del cuerpo.

el movimiento de los vientos internos y *la circulación del* qi. Dondequiera que encuentres sensaciones cambiantes relacionadas con la respiración, permanece ahí y explóralas a fondo.

Cuando estas sensaciones cambiantes de la respiración sean diferenciadas y fácilmente reconocibles, practica alternar el alcance de la atención entre zonas más grandes y más pequeñas. Proponte percibir las sensaciones relacionadas con la respiración con la misma viveza y claridad en el caso de las zonas grandes y las pequeñas. Por ejemplo, cuando hayas descubierto e investigado las sensaciones de la respiración en la parte superior del brazo, amplía tu alcance para incluir todo el brazo y la mano, asegurándote de que tu percepción de esas sensaciones sigue siendo clara y vívida. Esto no solo va a aumentar la potencia de tu *mindfulness*; también te ofrecerá un control más directo sobre el ámbito de tu atención.

4. Puesto que este método implica un examen profundo muy cuidadoso, tu conciencia de las sensaciones se hace mucho más nítida y clara con el tiempo. También, como se ha mencionado, cuando expandes el alcance de tu atención, utilizas automáticamente una mayor capacidad consciencial. En algún momento te darás cuenta de que has entrado en un estado en que tu percepción es mucho más sensible, independientemente de adónde dirijas la atención. Cuando sucede esto –y puede ocurrir mucho antes de que hayas acabado de explorar todo el cuerpo–, vuelve a enfocarte en las sensaciones de la respiración en la punta de la nariz. Observa lo mucho más nítida, vívida e intensa que es tu percepción de la respiración, y también lo introspectivamente consciente que eres de tu estado mental. Practica sostener esta percepción acrecentada todo el tiempo que puedas. Cuando disminuya notablemente, regresa a la exploración del cuerpo.

Utiliza la exploración del cuerpo cuando las distracciones sutiles no sean demasiado fuertes o numerosas, y cuando tu percepción del objeto de meditación y de la conciencia periférica sea bastante clara. Encontrarás que esta técnica te cansa al principio, porque estarás empujando a tu mente a detectar sensaciones muy sutiles en lugares desconocidos. ¡Realmente, es un trabajo mental! Por esta razón, cuando estés aprendiendo la técnica, no explores el cuerpo justo después de sentarte. Si lo haces, tu mente se fatigará con rapidez y te pasarás el resto de la sesión luchando contra el embotamiento. Con el tiempo te resultará más fácil realizar esta exploración del cuerpo, hasta que puedas practicarla en cualquier momento durante la meditación sin cansarte. A medida que mejore tu habilidad, encontrarás que esta técnica es satisfactoria y

Utiliza la exploración del cuerpo cuando las distracciones sutiles no sean demasiado fuertes o numerosas, y cuando tu percepción del objeto de meditación y de la conciencia periférica sea bastante clara.

agradable. Después de efectuar esta exploración, acuérdate siempre de regresar a la respiración en la nariz, ya que el propósito de esta práctica es desarrollar una atención sostenida y clara hacia el objeto de meditación habitual.

Regresa siempre a la respiración en la nariz tras efectuar la exploración del cuerpo. El propósito de esta práctica es desarrollar una atención sostenida y clara hacia el objeto de meditación habitual.

LA QUINTA ETAPA A PARTIR DEL MODELO DE LOS MOMENTOS CONSCIENCIALES

El modelo de los momentos conscienciales nos brinda una mejor comprensión de la práctica en esta etapa. Piensa en una fotografía digital. La viveza y la claridad de la imagen dependen de su cantidad de píxeles. Del mismo modo, la viveza y claridad del objeto de meditación dependen de la cantidad de momentos de percepción correspondientes a la atención cuyo contenido sea el objeto de meditación. Si los momentos de percepción disminuyen y los momentos de ausencia de percepción aumentan, el embotamiento sutil se instala y la calidad de la percepción se reduce.

El embotamiento sutil nos puede engañar y hacernos pensar que hemos logrado enfocarnos exclusivamente en el objeto de meditación. Esto se debe a que momentos mentales que, de otro modo, habrían desembocado en distracciones, se convierten en cambio en momentos mentales de ausencia de percepción, lo cual nos deja solamente con momentos de atención a la respiración. Sin embargo, con el verdadero enfoque exclusivo, casi todos los momentos de percepción correspondientes a la atención están centrados en el objeto de meditación, *sin que haya ningún incremento de los momentos de ausencia de percepción*. También es importante recordar que estos momentos de ausencia de percepción tienen una sensación placentera asociada con ellos, de modo que, cuando el porcentaje de dichos momentos aumenta, también lo hace esa suave sensación de placer. Por último, debido a que los momentos de ausencia de percepción contienen menos **energía vital**, el nivel total de energía de la mente decae.

Incrementar la cantidad de momentos conscienciales de percepción a través de la intención es la clave para detectar y contrarrestar el embotamiento sutil, así como para aumentar la potencia total del *mindfulness*. Cada vez que pretendemos detectar el embotamiento sutil, transformamos los momentos conscienciales potenciales, de ausencia de percepción, en momentos de percepción correspondientes a la conciencia introspectiva. Y cada vez que pretendemos corregir el embotamiento sutil por medio de hacer que nuestra percepción sea más viva e intensa, transformamos los momentos de ausencia de percepción en momentos de percepción correspondientes a la atención.

Incrementar la cantidad de momentos conscienciales de percepción a través de la intención es la clave para detectar y contrarrestar el embotamiento sutil, así como para aumentar la potencia total del mindfulness.

Por lo tanto, estas dos intenciones (la intención de detectar el embotamiento y la intención de hacer que la percepción sea más viva e intensa) dan lugar a incluso más momentos de atención y conciencia y, por lo tanto, a un mayor *mindfulness*. Cada momento consciencial dotado de la intención de hacer que la conciencia periférica sea más fuerte o la atención más intensa ayuda a crear otro de esos momentos intencionales en el futuro, y así sucesivamente. Con el tiempo, estas intenciones se perpetúan (una conduce a la siguiente, que conduce a la siguiente), lo que significa que la mente detecta y corrige de manera automática el embotamiento sutil.

Por último, la exploración del cuerpo implica la *intención* de percibir sensaciones muy sutiles en zonas desconocidas del cuerpo. Esto hace que tengan lugar todavía más momentos conscienciales, lo que incrementa la capacidad consciencial de la mente y conduce a un mayor *mindfulness*. Cuando esta intención se aplica adecuadamente y con la suficiente frecuencia, el *mindfulness* potente pasa a ser un hábito tanto en el cojín como fuera de él.

> *Cada momento consciencial dotado de la intención de hacer que la conciencia periférica sea más fuerte o la atención más intensa crea más momentos como estos en el futuro.*

CONCLUSIÓN

Has dominado esta etapa cuando eres capaz de sostener constantemente una percepción intensa y clara —tanto en cuanto a la atención como a la conciencia introspectiva— durante la mayor parte o la totalidad de la sesión. La atención ganará en **intensidad**, lo que hará que todos los detalles del objeto de meditación se presenten bastante vívidos. También ganará en **claridad**, lo que hará que puedas experimentar el surgimiento y la desaparición de las sensaciones de la respiración. Abandonarás, de forma natural, conceptos abstractos como *inhalar* y *exhalar*, que tenías el hábito de usar para examinar la respiración. Aunque tienes la atención extremadamente enfocada, permaneces extrospectivamente consciente. Y tu conciencia introspectiva detecta y corrige automáticamente cualquier embotamiento sutil.

Dominar esta etapa no implica alcanzar ningún nivel de *mindfulness* en particular. Tu *mindfulness* seguirá fortaleciéndose a lo largo de las etapas posteriores. Dominar esta etapa significa tener la capacidad de *sostener* e *incrementar*, sistemáticamente, el *mindfulness* en general en cada sesión de meditación. Tus meditaciones mejorarán constantemente con cada sesión.

El sistema mental

En este interludio se presenta el **modelo del sistema mental**. Se basa en los modelos anteriores expuestos en este libro y proporciona una panorámica más completa no solo de la consciencia, sino de la mente como un todo. El modelo del sistema mental proviene originalmente de la antigua escuela del budismo *yogācāra*.[1] En su mayor parte, este interludio no hace más que explicar este modelo usando las ideas modernas de la psicología cognitiva para hacer que las cosas sean más fáciles de entender. Ocasionalmente, sin embargo, se introducen algunos conceptos nuevos[2] para arrojar mucha más luz sobre el panorama general de la mente.

Puesto que la mente es compleja, cualquier descripción en profundidad de su funcionamiento debe ser también compleja, así que no hay manera de evitar el hecho de que requiere un poco de esfuerzo y estudio entender el modelo del sistema mental. Sin embargo, te proporcionará una comprensión mucho más profunda de lo que has experimentado hasta ahora en tu práctica y te resultará especialmente útil en etapas posteriores, ya que arroja luz sobre ideas como la conciencia metacognitiva, la unificación de la mente y el no yo. En resumen, el modelo del sistema mental es una herramienta potente. Te compensará sobremanera dedicar algún tiempo a familiarizarte con él.

El modelo del sistema mental es una herramienta potente. Te proporcionará una comprensión mucho más profunda de lo que has experimentado hasta ahora y acerca de lo que te espera en próximas etapas.

LA MENTE COMO SISTEMA

Te habrás dado cuenta de que estamos hablando del *sistema mental* en lugar de la *mente*.[3] Esto es así porque, a pesar de que por lo general nos referimos a la mente como si se tratara de una sola entidad, en realidad está compuesta por muchos procesos distintos pero inter-conectados. Este sistema complejo se compone de dos partes principales, la **mente consciente** y la **mente inconsciente**. La primera es la parte de nuestra psique que experimentamos direc-tamente, mientras que la segunda es la parte que, con sus numerosas actividades complejas «entre bastidores», solo podemos conocer indirectamente, por inferencia.

El sistema mental aparece representado en la figura 37 por un gran círculo. La mente consciente está en el centro del sistema mental, rodeada por la mente inconsciente. Distin-tas partes de esta (lo que llamaremos submentes inconscientes) están conectadas a la mente consciente por flechas bidireccionales. Las flechas representan el movimiento de ida y vuelta de la información entre las partes consciente e inconsciente del sistema mental.[4]

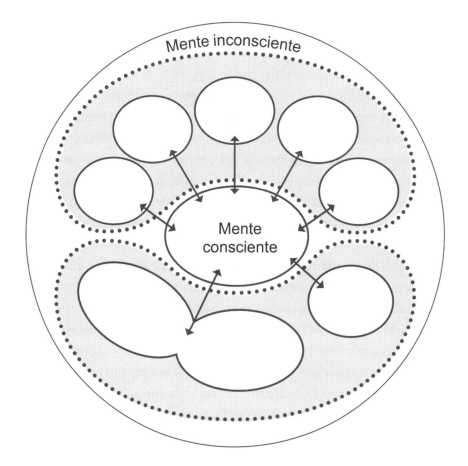

Figura 37. El sistema mental está compuesto por la mente consciente y la mente inconsciente. Ambas intercambian información.

LA MENTE CONSCIENTE

Los modelos que se han presentado hasta ahora hablan acerca de la *consciencia* y la *mente* como si fueran lo mismo. El modelo del sistema mental, sin embargo, reconoce que la cons-ciencia es solo una parte de la mente —una parte mucho más pequeña, en realidad, que el inconsciente—. Podemos pensar en la **mente consciente** como en una pantalla[5] en la que se proyectan los contenidos de los **momentos conscienciales** procedentes de las seis categorías de la experiencia sensorial (visual, auditiva, olfativa, gustativa, somatosensorial y mental) y los **momentos conscienciales de unión**. La mente consciente puede describirse totalmente en términos de estos siete tipos de momentos conscienciales.[6] Es decir, la consciencia *es* la experiencia visual, la experiencia auditiva, etc.

Nuestra experiencia de estos momentos conscienciales es pasiva. Sin embargo, recuerda, del modelo de los momentos conscienciales, que cada momento tiene también un componente *activo*, la **intención**. La intención de un momento consciencial puede ser subliminal (estar en segundo plano) o bien pasar a ser, ella misma, un objeto de la atención. Estas **intenciones conscientes** pueden ser precursoras de acciones mentales, verbales o físicas. Por ejemplo, pongamos que un momento de consciencia somatosensorial surge con una sensación desagradable en la piel como objeto. La intención que acompaña a esta sensación puede ser el impulso espontáneo de rascarse el picor. Otro ejemplo es la aparición de un momento de consciencia visual. Si su objeto es interesante, estará presente la intención de sostener el enfoque en él; conscientemente, vamos a experimentar esto como un interés en esa «hermosa flor» y una atención continua puesta en ella.

Los objetos como recuerdos e ideas, percibidos a través del sentido mental, también tienen intenciones asociadas con ellos. Imaginemos que aparece un recuerdo de tu infancia. Este momento consciencial llega con una intención: desencadenar una secuencia de pensamientos asociados con ese recuerdo. Si la intención es lo bastante fuerte, esto es exactamente lo que sucederá. Conscientemente, experimentarás que empiezas a recordar detalles de tu infancia.

A menudo sentimos como que nos implicamos con estas largas cadenas de pensamientos *intencionadamente*. Sin embargo, como ya sabes a partir de tu práctica, esto también puede ocurrir de forma espontánea e impulsiva. La intención conectada con un objeto mental, como un recuerdo, puede arrastrar la atención a través de una larga secuencia de pensamientos impulsivos. Sea como sea, *todos* los momentos conscienciales tienen intenciones asociadas con ellos —intenciones que podemos experimentar conscientemente como un impulso hacia alguna acción mental, verbal o física.

El modelo del sistema mental reconoce que la consciencia es solo una pequeña parte de la mente, mucho más pequeña que el inconsciente.

La mente consciente no es la fuente de sus contenidos. Es más como un «espacio» en el que las mentes inconscientes proyectan su información y sus intenciones.

LAS MENTES INCONSCIENTES

La parte inconsciente[7] del sistema mental se divide en dos partes principales: la **mente sensorial** y la **mente discernidora**.[8] La primera procesa información procedente de los cinco sentidos físicos. Genera momentos visuales, auditivos, olfativos, etc. Por el contrario, la segunda, la mayor parte de la cual es la **mente pensante/emocional**,[9] produce momentos conscienciales con objetos mentales, tales como pensamientos y emociones. Es la parte de la mente en la que tienen lugar el razonamiento y el análisis.

La mente sensorial y la discernidora están compuestas, cada una, por muchas **submentes** individuales que funcionan *simultáneamente y de forma autónoma*. Al igual que las principales divisiones que hay dentro de una gran empresa, cada una de las cuales tiene muchos departamentos destinados a unos fines específicos, cada submente lleva a cabo, de manera autónoma, su propia tarea específica al servicio del conjunto del sistema mental.

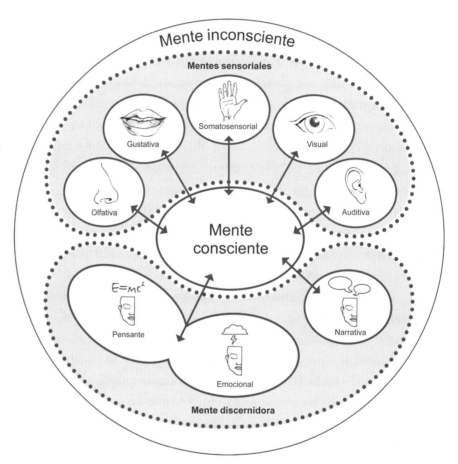

Figura 38. La parte inconsciente del sistema mental se divide en dos partes principales: la mente sensorial y la mente discernidora. Ambas se componen de muchas submentes individuales que funcionan de forma simultánea y autónoma.

La mente sensorial

La mente sensorial solo tiene que ver con la información que llega desde el «exterior» a través de los sentidos físicos. Dentro de la mente sensorial hay cinco submentes, cada una con su propio campo sensorial correspondiente a uno de los cinco sentidos físicos.[10] Una submente trabaja exclusivamente con los fenómenos relacionados con la visión, otra exclusivamente con los fenómenos relacionados con la audición, etcétera. Cada submente sensorial tiene su propia especialidad por así decirlo, que es su dominio cognitivo, así como su propia función.

La función de cada una de las submentes es procesar e interpretar los datos sensoriales primarios que van entrando. En primer lugar, las submentes crean **percepciones sensoriales** a partir de esa información primaria, representaciones mentales de los estímulos reales recibidos por los órganos sensoriales. Estas percepciones sensoriales son lo que percibimos como «calor», o como «azul», o como «un chirrido», por ejemplo, una vez que llegan a la consciencia. A continuación, estas percepciones sensoriales son reconocidas, clasificadas, analizadas y evaluadas en función de su importancia inmediata.[11]

Cada submente sensorial tiene su propio campo sensorial y su propia función. Su tarea consiste en procesar e interpretar los datos sensoriales primarios que van entrando.

Pongamos el ejemplo de un sonido externo que la mente auditiva capta del entorno. La mente auditiva toma esa información primaria, la procesa y la convierte en una representación mental del sonido que sigue siendo muy primaria. Esta percepción sensorial puede tomar la forma, digamos, de un ruido fuerte y agudo. El siguiente paso es que la mente auditiva reconozca esa percepción sensorial, le otorgue una etiqueta más descriptiva pero muy básica, como «palmada», y a continuación la clasifique y evalúe como «inesperada pero no peligrosa». Recuerda que todo esto sucede en el inconsciente, *antes* de que tengas la experiencia consciencial de escuchar el sonido de una palmada. Finalmente, cada submente puede almacenar estas percepciones sensoriales, que quedan añadidas a una «base de datos» o inventario que hace que sea más fácil interpretar información nueva en el futuro.[12]

Al final de este proceso, la mente inconsciente auditiva proyecta la «palmada» en la consciencia periférica. Desde ahí, puede convertirse en el objeto de un momento de atención. Ten en cuenta que, al contrario que en este ejemplo, la mayor parte de los sonidos, imágenes, olores, etc., procesados por las mentes sensoriales permanecen en una especie de conciencia que pertenece totalmente a un nivel inconsciente. El zumbido de un ventilador, las sensaciones de estar sentado en una silla o el ligero olor de un limpiador de alfombras son ejemplos de cosas de las que acaso no seamos conscientes, si bien potencialmente podemos serlo. No llegan a nuestra consciencia porque son filtradas en el nivel de la **conciencia subconsciente**.

Junto con cada percepción sensorial, las submentes sensoriales también producen una **sensación hedónica**[13] que puede ser agradable, desagradable o neutra. Esta sensación hedónica acompaña a la percepción sensorial como parte del momento consciencial. Por ejemplo, la mente somatosensorial evaluará una brisa fresca en la piel como agradable, pero una picadura de mosquito como desagradable, mientras que las sensaciones de la respiración tienden a ser neutras.

El último punto relevante acerca de las mentes sensoriales es que juegan un papel importante en las reacciones automáticas. Por ejemplo, si la mente auditiva capta un sonido extraño o inesperado, tu cabeza se girará inmediatamente hacia ese sonido. Esto es un reflejo innato, pero hay muchas otras reacciones automáticas que aprendemos a través de la práctica y la repetición, como el salto del atleta, en la línea de salida, en respuesta a la pistola del juez. Cada vez que una respuesta motora refleja se programa en relación con un estímulo en particular, la submente sensorial implicada iniciará la respuesta de forma automática. Esto significa que nunca vamos a ser conscientes de que una reacción refleja obedezca a una intención. La reacción, sencillamente, tendrá lugar, y solo tomaremos conciencia de la acción cuando ya esté aconteciendo.

Los productos del procesamiento de la información llevado a cabo por las mentes sensoriales se proyectan en la consciencia como inputs para la mente discernidora.

Como se puede ver, estas submentes sensoriales están procesando muchos datos al margen de la consciencia. Los «productos» finales de esta actividad son las percepciones sensoriales, las sensaciones hedónicas asociadas y las respuestas automáticas. Cuando las percepciones sensoriales y las sensaciones hedónicas se proyectan en la consciencia, esta información pasa a estar disponible como un *input* para la **mente discernidora**.

La mente discernidora

Las mentes sensoriales no proyectan todas las percepciones sensoriales que generan en la consciencia, pero aquellas que sí proyectan pasan a estar disponibles para la mente discernidora. Esta asimila dicha información, y después procesa estas percepciones sensoriales y las transforma en representaciones mentales más complejas —es decir, en **percepciones**—.[14] Por ejemplo, la mente visual proyectará un conjunto de percepciones sensoriales en la consciencia, como, por ejemplo, la imagen de algo negro y rojo que se mueve con rapidez, o una imagen aún más específica, como un pájaro negro y rojo que pasa volando. La mente discernidora toma eso y crea representaciones más elaboradas de este concepto simple por medio de combinarlo con recuerdos, anteriores percepciones sensoriales y otra información almacenada, e incluso con objetos surgidos de la imaginación. La imagen de un pájaro negro y rojo se transforma, así, en un objeto conceptual específico: «un mirlo de alas rojas». Las percepciones sensoriales originales acaso se vieron acompañadas de una sensación hedónica de placer por la gracia de la forma del pájaro y la combinación del negro y el rojo. La mente discernidora tal vez añadió a continuación sus propios matices emocionales, como una experiencia de felicidad, al observar e identificar correctamente un pájaro tan hermoso.

La mente discernidora genera percepciones a partir de percepciones sensoriales, pensamientos e ideas. Puesto que las emociones proceden de la mente discernidora, también la denominamos mente pensante/emocional.

Las percepciones basadas en lo que captan los sentidos son solo un tipo de objeto mental producido por la mente discernidora. Esta mente genera también otra gran variedad de representaciones, más puramente conceptuales, tales como pensamientos

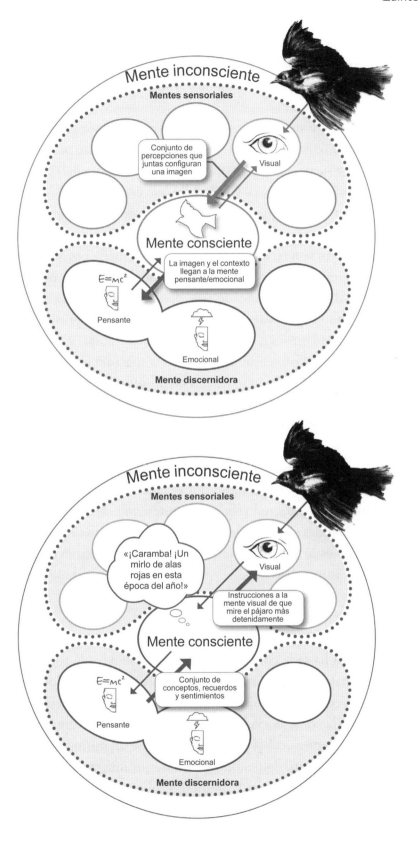

Figura 39. La mente visual proyecta un conjunto de percepciones sensoriales en la consciencia en la forma de una imagen, que después pasa a estar disponible para la mente pensante/emocional.

La mente pensante/ emocional combina esta imagen con otros elementos para producir un objeto conceptual específico (un «mirlo de alas rojas») acompañado por un sentimiento de felicidad.

199

e ideas. Las emociones como la alegría, el miedo y el enojo también proceden de la mente discernidora; es por eso por lo que denominamos, a una parte importante de dicha mente, *mente pensante/emocional*. Puede, asimismo, producir sus propias sensaciones hedónicas de agrado y desagrado.

Pongamos un ejemplo de cómo funciona la mente discernidora. Supongamos que en un momento anterior del día alguien te llamó «agresivo». Después de que este pensamiento se registrara en tu consciencia, fue a parar a la mente discernidora. A lo largo del día, esta digirió esa información a un nivel inconsciente, y tal vez decidió que era desagradable que te llamaran «agresivo». Por la noche, puede ser que proyecte un recuerdo del incidente de nuevo en la consciencia, junto con una sensación de desagrado. Cuando este recuerdo desagradable se convierte en un objeto de la consciencia, la mente discernidora puede procesarlo incluso más y proyectar nuevos pensamientos o emociones sobre el incidente en la consciencia, y quizá surjan preguntas como estas: «¿Qué significa *agresivo*?», «¿Debería sentirme avergonzado o enojado porque me han llamado agresivo o tal vez orgulloso, ya que la agresividad es una especie de asertividad?», «¿Es verdad esto?» o «¿Debería tratar de cambiar?».

La finalidad de estos ejemplos es ofrecerte una idea de cómo funciona la mente discernidora. Sin embargo, hablar de ella como si se tratara de un solo elemento es engañoso.

La mente discernidora se compone de muchas submentes separadas, al igual que la mente sensorial. Cada submente lleva a cabo actividades especializadas y tiene su propia función y su propio propósito.

En realidad, la mente discernidora se compone de muchas submentes separadas, al igual que la mente sensorial. Cada submente lleva a cabo actividades especializadas y tiene su propia función y su propio propósito.[15] Este propósito puede ser cualquier cosa, desde la realización de operaciones aritméticas, pasando por el cuidado de un bebé, hasta decidir cuándo una situación requiere que te enojes. Cualquiera de estas submentes, o todas ellas, pueden estar activas al mismo tiempo, y aunque varias puedan estar trabajando en la misma tarea, lo hacen de forma independiente la una de la otra.

Un examen más minucioso de la mente discernidora

Vamos a observar estas submentes discernidoras con más detalle. Hay un flujo continuo de información discurriendo hasta la consciencia. Cada submente solo toma de ella la información relevante para su trabajo en particular e ignora el resto. Después de que la información seleccionada se ha discernido y combinado de diversas maneras, puede ser que el resultado se vuelva a proyectar en la consciencia. En nuestro ejemplo anterior, una submente específica de la mente discernidora proyectó la percepción final de un mirlo de alas rojas en la consciencia. Sin embargo, en el ínterin, siguiendo con la anterior imagen de un objeto negro y rojo en movimiento, muchas otras submentes pudieron haber proyectado información en la consciencia que contribuyó a esa percepción final.

Mientras cada submente adquiere más y más información relevante para su propósito, organiza la información dentro de su propio modelo de la realidad, que está en continua evolución.[16] A los ocho años, es posible que creyeras firmemente en los Reyes Magos, pero en algún momento te diste cuenta de que no existen. Esta comprensión, que pudo haber sido difícil de digerir, forzó a unas submentes específicas a revisar su modelo de la realidad.

Cada submente evalúa también toda la información nueva y produce sensaciones hedónicas de agrado o desagrado en respuesta. Por ejemplo, la submente responsable del pensamiento racional puede sentir un gran placer en desmontar de forma sistemática los defectos lógicos de la teoría de otra persona. Una submente diferente puede producir sensaciones de desagrado cuando la persona se encuentra con su excónyuge. A su vez, estas sensaciones hedónicas activan el anhelo, que puede tener la forma del deseo o la de la aversión.[17] Todo esto se convierte en la fuente de intenciones que producen acciones mentales, verbales y físicas en un intento de satisfacer el deseo y la aversión.

En la segunda etapa hablamos de cómo distintas partes de la mente pueden tener planes diferentes. Experimentamos esto como un «conflicto interno» acerca de qué hacer en un momento dado. Una parte de la mente quiere meditar, pero otras partes preferirían tomar una copa, leer un libro, sestear o dar rienda suelta a una fantasía sexual. Estos deseos en conflicto son la prueba de que hay distintas submentes funcionando de forma independiente dentro de la mente discernidora. Cada una de ellas quiere que «tú» seas feliz, pero cada una tiene una idea diferente acerca de cuál es la mejor manera de lograrlo. Cuando pensamos en la diversidad de influencias que estas mentes inconscientes ejercen sobre nuestras acciones diarias, ¡es sorprendente que nos manejemos tan bien como lo hacemos!

Una de las razones por las que operamos sin demasiados problemas es que, por decirlo de alguna manera, «no todas las submentes discernidoras han sido creadas iguales». De hecho, están dispuestas en una jerarquía. En la parte superior están las submentes a cargo de aspectos como los valores personales, la propia imagen y sopesar las consecuencias de los actos. Estas tienden a dominar a las otras submentes, como la submente erótica o la submente responsable del enojo.

Algunas consideraciones finales sobre las submentes sensoriales y las discernidoras

Las actividades de las submentes sensoriales y las discernidoras no determinan solamente qué sensaciones percibimos, o qué pensamientos y emociones surgen en la consciencia. También dictan los movimientos de la atención. Cuando hablábamos del modelo de los momentos conscienciales se decía que cada momento mental de percepción presenta un componente de intención asociado a él. Parte de la intención asociada a cada momento de conciencia tiene como objetivo que ciertas cosas se conviertan en objetos de la atención.

Esta intención puede ser fuerte o débil, pero cuando es lo bastante fuerte, nuestra atención se desplaza de forma automática al nuevo objeto. Es por este motivo por lo que experimentamos un desplazamiento constante de la atención a lo largo del día. El hecho de que haya una fuerte intención dirigiendo tu enfoque hacia unos objetos específicos también explica los tipos más burdos de atención dispersa que hacen acto de aparición cuando estamos meditando: la distracción fuerte, el olvido del objeto de meditación y la divagación mental. La intención también es responsable de la experiencia de la distracción sutil, cuando la atención alterna brevemente con otros objetos, incluso mientras estamos enfocados en la respiración.

La consideración final que se debe hacer respecto a estas submentes es acerca de lo activas que se encuentran en un momento dado. El nivel de actividad de las submentes sensoriales depende de la cantidad de estimulación externa presente. Por ejemplo, cuando estamos absortos en una hermosa pieza de música, la submente auditiva se halla extremadamente activa. Sin embargo, cuando nos encontramos en una habitación silenciosa, la submente auditiva permanece bastante inactiva. Y, por supuesto, todas las mentes sensoriales pasan a estar en su mayoría inactivas durante el sueño profundo.

Por otra parte, las submentes discernidoras permanecen continuamente activas, incluso durante el sueño profundo, o cuando permanecemos despiertos pero no estamos pensando conscientemente. Todos estamos familiarizados con la evidencia de que tiene lugar esta actividad continua «por debajo de la superficie». Por ejemplo, imaginemos que olvidaste dónde dejaste tu cartera, o que no puedes recordar una palabra específica, por más que te esfuerces. Lo dejas correr y te pones a hacer otra cosa, y entonces, de repente, minutos u horas más tarde, la respuesta te viene a la cabeza. Del mismo modo, la solución a un problema difícil a menudo aparece aparentemente de la nada y en los momentos más extraños, a veces incluso en sueños. El hecho de soñar es, en sí mismo, una prueba de que las submentes discernidoras están siempre funcionando. De hecho, una submente que tenga una tarea por realizar se mantendrá activa incluso durante el sueño profundo, sin sueños. Esto explica por qué a veces nos despertamos por la mañana con una sensación de ansiedad, una inquietud o alguna otra emoción que no parece tener ninguna causa aparente.

LAS FUNCIONES DE LA MENTE CONSCIENTE

Resumiendo lo que se ha presentado hasta el momento: cada submente pertenece o bien a la mente sensorial o bien a la mente discernidora, ambas inconscientes. Cada una de ellas lleva a cabo su propia tarea especializada *de forma independiente* de las demás, y todas lo hacen *al mismo tiempo*. Cada una puede proyectar contenidos en la consciencia, así como promover acciones. Obviamente, hay muchísimas posibilidades de que tengan lugar conflictos y se incurra en la ineficiencia —incluso de que se produzca un caos total—. Aquí es donde la consciencia entra en escena: la mente consciente proporciona una «interfaz» que permite a estas submentes inconscientes comunicarse y colaborar entre sí. La mente consciente actúa como un *receptor universal* de información. Puede recibir información de todas y cada una de las submentes separadas, inconscientes. De hecho, toda la experiencia consciencial no es más que un flujo continuo de momentos conscienciales cuyos contenidos han sido proyectados en la mente consciente por parte de las submentes inconscientes. Después, cuando la información entra en la consciencia, pasa a estar inmediatamente disponible para todas las otras submentes. Por lo tanto, la mente consciente también sirve como una *fuente universal* de información. Debido a que es tanto un receptor universal como una fuente universal de información, *todas las submentes inconscientes pueden interactuar entre sí a través de la mente consciente.*

Con todas estas submentes inconscientes funcionando de forma independiente y al mismo tiempo, el conflicto potencial es enorme. La mente consciente es lo que les permite trabajar juntas de forma cooperativa.

Como una imagen que puede serte útil, imagina el conjunto del sistema mental como una especie de corporación. Está compuesta por distintos departamentos y sus empleados, cada uno de los cuales tiene funciones y responsabilidades distintas. Estas son las submentes inconscientes. En la parte superior de la estructura corporativa está la sala de juntas, o mente consciente. Los empleados diligentes que trabajan en sus departamentos separados hacen informes, que se envían a la sala de juntas para que sean discutidos y, tal vez, se decidan acciones a partir de ellos. En otras palabras, las submentes inconscientes envían información «arriba», a

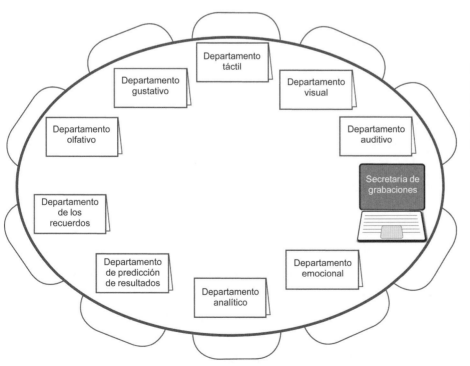

Figura 40. La mente consciente es como la «sala de juntas del sistema mental», donde la información se intercambia y discute, y donde se toman decisiones.

la mente consciente. Esta no es más que un «espacio» pasivo donde todas las otras mentes pueden reunirse. En esta metáfora de la «sala de juntas del sistema mental», la mente consciente es ahí donde las actividades importantes del sistema mental se tratan y se discuten, y a partir de las cuales se decide. Una, y solo una, de las submentes puede presentar su información cada vez, y esto es lo que da lugar a los distintos momentos conscienciales. Durante un determinado momento consciencial, el objeto que ha aparecido en la consciencia pasa a tratarse como parte del orden del día y se pone a disposición de todas las otras submentes, de forma simultánea, para que lo procesen. En momentos posteriores, proyectan los resultados de su procesamiento en la consciencia, lo que da lugar a una discusión que conduce a conclusiones y decisiones.

PRIMER PUNTO CLAVE: LA MENTE CONSCIENTE Y EL SISTEMA MENTAL

En realidad, la mente consciente no hace nada. Aunque en ella tiene lugar una enorme cantidad de actividad importante, puede verse como el «espacio» en el que acontecen las cosas. Todo lo que aparece en la consciencia (decisiones, intenciones, acciones e incluso el sentido del yo) procede de la mente inconsciente. Incluso cuando todo eso llega a la consciencia, lo que ocurre con ello depende de las actividades de las mentes inconscientes. Sin embargo, esto no significa que la mente consciente no sea más que una especie de subproducto accidental de la mente inconsciente que no afecte a nada. Sin la mente consciente, las submentes inconscientes no podrían trabajar juntas para llevar a cabo sus muy distintas tareas.

LAS FUNCIONES EJECUTIVAS, LAS INTERACCIONES DEL SISTEMA MENTAL Y LAS INTENCIONES

Los psicólogos denominan **funciones ejecutivas** a las tareas cognitivas de orden superior —tales como regular, organizar, inhibirse, planificar, etcétera—. Hay cinco tipos de situaciones que requieren de la función ejecutiva porque el comportamiento preprogramado no es suficiente:[18] la planificación y la toma de decisiones, la corrección de errores y la solución de problemas, las situaciones que requieren nuevas acciones o secuencias de acción complicadas, las situaciones peligrosas o complejas y las situaciones que requieren la inhibición de nuestras respuestas condicionadas y habituales, con el fin de emprender una línea de acción distinta. Estas funciones ejecutivas constituyen una actividad fundamental del sistema mental. Requieren que haya muchas submentes interactuando a través de la consciencia para *coordinar* las actividades de todas ellas, *comunicar* información entre las submentes, *discernir* entre la información contradictoria ofrecida por distintas submentes, *decidir* entre las intenciones contradictorias de varias submentes,

Las funciones ejecutivas son tareas cognitivas de orden superior que son necesarias en situaciones en que los comportamientos preprogramados no son suficientes.

integrar nueva información en las submentes pertinentes y *programar* nuevos patrones de comportamiento en submentes individuales.

A estas alturas debes de estar preguntándote: «¿Por qué es todo esto relevante para mi práctica?». La respuesta es que todo este tiempo has estado utilizando las funciones ejecutivas para ejercitar la mente en la meditación. Por ejemplo, cuando te encuentras resistiéndote a una distracción tentadora procedente de una submente en particular con el fin de sostener la atención en la respiración, estás utilizando una función ejecutiva «inhibidora». Esta función ejecutiva *inhibe* tu impulso automático de dejarte llevar por la distracción. Un ejemplo de una situación más activa es cuando utilizas intencionadamente funciones ejecutivas para ejercitar la mente de modo que corrija de forma automática el embotamiento o las distracciones. Con el tiempo, utilizar las funciones ejecutivas así de manera constante acaba por cambiar el comportamiento automático de la mente. Es por este motivo por el que, al llegar a la sexta etapa, el embotamiento y las distracciones fuertes dejan de ser un problema.

Seamos claros al respecto: no hay ningún «ejecutivo» encargado de realizar todas estas funciones. No hay ninguna submente llamada *submente ejecutiva* que coordine, integre, decida, etcétera. Las funciones ejecutivas son el resultado de la comunicación entre muchas submentes, a través de la consciencia, para llegar a un consenso de trabajo. Volvamos por un momento a la metáfora de la corporación. Las submentes inconscientes se encuentran en la sala de juntas de la mente consciente. Ninguna de ellas ejerce de «presidente» para declarar abierta la sesión, establecer el orden del día, pedir informes o aceptar mociones que conduzcan a acciones. En lugar de ello, todas las submentes deben actuar cooperativamente para suplir el papel del presidente. Trabajan juntas para mostrar liderazgo, coordinar sus actividades y llegar a un consenso. Esto solo es posible porque todas las submentes pueden acceder *simultáneamente* a cualquier información presente en la mente consciente.

No hay ninguna «submente ejecutiva» encargada de realizar estas funciones. Las funciones ejecutivas son el resultado de la comunicación entre muchas submentes, a través de la consciencia.

La información «discutida» por las submentes puede incluir cualesquiera percepciones sensoriales, sensaciones hedónicas de agrado o desagrado e intenciones proyectadas por las cinco submentes sensoriales en la consciencia. También puede incluir las percepciones, los conceptos, los pensamientos e ideas, los estados mentales y emociones, las sensaciones hedónicas de agrado o desagrado y las intenciones proyectados por las submentes discernidoras. Recuerda que aunque solo un elemento de toda esta información esté disponible en la consciencia cada vez, todas las submentes pueden procesarlo de forma simultánea. Es como tener a todo un grupo de miembros de la junta mirando la misma diapositiva de un PowerPoint.

Individualmente, cada submente puede responder a la información que se halla en la mente consciente de varias maneras distintas: modificando la información que tiene almacenada, proyectando nueva información de que disponga a la consciencia para que otras submentes puedan acceder a ella o activando cualquiera de sus propios programas de respuesta motora. Sin embargo, también puede participar en las funciones ejecutivas, en colaboración con otras submentes, para generar nuevas acciones, nuevos programas de respuesta motora para otras submentes o nuevos programas de respuesta motora para sí misma. Cuando alguien aprende un poema de memoria, por ejemplo, la ejecución de una submente en particular es corregida de manera repetida por muchas otras submentes, hasta que, finalmente, la persona puede recitar ese poema a la perfección, incluso años más tarde. Y, cuando aprendemos a meditar, las intenciones compartidas colectivas, conscientes, de otras submentes hacen que la mente somatosensorial altere su propio comportamiento para centrarse en la respiración.

Colectivamente, las submentes inconscientes utilizan la información proyectada en la consciencia para interactuar unas con otras en la resolución de problemas, la toma de decisiones y la creación de nuevas respuestas a situaciones. Es decir, esta interacción colectiva entre submentes, y su resultado, *es* el proceso de la función ejecutiva. Las funciones ejecutivas también tienen la capacidad de modificar los programas individuales de respuesta motora de las submentes. El resultado puede ser un programa motor completamente nuevo. Imaginemos, por ejemplo, que solo sabes conducir un coche automático, pero que estás en el proceso de aprender a utilizar la palanca del cambio de marchas. Vas a tener que anular *conscientemente* tu vieja programación y aprender *conscientemente* a pisar el embrague, mover la palanca y pisar el acelerador. Cada uno de estos movimientos físicos llama a que acudan a la consciencia las actividades de determinadas submentes (la visual, la somatosensorial, la discernidora, etc.). Esto, a su vez, permite que todas las submentes trabajen en conjunto para cambiar los comportamientos automáticos, inconscientes, de ciertas submentes en particular. Algunos programas se verán ligeramente alterados, otros se modificarán por completo y pueden crearse otros totalmente nuevos.

UN EJEMPLO DE LAS INTERACCIONES QUE TIENEN LUGAR EN EL SISTEMA MENTAL

Sigamos con el ejemplo de la conducción para entender cómo trabajan las submentes independientes del inconsciente y el papel que desempeña la consciencia. Si eres un conductor experimentado, estarás acostumbrado a conducir entre el tráfico. La mente visual actúa constantemente, dirigiendo a los ojos hacia dónde mirar según un patrón de movimientos programado: comprueba los espejos, mira el vehículo que hay justo delante, después más adelante y a continuación justo al lado. A partir de esta información, la mente visual produce una respuesta motora apropiada:[19] ajusta la dirección, la presión en el acelerador o el freno y tal vez hace que una mano retire el pelo que ha caído delante de los ojos para poder ver mejor. Al mismo tiempo, la mente somatosensorial detecta la aceleración y desaceleración y responde con sus propias respuestas motoras, afinando la presión sobre el pedal del acelerador o el del freno, o el manejo del volante. Mientras hace todo esto, también puede sentir un picor en la mejilla y hacer que una mano lo rasque, o detectar alguna molestia en las caderas y desplazar el peso del cuerpo para redistribuir la presión.

El caso es que *todos estos acontecimientos pueden tener lugar a un nivel completamente subconsciente*. Como probablemente sabes por experiencia personal, puedes conducir entre el tráfico de la ciudad durante kilómetros ajeno a lo que está sucediendo a tu alrededor. Ni siquiera eres capaz de evocar después el recuerdo de ello. Aun así, durante ese tiempo, innumerables acciones diferentes se llevaron a cabo lo suficientemente bien como para que pudieses llegar adonde ibas. Es posible que prestaras atención a esos hechos mientras tenían lugar, pero lo más probable es que, si fuiste consciente de ellos de alguna forma, fuera solo en la conciencia periférica. Tu atención estaba ocupada recordando, analizando, planificando o hablando con el pasajero que iba contigo.

Independientemente de dónde estuviera tu atención, muchas otras submentes siguieron operando en un nivel no consciente. Esto incluye las submentes de la mente discernidora. Los tipos de información con que tratan son diferentes de los de la mente sensorial y los programas que utilizan y las actividades que generan pueden ser mucho más complejos. Procesan continuamente los contenidos de la mente, resolviendo problemas en un nivel inconsciente. A veces, se limitan a proyectar sus actividades en la conciencia periférica. En otras ocasiones, nos llaman la atención sobre tareas que tenemos que hacer, tales como «comprar leche en la tienda». Esto explica por qué aflora a la consciencia, aparentemente de la nada, un pensamiento completamente ajeno y sus emociones concomitantes. Por ejemplo, puede ser que recuerdes de repente, consternado, una importante llamada telefónica que olvidaste efectuar.

Ahora supongamos que, durante toda esta conducción inconsciente, un cubo de basura cae a la calzada delante de ti. Si estabas al tanto de tu conducción con la conciencia periférica, el cubo de basura pasará a ser inmediatamente objeto de tu atención. Incluso si estabas conduciendo completamente inconsciente, la mente visual proyectará ese evento inusual en la conciencia periférica y, a continuación, llamará la atención sobre él (si hay tiempo). Sin embargo, cuando sucede algo que exige una respuesta aún más rápida, *vas a reaccionar antes de hacerte consciente de ello*. De repente frenarás, girarás o tal vez harás ambas cosas, para evitar el cubo. Si tienes suerte (y, sin consciencia, solo será suerte) no atropellarás a nadie o el coche que tienes detrás no chocará con el tuyo.

Por otra parte, si estabas prestando atención a la conducción y eras más plenamente consciente de todo lo que había a tu alrededor, tu reacción también tendría lugar a través de la consciencia. El proceso «inhibidor» de la función ejecutiva anularía tu reacción automática de pisar el freno o girar, lo que te permitiría frenar más lentamente, girar menos o no girar en absoluto, o hacerlo en una dirección más segura. Incluso podrías elegir golpear el cubo para evitar una colisión más grave. Si estabas conduciendo conscientemente, cada parte de tu mente tenía acceso continuo a una gran cantidad de información diferente, relevante para la situación. Cuando surgiese el impulso de frenar y girar, podría ser modificado por otras partes de la mente, lo que daría lugar a un mejor resultado. Puede ser que incluso levantases tu vaso de café para evitar que se derramase todo sobre ti.

LAS INTENCIONES

De una u otra forma, las intenciones impulsan todo lo que sentimos, pensamos, decimos y hacemos. Las intenciones también determinan lo que sucede en nuestras mentes, incluido aquello a lo que prestamos atención e ignoramos. Cada vez que es posible más de un curso de acción (es decir, casi siempre), las decisiones que tomamos y las acciones consiguientes vienen determinadas por nuestras intenciones. El modelo del sistema mental nos ayuda a ver de dónde vienen estas intenciones, por qué surgen y cómo operan. Vas a entender por qué haces lo que haces y cómo puedes cambiarlo para mejor.

En un primer momento, tenemos que distinguir entre las intenciones de las que somos conscientes y las **intenciones inconscientes**. Recuerda que, en última instancia, todas las intenciones son generadas por las submentes inconscientes. Una **intención consciente** es solo aquella que se ha proyectado en la consciencia. Cuando ocurre esto, muchas submentes diferentes tienen la oportunidad de apoyar esa intención, u oponerse a ella, antes de que dé lugar a una acción. Esto significa que cualquier acción que proviene de una intención consciente requiere un consenso de submentes interactuando en la mente consciente. Este proceso «desde arriba hacia abajo» se lleva a cabo a través de la «sala de juntas del sistema mental».

En última instancia, todas las intenciones provienen de las submentes inconscientes. Una intención consciente es aquella que se proyecta en la consciencia, de tal manera que muchas submentes tienen la oportunidad de apoyar esa intención, u oponerse a ella, antes de que dé lugar a una acción.

Por el contrario, las acciones causadas por las intenciones inconscientes acontecen de forma automática. Todo aquello de lo que somos conscientes son las acciones mismas, después de que han empezado a tener lugar. Por ejemplo, es posible que sueltes automáticamente una taza de té muy caliente que intentaste agarrar, sin haber sido consciente de la intención de soltarla. Estas acciones automáticas surgen de un proceso «desde abajo hacia arriba» (llamémoslo «ascendente»), a partir de un estímulo, un proceso que tiene su origen en una de las submentes inconscientes. Los desplazamientos espontáneos de la atención son otro ejemplo de este tipo de proceso, impulsado por estímulos.

Veamos más de cerca cómo funciona el proceso «desde arriba hacia abajo» (llamémoslo «descendente»), que implica intenciones conscientes en la decisión de sentarte a meditar y enfocar la atención en la respiración. Una de las submentes origina, primero, una intención inconsciente de meditar, y a continuación la proyecta en la mente consciente. Allí, se convierte en una intención consciente que se comunica a otras submentes. Para que esta intención se convierta en una decisión y actúes a partir de ella, es necesario que una cantidad suficiente de otras submentes la apoyen, para contrarrestar todas las otras intenciones que compiten con esta. El resultado de esta decisión colectiva, «descendente», es que te sientes en tu cojín con la intención de enfocarte en la respiración.

A medida que avanzamos en nuestra práctica, invocamos en repetidas ocasiones la intención «descendente» de prestar atención a las sensaciones de la respiración. En respuesta, la mente somatosensorial aprende a producir constantemente momentos de atención a la respiración. Date cuenta de que la mente somatosensorial había estado detectando las sensaciones de la respiración todo el tiempo, en un nivel inconsciente. Ese es su trabajo. Sin embargo, dichas sensaciones no se proyectaron en la consciencia hasta que pasaron a ser, deliberadamente, los objetos de nuestra atención. Ahora, con el consenso de las suficientes

Figura 41. Si, durante la meditación, llega a la conciencia el aroma del café asociado con una intención lo suficientemente fuerte, la atención puede desplazarse al olor, e incluso al pensamiento de «tomar un café con leche». Por fortuna, no estamos totalmente a la merced de estas intenciones inconscientes, y las intenciones conscientes pueden superar los desplazamientos espontáneos de la atención.

Intención consciente

Intención inconsciente

submentes, esas percepciones sensoriales previamente inconscientes se proyectan en la consciencia, donde la atención pasa a enfocarse en ellas con rapidez.

A continuación, examina el proceso «ascendente» que implica intenciones inconscientes, el cual obstaculiza nuestra meditación mediante la producción de movimientos espontáneos de la atención. Cuando nos sentamos y comenzamos a meditar, es solo cuestión de tiempo que otras submentes inconscientes empiecen a proyectar en la conciencia periférica algo que quieren que percibamos. Estos momentos de conciencia periférica llevan la intención de que sus objetos se conviertan en objetos de la atención. Por ejemplo, si alguien está preparando café en una habitación contigua, la mente olfativa va a captar el aroma y proyectarlo en la conciencia. Si la intención asociada es lo bastante fuerte, la atención se desplazará *de forma espontánea* al aroma del café. A continuación, la atención puede pasar a ubicarse en el pensamiento agradable de «tomar un café con leche con un plus de nata batida». A diferencia de las decisiones conscientes, «descendentes», que llegan a tomarse a partir del trabajo conjunto de las submentes, estos cambios de atención hacia los objetos distractores vienen de abajo —se originan, en cada caso, en una de las submentes inconscientes.

Muchas submentes distintas están siempre proyectando sus objetos e intenciones en la conciencia, lo cual hace que cuando meditamos experimentemos una gran cantidad de distracciones. Por fortuna, no estamos totalmente a merced de estas intenciones inconscientes. Con el tiempo, has experimentado directamente cómo las intenciones conscientes pueden influir en los movimientos espontáneos de la atención. Por eso fuiste capaz de superar el problema de la distracción fuerte. Mientras haya un consenso lo bastante fuerte entre submentes, puedes evitar que la atención responda a las intenciones inconscientes. Pero ¿cómo lo hacen las intenciones conscientes, «descendentes», para influir sobre las intenciones y acciones «ascendentes», procedentes de las submentes inconscientes?

LAS INTENCIONES CONSCIENTES E INCONSCIENTES

Existe una interacción dinámica entre las intenciones conscientes y las inconscientes. Piensa en la manera en que los contenidos «ascendentes» se hacen conscientes. Cada submente inconsciente decide por sí misma qué contenido es lo bastante importante como para necesitar procesamiento ejecutivo y lo proyecta en la conciencia periférica. Por ejemplo, supongamos que la submente auditiva percibe un sonido inusual que no puede identificar por su cuenta. Va a proyectar el sonido en la consciencia como una serie de momentos de conciencia periférica, junto con la intención de que la atención se fije en él. Cuando el sonido entra en la conciencia periférica, el sistema mental en su conjunto puede hacer una evaluación rápida, preliminar, tanto del sonido como de la intención de prestarle atención y tomar una decisión. Si el sistema mental llega a la

En la interacción dinámica entre las intenciones conscientes e inconscientes, el conjunto del sistema mental elige qué bloquear o a qué prestar atención.

conclusión de que el sonido es lo suficientemente importante, la atención se desplazará a él. Sin embargo, si la decisión es la contraria, la intención de prestar atención al sonido se verá bloqueada. Si esto continúa ocurriendo, el objeto podrá seguir apareciendo en la conciencia periférica, pero ya no competirá por obtener la atención.

A veces, una submente considera que su contenido es tan importante que lo proyecta en la consciencia con la *muy fuerte intención* de que la atención se fije en él. Si no hay otras submentes que se opongan a esa intención de inmediato, el objeto atrapará la atención de forma espontánea. En cualquier caso, una vez que el objeto haya pasado a constituir el foco de la atención, las otras submentes lo analizarán con gran detalle. Si se trata de un sonido, por ejemplo, la submente visual podrá identificar algún objeto visible como su fuente, o la mente discernidora podrá identificar el sonido a partir de información previamente almacenada.

El sistema mental bloquea la información procedente de las submentes en varias circunstancias; a veces incluso cuando un objeto llega a la conciencia periférica con la fuerte intención de ser percibido. Por ejemplo, cuando saltamos por primera vez a una piscina, la conciencia periférica se ve inundada de sensaciones procedentes de la piel. Lo mismo sucede cuando entramos en una sala ruidosa (la mente auditiva se ve abrumada por los sonidos). En ambos casos, determinadas submentes colman la mente consciente con información, que el sistema mental determina que no es importante. Es decir, nos «habituamos» a estas sensaciones al poco tiempo y dejamos de ser conscientes de ellas en gran medida. Así, a pesar de que la mente inconsciente determina los contenidos tanto de la conciencia periférica como de la atención espontánea, *cuando dichos contenidos se descartan o ignoran constantemente por parte de las funciones ejecutivas, finalmente ya no serán presentados a la mente consciente.* Para volver a nuestro ejemplo anterior, si hueles a café durante la meditación e ignoras esos pensamientos sobre el «café con leche con un plus de nata batida», van a desaparecer de la conciencia.

Por otra parte, las submentes inconscientes seguirán mostrándonos cualquier objeto que hayan traído a la conciencia periférica al que prestemos atención. Si esto sucede repetidamente con el mismo objeto, o si la atención permanece enfocada en él durante mucho tiempo, ese objeto pasa a considerarse significativo. Las submentes lo presentarán de forma automática —y presentarán también objetos similares— a la consciencia en el futuro. Por ejemplo, prestar siempre atención a las sensaciones de la respiración en la nariz hace que esas sensaciones, y otras relacionadas con la respiración, se consideren importantes.

Hay objetos específicos que pueden marcarse como importantes, pero puede ocurrir lo mismo con campos sensoriales enteros. El hecho de prestar atención repetidamente a cualquier campo sensorial, sea introspectivo o extrospectivo, marca los contenidos de ese campo como potencialmente importantes. Prestar atención a los sonidos, por ejemplo, aumenta la conciencia de los sonidos en general. Con esta mayor conciencia, es mucho más probable que los objetos específicos de ese campo sensorial sean advertidos. Del mismo modo, el hecho de prestar atención a nuestro estado mental (**atención introspectiva**) dará lugar a un incremento general de la **conciencia introspectiva**. Por este motivo, dirigir la atención a cualquier obstáculo mental en particular, como una distracción fuerte, hace que seamos más introspectivamente conscientes de ese tipo de obstáculo en el futuro.

Sin embargo, lo importante que es cualquier objeto o campo sensorial dado también depende de la situación. Lo que es importante ahora puede no serlo en otras ocasiones. Cuando estamos relajados, un insecto que nos pique en el brazo nos puede parecer importante, pero cuando nos encontramos en una situación en que nuestra vida está en peligro, no lo es. Por poner otro ejemplo, en la vida diaria se trata de que seas consciente de la información sensorial que te rodea, pero en el contexto de la meditación, específicamente en las últimas etapas, aprenderás a ignorar por completo dicha información sensorial. Así, por medio de prestar o no atención a lo que se presenta en la conciencia periférica, las funciones ejecutivas también informan a las submentes inconscientes de la importancia *relativa* de ciertos tipos de información en situaciones específicas.

DECISIONES Y ACCIONES

Así pues, ¿cómo toma decisiones el sistema mental? Desde la perspectiva de este modelo, ¿qué significa tomar una «buena» o una «mala» decisión? Como es obvio, con tantas submentes, aparecen fácilmente intenciones contradictorias, tanto en la meditación como en la vida diaria. Cuando ocurre esto, experimentamos incertidumbre o un conflicto interno. Es como cuando tenemos que decidir qué pedir en un menú. La ensalada sería saludable, pero la pizza tendría un mejor sabor. El proceso de deliberación por el que pasamos consiste básicamente en que las distintas mentes ofrecen sus argumentos en un intento de alcanzar un acuerdo. Mientras permanezcamos en este estado de indecisión, las submentes participantes seguirán emitiendo sus «votos» en conflicto hasta que lleguen a algún tipo de consenso. Esta emisión de «votos» es, de hecho, el proceso ejecutivo de toma de decisiones. Aunque «tú» puedas finalmente decirle al camarero: «Voy a pedir pizza», en realidad, varias partes de tu mente contribuyeron a que se tomase esa decisión. Sería más exacto decir: «Vamos a pedir pizza», pero eso podría confundir al camarero. El tema clave es que muchas submentes diferentes participan en el proceso de decidir entre las intenciones contradictorias. El resultado final es una decisión y una intención consciente, y un curso de acción dirigido conscientemente. Si estás meditando, esto significa que la mayoría de las submentes se han puesto de acuerdo en dirigir y sostener la atención en la respiración, y en ignorar las distracciones que compiten con dicha intención. Por supuesto, este proceso de toma de decisiones no se limita a la meditación y a decidir qué comer. Tiene lugar con todo tipo de intenciones, en todas las situaciones.

Muchas submentes diferentes participan en el proceso de decidir entre las intenciones contradictorias. El resultado final es una decisión y un curso de acción conscientes.

Cuando una submente inconsciente proyecta una intención en la consciencia, esa intención es permitida, reforzada, modificada o bloqueada. Cualquiera de estas respuestas es el resultado de interacciones que tienen lugar en el conjunto del sistema mental. Y cualquier acción mental, verbal o física puede interrumpirse, incluso después de haberse iniciado, *si*, por algún motivo, el consenso pasa a ser otro. Puedes, por ejemplo, cambiar de opinión y llamar al camarero para pedir la ensalada.

Siempre que tenemos que tomar una decisión, hay algunas submentes cuya aportación es especialmente relevante. Si alguna de ellas no contribuye al proceso de toma de decisiones —tal vez porque está inactiva, o porque está preocupada por alguna otra cosa—, es más probable que llevemos a cabo una mala elección. Esta es la razón por la que la gente, a menudo, se arrepiente de sus decisiones *a posteriori* («¿En qué estaba pensando? ¡No debería haber comprado este coche deportivo; tengo tres hijos a los que llevar!»).

La participación limitada por parte de demasiadas pocas submentes conduce a tomar malas decisiones. Las mejores decisiones provienen de la participación más completa de todas las partes del sistema mental, lo cual es una de las razones por las que *gozar de un mayor mindfulness* tiene tanto valor en la vida diaria. Si podemos evitar llegar a una conclusión rápida pero, a la vez, no quedar paralizados por la duda, la indecisión y las inclinaciones opuestas ofrecen la oportunidad de que muchas submentes diferentes participen en el proceso de toma de decisiones. Por ejemplo, identificarse inmediatamente con la ira conduce por lo general a acciones lamentables, pero si uno duda un poco sobre si identificarse con ella —tal vez porque se acuerda de observarla en actitud de *mindfulness*—, pasa a ser posible otro resultado. El retraso permite que información procedente de otras submentes llegue a la mente consciente y ofrezca otros cursos de acción.

Piensa en lo que ocurre durante la meditación. Si has decidido meditar, hay un consenso en el sistema mental para que tu atención se enfoque en las sensaciones de la respiración. Sin embargo, en algún momento, una submente somatosensorial puede comenzar a proyectar una percepción sensorial de dolor de rodilla en la conciencia, junto con la intención de hacer que ese dolor constituya el foco de tu atención. La función ejecutiva del sistema mental trabajando en conjunto puede «anular» esa intención e ignorar el dolor en la rodilla, aunque quizá permanezca en la conciencia periférica. Tal vez un poco más tarde, una submente discernidora puede proyectar en la conciencia pensamientos acerca de una actividad que te guste hacer. Estos pensamientos también llegan con la intención de que la atención se fije en ellos. Al igual que antes, esta nueva intención recibe la oposición de la intención preexistente de observar la respiración. Supongamos sin embargo que, esta vez, otras submentes de la mente discernidora apoyan la intención de pensar en la actividad. En ese caso, ese conflicto interno llega a la consciencia, y hay que tomar una decisión.

Sea como sea que se resuelva la situación por sí misma, tu experiencia subjetiva será la de que has tomado una decisión consciente, que te ha conducido a un acto de atención consciente, intencional. «Tú» decides, conscientemente, regresar a la respiración o seguir el pensamiento. Pero este resultado será en realidad fruto de una decisión *colectiva*, tomada en un nivel *inconsciente*, por parte de un grupo de submentes.[20] Sostener el enfoque en la respiración durante largos períodos requiere un consenso continuo, ininterrumpido.

CÓMO EDUCAR A LAS SUBMENTES INCONSCIENTES

Para crear constantemente este tipo de consenso, hay que educar a las submentes inconscientes a través de procesos ejecutivos. Las submentes inconscientes intercambian información en la mente consciente, y cuando esta información nueva se ha «digerido», cambia el comportamiento de dichas submentes. Esto es *aprender* en el sentido más profundo de la palabra. Una de las cosas que hacen que la mente humana sea especial es que podemos cambiar nuestra programación radicalmente. Por más empeño que pongas en ello, no podrás enseñar a un lagarto a jugar a la pelota, porque su cableado es demasiado inflexible. Nosotros, por el contrario, estamos modificando constantemente nuestro comportamiento a todas las escalas, hasta los niveles más sutiles de las respuestas físicas y mentales. En términos del sistema mental, podemos programar las submentes inconscientes por medio de la intención consciente, de modo que incluso examinar la respiración llegue a ser un comportamiento automático.

Las submentes individuales son muy sensibles a las intenciones conscientes. Incluso cuando estás aprendiendo a meditar, hay veces en que un buen número de submentes se unen en torno a la idea de examinar la respiración.[21] Mientras esta intención consciente compartida es fuerte, las submentes individuales producen relativamente pocas distracciones. Sin embargo, para un principiante, estos períodos son generalmente breves. Solo con la experiencia de primera mano de los beneficios positivos de la meditación, tales como una mayor felicidad y satisfacción, se establecerá un consenso fuerte y duradero alrededor de la intención de meditar. Una intención consciente compartida tiene un potente efecto sobre la programación de las submentes individuales, lo que hace que sean más propensas a llegar al mismo consenso la próxima vez. Esto significa que cada vez que te sientas a practicar te es más fácil estabilizar la atención en la respiración, puesto que más submentes están de acuerdo en los beneficios de la meditación.

Las submentes individuales son muy sensibles a las intenciones conscientes. Cada vez que te sientas a practicar te es más fácil estabilizar la atención en la respiración, puesto que más submentes están de acuerdo en los beneficios de la meditación.

Cada vez que hacemos algo a partir de una fuerte intención, evaluamos los resultados de nuestras acciones, y la mente pensante/emocional genera una reacción positiva o negativa en función del resultado. Si el resultado es juzgado como bueno, como cuando examinamos con éxito la respiración, la mente pensante/emocional genera una sensación hedónica de placer.

Esta sensación se proyecta en la consciencia junto con una emoción de satisfacción. Cuando el resultado se considera que es malo, se proyecta una sensación de desagrado, junto con una emoción de infelicidad e insatisfacción. Una respuesta emocional positiva refuerza las actividades e intenciones de las submentes inconscientes, por lo que es aún más probable que se repitan en el futuro. Una reacción negativa tiene el efecto contrario.

Para que una acción se consolide como una respuesta programada, debe repetirse constantemente y con frecuencia. Cuanto más a menudo la misma intención consciente conduzca a la misma acción en la misma situación, más probable será que las submentes implicadas reaccionen de forma automática, sin que la intención tenga que aflorar antes en la consciencia. Por ejemplo, al vivir en el desierto me he condicionado a bajar siempre las ventanillas del coche en verano para que el interior no se caliente demasiado. El resultado deseado estaba claro, y la acción necesaria para lograrlo también estaba clara. Ahora lo hago por hábito. El principio general es este: *si se actúa repetidamente a partir de unas determinadas intenciones conscientes, ello acaba por dar lugar a unas acciones automáticas que ya no requieren la intención consciente.*

Una intención inconsciente que ha sido apoyada repetidamente como intención consciente puede dar lugar a acciones automáticas.

Gran parte del comportamiento humano es automático. Piensa en los actos de caminar y comer. De hecho, la mayoría de las actividades diarias (percibir los objetos externos, procesar la información y responder a ella) tienen lugar de forma inconsciente y automática. Esto se debe a que las reacciones preprogramadas son más rápidas y mucho más eficientes, habida cuenta nuestra capacidad limitada de procesar información en el nivel consciente.

SEGUNDO PUNTO CLAVE: LAS FUNCIONES EJECUTIVAS Y EL SISTEMA MENTAL

Cada habilidad nueva y cada nueva acción es el resultado de las interacciones del conjunto del sistema mental a la hora de llevar a cabo funciones ejecutivas. Aprender cualquier habilidad, como la meditación o tocar un instrumento, implica esfuerzo, ensayo y error, evaluación y corregir los fallos. Durante todas estas actividades de aprendizaje, las submentes inconscientes están interactuando conjuntamente en la consciencia para crear nuevos programas para submentes individuales. También pueden anular programas individuales en cualquier momento. Por medio de la repetición, las submentes individuales son programadas para que en el futuro, siempre que sea conveniente, repitan la misma actividad de forma automática. En otras palabras: practicar una habilidad conscientemente entrena a las submentes inconscientes a ejecutar sus nuevas tareas a la perfección.

Las respuestas automáticas derivan de programas, innatos o aprendidos, que ya están presentes en las submentes sensoriales y discernidoras. En el transcurso de nuestras vidas, vamos adquiriendo cada vez más comportamientos preprogramados para hacer frente a todo tipo de situaciones. Sin embargo, siempre nos vamos a encontrar con circunstancias que los comportamientos programados con anterioridad no pueden gestionar. Cuando ocurre esto, *se requiere que la función ejecutiva se implique en la creación de nuevos programas conductuales para hacer frente a los nuevos eventos*. El sistema mental o bien utiliza una combinación de varios programas de comportamiento existentes, inhibiendo ciertas acciones e iniciando otras de forma selectiva, o bien genera acciones completamente nuevas para satisfacer las necesidades del momento. Como resultado, hay programas existentes que se combinan de forma permanente, o se crean programas totalmente nuevos. Dicho de otro modo, tiene lugar un aprendizaje.

LA MENTE NARRATIVA

La **mente narrativa**[22] es una submente dentro de la mente discernidora, que como ya sabes es mucho más grande. Sin embargo, tiene un papel y una importancia muy especial por sí misma.[23] Toma toda la información proyectada por otras submentes y la combina, integra y organiza en una síntesis significativa. A continuación, genera un tipo muy específico de momento mental conocido como *momento consciencial de unión*. La mente narrativa, y los momentos de unión que genera, constituyen una parte tan sutil y omnipresente del sistema mental que es fácil pasarlos por alto, al igual que a un pez puede pasarle desapercibida el agua en la que nada. Sin embargo, su sutileza oculta su importancia.

La mente narrativa hilvana los contenidos de la mente consciente en una serie de «episodios» formando una historia continua (es por eso por lo que la llamamos la mente «narrativa»). Cada uno de estos episodios se proyecta luego de nuevo en la mente consciente como un momento consciencial de unión. El resultado es una crónica continua de las actividades conscientes de la mente que van teniendo lugar, cónica que pasa a estar disponible para el resto del sistema mental. Por ejemplo, mientras nuestra atención pasa constantemente de un objeto a otro, la mente narrativa organiza todas esas distintas experiencias en una descripción coherente de nuestro entorno y de nosotros mismos. A continuación, esta descripción se proyecta a la consciencia a través de un momento de unión. Esto es similar a la forma en que la mente narrativa organiza todos los cambios de ángulos de las cámaras y el paso de una escena a otra en una película, de modo que todo encaje y tenga sentido.

Lo que produce la mente narrativa es especialmente fácil convertirlo en palabras, pero el lenguaje depende de una parte de la mente totalmente diferente.

Lo que produce la mente narrativa es especialmente fácil convertirlo en palabras, porque la estructura misma del lenguaje refleja los patrones de organización característicos de la mente narrativa. Sin embargo, no hay que confundir su actividad con el lenguaje. El proceso de poner algo en palabras es una actividad mental independiente llevada a cabo por una submente completamente diferente de la mente discernidora.

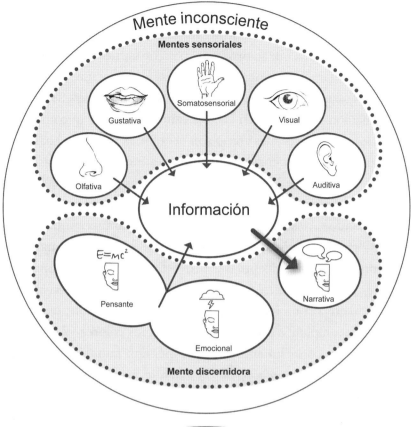

Figura 42. La mente narrativa es una submente dentro de la mente discernidora, que es mucho más grande. Sin embargo, tiene un papel y una importancia muy especial por sí misma. Toma toda la información proyectada a la consciencia por otras submentes.

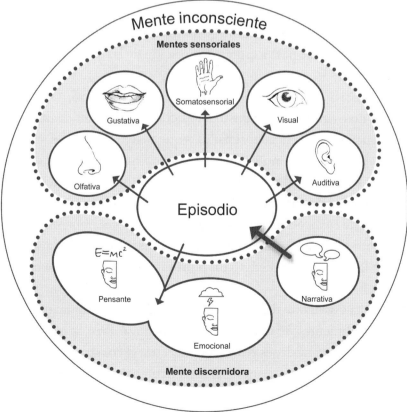

La mente narrativa hilvana esos contenidos en una serie de «episodios» formando una historia continua, que se proyecta luego de nuevo en la mente consciente como un momento consciencial de unión. Esta crónica de las continuas actividades conscientes de la mente pasa a estar disponible, después, para el resto del sistema mental.

Para que puedas entender mejor el papel único de la mente narrativa, se va a poner un ejemplo paso por paso de cómo la información se procesa y pasa de la mente sensorial a la discernidora, y luego a la narrativa. Cuando la mente visual procesa información procedente de los ojos, se forma una imagen y se proyecta en la consciencia. *Pero en este «ver» no hay más que lo que se ve.* Es decir, la información proyectada en la consciencia no es más que una imagen compuesta de impresiones sensoriales visuales como son el color, la forma y el contraste. A pesar de que ciertos componentes de la imagen pueden ser mínimamente mejorados de manera conceptual, la imagen no incluye etiquetas o ideas complejas sobre el contenido.

A continuación, la imagen que aparece en la consciencia es procesada por la mente discernidora, donde se elabora utilizando varias ideas y recuerdos para lograr una comprensión conceptual de lo que se está observando. La imagen puede ser reconocida como una «oropéndola», por ejemplo. Esta representación conceptual se proyecta entonces en la consciencia. *Pero en este «reconocimiento» de la oropéndola, solo está el concepto de dicho reconocimiento.* En otras palabras, lo único proyectado en la consciencia es la *idea* de una oropéndola, junto con cualquier sensación hedónica que acompañe a ese pensamiento. Si los colores y las formas de la imagen fuesen agradables, y si su reconocimiento como oropéndola también fuese agradable, la sensación sería de placer. *Pero en esta sensación no hay otra cosa que el placer que se siente.* No hay nada más en la consciencia en ese momento. En esta secuencia, la visión, la cognición y la sensación/emoción son todo ello eventos separados, momentos conscienciales distintos.

A continuación, la mente narrativa asimila estos eventos; los hilvana en una serie de episodios causalmente conectados: «Lo vi, lo reconocí, me gustó mucho». Esta información se proyecta de nuevo en la consciencia, donde pasa a estar a disposición de las otras submentes.

El sentido del yo y lo otro

El yo de la mente narrativa no es más que un constructo ficticio pero práctico utilizado para organizar todas las experiencias conscienciales separadas que tienen lugar en el sistema mental. Nuestro mismísimo concepto del yo no es más que este *yo* narrativo, el centro de gravedad que da coherencia a la historia. Del mismo modo, *lo otro* es otro constructo imaginario de la mente narrativa, una ficción práctica que existe con el fin de unir las distintas partes de la historia. *La verdad es que nunca experimentamos ninguna entidad que corresponda a «lo otro».* Todo lo que se experimentó fue la imagen, el concepto, la sensación hedónica y cualquier emoción que surgiera en la consciencia. Este es un punto importante, así que dedica algo de tiempo a pensar en ello.

La mente narrativa utiliza esta estructura del *yo* contra *lo otro* para organizar la información procedente de las diversas submentes de una manera significativa. Pero la mente discernidora asume que el yo y lo otro son entidades reales, y concretiza el constructo *yo-lo otro* para que esto parezca real y sustancial. De esta manera, el «yo» ficticio de la mente narrativa

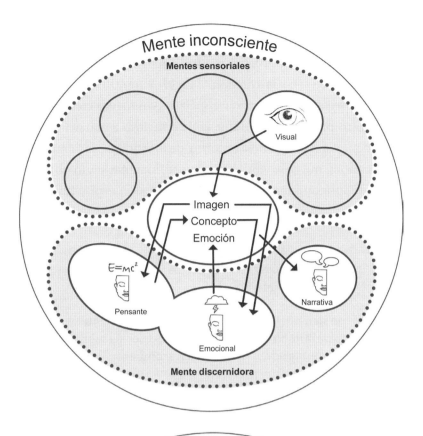

Figura 43. Cuando la mente visual procesa información procedente de los ojos, se proyecta una imagen en la consciencia. *Pero en este acto de ver solo está lo visto.* Cuando la imagen es posteriormente procesada por la mente discernidora, se proyecta una representación conceptual a la consciencia. *Pero en este acto de reconocimiento solo está el objeto reconocido.* Si la imagen y sus asociaciones son agradables, se proyecta la emoción correspondiente a la consciencia. *Pero en este acto de sentir solo está el placer que se siente.*

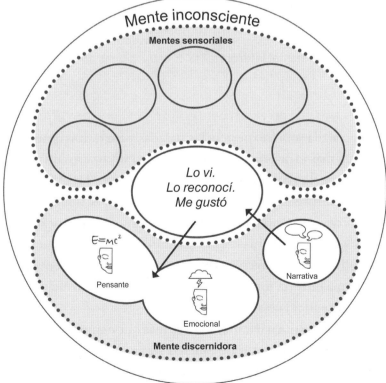

La historia «lo vi, lo reconocí, me gustó» organiza estas experiencias conscienciales separadas. El *yo* y *lo otro* de la mente narrativa son constructos ficticios pero prácticos que vinculan las distintas partes de la historia.

219

pasa a ser el ego de la mente discernidora, y «lo otro» se ve como la causa de las sensaciones hedónicas y emociones que surgen. Este error de percepción fundamental conduce a la generación de las intenciones enraizadas en el deseo y la aversión.[24] En el ejemplo anterior, esas intenciones pueden llevar a agarrar los prismáticos para ver el pájaro con mayor claridad, a perseguirlo, a capturarlo, a comprar otro para tenerlo en una jaula o incluso a matar y disecar el ave en aras de un disfrute futuro... Así, la secuencia anterior de episodios causalmente conectados se extiende: «Lo vi, lo reconocí, me gustó mucho, lo quise, lo perseguí, lo obtuve y volví a disfrutar de él». Más adelante, por supuesto, inevitablemente, «lo perdí y tuve un disgusto».[25]

TERCER PUNTO CLAVE: LOS CONTENIDOS DE LA CONSCIENCIA Y EL SISTEMA MENTAL

Los contenidos de la mente consciente son siempre y solamente construcciones mentales, invenciones procedentes del procesamiento de la información llevado a cabo por las submentes inconscientes. Las sensaciones de agrado, desagrado y neutras que acompañan a nuestros pensamientos, emociones y percepciones también son productos de estas mentes. El «yo» y el «mundo» de la experiencia consciencial consisten enteramente en constructos generados por el sistema mental mientras procesa la información. Nuestra impresión intuitiva de que estos constructos mentales son entidades reales, existentes, es el resultado de que la mente discernidora tergiversa los productos de la mente narrativa. Las emociones como el deseo y la aversión también son constructos mentales. Su propósito específico es motivar ciertos tipos de comportamientos orientados hacia el yo. Estas emociones, y las intenciones, son el resultado de cómo el conjunto del sistema mental interpreta las construcciones de la mente narrativa.

A partir de la información almacenada sobre experiencias pasadas y narrativas anteriores, la mente discernidora procesa aún más el producto de la mente narrativa y crea una historia personal para el ego y una descripción del mundo. En el futuro, percepciones e interpretaciones basadas en estas construcciones complejas activarán deseos, aversiones y reacciones emocionales destinados a proteger y mejorar aún más el bienestar del ego. A continuación, la mente narrativa integra esos pensamientos y emociones orientados hacia el ego en una historia totalmente nueva. Y este proceso cíclico de reforzamiento del ego no cesa...

La mente narrativa combina eventos conscienciales separados procedentes de muchas submentes distintas en una historia, la cual proyecta de nuevo en la consciencia.

En resumen, la mente narrativa no hace más que combinar en una historia eventos conscienciales separados procedentes de muchas submentes distintas, y la proyecta de nuevo en la consciencia. Pero nuestra autoconciencia (esa sensación continua, intuitiva, de ser un yo separado que se relaciona con un mundo de objetos) proviene de la forma en que la mente discernidora interpreta esas historias.

El persistente sentido del yo

Puede ser que no estés de acuerdo con la idea de que tu sensación de ser un yo es un mero constructo. Después de todo, lo sientes muy real. ¿Cómo podemos reconciliar este potente sentido del sí mismo con la idea de que no somos más que un conjunto de submentes? La meditación consiste en investigar las experiencias presentes, por lo que te invito a que percibas cómo, cuando ocurre algo, el yo aparece en escena solo *después del hecho*. Supongamos que surge en ti un recuerdo mientras estás caminando con un amigo. Observa que es únicamente después de que el recuerdo ha hecho acto de presencia cuando te vuelves hacia tu amigo y le dices: «Acabo de recordar algo». O piensa en cómo una emoción como la tristeza puede estar presente mucho antes de que aparezca el pensamiento «Estoy triste». En ambos ejemplos, y en casi todas las otras experiencias, lo que se atribuye –después del hecho– al yo es en realidad la actividad de varias submentes.

Para aclarar aún más el tema, piensa en lo que sucede cuando nos enfrentamos a un dilema o debemos tomar una decisión difícil. Descubrirás que, también entonces, el yo aparece en escena solo después de que se haya originado el conflicto. Luego, mientras el conflicto sigue teniendo lugar, el yo parece inquietarse a medida que diversos pensamientos y sentimientos surgen de distintas submentes para apoyar una opción u otra. Incluso después de que, aparentemente, se ha tomado una decisión, puede ser que el yo siga experimentando dudas o vacilaciones si algunas submentes no están convencidas. Pero tarde o temprano, aparentemente de la nada, surge una decisión firme. Esa «nada» no es más que la mente inconsciente; la decisión fue tomada a partir de la interacción conjunta de algunas de esas submentes inconscientes. Después de que el conflicto ha sido resuelto viene el pensamiento «He tomado una decisión».

En todas estas situaciones, la mente narrativa simplemente toma el flujo permanente de información de la consciencia y lo organiza en una historia significativa, atribuyéndolo todo a la entidad imaginaria llamada *yo*. Por su parte, la mente discernidora confunde este yo con un individuo real, en lugar de advertir que es un producto creado por un conjunto de submentes. Es como si una habitación estuviera llena de personas llamadas George que estuviesen teniendo un debate, pero que todo lo que recibieses fuesen informes de que «George dijo esto» y «George dijo aquello». Como le ocurre a la mente discernidora inconsciente cuando recibe información procedente de la mente narrativa, probablemente confundirías al conjunto de personas con un solo individuo, sujeto a muchos conflictos, llamado «George». «Tus» decisiones, y cualesquiera intenciones y acciones subsiguientes, no tienen su origen en ningún yo. Son el resultado de un consenso entre muchas submentes inconscientes que están intercambiando información a través de la mente consciente.

CUARTO PUNTO CLAVE: EL SENTIDO DEL YO Y EL SISTEMA MENTAL

El sentido básico y persistente del yo (de alguien separado que realiza acciones y experimenta acontecimientos) no es más que un constructo útil pero ficticio de la mente narrativa, «materializado» por la mente discernidora. En otras palabras, el «pequeño hombre que se halla en la máquina», el alma que está mirando el mundo a través de las ventanas de los ojos y la persona que está sentada como público en el «teatro» de la mente no son más que ilusiones. La mente discernidora extiende la nebulosa narrativa del yo hasta solidificarla en la idea más concreta de un yo-ego dotado de unos rasgos específicos y le atribuye una existencia independiente a este yo; imagina que es una entidad única, duradera y separada.

LA CONCIENCIA INTROSPECTIVA METACOGNITIVA

La **conciencia introspectiva** significa ser consciente de los objetos mentales que aparecen en la conciencia periférica, tales como pensamientos, sentimientos, ideas, imágenes, etcétera. La **conciencia introspectiva metacognitiva** es la capacidad de observar continuamente no solo los objetos mentales, sino también *la actividad y el estado general de la mente.*

La conciencia introspectiva metacognitiva es la capacidad de observar continuamente no solo los objetos mentales, sino también la actividad y el estado general de la mente.

En la mente ordinaria, no ejercitada, la conciencia introspectiva está mucho menos desarrollada. Los pensamientos y las emociones que surgen en la conciencia periférica tienden a convertirse rápidamente en objetos de la atención, o bien desaparecen de nuevo en el inconsciente al ser sustituidos por otros pensamientos. Como resultado de tu práctica meditativa, sin embargo, te vuelves más consciente del ir y venir de estos objetos mentales. Por ejemplo, con tu atención en la respiración, puedes ser introspectivamente consciente de un pensamiento de preocupación, una imagen mental o una sensación agradable. A continuación, puedes permitir que ese pensamiento, esa imagen o esa sensación pase a ser el foco de tu atención, o bien optar por no hacerle caso, hasta que desaparezca.

La conciencia introspectiva metacognitiva no es solamente la conciencia de los pensamientos, los recuerdos y las emociones individuales que surgen y pasan. Es una forma mucho más potente y útil de conciencia introspectiva. En este tipo de conciencia, la mente narrativa toma los objetos mentales individuales de la conciencia periférica, los procesa y los une, y luego proyecta una descripción del estado actual de la mente y sus actividades en la consciencia. Estos momentos de unión de la conciencia introspectiva proporcionan una conciencia exhaustiva de la mente misma.

El desarrollo de este tipo de metaconciencia, por la que eres capaz de percibir el estado y la actividad de la mente de forma clara y continua, está en el núcleo de tus progresos futuros en la meditación. Del mismo modo que la conciencia periférica de las sensaciones y los objetos mentales fue determinante en las primeras etapas, la conciencia metacognitiva te proporciona el contexto continuo para tus meditaciones en las etapas posteriores. Al final, en las últimas etapas, la mente misma se convierte en el objeto de tus investigaciones.

El desarrollo de este tipo de metaconciencia, por la que eres capaz de percibir el estado y la actividad de la mente de forma clara y continua, está en el núcleo de tus progresos futuros en la meditación.

CONCLUSIONES IMPORTANTES SOBRE EL SISTEMA MENTAL

Ahora que hemos examinado el modelo del sistema mental en detalle, repasemos los puntos clave que hemos identificado hasta el momento, y añadamos dos más que serán de una importancia crucial cuando entres en las etapas avanzadas de la práctica. Recordemos que *la mente consciente no hace nada*. La consciencia es un proceso de intercambio de información entre submentes inconscientes (primer punto clave). *Cada habilidad y acción nuevas resultan de las interacciones del conjunto del sistema mental en el desempeño de las funciones ejecutivas.* No hay un único «ejecutivo» al cargo (segundo punto clave). *Los contenidos de la mente consciente son siempre y solamente «construcciones» mentales, invenciones que provienen del procesamiento de información por parte de varias submentes inconscientes* (tercer punto clave). Estas invenciones incluyen no solo un modelo de la realidad, sino también el ego-yo. Sin embargo, *el sentido básico y persistente del yo, de alguien independiente que actúa y experimenta los acontecimientos, no es más que un constructo útil pero ficticio de la mente narrativa, materializado por la mente discernidora*[26] (cuarto punto clave).

A partir de esto, podemos llegar al quinto punto clave: *el sistema mental es un sistema dinámico que se autoprograma*, un sistema que se está modificando constantemente a sí mismo. Es la mente consciente la que aglutina todo el sistema y permite que cambie y evolucione de forma constante. La mente sensorial y la discernidora, interactuando a través de la consciencia, se condicionan mutuamente. Cada evento grande o pequeño, interno o externo, deja su huella, y eventos repetidos producen una especie de «energía de hábito» que se acumula con el tiempo. Los resultados son sorprendentes: el sistema mental crea todo un mundo a partir de sus propias representaciones mentales, el cual revisa y al cual añade cosas constantemente. El sistema mental también reúne una vasta y complicada red de puntos de vista acerca de la naturaleza de la realidad y el yo; y, a través de los procesos de aprender, reforzar comportamientos y desarrollar nuevas habilidades motoras cuando es necesario, adquiere cada vez más programas automáticos para realizar más actividades. Y, por supuesto, la intención está implicada en todas estas actividades; de hecho, cada emoción, pensamiento, palabra y acto tiene una intención asociada. Esas intenciones moldean y conforman quiénes somos y lo que somos y determinan cómo experimentamos los acontecimientos y cómo respondemos a ellos en el futuro.

El último punto clave es que *la experiencia de la consciencia misma es el resultado de la* **receptividad compartida** *de las submentes inconscientes a los contenidos que pasan por la mente consciente.*

¿Quién es consciente? El sistema mental en su conjunto. ¿De qué es consciente el sistema mental? De los productos de las submentes individuales que lo componen. Y ¿cuál es el propósito del sistema mental? Garantizar la supervivencia y la reproducción del organismo (la entidad psicofísica de la que forma parte), para que siga teniendo lugar el ciclo de la vida.

Esta visión de la mente puede parecer, a primera vista, reduccionista o incluso materialista. Por favor, no llegues a estas conclusiones; están lejos de ser la verdad. Este es solo el comienzo de la verdadera historia. Nuestra continua exploración de la mente en las próximas etapas revelará una verdad que es mucho más profunda. El modelo del sistema mental sirve como base para estas discusiones posteriores. En particular, si comprendes la verdadera naturaleza del sistema mental, ello te ayudará a evitar los problemas que surgen a partir de la ilusión de ser un yo que está al cargo de «su mente».

A medida que utilices este modelo para comprender mejor la mente, las técnicas de meditación que ya has aprendido, y las que aprenderás en etapas posteriores, adquirirán más sentido. Serás capaz de vislumbrar las experiencias más profundas que tendrás a medida que avances por las etapas avanzadas. Son especialmente importantes las potentes sensaciones de felicidad y satisfacción que surgen cuando el sistema mental comienza a trabajar en conjunto, como un todo más cohesionado, integrado y armonioso. Esto se conoce como la **unificación de la mente**, que tiene lugar porque cada vez más submentes se unen en torno a una sola intención consciente –la intención de meditar– y sigue presente a medida que avanzas por las etapas. Con el tiempo, la mente se unifica tanto que los conflictos internos dejan de tener lugar por completo. La atención estable y el *mindfulness* acontecerán sin ningún esfuerzo.

Como reflexión final, he aquí algunos versos del *Laṅkāvatāra Sūtra* que captan la esencia del sistema mental:

Entonces, el Bendito resumió la enseñanza en estos versos:

«Al igual que las olas en el océano
se agitan con el viento
y bailan por toda su superficie,
sin detenerse un solo momento,
el océano del inconsciente
se agita con los vientos de los acontecimientos externos
y se le hace bailar con olas de Consciencia
en toda su multiplicidad.
El azul, el rojo y otros colores,
la sal, la concha de la caracola, la leche y la miel,
la fragancia de las frutas y las flores,

y los rayos del sol y la luna,
como el océano y sus olas,
no son algo separado ni son lo mismo.
Los siete tipos de consciencia
surgen de la mente inconsciente.
Así como distintos tipos de olas
surgen del océano,
distintos tipos de consciencia
surgen de la mente inconsciente.
Aunque el inconsciente, el narrador y las consciencias
toman distintas formas,
estas ocho son una y la misma;
no está el que ve separado de lo que se ve.
Del mismo modo que el océano y sus olas
no se pueden separar,
así también en la mente
el inconsciente y las consciencias no se pueden separar.
El karma se acumula en el inconsciente
a través de las reflexiones del narrador
y las voliciones de la mente discernidora,
desde un mundo al que dan forma las cinco mentes sensoriales».

Laṅkāvatāra Sūtra, IX (46)

SEXTA ETAPA

Dominar las distracciones sutiles

El objetivo de la sexta etapa es dominar las distracciones sutiles y desarrollar la conciencia introspectiva metacognitiva. Desarrolla y sostén la intención de establecer un marco de atención claramente definido e ignora por completo las distracciones sutiles. Estas intenciones madurarán como la atención estable y el *mindfulness* en calidad de habilidades altamente desarrolladas, y alcanzarás tanto la atención exclusiva, enfocada en un solo punto, como la conciencia introspectiva metacognitiva.

Sexta etapa: el meditador lidera; el elefante y el mono lo siguen. Cuando la mente se apacigua, la práctica se vuelve más fácil y satisfactoria. El meditador ya no tiene que usar tanto el acicate y puede mirar adelante en lugar de mirar siempre hacia atrás. El conejo, que es totalmente blanco, observa desde el lado del camino cómo pasan el meditador, el elefante y el mono.

- El elefante es blanco –excepto sus miembros posteriores–. La atracción del embotamiento sutil se ha superado y el deseo sensual, la animadversión y la duda se están volviendo mucho más débiles.
- El mono también es todo blanco, excepto las patas traseras y la cola. Las distracciones sutiles se están dominando en esta etapa.
- Hay una pequeña hoguera, que indica que aún es necesario aplicar esfuerzo.

OBJETIVOS DE LA PRÁCTICA EN LA SEXTA ETAPA

Empiezas esta etapa con una mente más energizada, de tal manera que los objetos de la atención se presentan claros y vívidos. La conciencia periférica también es más brillante y más abierta. Así como el hecho de encender la luz en un cuarto oscuro ilumina los objetos que estaban en la sombra, tu mayor capacidad consciencial revela pensamientos y sensaciones que antes eran demasiado sutiles para ser detectados. Incluso te puede parecer que hay más **distracciones sutiles** que antes, pero lo que ocurre es que te has vuelto más consciente de las que ya estaban presentes, dispersando tu atención.

Tu objetivo principal en esta etapa es dominar las distracciones sutiles, particularmente las producidas por la mente discernidora. El primer paso es *lograr* la **atención exclusiva**, también llamada **atención en un solo punto**.[1] Cuando puedes enfocarte exclusivamente en el objeto de meditación a pesar de los estímulos que compiten por tu atención, esta ya no alterna el enfoque con las distracciones sutiles. A continuación, debes *sostener* la atención exclusiva el tiempo suficiente para que los objetos mentales empiecen a desaparecer de la conciencia.[2] Cuando lo consigas, habrás sometido las distracciones sutiles. Pero no te confundas: si bien la atención exclusiva es una habilidad valiosa, es solo un medio para dominar las distracciones sutiles, no un fin en sí misma. Además, las distracciones sutiles solo pueden someterse temporalmente; regresarán si dejas de esforzarte por ignorarlas. No vas a superar por completo las distracciones hasta la séptima etapa.

Tu segundo objetivo, con el que vas a trabajar al mismo tiempo, es desarrollar la **conciencia introspectiva metacognitiva**, es decir, la conciencia de la mente misma. Esto se logra por medio de sostener la clara intención de observar continuamente el estado y las actividades de la mente mientras se sigue conservando la atención exclusiva.

La sexta etapa se ha dominado cuando la atención rara vez alterna el enfoque en el objeto de meditación con las sensaciones corporales y los sonidos ambientales, los pensamientos son como máximo infrecuentes y fugaces y la conciencia metacognitiva es continua. Cuando puedas sostener la atención exclusiva junto con un potente *mindfulness* durante largos períodos, habrás alcanzado el segundo gran hito y serás un meditador hábil.

CÓMO DESARROLLAR Y SOSTENER LA ATENCIÓN EXCLUSIVA PARA DOMINAR LAS DISTRACCIONES SUTILES

Desarrollar un enfoque exclusivo significa ignorar las distracciones sutiles. Las distracciones sutiles son como niños que persisten en tratar de obtener la atención de un padre ocupado con una actividad importante. Si los ignoras con la suficiente contundencia, se cansan de persistir y no te interrumpen con tanta frecuencia; sin embargo, si dejas de ignorarlos, aunque sea por un momento, vuelven a reclamar tu atención. De la misma manera, dominas las distracciones sutiles por medio de no darles la energía de tu atención.

La calidad del enfoque exclusivo depende tanto de estabilizar el alcance de la atención como de fijarla en un objeto.

La calidad del enfoque exclusivo depende tanto de *estabilizar* el alcance de la atención como de *fijarla* en un objeto. De lo contrario, incluso si tu atención permanece fija, su ámbito se ampliará de forma espontánea para incluir otras cosas, sobre todo pensamientos. Por lo tanto, primero debes definir claramente y estabilizar el ámbito de tu atención. A continuación, se trata de que *ignores por completo todo lo que quede fuera de ese ámbito*.

LA ENERGÍA DE LA ATENCIÓN

Siempre que prestas cierta atención a un pensamiento, aunque lo hagas de forma sutil, esto le da energía para seguir estando ahí y, potencialmente, atraer pensamientos relacionados con él. Si haces caso omiso del pensamiento y te enfocas en alguna otra cosa, se deshace y desaparece. La próxima vez que medites, proponte observar esto por ti mismo.

Al mismo tiempo, recuerda que no debes excluir nada de la conciencia periférica. Tanto la conciencia como la atención están trabajando juntas en el desarrollo de la atención exclusiva: la conciencia se mantiene atenta a las posibles distracciones; cuando las detecta, la atención responde agudizando el enfoque y haciendo caso omiso de ellas.

Si se sostiene la atención exclusiva de forma constante, ello conduce a una disminución drástica de la cantidad de objetos mentales que proyecta en la consciencia la mente pensante/emocional —y de la frecuencia con que esto acontece—. Con el tiempo, desaparecen de la consciencia tan completamente que raramente aparecen, ni siquiera en la conciencia periférica, lo cual indica que las distracciones sutiles han sido dominadas. Este proceso, llamado **apaciguamiento de la mente**, comienza en esta etapa y se prolonga a lo largo de la séptima.

LA INTENCIÓN CONSCIENTE

La **intención consciente** es la clave para desarrollar la atención exclusiva. Solo tienes que *conservar la intención* de observar todos los pequeños detalles del objeto de meditación. Al mismo tiempo, debes *conservar la intención* de ignorar todo lo demás. ¡Eso es todo! Por supuesto, hay muchas intenciones en conflicto por debajo de la superficie prestas a complicar una fórmula tan sencilla. Por lo tanto, examinemos todo el proceso más detenidamente.

Como sabes, la presencia de una distracción sutil significa que la atención alterna rápidamente entre la respiración y la distracción. Estos **movimientos espontáneos de la atención** se producen porque las submentes inconscientes van proyectando distintos objetos en la consciencia, cada uno con la intención asociada de que la atención se fije en él. Supongamos que estás centrado en la respiración cuando un nuevo objeto aparece de repente en la conciencia periférica. Imaginemos que es una sensación de molestia por el ruido de los ladridos de un perro. Este sonido y la molestia que te provoca llegan con la fuerte intención de que la atención se enfoque en ellos. Estas nuevas intenciones entran en conflicto con tu intención del momento de examinar la respiración.

La intención consciente es la clave para desarrollar la atención exclusiva. Solo tienes que conservar la intención de observar todos los pequeños detalles del objeto de meditación e ignorar todo lo demás. ¡Eso es todo!

Lo que estás experimentando en realidad son una serie de momentos de atención, algunos de los cuales tienen la respiración como objeto, y otros la sensación de molestia. Cada momento llega con la intención de que su objeto se convierta en el objeto de futuros momentos de atención. Cualquier objeto que esté asociado con la intención más fuerte recibirá más atención. Mientras ese objeto sea la respiración, tu atención parecerá estable, y la reacción al ruido solo destacará como una distracción sutil. Sin embargo, en función de cuál de las dos intenciones reciba posteriormente más apoyo y energía por parte del conjunto del sistema mental, cualquiera podría acabar por recibir la mayor parte, o la totalidad, de tu atención.[3]

Cada vez que eliges, intencionadamente, enfocar la atención en la respiración y hacer caso omiso de una distracción, con mayor firmeza cambia este equilibrio. Recuerda que cualquier acción que surja de la *intención consciente* es fruto de un acuerdo entre varias submentes, y no de la intención de una sola, por lo que es siempre más fuerte y eficaz. Menos momentos de atención acuden a la distracción, de modo que la distracción y la intención que hay tras ella se desvanecen.

LOS MODELOS MENTALES, LA INTENCIÓN Y LA ATENCIÓN EXCLUSIVA

Según el modelo de los momentos conscienciales, la intención de tener una atención exclusiva incrementa la cantidad de momentos de percepción enfocados en el objeto de meditación, hasta que se producen todos los posibles. También hace que disminuya la cantidad de momentos de percepción enfocados en las distracciones, hasta que se producen los menos posibles. Según el modelo del sistema mental, la práctica de la atención exclusiva es un ejercicio de función ejecutiva que entrena progresivamente a las submentes inconscientes a dejar de proyectar distracciones en la consciencia.

En resumen, las submentes individuales del inconsciente proyectan distracciones potenciales en la conciencia periférica. Cada una de estas posibles distracciones llega con la intención de que la atención se fije en ella. Estas intenciones inconscientes, «ascendentes», entran en conflicto con nuestra intención consciente, «descendente», de observar el objeto de meditación. El rumbo que tomará el conflicto dependerá de cuál de las intenciones sea más fuerte. Es por eso por lo que es tan importante sostener la intención de observar la respiración cada vez en mayor detalle e ignorar totalmente las distracciones —y, al mismo tiempo, asegurarse de sostener la conciencia periférica—. Estas intenciones crean un consenso aún más fuerte entre las submentes, lo cual hace que la atención sea más estable. Dicho de

Cuanto más cabalmente consciente seas de tus intenciones, más rotundamente se resolverá cualquier conflicto con otras intenciones en favor de enfocarte en la respiración.

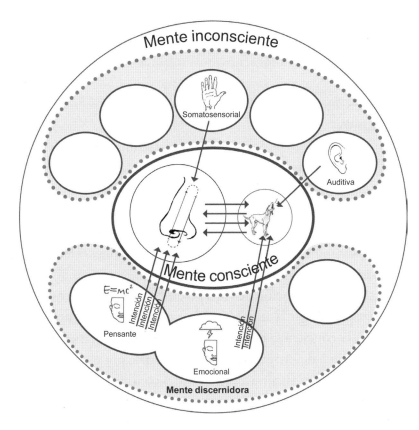

Figura 44. La atención se desplaza espontáneamente porque las submentes inconscientes proyectan objetos en la consciencia con la intención de que la atención se fije en ellos. Cuando la molestia por el sonido de los ladridos de un perro llega con la fuerte intención de que la atención se enfoque en ella, esto entra en conflicto con tu intención de examinar la respiración. La atención alterna entre la respiración y la distracción, y aquella que reciba más apoyo y energía por parte del sistema mental será la que obtenga más atención.

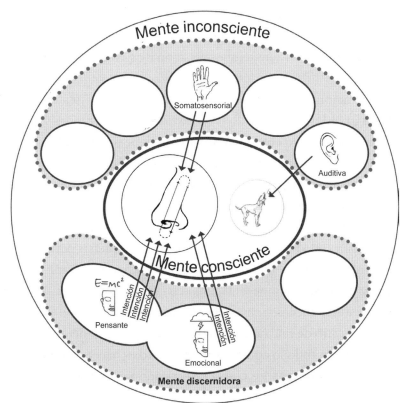

Cuando optas a propósito por enfocar más firmemente la atención en la respiración e ignorar una distracción, cambia este equilibrio. La intención consciente implica un acuerdo entre múltiples submentes (no es la intención de una sola), con lo cual es siempre más fuerte y eficaz. Tanto la distracción como la intención que hay tras ella se desvanecen.

otra manera, cuanto más cabalmente conscientes de nuestras intenciones seamos, más rotundamente se resolverá el conflicto en favor de enfocarnos en la respiración.

EXPERIMENTAR EL CUERPO CON LA RESPIRACIÓN: UN MÉTODO PARA DESARROLLAR LA ATENCIÓN EXCLUSIVA

Es posible alcanzar la atención exclusiva solo por medio de enfocarse una y otra vez en la respiración en la nariz y hacer caso omiso de las distracciones sutiles hasta que se desvanezcan, pero esto puede requerir mucho tiempo. Experimentar la totalidad del cuerpo con la respiración es un método más rápido y agradable que hace que sea mucho más fácil ignorar por completo las distracciones. Esta práctica consiste en definir claramente el ámbito de la atención y expandirlo después progresivamente, hasta que incluya las sensaciones relacionadas con la respiración presentes en todo el cuerpo a la vez.

Este método se basa en la práctica de exploración del cuerpo que se expuso en la quinta etapa. Como en esa práctica, empieza por dirigir la atención a la respiración en el abdomen. A continuación, asegurándote de que la conciencia periférica de la respiración en el abdomen no se desvanece, lleva la atención a una determinada parte del cuerpo, por ejemplo una mano. Define el ámbito de tu atención para que incluya *solo esa zona*. A continuación, restringe dicho ámbito para que incluya *únicamente las sensaciones de la respiración en la mano*. No hagas caso de todas las demás sensaciones; exclúyelas completamente de la atención, pero permite que permanezcan en la conciencia periférica. A continuación, pasa a otra parte del cuerpo, tal vez uno de los antebrazos, y haz lo mismo. Cada momento de atención debe incluir la fuerte intención de enfocarte claramente en las sensaciones relacionadas con la respiración y excluir todo lo demás.

A medida que tu habilidad vaya mejorando, sigue aumentando el alcance de tu atención para que incluya zonas cada vez más grandes. Además, alterna entre zonas más grandes y más pequeñas, por ejemplo, entre un dedo y el brazo entero. Tu intención debe ser la de observar todas las sensaciones relacionadas con la respiración tan claramente en el brazo como en el dedo. Lo importante no es si tienes éxito, o no, con esta práctica (aunque con el tiempo lo tendrás). Lo que importa es que el solo hecho de sostener esta intención hará que apliques a esta tarea la máxima capacidad consciencial de que dispongas.

Las diferencias entre esta práctica y todo lo que has hecho antes son pequeñas pero cruciales. En primer lugar, defines el ámbito de tu atención de forma mucho más precisa. En segundo lugar, te enfocas *exclusivamente* en las sensaciones relacionadas con la respiración. Antes tolerabas la presencia de las distracciones sutiles; *dejabas que vinieran, dejabas que estuvieran y dejabas que se fueran*. De hecho, se te advirtió de que no tratases de evitar que la atención alternase entre esos objetos. Ahora, consiste en todo lo contrario: tu objetivo es hacer caso omiso de los pensamientos y las sensaciones no relacionados con la respiración tan completamente que la atención no alterne nunca con ello. Estos elementos se quedarán en la conciencia periférica. Por último, se trata de que sigas extendiendo el ámbito de tu atención hasta que incluya todo el cuerpo. En las palabras de Buda, se trata de que experimentes la totalidad del cuerpo con la respiración:

> Experimentando todo el cuerpo mientras inspira, [él] se ejercita.
> Experimentando todo el cuerpo mientras exhala, se ejercita.
>
> *Ānāpānasati Sutta*

Cuando puedes observar con claridad todas las sensaciones de la respiración que tienen lugar en el cuerpo a la vez, estás tan completamente implicado con la práctica que no «sobra» nada de atención para dedicarla a las distracciones. Mientras lo ignoras todo excepto este amplio objeto de meditación, las distracciones sutiles están temporalmente subyugadas. Las submentes sensoriales siguen proyectando sensaciones no relacionadas con la respiración en la consciencia, pero solo se manifiestan en la conciencia periférica. Sin embargo, los objetos mentales son mucho menos evidentes, incluso en la conciencia. Las submentes discernidoras acaso sigan «llamando a la puerta» de la consciencia con sus diversos pensamientos, pero no pueden lograr decir ni una sola palabra. Al cabo de un rato, dejan de intentarlo. A pesar de ello, siguen generando pensamientos en un nivel inconsciente, de modo que pueden surgir distracciones si no permaneces vigilante.

Al cabo de un rato, vuelve a enfocarte en la respiración en la nariz. Puede ser que te resulte más fácil hacer la transición añadiendo un paso intermedio, consistente en poner primero la atención en el abdomen. Sin embargo, una vez que hayas regresado a la nariz, experimentarás un período de atención exclusiva a este objeto mucho más pequeño. Muy pocos objetos mentales se presentarán incluso en la conciencia periférica. Cuando el foco exclusivo empiece a desvanecerse, repite el ejercicio de experimentar todo el cuerpo con la respiración.

No hay motivos para recorrer todo el cuerpo parte por parte en cada ocasión, a menos que te sea útil. Una vez que hayas aprendido a reconocer las sensaciones relacionadas con la respiración en todas partes, puedes volver a enfocarte inmediatamente en todo el cuerpo, o hacerlo primero en el abdomen y después en todo el organismo. Con la práctica, podrás sostener el enfoque exclusivo en la respiración en la nariz durante cada vez más tiempo. Esta estabilidad de la atención caracteriza la concentración del **meditador experto**.

¿Cómo funciona esta práctica? Cuando nos sentamos en un lugar tranquilo y cerramos los ojos para meditar, las imágenes, los sonidos, los olores y los sabores se reducen al mínimo. Sin embargo, las submentes inconscientes siguen proyectando a la consciencia una gran cantidad de sensaciones corporales y pensamientos. Estas dos clases de objetos dominan la conciencia periférica y son la principal fuente de distracciones sutiles, que compiten con la

Figura 45. Cuando puedes observar con claridad todas las sensaciones de la respiración que tienen lugar en el cuerpo a la vez, no «sobra» nada de atención y las distracciones son ignoradas. Pensamientos procedentes de las submentes discernidoras acaso sigan «llamando a la puerta» de la consciencia, pero no pueden decir ni una sola palabra. Al cabo de un rato, dejan de intentarlo.

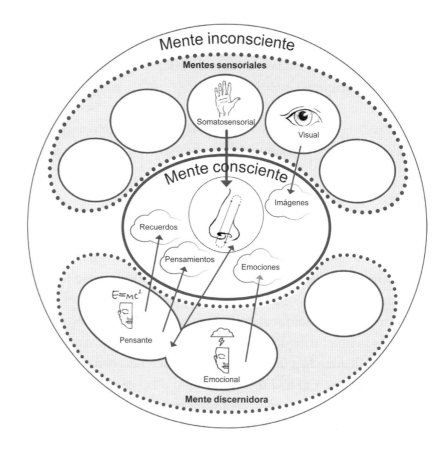

respiración y *unas con otras* por obtener tu atención. Los objetos mentales producidos por la mente discernidora son los más intrusivos de estos dos tipos de distracciones, así que tiene sentido lidiar con ellos primero haciendo hincapié en las sensaciones corporales.

En concreto, esta práctica ayuda a desarrollar la atención exclusiva porque aprovecha la manera en que las sensaciones corporales compiten con los objetos mentales por la atención. Cuando ampliamos el ámbito de nuestra atención para incluir todo el cuerpo, hay una enorme cantidad de información somatosensorial por asumir.[4] Con todas esas sensaciones corporales llenando la consciencia, no «sobra» atención para dedicarla a los objetos mentales distractores. Es decir, se crea la atención exclusiva, centrada en un solo punto, no por medio de reducir la atención a un punto pequeño, sino por medio de expandirla para que no haya espacio para los pensamientos distractores ni otros objetos mentales. Además, al enfocarte intencionadamente de forma exclusiva en las sensaciones relacionadas con la respiración, evitas que otros tipos de sensaciones, incluidas las corporales no relacionadas con la respiración, se

Creas la atención exclusiva no por medio de reducir la atención a un punto pequeño, sino por medio de expandirla para que no haya espacio para los pensamientos distractores ni otros objetos mentales.

conviertan en distracciones sutiles. Al mismo tiempo, la mente se acostumbra a sostener un enfoque de atención exclusivo.

EL APACIGUAMIENTO DE LA MENTE

A medida que desarrollas la atención exclusiva y puedes sostenerla durante períodos cada vez más largos, empiezas a apaciguar la mente. Dos procesos interrelacionados están involucrados en este proceso de apaciguamiento. En primer lugar, el hecho de ignorar intencionadamente los objetos mentales acostumbra al conjunto del sistema mental a ignorarlos *automáticamente* cada vez que aparecen en la consciencia. En segundo lugar, cuando se han ignorado de manera sistemática y durante el tiempo suficiente, la mente pensante/emocional ya no presenta estas distracciones potenciales de forma tan continua o vigorosa. Los procesos de pensamiento siguen teniendo lugar en un nivel inconsciente, pero cuando fracasan constantemente a la hora de convertirse en objetos de la atención, incluso como distracciones sutiles, al final dejan de aparecer en la consciencia por completo. Sencillamente, la mente pensante/emocional deja de proyectar sus contenidos en la consciencia.

En esta etapa, necesitas llevar a cabo una vigilancia y un esfuerzo constantes para mantener la mente apaciguada. Esto se debe a que las submentes pensantes/emocionales están continuamente activas en un nivel inconsciente –incluso en el sueño profundo–. Por lo tanto, tan pronto como la intención de centrarte exclusivamente en el objeto de meditación se debilita, las distracciones regresan. El proceso de apaciguamiento se completa en el curso de la séptima etapa. Cuando eso suceda, habrás dado un paso de gigante hacia la **unificación de la mente**.

UN CAMBIO EN LA PERCEPCIÓN DEL OBJETO DE MEDITACIÓN

A medida que la mente se apacigua, los pensamientos y otros objetos conceptuales generados por la mente discernidora empiezan a desaparecer de la consciencia. Lo mismo ocurre con el «barniz» conceptual que se superpone a todo lo que percibimos. La experiencia consciencial se vuelve progresivamente menos conceptual y menos discursiva. Por primera vez, experimentamos la respiración más directamente como una serie de **percepciones sensoriales** que surgen y desaparecen.

Cuando empezamos a meditar, nuestra experiencia de la respiración es sobre todo conceptual, aunque no lo sepamos en esos momentos. De hecho, durante las primeras etapas, apenas somos conscientes de las sensaciones reales de la respiración –justo lo suficiente para desencadenar la aparición de conceptos relacionados con ella–. Estos conceptos («inhalación», «pausa», «exhalación») son nuestros verdaderos objetos de atención. La conceptualización comienza mientras inspiramos, cuando el aire roza por primera vez la piel de las fosas nasales. La mente somatosensorial proyecta una pequeña cantidad de momentos mentales en la consciencia que tienen estas percepciones sensoriales relacionadas con la respiración como objetos. La mente discernidora asimila de inmediato estas percepciones sensoriales y las interpreta utilizando conceptos que ya tiene, como «nariz», «tocar», «aire», «comienzo» e «inhalación». Cuando este punto de vista puramente conceptual de lo que está sucediendo se proyecta en la consciencia, *percibimos* subjetivamente el «comienzo de la inhalación», casi sin percibir las sensaciones reales. Lo mismo ocurre de nuevo cuando unos momentos más de atención proporcionan otra «muestra» de las percepciones sensoriales producidas por el aire que fluye sobre la piel de las fosas nasales. La mente discernidora genera otra construcción conceptual, como «el comienzo de la parte central de la inhalación». En otras palabras, al implicarnos con la respiración, estábamos generando conceptos más que examinando las sensaciones propiamente dichas.

La idea de «la respiración» es un concepto complejo, construido a partir de otros conceptos: que somos un ser separado, que tenemos un cuerpo, que tenemos una nariz que forma parte de nuestro cuerpo, que nuestro cuerpo está rodeado de aire, que el aire se desplaza por la nariz en dos sentidos, etcétera.

La misma idea de «la respiración» es en realidad un concepto complejo, construido a partir de muchos otros conceptos: que somos un ser separado, que tenemos un cuerpo, que tenemos una nariz que forma parte de nuestro cuerpo, que nuestro cuerpo está rodeado de aire, que el aire se desplaza por la nariz en dos sentidos, etcétera. No es hasta que empezamos a observar los detalles sutiles, las sensaciones que se repiten con cada entrada y salida del aire, cuando comenzamos a experimentar directamente las percepciones sensoriales.

Lo que es cierto en cuanto a la respiración también es cierto en cuanto a nuestras vidas: nuestra experiencia cotidiana no consiste tanto en experimentar sensaciones como en forjar construcciones mentales sobre esas sensaciones. Las construcciones mentales más simples son las percepciones sensoriales en sí mismas. Estas, a su vez, se utilizan para construir formaciones conceptuales cada vez más complejas. Este proceso se ha estado desarrollando desde que naciste. Tu mente ha acumulado una enorme masa de formaciones conceptuales cada vez más elaboradas en un intento de organizar y simplificar la enorme variedad de experiencias sensoriales a las que te has visto expuesto. Al igual que en la película *Matrix*, vivimos en una realidad virtual construida a partir de conceptos e ideas; si bien, a diferencia de lo que ocurre en la película (al menos, hasta donde sabemos), no estamos todos conectados a un ordenador central. Para decirlo sin rodeos, no solo no experimentamos el mundo directamente sino que, además, la «realidad» en la que vivimos es un enorme conjunto de construcciones conceptuales que adopta una forma única en cada una de nuestras mentes.

A medida que empiezas a apaciguar la mente pensante/emocional, puedes experimentar la respiración como un fenómeno meramente sensorial, relativamente libre de conceptualizaciones.

Volvamos a nuestra experiencia de la respiración. La experiencia conceptual que se acaba de describir se denomina tradicionalmente el **aspecto inicial**[5] del objeto de meditación. Es una percepción de la respiración solo un poco más refinada que la que tiene alguien que no medite. Pero por primera vez, a medida que empezamos a apaciguar la mente pensante/emocional, podemos experimentar la respiración como un fenómeno meramente sensorial, relativamente libre de conceptualizaciones, e ir más allá del *aspecto inicial*.

Tu objeto de meditación ha pasado a ser, finalmente, las *sensaciones* de la respiración. Experimentas una serie repetida de sensaciones que surgen y desaparecen, siempre dentro de un ámbito de atención claramente definido. Primero, surge y desaparece una secuencia de sensaciones, a lo cual sigue un breve intervalo de sensaciones débiles o ausencia de ellas. Después surge y desaparece una segunda secuencia, seguida de otro breve intervalo. A continuación, la primera serie comienza de nuevo, y así sucesivamente. Puesto que los conceptos ya no ocultan las sensaciones, puedes enfocar toda tu capacidad consciencial en ellas y observarlas con gran claridad. Esta transformación de la experiencia del objeto de meditación es lo suficientemente significativa como para que la tradición le haya puesto una etiqueta: el **aspecto adquirido**[6] del objeto de meditación. Se llama así porque se *adquiere* mediante la práctica diligente.

A medida que mejoramos a la hora de observar exclusivamente el aspecto adquirido, se hacen evidentes fragmentos cada vez más sutiles de procesamiento conceptual, a través de su ausencia a medida que van cesando. Por ejemplo, puede ser que en algún momento, de repente, te des cuenta de que no sabes si las sensaciones que estás observando corresponden a la inhalación o a la exhalación. También te das cuenta de que *podrías* saberlo en un instante, pero eres consciente de que para ello *tendrías que retirar intencionadamente la atención de las sensaciones y llevarla a las formaciones conceptuales de la mente*. En otras ocasiones, es posible que te des cuenta de que el sitio donde parecen tener lugar las sensaciones ya no se corresponde con el sitio donde está la nariz. La respiración parece acontecer a un lado, o por encima o por debajo de donde debería producirse. Normalmente, las sensaciones de la respiración y nuestra conciencia general del cuerpo se funden en **momentos conscienciales de unión**. Ahora, la respiración y el cuerpo se perciben de forma separada: las sensaciones de la respiración, en la atención, y la forma y posición del cuerpo, en la conciencia periférica. Para volver a combinar ambas percepciones, todo lo que deberías hacer es dirigir la atención, por un momento, a la forma y la posición del cuerpo. El resultado de experiencias como estas es un profundo *Insight* sobre las relaciones entre la atención y la conciencia, la experiencia sensorial y el pensamiento conceptual, así como el papel de los momentos de unión. No obstante, estos *Insights* no pueden tener lugar *a menos que hayas superado por completo el embotamiento sutil y hayas cultivado el* mindfulness *con una potente conciencia introspectiva*.

Mediante la práctica de experimentar todo el cuerpo con la respiración, apaciguas la mente, lo que te lleva al aspecto adquirido del objeto de meditación. En conjunto, el enfoque exclusivo y la percepción

Al apaciguar la mente por medio del enfoque exclusivo, alcanzas el aspecto adquirido y la percepción no conceptual. Esto te brinda el tipo de experiencia directa de la mente en que se basan estos modelos.

no conceptual te brindan el tipo de experiencia directa de la mente en que se basan los modelos de los que estamos hablando.

CÓMO CULTIVAR LA CONCIENCIA INTROSPECTIVA METACOGNITIVA

Tu primer objetivo es llevar la atención a un nuevo nivel por medio de someter las distracciones sutiles mientras sostienes la conciencia introspectiva. El segundo es perfeccionar esta conciencia hasta que se convierta en la **conciencia introspectiva metacognitiva**. La llamamos *metacognitiva* porque implica una visión más amplia desde una perspectiva superior. Es como abarcar todo un panorama desde lo alto de una colina, en lugar de estar más abajo y ver solamente los pocos elementos del entorno inmediato. Desde esta perspectiva más elevada, el objeto de la consciencia es la *mente misma*.[7] En concreto, la conciencia introspectiva metacognitiva significa ser consciente de las *actividades* que están teniendo lugar en la mente y del *estado* actual en el que esta se encuentra. Esto es distinto del mero hecho de ser consciente de los objetos mentales, tales como ciertos pensamientos y recuerdos, que no son más que los *contenidos* de la mente. Para ilustrar esto, imagina que estás meditando y aparece un objeto mental en tu conciencia periférica. Tal vez es el pensamiento de que tienes que cambiar el filtro del agua del grifo, o tal vez es el recuerdo de un cumplido que te hizo alguien. Esta es la conciencia introspectiva ordinaria de los *objetos mentales* como contenidos. Simplemente los «dejamos estar» en la conciencia periférica y «permitimos que se vayan» por sí mismos. Sin embargo, con la conciencia introspectiva metacognitiva, eres consciente de que está teniendo lugar la *actividad* del pensamiento, de que ha aparecido un *pensamiento* o *recuerdo*, y conoces el efecto que tiene ese pensamiento o recuerdo sobre tu estado mental. Percibes, por ejemplo, que un recuerdo te está provocando un estado mental agradable, si bien no tienes un interés especial en el contenido de ese recuerdo, aunque si quisieses saber cuál es, podrías saberlo.

Podemos ser metacognitivamente conscientes de dos tipos de actividades mentales. En primer lugar, podemos ser conscientes de lo que está haciendo la atención. Esto incluye adónde se está dirigiendo, cómo se desplaza, su viveza, su claridad y la categoría sensorial del objeto en el que se enfoca en el momento. Por ejemplo, sabes que estás atento principalmente a una sensación física, la respiración en la nariz. No obstante, si está presente una distracción sutil, también sabes que la atención está alternando. En segundo lugar, puedes ser consciente de los cambios que tienen lugar, momento a momento, en los objetos de la conciencia periférica. Puedes ser periféricamente consciente de una diversidad de sensaciones presentes en tu cuerpo, pero también sabes que hay varios sonidos entrando y saliendo de la conciencia.

He aquí otro ejemplo de los dos tipos de actividades. Supongamos que estás realizando la práctica de experimentar el cuerpo con la respiración. El ámbito predefinido de tu atención es, por lo tanto, todo el cuerpo. Eres consciente de que las sensaciones que experimentas en la mitad inferior no son, en este momento, tan vívidas y claras como las que experimentas en la mitad superior. Sin embargo, te das cuenta de que las sensaciones que experimentas en la mitad inferior también se están volviendo más nítidas. Esta es la conciencia metacognitiva del primer tipo de actividad que implica la atención. A continuación, percibes que surge un pensamiento acerca de todo este proceso en tu conciencia periférica. Esta es la conciencia metacognitiva del segundo tipo de actividad, los cambios en los objetos de la conciencia. Cuando la conciencia metacognitiva sintonice bien con estas actividades mentales, tu práctica será mucho más eficaz.

El segundo aspecto de la conciencia metacognitiva es conocer el estado de la mente, es decir, conocer su grado de *claridad* y *alerta*, saber qué *emoción* y qué *sensaciones hedónicas* predominan en ella y ser consciente de cuáles son las *intenciones* que impulsan la actividad mental. En términos cotidianos, te percatas de si te hallas en un estado paciente o molesto, alerta o embotado, centrado o distraído, obsesivamente enfocado o abiertamente atento, imparcial o identificado, etcétera. Durante la meditación, se trata de que permanezcas continuamente consciente de la claridad de percepción y del estado de alerta general de la mente, y de que adoptes medidas correctivas si experimentas embotamiento o si no puedes distinguir unas sensaciones de otras. Se trata de que sepas si tu estado emocional es de alegría, molestia, impaciencia o aburrimiento, y si está o no cambiando. El flujo constante de sensaciones hedónicas ¿tiende a ser agradable o desagradable? También consiste en que permanezcas consciente de lo fuerte que es tu intención de sentir todas las sensaciones de la respiración. Si esta intención se debilita, reafírmala y fortalécela.

La conciencia introspectiva metacognitiva se cultiva por medio de la *intención* de observar objetivamente las actividades de la mente y el estado mental. Esto significa que te propones conocer, momento a momento, los movimientos de la atención, la calidad de tu percepción y si el ámbito de tu atención es estable o si se expande para incluir las distracciones. ¿Hay pensamientos en la conciencia periférica?, y, si los hay, ¿son verbales o no verbales? La mente ¿está inquieta, agitada o relajada? ¿Está alegre, o tal vez impaciente? Al inicio de esta etapa, estos estados y actividades serán muy variados, lo cual te dará muchas oportunidades de cultivar la conciencia metacognitiva.

Cultivas la conciencia introspectiva metacognitiva por medio de la intención de conocer, momento a momento, los movimientos de tu atención, la calidad de tu percepción y si el ámbito de tu atención es estable o se expande.

La conciencia metacognitiva y la mente narrativa

De acuerdo con el modelo del sistema mental, la conciencia metacognitiva es un resultado de las actividades de la mente narrativa. Esta mente acoge, combina e integra la información que otras submentes proyectan en la consciencia, y a continuación vuelve a proyectar todo eso como un **momento consciencial de unión**. Cada uno de estos momentos de unión es un «episodio» descriptivo que proporciona una visión general del estado mental y un resumen de las actividades conscienciales que tienen lugar durante el breve intervalo que cubre ese episodio. Los momentos de unión que integran el contenido de los momentos de conciencia introspectiva constituyen la conciencia metacognitiva del estado de la mente y de sus actividades.

Cultivar la conciencia introspectiva metacognitiva significa aumentar el porcentaje de los momentos de conciencia metacognitiva frente a los otros momentos de atención y conciencia.

Cultivar la conciencia introspectiva metacognitiva significa aumentar el porcentaje de estos momentos de conciencia metacognitiva que se hallan dispersos entre otros momentos de atención y conciencia. Sostener la fuerte intención de ser un observador objetivo de la propia mente hace que la mente narrativa aumente su actividad de unión de la información, lo que da lugar a más momentos de conciencia metacognitiva. Ignorar sistemáticamente los pensamientos (con la atención introspectiva) y las sensaciones irrelevantes (por medio de la atención extrospectiva) incrementa aún más el porcentaje de los momentos conscienciales disponibles para la conciencia introspectiva metacognitiva.

LA ATENCIÓN METACOGNITIVA

Cuando los momentos de unión metacognitivos de la mente narrativa aparecen en la conciencia, lo que surge ahí no es más que información. Esta información no es muy reinterpretada conceptualmente, y de ahí no se infiere ningún yo separado, concreto. Sin embargo, los contenidos de esos momentos de unión también pueden tomarse como objetos de la *atención*, y como la atención *siempre* tiene que ver con la mente discernidora, el resultado es bastante diferente.

Es en la mente discernidora donde se construye nuestro concepto del yo. Esta mente toma la estructura narrativa y considera que hay un único yo a su cargo. Esta es la razón por la cual, cuando tienes momentos de *atención*, el ego-yo hace siempre acto de presencia. A pesar de la perspectiva más elevada, más objetiva, de la atención introspectiva metacognitiva, la sensación de ser un yo sigue manifestándose. Parece como si hubiese algo o alguien que fuese el «testigo» de lo que está aconteciendo en la mente.

EL USO DE LA ABSORCIÓN MEDITATIVA PARA MEJORAR LAS HABILIDADES DE MEDITACIÓN

La **absorción meditativa** es un método potente que puede acelerar enormemente tu progreso por las diez etapas. La práctica del conjunto del cuerpo que se describe a continuación es especialmente útil para soltar los pensamientos discursivos y preparará tu mente para entrar en un estado de absorción meditativa. Se presentarán otras prácticas de absorción en etapas posteriores.

Todos estamos familiarizados con lo que se siente al estar absorto en alguna actividad. Con las condiciones adecuadas, este tipo de absorción cotidiana se puede transformar en un estado único llamado fluencia. En palabras del destacado psicólogo Mihaly Csikszentmihalyi, la fluencia es:

> [...] un estado de concentración tan enfocado que equivale a la absorción completa en una actividad. Todo el mundo experimenta el estado de fluencia de vez en cuando y reconocerá sus características: las personas normalmente se sienten fuertes, atentas, tienen el control sin esforzarse, son inconscientes de sí mismas y dan lo máximo de sí. Tanto el sentido del tiempo como el de los problemas emocionales parecen desaparecer, y hay una sensación de trascendencia estimulante.[8]

LAS SIETE CONDICIONES PARA PERMANECER EN ESTADO DE FLUENCIA

De acuerdo con Csikszentmihalyi, para que una actividad *pueda* conducir a un estado de fluencia debe cumplir las siguientes condiciones:

1. La finalidad de la actividad es la actividad misma; no se lleva a cabo con ningún otro propósito.
2. Los objetivos de la actividad están claros y la retroalimentación que se obtiene de ella es inmediata. Lo más importante de esta retroalimentación es el mensaje simbólico que contiene: «He tenido éxito con mi objetivo».*
3. La actividad no es ni sumamente dificultosa ni demasiado sencilla. La dificultad de la tarea está en perfecto equilibrio con las capacidades de la persona.
4. La actividad requiere que la atención se enfoque totalmente en ella; solo permite que un abanico muy selecto de atención entre en la conciencia y no deja espacio en la mente para nada más. Todos los pensamientos perturbadores o irrelevantes se dejan totalmente de lado.

A continuación, para que esa actividad se transforme *realmente* en un estado de fluencia, deben darse estas otras condiciones:

5. La actividad se vuelve espontánea, casi automática, y no hay ningún sentido del yo separado de ella.
6. Surge una sensación de ausencia de esfuerzo, aunque se requiera un desempeño continuamente habilidoso. Todo se desarrolla sin problemas, como por arte de magia.
7. Existe la sensación de que se ejerce el control con éxito –lo cual no es lo mismo que sentir que «uno» tiene el control.

* Después de la intención viene la acción, el resultado es evaluado positivamente y sensaciones de placer y satisfacción refuerzan la repetición continua de la intención y la acción. Este proceso genera una impresión de orden en la experiencia consciencial.

Las absorciones meditativas son estados de fluencia que tienen lugar en la meditación, y se conocen tradicionalmente como *jhānas*. La tradición también define los factores específicos requeridos para entrar en *jhāna*. Estos factores son la atención directa y sostenida (*vitakka-vicāra*), el enfoque exclusivo y la unificación de la mente (*cittas'ekagata, ekodibhāva*) y el gozo y el placer (*pīti-sukha*). Si todas estas condiciones están presentes, te encontrarás en un estado llamado **concentración de acceso** (*upacāra-samādhi*). Es el estado de concentración que precede inmediatamente al estado de *jhāna*, y desde el que se puede acceder a dicho estado. En términos más sencillos: el estado de concentración que precede inmediatamente a *jhāna* y que proporciona el acceso a *jhāna* requiere el enfoque exclusivo de la atención, gozo y placer.

Las absorciones meditativas son estados de fluencia que tienen lugar en la meditación, y se conocen tradicionalmente como jhāna.

Antes de la sexta etapa, si te quedas demasiado absorto en el objeto de meditación, te hundes rápidamente en el embotamiento o te pierdes en las distracciones. Pero tras superar el embotamiento sutil y dominar temporalmente las distracciones sutiles, puedes entrar en estados de absorción sin que ocurra esto. Además, el **aspecto adquirido** de la respiración es un objeto mucho más adecuado para entrar en la absorción meditativa que el **aspecto inicial**.

Las *jhānas* en que puedes entrar en esta etapa son «muy *light*», lo que significa que interferirá en ellas cierta cantidad de pensamiento, investigación o evaluación, lo cual hará que sean inestables. Aun así, son extremadamente útiles en aras de una concentración más profunda y de la unificación de la mente. También son muy agradables. A medida que te vuelves un meditador experto, la mente se unifica más, la concentración de acceso se hace más potente y las *jhānas* que puedes alcanzar son, en consonancia con ello, más profundas.

Antes de intentar entrar en *jhāna* por primera vez, familiarízate totalmente con las «siete condiciones para permanecer en estado de fluencia» que se exponen en el anterior recuadro. Constituyen una guía útil para crear exactamente las condiciones adecuadas para que surja el fluir.

LA JHĀNA DE TODO EL CUERPO

La *jhāna* de todo el cuerpo es la primera absorción meditativa que vas a practicar. Prepárate cultivando intencionadamente un estado de gozo. Empieza por percibir y sostener deliberadamente en la conciencia cualquier sensación de quietud, alerta y placer. También puedes estimular estas sensaciones, o incluso tratar de invocarlas. Mientras sigues haciendo que tu práctica sea más profunda y avanzando hacia la atención exclusiva, asegúrate de conservar estas cualidades agradables en tu conciencia a lo largo de cada sesión. De hecho, deberías hacer esto siempre, tanto si tienes la intención de practicar *jhāna* como si no.

Una vez más, el objeto de meditación para esta *jhāna* son todas las sensaciones relacionadas con la respiración que están simultáneamente presentes en todo el cuerpo. Puedes llegar a este punto por medio de trabajar, en primer lugar, con cada parte corporal durante la práctica de experimentar todo el cuerpo con la respiración. O quizá eres capaz de retirar inmediatamente el enfoque de la nariz y situarlo en el conjunto del cuerpo. No importa. La principal diferencia es que, en lugar de regresar a la respiración en la nariz, a la hora de intentar llegar a *jhāna* tu objeto de meditación siguen siendo las sensaciones de la respiración en el conjunto del cuerpo.

Aún pueden filtrarse algunos ruidos de fondo, y surgir pensamientos discursivos de vez en cuando. Esto tampoco importa, siempre y cuando haya períodos de atención estable, exclusiva, durante los cuales las sensaciones de la respiración en todo el cuerpo sean extremadamente claras. Estos períodos de enfoque estable, exclusivo, junto con la conciencia metacognitiva del placer, te permitirán acceder a *jhāna*.

Percibe las sensaciones de la respiración en el conjunto del cuerpo tan suave y perfectamente como puedas. Cada momento en que das lo mejor de ti es un éxito. Deja que todo lo demás se desvanezca. Observa lo agradables que son las sensaciones de la respiración; pueden adquirir una cualidad vibratoria distinta. Cuando todo esté a punto, tu mente parecerá «caer en un surco» y comenzar a «fluir» durante un rato. El cambio será notable. Reconocerás *jhāna* como un cambio único en tu estado mental. Los mismos factores que definieron la concentración de acceso están presentes también en *jhāna*. Lo que distingue la concentración de acceso de *jhāna* es este cambio a un estado de fluencia, que se caracteriza por las condiciones quinta, sexta y séptima expuestas anteriormente. Sí, tu mente se saldrá de ese flujo. Cuando ocurra esto, vuelve a «agarrar el anillo de oro» y regresa a *jhāna*. Después de un poco de práctica, el proceso mismo de volver a *jhāna* cuando sales de ahí pasa a formar parte del conjunto de la experiencia de la fluencia. Con el tiempo, los períodos de permanencia en *jhāna* se hacen más largos y agradables. Esta es la primera *jhāna* de todo el cuerpo.

> Cuando todo esté a punto, tu mente parecerá «caer en un surco» y comenzar a «fluir» durante un rato. Este cambio del estado mental es *jhāna*.

Sin embargo, ten cuidado, porque aún es posible que se presente el embotamiento. A pesar de que esto no sucede a menudo en *jhāna*, eres vulnerable si la conciencia se atenúa. Puede ser que sigas experimentando sensaciones relacionadas con la respiración, pero te parecerán un poco vagas, como si estuvieran de alguna manera desconectadas de tu conciencia general del cuerpo. Cuando ocurre esto, el enfoque de la atención acostumbra a desplazarse desde las sensaciones de la respiración hacia la experiencia del placer y la felicidad. En la séptima etapa, aprenderás cómo alcanzar un tipo más profundo de *jhāna* por medio de centrarte en el gozo y el placer, pero este no es el momento. Por ahora, si alguna vez encuentras que el enfoque de tu atención se desplaza al placer, abandona *jhāna* y regresa enseguida a un estado de alerta total. La absorción sin conciencia metacognitiva no es realmente *jhāna*, aunque sea agradable. Si, de forma accidental, ejercitas tu mente para que se embote estando en *jhāna*, tendrás que *desaprender* eso antes de poder utilizar *jhāna* para avanzar en tu práctica.

Practica esta primera *jhāna* siempre que las condiciones sean las adecuadas para acceder a ella. Percibe siempre exactamente lo que está ocurriendo en tu mente justo antes de entrar en *jhāna*. De esta manera, te familiarizarás más con estas condiciones y te será más fácil volver a crearlas en el futuro. Desarrolla la habilidad de entrar en *jhāna* y permanece ahí durante períodos cada vez más largos. En cada sesión puedes necesitar un tiempo para llegar a *jhāna*. Por lo tanto, trata de alargar tus períodos de meditación para tener tiempo no solo para entrar en *jhāna*, sino también para practicar el sostenimiento de este estado. *Jhāna* puede perfeccionarse en cuatro fases distintas, que la tradición distingue como la primera, la segunda, la tercera y la cuarta *jhānas*. Si puedes entrar y permanecer constantemente en la primera *jhāna*, la del cuerpo entero, durante quince minutos sin interrupciones, puedes empezar a practicar la segunda, utilizando para ello, asimismo, el método del cuerpo entero, que se describe en el apéndice D. Cuando puedas hacer fácilmente lo mismo con esta *jhāna*, pasa a la siguiente. Sin embargo, no tengas prisa. Forja tus habilidades.

Hasta que hayas dominado la sexta etapa, sigue practicando estas *jhānas* de todo el cuerpo. No te preocupes por si practicas o no las cuatro. Aunque sean útiles y placenteras, las *jhānas* no son un fin en sí mismas. Por ahora, su único propósito es ayudarte a dominar la sexta etapa y prepararte para avanzar más rápidamente por las siguientes etapas. Te esperan *jhānas* aún mucho más profundas.

CONCLUSIÓN

Has dominado la sexta etapa cuando has sometido las distracciones sutiles y puedes sostener un alto nivel de conciencia introspectiva metacognitiva. Tu *mindfulness* es bastante fuerte y percibes el objeto de meditación de forma clara y vívida. También tienes el control completo sobre el alcance de tu atención, lo cual te permite analizar cualquier objeto aplicando un enfoque tan amplio o tan estrecho como elijas. Cuando te sientas, tardas un poco en estabilizar la atención, pero después de esto, las distracciones sutiles están más o menos completamente ausentes. Pueden filtrarse pensamientos de vez en cuando, pero a menudo están ausentes incluso de la conciencia periférica. Las sensaciones y los sonidos siguen estando presentes en la conciencia periférica, pero solo en raras ocasiones se convierten en distracciones sutiles. Cuando lo hacen, son rápida y automáticamente corregidos. Recuerda que solo has *dominado* las distracciones sutiles, no las has eliminado de forma permanente. Por lo tanto, debes permanecer continuamente vigilante para evitar que vuelvan a presentarse el embotamiento sutil y las distracciones.

Has alcanzado el segundo hito: enfocar la atención en aquello que decides de forma sostenida. Este es un gran logro. Has completado el desarrollo de la concentración hábil. En la séptima etapa, harás la transición a la práctica del experto. Los aspectos más gratificantes y gozosos de la meditación te están esperando.

Las etapas del meditador experto

Las cuatro últimas etapas describen la maduración de la práctica del **meditador experto**. Esta parte del camino difiere de las etapas anteriores en cuatro aspectos importantes. En primer lugar, no debes adquirir nuevas habilidades. Sigue practicando las habilidades que ya has dominado, y van a producir cambios profundos en la forma en que funciona tu sistema mental. En segundo lugar, todo lo que ocurra en estas etapas forma parte de un único proceso, continuo: la **unificación de la mente**. En tercer lugar, a medida que la unificación avance, experimentarás varios fenómenos sensoriales extraños, movimientos corporales espontáneos y el surgimiento de una potente energía. Estos fenómenos acompañan a las transformaciones que tienen lugar en el sistema mental y culminan en la experiencia única de la **docilidad física** y el **gozo meditativo**.[1] En cuarto lugar, la práctica del experto conduce inevitablemente a potentes **experiencias de Insight** que tienen el potencial de conducir al verdadero **Insight**.

LA TRANSICIÓN DE LA PRÁCTICA HÁBIL A LA PRÁCTICA EXPERTA: DE LA EJERCITACIÓN DE LA MENTE A LA TRANSFORMACIÓN DE LA MENTE

Pasar de ser un meditador hábil a un meditador experto significa, esencialmente, pasar de ejercitar la mente a transformarla. Es muy importante entender esta diferencia. Se presentan tantos métodos nuevos en las próximas etapas que es posible preocuparse por la técnica y alcanzar con éxito el *śamatha* mientras se desestiman, sin saberlo, oportunidades para el *Insight* como si fuesen meras interrupciones de la práctica. No permitas que ocurra esto. El verdadero objetivo de la práctica experta es el de remodelar la mente como un potente instrumento capaz de llevar a cabo la clase de investigación que conduce al *Insight* y al **Despertar**.

Hasta ahora, todo tu progreso ha sido el resultado de desarrollar habilidades. En las etapas cuarta, quinta y sexta te ejercitaste en detectar y corregir las distracciones o el embotamiento para evitar su manifestación automática. Ahora, como meditador que ha dominado las habilidades de la estabilización de la atención y la generación de un potente *mindfulness*, puedes alcanzar sistemáticamente el enfoque exclusivo.

Sin embargo, en realidad, la transición desde el desarrollo de habilidades hacia la transformación del modo en que trabaja la mente empezó en la sexta etapa con el **apaciguamiento de la mente**. El hecho de aplicar continuamente la habilidad de ignorar los objetos mentales ocasionó *un cambio en el funcionamiento del sistema mental* que evitó la manifestación del problema. La mente discernidora dejó de proyectar objetos mentales en la consciencia como distracciones potenciales. La conciencia metacognitiva y el **aspecto adquirido** del objeto de meditación son otros ejemplos de cambios en el funcionamiento mental que fueron el mero resultado de perseverar en el ejercicio de ciertas habilidades.

El apaciguamiento de la sexta etapa fue solo parcial y temporal, ya que cuando relajabas tus esfuerzos, los pensamientos y otros objetos mentales volvían a aparecer en la consciencia para competir por tu atención. Sin embargo, a medida que va ejercitándose el apaciguamiento en la séptima etapa, tiene lugar un cambio aún más fundamental en el sistema mental, un cambio que *erradica por completo la causa del problema*. Un porcentaje significativo de submentes discernidoras, en lugar de, sencillamente, aquietarse, se *unifican* para apoyar la intención única y consciente de sostener un enfoque de atención exclusivo. El resultado es el **apaciguamiento total de la mente discernidora**, también conocido como **docilidad mental**. Con la docilidad mental, la atención exclusiva y un potente *mindfulness* pueden sostenerse *sin esfuerzo* durante períodos largos. Estos son los cambios que te convierten en un practicante experto.

La diferencia fundamental entre la práctica del experto y todo aquello que la precede es que el sistema mental funciona de manera diferente a medida que está cada vez más unificado.

DESARROLLO DE HABILIDADES CONTRA MAESTRÍA

Para brindarte un sentido de la diferencia entre desarrollar habilidades básicas y el ejercicio de la maestría, piensa en lo que significa llegar a ser un músico virtuoso. En primer lugar, debes dominar todas las habilidades necesarias (las escalas, las progresiones de los acordes, los adornos, etc.). Una vez que dominas estas habilidades, entras en el ámbito del arte, que incluye la capacidad de improvisar, de transmitir estados de ánimo y de expresar matices. Las habilidades te han proporcionado la base, pero la improvisación creativa pertenece a otro nivel y requiere su propio proceso de maduración. Otro aspecto del virtuosismo es la interacción cooperativa: cuando se toca en grupo, cualquier floritura añadida por un músico debe encajar con la ejecución del grupo. Lo mismo es aplicable a la unificación de un sistema mental constituido por múltiples partes: cada submente debe funcionar de una manera que sea armónica con el resto del sistema.

De hecho, todo lo que ocurre a partir de la séptima etapa no tiene lugar porque nuestras habilidades mejoren aún más, sino porque el sistema mental mismo empieza a funcionar de manera diferente. En concreto, al aplicar sistemáticamente las habilidades que ya hemos dominado, la mente se unifica cada vez más. Esta es la diferencia fundamental entre la práctica del experto y todo lo que la ha precedido.

VISIÓN GENERAL DEL PROCESO DE UNIFICACIÓN

Las etapas séptima a décima implican una profunda unificación de la mente. Esto no significa que la mente se fusione, de alguna manera, en una sola entidad monolítica. Lo que ocurre es que las muchas submentes discernidoras y sensoriales empiezan a trabajar juntas, en armonía. Esta unificación es lo que da lugar al *śamatha*. Esta formulación general, junto con el diagrama, describe la secuencia de eventos que tienen lugar en el proceso de unificación y lo que ocurre en cada etapa. Como verás, algunos de los eventos se desarrollan a lo largo de varias etapas. La relación que tienen las etapas individuales con el proceso general se pondrá de manifiesto a medida que avancemos.

La unificación no significa que la mente se convierta en una entidad monolítica, sino que las mentes inconscientes empiezan a trabajar juntas en armonía. Esto es lo que da lugar al śamatha.

El **apaciguamiento de la mente** comenzó en la sexta etapa y continúa en la séptima. Las actividades de las submentes discernidoras han desaparecido en gran parte de la consciencia, y rara vez aparecen como algo más que como murmullos indistintos. Aun así, se necesita un esfuerzo continuo para mantener estos objetos potencialmente distractores al margen.

El **apaciguamiento total de la mente discernidora** que tiene lugar en la séptima etapa significa que las submentes discernidoras se han unificado mucho. Hacia el final de esta etapa, podrás sostener *sin esfuerzo* la estabilidad de la atención y un *mindfulness* potente. Esta cualidad de ausencia de esfuerzo se llama…

… **docilidad mental**,[2] que constituye la característica definitoria de la mente en la octava etapa. Y a medida que sigue teniendo lugar la unificación de la mente como un todo…

… empieza el **apaciguamiento de los sentidos**.[3] Este proceso es similar al apaciguamiento de la mente discernidora, excepto por el hecho de que implica la unificación de las submentes sensoriales. El apaciguamiento de los sentidos tiene lugar sobre todo en la octava etapa, pero también puede ser una parte importante de la séptima. Con los sentidos totalmente apaciguados, todos los sonidos externos —excepto los más intrusivos— se desvanecen, y la conciencia auditiva suele estar dominada por un sonido interno; todas las imágenes visuales dejan de aparecer, y el sentido de la vista suele estar dominado por una luz interior, y las molestias corporales habituales (dolor, picazón, entumecimiento, etc.) son sustituidas por una agradable sensación de estabilidad y quietud. Con esta mayor unificación y el apaciguamiento total de los sentidos…

… surge la **docilidad física**, la cual permite al meditador permanecer sentado durante horas sin experimentar molestias físicas o distracciones sensoriales. Cuando te levantes después de una larga sesión, te sentirás fuerte y vigoroso; no experimentarás rigidez o adormecimiento en las extremidades. La docilidad física se ve acompañada de…

… la **dicha de la docilidad física**.[4] Es una maravillosa sensación de placer y confort corporal que parece o bien llenar todo el cuerpo desde el interior o bien cubrirlo como una manta o una segunda piel consistente en una sensación placentera. El apaciguamiento de los sentidos, la docilidad física y la dicha de la docilidad física pueden aparecer de forma intermitente en la séptima etapa, pero solo se desarrollan plenamente en la octava.

El **gozo meditativo**[5] es un estado mental gozoso que surge a raíz de la mayor unificación de la mente que tiene lugar en la octava etapa. Por lo general, se ve acompañado por la experiencia de que hay unas potentes corrientes de energía circulando por el cuerpo. El gozo meditativo madura totalmente poco después de la docilidad física, y da lugar a…

… la **dicha de la docilidad mental**,[6] que es un sentimiento de felicidad. El gozo meditativo como *estado mental* es muy diferente de la dicha de la docilidad mental, que es la *sensación mental* placentera que lo acompaña (ver la octava etapa). El estado de gozo meditativo y la dicha de la docilidad mental pueden ser tan intensos y emocionantes que se pueden convertir en una distracción enorme —hasta el punto de que el practicante incluso deje de meditar para ir a hablar con alguien acerca de estas experiencias—. El gozo meditativo se alcanza

---

UN RESUMEN DEL PROCESO DE UNIFICACIÓN

- El apaciguamiento de la mente discernidora empieza en la sexta etapa, sigue en la séptima mientras la mente comienza a unificarse y culmina con la ausencia de esfuerzo de la docilidad mental en la octava etapa. Llegado a este punto, te has convertido en un meditador experto.
- El apaciguamiento de los sentidos empieza en la séptima etapa y acaba al final de la octava. Con el apaciguamiento total, surgen la docilidad física y el gozo meditativo, junto con la dicha de la docilidad física y la de la docilidad mental.
- La *intensidad* de la dicha de la docilidad física y la de la docilidad mental amaina en la novena etapa, lo cual da lugar a la tranquilidad y la ecuanimidad.
- En la décima etapa, en que la unificación de la mente está casi completada, las cinco características del *śamatha* se hallan plenamente asentadas.
- Hacia el final de la décima etapa, el *śamatha* del meditador experto sigue presente ininterrumpidamente en la vida diaria.

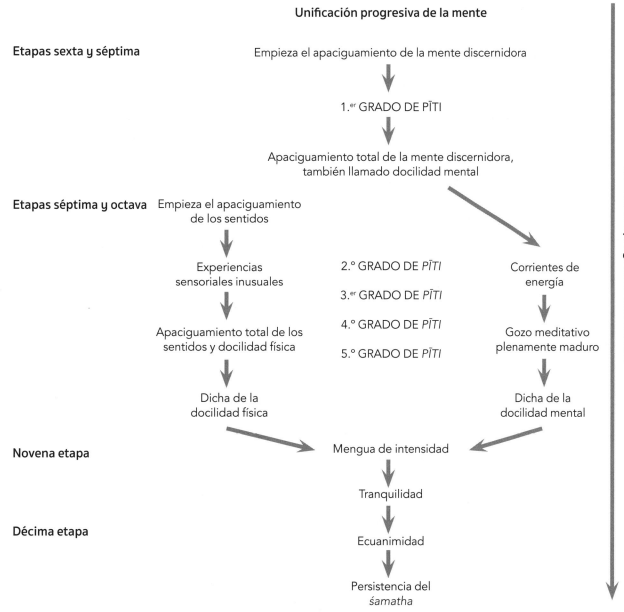

Unificación progresiva de la mente

Etapas sexta y séptima — Empieza el apaciguamiento de la mente discernidora

1.er GRADO DE PĪTI

Apaciguamiento total de la mente discernidora, también llamado docilidad mental

Etapas séptima y octava — Empieza el apaciguamiento de los sentidos

Experiencias sensoriales inusuales

2.º GRADO DE *PĪTI*

3.er GRADO DE *PĪTI*

4.º GRADO DE *PĪTI*

5.º GRADO DE *PĪTI*

Corrientes de energía

Apaciguamiento total de los sentidos y docilidad física

Gozo meditativo plenamente maduro

Dicha de la docilidad física

Dicha de la docilidad mental

Novena etapa — Mengua de intensidad

Tranquilidad

Décima etapa — Ecuanimidad

Persistencia del *śamatha*

Unificación progresiva de la mente

sistemáticamente en la octava etapa, y el gozo meditativo sostenido, junto con la dicha de la docilidad mental y la de la docilidad física, es la característica definitoria de la novena etapa. A medida que el meditador se familiariza con el estado de gozo meditativo en el transcurso de la novena etapa, tiene lugar...

... una **mengua de intensidad** de la dicha de la docilidad física y la de la docilidad mental. El gozo meditativo sigue estando presente, pero a medida que la intensidad y la emoción se desvanecen...

... surge la **tranquilidad**.[7] A medida que la tranquilidad se establece firmemente...

... se desarrolla la **ecuanimidad**, lo que significa que el meditador ya no reacciona frente a las sensaciones agradables y desagradables de la forma en que lo haría normalmente. Tanto la tranquilidad como la ecuanimidad son los frutos de la novena etapa y marcan la entrada en la etapa décima y última de la práctica del meditador experto. La mente está casi completamente unificada y las cinco características del *śamatha* —la atención estable (*samādhi*), el *mindfulness* potente (*sati*), el gozo (*pīti*), la tranquilidad (*passadhi*) y la ecuanimidad (*upekkhā*)— están ahora plenamente establecidas. Y cuando la mente se ha unificado totalmente en la décima etapa tiene lugar...

... la persistencia del *śamatha* entre las sesiones de meditación.

EL APACIGUAMIENTO DE LOS SENTIDOS Y EL GOZO MEDITATIVO

A medida que la mente se unifica, los sentidos se apaciguan y surge el gozo meditativo. Estos dos procesos son diferentes, pero están conectados y tienen lugar al mismo tiempo. Cada uno presenta sus propias características específicas.

A medida que tu mente se vaya unificando cada vez más, experimentarás tanto el apaciguamiento total de los sentidos como el surgimiento del gozo meditativo. Esto empieza con una diversidad de experiencias sensoriales inusuales que acaban por conducir al aquietamiento total de los sentidos, así como a la docilidad física y la dicha de la docilidad física. El gozo meditativo, por otra parte, viene precedido por determinadas corrientes de energía, que aumentan en intensidad hasta que experimentas la culminación del gozo y la dicha de la docilidad mental. Estos dos procesos acontecen al mismo tiempo y, a pesar de que están conectados, cada uno tiene sus propias características específicas.

Ambos procesos se describen en este interludio porque abarcan las etapas séptima y octava y no encajan perfectamente con la descripción de lo que ocurre en la octava específicamente. Se empezará por abordar el apaciguamiento de los sentidos y el gozo meditativo por separado, y después se verá la forma en que se entremezclan y complementan entre sí.

El apaciguamiento de los sentidos: de las sensaciones insólitas a la docilidad física

El apaciguamiento de los sentidos proviene de ignorar sistemáticamente la información sensorial que se presenta en la conciencia. Con el tiempo, las submentes sensoriales dejan de proyectar sus contenidos en la consciencia.

El apaciguamiento de los sentidos proviene de ignorar sistemáticamente la información sensorial normal que se presenta en la consciencia. Con el tiempo, las submentes sensoriales dejan de proyectar estos contenidos en la consciencia. Cuando ocurre esto, las submentes sensoriales están unificadas en torno a la intención común de no interrumpir el enfoque de la atención, lo que resulta en el apaciguamiento total y la docilidad física.

Esta suspensión temporal del procesamiento consciente de la información por parte de *todos* los sentidos es una de las dos características claves del apaciguamiento total de los sentidos. La otra es que, en el caso de varios de los sentidos, las sensaciones ordinarias no solo desaparecen, sino que son sustituidas por percepciones generadas internamente. Por ejemplo, es posible que veas una luz interior o que oigas un sonido interior. Estas percepciones generadas internamente son muy diferentes de los productos de la imaginación o la memoria. Además de ser mucho más «reales», también son totalmente espontáneas y no pueden ser inducidas intencionadamente.

Antes de que el apaciguamiento de los sentidos se haya completado, sin embargo, experimentarás una gran cantidad de fenómenos sensoriales inusuales, incluso extraños, producidos por las submentes. A pesar de que estas experiencias sensoriales extrañas son totalmente diferentes de las percepciones generadas internamente de la docilidad física, son de hecho sus *precursoras*.

Ten en cuenta que todas estas experiencias de apaciguamiento asombrosas, que incluso te pueden parecer fantásticas, no significan nada en sí mismas. Su relevancia es que indican que la mente se está unificando más. Por otra parte, a diferencia de las experiencias meditativas que acontecen durante las primeras seis etapas, cada persona puede experimentar el proceso de apaciguamiento de forma considerablemente distinta. También puede ser que tengas experiencias diferentes a las que aquí se describen. Sin embargo, las características básicas del proceso, aquí expuestas, deben ser reconocibles.

El apaciguamiento de los sentidos corporales

Por ejemplo, puedes experimentar sensaciones de calor o frío en la piel. Estas pueden ser estacionarias o estar en movimiento, aumentar o decrecer en intensidad y ser agradables o desagradables. Puede ser que experimentes escalofríos, temblores, enrojecimiento de la piel, sofocos, y que se te pongan los pelos de punta. Tal vez notes picores o una sensación como de insectos arrastrándose por la piel. Puedes experimentar entumecimiento, hormigueo, descargas eléctricas o pinchazos agudos. O bien sensaciones placenteras en alguna parte del cuerpo, incluso sensaciones sexuales, u olas de placer extendiéndose por todo el cuerpo. Los meditadores a menudo se sienten muy ligeros, como si estuvieran flotando, pero también se pueden percibir sensaciones de pesadez y presión, especialmente dentro o en la parte superior de la cabeza. Otra sensación habitual es la de caer hacia delante o hacia un lado, o experimentar una torsión del cuerpo o la cabeza, aunque en realidad no tenga lugar ningún movimiento. También se pueden sufrir mareos y náuseas. Algunas personas experimentan solo unos pocos de estos efectos, mientras que otras pueden tener que lidiar con todos ellos. La mayoría de los meditadores se hallan en algún punto intermedio. En cualquier caso, lo que experimentes durante el

A medida que se desarrolla el proceso de apaciguamiento, es probable que experimentes algunas sensaciones físicas y reacciones autónomas extrañas antes de alcanzar la docilidad física.

251

proceso de apaciguamiento es tan diferente del apaciguamiento total que te puede resultar difícil creer que haya algún tipo de conexión entre ambos.

Una vez que los sentidos corporales están completamente pacificados, experimentarás una quietud perfecta, acompañada de una maravillosa sensación de confort y placer que uniformemente impregnará tu cuerpo.

Una vez que tus sentidos corporales estén totalmente apaciguados, advertirás un cambio drástico, durante la meditación, en la forma en que experimentas las sensaciones corporales ordinarias, la propiocepción y la imagen mental que tienes de tu cuerpo. Antes del apaciguamiento, durante la meditación, somos generalmente muy conscientes de muchas sensaciones táctiles y otras sensaciones corporales: dolor en músculos y articulaciones, una sensación de ardor y presión allí donde nuestro cuerpo toca el cojín, sensaciones de temperatura y sensaciones de presión y tacto en partes del cuerpo cuando entran en contacto entre sí o con la ropa. Sin embargo, cuando los sentidos están completamente apaciguados y surge la docilidad física, dejamos de ser conscientes de *todas* estas sensaciones. En lugar de ello, se puede sentir como si el interior del cuerpo estuviese completamente vacío —como si no hubiese nada más que una delgada membrana o concha en la superficie del cuerpo, de la que hubiesen desaparecido todas las sensaciones—. Vas a tener poco más que una vaga conciencia de que tu cuerpo está ocupando un espacio. O bien puede ser que experimentes la superficie del cuerpo como un hormigueo o como unas vibraciones muy sutiles, efervescentes. Algunos meditadores afirman que sienten como si no hubiese más que un tenue campo de energía definiendo el espacio ocupado por su cuerpo. A otros les resulta difícil describir su percepción distinta del cuerpo; solo pueden señalar que ninguna de las sensaciones habituales está presente. Cuando desaparecen las sensaciones de presión, es habitual que los meditadores indiquen que se sienten como si estuviesen flotando en el aire o como si no pesasen. Pero la experiencia que más relatan es la de una quietud perfecta acompañada de una maravillosa sensación de bienestar y placer que llena su cuerpo de manera uniforme. ¡Hay meditadores que han llegado a asegurar que este placer se extiende hasta la punta de sus cabellos!

La propiocepción (la conciencia de la posición y ubicación de las partes del cuerpo) también cambia con el apaciguamiento total. Cuando nuestros ojos están cerrados, por lo general sabemos exactamente dónde están las partes de nuestro cuerpo y podemos, de forma precisa, tocar cualquiera de ellas con la mano. Con el apaciguamiento de los sentidos corporales, sin embargo, no es raro sentir como si el cuerpo estuviese en una posición completamente diferente de aquella en la que sabemos que está (por ejemplo, de pie en lugar de sentado, con los brazos rectos en lugar de doblados o inclinado en lugar de erguido).

En estrecha relación con la conciencia propioceptiva está la imagen mental interna que tenemos de nuestros propios cuerpos. Incluso cuando no estamos pensando conscientemente en ello, esta imagen está siempre presente en algún lugar en el fondo de la conciencia corporal. Es habitual que esta imagen no se corresponda exactamente con lo que vemos en el espejo, o con lo que capta una cámara. Después de todo, ¿quién no ha experimentado sorpresa en alguna ocasión al verse en una fotografía y se ha preguntado si ese es realmente su aspecto? Sin embargo, cuando la docilidad física está completamente desarrollada, podemos experimentar una autoimagen mental que difiera aún más radicalmente de nuestro aspecto real.

Por ejemplo, yo, Culadasa, soy un tipo de aspecto bastante divertido, con unas orejas que sobresalen y una cara que muestra los efectos del tiempo y el exceso de sol. La gente acostumbra a decir que me parezco un poco a Yoda. Cuando medito, me siento con las piernas cruzadas sobre un cojín plano, con la mano derecha apoyada sobre la mano izquierda en el regazo. Sin embargo, cuando estoy en el estado de docilidad física, a veces tengo la impresión de que estoy de pie en posición erguida. E incluso aunque una mano esté reposando sobre la otra en el regazo, a menudo siento como si mi brazo derecho estuviese extendido hacia abajo. Mi imagen mental es la de una cara hermosa con la piel lisa, brillante.

No todos los meditadores experimentarán que su cuerpo se halle en una posición tan drásticamente diferente. Pero al alcanzar la docilidad física, todos los meditadores tienden a experimentar una imagen mental alterada de sí mismos. Estas imágenes de uno mismo no tienen ningún significado místico en particular. En mi caso, he pasado parte de casi todos los días de mi vida durante los últimos veinticinco años en presencia de imágenes de latón o madera que representan a Buda de pie con la mano derecha dirigida hacia abajo. Tengo estas imágenes en particular porque me gustan. Por lo tanto, las características específicas de la autoimagen de cada cual tienen más que ver con aquello con lo que está familiarizado, sus preferencias personales y sus aspiraciones espirituales que con cualquier otra cosa.

Por favor, ten en cuenta que no estamos describiendo un estado de trance. Cualquier estímulo táctil fuerte o inusual (por ejemplo, que alguien te toque el hombro) se registrará en tu consciencia, aunque es posible que prefieras no responder a él. Esto demuestra que la mente sigue procesando la información sensorial en un nivel inconsciente. Además, *todo lo que tienes que hacer para ser plenamente consciente de las sensaciones táctiles ordinarias es cambiar intencionadamente el enfoque de tu atención.* Puedes desplazarte fácilmente entre las sensaciones aisladas y las percepciones alteradas del estado de docilidad física. Sin embargo, si tus sentidos corporales están fuertemente apaciguados, puedes tardar unos momentos en recuperar la conciencia normal de todo el cuerpo. Puede ser que incluso tengas que mover alguna parte de él para restablecer completamente la propiocepción normal, en especial si has estado sentado en el estado de docilidad física durante mucho tiempo. Por lo general, hay cierta resistencia interna a renunciar al placer de la docilidad física.

El apaciguamiento del sentido visual

Normalmente, incluso con los ojos cerrados, la mente visual no está realmente en reposo. Sigue buscando posibles imágenes que presentar en la consciencia, aunque, por lo general, todo lo que podemos ver a través de los párpados son luces y sombras que experimentan cambios sutiles. Aun así, la mente tiende a generar sus propias imágenes, a veces de forma abundante —una distracción habitual durante la meditación—. De cualquier manera, es raro que alguien experimente una ausencia completa de conciencia visual.

A medida que el sentido visual se apacigua, sin embargo, acostumbra a producirse una iluminación interior que acaba por dominar el campo visual, en sustitución de todas las otras imágenes mentales.[8] Los primeros signos de este **fenómeno de iluminación** se presentan por lo general en forma de breves destellos, a menudo con color, que pueden ser débiles o intensos. Sin embargo, también puede ser que, en lugar de ello, se perciba un pequeño punto o disco brillante que puede o no tener color, desplazarse, cambiar de intensidad o expandirse y contraerse. Otra forma temprana en que se presenta la iluminación es un brillo sin forma, como si alguien estuviese proyectando una luz sobre los párpados cerrados del meditador.

A medida que el sentido visual se apacigua, surge una iluminación interior, la cual, con el tiempo, tiende a volverse más brillante y más frecuente, y a durar más.

Este brillo también puede cambiar de intensidad o desplazarse. Asimismo la iluminación puede presentarse difusa, brumosa e indistinta, y tener color o no tenerlo. Estas experiencias tempranas de iluminación tienden a ser breves, intermitentes e impredecibles. Cada persona es diferente, por lo que puede ser que experimentes cualquiera de ellas o ninguna en absoluto. Algunos meditadores, pocos, no experimentan nunca el fenómeno de iluminación.

Al ir avanzando el apaciguamiento en el tiempo, los fenómenos de iluminación tienden a ser más frecuentes y durar más. También tienden a hacerse más brillantes y estables, y, finalmente, agrandarse para llenar todo el campo visual. Si la luz tiene color, normalmente lo pierde. En el caso de algunos meditadores, los fenómenos de iluminación son sutiles y puede ser que no surjan claramente hasta que todos los demás sentidos están apaciguados. Es mejor no tener expectativas ni juzgar la calidad de la práctica por la presencia o ausencia de estos fenómenos.

Cuando el sentido visual está totalmente apaciguado, este fenómeno de iluminación toma a menudo la forma de una luz «que todo lo penetra», la cual parece proceder de ninguna parte y de todas partes a la vez.

Cuando el sentido visual está totalmente apaciguado, este fenómeno de iluminación toma a menudo la forma de una luz «que todo lo penetra», llamada así a causa de su intensidad y alcance, y porque no parece venir de ninguna dirección en particular. Sin embargo, también se puede experimentar como procedente de la parte superior de la cabeza, de algún lugar ubicado justo encima de esta, del centro del pecho o como si irradiase del cuerpo entero. La luz que todo lo penetra suele ser bastante blanca, clara o, a lo sumo, puede tener un poco de color, pero no siempre es así. Puede llegar a ser muy brillante, pero no molesta. De hecho, cuando la docilidad física está bien asentada, el fenómeno de iluminación pasa a constituir una parte tan familiar, constante y predecible de la meditación que incluso puede dejar de percibirse. Al abrir los ojos, desaparece y la visión normal regresa al instante.[9]

El apaciguamiento del sentido auditivo

El sentido auditivo también produce fenómenos inusuales mientras se va apaciguando. Sin embargo, a diferencia de los otros sentidos, estas experiencias no van a cambiar mucho o en absoluto a medida que avance el apaciguamiento. Es decir, los fenómenos auditivos que te encontrarás durante el apaciguamiento son muy similares a lo que experimentarás cuando este se haya alcanzado.

Nuestra conciencia habitual de los ruidos externos, del diálogo interno, de los sonidos recordados o imaginados o de las «melodías en la cabeza» es reemplazada por una especie de ruido blanco. Es posible que oigas zumbidos, gemidos, murmullos o un sonido como de timbre. Puede que lo que oigas te recuerde los grillos en la noche, el agua que fluye, las olas en la playa o el viento entre los árboles. A algunos meditadores les parece como música lejana, lo cual puede ser bastante agradable. En el caso de otros meditadores, es menos agradable. El sonido puede subir y bajar en tono o intensidad, y los cambios pueden ser rápidos o lentos. Lo que ocurre siempre, sin embargo, es que viene de dentro y cubre los sonidos más externos, y que al final te vas a acostumbrar tanto a él que incluso dejarás de percibirlo. Algunas personas han sugerido que los sonidos tienen un origen ordinario, como la sangre al fluir, el aire al moverse o los zumbidos en los oídos, que están siempre ahí pero solo se perciben en medio del silencio y la conciencia acrecentada de la meditación. La mayoría de los meditadores, no obstante, llegan al convencimiento de que no tienen ninguno de estos orígenes.

Aunque algún tipo de ruido blanco generado por la mente parece casi universal, algunos practicantes no parecen notarlo hasta que se les sugiere que reflexionen sobre su experiencia. Incluso pueden negar su existencia hasta que lo oyen en el contexto de la meditación profunda. Aun así, es posible que haya personas que no lo oigan en absoluto.

Este sonido interno no está asociado con ningún propósito en particular, excepto tal vez el de reemplazar los sonidos externos más intrusivos. De manera más general, a medida que se apacigua cada sentido, dejas de ser consciente de los estímulos, a menos que sean particularmente intensos o inusuales. Por lo tanto, ya no serás consciente del ruido del tráfico, los ladridos de los perros o el canto de los pájaros, pero podrás oír el golpe de una puerta o los gritos de alguien. También responderás a los sonidos que están fuertemente asociados

Con el apaciguamiento del sentido auditivo, ya solo eres consciente de los sonidos externos más intrusivos. El diálogo interno, los sonidos recordados o imaginados y las «melodías en la cabeza» se ven reemplazados por una especie de ruido blanco.

con una respuesta condicionada, como el de la campana que indica el final de la meditación. El hecho de que estímulos intensos, inusuales o condicionados se registren aún en la consciencia demuestra que la mente sigue procesando la información auditiva a un nivel inconsciente. Además, cuando cambies intencionadamente el enfoque de la atención, volverás a ser plenamente consciente de los sonidos ambientales.

El apaciguamiento de los sentidos del gusto y del olfato

Cuando no hay nada para saborear u oler, y cuando la atención no se dirige a estos sentidos, tienden a permanecer completamente ausentes del campo de la conciencia percibida.[10] Del mismo modo, la mayoría de los meditadores, incluso en la fase de la docilidad física, no son conscientes de ningún sabor u olor. Sin embargo, siempre hay algún meditador que afirma percibir olor a incienso, a flores, o alguna otra fragancia. También hay unos pocos que experimentan un sabor agradable. Estas percepciones generadas por la mente se denominan a veces *fragancias divinas* y *néctares*. El hecho de que unos pocos meditadores las perciban, de que algunos no experimenten el fenómeno de iluminación y de que otros no oigan el ruido blanco, demuestra que las experiencias de apaciguamiento pueden ser distintas para cada uno.

La importancia de estas sensaciones extrañas

Durante el apaciguamiento de los sentidos, parece como si las mentes sensoriales reaccionasen frente al hecho de ser ignoradas por medio de expeler todo tipo de sensaciones extrañas y a veces desagradables que no tienen nada que ver con nada que suceda externamente.[11] Además, a pesar de que estas luces y sonidos interiores pueden ayudar a evitar que uno se distraiga con los estímulos ordinarios, a menudo no aparecen hasta que los sentidos ya han empezado a aquietarse. Así pues, parece que las luces y sonidos interiores son más el *resultado* del apaciguamiento que una causa que contribuya a él. Sin embargo, al mostrarse, como acostumbran a hacer, justo cuando la práctica se ha vuelto tediosa, pueden animar al meditador, darle confianza y aumentar su motivación.

Cuando se presentan, pueden convertirse fácilmente en el foco de atención. De hecho, hay algunas prácticas, como las meditaciones en la luz, el sonido y el néctar, que cultivan estos fenómenos deliberadamente como objetos de meditación. El fenómeno de iluminación se puede utilizar para entrar en absorciones meditativas (se hablará de este método en la octava etapa y en el apéndice D).[12] En este sistema de práctica, sin embargo, te recomiendo encarecidamente que no hagas caso de la mayoría de estos fenómenos hasta que el apaciguamiento de los sentidos se haya logrado.

EL GOZO MEDITATIVO: DE LAS CORRIENTES DE ENERGÍA A LA DICHA DE LA DOCILIDAD MENTAL

La sensación de que hay corrientes de energía moviéndose por el cuerpo se relaciona con la aparición del gozo meditativo y lo precede. Estas corrientes se vuelven más fuertes y definidas a medida que el gozo meditativo se asienta más plenamente. A pesar de que se «sienten» en el cuerpo y tienen lugar al mismo tiempo que las sensaciones corporales extrañas a causa del apaciguamiento de los sentidos, son distintas de estas. Las corrientes de energía y las sensaciones corporales inusuales solo acontecen al mismo tiempo porque ambas están vinculadas al mismo proceso subyacente, la unificación de la mente.[13] También, como veremos, las corrientes de energía tienen, en última instancia, una importancia práctica mucho mayor que las sensaciones extrañas durante el apaciguamiento.

La aparición del gozo meditativo está precedida por sensaciones de corrientes energéticas que se desplazan por el cuerpo. Estas corrientes se vuelven más fuertes y definidas a medida que el gozo meditativo se asienta más plenamente.

Las primeras manifestaciones de la energía son poco más que un hormigueo eléctrico en el cuero cabelludo o vibraciones en distintas partes del cuerpo. Sin embargo, la experiencia completa de las corrientes de energía puede tomar cualquier forma —puede ser desde repentina, intensa y desagradable hasta continua, suave y muy agradable—. A menudo también tienen lugar movimientos corporales involuntarios como parte de estas experiencias energéticas, que incluyen temblores —especialmente de las manos y los pulgares—, sacudidas, balanceos, inclinación del torso hacia delante o de la cabeza hacia atrás, tensión muscular, movimientos de rotación y retorcimiento de los hombros y los brazos y agitaciones. También puede ser que experimentes sacudidas repentinas hacia arriba —como si estuvieses tratando de saltar en el aire—, vocalizaciones involuntarias, movimientos de masticación y fruncimiento de labios. Reacciones autónomas habituales son salivación, sudor, aparición de lágrimas y goteo nasal de vez en cuando. Algunos meditadores experimentan latidos cardíacos rápidos o irregulares, como si su corazón estuviese dando un vuelco en el pecho. En muy raras ocasiones, se pueden sufrir vómitos o diarrea. No obstante, por más espectaculares y desagradables que puedan ser estas reacciones, *no estás realmente en peligro*.

A menudo también tienen lugar movimientos corporales involuntarios. Reacciones autónomas habituales son salivación, sudor, aparición de lágrimas, goteo nasal y latidos cardíacos rápidos o irregulares.

El trabajo con las corrientes de energía y los canales internos es un tema recurrente en muchas tradiciones. Esta energía se llama indistintamente *chi* o *qi*, *prana*, *kriyā*, *kundalinī* o viento interno. Hay sistemas detallados que describen los canales, meridianos, *nādis* y chakras a través de los cuales fluye esta energía, y hay prácticas potentes para trabajar con ella. Entre todas estas tradiciones, los budistas *theravada* son quienes menos dicen acerca de los movimientos de la energía. Su consejo es que los trates de la misma forma en que tratas cualquier otra experiencia que tienes en meditación: percíbelos, permite que estén y no les hagas caso, hasta que desaparezcan.

Cuando la manifestación energética es de carácter leve, dejar que esté ahí es sin duda el mejor consejo, ya que es muy fácil quedar atrapado en el intento de controlarla y manipularla.

Como ocurre con todo lo demás en este viaje, tienen lugar enormes variaciones en cuanto a la intensidad de la experiencia. En el caso de algunos meditadores, los movimientos de la energía son sutiles y conducen rápidamente a sensaciones placenteras por todo el cuerpo. Otros pasan por un proceso prolongado en que tienen lugar violentas oleadas de energía y dolorosos bloqueos. Si experimentas estas manifestaciones más intensas, puede ser que tengas que trabajar a propósito con la energía de alguna manera. El taichí, el *qigong* y el yoga pueden constituir complementos útiles a la meditación formal, porque trabajan directamente con los movimientos de la energía que se producen en el cuerpo.

Si has efectuado la práctica de experimentar el cuerpo con la respiración, ya estás familiarizado con estas corrientes de energía. Tu conciencia cada vez mayor de ellas se desarrollará de forma más fácil y progresiva.

Muchos meditadores se enfrentan por primera vez a estas corrientes energéticas en forma de sacudidas repentinas y violentas que fluyen por su columna vertebral. Sin embargo, si has efectuado la práctica de experimentar el cuerpo con la respiración, descrita en la sexta etapa, ya estás un poco familiarizado con estas corrientes de energía y estarás mucho mejor preparado para lidiar con ellas. En lugar de verte sorprendido por sacudidas energéticas bruscas, vas a experimentar una conciencia de ellas progresivamente mayor que se despliega de forma más predecible y sistemática:

1. En primer lugar, tomas conciencia de sensaciones sutiles en tus miembros y extremidades, las cuales se incrementan y remiten junto con el ritmo de la respiración.

2. A medida que tu práctica avanza, estas sensaciones sutiles pasan a ser claramente sensaciones de expansión y contracción, o de presión que aumenta y disminuye alternativamente.

3. Finalmente, también te haces consciente de una fina «energía» vibratoria que fluye hacia fuera desde el centro del cuerpo hasta las extremidades, y después regresa. A veces sentirás que esta corriente es muy fuerte, como una potente ola que se expande y remite. Lo más habitual es sentir que el cuerpo se levanta y cae suavemente mientras la energía fluye por él con cada respiración.

4. Vas a observar que el movimiento ondulatorio de la energía está ligeramente desfasado en relación con la respiración. Además, no siempre tiene lugar exactamente en la misma frecuencia que la respiración, por lo que la relación de fase entre los movimientos de la respiración y los de la energía tiende a cambiar con el tiempo.

5. En algún momento percibes que la energía sube y baja por el eje espinal del cuerpo. Los movimientos ascendentes desde la base de la columna hasta la cabeza acostumbran a ser más fuertes y fáciles de distinguir que los movimientos descendentes.

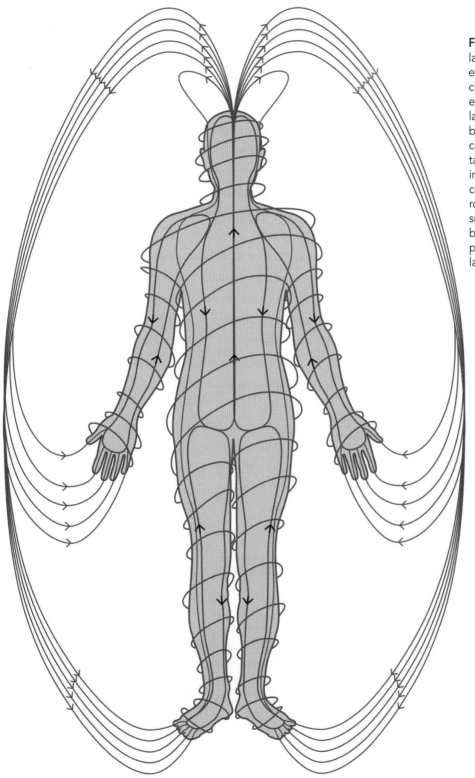

Figura 46. El flujo de la energía se convierte en un movimiento circular continuo entre el centro del cuerpo y las extremidades, y la base de la columna y la cabeza. Podrías sentir también un continuo intercambio energético con el universo que te rodea, a través de la parte superior de la cabeza, la base de la columna, las palmas de las manos y las plantas de los pies.

Además, a menudo producen una sensación de presión dentro de la cabeza. La fase y la frecuencia de los movimientos energéticos que tienen lugar en la columna vertebral acaban por estar totalmente disociadas de la respiración.

6. Si, antes de experimentar estas corrientes en la columna vertebral, ya eres consciente de la energía que va del centro del cuerpo hasta las extremidades y la has estado observando, la intensidad de dichas corrientes tenderá a aumentar de una manera más suave y progresiva. Incluso pueden ser agradables. Sin embargo, si esta es tu primera experiencia con las corrientes de energía, tal vez las experimentarás abruptas y dolorosas, como una sacudida energética o una descarga eléctrica. Una de las ventajas de hacer la exploración del cuerpo y experimentar el cuerpo con la respiración es que te familiarizas y te sientes más cómodo con estas sensaciones energéticas antes.

7. Por último, en lugar de oscilar hacia atrás y adelante, el flujo de la energía se convierte en un movimiento circular continuo entre el centro del cuerpo y las extremidades, y la base de la columna y la cabeza.[14] Esto coincide con la experiencia de un fuerte gozo meditativo y de un placer físico sostenido, penetrante. Tu percepción del fluir de la energía acaso se extienda incluso más allá de tu propio cuerpo; podrías sentir un continuo intercambio energético con el universo que te rodea, a través de la parte superior de la cabeza, la base de la columna, las palmas de las manos y las plantas de los pies.

Recuerda que estas corrientes de energía son manifestaciones de la unificación de la mente y dan lugar a un *estado mental* llamado gozo meditativo. No hay absolutamente nada en el cuerpo humano que se corresponda anatómicamente con estas corrientes de energía o con los canales por los que parecen moverse.[15] Esto significa que, a pesar de su intensidad, no pueden dañar el cuerpo.

RECORDATORIOS IMPORTANTES SOBRE LAS EXPERIENCIAS EXTRAORDINARIAS

Todas estas experiencias extraordinarias se desarrollan espontáneamente como resultado de la continuidad de la práctica. Recuerda que no guardan relación con ningún propósito y que son irrelevantes para los objetivos específicos de cada etapa. De todos modos, pueden ser tan inusuales y fascinantes que te será difícil resistirte a sumergirte un poco en ellas. Es importante que no interrumpas tu cultivo de la docilidad física y del gozo meditativo persiguiéndolas o intentando suscitarlas de forma deliberada. Esto es especialmente relevante las primeras veces que tengas estas experiencias, cuando sus manifestaciones son breves e impredecibles. Posteriormente, cuando la concentración sin esfuerzo esté bien asentada y estos fenómenos se estabilicen, constituirán un objeto de investigación tan adecuado como cualquier otro.

EL APACIGUAMIENTO DE LOS SENTIDOS Y EL GOZO MEDITATIVO
APARECEN JUNTOS: LOS CINCO GRADOS DE PĪTI

A medida que la mente se unifica, las extrañas sensaciones que conducen a la docilidad física, las corrientes de energía y los movimientos involuntarios anteriores al gozo meditativo acontecen al mismo tiempo. La tradición budista *theravada* describe este proceso entrelazado como cinco niveles sucesivos o *grados* de completitud en el desarrollo de *pīti*. *Pīti* es un término pali que se traduce a menudo como 'éxtasis', 'placer' o 'rapto'. Literalmente, solo hace referencia al gozo meditativo.[16] Sin embargo, los *grados de pīti* señalan todo el *proceso* de desarrollo, incluidos el apaciguamiento sensorial y la dicha de la docilidad física y la docilidad mental; también hacen referencia a la progresiva aparición del gozo (ver el diagrama «Unificación progresiva de la mente», en la página 249). Por lo tanto, cuando hablamos de estos grados de *pīti*, estamos describiendo la manera en que varias experiencias sensoriales inusuales y energéticas aparecen juntas en cada grado.

El proceso entrelazado por el que varias sensaciones extrañas conducen a la docilidad física, y por el que ciertas corrientes de energía y movimientos conducen al gozo meditativo, se desarrolla a lo largo de cinco «grados de pīti» sucesivos.

El primer grado de *pīti* es conocido como el grado *menor* y consiste en episodios breves e impredecibles; solo se presenta una sensación inusual o un movimiento corporal involuntario a la vez, o unos pocos. Por ejemplo, puede ser que veas una luz coloreada y que experimentes una sensación de hormigueo extendiéndose sobre la cara. O puede ser que tus pulgares manifiesten espasmos, y que a esto le siga una sensación placentera en las manos y los brazos. El *pīti* menor puede tener lugar en cualquier etapa, pero rara vez antes de la cuarta. Es más probable que se manifieste en las etapas quinta y sexta, y está casi siempre presente en la séptima.

El segundo grado de *pīti* es el grado *momentáneo*, y consiste en episodios breves en que tienen lugar una mayor cantidad de fenómenos al mismo tiempo. Se pueden experimentar luces, sonidos, sensaciones corporales inusuales y reacciones autónomas. También pueden hacer acto de presencia, pero es poco frecuente, sensaciones energéticas, sensaciones agradables en el cuerpo, movimientos involuntarios y sentimientos de felicidad. Este grado se denomina momentáneo a causa de la brevedad de los episodios. Es típico de las etapas séptima y octava, pero no es inusual que se presente en las etapas quinta y sexta.

Los episodios del tercer grado de *pīti* duran más y se dice que son *ondulatorios* porque su intensidad aumenta y disminuye alternativamente. También se dice que *se derraman*, debido a la forma en que acostumbran a propagarse por el cuerpo las intensas sensaciones propias de este grado. Los fenómenos sensoriales y los movimientos corporales tienden a ser mucho más intensos que en los grados anteriores. También es habitual sentir corrientes de energía. Puede ser difícil creer que este proceso tempestuoso constituya el «apaciguamiento» de nada. Tampoco es inusual tener experiencias agradables combinadas con otras desagradables, pero los aspectos agradables predominarán a medida que avances hacia el próximo grado. El *pīti* ondulatorio es muy característico de la octava etapa, pero también es habitual encontrarlo en la séptima. En el caso de algunos meditadores, puede ser un fenómeno que se presente con escasa frecuencia en etapas anteriores.

Observa que estos tres primeros grados de *pīti* corresponden sobre todo a un apaciguamiento *incompleto* de los sentidos, pero con el advenimiento del cuarto grado de *pīti*, el apaciguamiento está prácticamente logrado. Algunas personas experimentan manifestaciones energéticas y movimientos involuntarios en estos tres grados, y el gozo puede aparecer ocasionalmente en el tercero, pero en el caso de muchos meditadores esto no sucede. Los fuertes movimientos energéticos que anuncian el surgimiento del gozo meditativo son más característicos del cuarto grado de *pīti*, y siguen presentes en el quinto.

El cuarto grado de *pīti*, el grado *estimulante*, implica manifestaciones intensas y sostenidas de docilidad física. Esto significa que las sensaciones táctiles ordinarias, así como las sensaciones de temperatura y dolor, acostumbran a estar ausentes, y el cuerpo a menudo se siente ligero o como si estuviese flotando ingrávido en el aire. Es típico experimentar percepciones distorsionadas de la posición y ubicación del cuerpo. El fenómeno de iluminación también puede ser especialmente intenso. Sensaciones placenteras —tales como experimentar el cuerpo como un campo de vibraciones muy sutiles, muy rápidas— y fuertes sentimientos de gozo meditativo están presentes de forma intermitente. La mezcla de la intensidad, las sensaciones de flotación y el gozo meditativo es probablemente la razón por la que este grado también es conocido como *pīti elevador*.

Lo más característico del cuarto grado de *pīti* es, sin embargo, *el surgimiento incompleto e interrumpido del gozo meditativo*. Aparecen toscas sensaciones de electricidad o potentes corrientes de energía por todo el cuerpo, que se ven acompañadas a menudo de movimientos incontrolables del cuerpo, como balanceos del torso adelante y atrás, tirones repentinos y violentos o sacudidas en los brazos. El cuarto grado de *pīti* se presenta casi exclusivamente en la octava etapa, y ocasionalmente en la novena.

El grado estimulante de *pīti* acaba por dar paso al quinto grado, el *pīti omnipresente*. Esto indica la maduración completa de la docilidad física y del gozo meditativo. Percibirás corrientes de energía que circulan suavemente por el cuerpo, junto con comodidad física, placer, estabilidad y un gozo intenso. Recordemos que estos distintos grados de *pīti* constituyen, todos ellos, fases en el proceso de unificación. A medida que la mente se unifica más, aumenta el gozo. Cuando se ha producido la suficiente unificación, el gozo, junto con la dicha de la docilidad física, está presente en todo el cuerpo y de forma duradera. El quinto grado de *pīti* indica que se ha dominado la octava etapa y que se entra en la novena.

No todo el mundo experimenta todos los grados de transición de *pīti*. Algunos meditadores solo se encuentran con los grados primero y segundo y experimentan únicamente síntomas menores, como espasmos en los pulgares o movimientos oscilantes, aumento de la salivación y corrientes de energía ligeramente agradables antes de alcanzar la docilidad física y el gozo meditativo. Otros avanzan de grado en grado, soportando meses de sensaciones desagradables o incluso dolor, espasmos, sacudidas, picazón, escalofríos, náuseas y sudoración. El consuelo para aquellos que lo pasan mal es que son normalmente los que afirman experimentar un placer y un gozo más intensos al final.

Por otra parte, no te sientas como si te estuvieses perdiendo algo si no tienes las peculiares experiencias que conforman los diversos grados de *pīti*. Algunas personas no las tienen. Y, en cualquier caso, todo el drama, la intensidad y el éxtasis de *pīti* no son más que experiencias secundarias. Lo más importante es convertir la mente en un instrumento útil para alcanzar el *Insight*.

LA PURIFICACIÓN MENTAL

La docilidad física y el gozo meditativo acuden de forma rápida y fácil en el caso de algunos meditadores, pero lenta y trabajosa en el caso de otros. La fisiología y la genética pueden tener que ver con esto, así como las diferencias en cuanto al temperamento y la disposición psicológica. La salud física, mental y emocional son también factores que se deben tener en cuenta y que pueden abordarse por medio de la dieta, el ejercicio, unos buenos hábitos de trabajo y esparcimiento y la terapia apropiada, si es necesario. Sin embargo, los mayores **obstáculos** son a menudo la **aversión** y la **agitación debida a la preocupación y el remordimiento**. La manera en que condicionamos nuestra mente a diario tiene una poderosa influencia sobre estos obstáculos, y las prácticas de purificación de la mente pueden ser extremadamente útiles.

La docilidad física y el gozo meditativo acuden de forma rápida y fácil en el caso de algunos meditadores, pero lenta y trabajosa en el caso de otros. Los mayores obstáculos son la aversión y la agitación debida a la preocupación y el remordimiento.

El obstáculo de la aversión

El obstáculo de la **aversión** evita que se manifiesten la docilidad física y la dicha de la docilidad física y la de la docilidad mental.[17] Cualquier estado mental negativo, como la impaciencia, el miedo, el resentimiento, el odio o una actitud crítica hacia nosotros mismos o los demás puede afectar a nuestro progreso. Del mismo modo, tanto la terquedad como una actitud dominante o manipuladora también pueden crear bloqueos. Mientras cualquiera de estos estados mentales esté presente —aunque no seamos *conscientes* de ellos—, se impedirá el florecimiento del apaciguamiento y de la docilidad física y mental.

La animadversión y la aversión evitan que se manifiesten la docilidad física y la dicha. Las sensaciones corporales desagradables que se presentan durante el apaciguamiento a menudo tienen su origen en emociones negativas inconscientes.

Que la aversión es contraria al placer no debería sorprenderte. Es difícil sentir placer cuando estamos enojados, y es difícil permanecer enojados cuando sentimos placer y felicidad.

Pero ocurren más cosas: la aversión es una de las *causas* del dolor, así como uno de sus efectos. La psicología y la ciencia médica han demostrado que los procesos mentales inconscientes, tales como la aversión, pueden encontrar su expresión a través de sensaciones corporales y cambios físicos. A menudo tomamos conciencia de nuestras propias emociones a través de sensaciones desagradables en el estómago, el pecho o la garganta, por ejemplo; o experimentamos tensión en los hombros, la frente o alrededor de los ojos, o como consecuencia de apretar la mandíbula. El cuerpo y la mente no están separados, sino que conforman un todo complejo e interconectado que podemos denominar el *cuerpo-mente*. Del mismo modo, las sensaciones corporales desagradables que tienen lugar durante el apaciguamiento a menudo tienen su origen en estados emocionales negativos profundamente arraigados pero bastante inconscientes. Este es el origen del dolor y la incomodidad que obstaculizan la docilidad física.

El obstáculo de la agitación debida a la preocupación y el remordimiento

La agitación debida a la preocupación y el remordimiento obstaculiza el surgimiento del gozo meditativo.[18] Incluso si estamos disfrutando de un enfoque de la atención exclusivo y estable y de una mente aparentemente libre de pensamientos, la mente discernidora sigue procesando información y experiencias pasadas en el inconsciente. Los remordimientos por hechos del pasado y las preocupaciones por lo que pueda suceder en el futuro se manifiestan, incluso cuando no somos conscientes de ambos. Esta agitación se manifiesta como flujos de energía intensos pero atascados en el cuerpo. El gozo meditativo surge con facilidad en una mente libre de preocupaciones y remordimientos, pero hallándose presentes ambos, el gozo es incompleto y no se puede sostener. Mientras no alcancemos algún tipo de resolución interna, nuestros errores del pasado van a seguir produciéndonos agitación. De la misma manera, mientras no venzamos nuestros miedos acerca de lo que pueda suceder, la preocupación agitará la mente y evitará la experiencia completa del gozo meditativo.

La agitación debida a la preocupación y el remordimiento evita que surja el gozo meditativo. Mientras no alcances algún tipo de resolución interna, los remordimientos por los errores del pasado y la preocupación por el futuro agitarán tu mente.

El gozo es un estado mental que se entiende más fácilmente si lo comparamos con su opuesto, la aflicción y la tristeza. Quienes experimentan aflicción suelen estar llenos de remordimientos. La tristeza nos vuelve pesimistas y faltos de confianza, y en consecuencia nos preocupamos por todo tipo de cosas. El gozo, por el contrario, se asocia con la felicidad, el optimismo y la confianza. Las personas gozosas no se preocupan porque se sienten lo suficientemente seguras como para hacer frente a lo que se les presente. También lamentan sinceramente cualquier daño que ocasionan, están dispuestas a enmendar sus errores y tratan de cambiar sus formas de proceder en el futuro. ¡Recuerda que el gozo y la tristeza son estados mentales incompatibles, que no pueden coexistir![19] A medida que tu mente se unifica a través del apaciguamiento de los sentidos empieza a desarrollarse tu gozo meditativo, el cual, al ir aumentando, va disipando la agitación debida a la preocupación y el remordimiento. Sin embargo, no te limites a esperar que este proceso tenga lugar por sí mismo.

Algunos remedios potentes

Por favor, no cometas el error de culparte si experimentas este tipo de dificultades en la meditación. ¡Y no te culpes por culparte! Ningún meditador empieza a practicar sin que estén presentes en él una gran cantidad de aversiones, preocupaciones y remordimientos. Proyectar una mayor negatividad hacia ti mismo no te ayudará en nada. En lugar de ello, purifica tu mente de la aversión y la animadversión para acelerar y suavizar el proceso de apaciguamiento de los sentidos. La práctica de la meditación de la bondad amorosa (ver el apéndice C) es una herramienta potente y eficaz para lograrlo.

Como meditador experto, no puedes separar la meditación del resto de tu vida. La influencia que tienen sobre tu práctica meditativa todo lo que piensas, sientes o haces es demasiado grande para ser soslayada.

Sin embargo, la purificación requiere algo más que la bondad amorosa. Tenemos que ser conscientes de nuestros pensamientos, emociones y comportamientos *en todo momento* y aprender a dejar de lado los malos hábitos de pensamiento, palabra y acción. Como meditador experto, no puedes seguir separando la meditación del resto de tu vida. La influencia que tienen sobre tu práctica meditativa todo lo que piensas, sientes o haces —así como los puntos de vista que tienes en otros momentos, en otras situaciones— es demasiado grande para ser soslayada.

Para acelerar y suavizar el surgimiento del gozo meditativo, cultiva el gozo en cada oportunidad que te presente la vida diaria, también. Sé consciente de los pensamientos negativos y, en la medida en que puedas, evita a las personas pesimistas. Cuando te descubras preocupándote o dudando de ti mismo, deja de lado esos pensamientos y trata de centrarte en algo positivo.

Resuelve todas las fuentes persistentes de preocupación y remordimiento, y encuentra formas de corregir errores del pasado y buscar el perdón por malos comportamientos que tuviste siempre que sea posible. Responsabilízate de tus errores, compénsalos, pide perdón a los demás y perdónate a ti mismo. También es esencial que practiques la virtud en la vida diaria.

Al abstenerte de tener comportamientos insanos y llevar a cabo acciones virtuosas, ya no actuarás de maneras que sienten las bases de preocupaciones y remordimientos futuros. Las prácticas de la generosidad, la virtud, la paciencia y el esfuerzo gozoso son indispensables para el éxito en las etapas más avanzadas, y también te aportarán beneficios inconmensurables en las otras áreas de tu vida.

Para ayudarte a lo largo de este camino de purificación, lleva a cabo la práctica de la revisión consciente, que se describe en el apéndice E. Esta práctica convierte la reflexión diaria en una potente herramienta de cambio personal. Aunque es apropiada en cualquier etapa, resulta esencial para progresar como experto. Se ha esperado hasta ahora para presentarla solo porque puede confundirse fácilmente con un ritual vacío, moralista. Sin embargo, cuanto antes empieces con esta práctica, o con alguna otra técnica sistemática de cultivo del *mindfulness*, de la virtud, de la generosidad y de la paciencia en la vida diaria, más rápidamente avanzarás sobre el cojín.

La práctica de la revisión consciente, que se describe en el apéndice E, convierte la reflexión diaria en una potente herramienta de cambio personal.

[...] su mente no está superada por la pasión, ni por la aversión, ni por la ilusión. Su mente se conserva recta, con base en el *tathagata*. Y cuando la mente se conserva recta, el discípulo de los nobles adquiere un sentido de la meta, y del *dhamma*, y del gozo vinculado con el *dhamma*. El éxtasis surge en quien está gozoso. Y el cuerpo de quien está en éxtasis se calma. Y aquel cuyo cuerpo está calmado se siente a gusto. Y cuando uno está a gusto, su mente se concentra.

Māhānama Sutta

LAS EXPERIENCIAS DE *INSIGHT* Y EL LOGRO DEL *INSIGHT*

A estas alturas, es probable que hayas alcanzado una gran cantidad de revelaciones como resultado de tu práctica, revelaciones acerca de por qué piensas y reaccionas de la manera en que lo haces, acerca de cómo funciona tu mente y acerca de mejores modos de hacer frente a situaciones de la vida. Estas son revelaciones «ordinarias» que nos ayudan en nuestra vida, pero que no transforman radicalmente nuestra actitud a la hora de entender el mundo y nuestro lugar en él. Sin embargo, de ahora en adelante, cada vez tendrás más **experiencias de Insight** que pueden desencadenar el tipo de **Insight** (*vipassanā*) que conduce al Despertar. Lo que hace que sean experiencias de *Insight* es la forma en que desafían tu comprensión de cómo son las cosas por medio de demostrarte claramente que son diferentes de lo que creías anteriormente. Este tipo de *Insight* es el verdadero objetivo de la práctica de la meditación.

De ahora en adelante, cada vez tendrás más experiencias de Insight que pueden desencadenar el tipo de Insight (vipassanā) que conduce al Despertar. Este es el verdadero objetivo de la práctica de la meditación.

En primer lugar, tendrás potentes experiencias de *Insight* con mayor frecuencia, tanto en la meditación como en la vida diaria, por la forma en que has ejercitado y en que utilizas la mente. En las etapas que siguen, se presentan una serie de prácticas destinadas específicamente a inducir experiencias de *Insight*. En segundo lugar, es mucho más probable que estas experiencias den lugar al auténtico *Insight*, ya que el *mindfulness*, en forma de conciencia metacognitiva, no les permite pasar desapercibidas. Esto puede sorprenderte, pero las experiencias de *Insight* no son infrecuentes, ni siquiera entre personas que no se han ejercitado en la meditación. Lo que ocurre es que tienden a pasarse por alto, ignorarse o rechazarse. Incluso los meditadores las tratan a veces como una molestia, una distracción o un obstáculo para el perfeccionamiento de sus habilidades. Si estas experiencias fructifican como el auténtico *Insight* o no lo hacen depende de la capacidad del meditador de apreciarlas adecuadamente e implicarse con ellas cuando surgen. Cuando gozamos de una atención más estable y un *mindfulness* potente, es mucho más probable que penetren en nosotros como realidades experienciales y que fuercen a nuestras submentes inconscientes a revisar puntos de vista profundamente arraigados en un nivel intuitivo.

A medida que se acumula *Insight*, cambia la comprensión que tienes de ti mismo en relación con el mundo. Esto sucede en un nivel tan fundamental que los efectos pueden ser enormemente inquietantes — algo normal y, de hecho, inevitable—. En otras palabras, se te está adelantando que hay que pagar un precio para acceder al Despertar.

> A medida que se acumula Insight, cambia la comprensión que tienes de ti mismo en relación con el mundo. Los efectos pueden ser enormemente inquietantes. Hay que pagar un precio para acceder al Despertar.

Veamos por qué esto puede ser tan difícil por medio de resumir la visión del mundo universalmente aceptada que, tanto si somos conscientes de ello como si no, es el fundamento de todas nuestras creencias, acciones y aspiraciones, y del mismísimo concepto que tenemos del significado y el propósito de nuestras vidas:

1. Soy una entidad separada, un yo, en un mundo en que hay también otras entidades separadas.
2. Mi felicidad e infelicidad dependen de las interacciones que tengan lugar entre yo y estas otras entidades.
3. Me baso en mi presunta capacidad para entender y predecir cómo funciona este mundo con el fin de controlar estas interacciones, o influir sobre ellas, de una manera que maximice mi felicidad y minimice mi sufrimiento.

La verdad que revela el *Insight* está en total contradicción con estos supuestos. Y, por desgracia, *antes de que el* Insight *pueda dar lugar a una verdad mayor, liberadora, estas bases antiguas deben caer.* Esta no es una experiencia agradable, y la angustia emocional a que da lugar puede ser, a veces, extrema (ver el apéndice F).

En la introducción se decía que hay cinco *Insights* clave que conducen al Despertar: la impermanencia, la vacuidad, la interdependencia causal entre todos los fenómenos, la naturaleza del sufrimiento y la ilusión de que existe un yo separado. El quinto *Insight*, la percepción del *no yo*, es el *Insight* cumbre que nos lleva al Despertar. La comprensión inmadura de los primeros cuatro *Insights* mencionados, pero no del quinto, es lo que conduce a la mayor parte de las dificultades. Es decir, mientras permanezcamos aferrados a la noción del yo, las implicaciones de los otros *Insights* serán profundamente perturbadoras. Piensa en lo que significa para nuestras submentes inconscientes asimilar lo siguiente estando aún aferradas a la idea de que somos un yo separado: la realidad de la impermanencia (de que solo existe el cambio y no hay nada a lo que aferrarse con lo que poder contar); la realidad de la vacuidad (de que nada es como parece ser y de que el mundo es, en última instancia, incognoscible; lo que podemos saber de él proviene de nuestra limitada capacidad de deducción), y la realidad de que todo es causalmente interdependiente (lo cual acaba con todas las ilusiones de control).

Afortunadamente, hay formas de facilitar esta transición. Existen cinco factores que minimizarán el trauma psicológico asociado con la maduración del Insight y que facilitarán tu transición al Despertar.

En las matemáticas del *Insight*, es el continuo aferramiento a la noción de la individualidad separada frente a estos *Insights* lo que da lugar a una *experiencia de primera mano* del *Insight* de la naturaleza del sufrimiento.[20] Para más información sobre esto, lee el apéndice F, en que se trata el tema del *Insight* y la noche oscura. El hecho de darte cuenta de que no eres un yo separado es lo que resuelve esta situación aparentemente desesperanzada. Este no es el lugar donde discutir por qué esto es así o cómo se produce este *Insight*, pero cualquier cosa que afloje tu apego a la noción del yo te ayudará a acercarte a dicho *Insight*.

Afortunadamente, hay formas de facilitar esta transición. Los factores siguientes minimizarán el trauma psicológico asociado con la maduración del *Insight* y facilitarán tu transición al Despertar:

1. Tu éxito a la hora de permitir que las purificaciones emocionales de las etapas cuarta y séptima tengan lugar plenamente, de modo que no estés obligado a experimentarlas como parte del proceso del *Insight*.
2. La medida en que hayas sido capaz de cultivar el gozo meditativo de las etapas séptima y octava, la tranquilidad de la novena y la ecuanimidad de la novena y la décima.[21]
3. La claridad con que comprendas la característica ilusoria del yo separado (*anattā*).
4. Lo plenamente que hayas comprobado experiencialmente, por ti mismo, las descripciones del sistema mental que se presentan en los interludios quinto y séptimo.
5. El éxito que hayas tenido a la hora de reducir el aferramiento al yo, y por lo tanto a los anhelos, mediante la práctica de la revisión consciente, que se describe en el apéndice E.

La autoconquista es mucho mayor que la conquista de todos los demás. Ni los dioses, ni los ángeles, ni Mara ni Brahma pueden anular esta victoria.

Dhammapada, 104-105

La atención exclusiva y la unificación de la mente

El objetivo de la séptima etapa es sostener la atención exclusiva y el *mindfulness* potente sin esfuerzo. Con la intención consciente de protegerte constantemente contra el embotamiento y la distracción, la mente se acostumbra por completo a sostener la atención y el *mindfulness* sin esfuerzo.

Séptima etapa: el meditador permite que el elefante vaya delante y lo sigue para mantener al mono y al conejo –que vienen detrás– alejados de él. Las distracciones y el embotamiento han sido superados pero siguen constituyendo una amenaza; se requiere una vigilancia y un esfuerzo continuos para evitar que regresen.

- El elefante es casi totalmente blanco ahora, porque los obstáculos de los deseos sensoriales y la duda ya no interfieren en la meditación. Solo la cola y la parte inferior de las patas traseras son negras, en representación de los obstáculos de la animadversión y la agitación debida a la preocupación y el remordimiento. Estos dos obstáculos serán los últimos en desaparecer.
- Hay una pequeña hoguera, que indica la necesidad continua de algún esfuerzo.

OBJETIVOS DE LA PRÁCTICA EN LA SÉPTIMA ETAPA

Entras en la séptima etapa como **meditador experto** —es decir, puedes alcanzar la **atención exclusiva**, ininterrumpida, junto con un potente *mindfulness* que incluye la **conciencia metacognitiva** continua—. Al principio, puede costarte algún tiempo y esfuerzo, en cada sesión de meditación, alcanzar este nivel de focalización, y aún habrá días en que no podrás acabar de lograrlo. Además, por más maravillosas que sean estas nuevas capacidades, solo puedes sostenerlas por medio de un esfuerzo y una vigilancia continuos. Cualquier desliz puede conducirte a perder el enfoque y, si no lo corriges rápidamente, permitir que regresen las distracciones sutiles e incluso el embotamiento. Esta alerta constante y el esfuerzo necesario para sostener el enfoque exclusivo, que prosiguen a lo largo de la mayor parte de la séptima etapa, resultan agotadores y menoscaban rápidamente la satisfacción inicial que sentiste con tu logro.

La séptima etapa constituye la transición de ser un meditador hábil a un **meditador experto**, aquel que puede alcanzar sistemáticamente la atención exclusiva y el *mindfulness* potente y sostenerlos sin esfuerzo. Llegar a la **ausencia de esfuerzo** es tu objetivo en esta etapa. La ausencia de esfuerzo requiere el **apaciguamiento total de la mente discernidora**, lo cual es también el primer paso esencial hacia la **unificación de la mente**[1] (ver el sexto interludio). Mientras no tiene lugar la unificación, las submentes inconscientes siguen estando en conflicto entre sí, creando inestabilidad. Con el apaciguamiento total, sin embargo, existe la suficiente unificación para que la mente sea obediente y rara vez necesita verse corregida. Así, el meditador experto puede soltar toda vigilancia y esfuerzo y permitir que la mente se asiente en un estado de calma y claridad que no tiene precedentes en su caso.

Mientras no tiene lugar la unificación, las submentes inconscientes crean inestabilidad. Con el apaciguamiento total, el meditador puede soltar todo esfuerzo, y la mente se asienta en un estado sin precedentes de calma y claridad.

Para llevar a cabo la unificación y el apaciguamiento total, sigue aplicando esfuerzo hasta que ya no sea necesario. Sin embargo, puesto que ejercer esfuerzo se ha convertido en un hábito muy fuerte, saber cuándo se puede soltar de forma segura es un reto por sí mismo. Después, incluso cuando sepas que ya no necesitas aplicar esfuerzo, aún te faltará aprender a soltar el control.

En esta etapa también vas a encontrar algunos otros obstáculos. Son necesarios largos períodos de sostenimiento de la atención exclusiva por medio de la vigilancia y el esfuerzo, y estos períodos parecen muy «aburridos», porque no ocurre gran cosa. Esto puede crear dudas, aburrimiento e inquietud. Otras veces, puede ser que experimentes sensaciones inusuales, a menudo desagradables, que desafían tu capacidad de mantenerte enfocado; y puede ser que tu cuerpo experimente sacudidas, contracciones, o que se balancee hacia delante y hacia atrás. Estas son, por supuesto, las manifestaciones de los primeros grados de *pīti* que se describían en el sexto interludio. De vez en cuando, también puede ser que te encuentres abrumado por sentimientos de gozo. Asimismo, es muy probable que tengas que pasar por más purificaciones, similares a las de la cuarta etapa. Tu paciencia, tu determinación y tu diligencia se pondrán a prueba una y otra vez, pero recuerda que todo esto forma parte del proceso de unificación. Por lo tanto, ignora todas estas distracciones, sigue practicando con diligencia, y sin duda alcanzarás el éxito.

Habrás dominado la séptima etapa cuando puedas soltar sistemáticamente todo esfuerzo y aun así la estabilidad de la atención y el *mindfulness* potente sigan estando ahí. Entonces habrás apaciguado por completo la mente discernidora y habrás dado tus primeros grandes pasos hacia la unificación de la mente.

EL APACIGUAMIENTO TOTAL DE LA MENTE DISCERNIDORA

El apaciguamiento total de la mente discernidora significa que los planes en conflicto de *todas* las submentes pensantes/emocionales se hacen a un lado en favor de una intención única, sostenida conscientemente. En otras palabras, el conjunto del sistema mental se unifica más completamente alrededor de la **intención consciente** de estar exclusivamente atento a la respiración. Cuando se eliminan las intenciones en conflicto, la atención se estabiliza de forma natural.

El apaciguamiento total de la mente significa que los planes en conflicto de todas las submentes pensantes/ emocionales se hacen a un lado en favor de una intención única, sostenida conscientemente.

Aunque este proceso empezó en la sexta etapa, el apaciguamiento era entonces solo temporal. En esa etapa, apaciguar la mente significaba que cuando ignorábamos los objetos mentales el tiempo suficiente, la mente discernidora proyectaba menos de ellos en la consciencia. Pero ese estado se sostenía solamente por la fuerza de nuestra intención a la hora de ignorar todas las distracciones. Si esa intención se debilitaba, las submentes inconscientes de la mente pensante/emocional empezaban a proyectar de nuevo pensamientos en la consciencia. En la séptima etapa, debes seguir siendo diligente y hacer un esfuerzo para sostener el apaciguamiento hasta que se produzca la unificación suficiente para que tenga lugar el apaciguamiento total. A continuación, puedes soltar la vigilancia y el esfuerzo y sostener la estabilidad de la atención sin esforzarte.

Las instrucciones para apaciguar por completo la mente discernidora son sencillas: basta con que sigas con lo que has estado haciendo. Recuerda que *tú* no apaciguas tu mente.[2] Esto acontece por sí mismo cuando alcanzas la atención exclusiva repetidamente y la sostienes durante todo el tiempo posible. Lleva a cabo la práctica de experimentar el cuerpo con la respiración solo cuando sea necesario, hacia el comienzo de esta etapa, para alcanzar la atención exclusiva. Sostén un alto nivel de conciencia introspectiva de modo que, siempre que una distracción potencial surja en la periferia, puedas reforzar de inmediato el enfoque de tu atención en la respiración. De este modo, también estarás renovando la intención de ignorar las distracciones potenciales. ¡Aprende a apreciar la simplicidad y el placer de la atención exclusiva!

Para apaciguar totalmente la mente discernidora, sigue con lo que has estado haciendo. No eres tú quien apacigua tu mente. Esto acontece cuando alcanzas repetidamente la atención exclusiva y la sostienes durante todo el tiempo posible.

HABITUAR LA MENTE A LA ATENCIÓN EXCLUSIVA

La repetición constante habitúa a la mente discernidora a la atención exclusiva y a un *mindfulness* cada vez más potente, hasta que alcanzamos la experiencia del apaciguamiento total y sin esfuerzo. Cada vez que sostenemos la atención exclusiva, las funciones ejecutivas del sistema mental están anulando las intenciones de otras submentes. Esta anulación entrena a las submentes inconscientes de la mente discernidora a no proyectar sus contenidos en la consciencia. Por otra parte, al disfrutar la experiencia de la atención exclusiva (al saborear el silencio placentero y reparador que produce) estamos enseñando a algunas de estas submentes a adoptar la *intención* de estar atentas a las distracciones y corregirlas de inmediato. Como resultado, cada vez que algo llega a la conciencia periférica acompañado de la *intención* de que la atención se fije en ello, las submentes ejercitadas responden proyectando una intención contraria.

El apaciguamiento no significa que las submentes discernidoras pasen a estar inactivas. Participan activamente en la intención de mantener la atención exclusiva, y es así como esta pasa a sostenerse sin esfuerzo.

Como puedes ver, la experiencia subjetiva del apaciguamiento no se debe a que las submentes discernidoras pasen a estar inactivas. Están tan activas como siempre; pero en este caso participan activamente en la intención de mantener la atención exclusiva. Es así como la atención exclusiva pasa a sostenerse sin esfuerzo.

DILIGENCIA, VIGILANCIA Y ESFUERZO

El camino hacia el apaciguamiento total se puede resumir en una sola palabra: **diligencia**. Diligencia significa perseverancia constante. Es el centro desde el cual irradian la vigilancia y el esfuerzo para generar un estado mental preparado y comprometido. Por su parte, **vigilancia** significa tener la conciencia periférica introspectiva clara, atenta y lista para detectar todo lo que pueda poner en peligro la estabilidad de la atención. Como un centinela vigilante, la conciencia está deliberadamente atenta a cualquier posible distracción. La vigilancia también requiere un poco de esfuerzo, pero la mayor parte de este se dedica a la atención: el meditador genera constantemente tanto la intención de permanecer centrado exclusivamente en los detalles de la respiración como en corregir de inmediato las posibles distracciones. Por lo tanto, la diligencia subyace tanto tras la conciencia introspectiva vigilante como tras la intención necesaria para sostener la atención exclusiva —en este caso, una intención que requiere esfuerzo.

La diligencia combina la vigilancia y el esfuerzo

DILIGENCIA

VIGILANCIA:
una conciencia periférica atenta

ESFUERZO:
sostener la atención exclusiva

Esta diligencia consume mucha energía. En cierto modo, es como aprender a hacer juegos malabares. En un principio, la persona tiene que coordinar constantemente muchos factores diferentes (la velocidad, el tiempo, la postura, la atención a los errores, la realización de correcciones, etcétera). Cuando se tiene un poco de experiencia, se pueden mantener constantemente las bolas en el aire, pero esta actividad sigue produciendo cansancio. Pues bien, sostener el enfoque de la atención exclusiva en la séptima etapa es semejante a esto: se puede hacer, pero es difícil sostenerlo durante mucho tiempo. La otra dificultad es que has tenido tanto éxito en tu práctica para llegar a esta etapa que es fácil que dejes de esforzarte. Sin embargo, basta con un breve lapso de relajamiento para que, de pronto, te atrape una distracción –y las bolas se caigan–. Del mismo modo, si alguna vez tienes la tentación de descansar en tus logros, puedes deslizarte fácilmente en un estado de «control de crucero». En meditación, el control de crucero significa haber entrado en un estado de embotamiento sutil. Y si no te das cuenta de ese embotamiento sutil, es solo cuestión de tiempo que vuelvas a distraerte.

Después de mucha práctica, un malabarista experto ya no tiene que enfocarse tan intensamente, e incluso puede mantener una conversación mientras mantiene las pelotas en el aire sin esforzarse. Montar en bicicleta es otro ejemplo de actividad que acaba por no requerir esfuerzo tras haber aplicado un esfuerzo constante. Y con la meditación ocurre lo mismo. Por lo tanto, a pesar de que todo este esfuerzo parece contradecir el objetivo de la ausencia de esfuerzo, debe seguir ejerciéndose hasta que deje de ser necesario. A medida que avances, todo será cada vez más automático. Pero lo que realmente conduce a la ausencia de esfuerzo es el hecho de que las submentes inconscientes dejan de intentar tomar el control. La ausencia de esfuerzo implica que la atención está puesta en el objeto y se queda allí porque no hay nada en segundo plano que trate de alejarla. Entonces, y solo entonces, tenemos el apaciguamiento total, lo cual significa que podemos dejar de aplicar la diligencia, el esfuerzo y la vigilancia.

La ausencia de esfuerzo implica que la atención está puesta en el objeto y se queda allí porque no hay nada que trate de alejarla. Entonces, y solo entonces, tenemos el apaciguamiento total, lo cual significa que podemos dejar de aplicar la diligencia, el esfuerzo y la vigilancia.

EL PROBLEMA DE LA ARIDEZ

Si eres diligente, puedes permanecer muy enfocado y alerta durante cada vez más tiempo. A medida que lo haces, sin embargo, la satisfacción y la emoción que sentiste al final de la sexta etapa empiezan a desaparecer. Los períodos en que la meditación parece satisfactoria se ven interrumpidos por períodos áridos, tediosos. No ocurre nada nuevo. Cualquier decaimiento de la diligencia hace que pierdas el enfoque y la atención. Y todo tu esfuerzo ya no te produce la satisfacción que una vez te produjo. Los meditadores a menudo se sienten atascados, o les surgen dudas: «¿Cuál es el problema? Tal vez estoy haciendo algo mal». Podemos quedar atrapados en fuertes emociones de inquietud e impaciencia en lugar de limitarnos a reconocer que estas emociones no son más que distracciones generadas por la mente. La tentación de darnos por vencidos y hacer otra cosa puede ser grande.

Personalmente, pasé por un largo período de práctica tediosa en esta etapa. No sabía que era una parte normal del proceso y recuerdo que pensé: «Mi concentración es casi perfecta. Me siento día tras día ¿y es para obtener esto por lo que lo hago? ¿Qué sentido tiene? ¿Dónde están el éxtasis y la dicha de los que he oído hablar?». Desafortunadamente, dejé de practicar durante bastante tiempo a raíz de esto. El aburrimiento y la duda pueden hacer peligrar tu progreso, pero te será más fácil tolerarlos si entiendes lo que está sucediendo y esperas que suceda.

Por fortuna, la mayoría de los practicantes experimentarán episodios ocasionales de gozo y placer (*pīti-sukha*) en esta etapa; también experimentarán sensaciones corporales inusuales, movimientos involuntarios, colores y luces. Estos episodios son breves, poco frecuentes e impredecibles, pero no obstante rompen la monotonía, lo cual ayuda a superar las dudas y conservar la motivación. Pero el antídoto real es la fe en las propias capacidades y la confianza en que se trata de un proceso que solo necesita un tiempo de maduración.

Cuando te sientas atascado, inquieto y dudoso, cultiva una actitud de aceptación y paciencia. Siéntete todo lo satisfecho que puedas por lo lejos que has llegado y recuérdate que te verás recompensado.

Cuando te sientas atascado, inquieto y dudoso, intenta no reaccionar ante estas emociones. En lugar de ello, cultiva una actitud de aceptación y paciencia. Cuando surjan, limítate a observarlas y aceptarlas, vuelve a poner la atención en el objeto de meditación y trata de recuperar una sensación de tranquilidad y calma para contrarrestar la inquietud. Además, siéntete todo lo satisfecho que puedas por lo lejos que has llegado y recuérdate que si perseveras, seguro que te verás recompensado. Repasa también el primer interludio, sobre los obstáculos y los problemas, especialmente la duda y la impaciencia.

Hay tres prácticas adicionales que puedes realizar para añadir variedad a tu meditación y ayudarte a pasar por estos períodos de aridez: investigar la naturaleza de los pensamientos a través de la conciencia introspectiva, llevar a cabo un examen muy atento e intenso y practicar las *jhānas* del placer. Todas estas prácticas son muy gratificantes en sí mismas, sin dejar de ser unificadoras ni de ejercitar la mente en la estabilidad de la atención y el *mindfulness*.

Investigar los objetos mentales

Esta práctica consiste en sostener la atención exclusiva en la respiración mientras se investigan, no discursivamente, los objetos mentales con la conciencia introspectiva metacognitiva. Este tipo de actividad deliberada ayuda a contrarrestar las sensaciones de aburrimiento debidas a la aridez de esta etapa y a ahondar en tu comprensión de cómo funciona tu mente. A estas alturas, la actividad de observar la respiración se ha vuelto bastante automática para ti, y esta práctica requiere solamente que traslades parte de tu capacidad consciencial de la atención a la conciencia metacognitiva. Puesto que continúas centrándote exclusivamente en la respiración, el apaciguamiento de la mente discernidora sigue teniendo lugar.

En este punto de tu práctica, los objetos mentales como pensamientos, recuerdos y emociones rara vez entran en la consciencia. Sin embargo, cuando lo hacen, los percibes fácilmente. Para empezar, observa las tres formas primarias que adopta el pensamiento: el diálogo interno, las imágenes visuales y las «sensaciones» cenestésicas. Los pensamientos suelen aparecer como palabras, frases u oraciones, y pueden convertirse fácilmente en diálogos internos largos. Otros pensamientos adoptan la forma de imágenes, como cuando piensas en preparar la cena y tienes en la mente una imagen de tu cocina. Los recuerdos también suelen ser verbales o visuales. Sin duda, estás bastante familiarizado con estos tipos de pensamientos. El tercer tipo consiste en «sentir» cenestésicamente que hacemos algo, como cuando tenemos el pensamiento o el recuerdo de agarrar un teléfono y marcar un número. Las emociones también entran en esta categoría. Del mismo modo que puedes tener el recuerdo cenestésico de un acto físico, puedes tener la experiencia cenestésica de una emoción como los celos.

En el curso de esta investigación, serás especialmente consciente del *pensamiento simbólico*. Las palabras y frases que aparecen como diálogo interno son evidentemente simbólicas (representan algo que no son ellas mismas). Pero también lo son las imágenes y las representaciones mentales de las acciones físicas (como el impulso de rascarte la nariz, por ejemplo). Una de las cosas que también puedes advertir es la increíble velocidad del pensamiento simbólico. Es tan rápido que los pensamientos individuales, especialmente los *componentes* de los pensamientos individuales (como una palabra o una imagen en particular), son fugaces y difíciles de identificar.

En los intervalos en que el pensamiento simbólico está ausente, podemos decir legítimamente: «No hay pensamientos presentes». Sin embargo, al seguir observando empezarás a percibir una gran cantidad de actividad mental en la conciencia periférica que es *preverbal*, *previsual* y *presensorial*. Esto refleja la actividad conceptual constante de la mente pensante/emocional, y es lo que da lugar al pensamiento simbólico. Normalmente no somos conscientes del pensamiento conceptual no simbólico, pero comienza a filtrarse cuando la experiencia consciencial ya no está dominada por el pensamiento simbólico.

Los momentos en los que el pensamiento parece totalmente ausente también vale la pena observarlos. Cuando la mente está centrada en el presente sin aferrarse, sin mirar hacia el futuro o el pasado, surgen el gozo, la felicidad y la energía. Esto sucede a menudo durante la meditación caminando (ver el apéndice A), o con cualquier tipo ordinario de concentración en que nos sumergimos totalmente en el presente. También ocurre ahora, en la séptima etapa, pero puede pasar fácilmente desapercibido. El hecho

Cuando la mente está centrada en el presente sin aferrarse, sin mirar hacia el futuro o el pasado, surgen el gozo, la felicidad y la energía.

de ser plenamente conscientes del gozo y la felicidad contrarresta directamente la aridez de esta etapa y promueve la unificación y el apaciguamiento de la mente.

Llevar a cabo un examen minucioso

Esta práctica es una versión más intensa de la técnica de **examinar la respiración** que vimos anteriormente. En esta ocasión, se trata de identificarse aún más a fondo con las muchas sensaciones distintas que constituyen la «respiración en las fosas nasales». Proponte detectar los movimientos microscópicos de las sensaciones. A medida que te enfoques más y más, es posible que percibas media docena de sensaciones diferentes (o muchas más) en cada inhalación y exhalación.

Al ir examinando estas sensaciones minuciosamente, tu percepción va a cambiar y vas a empezar a experimentar la respiración como espasmódica o pulsante, en lugar de suave y continua. Los «espasmos» tienen lugar normalmente como uno o dos impulsos por segundo. Al principio te podrá parecer que solamente estás sintiendo los latidos del corazón, o que estos están afectando a la respiración de alguna manera. Puedes investigar esto por medio de expandir intencionadamente el ámbito de la atención para que incluya tanto los latidos del corazón como las sensaciones de la respiración. Si no puedes percibir con claridad los latidos como distintos de estas pulsaciones, pon un dedo sobre la arteria carótida y centra la atención tanto en el pulso como en la respiración en la nariz. Sigue manteniendo la atención exclusiva y la conciencia introspectiva, por supuesto. Acabarás por descubrir que las pulsaciones de la respiración no coinciden con los latidos del corazón.

Ahora, le estás dando una ocupación a la mente que da lugar a nuevas experiencias. Puede ser que experimentes las sensaciones de la respiración como momentos conscienciales separados, o como vibraciones.

Una vez que hayas satisfecho tu curiosidad, examina más de cerca el contenido de cada «sacudida». Descubrirás que tienen lugar cambios continuos dentro de cada una, como si estuvieran hechas de secuencias muy cortas sacadas de una imagen en movimiento. Los cambios consisten en sensaciones reconocibles como calor, frío, presión, movimiento, etcétera, que surgen y desaparecen. Sin embargo, a medida que profundices más, empezarás a detectar sensaciones más sutiles que no puedes etiquetar fácilmente. Ahora estás alcanzando un grado de discernimiento mucho más sutil. Si prosigues, en algún momento tu percepción cambiará de nuevo; en lugar de pulsaciones dentro de cada una de las cuales tienen lugar cambios continuos, experimentarás lo que te parecerán más como una serie de imágenes fijas, que se sucederán a una velocidad de unas diez por segundo.[3]

Ahora, le estás dando una ocupación a la mente que da lugar a nuevas experiencias. Lo que hace que esto sea útil para tu práctica es que solamente puedes sostener esta investigación si permaneces vigilante y muy enfocado. Cualquier disminución de la vigilancia o del esfuerzo dedicado a la atención dará lugar a distracciones que interrumpirán tu exploración.

Si tienes suerte, tu percepción cambiará una vez más. Las imágenes fijas se disolverán y se convertirán en algo demasiado rápido para que la mente pueda discernirlo con claridad. A continuación, experimentarás las sensaciones de la respiración como el rápido parpadeo de momentos conscienciales separados, o como vibraciones. Algunos meditadores interpretan esta experiencia de «momentaneidad» como el universo apareciendo y desapareciendo continuamente de la existencia. Esta descripción es bastante precisa en términos del universo subjetivo de la persona. Cuando ocurre esto, no hay nada que la mente pueda reconocer o a lo que pueda aferrarse, por lo que, de forma natural, se retira de la experiencia.[4] La mente salta hacia atrás, por decirlo de algún modo, a un lugar donde las cosas vuelven a ser reconocibles, un lugar en el que puede aplicar etiquetas y conceptos que le resulten familiares a lo que ha experimentado. Esta es una experiencia de Insight.

Si eres capaz de volver a entrar en esta experiencia «vibratoria», puedes obtener un Insight más claro sobre la impermanencia.[5] Puedes darte cuenta de que todo lo que siempre hubo ahí, todo lo que hay o todo lo que habrá es un proceso continuo de cambio constante que no puede ser aprehendido o agarrado. En realidad no existen las «cosas». Todo lo que hay es un «proceso». Si puedes superar la resistencia de la mente lo suficiente como para entrar y salir de este estado de percepción en repetidas ocasiones, esto se convertirá en una experiencia de *Insight* a partir de la cual podrás alcanzar el *Insight* de la vacuidad.[6] En un primer momento, vas a observar lo incómoda que se siente la mente con este nivel de percepción y lo desesperadamente que quiere «retirarse» y organizar conceptualmente esta experiencia. A continuación te darás cuenta, a un nivel muy profundo, de que el mundo de las formas que nos resulta tan familiar está conformado totalmente por el intento de la mente de «dar sentido» a una realidad «vacía». Los maestros del *dharma* dicen a menudo que el mundo no es más que una proyección de la mente. Esta experiencia directa de la mente que crea significado a partir del vacío nos permite entender exactamente a qué se están refiriendo. No es que el mundo no exista. Lo que ocurre es que el mundo que percibes, tu «realidad» *personal*, no es más que una elaboración de *tu* mente.

Experimentarás estas revelaciones si tienes mucha suerte, pero conviene hacer dos advertencias importantes. En primer lugar, si pasas mucho tiempo realizando esta práctica, repercutirá en tu vida diaria. Vas a verlo todo como impermanente, lo cual podrá resultar realmente desconcertante. Tus sensaciones familiares de certeza y propósito habrán desaparecido, lo que podrá ocasionarte una sensación de desesperanza, incluso desesperación. Las cosas van a perder para ti su importancia habitual y podrá parecerte que la vida no tiene sentido. Todo esto es aún más desconcertante

En realidad no existen las «cosas». Todo lo que hay es un «proceso». Este estado de percepción se convertirá en una experiencia de Insight a partir de la cual podrás alcanzar el Insight de la vacuidad.

Los maestros del dharma dicen a menudo que el mundo no es más que una proyección de la mente. Esta experiencia directa de la mente que crea significado a partir del vacío nos permite entender exactamente a qué se están refiriendo.

porque estas emociones no cuentan con ninguna base lógica en la experiencia consciencial, y parecen venir de ninguna parte. De hecho, son producidas por los procesos mentales inconscientes que tratan de asimilar estas experiencias meditativas. En la tradición *theravada*, este estado se denomina los *conocimientos del sufrimiento* (*dukkha ñanas*) y es en cierto modo comparable a la *noche oscura del alma* de la tradición mística cristiana (ver el apartado sobre las experiencias de *Insight* y el logro del *Insight* del sexto interludio). Estos *insights* sobre la impermanencia y la vacuidad pueden ocasionar aversión a la práctica, pero detener esta es probablemente lo peor que se puede hacer en esta situación.

La segunda advertencia es que no cuentes con tener este tipo de experiencias de *Insight*. Algunas personas nunca experimentan sensaciones que se disuelven en un campo de vibraciones sutiles. Y otras no se amilanan ante la experiencia, sino que la encuentran muy agradable e interesante. Si te hallas en este segundo grupo, puedes ampliar el alcance de la atención para que incluya todo el cuerpo y experimentarlo como un proceso brillante de sensaciones demasiado sutiles para describirlas fácilmente. Recuerda que el propósito de esta práctica es principalmente ayudarte a superar la aridez de la séptima etapa y seguir fortaleciendo la atención exclusiva y el *mindfulness*. Es una forma creativa de aplicar tus capacidades para que te ayude a practicar de manera más productiva. Hay una fuerte posibilidad de que ello te conduzca a una experiencia de *Insight*, pero no está garantizado. Si no tienes estas experiencias ahora, ¡ten la certeza de que las tendrás más adelante!

La práctica de las jhānas del placer

Las *jhānas* del placer son una absorción más potente y gratificante que las *jhānas* de todo el cuerpo. Como su nombre indica, se utilizan sensaciones placenteras como objeto de meditación. Las *jhānas* del placer son particularmente útiles para contrarrestar la monotonía de esta etapa. Más importante aún, el estado de fluencia propio de *jhāna* induce una unificación temporal de la mente, que a su vez fomenta una unificación más duradera, lo que permite progresar con mayor rapidez en la séptima etapa.

Las jhānas del placer ayudan a contrarrestar la monotonía de esta etapa, y el estado de fluencia propio de jhāna induce una unificación temporal de la mente, que a su vez fomenta una unificación más duradera, lo que permite progresar con mayor rapidez.

Para acceder a las *jhānas* del placer, tendrás que sostener la atención a la respiración en la nariz de forma exclusiva. La mente y el cuerpo deben permanecer bastante estables y calmados. Tu experiencia subjetiva debe ser de quietud, estabilidad y claridad mental sostenidas. Tu respiración será lenta y poco profunda, y las sensaciones débiles. Sin embargo, tu conciencia de las sensaciones será tan aguda que casi te dolerá. Es normal que aún tengas la conciencia periférica de sonidos ocasionales u otras sensaciones, quizá incluso el débil susurro de un pensamiento fugaz. Sabes que todo ello está aconteciendo, pero al igual que ocurre con tu conciencia de las nubes en el cielo, o de los coches que pasan por la calle, apenas pueden calificarse como experiencias conscientes. Aun así, si relajas la vigilancia, aún pueden desviar tu atención. Alcanzar el estado de fluencia de *jhāna* va a cambiar esto.

Cuando hayas logrado este nivel de **concentración de acceso**,[7] sin desviar la atención de la respiración, explora la conciencia periférica para encontrar una sensación agradable. Estas sensaciones pueden hallarse en cualquier lugar, pero prueba a buscarlas en las manos, el centro del pecho o la cara. Si te resulta problemático encontrar una sensación agradable en alguna parte del cuerpo, trata de sonreír ligeramente. Esto es muy útil y a menudo produce una agradable sensación alrededor de la boca o los ojos. De hecho, sonreír al meditar es un buen hábito que cultivar en general. Cuando alcances el nivel de la concentración de acceso, la «falsa» sonrisa que adoptaste cuando empezaste a meditar se habrá vuelto auténtica.

Una vez que hayas encontrado una sensación agradable clara, enfoca la atención en ella. Permanecer centrado en una sensación ligeramente agradable no te será tan fácil como centrarte en las sensaciones de la respiración. Es posible que te encuentres incluso con que tu atención quiere volver a la respiración debido a que enfocarte en ella se ha convertido en un hábito fuerte. Practica permitir que las sensaciones de la respiración permanezcan en segundo plano sin dejar de ser introspectivamente consciente de cómo la atención alterna entre la agradable sensación que has elegido y la respiración. Por lo general, no requiere demasiado tiempo habituarse a esto. Cuando lo logres, la atención ya no alternará en absoluto; estará exclusivamente centrada en la sensación agradable.

Enfoca la atención específicamente en la *cualidad de la agradabilidad*, en lugar de hacerlo en la *sensación que da lugar a la agradabilidad*. Limítate a observar; permítete sumergirte por completo en la sensación, pero no hagas nada. Deja que la agradabilidad se intensifique. A veces, sin embargo, se desvanecerá. En este caso, permite que la atención regrese a la respiración. Permanece en el estado de acceso durante otros cinco minutos aproximadamente, estimulando la conciencia periférica para permitir que surja cualquier sensación física o mental agradable. Cuando aparezca, vuelve a intentarlo. Tarde o temprano, la sensación agradable se intensificará a medida que sigas enfocado en ella, lo que hará que te sea más fácil permanecer atento.

La agradabilidad no se incrementará necesariamente de una forma lineal o continua, así que sé paciente. Mientras no se desvanezca, obsérvala sin reaccionar. Claramente, no debes forzarla o correr tras ella. Si lo haces, desaparecerá, y tendrás que regresar a la respiración durante un tiempo y volver a intentarlo.

Mientras la agradabilidad se consolida, puedes experimentar fenómenos sensoriales inusuales, como fuertes sensaciones energéticas que tal vez te ocasionen temblores y movimientos espontáneos. Estas sensaciones constituyen distracciones y puede ser difícil ignorarlas, pero sostén la intención de dejar que permanezcan en el segundo plano de la conciencia. No te preocupes si la atención empieza a alternar con ellas, como hizo anteriormente con la respiración. Esto no evitará que la absorción tenga lugar. De hecho, si tienes suerte, puedes experimentar una liberación de esta energía acompañada de fuertes sensaciones agradables en el cuerpo y un breve período de felicidad gozosa. Esto constituye un anticipo de lo que te aguarda en la primera *jhāna* del placer.

La agradabilidad se hará progresivamente más fuerte, de forma irregular, hasta que de pronto se asiente. Sentirás como si estuvieses «hundiéndote» en la sensación agradable, o como si esta se hubiese extendido para abarcar todo tu «ancho de banda» consciencial: habrás entrado en el estado de fluencia que es la primera *jhāna* del placer.[8] Si ya has practicado las *jhānas* de todo el cuerpo, reconocerás la sensación inmediatamente. Los temblores y las sensaciones energéticas tenderán a persistir en esta primera *jhāna*.

Cuando puedas entrar fácilmente en esta *jhāna* y permanecer en ella todo el tiempo que elijas, podrás pasar a la segunda *jhāna* del placer (encontrarás las instrucciones para hacerlo en el apéndice D), donde las sensaciones físicas y los movimientos se estabilizan más y el sentimiento de felicidad se vuelve más pronunciado que el placer físico. Si bien la práctica de las *jhānas* del placer no tiene el mismo potencial de desencadenar *Insights* que el examen minucioso, es una manera mucho más agradable de cultivar la ausencia de esfuerzo.

La distracción debida a sensaciones extrañas

Aunque estés bien asentado en el camino hacia el apaciguamiento de las submentes discernidoras, las submentes sensoriales seguirán operando como siempre han hecho. El **apaciguamiento de los sentidos** empieza en la séptima etapa porque estás haciendo caso omiso de *todas* las distracciones, incluidas las informaciones sensoriales, con el fin de apaciguar por completo la mente discernidora. Como vimos en el interludio anterior, el apaciguamiento de los sentidos da lugar a varias experiencias sensoriales extrañas. Debido a que son intensas e inusuales, y especialmente porque rompen el tedio de largos períodos de aridez, estas sensaciones pueden constituir distracciones muy potentes. Es casi como si tus sentidos produjesen estas extrañas sensaciones en un intento de llamar tu atención.[9]

Tienen lugar unas sensaciones intensas e inusuales que pueden constituir distracciones muy potentes. Es casi como si tus sentidos produjesen estas extrañas sensaciones en un intento de llamar tu atención.

Es posible que ya hayas experimentado algunas sensaciones extrañas de vez en cuando, como hormigueo o la impresión de que unos insectos se arrastran por tu piel, sensaciones de ardor o de una corriente fría surgida de la nada, una presión en la parte superior de la cabeza o sensaciones corporales distorsionadas. Es posible que hayas visto luces detrás de tus párpados cerrados, o que hayas oído ruidos que no podían proceder de nada externo. Estas sensaciones probablemente tuvieron lugar cuando tu atención ya era particularmente estable; es posible que fueran breves y te fue fácil pasarlas por alto cuando te diste cuenta de que no eran importantes. Se trataba de manifestaciones del primer grado de *pīti*, el grado «menor» del que se hablaba en el último interludio.[10]

En esta etapa, puedes esperar que estas sensaciones inusuales acontezcan con mucha mayor frecuencia, duren más y sean más intensas. Además, mientras que antes solían tener lugar de una en una, ahora aparecen varias al mismo tiempo. Estos episodios corresponden a un apaciguamiento incompleto de los sentidos y pertenecen al segundo grado de *pīti*, el momentáneo. A menudo experimentarás energía corriendo por el cuerpo y movimientos físicos, como balanceos, sacudidas bruscas y crispaciones de las manos y los dedos. También puedes experimentar sudoración, salivación y lagrimeo. Incluso puede ser que experimentes el apaciguamiento sensorial incompleto correspondiente al tercer grado, en que surgen múltiples fenómenos sensoriales juntos, que se manifiestan muy intensos y después remiten, repetidamente, siguiendo un patrón análogo al de las olas. Del mismo modo, pueden tener lugar momentos de gozo y felicidad intensos, pero no períodos sostenidos de gozo meditativo. Esto vendrá en la octava etapa.

Limítate a hacer lo posible por ignorar estos fenómenos; deja que maduren por sí mismos con el tiempo. No los persigas, pero tampoco los alejes o te resistas a ellos. Surgirán y desaparecerán por sí mismos. Tu tarea no es otra que *dejar que vengan, dejar que estén y dejar que se vayan*. Al final de la etapa siguiente, una vez que tus sentidos hayan sido totalmente apaciguados, estas extrañas sensaciones van a dar lugar a la docilidad física y a un gozo meditativo completamente desarrollado.

> *Estos fenómenos surgirán y desaparecerán por sí mismos. No los persigas, pero tampoco los alejes. Limítate a dejar que vengan, dejar que estén y dejar que se vayan.*

Calmando las formaciones corporales mientras inhala, [él] se ejercita.
Calmando las formaciones corporales mientras exhala, se ejercita.

Ānāpānasati Sutta

LA PURIFICACIÓN MENTAL (REVISIÓN)

En esta etapa, es posible que también vuelvas a encontrarte con el proceso de purificación que experimentaste en la cuarta. Esto abarca otro conjunto importante de distracciones, incluidas emociones fuertes, imágenes perturbadoras, recuerdos potentes y otros contenidos volátiles. Este proceso de purificación es extremadamente importante. De hecho, tu progreso a lo largo de las etapas restantes depende de él, así que dale la bienvenida si se presenta. Haz frente a estos contenidos exactamente de la misma manera en que lo hiciste en la cuarta etapa. Si es necesario, vuelve a leer ese capítulo y refresca la memoria.

¿Por qué no aparecieron estos contenidos en la cuarta etapa? Probablemente porque te enfrentaste a ellos con demasiadas resistencias internas en esos momentos, o estaban enterrados demasiado profundamente, o eran demasiado sutiles para que pudieses reconocerlos. Si aún no lo has hecho, empieza a usar la práctica de la revisión consciente, que se describe en el apéndice E. Esta práctica espoleará los contenidos que necesiten ser purificados para que puedan surgir con mayor facilidad en el silencio de la meditación. Al examinar tus actitudes y comportamientos actuales como parte de la práctica de la revisión consciente, mitigas tu resistencia a estos contenidos más profundos.

LA UNIFICACIÓN DE LA MENTE DISCERNIDORA Y EL RECONOCIMIENTO DE LA AUSENCIA DE ESFUERZO

La ausencia de esfuerzo es como aprender a montar en bicicleta. Llega el momento en que te das cuenta de que si sigues pedaleando, la bicicleta se mantiene en pie por sí misma. En el ámbito de la meditación, aprendes a soltar cuando es el momento adecuado y entras en la ausencia de esfuerzo.

Antes de la unificación, muchas submentes inconscientes tienen intenciones contradictorias. A través del proceso de apaciguamiento, las submentes de la mente discernidora comienzan a trabajar en torno a la intención común de centrarse en las sensaciones de la respiración. Con este mayor consenso, hay menos submentes discrepantes que proyecten objetos mentales distractores en la conciencia periférica.

Reconocer la ausencia de esfuerzo es como aprender a montar en bicicleta. Llega el momento en que te das cuenta de que si dejas de intentar corregir y controlar constantemente tu equilibrio y te limitas a seguir pedaleando, la bicicleta se mantiene en pie por sí misma. De la misma manera, al meditar, tenemos que aprender a soltar cuando es el momento adecuado y entrar en la ausencia de esfuerzo.

De entrada, parece bastante fácil. No obstante, has estado esforzándote durante tanto tiempo que es posible que no reconozcas que no necesitas seguir haciéndolo. La mente se ha acostumbrado tanto a sostener niveles intensos de vigilancia y esfuerzo que ya lo hace de forma automática. Además, esta diligencia evita que surja el gozo natural propio de la mente unificada. Por supuesto, puedes haber experimentado ráfagas cortas de alegría, pero el gozo que es fruto de la unificación permanece bloqueado por la diligencia habitual.

Si sueltas la diligencia con demasiada frecuencia y demasiado pronto, tu práctica se volverá inconsistente, lo cual podrá frenar tu progreso. Espera hasta tener algún indicio de que puede haber llegado el momento.

Soltar es la mejor manera de descubrir si ha llegado el momento de deponer toda vigilancia y esfuerzo. Así pues, relaja intencionadamente tu esfuerzo de vez en cuando y comprueba qué sucede. Si regresan la distracción o el embotamiento, sabes que necesitas seguir esforzándote. Sin embargo, si la atención exclusiva sigue presente, si el *mindfulness* continúa siendo fuerte y surgen el gozo y la felicidad, has alcanzado la ausencia de esfuerzo.

Aun así, no te apresures. Si sueltas la diligencia con demasiada frecuencia y demasiado pronto, tu práctica se volverá inconsistente, lo cual podrá frenar tu progreso. Espera hasta tener algún indicio de que puede haber llegado el momento. Quizá adviertas, por ejemplo, que hace mucho tiempo que no se presentan objetos mentales en la conciencia periférica. O tal vez tu estado mental en general es mucho más tranquilo y claro. O puedes advertir que te es mucho más fácil ignorar las sensaciones físicas desagradables o extrañas, ya que no surgen pensamientos de reacción frente a ellas. Estos son los signos de la **docilidad mental**. Cuando los observes, habrá llegado el momento de soltar esa sensación de alerta —de estar presto a defender al instante el enfoque de tu atención.

UN DESCUBRIMIENTO ACCIDENTAL DE LA AUSENCIA DE ESFUERZO: «LA EPIFANÍA DE LAS MOSCAS»

A mí no me enseñaron a soltar intencionadamente con el fin de comprobar la ausencia de esfuerzo. De hecho, ¡ni siquiera era consciente de que debía «luchar por la ausencia de esfuerzo» en modo alguno! Lo descubrí de forma totalmente accidental. Había permanecido en un período muy largo y árido de práctica, en que solo había experimentado unos indicios menores de *pīti* —crispación de los pulgares y las manos, salivación y un ocasional atisbo de luz en el campo visual—. Definitivamente, no experimentaba ningún gozo. Luego, durante una meditación en particular, varias moscas empezaron a caminar por mi cara. Lo hacían sobre los labios, los párpados e incluso dentro y fuera de las fosas nasales. Ejercí un esfuerzo tremendo frente a esta inmensa distracción para mantener las moscas en la conciencia periférica y la atención en la respiración. A veces las moscas se iban, pero volvían pronto. Yo permanecía en un elevado estado de vigilancia cada vez que se iban porque en cualquier momento podían regresar.

Parecía que eso no iba a acabar nunca, pero en algún momento se fue la última mosca y no regresó durante mucho tiempo. Finalmente, tuve el pensamiento de que tal vez se habían ido para siempre. ¡Qué alivio! Solté todo esfuerzo y descansé en las sensaciones de la respiración. Inmediatamente, sentí un gozo que se extendía sobre mí en oleadas y luego se estabilizaba. Me di cuenta de que no tenía que seguir intentándolo tanto, y en ese momento comprendí plenamente la importancia de soltar. Antes de este episodio, había llegado a un punto en que ya no necesitaba esforzarme, pero no lo había sabido; por lo tanto, no había dado el último paso hacia la ausencia de esfuerzo. He estado agradecido a esas moscas desde entonces.

MÁS OBSTÁCULOS HACIA LA AUSENCIA DE ESFUERZO

Después de esa lección, aún tuve problemas para deponer el esfuerzo y soltar. Me di cuenta de que una cosa es saber que eres capaz de enfocarte sin esfuerzo pero que otra muy diferente es *deponer* realmente el esfuerzo. El soltar siguió constituyendo un desafío para mí en las sesiones posteriores y no pude repetir la experiencia a voluntad. Incluso cuando lograba suspender el esfuerzo, las olas de gozo finalizaban tan pronto como volvía a sentir el impulso de tomar el control. Como mucha gente, sentía la necesidad profundamente arraigada de tener el control, debida al deseo y el miedo. Tuve que superar este «problema con el control» antes de poder experimentar el gozo de la ausencia de esfuerzo con cierta constancia. La respuesta era, y sigue siendo, la rendición total: tuve que dejar de preocuparme por si ocurriría o no, y a la vez confiar totalmente en que lo haría. Tuve que dejar que la práctica sucediera en lugar de «realizar» la práctica.

La mayoría de nosotros tenemos el hábito de tener el control desde la infancia y pensar que somos un yo que es el responsable de hacer que ocurran las cosas. No trates de hacer que ocurra nada. Limítate a confiar en el proceso y deja que se desarrolle de forma natural.

Todos somos diferentes, y tal vez tú no te aferrarás con tanta fuerza. De todos modos, ten en cuenta que incluso cuando sepas que es seguro deponer todo esfuerzo, puede costarte hacerlo. La mayoría de nosotros tenemos el hábito de tener el control desde la infancia y pensar que somos un yo que es un agente activo responsable de hacer que ocurran las cosas. No trates de hacer que ocurra nada. Limítate a confiar en el proceso y deja que se desarrolle de forma natural.

Cuando llegues al final de la séptima etapa, contarás con la unificación suficiente como para permitirte la ausencia de esfuerzo de la docilidad mental, que siempre acude con cierto grado de gozo meditativo. El gozo parece ser el estado «natural» de la mente unificada; y cuanto más unificada está la mente, más gozo experimenta. El gozo es también el «pegamento» que ayuda a *mantener* la mente unificada. Con todo, puedes contar con que el deseo y la aversión, la preocupación y el remordimiento, la animadversión, la impaciencia, el miedo y la duda acabarán por perturbar tu mente con el tiempo, erosionarán la unificación y harán que la mente regrese a un estado de conflicto interno e insatisfacción. El objetivo de la octava etapa es condicionar la mente para que mantenga un alto grado de unificación incluso frente a los obstáculos. Cuando eso suceda, el gozo meditativo estará completamente desarrollado, y el pegamento se habrá «fijado».

Experimentando gozo mientras inhala, [él] se ejercita.
Experimentando gozo mientras exhala, se ejercita.
Experimentando placer mientras inhala, se ejercita.
Experimentando placer mientras exhala, se ejercita.

Ānāpānasati Sutta

CONCLUSIÓN

Has dominado la séptima etapa cuando puedes alcanzar sistemáticamente la ausencia de esfuerzo. La tendencia inquieta de la atención a perseguir objetos presentes en la conciencia periférica se ha dominado. Cuando te acabas de sentar, aún necesitas pasar por un proceso de «asentamiento»: cuenta las respiraciones, agudiza tu atención y tu conciencia e ignóralo todo diligentemente, hasta que tu mente esté apaciguada y las intenciones en conflicto hayan desaparecido. A continuación, puedes soltar y emprender el viaje. Cuando seas capaz de alcanzar sistemáticamente la ausencia de esfuerzo y permanecer ahí durante toda la sesión o la mayor parte de ella, te habrás convertido en un meditador experto. Habrás alcanzado el tercer hito y estarás preparado para pasar a la próxima etapa.

La naturaleza de la mente y la consciencia

En este interludio se examinan los cambios que tienen lugar cuando la mente se unifica más en las etapas más avanzadas. También se proporciona una revisión simple pero profunda del modelo del sistema mental para ayudarte a entender mejor las etapas que han de venir y a transitar por ellas.

LA UNIFICACIÓN: EL *MINDFULNESS*, LA PURIFICACIÓN Y EL *INSIGHT*

A medida que progresas por las etapas más avanzadas, todo el sistema mental sigue unificándose. Se va volviendo cada vez más coherente y armonioso, y cada vez menos fragmentado y conflictivo. Este proceso tiene tres efectos profundos: el *mindfulness* sigue incrementándose, al igual que lo hace la «magia del *mindfulness*»; contenidos profundamente sumergidos en el inconsciente afloran a la superficie, lo que permite una mayor purificación, y es más probable que tenga lugar un *Insight* profundo.

Una mayor unificación da lugar a un consenso más amplio de submentes sintonizadas con la información que aparece en la consciencia. Esto tiene consecuencias de largo alcance.

¿Por qué tiene la unificación de la mente unas consecuencias de tanto alcance? La explicación básica es bastante sencilla: *una mayor unificación da lugar a un consenso más amplio de submentes sintonizadas con la información que aparece en la consciencia*. Al final del interludio dedicado al sistema mental se hacía la pregunta de «quién es consciente» y se respondía que era el conjunto de mentes que constituyen el sistema mental. Sin embargo, el solo hecho de que la información proyectada en la consciencia pase a estar *disponible* para todas las submentes del sistema mental no significa que todas la *reciban*. Ocurre lo mismo que en el caso de un programa de radio: el programa se está retransmitiendo, pero no todo el mundo está sintonizado para escucharlo. Del mismo modo, en la mente no unificada, cualquier información proyectada en la consciencia *rara vez* es registrada por más que por un pequeño porcentaje de submentes. La unificación cambia esta situación por medio de incrementar la cantidad de «público» receptivo. Esta mayor cantidad de público está sintonizado con el objeto de meditación, y también con cualquier otra cosa que pueda aparecer en la consciencia –incluidas las experiencias de *Insight.*

EL AUMENTO DEL PODER DEL *MINDFULNESS*

El mindfulness mejora espectacularmente. Te sentirás más completamente presente con todo lo que aparezca en la consciencia y la experiencia de conocer será más «rica» y potente.

A partir de la séptima etapa, la calidad del *mindfulness* mejora espectacularmente. Te sentirás más completamente presente con todo lo que aparezca en la consciencia y la experiencia de conocer será más «rica» y potente. De acuerdo con el modelo de los momentos conscienciales, esto no debería ocurrir. La mayor parte de tus momentos mentales pasaron a ser momentos de percepción en la quinta etapa. El porcentaje de momentos mentales de percepción frente a los de ausencia de percepción siguió aumentando a lo largo de las etapas sexta y séptima, lo cual significa que la intensidad y la claridad del *mindfulness* también aumentaron. Pero más allá de la séptima etapa deberías experimentar muy pocos momentos mentales de ausencia de percepción, por lo que cualquier mejora del *mindfulness* debería ser mínima.

Por sí mismo, el modelo de los momentos conscienciales no puede explicar por qué mejora tanto el *mindfulness* más allá de la séptima etapa. Después de todo, una vez que cada momento mental se ha convertido en un momento perceptual y el embotamiento ha desaparecido por completo, el *mindfulness* no debería incrementarse más, porque el «ancho de banda» de la consciencia está lleno.

Sin embargo, cuando combinamos el modelo de los momentos conscienciales con el modelo del sistema mental, podemos ver fácilmente cómo la potencia del *mindfulness* puede seguir aumentando en la octava etapa y más allá: a medida que más submentes se unifican en torno a una determinada **intención consciente**, el «público» de los contenidos de la consciencia aumenta. Al tener lugar una mayor unificación, más submentes «sintonizan» con la consciencia en cualquier momento dado. En otras palabras, nuestro grado de *mindfulness* no depende solamente de la cantidad de momentos perceptuales, sino también de la cantidad de unificación que se haya producido.[1]

Esto también nos ayuda a entender por qué un practicante de artes marciales o un deportista que se encuentren *en la zona* (en estado de fluencia) pueden permanecer totalmente alertas, pero aun así no gozar del *mindfulness* de un meditador experto: solo una cantidad limitada de submentes están implicadas en la lucha contra un oponente o en las maniobras para anotar un tanto. En lugar de estar unificadas, el resto de las submentes se hallan desconectadas. Cuando la lucha ha terminado o el jugador sale del campo, la cacofonía de las submentes en conflicto se reanuda.

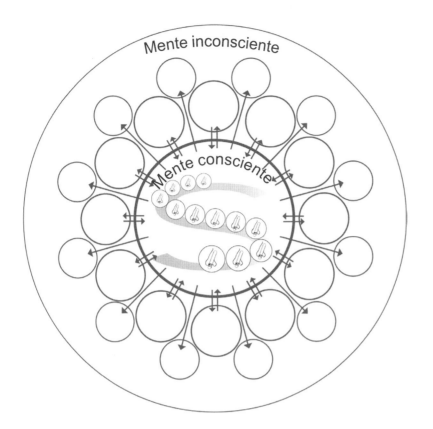

Figura 47. El *mindfulness* puede seguir aumentando incluso cuando ya no está presente ni el más mínimo embotamiento, porque no depende solamente de la cantidad de momentos mentales de percepción, sino también de la cantidad de unificación que se haya producido. Cuanto más «público» tengan los contenidos de tu consciencia, mayor es tu *mindfulness*.

Si estás en el nivel del meditador experto, también te darás cuenta de que puedes seguir contando con un *mindfulness* muy potente incluso si estás embotado y no puedes pensar con claridad a causa de la fatiga o una enfermedad. Por otra parte, puedes sostener un fuerte *mindfulness* incluso mientras te duermes por la noche, y los sueños lúcidos no son infrecuentes. Incluso en el sueño profundo, sin sueños, podemos tener la experiencia de «saber» que estamos dormidos.[2] Esto supone una contradicción con respecto a lo que predice el modelo de los momentos conscienciales. Si el embotamiento se debe a una disminución de los momentos perceptuales, el *mindfulness* debería disminuir con la presencia del embotamiento... De hecho, la meditación podría parecer inútil cuando estamos enfermos o cuando tenemos sueño. Pero cuando tiene lugar una mayor unificación, incluso si hay *menos* momentos conscienciales de percepción, el contenido de esos momentos está llegando a *más* submentes. Es decir, hay menos información en la consciencia, pero hay más «público» mirando. Así que no solo *podemos* practicar cuando estamos embotados sino que *deberíamos* practicar, porque la unificación puede seguir existiendo incluso en medio del embotamiento.

En el nivel del meditador experto, el mindfulness puede seguir siendo muy potente incluso si estás embotado a causa de la fatiga o una enfermedad. Así que no solo puedes practicar cuando estás embotado, sino que deberías hacerlo.

Figura 48. El modelo de los momentos conscienciales atribuye el embotamiento a la presencia de momentos conscienciales de ausencia de percepción poco energéticos, carentes de un objeto en el que centrar la atención, intercalados entre los momentos conscienciales de percepción

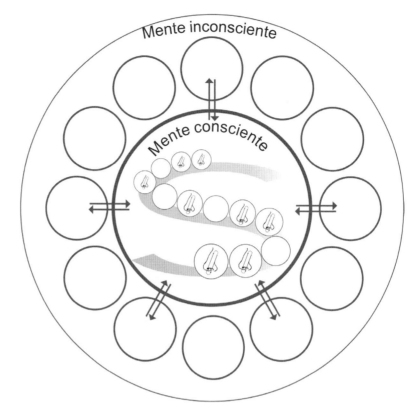

Sin embargo, el *mindfulness* puede ser muy potente incluso en medio del embotamiento debido a la fatiga o la enfermedad. Cuando tiene lugar una mayor unificación, aunque haya menos información en la consciencia, hay más «público» para ella.

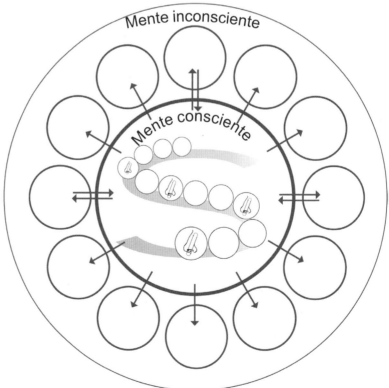

EL AUMENTO DE LA MAGIA DEL *MINDFULNESS*

La unificación de la mente[3] no solo incrementa el *mindfulness*. También incrementa la **magia del mindfulness**. En el segundo interludio hablábamos de cómo la magia del *mindfulness* era la capacidad de reprogramar viejos patrones de pensamiento y comportamiento, lo cual transformaba la personalidad para mejor. Unos cambios así de drásticos son posibles gracias a que el *mindfulness* proporciona nueva información a las submentes inconscientes de tal manera que estas pueden desaprender viejas formas de reaccionar, patrones habituales de reacción. Sin embargo, para que esta transformación tenga lugar, las submentes pertinentes deben recibir la nueva información a medida que esté disponible en la consciencia. Desafortunadamente, puede ser que las submentes pertinentes no estén sintonizadas con la consciencia, el resultado de lo cual es la pérdida de oportunidades de que el *mindfulness* opere su magia. A medida que la mente se unifica, sin embargo, el «público» de la experiencia consciencial va aumentando, y la cantidad de asimilación y de reprogramación se incrementa proporcionalmente —así como los resultados positivos.

La unificación de la mente también incrementa la magia del mindfulness. A medida que el «público» de la experiencia consciencial va aumentando, la cantidad de asimilación y de reprogramación de la información se incrementa proporcionalmente.

La unificación juega el mismo papel en el **Insight** que en el cambio de personalidad. Para que una **experiencia de Insight** reprograme realmente nuestra visión intuitiva de la realidad, la información pertinente debe ser «presenciada» por las suficientes submentes. Lo que hace que una mera experiencia de *Insight* se convierta en un *Insight* transformador es que haya la suficiente cantidad de submentes del sistema mental compartiendo la experiencia. Podemos tener una experiencia espiritual profunda pero los efectos pueden ser de corta duración. Cuando ocurre esto, no había las suficientes submentes unificadas en torno a la experiencia (sintonizadas con la información presente en la consciencia) como para desencadenar una gran transformación.

La unificación también afecta a lo profundamente que cala el Insight. A medida que la información se adentra cada vez con mayor profundidad en la mente inconsciente, un Insight débil se va convirtiendo en un Insight fuerte.

La unificación también afecta a lo profundamente que cala el *Insight*. A medida que la información proporcionada por una experiencia de *Insight* se adentra cada vez con mayor profundidad en la mente inconsciente, el *Insight* madura. Un *Insight* débil se convierte en un *Insight* fuerte. El proceso por el cual un *Insight* va calando en lo profundo es el mismo en todos los casos: las submentes que están sintonizadas asimilan nueva información, lo cual las obliga a revisar sus «ideas» acerca de la realidad. Llega el momento en que la transformación creada por el *Insight* llega a estar tan ampliamente asentada en el sistema mental que nuestra visión del mundo cambia por completo. Esta es la razón por la cual la unificación de la mente es tan importante para alcanzar el *Insight*.

Una mayor purificación mental

A medida que la unificación fue aumentando en la séptima etapa, «presionó» a otras submentes inconscientes para que se sumaran al proceso. Tal vez es por esto por lo que has experimentado otra ronda de **purificación mental**: para que las submentes se unifiquen, los objetivos y las prioridades en conflicto deben resolverse antes. Dado que la resolución de conflictos y la integración solo pueden tener lugar en la consciencia, el efecto de esta presión desde abajo era forzar a los contenidos enterrados que evitaban la unificación a asomar en la consciencia para que fuesen purificados. El enfoque exclusivo y el apaciguamiento de la mente de la séptima etapa crearon la oportunidad perfecta para que tanto los contenidos profundamente enterrados como los extremadamente sutiles salieran a la superficie. Esta es la historia oculta detrás de la experiencia subjetiva de la purificación.

La purificación es importante para minimizar el trauma psicológico que puede acompañar al Insight. Con el potencial para el Insight mucho mayor que tiene lugar en las etapas correspondientes al meditador experto, la purificación es más importante que nunca.

Como se mencionó en el último interludio, la purificación es importante para minimizar el trauma psicológico que puede acompañar a los *Insights* que conducen al **Despertar**. Por lo tanto, al entrar en las etapas correspondientes al meditador experto, caracterizadas por un potencial para el *Insight* mucho mayor, permitir que la purificación siga teniendo lugar es más importante que nunca.

Cómo una experiencia de cesación se convierte en un *Insight* transformador

El modelo del sistema mental y el proceso de unificación nos ayudan a entender una de las experiencias de *Insight* más profundas, el *evento de cesación*.[4] Un evento de cesación es aquel en que las submentes inconscientes permanecen sintonizadas con los contenidos de la consciencia y receptivas a ellos, mientras *ninguna* de ellas proyecta ningún contenido en la consciencia. Entonces, la consciencia cesa, completamente. Durante ese período, tiene lugar un *cese completo* de cualquier tipo de fabricación mental en el nivel de la consciencia. Es decir, deja de producirse el mundo ilusorio, generado por la mente, que de otro modo domina todos los momentos conscienciales. Esto, por supuesto, también implica un cese total del anhelo, la intención y el sufrimiento. La única información que reciben las submentes sintonizadas durante este evento es el hecho de la ausencia total.

Lo que hace que esta sea la más potente de todas las experiencias de Insight es lo que sucede en los últimos momentos conscienciales que conducen a la cesación.

Lo que hace que esta sea la más potente de todas las experiencias de *Insight* es lo que sucede en los últimos momentos conscienciales que conducen a la cesación. En primer lugar, aparece en la consciencia un objeto que normalmente suscitaría anhelo. Puede tratarse casi de cualquier cosa. Sin embargo, lo que sucede a continuación es bastante inusual: la mente no responde con el anhelo y el apego habituales, sino que entiende perfectamente el objeto desde la perspectiva del *Insight*: como una construcción mental, totalmente «vacía» de cualquier sustancia real, impermanente, y una causa de sufrimiento. Esta comprensión profunda conduce al momento siguiente y último, el de la *ecuanimidad total*, en que la intención compartida de todas las submentes unificadas es *no responder*.[5] Puesto que no se proyecta nada en la consciencia, surge el evento de cesación.[6] Con la cesación, las submentes sintonizadas se dan cuenta al mismo tiempo de que todo lo que aparece en la consciencia no es más que el producto de su propia actividad. Es decir, se percatan de que los *inputs* que están acostumbradas a recibir no son más que el resultado de sus propios actos de invención. Esto tiene un efecto contundente. Las submentes de la **mente discernidora** experimentan el *Insight* de que todo lo que han conocido, incluido el yo, no era más que una invención de la mente misma. Las submentes de la **mente sensorial** experimentan un *Insight* un poco diferente: el único tipo de información que llega a aparecer en la mente que no es generado en exclusiva por la mente son los *inputs* que acuden a ellas directamente procedentes de los órganos sensoriales.

Las submentes discernidoras experimentan el Insight de que todo lo que han conocido, incluido el yo, no era más que una invención de la mente. Las submentes sensoriales experimentan el Insight de que la única información que no es generada en exclusiva por la mente son los inputs procedentes de los órganos sensoriales.

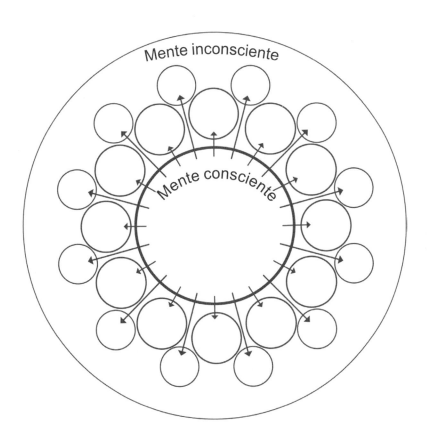

Figura 49. Piensa en una situación en que las submentes inconscientes permanecen sintonizadas con los contenidos de la consciencia, y receptivas a estos contenidos, mientras, a la vez, ninguna de ellas proyecta ningún contenido en la consciencia. La consciencia dejaría de tener lugar, completamente. Habría un cese total de las fabricaciones mentales de cualquier tipo, incluidos anhelos, intenciones y sufrimientos.

291

Si las submentes están receptivas pero no hay nada que puedan recibir, ¿puede un evento de cesación recordarse después? Esto depende totalmente de la naturaleza de la intención compartida antes de que tenga lugar la cesación. Si la intención de todas las submentes sintonizadas era observar objetos de la consciencia, como ocurre con las típicas prácticas de «percepción», todo lo que se recuerda posteriormente es una ausencia, un vacío. Al fin y al cabo, si todos los objetos conscienciales están ausentes, y las submentes no tienen la intención de observar ningún objeto, no hay nada que deje su huella en la memoria. Sin embargo, si la intención era la de ser metacognitivamente conscientes del estado de la mente y sus actividades, recordaríamos haber sido plenamente conscientes, pero no conscientes *de* algo. Recordaríamos haber tenido una experiencia de la consciencia pura o una experiencia de la consciencia sin objetos.[7]

El evento de cesación en sí no es una creación mental, pero las interpretaciones posteriores de él sí lo son, a partir de los puntos de vista y las creencias de la persona que está efectuando la interpretación.

Para ser claros, en realidad no tiene lugar ninguna «experiencia» de la «consciencia sin objetos» durante el evento de cesación, ni podría tener lugar. Esa experiencia, como cualquier otra, es una creación mental, y en este caso se genera *después* de que el evento de cesación ha finalizado.[8] La interpretación retrospectiva del recuerdo de un evento de cesación adopta muchas formas, en función de los puntos de vista y las creencias de la persona cuya mente está efectuando la interpretación. Así pues, el evento de cesación en sí no es una creación mental, pero las interpretaciones posteriores de él sí lo son, al cien por cien.

Independientemente de lo que deja o no deja huella en la memoria, todas las submentes sintonizadas con la consciencia durante la cesación deben asimilar el evento dentro de su propia representación de la realidad. Como ocurre con cualquier experiencia de *Insight*, la nueva información obliga a efectuar una reprogramación de la forma en que se interpretan todas las experiencias futuras y en que se les presta atención. El hecho de darse cuenta de que todas las experiencias fenoménicas, incluida la del yo, son meras creaciones mentales, y que por lo tanto están «vacías» de cualquier sustancia real, transforma radicalmente el modo en que funciona la mente. Entendemos, con más claridad que nunca antes, que el anhelo y el sufrimiento constituyen el aferramiento a unas meras construcciones mentales. Cuantas más submentes estén sintonizadas durante el evento, más fuerte será esa comprensión. Por supuesto, no es muy difícil adquirir una comprensión conceptual de estas verdades; muchos la han tenido. Pero solo el *Insight* puede llegar a ella a un nivel profundo, intuitivo.

El poder de transformación que tenga un evento de cesación depende de lo unificada que estuviese la mente. La unificación determina la cantidad total de submentes que están receptivas, como «público», a lo que acontezca en la consciencia. Solo las partes del sistema mental que estuvieron sintonizadas durante la cesación se ven afectadas. Si la mente estuviese *totalmente* unificada, todas las submentes del sistema mental se verían afectadas de forma simultánea, y se produciría un Despertar completo de la totalidad del sistema mental.[9]

Sin embargo, si la mente estaba solo *parcialmente* unificada, hay dos posibilidades: que no se produzca ninguna transformación o que tenga lugar una transformación incompleta. Esto se debe a que es necesario que, durante el evento, un cierto grado de unificación alcance las suficientes submentes para que tenga lugar algún efecto tangible, duradero, sobre el conjunto del sistema mental. Si la unificación es insuficiente, la persona puede tener una experiencia cumbre muy memorable, pero sus efectos serán poco o nada duraderos. No obstante, si se alcanza el umbral crítico, la segunda posibilidad es que tenga lugar una transformación *incompleta* del sistema mental, limitada a aquellas submentes que estaban sintonizadas en ese momento. La transformación completa debe aguardar a que acontezcan más cesaciones u otras experiencias de *Insight* que tengan un impacto similar sobre las otras partes del sistema mental. Este proceso gradual de transformación explica por qué la tradición describe que el Despertar se produce a lo largo de una serie de etapas.[10]

> *El poder de transformación de un evento de cesación depende de lo unificada que estuviese la mente. Solo las partes del sistema mental que estuvieron sintonizadas durante la cesación se ven afectadas.*

AMPLIACIÓN DEL MODELO DEL SISTEMA MENTAL

El modelo del sistema mental puede explicar muchas cosas. Sí, constituye una simplificación de una realidad compleja, pero es por eso por lo que resulta tan útil. Se ha representado el sistema mental diciendo que consiste en la mente consciente rodeada por la mente sensorial, la discernidora y la narrativa, las tres inconscientes, con las que está conectada. La **mente consciente** es el *lugar* en el que se desarrolla el intercambio de información entre las mentes, y la **consciencia** es específicamente el *proceso* de intercambio de información. «Quien» es consciente es el conjunto de **mentes inconscientes** que intercambian información de esta manera.

Pero si revisamos este modelo solo un poco, vamos a tener uno aún mejor que responda a una serie de preguntas que el modelo básico no permite abordar fácilmente. También nos ayudará a entender las sutilezas de la mente que se manifiestan en la meditación y nos proporcionará un marco útil para interpretar las instrucciones prácticas de las próximas etapas.

La revisión es simple, pero las implicaciones son profundas: *la misma estructura básica del sistema mental se repite en muchos niveles diferentes.* Esto significa que cada mente inconsciente, que se comunica a través de la mente consciente, también se compone de un conjunto de submentes. Por ejemplo, la mente auditiva que envía información a la consciencia integra un conjunto de submentes conectadas. Estas son responsables de varios procesos, tales como el tono, la intensidad, la duración, etcétera. Cada una de estas

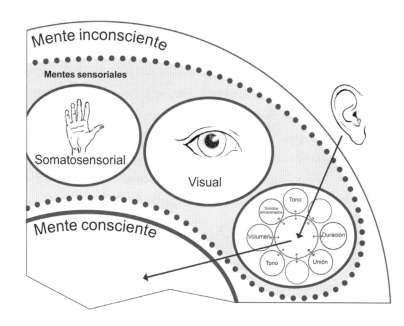

Figura 50. En el sistema mental está la mente consciente, el lugar en el que se intercambia información entre las mentes inconscientes sensoriales y la discernidora. Esta misma estructura básica se repite dentro de cada una de las mentes inconscientes. La mente auditiva tiene un conjunto de submentes responsables de una diversidad de procesos, como el tono, la intensidad, etc.; todas ellas están conectadas por un lugar en el que se desarrolla el intercambio de sus informaciones.

Esta misma estructura básica se repite a muchos niveles diferentes, hasta llegar al más simple de los procesos mentales. Cada submente es un conjunto de sub-submentes que intercambian información entre sí por medio de un lugar «parecido a la mente consciente» en cada nivel.

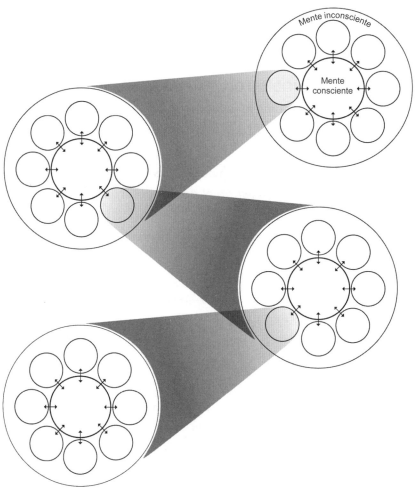

submentes es, a su vez, un conjunto de sub-submentes, y esta estructura sigue repitiéndose hasta llegar al más simple de los procesos mentales.

Esto también significa que hay múltiples lugares «parecidos a la mente consciente» donde tienen lugar *procesos* de intercambio de información «parecidos a la consciencia» en todos los niveles de la jerarquía. Esta estructura organizativa repetida, en que exactamente los mismos procesos que dan lugar a la consciencia acontecen en niveles cada vez más profundos, muestra la naturaleza fractal del sistema mental. La única razón por la que el proceso de intercambio de información que llamamos consciencia es «especial» es que lo experimentamos subjetivamente. Y esta experiencia subjetiva parece estar limitada *solamente* al intercambio de información que tiene lugar en el nivel más alto del sistema mental.[11]

El proceso de intercambio de información que llamamos consciencia solamente es «especial» porque lo experimentamos subjetivamente. La experiencia subjetiva parece estar limitada al intercambio de información que tiene lugar en el nivel más alto del sistema mental.

Asimismo, hay procesos «parecidos a la mente narrativa» responsables de combinar, organizar y resumir la información que aparece. Una parte de la información que se produce en cada lugar de intercambio se proyecta al siguiente lugar de intercambio, más elevado —al igual que algunos de los contenidos de la consciencia se proyectan en el mundo como habla o acción—. A veces, la información está en su forma original cuando asciende al próximo nivel; a menudo, sin embargo, se ha visto modificada al haber sido condensada y combinada con otra información. Por lo tanto, lo que aparece en la consciencia como el contenido de un momento consciencial separado es en realidad el fruto de muchas submentes —y sub-submentes— inconscientes distintas, lo que significa que dicho contenido ya se ha recopilado y clasificado exhaustivamente.

Este modelo revisado también nos brinda una mejor idea de cómo opera la intención. De acuerdo con el modelo del sistema mental, todas las intenciones se generan en la mente inconsciente. El papel de la consciencia es permitir, reprimir o modificar estas intenciones antes de que generen una acción.[12] Sin embargo, si las intenciones inconscientes que aparecen en la consciencia fuesen siempre reacciones simples, condicionadas, las situaciones similares siempre desencadenarían las mismas intenciones. Pero no es esto lo que sucede. Además, las nuevas intenciones que surgen en la consciencia a menudo son bastante complejas. Esto se debe a que la mayor parte de las evaluaciones, modificaciones y descartes de las intenciones en conflicto ya se han producido en un nivel inconsciente.

Nuestra experiencia consciencial de nosotros mismos y de las personas, los objetos y los acontecimientos que conocemos como «realidad» se compone en su totalidad de creaciones mentales altamente procesadas que ya han sido exhaustivamente combinadas, analizadas e interpretadas antes de aflorar en la consciencia.

Por último, el hecho de ampliar el modelo del sistema mental nos ofrece una nueva perspectiva sobre la naturaleza de toda la experiencia consciencial. El contenido de la consciencia es en realidad lo que sale de muchas submentes y sub-submentes distintas. Consiste en gran parte en momentos de unión; todos los fragmentos de información sensorial ya han sido exhaustivamente combinados, analizados e interpretados *antes de que nos hagamos conscientes de ellos*. Esto significa que nuestra experiencia consciencial de nosotros mismos y de las personas, los objetos y los acontecimientos que conocemos como «realidad» se compone en su totalidad de creaciones mentales altamente procesadas.[13]

El procesamiento de la información en las mentes sensoriales

Para obtener una visión más completa de este modelo actualizado del sistema mental, veamos el tipo de intercambio de información que tiene lugar dentro de la mente sensorial concebida como un todo. Este trueque de la información procedente de todos los sentidos se realiza por medio de un lugar de intercambio «parecido a la mente consciente» pero inconsciente. Por ejemplo, la información auditiva puede contribuir al procesamiento de la información visual, y viceversa, tal como ocurre cuando la mente auditiva no puede reconocer un sonido y los ojos buscan su origen. Esto también permite que se una la información procedente de varios sentidos. El hecho de saber cuál es la persona que está diciendo las palabras que estás escuchando es un ejemplo de este tipo de unión preconsciente.

Si examinamos con mayor detenimiento las mentes sensoriales individuales, veremos que cada una de ellas se compone de varias submentes. La mente visual, por ejemplo, está compuesta por muchas submentes visuales diferentes, cada una de las cuales procesa distintos tipos de información procedente de los ojos (el color, el brillo, el contraste, las líneas, la forma, el movimiento, etc.). Estas submentes visuales se comunican entre sí por medio de proyectar información a un lugar «parecido a la mente consciente». De ese modo, todas las otras submentes visuales tienen acceso a la información y pueden incorporarla a sus propias actividades de procesamiento. Este proceso de intercambio de información dentro de las submentes es *exactamente como lo que llamamos consciencia* en el nivel más alto del sistema mental. Pero como tiene lugar en un nivel más profundo, *nunca* puede formar parte de nuestra experiencia consciencial.

Si pudiésemos mirar de alguna manera dentro de las submentes de una de estas mentes sensoriales, por ejemplo la mente visual, nos parecería que no procesa la información visual como imágenes, ni siquiera como percepciones sensoriales como el contraste, el color y la forma. Solo convierte esa información en percepciones sensoriales o imágenes en el nivel más alto, antes de intercambiarla con otras partes del sistema mental. Para hacer una analogía, veamos qué ocurre en el caso de los ordenadores. Las imágenes no tienen ningún propósito en su interior. Todos los *inputs* deben convertirse en ceros y unos antes de que el equipo pueda utilizarlos. A continuación, el ordenador convierte los resultados de sus actividades de procesamiento de los ceros y unos en una imagen en la pantalla para que eso tenga sentido para el

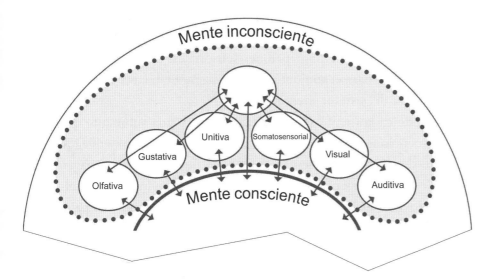

Figura 51. La información procedente de los distintos sentidos se proyecta en un lugar de intercambio de información «parecido a la mente consciente» –pero inconsciente–. Esto permite que las distintas mentes sensoriales intercambien información entre sí, lo cual también permite unir la información procedente de distintas modalidades sensoriales. El hecho de saber qué persona está diciendo las palabras que oyes es un ejemplo de este tipo de unión preconsciente.

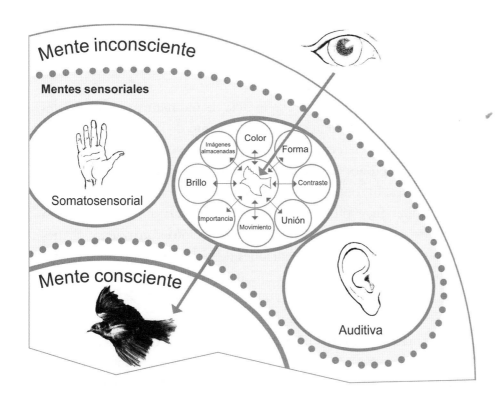

Figura 52. La mente visual se compone de muchas submentes visuales diferentes, cada una de las cuales procesa distintos tipos de información procedente de los ojos (color, brillo, contraste, líneas, forma, movimiento, etc.). Se comunican entre sí por medio de proyectar información a un lugar «parecido a la mente consciente» al que todas las otras submentes visuales tienen acceso, de modo que pueden incorporarla a sus propias actividades de procesamiento. Esto es análogo a lo que llamamos consciencia cuando nos referimos al sistema mental concebido como un todo, pero acontece en un nivel más profundo, y no forma parte de nuestra experiencia consciencial.

usuario. Del mismo modo, la información que hay dentro de una determinada mente sensorial aparece como algo tan ininteligible como los ceros y los unos. Pero *entre* las mentes sensoriales la información se comunica en forma de percepciones sensoriales, como el color, el calor y los sonidos, que son significativas para el conjunto del sistema mental. Las percepciones sensoriales son la lengua vehicular del sistema mental.

La información sensorial se comunica entre las mentes sensoriales en forma de percepciones sensoriales que son significativas para el conjunto del sistema mental. Las percepciones sensoriales son la lengua vehicular del sistema mental.

Dentro de cada mente sensorial también hay una submente que une las percepciones sensoriales. En la mente visual, la información procedente de muchas submentes visuales se integra en una imagen reconocible. Estas imágenes altamente compuestas son lo que normalmente se proyecta en la consciencia (ver la figura 52). En otras palabras, aquello de lo que somos conscientes son sobre todo momentos conscienciales de unión, cada uno de los cuales contiene una sinopsis filtrada, preclasificada y preensamblada de la inmensa cantidad de información que fluye continuamente al cerebro procedente de los ojos.

El coste asociado de toda esta integración es una enorme pérdida de información en todos los niveles de la unión, que alcanza proporciones colosales en el momento en que llega a la consciencia.[14] Sin embargo, cierta cantidad de detalle se suma a la experiencia perceptiva, porque algunas percepciones sensoriales simples, que no forman parte de momentos de unión, como el color y el contraste, se proyectan directamente en la consciencia entremezcladas entre los momentos de unión. Esto es precisamente lo que le da a la experiencia visual normal su riqueza y textura.

La percepción sensorial normal consiste en una mezcla de momentos conscienciales separados que reflejan muchos niveles diferentes de procesamiento de la información en la mente sensorial. Por una parte están las percepciones sensoriales simples, no unidas, como el color, la temperatura, la presión y el tono. Por otra parte, están los momentos de unión que combinan percepciones sensoriales. El contraste, el brillo, el color y la forma se integran para crear una imagen. El tono, el volumen, el timbre y el sostenimiento de las notas se unen para generar una frase musical. La experiencia táctil normal de la respiración es otro ejemplo, pues consiste en la integración, a varios niveles, de percepciones de tacto, presión, movimiento, temperatura, etcétera. Por último, está la actividad de unión inconsciente del nivel más alto, que combina información procedente de los diversos sentidos.

Las drogas y ciertos tipos de lesiones cerebrales producen efectos sensoriales extraños al alterar la mezcla de la información sensorial unificada y no unificada que llega a la consciencia. Ocurre algo similar cuando vemos u oímos algo que no podemos reconocer porque la mente sensorial es incapaz de otorgarle un sentido a la información que recibe; podemos sentir cómo toda la mente lucha para darles algún significado a los distintos componentes sensoriales que aparecen en la consciencia.

EL PROCESAMIENTO DE LA INFORMACIÓN EN LA MENTE DISCERNIDORA

La mente consciente es el «lugar» donde las mentes sensoriales, la pensante/emocional y la narrativa intercambian información. Cuando se proyectan en la consciencia, los contenidos de los diversos momentos de la mente sensorial pasan a estar disponibles para la mente discernidora. La mente pensante/emocional identifica y evalúa conceptualmente esa información antes de añadirla de nuevo a la corriente de los momentos conscienciales. Así, el producto conceptual y emocional de la mente pensante/emocional pasa a estar disponible para las mentes sensoriales y la narrativa. Esta última ejecuta el mayor grado de unión de la información dentro del conjunto del sistema mental.

Tanto la atención como la conciencia desempeñan su papel en este procesamiento de la información. La atención extrae partes específicas de la gran cantidad de información que contienen estos momentos conscienciales para procesarlas más. La mayor parte del tiempo, la atención selecciona, procesa y reproyecta momentos de unión complejos, de alto nivel. Estos son los momentos de alto nivel que une entre sí la mente narrativa. La función de la conciencia, por otra parte, es entregar selectivamente a la consciencia lo que la atención requiera que sea analizado.

A pesar de que la experiencia consciencial está dominada por las percepciones derivadas de los momentos de unión que se producen en el nivel superior y los momentos narrativos de la consciencia, su riqueza proviene de las percepciones sensoriales individuales y de los momentos de unión que acontecen en niveles inferiores. Esta riqueza aumenta proporcionalmente cuando el contenido de la consciencia se desplaza hacia un mayor procesamiento de la información contenida en niveles más bajos y se aleja de las uniones complejas, el pensamiento abstracto y el diálogo interno. El aumento de la riqueza y los detalles que tienen lugar al estar más «plenamente presentes» es un ejemplo de este cambio.

A pesar de que está dominada por los momentos conscienciales de unión del nivel superior y los narrativos, la riqueza de la experiencia consciencial proviene de las percepciones sensoriales y de los momentos de unión que tienen lugar en niveles inferiores.

LA APLICACIÓN DEL MODELO REVISADO A LAS EXPERIENCIAS MEDITATIVAS

Con una atención estable y un *mindfulness* fuerte, podemos ser testigos de acontecimientos que tienen lugar en el sistema mental a los que no puede acceder la mente no ejercitada. Esto se debe a que la atención dirigida intencionalmente y sostenida sin esfuerzo tiene un efecto potente sobre lo que aparece en la conciencia periférica. Cuando elegimos prestar atención a ciertos tipos de momentos mentales e ignorar otros, esos momentos se vuelven mucho más claros, ya que su frecuencia aumenta, mientras que la de los otros se reduce. En particular, cuando prestamos atención de forma preferente a los momentos de unión que

La atención selectiva y sostenida nos permite observar los muy distintos niveles de procesamiento de la información que convierten los datos sensoriales puros en la experiencia consciencial con la que estamos familiarizados.

tienen lugar en un nivel inferior y a las percepciones sensoriales básicas, se reduce el abanico general de los momentos mentales, lo cual hace que estos destaquen de forma mucho más prominente. Por lo tanto, la atención selectiva y sostenida nos puede dar acceso a los muy distintos niveles en los que los datos sensoriales puros se convierten en la experiencia consciencial con la que estamos familiarizados. A continuación, el excepcional poder de la conciencia y la atención nos permite observar estos distintos niveles de procesamiento de la información con gran claridad.

Tomemos el ejemplo del **aspecto adquirido**[15] del objeto de meditación de la sexta etapa, cuando cesaron las interpretaciones conceptuales de la respiración. Esta fue la primera vez que pasaste a ser total y continuamente consciente de las percepciones sensoriales individuales. Antes de esta etapa, eran pocas y se hallaban dispersas entre un gran número de momentos de unión más complejos, como los que producen las experiencias reconocibles, por ejemplo la de la inhalación. Pero a medida que la atención se centró más en las sensaciones de la respiración, el sistema mental respondió proporcionando más momentos mentales que implicaban percepciones sensoriales simples. Al mismo tiempo, los momentos conceptuales y otros momentos de unión más complejos que surgían en la conciencia eran ignorados sistemáticamente, de modo que los momentos de unión del nivel superior se redujeron. A medida que el porcentaje de las percepciones sensoriales simples aumentaba tanto en la atención como en la conciencia periférica, la percepción fue cambiando —pasó a ser más directa y menos conceptual— y experimentaste las percepciones sensoriales individuales directamente.

La mente bien ejercitada de un experto puede ser testigo de procesos y eventos en un nivel aún más sutil. Si hiciste la práctica del examen minucioso que se describe en la séptima etapa, es posible que hayas experimentado informaciones sensoriales *antes de que se convirtiesen en percepciones sensoriales*. Este tipo de observación minuciosa, detallada, no está disponible para la consciencia ordinaria. Ese tipo de datos sensoriales primarios, no procesados, aparecieron como un flujo vibratorio, desprovisto de sentido. No solo se trata de información irreconocible en ese formato, sino que el conjunto del sistema mental tiende a sentirse muy incómodo con esa experiencia y a eludirla. Esta práctica empuja a la mente sensorial táctil a proyectar información en la consciencia de la misma forma en que, generalmente, intercambian información las submentes táctiles; al igual que ocurre con los ceros y los unos de un ordenador, esta información no tiene sentido fuera de esa mente sensorial en particular. Este tipo de información nunca llega a la consciencia excepto en el contexto de extrañas experiencias con drogas o como resultado de alguna lesión cerebral —o en la meditación.

En la octava etapa y más allá, vas a llevar a cabo prácticas que te van a permitir seguir examinando otros procesos mentales sutiles. Por ejemplo, en la *meditación del surgimiento dependiente*, en la octava etapa, investigarás los pensamientos y sensaciones fugaces. Te darás cuenta de que son momentos conscienciales de unión y el objetivo de la práctica será desunirlos, por así decirlo. Vas a deconstruir estas sensaciones y pensamientos para tomar conciencia de los sentimientos, los anhelos y las intenciones que estaban ligados con ellos en el inconsciente.

En etapas posteriores, también empezarás a darte cuenta de cómo nuestro sentido del tiempo y el espacio es el resultado de actividades de unión inconscientes. Tomemos el caso del tiempo. Nuestra sensación habitual de que los acontecimientos tienen lugar en el tiempo aparece inmediatamente —observamos cómo se desarrollan los aconteci-mientos—. Pero piensa en todas las submentes sensoriales que tienen que organizar, almacenar e integrar esta información antes de que llegue a la consciencia. Cada percepción sensorial que aparece en un lugar de inter-cambio de información ubicado en el inconsciente pasa rápidamente y es sustituida por otra. Para llegar a ser significativas, una serie de percepciones sensoriales individuales deben almacenarse y, cuando se han acumulado las suficientes para que se manifieste un patrón, se unen entre sí de una mane-ra que refleja su relación en el transcurso del tiempo. Esta unión temporal es una especie de unión fundamental que precede necesariamente a la mayoría de los otros tipos de unión. Lo que en realidad experimentamos en la consciencia, por lo tanto, son mo-mentos de unión, con el sentido del tiempo ya insertado en cada momento. En términos más llanos, lo que experimentamos como «tiempo real» es en realidad un tiempo que acontece después de los hechos. El tiempo es, en cierto sentido, comprimido en momentos mentales por las submentes inconscientes, y descomprimido más adelante en la consciencia.

En etapas posteriores, también empezarás a darte cuenta de cómo nuestro sentido del tiempo y el espacio es el resultado de actividades de unión inconscientes.

Se están proyectando continuamente momentos de unión temporales en la consciencia, pero solo se pueden percibir claramente una vez que se han excluido la mayor parte de los otros momentos de unión. Por ejemplo, durante la primera parte de la meditación del exa-men minucioso de la séptima etapa experimentaste la respiración como «impulsos» espas-módicos de sensaciones. Esos impulsos son ejemplos del aspecto que presentan los momen-tos de unión temporales cuando están relativamente aislados.[16] La idea de que tu experiencia del tiempo es una construcción mental puede parecer extraña al principio, pero tendrás experiencias de primera mano de ello a medida que sigas avanzando. Cuando llegues a la dé-cima etapa, tal vez podrás experimentar los eventos extendidos en el tiempo como un todo, sin que el elemento tiempo esté totalmente descomprimido. Esta información sensorial pre-conceptual, ligada por el tiempo, también se puede utilizar como objeto de meditación para entrar en *jhānas* muy profundas.[17]

La unión espacial es otra forma fundamental de unión de la información. Las percep-ciones visuales y los sonidos, por ejemplo, se ubican en un mapa mental interno de espacio circundante, con nuestro cuerpo en el centro. De la misma manera, las percepciones táctiles están asociadas con lugares específicos en un mapa interno del cuerpo. La unión espacial es tan omnipresente que normalmente tomamos conciencia de ella solo en su ausencia. Puede ser que ya experimentases un ejemplo[18] de ello en la sexta etapa, cuando la respiración parecía desconectada de la nariz. Esta desubicación tiene lugar cuando las percepciones sensoriales de la respiración se desentienden del mapa interno que tenemos del cuerpo. Todas estas experiencias meditativas demuestran claramente que nuestro sentido del espacio es el resultado de la labor llevada a cabo por las submentes inconscientes de organización e integración de momentos de unión y la proyección de dichos momentos a la consciencia.

Estos son solo algunos ejemplos de los distintos procesos inconscientes que contribuyen a la experiencia consciencial que puede revelarse a través de la meditación. A medida que avances, también podrás experimentar cómo percepciones sensoriales procedentes de varios sentidos que están temporal y espacialmente unidas se combinan entre sí en el inconsciente. Otra posibilidad es que veas cómo conjuntos unidos de percepciones sensoriales llegan a la consciencia ya reconocidos y etiquetados, para integrarse después con otros conceptos almacenados, lo que permite evaluar su importancia potencial. Cuando esto sucede, una unión todavía más conceptual da lugar al deseo, la aversión, la bondad, la compasión y otras formas de intención. De estos, a su vez, fluyen las formaciones conceptuales aún más complejas que generan las acciones y las reacciones. Cualquiera de estos fenómenos, o todos ellos, y varios otros no mencionados aquí, pueden ponerse de manifiesto durante la meditación.

LA NATURALEZA DE LA CONSCIENCIA

Lo que se ha estado llamando la mente consciente no es un lugar después de todo. No es más que el hecho del intercambio de información que se produce en el nivel más alto del sistema mental. El intercambio de información es el resultado de la receptividad compartida y constituye una expresión de la interconexión.

Para que el modelo del sistema mental sea aún más preciso, tenemos que hacer un último cambio. El lugar donde se produce el intercambio de información que se ha estado llamando la **mente consciente** *no es un lugar después de todo*. El proceso de intercambio de información que llamamos consciencia no se produce en una parte concreta del cerebro. Tampoco es una función específica del cerebro. Eso fue solo una forma cómoda de hablar sobre ello. La **consciencia** no es más que el *hecho* del intercambio de la información, y con ello nos referimos específicamente al intercambio de información que tiene lugar en el nivel más alto del sistema mental. Pero el intercambio de información también acontece en todos los otros niveles del sistema mental. Y el intercambio de información que se produce en cualquier lugar, de cualquier forma, es el resultado de la **receptividad compartida**, la cual es una expresión de la interconexión. Dicho de otra manera, la consciencia no es más que el resultado inevitable de la interconexión que tiene lugar entre distintas partes del cerebro y de la receptividad compartida que da como resultado el intercambio de información entre ellas.

La interconexión radical que permite el cerebro es lo que hace que sea tan único y poderoso. Se ha estimado que hay más conexiones posibles en un solo cerebro humano que partículas de materia en el universo entero. Esto significa que tienen lugar enormes cantidades de intercambio de información en todos y cada uno de los niveles del cerebro y el sistema nervioso, a cada momento. Todos y cada uno de los circuitos neuronales del cerebro, incluso si se trata del más simple de los reflejos y consta solamente de dos neuronas enlazadas, tiene la propiedad de la receptividad compartida, por la que aquello que sale de una neurona entra en todas las otras neuronas del circuito. Los circuitos neuronales individuales se unen entre sí en el cerebro para producir circuitos más complejos. Los circuitos más complejos se unen entre sí para constituir sistemas funcionales en el cerebro, y estos sistemas, asimismo, se vinculan en sistemas más grandes. El nivel más alto del proceso de intercambio de información (el que experimentamos subjetivamente y al cual llamamos consciencia) *no es diferente de lo que está sucediendo en todos los otros niveles del sistema cerebral/mental.*

Pero no estamos reduciendo la mente al cerebro, ni la consciencia a algo que haga el cerebro. Si pensamos en las implicaciones de que la consciencia sea el resultado de la receptividad compartida y el intercambio de información, esto nos lleva en una dirección completamente diferente del reduccionismo. Considera el hecho de que la receptividad compartida y el intercambio de información no se detienen en el nivel de las neuronas del cerebro. Una sola neurona es un sistema de orgánulos en interacción. Los orgánulos son sistemas formados por moléculas en interacción, que a su vez se componen de átomos que interactúan. Y los átomos son

> *Un individuo natural está definido por la receptividad compartida y el consiguiente intercambio de información entre las partes que lo componen. Son nuestras interconexiones, más que un límite externo, lo que nos confiere nuestra individualidad.*

sistemas formados por la interacción de formas incluso más sutiles de materia y energía. *Cada una* de estas estructuras (la persona, los sistemas y circuitos cerebrales, las células, las moléculas, los átomos, etc.) es un **individuo natural**, esto es, una entidad definida por la receptividad compartida y el consiguiente intercambio de información entre las partes que la componen.[19] Esto significa que cada molécula y cada persona es un individuo único, pero que son nuestras interconexiones, más que un límite externo, lo que nos confiere nuestra individualidad. Esto también implica que el proceso de intercambio de información denominado *consciencia* en el nivel de la persona no es diferente de lo que está sucediendo también *en todos estos otros niveles.*[20]

La receptividad compartida y el intercambio de información tampoco se detienen en el nivel de la consciencia humana individual. Las personas están interconectadas en unidades sociales de muchos tipos, desde las parejas y las familias hasta las naciones y la humanidad en su conjunto. Consideramos que estas organizaciones de personas son entidades en sí mismas y a menudo decimos que tienen una especie de «consciencia grupal». Incluso el Tribunal Supremo de Estados Unidos ha intuido una especie de «personalidad» en las corporaciones. Es, por supuesto, una comparación problemática desde el punto de vista político y legal, porque las corporaciones tienen mucho más poder que una persona individual. Sea como sea, se dan intercambios de información en las corporaciones, las iglesias y los partidos políticos, y por lo tanto tienen un tipo de consciencia que está un escalón por encima de la que tienen las personas individuales.

Todas las estructuras (de los átomos, pasando por las personas, al universo como un todo) constituyen un individuo natural en virtud de la receptividad compartida y el intercambio de información.

Si llevamos aún más lejos esta idea, múltiples especies están interconectadas para formar ecosistemas. Los ecosistemas están interconectados para constituir biomas y la biosfera está integrada por biomas interconectados. Tanto las partes vivas como las no vivas del planeta Tierra interactúan y se cambian entre sí para formar un sistema único, complejo e interdependiente. Los planetas y las estrellas constituyen sistemas galácticos y supergalácticos. No es descabellado ver el universo entero como un solo sistema, masivamente interconectado e interdependiente. De hecho, todas las estructuras que hemos identificado (de los átomos, pasando por las personas, al universo como un todo) constituyen un individuo natural en virtud de la receptividad compartida y el intercambio de información. Desde esta perspectiva, lo que llamamos consciencia es solo un ejemplo, limitado, de algo que permea todo el universo en todos los niveles.

La docilidad mental y el apaciguamiento de los sentidos

8

El objetivo de la octava etapa es completar el apaciguamiento de los sentidos y el pleno surgimiento del gozo meditativo. Todo lo que debes hacer es seguir practicando, empleando unas habilidades que ya ejerces sin esfuerzo. La atención exclusiva sostenida sin esfuerzo dará lugar a la docilidad mental y física, al placer y al gozo.

Octava etapa: el meditador dirige y el elefante lo sigue, obediente. La mente ha sido domada. El mono y el conejo se han ido, lo cual significa que la dispersión de la atención y el embotamiento ya no constituyen una amenaza.

- El elefante se ha vuelto completamente blanco, puesto que los obstáculos de la animadversión y la agitación debida a la preocupación y el remordimiento se han visto reemplazados por la dicha de la docilidad física y la de la docilidad mental.
- No hay ninguna hoguera, porque la meditación no requiere ningún esfuerzo.

OBJETIVOS DE LA PRÁCTICA EN LA OCTAVA ETAPA

Empiezas la octava etapa siendo un practicante experto. Puedes apaciguar la mente discernidora sistemáticamente y entrar en el estado de docilidad mental. Es decir, gozas de una atención estable y un *mindfulness* potente sin tener que esforzarte. En cada sesión, puede requerir algo de tiempo alcanzar la ausencia de esfuerzo, y a veces permanecerás en la etapa sexta o séptima todo el rato. Pero deberías ser capaz de alcanzar la docilidad mental con bastante regularidad y permanecer ahí durante el resto de la sesión.

En esta etapa, gran parte de tu práctica consiste solo en usar las capacidades de la mente, que ahora se muestra obediente, con el fin de efectuar exploraciones.

Tienes dos objetivos en esta etapa. En calidad de **meditador experto** —con una mente muy dócil debido al apaciguamiento total de los sentidos que lograste en la séptima etapa—, tu primer objetivo es usar esta mente, explorar su naturaleza y descubrir y desarrollar sus capacidades inherentes. Piensa en tu mente como en un territorio desconocido donde no ha estado nadie además de ti, y adonde no puede ir nadie sino tú. Un maestro espiritual puede encaminarte en ciertas direcciones, hacerte sugerencias sobre la base de su propia experiencia y ofrecerte valiosos métodos desarrollados por otros meditadores en el pasado —después de todo, una mente humana no es muy distinta de otra—. Pero son tus propias necesidades e intereses los que determinarán tu forma de proceder. Actúa siempre a partir de ellos. Te prometo que irás a lugares y harás cosas con tu mente que no tiene sentido describir o comentar a nadie que no haya hecho este viaje por sí mismo.

Piensa en tu mente como en un territorio desconocido donde no ha estado nadie además de ti, y adonde no puede ir nadie sino tú. Tú eres el único responsable de tu forma de proceder y de cómo utilizar tus habilidades y desarrollar tu mente.

El segundo de los objetivos principales es el total **apaciguamiento de los sentidos**, que da lugar a la **docilidad física** y a la plena expresión del **gozo meditativo**. Puesto que tanto el apaciguamiento de los sentidos como el gozo meditativo son fruto del mismo proceso de unificación, los tratamos como dos partes de un mismo objetivo. Para apaciguar los sentidos, debes excluir todos los objetos sensoriales de la atención, mientras sostienes la conciencia metacognitiva. Para cultivar el gozo meditativo, no tienes que hacer nada diferente o especial; basta con que sigas practicando. Surgirá de forma natural una vez que las mentes sensoriales se aquieten y el conjunto de la mente se haya unificado lo suficiente.

Has dominado la octava etapa cuando tus ojos solo perciben una luz interior, tus oídos oyen únicamente un sonido interno, tu cuerpo está lleno de placer y bienestar y tu estado mental es el de un gozo intenso.

CUÁNDO REALIZAR QUÉ PRÁCTICAS

Probablemente ya has experimentado algunos hechos sensoriales inusuales, movimientos corporales, corrientes energéticas e incluso gozo, correspondientes a los distintos grados de *pīti* (ver el sexto interludio). Espera que estas manifestaciones se intensifiquen en el transcurso de la octava etapa, hasta que alcances el apaciguamiento de los sentidos y el gozo meditativo. Durante la primera parte de esta etapa, cuando estés experimentando los grados primero a tercero de *pīti*, lleva a cabo las prácticas que se describen en este apartado, «Cómo ejercitar la mente obediente». Hacia el final de la octava etapa, cuando el cuarto grado de *pīti* empiece a prevalecer, pasa a las prácticas de «El apaciguamiento de los sentidos» y «El gozo meditativo».

CÓMO EJERCITAR LA MENTE OBEDIENTE

Tu primer objetivo es usar las habilidades que ya has dominado con el fin de explorar la naturaleza de la mente y desarrollar con total plenitud sus capacidades inherentes. La docilidad mental te otorga una atención estable y un *mindfulness* fuerte y sostenido, ambos presentes sin que tengas que esforzarte, sobre todo en forma de conciencia introspectiva metacognitiva. Las prácticas que se presentan en el siguiente apartado te ayudarán a experimentar con la atención. Las que seguirán a continuación incrementarán tu conciencia metacognitiva.

PRÁCTICAS PARA EXPERIMENTAR CON LA ATENCIÓN

La ausencia de esfuerzo de la docilidad mental se presenta con una clara sensación de poder y control sobre la mente. Este poder y este control son reales, aunque la sensación de que sea un yo el que tiene dicho control sea ilusoria.

Puede ser que aún no seas consciente de todo el alcance de tus capacidades. Puedes centrar la atención donde desees, con un enfoque tan amplio o estrecho como quieras y durante tanto tiempo —o tan brevemente— como elijas hacerlo. Si bien la atención sostenida exclusiva jugó un papel crucial en el desarrollo de tu concentración, y seguirá siéndote útil como meditador experto, ya no constituye un requisito. Ahora puedes alternar libremente el enfoque de tu atención entre los distintos objetos mentales o sensoriales, tan deprisa o despacio como quieras hacerlo, y tan a menudo como desees, sin perder la estabilidad. Pronto descubrirás que ya no necesitas, en absoluto, un foco específico en el que centrar la atención. Tu atención puede descansar en un estado de apertura en el que simplemente permites que los objetos surjan y desaparezcan sin verte atrapado por ninguno de ellos.

Si bien la atención sostenida exclusiva jugó un papel crucial en el desarrollo de tu concentración, ya no constituye un requisito. Pronto descubrirás que ya no necesitas, en absoluto, un foco específico en el que centrar la atención.

Siguen a continuación dos prácticas estructuradas. Prueba a realizarlas. Son especialmente útiles para la primera parte de la octava etapa, en que estás explorando y desarrollando tus capacidades mentales. De todos modos, te seguirán siendo útiles mucho después de que hayas superado esta etapa.

La concentración momentánea

Esta práctica consiste en que, momentáneamente, pases a centrar la atención en varios objetos presentes en la conciencia periférica. Aunque la conciencia esté relativamente libre de objetos mentales como pensamientos e imágenes, hay sensaciones que siguen destacando —se incluyen tanto las sensaciones ordinarias como las generadas por la mente, movimientos de la energía y movimientos corporales—. También eres introspectivamente consciente de las sensaciones y emociones de agrado o desagrado, deseo o aversión, paciencia o impaciencia, curiosidad, etcétera. Cualquiera de ellas puede convertirse en un objeto de concentración momentáneo. Tu atención es ahora tan estable que puedes, de forma rápida y fácil, cambiar el enfoque de un objeto a otro y sostener el enfoque exclusivo con cada uno.

Empieza por elegir una sensación presente en la conciencia periférica. Cualquier sensación clara servirá. Pasa a centrar la atención en ella; conviértela en el foco exclusivo de tu atención por un momento. Deja que las sensaciones de la respiración se deslicen a la conciencia periférica o desaparezcan por completo. Cuando el objeto sensorial haya desaparecido, tu atención regresará automáticamente a la respiración. A continuación, selecciona otra sensación en la que depositar momentáneamente la atención.

Al principio, practica solamente la atención momentánea con sensaciones físicas o con las sensaciones mentales que surgen debido al apaciguamiento. Cuando estés seguro de poder hacer esto sin perder la exclusividad de la atención o la conciencia metacognitiva, prueba a pasar a objetos mentales como las reacciones y emociones afectivas, el placer de escuchar pájaros en el exterior o la molestia por un picor. Incluso puedes permitir que surjan pensamientos o recuerdos individuales; en este caso, sostenlos brevemente como objetos de la atención mientras observas introspectivamente las reacciones de tu mente a ellos.

Otra forma de practicar la concentración momentánea es mediante la exploración de objetos utilizando la atención alternante. En este caso, la respiración sigue siendo el foco de atención principal. Por supuesto, la atención alternante es también una forma de atención momentánea, si bien en este caso sus movimientos son muy rápidos. Siempre ha tenido una función importante, para la mente no ejercitada, en la vida diaria. Ahora, con la docilidad mental, la atención alternante también pasa a ser una herramienta útil en el contexto de la meditación. Para empezar, proponte que tu atención incluya algo presente en la conciencia periférica que has seleccionado. Vas a tener inmediatamente la experiencia, con la que estás familiarizado, de que la atención alterne entre la respiración y el otro objeto que has elegido. Permite que tu atención siga alternando entre la respiración y varios objetos que aparezcan en la conciencia periférica, pero asegúrate de que tu objeto principal sea siempre la respiración. Anteriormente habríamos denominado distracciones sutiles a estos objetos, porque tu atención alternaba hacia ellos de forma espontánea. Ahora, sin embargo, estos desplazamientos de la atención son totalmente *intencionados* y los controlas sin esfuerzo.

A continuación, experimenta *redistribuyendo* tu atención alternante, incrementando la proporción de los momentos de atención al otro objeto en relación con los momentos de atención a la respiración. Es decir, la respiración va a dejar de ser el objeto principal, y pasará a segundo plano, mientras el objeto elegido pasará a constituir el principal foco de atención. Esta es exactamente la misma experiencia a la que llamábamos distracción fuerte cuando acontecía involuntariamente, pero ahora es totalmente intencionada. Explora cómo alterna la atención y el tipo de información que esto te proporciona, y después

Figura 53. La práctica de la concentración momentánea implica permitir intencionadamente que la atención se sitúe en objetos presentes en la conciencia periférica. Vas a tener inmediatamente la experiencia, con la que estás familiarizado, de que la atención alterna entre la respiración y la sensación u otro objeto que hayas elegido. Anteriormente habríamos denominado distracciones sutiles a estos objetos; sin embargo, ahora que controlas la atención sin esforzarte, eliges los objetos en los que sitúas la atención alternante de forma totalmente deliberada.

Experimenta redistribuyendo la atención alternante, aumentando la proporción entre los momentos de atención a la respiración y al otro objeto. En algún momento, permite que el objeto elegido sea tu principal foco de atención. Esta es exactamente la misma experiencia a la que llamábamos distracción fuerte cuando tenía lugar de forma involuntaria, pero ahora es totalmente intencionada.

Cuando el objeto desaparezca, la atención regresará automáticamente a la respiración.

piensa en formas en que puedas utilizar esto para aprender más sobre ti mismo y sobre cómo funciona tu mente.

Meditar sobre el surgimiento y la desaparición

En esta práctica, se investiga minuciosamente la aparición y desaparición de varios fenómenos con la atención. Al practicar la concentración momentánea, probablemente ya advertiste cómo determinadas sensaciones o reacciones afectivas surgen y, a continuación, desaparecen rápidamente —a menudo para ser reemplazadas de inmediato por un objeto nuevo, pero estrechamente relacionado con el que se ha esfumado—. Por ejemplo, si el objeto es un sonido continuo, te darás cuenta de que consiste en una serie de sonidos separados que surgen y desaparecen uno tras otro. Si se trata de un solo ruido, breve, te darás cuenta de que, incluso después de que haya cesado, sigue resonando en tu mente. Si se trata de un sentimiento o un estado mental, te darás cuenta de que está compuesto por una serie de estados mentales estrechamente relacionados, pero diferentes, que surgen y pasan en oleadas. Otras veces, el nuevo objeto será algo bastante diferente, pero te percatarás de que hay una relación causal entre este y el último objeto que se ha desvanecido. Por ejemplo, si alguien estornuda, mientras el sonido desaparece, puede sucederle inmediatamente la imagen de una persona estornudando. Cuando esta imagen pasa, tal vez se vea sustituida por un pensamiento acerca de pillar un resfriado. Puedes hacer que cualquiera de estos objetos sea tu foco de atención. Debido a la docilidad mental, siempre que la secuencia causal llegue a su fin, tu atención regresará a la respiración, en lugar de verse atrapada por algo nuevo. Es como si la atención estuviese atada a la respiración por una banda elástica que siempre acaba por tirar de ella y hacerla regresar.

Es posible que hayas percibido antes cómo los fenómenos surgen y desaparecen, pero la rapidez mental y la claridad de percepción que tienes ahora superan cualquier cosa que hayas experimentado con anterioridad. El poder y el control que experimentas al llevar a cabo esta práctica son muy agradables y adquieren rápidamente las cualidades de la *fluencia*, algo muy parecido a lo que experimentaste con las *jhānas* de todo el cuerpo en la sexta etapa. Sin embargo, aunque se parezca a *jhāna*, este estado de *fluencia no es jhāna*. Las principales diferencias son que tienes el control total de la intención en cada momento, control que no tienes en *jhāna*, y que los objetos de la atención están cambiando constantemente. No es inusual experimentar los grados tercero y cuarto de *pīti* mientras se lleva a cabo esta práctica. No te apegues a estas experiencias. Sigue practicando como antes, permitiendo que el apaciguamiento y el gozo se desarrollen naturalmente por sí mismos.

> Es posible que hayas percibido antes cómo los fenómenos surgen y desaparecen, pero la rapidez mental y la claridad de percepción que tienes ahora superan cualquier cosa que hayas experimentado antes.

EJERCITAR LA MENTE OBEDIENTE Y EL APACIGUAMIENTO TOTAL DE LOS SENTIDOS

A la hora de apaciguar los sentidos, se supone que ignoras las sensaciones que compiten por tu atención. Sin embargo, en las prácticas destinadas a ejercitar la mente obediente, a menudo te centras tanto en las sensaciones ordinarias como en las generadas por la mente. Así pues, ¿no actúan estas dos prácticas una contra la otra?

En realidad, no se produce ningún conflicto. Aunque estés centrando la atención en objetos sensoriales que de otro modo ignorarías, la *naturaleza* del objeto de la atención no es importante. Lo que importa realmente es que tiene lugar un consenso de muchas submentes con el fin de *prestar atención a ese único objeto* e *ignorar todo lo demás*.

El mismo principio es aplicable a las prácticas de la atención momentánea y de la atención sin elección, en que la atención ya no está exclusivamente enfocada en un único objeto. Aunque la atención se esté desplazando, los objetos vienen determinados por un fuerte consenso entre submentes unificadas, que excluye cualquier otra cosa, de tal manera que se obtiene el mismo resultado que con la atención exclusiva.

Si el consenso es lo suficientemente fuerte, e implica las suficientes submentes como para dar lugar a la ausencia de esfuerzo de la docilidad mental, la unificación y el apaciguamiento seguirán produciéndose. De otro modo, el consenso no será lo bastante fuerte como para evitar que la atención se desplace espontáneamente a otras sensaciones, y el apaciguamiento se detendrá. Por lo tanto, resiste la tentación de llevar a cabo estas prácticas antes de estar preparado para ello.

PRÁCTICAS PARA INCREMENTAR LA CONCIENCIA METACOGNITIVA

Reflexiona por un momento sobre la dualidad entre la consciencia y el objeto de la consciencia, entre el acto de conocer y lo que se conoce, entre el cognoscente y lo conocido. La atención pone el acento en la segunda mitad de esta dualidad (es decir, el objeto de la consciencia). En concreto, la atención misma crea esta polarización del conocedor y lo conocido, y a continuación se centra en lo conocido. En las prácticas siguientes, el acento deja de ponerse en el objeto y pasa a situarse en el *acto de conocer*. Esto significa dejar la atención y adoptar una mayor conciencia metacognitiva, lo que conduce, a la larga, a una experiencia directa de la función iluminadora de la consciencia: la *cognición discernidora* que da lugar a la experiencia del objeto conocido.[1]

De ahora en adelante, independientemente de cómo utilices la atención, sostén la intención de que la conciencia periférica se vuelva cada vez más metacognitiva; trabaja en aras

La atención pone el acento en el objeto de la consciencia. Ahora, el acento se retira de la atención y se pone en una mayor conciencia metacognitiva; se retira del objeto y se pone en el mismo acto de cognición.

de una observación completa y continua de las actividades y el estado de la mente misma. No excluyas los contenidos extrospectivos de la conciencia periférica ni de la atención. Por el contrario, en cualquier grado en que haya sensaciones extrospectivas presentes, experiméntalas como parte de la *actividad que tiene lugar en la mente*, y no como objetos en sí mismos. Por ejemplo, en la escucha de un sonido, el objeto principal de tu observación no debe ser el *sonido* que escuches, sino el acto mental de *escuchar*. Aplica lo mismo a los objetos mentales. Permanece metacognitivamente consciente de ellos como contenidos del **campo de la conciencia percibida**, pero haz que los objetos mismos sean secundarios. Tiene la misma importancia *la forma en que* conoces que *lo que* conoces. Las dos prácticas siguientes te ayudarán a desarrollar y fortalecer la conciencia metacognitiva. También podrás utilizarlas con muchos otros propósitos en el futuro.

La atención sin elección

Recuerda que algunos objetos llegan a la conciencia con la intención de que la atención se fije en ellos. La práctica de la **atención sin elección** implica permitir que la atención se desplace libremente a la búsqueda de los objetos que llegan con la intención más fuerte de convertirse en objetos de la atención. En términos del modelo del sistema mental, la atención sin elección no está realmente desprovista de elección, porque un potente consenso de submentes unificadas ha elegido permitir que dichos objetos pasen a constituir el foco de atención. Supervisar este movimiento libre de la atención con la conciencia introspectiva metacognitiva es un ejercicio efectivo para hacer que esta conciencia sea más potente.

Esta práctica es similar a la concentración momentánea, pero ahora estás permitiendo que los objetos de la atención se «autoelijan». Subjetivamente, experimentas que la atención, libre y espontáneamente, se deposita sobre determinados objetos, uno tras otro, a medida que llegan al campo de la conciencia percibida. Esto se parece a los movimientos espontáneos de la atención de la mente no ejercitada, si bien ahora la atención nunca llega a estar tan absorta como para verse atrapada. Cada período breve de enfoque intenso es seguido por el rápido desplazamiento de la atención a otro objeto. Por otra parte, puesto que la mente discernidora está apaciguada y hay docilidad mental, los objetos mentales no predominan tanto como lo harían normalmente.

La fuerte y continua cualidad metacognitiva de la conciencia convierte la práctica de la atención momentánea en una práctica de observación de la mente misma como un proceso en marcha.

Lo más importante, sin embargo, es la fuerte y continua cualidad metacognitiva de la conciencia presente mientras los objetos de la atención cambian constantemente. Esto hace que el conjunto de la experiencia consista en observar la mente misma como un proceso en marcha, en lugar de experimentar solamente los contenidos de la atención a medida que surgen y desaparecen. Por supuesto, este ejercicio se relaciona directamente con la práctica del *mindfulness* en la vida diaria, donde la atención también se desplaza libremente. Ahora te será más fácil, durante todo el día, sostener un *mindfulness* que te permita tener una perspectiva más amplia de lo que está haciendo la mente y por qué.

Como ocurre en la meditación sobre el surgimiento y la desaparición, puede ser que entres en un estado de fluencia acompañado del *pīti* de tercer y cuarto grados, que consiste en el apaciguamiento incompleto de los sentidos. Esto demuestra que la mente sigue unificándose a medida que vas desarrollando estas prácticas.

La meditación del surgimiento dependiente

Mientras la conciencia metacognitiva se hace más fuerte, las relaciones causales entre los diversos eventos sensoriales y mentales se vuelven más claras. Esto ocurre porque una de las funciones básicas de la conciencia periférica es percibir las relaciones de los objetos entre sí y con el conjunto. En esta meditación, se trata de examinar los eventos mentales a medida que tienen lugar, en secuencia. En concreto, a *la consciencia de una sensación o pensamiento* (contacto) la sigue *una respuesta afectiva* (emoción), lo que conduce al *deseo o la aversión* (anhelo), a continuación al surgimiento de la *intención de actuar* («llegar a ser») y finalmente a la *acción* misma («nacimiento»). Esto también se llama examinar los *eslabones* del surgimiento dependiente,[2] es decir, la relación causal entre procesos mentales que se describe en la literatura budista tradicional. Mediante el examen intencionado, por medio de la atención, de estos eslabones

Meditación del surgimiento dependiente

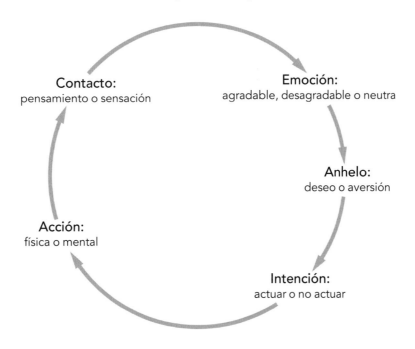

Contacto:
pensamiento o sensación

Emoción:
agradable, desagradable o neutra

Anhelo:
deseo o aversión

Intención:
actuar o no actuar

Acción:
física o mental

causales, la meditación del surgimiento dependiente hace que la conciencia metacognitiva sea más potente y proporciona un *Insight* sobre cómo se despliegan los procesos mentales.

Pongamos por caso que tus oídos están produciendo un zumbido. Puedes dirigir la atención hacia esa *sensación* auditiva y observar la *emoción* de desagrado que surge en relación con ella. A continuación, observas que surge el *deseo* de que el sonido desaparezca en respuesta al desagrado. Pero como estás sentado en meditación, la única escapatoria que tienes es dirigir la atención hacia otra parte, de modo que observas que surge la *intención* de redirigirla. Independientemente de si actúas o no según esa intención, entrarás en *contacto* con un nuevo evento. Si la atención no se desplaza, toda esta secuencia se repetirá cíclicamente; pasarás por el *contacto*, la *emoción*, el *anhelo*, la *intención* y la *acción* como parte de la experiencia en curso del sonido. Esto continuará hasta que otro tipo de *contacto* intervenga de forma espontánea, o hasta que la atención finalmente se desplace.

Por poner un ejemplo más complejo, en que intervenga el pensamiento, imaginemos que tu atención recae en la *sensación* de un movimiento energético que acontece en tu cuerpo. Dicha sensación viene acompañada de una *emoción* de desagrado, que se convierte en el siguiente objeto de la atención. Esto es seguido inmediatamente por una sensación de *aversión*, hacia la cual se dirige ahora la atención. La aversión desencadena un pensamiento inconsciente, producido por una de las submentes discernidoras, que luego aparece en la conciencia periférica junto con la fuerte *intención* de que la atención se fije en ello. La atención percibe esta intención. La *acción* que tiene lugar es un cambio de atención hacia el pensamiento. Ahora, el ciclo se repite, siendo esta vez el *pensamiento* el objeto de atención inicial. Puede ser un pensamiento sobre los vientos internos o *prana*, y puesto que este es un tema interesante, observas cómo el pensamiento provoca una *emoción* positiva, de placer. A raíz de esto, es posible que detectes el *deseo* de permitir que esta línea de pensamiento continúe. Todo este proceso cristaliza en la *intención* de seguir captando el próximo pensamiento asociado, y así sucesivamente. Con la práctica, puedes seguir este despliegue del pensamiento sin perder la perspectiva metacognitiva. Puedes sencillamente «recostarte» y permitir que aparezca el siguiente pensamiento, y hacer el seguimiento de su propia secuencia de surgimiento dependiente.

El objetivo de la meditación del surgimiento dependiente es adquirir una comprensión intuitiva de los procesos causales que nos llevan a actuar y reaccionar de la forma en que lo hacemos.

Ya sea que estés investigando pensamientos o sensaciones, lo relevante no es analizarlos. En general, el contenido de los pensamientos y las sensaciones no es importante. Limítate a permanecer consciente de la forma en que surgen y desaparecen *unos en función de otros*, y cómo están relacionados entre sí por medio de emociones, anhelos, intenciones y acciones.

Al igual que ocurre con la atención sin elección, esta práctica meditativa ejercita fuertemente la conciencia metacognitiva. Aquí, sin embargo, hay un objetivo más específico: adquirir una comprensión intuitiva de los procesos causales que impulsan nuestras actividades mentales en curso, y de cuáles nos llevan a actuar y reaccionar de la forma en que lo hacemos. Si traemos a la vida diaria nuestra comprensión de cómo operan estas cadenas asociativas, tendremos menos tendencia a reaccionar a partir de la aversión o el anhelo y seremos más propensos a actuar desde un lugar de sabiduría. La meditación del surgimiento dependiente puede tener un potente efecto transformador, especialmente cuando se combina con la práctica de la revisión consciente (ver el apéndice E).

LA UNIFICACIÓN DE LA MENTE, EL APACIGUAMIENTO DE LOS SENTIDOS Y EL SURGIMIENTO DEL GOZO MEDITATIVO

El segundo de los objetivos principales de esta etapa es el apaciguamiento total de los sentidos, acompañado del pleno surgimiento del gozo meditativo. El apaciguamiento y el gozo son distintos aspectos del mismo proceso de unificación (ver el sexto interludio). El apaciguamiento y el gozo son lo que experimentamos subjetivamente, mientras que la unificación describe lo que sucede en el nivel inconsciente.

La unificación de la mente es en realidad la unificación de las submentes *inconscientes*, en la que hay varios grados, en función del alcance de su colaboración. El grado de unificación determina la cantidad de apaciguamiento y gozo que experimentamos conscientemente. Debido a que existe muy poca unificación en la mente ordinaria, la atención se desplaza y vacila, dividida en sus propósitos. La atención exclusiva requiere más unificación, pero solo de las submentes inconscientes que están interactuando a través de la consciencia (por lo general, solo una parte muy pequeña de la mente inconsciente). El apaciguamiento de la mente discernidora avanza a medida que cada vez más de sus submentes se unifican en torno a la intención de sostener la atención exclusiva. Cuando hubo la suficiente unificación, experimentaste la estabilidad de la atención de la docilidad mental sin necesidad de esforzarte.

Hay varios grados de unificación de la mente. El grado de unificación determina la cantidad de apaciguamiento y gozo que experimentamos conscientemente.

El apaciguamiento total de los sentidos tiene lugar de la misma manera. Cuando las submentes sensoriales inconscientes se unifican en torno a la *intención consciente* de prestar atención, exclusivamente, al objeto elegido, evitan hacer nada que interrumpa la atención exclusiva. Cuando se ha logrado la suficiente unificación de las submentes sensoriales, la información sensorial normal ya no se proyecta en la consciencia. Y cuando se produce la suficiente unificación para que pueda tener lugar el apaciguamiento sensorial completo, el estado mental de gozo meditativo también empieza a surgir.

Como se discutió en el sexto interludio, te encontrarás con varias sensaciones inusuales como parte del proceso de apaciguamiento de los sentidos, antes de alcanzar la docilidad física. También experimentarás corrientes de energía, movimientos involuntarios y otros efectos autónomos inusuales antes de que el gozo meditativo se desarrolle plenamente. Todos estos eventos y movimientos sensoriales ocurren al mismo tiempo y se entremezclan. En aras de la claridad, sin embargo, se empezará por describir lo que acompaña al apaciguamiento de los sentidos, y después se hablará de lo que acompaña al gozo meditativo.

EL APACIGUAMIENTO DE LOS SENTIDOS

El apaciguamiento total de los sentidos significa que la información sensorial normal ya no se proyecta en la consciencia, porque las submentes sensoriales se han vuelto temporalmente inactivas. Del mismo modo que el apaciguamiento total de la mente discernidora desemboca en la docilidad mental, el apaciguamiento total de los sentidos desemboca en la **docilidad física**. Con ella puedes sentarte cómodamente durante largos períodos sin experimentar molestias u otras distracciones sensoriales. La docilidad física viene acompañada por la **dicha de la docilidad física**, una sensación maravillosamente agradable que invade todo el cuerpo.

Con el apaciguamiento, los órganos de los sentidos siguen funcionando con normalidad. El oído aún registra sonidos, por ejemplo. Esos sonidos también son procesados por la submente auditiva, pero no se proyectan en la consciencia. Cualquier sensación que las submentes inconscientes identifiquen como carente de importancia (como la tos de otro meditador, una puerta que se cierra o un perro que ladra) no entra en la consciencia. Lo mismo es cierto para todos los demás sentidos: la información sensorial se sigue registrando en las respectivas submentes sensoriales, pero se procesa solamente hasta el punto del mero reconocimiento. Toda esta información sensorial sigue estando disponible si la queremos y cuando la queramos, pero no aparece en la consciencia a menos que la evoquemos a propósito. Aunque

Con el apaciguamiento, los órganos de los sentidos siguen funcionando con normalidad. La información sensorial sigue estando disponible si la queremos y cuando la queramos, pero no aparece en la consciencia a menos que la evoquemos a propósito.

las sensaciones ordinarias desaparezcan de la conciencia, algunas sensaciones generadas en exclusiva por la mente siguen estando ahí, como la iluminación interior, las percepciones corporales inusuales y los sonidos internos.

Sin embargo, los estímulos sensoriales excepcionalmente fuertes, inusuales o especialmente significativos siguen proyectándose a la consciencia. Pero gracias al apaciguamiento entran en ella de una manera que no perturba la meditación, a menos que su presencia provoque una respuesta consciente, intencionada. Por ejemplo, el timbre de un teléfono puede entrar en la consciencia, pero el conjunto del sistema mental puede optar por responder o no. Si una mosca se posa en tu cara, puedes saber que está ahí sin experimentar ningún tipo de molestia o preocupación. Y cuando reconoces el sonido de campana que señala el final de la meditación, el enfoque en el objeto de meditación se disuelve porque existe la intención preexistente de responder de esta manera.

El apaciguamiento sensorial acontece por dos motivos. En primer lugar, cuando aplicas la atención exclusiva, ignoras por completo las sensaciones que surgen en la conciencia periférica. Esto las priva de la «energía atencional» que necesitan para sostenerse, por lo que se desvanecen. En segundo lugar, cuando cultivas la conciencia *introspectiva* metacognitiva, lo haces a expensas de la conciencia *extrospectiva* ordinaria; es decir, al volver la conciencia hacia dentro, la niegas a los estímulos sensoriales habituales. La combinación de estas dos actividades acaba por hacer que las mentes sensoriales dejen de proyectar cualquier sensación ordinaria en la conciencia periférica.

Por lo tanto, todo lo que tienes que hacer es seguir ejercitando la atención exclusiva y cultivando la conciencia metacognitiva con las prácticas que se han proporcionado para ejercitar la mente obediente hasta que los sentidos estén totalmente apaciguados. Solo hay un obstáculo importante que debes superar antes: las sensaciones inusuales, generadas por la mente.

Las sensaciones inusuales

Antes de estar lo suficientemente unificadas, las mentes sensoriales reaccionan fuertemente contra el hecho de que se las ignore. Empiezan a proyectar luces, sonidos y todo tipo de sensaciones corporales extrañas y a veces desagradables en la consciencia que no tienen nada que ver con nada que ocurra en el exterior (ver el sexto interludio).[3] Estos fenómenos sensoriales generados por la mente tienden a dominar esta etapa. Pueden ser bastante molestos, así como distractores, ya que son muy inusuales. Es casi como si las mentes sensoriales se resistiesen a verse ignoradas, como niños rebeldes. Toda su finalidad parece ser la de captar tu atención y despertar tu interés. Curiosamente, sin embargo, cuanto más hacen esto, menos proyectan información sensorial inmediata, en tiempo real, a la conciencia periférica. Esto demuestra que el proceso de apaciguamiento está en marcha.

Cuando estos fenómenos adoptan sistemáticamente la forma del *pīti* de tercer grado, esto significa que has alcanzado la fase final del apaciguamiento de los sentidos y que ha llegado el momento de *ignorarlos por completo*. La primera parte de la octava etapa te proporcionaba muchas oportunidades para explorar estos fenómenos y observar la reacción de tu mente frente a ellos usando las prácticas descritas en el apartado anterior. Esto no interfería en el proceso de apaciguamiento en curso (ver «Ejercitar la mente obediente y el apaciguamiento total de los sentidos», en la página 311). Es de esperar que esas prácticas satisficieran tu curiosidad, y que ello haga que ahora te resulte más fácil ignorar esos fenómenos y alcanzar el apaciguamiento total. Cuando se haya completado el apaciguamiento, experimentarás el cuarto grado de *pīti*. Los sonidos y las luces generados por la mente pueden seguir presentándose, pero las sensaciones ordinarias desaparecen por completo, y los escalofríos, los sofocos, la presión, la picazón, el hormigueo, los pinchazos, etcétera, se ven sustituidos por la dicha de la docilidad física.

EL GOZO MEDITATIVO

A medida que avances en tu práctica y la mente se siga unificando, surgirá de forma natural el gozo meditativo. Este tipo de gozo es un estado mental único que solo surge en la meditación. Para entenderlo mejor, examinémoslo brevemente comparado con el gozo en general.

Pensamos en el gozo como una mera experiencia emocional. En realidad, es un estado mental comprensivo que evoca un patrón específico de comportamiento mental que afecta a la atención, a la percepción y a las emociones.

Aunque tendemos a pensar en el gozo como en una mera experiencia emocional, en realidad se trata de un estado mental integral.[4] Podemos decir lo mismo de las emociones en general: son estados mentales funcionales. Esto significa que ocasionan que la mente se comporte o funcione de formas muy específicas. Influyen sobre *qué es y cómo percibimos* aquello a lo que prestamos atención y las *emociones* subsiguientes que se generan en respuesta a lo que percibimos. Todo ello ejerce una poderosa influencia sobre nuestros pensamientos, palabras y acciones.

El gozo es también un estado funcional que evoca un patrón específico de comportamiento mental que afecta a la atención, a la percepción y a las emociones. En primer lugar, nos predispone a percibir lo que es bello, sano, agradable y satisfactorio, y a poner la atención en ello. Al mismo tiempo, lo feo, malsano o desagradable tiende a no atraer o sostener la atención. En segundo lugar, las percepciones que surgen en una mente gozosa resaltan siempre los aspectos positivos de aquello a lo que estamos prestando atención, sea lo que sea. El vaso se percibirá como medio lleno y no como medio vacío, o ni lleno ni vacío. Por último, el gozo hace que todas nuestras emociones se desplacen hacia el extremo positivo del espectro. Algo que normalmente experimentaríamos como medianamente agradable se vuelve extremadamente agradable. Algo neutro, como el simple acto de respirar, despierta sensaciones de placer. Lo que sería levemente desagradable se experimenta como neutro y lo que por regla general sería bastante desagradable lo es solo un poco. Al sesgarse la experiencia consciencial de esta manera, el gozo tiende a ser un estado estable, autosostenible; el hecho de prestar atención, selectivamente, a lo agradable y percibir preferentemente lo bueno de cada situación nos ayuda a evitar las experiencias perturbadoras del estado de gozo. En otras palabras, el componente emocional positivo producido por el gozo estimula una reinterpretación favorable de las experiencias conscienciales que amenazan con socavar el gozo; también refuerza la resiliencia del gozo.

Como se señala en el sexto interludio, el estado mental de tristeza o dolor es exactamente el opuesto al gozo. La tristeza orienta la atención hacia lo que es malsano, feo e insatisfactorio. Nuestras percepciones subrayan los aspectos problemáticos de aquello a lo que prestamos atención y nuestras reacciones afectivas aparecen sesgadas hacia el desagrado; los pensamientos tienden a ser pesimistas y cínicos, y el solo hecho de estar vivos puede parecer doloroso.

Para aprehender realmente la naturaleza del gozo, imagínate un niño al que acaban de decir que va a obtener algo que ha estado deseando durante mucho tiempo. Al escuchar la noticia, se alegra, se emociona y está feliz, a pesar de que no ha recibido eso todavía. El único cambio es cognitivo, pero lo ha puesto en el estado mental positivo del gozo. Este estado influirá en las percepciones y reacciones del niño a todo lo que suceda durante el tiempo en que permanezca en dicho estado, tal vez horas. Por poner otro ejemplo, piensa en cuando una persona joven descubre que sus sentimientos románticos son correspondidos: se siente alegre, eufórica y feliz; los problemas de la vida parecen desvanecerse y ve el mundo a través de unas lentes color de rosa. La mente de un amante se orienta hacia lo positivo, ve preferentemente la belleza y la bondad e ignora lo negativo y desagradable —o ve a través de ello—. Al igual que en estos ejemplos, el gozo tiene una cualidad energética, emocionada, incluso agitada. A menudo se ve acompañado de sensaciones de hormigueo, enrojecimiento del rostro, alegres movimientos corporales espontáneos, «piel de gallina», escalofríos que recorren la columna vertebral y expresiones verbales entusiastas.[5]

Siempre que hay un *estado* de gozo hay también un *sentimiento* de felicidad. Sin embargo, no son lo mismo. La felicidad no es un estado emocional, sino un sentimiento específico —el sentimiento del placer *mental*—.[6] La felicidad es un componente de cualquier estado emocional placentero, pero también puedes experimentarla por sí misma. Date cuenta de que el placer *mental* ocasionado por el gozo es independiente del placer *físico*; el sentimiento de felicidad que aporta el gozo puede coexistir con el dolor físico, e incluso puede permitirnos ignorarlo.

El gozo *ocasiona* felicidad e incrementa el placer corporal. A su vez, cualquier experiencia agradable, mental o física, puede contribuir a la aparición del gozo. Aquí opera una causalidad recíproca que, empezando por cualquier lado, puede originar un bucle de retroalimentación positiva autosostenible. Mientras sigamos prestando atención a lo placentero e ignorando lo desagradable, el estado de gozo se mantendrá —al menos, hasta que algo interrumpa este ciclo de retroalimentación.

El gozo parece ser *el estado predeterminado de la mente unificada*. En el caso del gozo ordinario, el detonador inmediato es la perspectiva de satisfacer un deseo mundano, y las submentes del sistema mental se unifican en torno a ese deseo. En los ejemplos anteriores, el niño y el amante se ponen contentos porque van a obtener lo que quieren. La felicidad trae consigo una unificación temporal de varias submentes, todas las cuales están de acuerdo acerca de cuál es el objeto de deseo, y esto conduce a un estado mental gozoso.

Pero el gozo meditativo difiere significativamente del gozo ordinario. En la meditación, la unificación se debe a la ejercitación mental y no a la obtención de algún objeto de deseo. También proviene de la resolución de

Una vez que la mente está lo bastante unificada, el gozo meditativo surge espontáneamente. Al igual que ocurre con el gozo habitual, el gozo meditativo genera felicidad, conocida como dicha de la docilidad mental.

conflictos internos a través de la purificación y el *mindfulness*. A medida que avanza la unificación, el conflicto entre las submentes finaliza y el estado habitual de lucha interior cesa. Luego, una vez que la mente está lo bastante unificada, el gozo meditativo surge espontáneamente. Al igual que ocurre con el gozo habitual, el gozo meditativo genera felicidad, conocida como **dicha de la docilidad mental**.

Las jhānas son estados de fluencia que pueden ayudarte a aprovechar el ciclo de retroalimentación positiva que tiene lugar entre la unificación, el gozo y la felicidad.

Sin embargo, no tenemos que esperar a que el gozo meditativo surja espontáneamente a través de la unificación. De hecho, podemos hacer que aparezca antes. Por ejemplo, puedes servirte de las sensaciones de satisfacción y felicidad que provienen de tu éxito en la meditación para desencadenarlo. Esto, a su vez, puede ayudarte a acelerar el proceso de unificación, porque al cultivar intencionadamente el gozo meditativo invocas un bucle de retroalimentación: el gozo ocasiona felicidad y placer físico, la felicidad y el placer físico incrementan la unificación y la unificación provoca el gozo meditativo. Una vez puesto en marcha, el bucle asegura que a medida que la mente se unifica, el gozo y la felicidad que produce inducirán una unificación aún mayor.

Las absorciones meditativas (*jhānas*) son estados de fluencia que también pueden ayudarte a aprovechar el ciclo de retroalimentación positiva que tiene lugar entre la unificación, el gozo y la felicidad. Es por eso por lo que las *jhānas* son tan útiles en las etapas correspondientes a la meditación «experta». Una vez que un poco de gozo y felicidad están presentes, la absorción intensifica ambos, el resultado de lo cual es una unificación temporal pero muy fuerte. Cuando repetimos esto con la suficiente frecuencia, nuestra mente se habitúa a la unificación.

Es posible que hayas experimentado algunos episodios leves, breves, de gozo meditativo en las etapas cuarta a séptima. Y habrás experimentado episodios más largos e intensos si realizaste las *jhānas* de todo el cuerpo y las del placer en las etapas sexta y séptima. Sin embargo, el gozo de los grados cuarto y quinto de *pīti* propio de la octava etapa es algo que probablemente no has experimentado nunca antes.

Corrientes de energía y movimientos involuntarios

Antes de alcanzar el gozo meditativo completamente desarrollado, te encontrarás con varias corrientes de energía y movimientos involuntarios, y con cierta actividad autónoma, todo lo cual puede ser bastante incómodo. Con el tiempo, los movimientos y las reacciones autónomas dejarán de tener lugar, las corrientes de energía serán agradables y experimentarás el gozo meditativo del quinto grado de *pīti*. Pero hasta entonces, el flujo de nueva energía disponible a causa del aumento de la unificación es bastante turbulento.

En la mente ordinaria, no ejercitada y no unificada, gran parte de la energía generada por las submentes individuales se agota en conflictos internos, muchos de ellos inconscientes.

Para hacer una analogía, imagina un grupo de caballos atados juntos, si bien cada uno está tratando de moverse en una dirección diferente. Cualquier movimiento del grupo será lento. La dirección y la velocidad del movimiento dependerán de los caballos más fuertes, y el desplazamiento solo tendrá lugar siempre que varios caballos, por casualidad, tiren en el mismo sentido. Los cambios abruptos de dirección también tendrán lugar con frecuencia y de forma impredecible. El comportamiento de la mente no ejercitada es prácticamente el mismo. La atención fluctúa y se dispersa; es constantemente susceptible de verse atrapada por nuevos objetos sensoriales o mentales. Surgen pensamientos que no guardan relación entre sí, y muchos tipos diferentes de emociones, entre ellas la inquietud, la duda y el aburrimiento, proceden de la mente inconsciente, cada una alegando que está justificada y exigiendo una respuesta.

En la mente no unificada, gran parte de la energía mental se agota en conflictos internos, muchos de ellos inconscientes. Cuando la mente empieza a unificarse, la energía disponible aumenta, pero mientras la unificación no se ha completado, el flujo energético es turbulento.

Cuando la mente empieza a unificarse, es como si más caballos se dirigiesen en la misma dirección al mismo tiempo, de modo que la velocidad y el impulso del grupo como un todo (es decir, la energía cinética neta) aumenta. El avance pasa a ser más constante, pero el movimiento no es suave. De hecho, puesto que algunos animales todavía se resisten mientras que otros pueden tropezar y verse arrastrados por el grupo, el avance es más violento y errático que nunca. Y mientras algunos continúen resistiéndose y traten de ir en distintas direcciones, la turbulencia seguirá presente.

La energía mental disponible aumenta, pero mientras la unificación no se ha completado, el flujo de esa energía es turbulento. La energía mental turbulenta se manifiesta de varias formas. La sensación de las corrientes de energía que circulan por el cuerpo puede ser tumultuosa o incluso dolorosa, aunque también puede ser suave y agradable. Estas corrientes de energía, así como los movimientos involuntarios y las reacciones autónomas que a menudo las acompañan, se describían en detalle en el sexto interludio. Son el mismo *qi*, *prana* o viento interno que experimentaste en las prácticas de exploración del cuerpo y en las prácticas de respiración de todo el cuerpo de las etapas quinta y sexta. A medida que la mente se unifica progresivamente en la octava etapa, esta energía se intensifica; pero mientras la unificación está incompleta, las turbulencias también se intensifican.

Hacia el final de la octava etapa, puedes unificar tu mente lo suficiente para que surja el gozo meditativo de forma sostenida, junto con la dicha de la docilidad física y la de la docilidad mental. Los movimientos involuntarios dejan de tener lugar, y el flujo de la energía se experimenta como mucho más suave y agradable. Sin embargo, el gozo meditativo puede ser tan intenso que pase a constituir una distracción enorme. De hecho, a veces los meditadores terminan su meditación antes con el fin de poder ir a hablar con alguien acerca de ello.

Figura 54. El comportamiento de una mente no ejercitada, no unificada, es como el de un grupo de caballos atados juntos cada uno de los cuales está tratando de moverse en una dirección diferente. Cualquier movimiento del grupo será lento, y tendrán lugar cambios de dirección abruptos con frecuencia y de forma impredecible.

Cuando la mente empieza a unificarse, es como si más caballos tirasen en el mismo sentido, pero mientras algunos traten de ir en direcciones diferentes, el movimiento seguirá sin ser suave. La energía disponible aumenta, pero mientras la unificación no se haya completado, el flujo de esa energía será turbulento.

Cuando todos los caballos atados tiran en el mismo sentido, constituyen un equipo poderoso. De la misma manera, una mente unificada despliega un poder suave, controlado, sobre el movimiento de la energía mental, y las turbulencias desaparecen.

Para concluir con nuestra analogía, cuando todos los caballos atados tiran en el mismo sentido, constituyen un equipo poderoso que se mueve con suavidad y se controla fácilmente. Del mismo modo, la mente unificada despliega un poder suave y controlado sobre el movimiento de la energía mental y las turbulencias desaparecen por completo. Pero no será hasta el final de la novena etapa cuando la unificación estará lo bastante completa para que ocurra esto. Hasta entonces, puedes esperar que tu meditación se vea dominada por experiencias de exceso de energía, incontrolada.

PRÁCTICAS QUE TE AYUDARÁN A ALCANZAR LA DOCILIDAD FÍSICA Y EL GOZO MEDITATIVO

En algún momento experimentarás las manifestaciones de la docilidad física, tales como la ausencia de sensaciones táctiles ordinarias, sensaciones de ingravidez o flotación y sensaciones placenteras en todo el cuerpo (el *pīti* de cuarto grado). Cuando ocurra esto, será el momento de abandonar temporalmente las prácticas que se describen en el apartado titulado «Cómo ejercitar la mente obediente», en la página 307. Estás en la recta final de esta etapa. Ahora, lo más importante es ignorar *por completo* las sensaciones corporales *de cualquier tipo*. Se exponen a continuación dos prácticas que pueden ayudarte a ello.

ENCONTRAR EL PUNTO DE QUIETUD Y DESCUBRIR EL TESTIGO

Esta práctica nos permite «situarnos fuera» de nuestras reacciones a las experiencias sensoriales asociadas con el apaciguamiento y el surgimiento de *pīti*. Esto da lugar al suficiente desprendimiento para permitir que estos procesos se desarrollen de forma natural por sí mismos. Las sensaciones propias de *pīti* siguen apareciendo en la conciencia, pero no reciben ninguna atención en absoluto.

Encontrar el punto de quietud nos permite «situarnos fuera» de nuestras reacciones al apaciguamiento y el surgimiento de pīti. Esto da lugar al suficiente desprendimiento para permitir que estos procesos se desarrollen de forma natural por sí mismos.

Empieza tu meditación haciéndote plenamente consciente del mundo que te rodea. Explora con atención tu entorno inmediato. Siéntelo con el cuerpo. Escucha los sonidos que hay dentro y fuera de la estancia en la que estás sentado. Percibe toda la actividad que está teniendo lugar. Por ejemplo, tal vez escuches el vuelo de un avión, los ruidos del tráfico, cantos de pájaros, ladridos de perros y el sonido de diversas actividades humanas. Deja que tu mente identifique e imagine la fuente de los sonidos que escuchas: los coches en la calle, el avión en el cielo, los pájaros posados en los árboles... Amplía el alcance de tu atención para incluir una visualización de la actividad constante que tiene lugar en todo el mundo (en la tierra, en el agua y en el cielo). Piensa en la Tierra girando sobre su eje, desplazándose por el espacio a miles de kilómetros por hora, rodeada por el constante movimiento de planetas, estrellas y galaxias enteras que giran a través del vacío a velocidades inconcebibles.

Mientras conservas la conciencia de este universo en que todo está desplazándose y cambiando de forma incesante, lleva la atención a tu cuerpo, sentado quieto sobre el cojín. Permite que el contraste entre la quietud de tu cuerpo y la actividad del mundo externo sature tu consciencia. Conserva la atención centrada en el cuerpo mientras el resto del mundo llena tu conciencia. Con el tiempo, y de forma natural, te harás consciente de los movimientos y actividades corporales: la respiración, los latidos del corazón y el pulso en las arterias, y tal vez las corrientes de energía y los movimientos involuntarios de *pīti*. Visualiza toda la otra actividad que sabes que está teniendo lugar en tu cuerpo: el movimiento de los alimentos por el tracto digestivo, el flujo de la sangre por los tejidos, la recogida de la orina en la vejiga y las glándulas secretando todo tipo de sustancias.

Cuando tengas la sensación fuerte y clara de que tu cuerpo es un hervidero de actividad, pasa a centrar la atención en la mente. Permite que el zumbido de la actividad que tiene lugar en tu cuerpo se una a la del resto del mundo en la conciencia periférica mientras prestas atención a la relativa paz y tranquilidad que experimenta tu mente bien ejercitada. Observa el contraste entre la relativa calma y tranquilidad de tu mente y toda la agitación, toda la actividad y todos los cambios que acontecen en el ámbito de las sensaciones físicas, percibiendo especialmente esta cualidad de quietud y paz mental. Permite que tu atención se fije en la diferencia entre la quietud interior de tu mente y la abundante actividad que se desarrolla en tu cuerpo y en el mundo.

Inevitablemente, empezarás a percibir que la mente no está tan tranquila después de todo, excepto cuando se la compara con todo lo que hay fuera de ella. Al mismo tiempo, te harás consciente de la existencia de una quietud aún mayor en el núcleo de tu experiencia del momento. Se la denomina *el punto de quietud*. Encuentra este punto y haz de su quietud el foco de tu atención. Relega todo lo demás a la conciencia periférica y deja que las cosas sigan estando ahí o desaparezcan por sí mismas. Disfruta del punto de quietud; descansa en él tan a menudo y durante tanto tiempo como desees. Las sensaciones extrañas del apaciguamiento y las energías de *pīti* se mezclarán con todo lo demás en el segundo plano de la conciencia mientras la atención permanece imperturbable. La unificación seguirá teniendo lugar.

Al realizar esta práctica e investigar el punto de quietud, se hace evidente que ahí es donde acontece toda la observación. El punto de quietud, en otras palabras, es la metafórica «atalaya» desde la que tiene lugar la conciencia metacognitiva —si bien ahora se ha convertido en el «asiento» de la *atención* metacognitiva—. Y el enfoque de tu atención es la experiencia subjetiva de mirar la mente y el mundo material desde una perspectiva totalmente desapegada.

A medida que sigues observando, también puedes descubrir el llamado testigo: la experiencia subjetiva de un observador puro, inmóvil e impasible que no se ve afectado por nada de lo que observa.

A medida que sigues observando, también puedes descubrir el llamado *testigo*: la experiencia subjetiva de un observador puro, inmóvil e impasible que no se ve afectado por nada de lo que observa.[7] Pero hay que hacer una advertencia. Es probable que sientas que has descubierto el verdadero Yo, el fundamento último de toda experiencia. En un sentido lo has hecho, ¡pero no se trata en absoluto de lo que piensas! El estado de testigo *es* el fundamento último de tu experiencia *personal*, pero ha surgido como dependiente del cuerpo y el mundo, y desaparecerá con el cuerpo. Su valor y su significado real es que apunta hacia un *Insight* mucho más profundo, siempre y cuando no cometas el error de aferrarte a él como al Yo. Si lo haces, solo alimentarás la idea, con la que todos nacemos, de que eres un yo único, permanente y separado. Confundir el estado de testigo con un Yo verdadero es lo que lleva a algunos a afirmar que la Consciencia es el auténtico Yo.[8]

Para utilizar correctamente la experiencia del testigo, profundiza más. Acude al punto de quietud, la morada del testigo, con una pregunta: «¿*Quién* o *qué* es este testigo?», «¿*Quién* está mirando?», «¿*Quién* está teniendo la experiencia?». Niégate firmemente a acoger todas las respuestas que te ofrezca la mente intelectual, pensante; no te dejes engañar tampoco por la mente emocional, que tratará de hacerte creer que has encontrado la respuesta, cuando no lo has hecho. Limítate a permanecer con la pregunta mientras experiencias el testigo. Cuando surja el *Insight* —si surge—, será una visión profunda de la verdad del *no yo*,[9] y será tan evidente que te preguntarás por qué nunca la percibiste antes.

Cuando surja el Insight —si surge—, será una visión profunda de la verdad del no yo, y será tan evidente que te preguntarás por qué nunca la percibiste antes.

No te juzgues a ti mismo o juzgues tu práctica en función de si descubres o no el testigo, o en función de si tienes o no el *Insight* del no yo. Con el tiempo, disfrutarás de estas experiencias. Mientras tanto, la meditación del punto de quietud es un método potente para la consecución de los objetivos de esta etapa: la unificación, el apaciguamiento de los sentidos y el gozo meditativo.

LAS JHĀNAS LUMINOSAS

Estas *jhānas* son más profundas que las *jhānas* de todo el cuerpo o las del placer, y se denominan *luminosas* porque el objeto de meditación que se utiliza para entrar en la primera de estas *jhānas* es el fenómeno de iluminación. Esta luz interior es a menudo llamada **nimitta**,[10] y las sensaciones de la respiración se abandonan a favor de este *nimitta* luminoso. Puesto que es generado por la mente, en lugar de ser un verdadero objeto sensorial, permite que todos los contenidos sensoriales se vean totalmente excluidos de la consciencia.

No todo el mundo experimenta el fenómeno de la iluminación interior, por lo que no todo el mundo puede practicar estas *jhānas*. Si eres una de estas personas, no te preocupes. Estas prácticas no son esenciales para dominar la octava etapa. Además, podrás acceder a *jhānas* aún más profundas una vez que hayas dominado las etapas posteriores.

El *nimitta* puede comenzar como una iluminación suave, borrosa o nebulosa; como un disco o una esfera brillante, o como unos puntitos de luz que parpadean como estrellas. Si el *nimitta* es tenue al principio, se volverá progresivamente más brillante, los puntitos se expandirán o los múltiples destellos se fusionarán. Las luces de colores tienden a palidecer y acercarse al blanco, y el *nimitta* se vuelve más radiante, brillante y claro.

Cuando aparezca el *nimitta*, resiste la tentación de perseguirlo. Por lo general, desaparecerá si diriges la atención hacia él demasiado pronto. Para cultivarlo, conserva la atención centrada en las sensaciones de la respiración mientras permites que la iluminación crezca y brille en la conciencia periférica. Al mismo tiempo, no lo dejes de lado por completo. Sé tan plenamente consciente de él como puedas sin desviar la atención hacia él. A veces, no va a aparecer en absoluto. Sé paciente. Con el tiempo, permanecerá ahí todo el rato. Por otra parte, no quieras que se haga más grande o que se vuelva más intenso; esto impide que se desarrolle de forma natural, lo cual hace que se desvanezca.

El *nimitta* debe desarrollarse por sí mismo. A medida que se intensifica, las sensaciones asociadas con el apaciguamiento de los sentidos desaparecen de la conciencia periférica. A veces puede presentarse un embotamiento sutil sostenido mientras permites que el *nimitta* se desarrolle en el fondo, así que vigila que no ocurra esto. De lo contrario, puedes quedarte atascado, y tu *nimitta* subdesarrollado no va a ir a ninguna parte.

Como no tardarás en descubrir, la atención alterna de vez en cuando con el *nimitta* presente en la conciencia periférica. Esto está bien, porque la atención alternante te permite saber cuándo el *nimitta* se ha estabilizado lo suficiente como para aceptar tu atención. Con el tiempo, te darás cuenta de que cuando la atención se desplaza al *nimitta*, este ya no se desvanece. Cuando ocurra esto, podrás permitir intencionadamente que tu atención alterne entre el *nimitta* y la respiración. La atención se verá naturalmente atraída por el *nimitta* y estará cada vez más tiempo con él.

Llegado un momento, la respiración y el *nimitta* estarán recibiendo la misma cantidad de atención y parecerán fundirse. Cuando ocurra esto, empieza a trabajar con el *nimitta*. Primero, permite intencionadamente que pase al segundo plano, y que permanezca ahí pequeño y distante. Después, acércalo, de modo que llene por completo tu campo visual. A continuación, prueba a desplazar el centro brillante del *nimitta* hacia arriba o hacia abajo, o de un lado a otro. Cuando el *nimitta* sea lo suficientemente estable para que puedas controlarlo de esta manera, estarás listo para abandonar por completo las sensaciones físicas de la respiración y centrarte exclusivamente en él. No todos los meditadores consiguen desplazar el *nimitta*, pero no es esto lo importante. Siempre y cuando tus esfuerzos no hagan que se desvanezca, se halla lo bastante estable como para usarlo para entrar en *jhāna*.

La entrada en la primera jhāna luminosa

Una vez que el *nimitta* sea lo suficientemente estable como para convertirse en el objeto de tu atención exclusiva, ya estarás listo para entrar en la primera *jhāna* luminosa. Abstraerte en este *nimitta* no es algo que hagas *tú*. Es una rendición que lleva a la mente a la experiencia del momento. Ábrete a él por completo, pasando a ser un observador completamente pasivo. La mente está relajada pero alerta, y la atención y la conciencia son claras e intensas.

Entrar en este tipo de *jhāna* profunda se ha comparado con sumergirse en un baño caliente. La dicha de la docilidad física inunda el cuerpo de placer; penetra en él y lo satura por todas partes. El gozo meditativo también se intensifica, y los sentimientos de felicidad crecen a medida que la dicha de la docilidad mental aumenta. La energía se acentúa cuando la mente se va llenando de gozo y felicidad. Aún se sienten sensaciones energéticas en el cuerpo, pero ya no son molestas o desagradables. Los movimientos físicos espontáneos cesan y son sustituidos por un profundo silencio. La atención se fusiona con su objeto y la conciencia se vuelve amplia, espaciosa. En la primera *jhāna*, la percepción del *nimitta* es más nítida, clara e intensa que nunca.

Al principio, los contenidos de la conciencia pueden presentar cierta inestabilidad sutil. Ciertos objetos pueden entrometerse. Por ejemplo, tal vez haya cierta conciencia de algunas sensaciones físicas reales, o de sensaciones corporales generadas por la mente a causa del apaciguamiento. Pero a medida que permanezcas centrado exclusivamente en el *nimitta*, estas sensaciones van a desvanecerse, y pronto vas a estar totalmente absorbido en la *jhāna*. Si ya practicaste las *jhānas* de todo el cuerpo o las del placer, reconocerás inmediatamente cuándo has caído en el «surco» habitual. Pero si nunca has experimentado *jhāna*, puede ser que te preguntes cómo vas a saber que la has alcanzado. Después de todo, todos los factores *jhánicos* están presentes con la **concentración de acceso**, y si tuvieras que describir el estado de tu mente en el acceso, sonaría exactamente igual que las descripciones clásicas de *jhāna*. Tú persevera. Cuando finalmente entres en *jhāna*, ya no tendrás ninguna duda al respecto. Y lo mejor de todo es que la mente «sabrá» cómo volver a encontrar el camino de regreso a este estado en el futuro.

El estado de *jhāna* puede no durar mucho al principio, especialmente si esta es la primera vez que experimentas *jhāna*. Pero cuando «saltes» de ese estado, regresa a él. Sigue volviendo a *jhāna* hasta que puedas permanecer ahí durante más tiempo: diez minutos, después media hora, y finalmente una hora o más. Cuando salgas de *jhāna* tendrás la experiencia repentina de una conciencia sensorial intensa; tu mente será muy sensible a todo tipo de información sensorial. Es por eso por lo que hablamos de «saltar»: cuanto más profunda es la *jhāna* y cuanto más tiempo se ha estado en ella, más intenso es su surgimiento.

Practica entrar en *jhāna* a voluntad, sostenerla durante un período predeterminado y salir de ella en el momento previsto. Para ello, debes generar una fuerte intención mientras te hallas en la concentración de acceso. A menudo resulta útil verbalizar mentalmente estas intenciones: «Decido entrar en la primera *jhāna* y permanecer en ella durante X minutos». Recuerda que «tú» no puedes hacer que esto te suceda «a ti», porque en *jhāna* no tienen lugar acciones o decisiones. Pero el hecho de sostener una intención consciente *antes* de entrar en *jhāna* hará que acontezca. Cuando puedas permanecer más tiempo en *jhāna*, descubrirás que posee una cualidad intemporal, lo que significa que no tendrás conciencia de si ha transcurrido mucho o poco tiempo. Para practicar la permanencia en *jhāna* durante períodos predeterminados, tendrás que ubicar un reloj fácil de leer delante de ti. Échale un vistazo rápido antes de entrar en el acceso, y de nuevo al salir de *jhāna*.

Cuando salgas de *jhāna*, repasa tu experiencia. Compara y contrasta el acceso, *jhāna* y los estados *posjhánicos*. En este punto, tendrás una impronta muy fuerte del estado *jhánico* en la memoria. Compara este recuerdo con el estado *posjhánico* en que te encuentras. Es como poner dos transparencias juntas y sostenerlas a contraluz: podrás ver fácilmente lo que es diferente y lo que es igual. Haz lo mismo con tu recuerdo del estado de acceso, *prejhánico*. A continuación, compara *jhāna* con los estados *prejhánicos* de acceso. Advierte las similitudes y diferencias entre cada uno de estos tres estados: lo que está presente y ausente y las cualidades subjetivas asociadas con cada estado.

La primera *jhāna* se caracteriza por una profunda calma, una percepción clara e intensa del *nimitta* como objeto de atención (*vitakka* y *vicara*) y la conciencia del gozo, el placer y la felicidad que están presentes (*pīti-sukha*). La mente se encuentra, por supuesto, en un estado altamente unificado (*ekagata*). A medida que te familiarices más con *jhāna*, sin embargo, te darás cuenta de que la intensidad de la primera *jhāna* fluctúa a menudo. Esta inestabilidad es típica de la primera *jhāna*. A veces, incluso puedes ser consciente de un pensamiento o una intención que surgen en la mente. Cada vez que ocurre esto es porque has salido muy brevemente de *jhāna*, y a continuación, inmediatamente, has vuelto a entrar en ella (como un delfín que apenas atraviesa la superficie antes de sumergirse de nuevo). Otra cualidad de la primera *jhāna* de la que te irás haciendo consciente es una «vibración» energética sutil, que acostumbra a sentirse en el cuerpo. Con el tiempo, vas a estar cada vez más insatisfecho por la forma en que fluctúa la intensidad de *jhāna*. Esto indica que estás listo para la segunda *jhāna*... pero no la apresures.

En caso de que desees entrar en la segunda *jhāna* luminosa y otras más elevadas, se ofrecen instrucciones al respecto en el apéndice D. Las *jhānas* luminosas constituyen una forma muy eficaz de hacer progresar la práctica.

QUEDARSE ATASCADO

Puedes quedarte atascado en cualquier momento durante el proceso de apaciguamiento de los sentidos y el surgimiento del gozo meditativo. Lo sabrás porque tendrás, repetidamente, experiencias perturbadoras y a menudo desagradables durante la meditación, con pocas señales, o ninguna, de cambio o mejora. Supongamos, por ejemplo, que cada vez que te sientas y alcanzas la ausencia de esfuerzo experimentas movimientos espasmódicos bruscos y violentos, o un hormigueo desagradable, picazón y sofocos que se vuelven más desagradables con el tiempo. O bien sensaciones energéticas intensamente desagradables y un fuerte dolor en el pecho o el cuello, o sientes constantemente como si estuvieras cayendo. Tal vez te mareas a menudo, sudas o sientes náuseas. Si bien es normal experimentar algo de esto hasta cierto punto, cuando sucede sistemáticamente y no tiende a menguar es que hay algo bloqueando el avance. Como se

Puedes quedarte atascado en cualquier momento durante el proceso de apaciguamiento de los sentidos y el surgimiento del gozo meditativo. Si te ocurre esto, la respuesta se halla fuera de la meditación. La práctica experta depende de todo lo que haces, durante todo el día, todos los días.

explicó en el sexto interludio, puede tratarse de los obstáculos de la **aversión** y la **agitación debida a la preocupación y el remordimiento**. En la medida en que estos obstáculos están presentes, incluso en un nivel subconsciente, impiden la unificación de la mente y el progreso normal a través de los grados de *pīti*.

El antídoto contra la aversión es el cultivo deliberado del amor, la compasión, la paciencia, la generosidad y el perdón hacia todos, incluido tú mismo. El antídoto contra la preocupación y el remordimiento es la práctica de la virtud en todos los aspectos de la vida. Puedes cambiar tus malos hábitos y dejar de hacer cosas que generen las causas de la preocupación y el remordimiento. Repara lo que ya has hecho o dejado de hacer, y si no puedes hacerlo directamente, hazlo a través de actos de bondad y servicio a los que sufren de las maneras que has hecho sufrir. Busca el perdón de los demás y, sobre todo, perdónate a ti mismo.

En otras palabras, si te encuentras atascado en la octava etapa, la respuesta se halla fuera de la meditación, en la forma en que vives el resto de tu vida. La práctica experta depende de todo lo que haces, durante todo el día, todos los días. La meditación de la bondad amorosa del apéndice C y la práctica de la revisión consciente del apéndice E son herramientas potentes para superar estos obstáculos. De hecho, tiene una ventaja trabajar con la octava etapa en la práctica diaria en lugar de hacerlo en un retiro profundo: tienes más oportunidades de llevar a cabo las acciones apropiadas para superar estos obstáculos.

De hecho, tiene una ventaja trabajar con la octava etapa en la práctica diaria en lugar de hacerlo en un retiro profundo: tienes más oportunidades de llevar a cabo las acciones apropiadas para superar estos obstáculos.

Por lo tanto, Ananda, el propósito y el beneficio del comportamiento virtuoso es la libertad respecto del remordimiento.

El propósito y el beneficio de la libertad respecto del remordimiento es la satisfacción.

El propósito y el beneficio de la satisfacción es el gozo [*pīti*].

El propósito y el beneficio del gozo es el apaciguamiento del cuerpo.

El propósito y el beneficio del apaciguamiento del cuerpo es el placer [*sukha*].

El propósito y el beneficio del placer es la concentración [*samādhi*].

El propósito y el beneficio de la concentración es el conocimiento y la visión de las cosas como realmente son.

El propósito y el beneficio del conocimiento y la visión de las cosas como realmente son es el desencanto y el desapasionamiento.

El propósito y el beneficio del desencanto y el desapasionamiento es el conocimiento y la visión de la liberación.

Kimatthiya Sutta, «Propósito y beneficios de la virtud»,
de *Anguttara Nikaya* 10.1.1.1

CONCLUSIÓN

Has dominado la octava etapa cuando alcanzas la docilidad física y el gozo meditativo casi cada vez que te sientas. Experimentar períodos del *pīti* de quinto grado una o dos veces —o incluso en una de cada tres o cuatro sesiones— significa que esta etapa aún no se ha dominado. Es clave alcanzarlo de forma sistemática.

Las sensaciones ordinarias han desaparecido de la conciencia. Tu percepción del cuerpo puede haber cambiado (ahora puedes sentirlo ligero y agradable) y no tienes ninguna necesidad o deseo de moverte. El fenómeno de iluminación, si está presente, se ha convertido en una luz que todo lo penetra o en un orbe brillante y estable. El sonido interior es agradable, o bien no es más que un ruido de fondo carente de sentido, no intrusivo. Aún sientes la energía que fluye por tu cuerpo, circulando entre la base de la columna vertebral y la coronilla, y entre el centro y la periferia del cuerpo, pero es mucho más suave y agradable. La intensidad del gozo y las sensaciones energéticas pueden volverse tan fuertes que no puedas sostenerlas, o pueden hacer que desees terminar antes la meditación. Es normal. Llegar a estar tan familiarizado con el gozo meditativo como para que no ocurra esto corresponde a la novena etapa.

La docilidad mental y física y el apaciguamiento de la intensidad del gozo meditativo

Novena etapa: el meditador está sentado en meditación, mientras el elefante descansa apaciblemente a sus pies. Al haber alcanzado la docilidad mental y física, el meditador puede sentarse en meditación profunda, sin tener que esforzarse, durante varias horas consecutivas. La mente adquiere la tranquilidad y la ecuanimidad, y se alcanza el *śamatha*.

El objetivo de la novena etapa es la maduración del gozo meditativo que da lugar a la tranquilidad y la ecuanimidad. A medida que sigues practicando, el solo hecho de permanecer en el estado de gozo meditativo hará que surjan una tranquilidad y ecuanimidad profundas.

En las etapas novena y décima, unificas la mente por completo; pasas de un estado de felicidad[1] y gozo meditativo altamente excitados a un estado de gozo y felicidad serenos. El *śamatha* resultante tiene cinco cualidades mentales: la atención totalmente estable, el *mindfulness* potente, el gozo, la **tranquilidad** y la **ecuanimidad**.[2]

Aunque las experiencias meditativas, en estas etapas finales, son bastante iguales en el caso de todos los meditadores, a menudo se describen de maneras muy diferentes, en parte porque es difícil explicar estas experiencias extrañas y sutiles en términos con los que estemos familiarizados. La otra razón es que las personas explican sus experiencias de acuerdo con los distintos modelos conceptuales proporcionados por las tradiciones que siguen. Sin embargo, a medida que avances en tu práctica, empezarás a reconocer las experiencias comunes hacia las que apuntan estas descripciones. A continuación puedes encontrar una descripción general de estas experiencias, utilizando solamente los modelos conceptuales que se han presentado en este libro. Se evitará, por lo tanto, las particularidades únicas que pertenecen a tradiciones específicas.

OBJETIVOS DE LA PRÁCTICA EN LA NOVENA ETAPA

Has alcanzado la novena etapa cuando experimentas un total **apaciguamiento de los sentidos** y un **gozo meditativo** completamente desarrollado. Esto significa que casi todas las veces que te sientas puedes entrar en un estado de **docilidad mental y física**, acompañado de las **dichas de la docilidad mental y física**. Esto también se denomina *pīti* de quinto grado o *pīti* omnipresente, que se experimenta como energía en circulación, bienestar físico, placer, estabilidad y un gozo intenso. Aunque puedes alcanzar este grado de *pīti* con regularidad, cada vez que lo haces, la creciente intensidad del gozo y la energía de la experiencia lo interrumpen, inevitablemente.

El objetivo de la novena etapa es que el gozo meditativo madure totalmente y que la intensidad de *pīti* disminuya. Esto se logra por medio de alcanzar repetidamente el quinto grado de *pīti* y sostenerlo durante tanto tiempo como sea posible. Aparte de eso, solo tienes que quitarte de en medio mientras sigues practicando. Cuando puedas permanecer con *pīti* el tiempo suficiente, permitiendo que la unificación prosiga y el gozo madure, *pīti* dará por fin paso a la tranquilidad y la ecuanimidad. Esta es la esencia de la práctica de la novena etapa.

PĪTI, UN TÉRMINO INCLUSIVO

En estas etapas finales, usamos *pīti* como un término inclusivo que abarca mucha complejidad de una forma sucinta. Será útil recordar todo lo que se cobija bajo el paraguas de este término: el apaciguamiento total de los sentidos, junto con la docilidad física y la dicha de la docilidad física, y el gozo meditativo, junto con la docilidad mental y la dicha de la docilidad mental (ver el sexto interludio).

EL APACIGUAMIENTO DE PĪTI Y LA MADURACIÓN DEL GOZO

Para que la intensidad de pīti se calme, tienes que ser capaz de sostenerlo hasta que la intensidad alcance su máximo y empiece a amainar, dando paso a la tranquilidad y la ecuanimidad.

Para que la intensidad de *pīti* se calme, tienes que ser capaz de sostenerlo hasta que la intensidad alcance su máximo y empiece a amainar, dando paso a la tranquilidad y la ecuanimidad. Al principio, el *pīti* de quinto grado no puede sostenerse durante mucho tiempo, porque la docilidad física es algo muy novedoso, interesante y agradable. El *pīti* de quinto grado es un estado altamente energizado, excitado, lo cual hace que las posibles distracciones, tales como la percepción alterada del cuerpo, la iluminación y los sonidos interiores, sean aún más potentes. Las intenciones de prestar atención a estos fenómenos compiten con el consenso de estar atento exclusivamente a la respiración y rompen dicho consenso de forma repetida.

La emoción también puede dar lugar al potente y desasosegado impulso de levantarse y compartir la experiencia con alguien. También es habitual confundir el gozo intenso, la luz interior y la percepción transformada del cuerpo con algo más elevado. La satisfacción exuberante del gozo meditativo puede hacerte pensar: «He llegado. ¿Qué más podría pedir? ¡Esto es todo!». Recuerda que el gozo no solo afecta a cómo nos *sentimos* en respuesta a las experiencias, sino también a la forma en que las *percibimos* e *interpretamos*. Disfruta de estas cualidades positivas, pero no te dejes engañar por ellas.

Para hacer frente a estos impulsos, distracciones y percepciones erróneas, reconócelos como lo que son y *permite que vengan, permite que estén y permite que se vayan*. Sí, es probable que cedas unas cuantas veces al principio, pero tan pronto como remita la euforia, regresa a la práctica con la firme resolución de hacer caso omiso de cualquier cosa que surja. Como aspecto positivo, estas interrupciones te permiten practicar la recuperación de *pīti* después de haberlo perdido. El meditador experto que se halla en esta etapa puede, por lo general, superar estos problemas de forma rápida y fácil y permanecer en *pīti* durante más tiempo.

Sin embargo, cuanto mejor se te dé ignorar estas interrupciones potenciales y cuanto más tiempo logres sostener el *pīti* de quinto grado, más intensa será tu energía mental asociada con el gozo. Esto se debe a que ignorarlas unifica más la mente, lo cual hace que haya aún más energía disponible. A su vez, el aumento de la energía hace que el gozo sea más ameno y frenético, hasta que la intensidad misma de la experiencia vuelve a interrumpir el *pīti*. En esta etapa, tu mayor reto es que la energía mental siga aumentando hasta que ni siquiera puedas conservar la concentración suficiente como para sostener la docilidad mental y física. La solución es que seas una persona resuelta y perseveres en la práctica. Cuando falles, vuelve a entrar en este estado de *pīti* penetrante y mantén la atención en la respiración mientras haces caso omiso de la energía y la emoción. Tuviste que hacer lo mismo cuando apaciguaste la mente discernidora y los sentidos: la *intención consciente* de dejar que esto permanezca en la conciencia, combinada con el *firme propósito* de que la atención lo ignore, permite a la mente unificarse y transforma el funcionamiento del sistema mental.

Por lo tanto, la práctica es muy simple en esta etapa: alcanza *pīti*, sostenlo durante tanto tiempo como puedas y empieza de nuevo cuando lo pierdas. Finalmente, podrás sostener *pīti* el tiempo suficiente para que su intensidad llegue al máximo y empiece a remitir. Subjetivamente, parece como si «te acostumbraras» a la intensidad de *pīti* —tendrás la impresión de que remite porque te has familiarizado con él—. En un nivel más profundo, el fenómeno se debe a que el sistema mental se sigue unificando, de modo que la misma energía que una vez provocó la interrupción se canaliza ahora hacia la estabilización del conjunto del sistema mental. Cuando ocurre esto, normalmente se puede sostener un estado de *pīti* tranquilo durante el resto de la sesión. Con la práctica continua, no solo te acostumbrarás a la energía y la emoción iniciales, sino que el pico también será cada vez menos intenso. Con el tiempo se convertirá más bien en una «protuberancia», fácil de atravesar, seguida de una **tranquilidad** aún más fuerte. A veces, especialmente en los retiros, la «protuberancia» desaparece por completo, y el meditador entra directamente en la tranquilidad y la ecuanimidad.

Lo que remite primero es la **dicha de la docilidad física** —la sensación física placentera que invade el cuerpo—. No desaparece por completo, pero pasa a segundo plano. Sin embargo, la estabilidad, el bienestar y la ausencia de dolor característicos de la docilidad física siguen estando ahí. A continuación, la *tosquedad* de la **dicha de la docilidad mental** (su cualidad energética, agitada) se desvanece, reemplazada por una felicidad y una tranquilidad serenas. Lo que se experimenta es muy parecido a un estado posorgásmico: el placer físico ha remitido, pero sigue habiendo un residuo, y la intensidad y la emoción también se han disipado, pero el gozo y la felicidad persisten.

Prácticas útiles para apaciguar pīti y fomentar la maduración del gozo

Al centrar en repetidas ocasiones la atención en la respiración y hacer caso omiso de todo lo demás, puedes sostener *pīti* y permitir que el gozo madure a medida que la mente se unifica. Sin embargo, si has estado practicando las *jhānas* luminosas, puedes acelerar tu progreso por medio de practicar regularmente las *jhānas* luminosas más elevadas (ver el apéndice D). La segunda *jhāna* tiene la misma cualidad de excitación mental e intensidad que se da cuando se ha completado la octava etapa y se está al principio de la novena, pero con la mayor estabilidad que proporciona la absorción. Pasar a la tercera *jhāna* es como alcanzar con éxito el objetivo de la novena etapa: la intensidad y la agitación se han ido, y solamente permanecen un placer y una felicidad serenos. La cuarta *jhāna* luminosa es como la décima etapa, en que solo hay tranquilidad y ecuanimidad. Por lo tanto, estas *jhānas* pueden ayudarte a habituarte al *pīti* calmado propio del gozo maduro.

Otras prácticas que ayudan a apaciguar *pīti* presentan la ventaja añadida de favorecer el *Insight*. Estas incluyen la meditación del surgimiento dependiente (página 310) y las prácticas de encontrar el punto de quietud y descubrir el testigo (página 323). Otra práctica muy potente para calmar *pīti* y generar el *Insight* es la de meditar sobre la mente.

Meditar sobre la mente

Meditar sobre la mente misma[3] implica hacer confluir la atención y la conciencia en un estado de total apertura. Esencialmente, se trata de fusionar ambas. Para lograr esto, *extiende* el ámbito de tu atención hasta que incluya *todo* lo que hay en el campo de tu conciencia percibida (extrospectiva e introspectiva). Esto es similar a la forma en que expandiste el ámbito de la atención para incluir la totalidad del cuerpo en la sexta etapa, pero ahora la estás extendiendo para que incluya muchísimo más que las sensaciones corporales. Y, como ocurría con la práctica de todo el cuerpo, la capacidad consciencial necesaria para que la atención abarque tanto es enorme. Esto significa que la mayor parte del exceso de energía mental disponible gracias a la unificación puede utilizarse de inmediato, en lugar de estar ahí agitando la mente.

Meditar sobre la mente misma implica hacer confluir la atención y la conciencia en un estado de total apertura. Esencialmente, se trata de fusionar ambas.

Empieza desde el punto de quietud o desde un enfoque exclusivo en la respiración con una fuerte conciencia metacognitiva. Expande el ámbito de la atención poco a poco al principio. Estás trabajando en contra de la tendencia natural de la atención a contraerse en torno a un objeto específico, por lo que cada vez que amplías su alcance un poco más, descansa durante un tiempo en ese espacio más grande, más abierto. Asegúrate de que percibes con la misma claridad todo lo que está dentro del ámbito de la atención antes de seguir adelante.

Tanto si comienzas con la atención centrada en el punto de quietud como en la respiración, tu conciencia debe ser casi toda metacognitiva. Al expandir el alcance de la atención hasta incluir todo lo que se halla en la conciencia, todo el campo de la conciencia percibida es el foco de atención. El objeto de meditación es la mente misma, y la distinción entre atención y conciencia desaparece.

Como sabes a partir de las prácticas que realizaste en la octava etapa, la conciencia metacognitiva puede incluir contenidos *extrospectivos*, es decir, puedes ser metacognitivamente consciente de la información sensorial externa que pasa por tu mente. Por lo tanto, permite que tu mente proyecte tanto sensaciones como objetos puramente mentales en tu conciencia. Sostén la clara intención de permitir que las cosas vayan y vengan en la conciencia periférica, pero de una manera lenta y suave, sin verte abrumado por ello. La atención seguirá tratando de contraerse alrededor de objetos específicos, así que practica percibir este impulso tan pronto como surja un nuevo pensamiento o una nueva sensación y libera inmediatamente la atención antes de que pueda enfocarse especialmente en ese objeto.

Acabarás por tener la sensación de que la atención y la conciencia se han fusionado y se han vuelto indistinguibles. Tanto la cualidad global de la conciencia como la precisión analítica de la atención están completamente presentes. La mente se ha convertido en un instrumento bien afinado y potente, capaz de observar simultáneamente objetos individuales y su relación con la totalidad del campo de la conciencia percibida. Esta es una percepción muy clara que tiene lugar dentro de un espacio mental vasto, abierto.

Al observar la mente con gran claridad, empiezas a distinguir entre dos estados de consciencia fundamentales. En el primero, la mente permanece *activa*. Las submentes inconscientes proyectan sensaciones y objetos mentales específicos en el campo de la conciencia percibida.

El otro es un estado de reposo relativo, en que no hay objetos cognoscibles, y en que el campo de la conciencia percibida, semejante al espacio, permanece inmóvil y vacío. Tu objetivo es investigar la *naturaleza* de la mente por medio de comparar el estado activo con el quieto y receptivo.

El objetivo principal de esta práctica en esta etapa es generar una tranquilidad y una ecuanimidad estables, constantes. Sin embargo, también es una práctica extremadamente eficaz para generar el Insight.

El objetivo principal de esta práctica en esta etapa es generar una tranquilidad y una ecuanimidad estables, constantes. Sin embargo, también es una práctica extremadamente eficaz para generar el *Insight*. De hecho, es la principal técnica que utilizan algunos practicantes expertos para investigar la mente.

El estado de reposo de la mente del que estamos hablando puede parecerte análogo al evento de cesación que se describía en el séptimo interludio. Aclaremos que *no* son lo mismo. Este estado no es el de cesación y la consciencia tiene contenidos, pero ningún objeto cognoscible. Sin embargo, esta investigación puede dar lugar a los mismos *Insights* que la experiencia de cesación.

El Insight: el vacío y la naturaleza de la mente

Mediante la observación de la naturaleza de la mente tanto en su estado activo como en su estado pasivo, llegarás a tener claro que *todos* los objetos de la consciencia son *construcciones mentales*. Todo lo que hemos conocido alguna vez es lo que ha ido produciendo la mente. La verdadera naturaleza de estos objetos conscienciales elaborados por la mente es la naturaleza de la mente misma. Es posible que ya hubieses comprendido esto intelectualmente, pero ahora lo experimentas de forma directa. Es cierto que puede haber algún estímulo externo que ocasionara que tus submentes inconscientes proyectaran un objeto en particular en tu consciencia, pero todo lo que puedes llegar a observar es el objeto *mental*, un *producto* de la mente —no la fuente del estímulo original—. Para decirlo de otro modo, la «cosa en sí» que estimuló a la mente a producir el objeto *nunca puede ser observada*. La mente crea su propia «realidad», constituida totalmente por construcciones cognitivo-emocionales producidas en respuesta a fuerzas desconocidas, y en última instancia incognoscibles,[4] que actúan sobre la mente a través de los sentidos. Además, la apariencia de estas construcciones tiene mucho más que ver con la naturaleza de la mente que con las fuentes reales de los datos sensoriales —podemos estar seguros de que la verdadera naturaleza de estas fuentes desconocidas es muy diferente de cualquier cosa que proyecte la mente—. Esto es lo que se conoce como la vacuidad[5] de todos los fenómenos. Los objetos conscienciales que surgen y desaparecen en la mente son como las olas que surgen y desaparecen en la superficie del océano. Al igual que las olas no existen separadamente del océano, puesto que

Los objetos de conciencia que surgen y pasan en la mente son como las olas que se elevan y desaparecen debido a las fuerzas que actúan sobre el océano.

emergen debido a las fuerzas que actúan sobre este, lo mismo sucede con los contenidos de la consciencia y de la mente.

El ego-yo, esta noción de quiénes somos y lo que somos con la que estamos familiarizados, no es más que otra de estas construcciones mentales vacías. También lo son los pensamientos, emociones e intenciones egocéntricos que surgen en la consciencia que refuerzan la creencia en el ego-yo. Al darte cuenta de que tu ego-yo está tan vacío como cualquier otro fenómeno mental, puedes tener la tentación de trasladar tu sentido de la identidad personal a la mente, o incluso a la consciencia misma. Sin embargo, si sigues practicando esta meditación sobre la mente, acabarás por darte cuenta de que tu percepción de la mente en reposo es una construcción como cualquier otra. Es decir, tu experiencia subjetiva de estar observando la mente —y, por lo tanto, la idea misma de la mente como algo real autoexistente que puede ser observado— no es diferente de cualquier otro objeto creado por la mente. *La mente está tan vacía como los objetos que aparecen en ella.* Con este *Insight* avanzado, ya no te es posible seguir creyendo que tu mente sea el yo.

La experiencia que desencadena este último *Insight* es a menudo un evento de cesación, y al igual que ocurría con la cesación de la que se hablaba en el séptimo interludio, toma la forma de una *experiencia de la consciencia pura* o de *la consciencia sin objetos*. Nuestra experiencia subjetiva del tiempo se detiene. La consciencia no tiene ningún objeto aparte del simple hecho de la consciencia misma. No hay ningún sentido del yo en esta experiencia, ningún testigo…, nada.

En palabras de Buda, el yo se ha «ido a la talidad», o, en palabras de Nisargadatta, «yo soy eso». Cuanto más te impliques en esta práctica, más profundo se hará este *Insight*; calará poco a poco, cada vez más hondo, en los recovecos más ocultos de tu psique.

Para que tenga lugar esta experiencia de *Insight*, debe estar presente una constelación específica de causas y condiciones. Además de la atención estable, el *mindfulness* y el gozo, necesitas tranquilidad, ecuanimidad, investigación y diligencia.[6] Cuanto más completo y duradero sea tu *śamatha*, más fuertemente desarrollados estarán estos factores y más posibilidades habrá de que surja el *Insight*. Pero ten en cuenta que el apego al *Insight* puede ser, en sí mismo, un impedimento. Es mucho mejor renunciar a todas las esperanzas y expectativas. Limítate a practicar desde un espacio de confianza, en aras de lo que tu meditación puede traerte. Estos *Insights* van a presentarse a su debido tiempo. El **Despertar** es un accidente, pero meditar sobre la mente es una práctica que favorecerá dicho accidente.

> La mente está tan vacía como los objetos que aparecen en ella. Cuanto más te impliques con esta práctica, más profundo se hará este Insight; calará en los recovecos más ocultos de tu psique.

Es especialmente importante que no te dejes engañar por la mera comprensión intelectual. Puedes pensar que «lo entiendes» solo con leer esta descripción. Sin embargo, muchos filósofos y científicos han comprendido esta verdad intelectualmente, y a pesar de ello no los ha transformado. No lo hemos comprendido hasta que este *Insight* transforma completamente el modo en que percibimos el mundo —especialmente durante los momentos difíciles, como cuando estamos discutiendo con nuestro jefe o nuestra pareja, en un atasco de tráfico o cuando nuestra casa se incendia.

EL SURGIMIENTO DE LA TRANQUILIDAD Y LA ECUANIMIDAD

Cuando la intensidad de pīti empieza a remitir, el nivel de energía de la mente no decae. La mente tiene en realidad más energía que antes, pero se canaliza de manera diferente, por lo que el gozo va acompañado de una sensación de tranquilidad.

Cuando la intensidad de *pīti* empieza a remitir, el nivel de energía de la mente no decae. La mente tiene en realidad *más* energía que antes, pero se canaliza de manera diferente, por lo que el gozo va acompañado de una sensación de tranquilidad. La misma energía que al principio hizo que tu meditación fuese tan inestable es, de hecho, la fuente de tu mayor estabilidad. El agua corriente ofrece una analogía pertinente. Compara la suavidad amplia y tranquila, parecida a la del cristal, del Ganges con un arroyo de montaña estrecho y rugiente. A pesar de que la energía cinética total del Ganges es mucho mayor, el arroyo estrecho parece más potente. Esto se debe a que el lecho constreñido y abarrotado del arroyo da lugar a un flujo desordenado y turbulento, mientras que el Ganges presenta un flujo ordenado, suave, a través de un canal amplio y desprovisto de obstáculos. La mayor energía del Ganges ha cavado un canal más grande por sí misma; ha eliminado obstáculos y ha hecho que el flujo de la energía sea mucho más organizado.

Antes del *śamatha*, la mente es como un arroyo de montaña salvaje pero potente. Hay un estado de gozo, pero la energía que lo acompaña es exuberante y turbulenta, lo cual fue la causa de la «tosquedad» de la docilidad mental. Pero al igual que en el caso de un río, la energía turbulenta de *pīti* abre finalmente los «canales internos», y el flujo energético se vuelve tranquilo y sereno. La serenidad y la tranquilidad tienen la característica de la dicha, y a medida que aumentan, también lo hace la dicha.

Cuando la exaltación de pīti mengua y existe la suficiente tranquilidad, la ecuanimidad surge de forma natural. Ecuanimidad es no reactividad frente al placer y el dolor.

Cuando la exaltación de *pīti* mengua y existe la suficiente tranquilidad, la **ecuanimidad** surge de forma natural. Ecuanimidad es no reactividad frente al placer y el dolor. La tranquilidad gozosa da lugar a la ecuanimidad, simplemente porque el placer y la felicidad que se generan en el interior llenan tanto al individuo que ya se siente completamente satisfecho. Del mismo modo, hay que recordar que el gozo no solo provoca un cambio positivo en los sentimientos, sino que también cambia nuestras percepciones de maneras que maximizan la satisfacción. Por estas dos razones, nos volvemos mucho menos reactivos ante los acontecimientos agradables y desagradables, ya que no tenemos necesidad de tratar de obtener nada o evitarlo. En otras palabras, la ecuanimidad surge porque ya estamos felices y

Figura 55. Antes del *śamatha*, la mente es como un arroyo de montaña salvaje pero potente. La mente se halla en estado de gozo, pero el flujo energético que la acompaña es exuberante y turbulento.

Un río grande, como el Ganges, lleva mucha más agua y tiene mucha más energía que un arroyo de montaña, pero esta energía ha cavado un canal más grande por sí misma; ha eliminado obstáculos de tal manera que la superficie se presenta suave y calmada.

satisfechos. En un nivel más profundo, la ecuanimidad también elimina la tendencia de vernos a nosotros mismos como más importantes que los demás —y ver nuestras necesidades como más importantes que las de los demás.

CONCLUSIÓN

Has dominado la novena etapa cuando alcanzas sistemáticamente la atención estable y el *mindfulness*, acompañados por el gozo y la tranquilidad. La ecuanimidad también está presente, y se hace mucho más fuerte en la décima y última etapa. En conjunto, estos cinco factores constituyen el estado de *śamatha*. Sin embargo, cuando sales del cojín, todas estas cualidades se desvanecen con rapidez. Ahora estás listo para comenzar el trabajo correspondiente a la décima etapa.

> Experimentando las formaciones mentales [del gozo meditativo
> y el placer/felicidad] mientras inhala, [él] se ejercita.
> Experimentando las formaciones mentales [del gozo meditativo
> y el placer/felicidad] mientras exhala, se ejercita.
> Calmando estas formaciones mentales mientras inhala, se ejercita.
> Calmando estas formaciones mentales mientras exhala, se ejercita.
>
> *Ānāpānasati Sutta*

La tranquilidad y la ecuanimidad

Décima etapa: el camino se ha convertido en un arcoíris, el camino del arcoíris hacia el pleno Despertar. El meditador cabalga tranquilo a lomos del elefante. También se le ve volando sobre el camino. Esto representa la energía y la ligereza que el *samatha* otorga al meditador. El *samatha*, con toda su estabilidad de la atención y todo su *mindfulness*, gozo, tranquilidad y ecuanimidad, sigue presente ahora más allá de la meditación, en la vida diaria.

El objetivo de la décima etapa es que las cualidades del *samatha* sigan estando ahí después de que te has levantado del cojín. El solo hecho de seguir practicando con regularidad hará que el gozo, la felicidad, la tranquilidad y la ecuanimidad profundos que experimentas en la meditación sigan estando ahí entre las sesiones meditativas.

OBJETIVOS DE LA PRÁCTICA EN LA DÉCIMA ETAPA

Los cinco factores del *samatha* están presentes en la décima etapa. Cada vez que te sientas, entras rápidamente en un estado en que la atención es estable, el *mindfulness* es potente y la mente unificada descansa en un estado de gozo acompañado por la tranquilidad y la ecuanimidad. Sin embargo, estas cualidades se desvanecen rápidamente cuando te levantas del cojín. Tu objetivo en esta etapa es llegar a un punto en que el *samatha* siga presente entre tus sesiones de meditación, impregnando tu vida cotidiana. Este es el único cambio real que queda en la perfección del *samatha*. A partir de aquí, el *samatha* se convierte en el estado

Al igual que ocurre con los objetivos correspondientes a las otras etapas de la fase experta, todo lo que tienes que hacer es seguir practicando, y el śamatha durará cada vez más después de que hayas finalizado la sesión. No tienes que hacer nada nuevo.

«normal» del meditador experto. La distinción entre la meditación y la no meditación desaparece en gran medida.

Al igual que ocurre con los objetivos correspondientes a las otras etapas de la fase experta, todo lo que tienes que hacer es seguir practicando, y el *śamatha* durará cada vez más después de que hayas finalizado la sesión. No tienes que hacer nada nuevo. Sin embargo, puedes practicar el *mindfulness* en la vida diaria de una manera que evite que el *śamatha* se deteriore con tanta rapidez.

EL PAPEL DE LA ECUANIMIDAD

Cuando abandonas la meditación, pronto te encuentras implicado con estímulos externos a los que debe responder la mente. Muchas de las respuestas acostumbradas de esta conllevan reacciones habituales en forma de deseo y aversión. Ecuanimidad significa no reactividad, así que mientras la ecuanimidad sea lo suficientemente fuerte, estos hábitos mentales tendrán poco efecto.

Sin embargo, la atención debe moverse en respuesta a los acontecimientos de la vida diaria mucho más rápidamente de lo que lo hace en respuesta a las intenciones en meditación. Por otra parte, la variedad de situaciones con las que hay que lidiar es mucho mayor. En poco tiempo, la ecuanimidad se ve arrollada, y la reactividad, en forma de deseo y aversión, erosiona la unificación de la mente. Puesto que la unificación es el pilar sobre el que descansa el *śamatha*, pronto nos encontramos de nuevo en un estado mental «normal». Puede ser que no hayas analizado el proceso por el cual ocurre esto, pero cuando llegues a la décima etapa, lo habrás experimentado muchas veces.

La ecuanimidad es lo que, en última instancia, prolonga el *śamatha* más allá de la meditación. La ecuanimidad se fortalecerá a lo largo de la décima etapa, y mientras lo hace, el *śamatha* durará más tiempo después de que tu sesión de meditación haya concluido. Es evidente que cuanta más ecuanimidad tengas en la meditación, más tendrás también después. Pero también puedes reforzar y mantener esta ecuanimidad de después de la meditación mediante la práctica del *mindfulness* en la vida diaria.

SOSTENER EL S̄AMATHA CON GOZO, ECUANIMIDAD Y *MINDFULNESS*

Aunque el *śamatha* tiende a desaparecer después de levantarnos del cojín, el estado de gozo por regla general persiste. El gozo produce placer y felicidad, y estas sensaciones positivas, que proceden totalmente del *interior*, nos hacen menos proclives a reaccionar con deseo o aversión ante los acontecimientos externos. Es decir, el gozo posmeditativo también puede ayudar a conservar la ecuanimidad. Esto también ocurre en sentido inverso: la ecuanimidad evita que el deseo y la aversión deterioren la unificación de la mente, lo cual a su vez refuerza y sostiene la continuidad del gozo en la vida diaria. Ambos se refuerzan entre sí. Por lo tanto, la clave para extender el *samatha* en la vida cotidiana es afianzar el gozo y reforzar la ecuanimidad por medio del *mindfulness*.

Practicar el *mindfulness* fuera del cojín significa ser consciente de todas las ocasiones en que surgen el deseo o la aversión. Cuando aparezcan, reconoce lo que está sucediendo: algunas submentes inconscientes están en conflicto con lo que es y anhelan que algo sea diferente. No te resistas a este anhelo, no lo rechaces y no lo reprimas. En lugar de ello, ignóralo. A continuación, dirige intencionadamente la atención a ese placer y esa felicidad internos que no tienen nada que ver con lo que está ocurriendo en el exterior. Del mismo modo, proponte advertir a propósito los aspectos positivos de todo lo que percibas. Mientras todas las otras submentes no reaccionen ante el evento, o ante las emociones de deseo o aversión que surjan como reacción a él, las submentes conflictivas volverán a alinearse. Si observas y aceptas con atención plena tanto la situación como la reacción de la mente ante esa situación, con ecuanimidad y sin emitir juicios, la mente permanecerá unificada.

A medida que la ecuanimidad se hace más fuerte durante la meditación, la mente, cuando ya no estamos meditando, tiene menos tendencia a aferrarse, y nos sentimos menos obligados a buscar las experiencias agradables. También disfrutarás más plenamente de estas cuando se presenten, puesto que ya no estarás apegado a ellas con la esperanza de que no cesen. Del mismo modo, cada vez rechazarás menos las experiencias desagradables, las cuales afrontarás con una ecuanimidad cada vez mayor. Practica el sostenimiento del gozo y la ecuanimidad por medio de permanecer en estado de *mindfulness*, hasta que siga presente algún vestigio de *samatha* la próxima vez que te sientes a meditar. Cuando llegue el momento de volver a sentarte en el cojín, tu cuerpo ya estará cómodo y tranquilo, y la docilidad física acudirá pronto. Puesto que el gozo, la tranquilidad y la ecuanimidad aún no se han desvanecido completamente, no tardan en volver a alcanzar la máxima potencia.

> *A medida que la ecuanimidad se hace más fuerte durante la meditación, la mente, cuando ya no estamos meditando, tiene menos tendencia a aferrarse, se siente menos obligada a buscar las experiencias agradables y rechaza cada vez menos las desagradables.*

PRÁCTICAS PARA LA DÉCIMA ETAPA

La décima etapa es ideal para efectuar cualquier tipo de práctica del *Insight*. Puedes realizar la práctica del examen minucioso, la meditación del surgimiento y la desaparición, la atención sin elección, la meditación del surgimiento dependiente, descubrir el testigo o cualquier otra. Tu mente se halla también en un perfecto estado para practicar las *jhānas* luminosas. Por medio de estas prácticas, el *Insight* se acumula y madura, y a ello le sigue rápidamente la experiencia del Despertar.

CONCLUSIÓN

Has dominado la décima etapa y alcanzado el cuarto y último hito cuando el *śamatha* acostumbra a permanecer presente de una sesión de meditación a la siguiente. Los deseos fuertes son notablemente más débiles, rara vez tienes reacciones mentales negativas y el enojo y la animadversión prácticamente han desaparecido. Los demás te encuentran, por lo general, feliz y fácil de complacer, relajado, agradable, no agresivo y tranquilo. Eres relativamente inmune a los acontecimientos perturbadores y el dolor físico no te molesta especialmente. Cuando se ha dominado la décima etapa, se dice que la mente está inmejorable.[1] Es un instrumento ideal para alcanzar el *Insight* profundo de la auténtica naturaleza de la mente misma y profundizar en dicho *Insight* y para alcanzar una liberación permanente. Estas palabras de Buda describen el proceso por el cual se alcanza la maestría:

> Experimentando la mente mientras inhala, [él] se ejercita. Experimentando la mente mientras exhala, se ejercita.
>
> Haciendo que la mente esté tranquila y fresca mientras inhala, se ejercita. Haciendo que la mente esté tranquila y fresca mientras exhala, se ejercita.
>
> Concentrando la mente mientras inhala, se ejercita. Concentrando la mente mientras exhala, se ejercita.
>
> Liberando la mente mientras inhala, se ejercita. Liberando la mente mientras exhala, se ejercita.
>
> *Ānāpānasati Sutta*

Pensamientos finales

Más allá de la décima etapa, el objetivo es utilizar el poder del *śamatha* para seguir profundizando en el *Insight* y progresar hacia el nivel más alto del completo Despertar.

Más allá de la décima etapa: el meditador está montado en el elefante, pero ahora en el sentido opuesto. Maneja una espada y hay una hoguera tras él. La hoguera representa el gran esfuerzo final para alcanzar el Despertar (*bodhi*). Al poder del *śamatha* (*samādhi*, *sati*, *pīti*, *passadhi*, *upekha*) le ha añadido energía (*viriya*) e investigación (*dhamma vicaya*), completando así los siete factores del Despertar. La espada representa la sabiduría del *Insight* (*vipassanā*) obtenida por medio de la investigación, y se utiliza para atravesar la ignorancia y las impurezas mentales.

L a práctica de este libro es el *śamatha-vipassanā*, pero estas páginas se han centrado sobre todo en las etapas del *śamatha*. La razón de ello ha sido puramente práctica: preparar la mente con la mayor rapidez posible para el objetivo final del *Insight* y el **Despertar**. Con cada etapa del *śamatha* que atraviesas es más probable que alcances el *Insight*, y las posibilidades van aumentando de forma espectacular a partir de la séptima. Muchas de las técnicas que se describen en las últimas etapas están destinadas a generar experiencias de *Insight*. De hecho, pocos meditadores dominan la décima etapa sin tener un *Insight* significativo. Muchos habrán alcanzado al menos el primer nivel del Despertar. Se pueden aportar muchos más datos sobre el *Insight* y el Despertar de los que caben en este libro, por lo que habrá que esperar a otro momento para exponerlos.

Aunque es poco probable, es posible que alguien domine el *śamatha* sin alcanzar el *Insight* o el Despertar. Por lo tanto, vale la pena hablar de las razones por las que puede ocurrir esto, así como de algunas de las limitaciones del *śamatha*, para que ello te ayude a protegerte de este posible problema.

ŚAMATHA Y VIPASSANĀ: LAS LIMITACIONES DEL ŚAMATHA

El hecho de que el *śamatha* siga presente entre las sesiones de meditación es realmente un logro maravilloso y algo digno de celebrarse. Sin embargo, no pierdas nunca de vista el hecho de que el *śamatha* y el *vipassanā* deben trabajar juntos. Como las dos alas de un pájaro, necesitas ambos para llegar a tu destino final.

No pierdas nunca de vista el hecho de que el śamatha y el vipassanā deben trabajar juntos. Como las dos alas de un pájaro, necesitas ambos para llegar a tu destino final.

Con demasiada frecuencia, sin embargo, los practicantes olvidan esta relación y ponen el énfasis o bien en el *śamatha*, o bien en el *vipassanā* (ver, en la introducción, el apartado «Poner esta práctica en contexto»). Para los lectores de este libro, el peligro es que pongan todo el acento en el *śamatha*, al ver este estado mental extraordinariamente refinado como el objetivo más que como el estado ideal para la consecución del *Insight* y el Despertar completo.

Recuerda siempre que, a pesar de que el *śamatha* es extraordinario, sigue siendo un estado mental condicionado. Cuando dejan de tener lugar las causas y condiciones pertinentes, el *śamatha* se disuelve. Aunque el *śamatha* persiste durante más tiempo después de la décima etapa, sigue diluyéndose, de forma progresiva pero continua, desde el momento en que abandonas el cojín. Los acontecimientos de la vida hacen mella en este estado de consciencia refinado y las submentes inconscientes abandonan el consenso, lo cual da lugar al conflicto interior. Otras submentes, a su vez, reaccionan con aversión, y la unificación empieza a deshacerse. Cuando confluyen la suficiente cantidad de factores, el *śamatha* remite. Incluso si acabas de estar tres horas en *jhāna* profunda, si ocurre algo lo suficientemente importante, el *śamatha* desaparece por completo.

En un entorno ideal, siempre seríamos capaces de volver a meditar y regresar a un estado de gran unificación antes de que el *śamatha* remitiera. Podríamos lograr evitar el tipo de eventos que desunifican la mente durante mucho tiempo y permanecer, tal vez, en un continuo estado de *śamatha* durante meses. Pero lo más probable es que muy pocos de los lectores de este libro se encuentren en medio de unas condiciones tan ideales. Incluso los afortunados que sí puedan gozar de ellas nunca estarán seguros de cuánto tiempo van a durar. Y todo el mundo se encuentra, con el tiempo, con que es incapaz de sostener la práctica regular debido a la enfermedad, la vejez o el deterioro de las facultades mentales.

El śamatha da lugar a las condiciones ideales para el Insight y para un Despertar que no es susceptible de desaparecer.

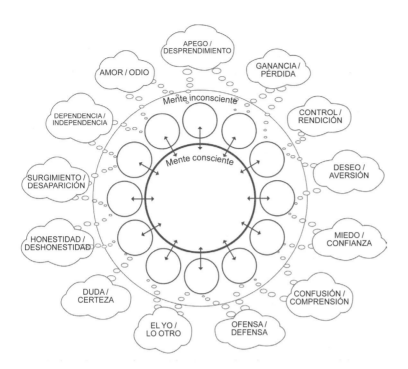

Figura 56. En *śamatha*, el sistema mental está unificado en torno a una intención compartida. Esta unificación es temporal, y cuando remite, cada submente vuelve a operar como una entidad separada, que lucha para preservar su autonomía y dirigir los recursos del sistema mental hacia sus propios objetivos.

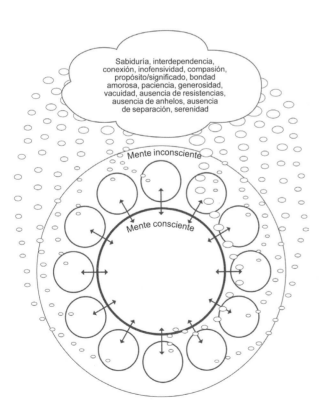

La unificación del sistema mental alrededor del *Insight* compartido sobre la impermanencia, la vacuidad, el sufrimiento, la interconexión y el no yo no remite. De estos *Insights* fluye un conjunto de valores compartidos: inofensividad, compasión y bondad amorosa. Cada submente opera como una parte independiente de un todo mucho más grande y trabaja para el bien de este todo.

Es por eso por lo que el *śamatha* no es el objetivo final del camino espiritual. En lugar de ello, considera que es una rara y preciosa oportunidad de alcanzar el verdadero objetivo: el *Insight* y el Despertar. La mente insuperable del *śamatha* te da acceso inmediato a la forma más profunda de *jhāna*, a los distintos tipos de prácticas sobre el *Insight*, y te permite practicar el *mindfulness* en la vida diaria[1] con una eficacia incomparable (ver el apéndice E). En otras palabras, crea las condiciones ideales para que se produzca el *Insight* liberador sobre la verdadera naturaleza de la realidad y un Despertar que no es susceptible de desaparecer.

La unificación mental del *śamatha* es temporal y condicionada. Sin embargo, la unificación alrededor del *Insight* es mucho más profunda, y es permanente. Cuando la unificación temporal en torno a una intención compartida se desvanece, cada submente opera como una entidad separada, limitada por el conjunto del sistema mental y a merced de él. Por lo tanto, las submentes individuales se esfuerzan por preservar su autonomía y, en lo posible, dirigir los recursos del sistema mental hacia sus metas individuales. No obstante, después del *Insight*, las diversas submentes se unifican en torno al *Insight* compartido sobre la impermanencia, la vacuidad, el sufrimiento, el no yo y la interconexión. De ahí fluye un conjunto de valores compartidos: la inofensividad, la compasión y la bondad. Ahora, cada submente opera como una parte independiente que se halla dentro de un todo mucho mayor y trabaja por el bien de ese todo. Esto permite que cada submente desarrolle su labor con eficacia, sin entrar en conflictos fundamentales con otras submentes.

Cuando una parte lo suficientemente amplia del sistema mental ha experimentado esta transformación, estamos en condiciones de operar como personas individuales y, al mismo tiempo, percibirnos a nosotros mismos como parte de un todo indivisible e inconcebiblemente mayor. T. S. Eliot describió muy bien la naturaleza de esta transformación:

> *No cesaremos de explorar*
> *y el fin de toda nuestra exploración*
> *será llegar al punto de partida*
> *y conocer el lugar por primera vez.*
> T. S. ELIOT
> («Little Gidding», *Cuatro cuartetos*)

La ilusión de la individualidad separada, con todo su sufrimiento asociado, ha desaparecido. Podemos estar completamente presentes como personas, aquí y ahora, dándonos cuenta de que esta «idea de ser personas» es solo un constructo mental siempre cambiante, carente de yo, impuesto arbitrariamente sobre un todo interconectado; «aquí» no es más que otro constructo impuesto sobre un espacio infinito, y «ahora» es un constructo similar impuesto sobre la eternidad.

La meditación caminando

La meditación caminando es a la vez una práctica potente por derecho propio y un complemento indispensable para la práctica sentada. Con demasiada frecuencia no se toma lo bastante en serio; imaginamos que un meditador es alguien que solo se sienta con las piernas cruzadas con los ojos cerrados. Pero la meditación caminando es tan eficaz como sentarse para desarrollar la atención estable y el *mindfulness* potente. Es incluso más eficaz para algunas cosas. La mejor manera de progresar con rapidez en el ámbito de la meditación es combinar ambas prácticas.

Las prácticas de la meditación sentada y caminando son esencialmente las mismas: se trata de estabilizar la atención mientras se sostiene, o incluso se incrementa, la conciencia periférica. La única diferencia reside en los objetos de la atención. En la meditación caminando nos enfocamos en las sensaciones que tienen lugar en las plantas de los pies, en lugar de hacerlo en las repercusiones de la respiración en la nariz. Como alternativa, se puede acudir a las sensaciones que se perciben en los músculos, las articulaciones y los tendones de las piernas como objeto de meditación. Caminar, como respirar, es una actividad automática, y las sensaciones siempre cambiantes que se producen con cada paso proporcionan en todo momento objetos para la atención. Al mismo tiempo, la conciencia periférica permanece abierta a lo que está sucediendo en el mundo interno y externo. La meditación caminando ofrece oportunidades para trabajar con la atención y la conciencia periférica de distintas maneras.

Como parte de la práctica diaria, puedes empezar por realizar la meditación caminando para que ello te ayude a apaciguar la mente como preparación para la sesión en que vas a estar sentado. O puedes caminar justo después de la meditación sentada; ello hará que tu atención esté muy enfocada durante la práctica de caminar. También puedes optar por la meditación caminando por separado de la meditación sentada, siempre que te convenga. Durante los retiros de meditación, o en los días que reserves para una práctica más intensiva, alternándolas. Esto le da a tu cuerpo la oportunidad de calentar los músculos y recuperarse de los efectos de los períodos largos de inmovilidad sin que tengas que interrumpir la práctica. Nunca concibas la meditación caminando como un «descanso» de la práctica. Si realmente necesitas tomar un descanso, haz algo completamente diferente, como ir a dar un paseo o echar una siesta.

El mejor sitio para la práctica de la meditación caminando es el aire libre. Un espacio abierto en el que no vayan a interrumpirte, como un patio trasero, un jardín o un parque, es un lugar perfecto. Si el sitio tiene algún tipo de belleza natural es ideal, pero no esencial, ya que lo principal no es el disfrute estético. Una acera tranquila de la ciudad también acostumbra a ser un buen escenario. Elige una ruta que puedas recorrer fácilmente, sin tener que tomar decisiones acerca de por dónde ir mientras caminas. Si es necesario, planifica la ruta con antelación y haz los ajustes precisos. Por supuesto, también puedes caminar en un espacio interior. En este caso, elige una estancia grande o un pasillo que te permita recorrer unos seis metros antes de tener que dar la vuelta. También puedes seguir una trayectoria circular en una habitación más pequeña.

Empieza por llevar a cabo la meditación caminando entre quince y treinta minutos. En general, es probable que encuentres que treinta minutos es un buen período. A medida que entres en la práctica, es posible que quieras caminar durante una hora o más. La meditación caminando es fácil de hacer y relajante, por lo que la mayor limitación en cuanto a lo que le dedicas cada día no es otra que el tiempo de que dispongas y la oportunidad que tengas de efectuarla.

LA MEDITACIÓN CAMINANDO Y LAS ETAPAS DE LA PRÁCTICA MEDITATIVA

Todas las técnicas que se emplean en la meditación caminando se basan en las habilidades que ya se han desarrollado en la meditación sentada, por lo que la progresión de estas se describen en el mismo orden. Esto es útil para organizar el discurso en un libro como este, pero siéntete libre de personalizar estas prácticas de acuerdo con tu propia experiencia. De todos modos, sea cual sea la técnica que utilices, acuérdate siempre de mantener una actitud de interés, exploración, relajación y disfrute. Cuanto más asocies la meditación con sensaciones de felicidad y placer, más fuerte será tu motivación y más rápido tu avance.

Primera etapa: permanecer en el presente

La primera etapa de la meditación caminando es simple y relajada, y muy parecida a la transición en cuatro pasos que se describía para la primera etapa de la meditación sentada. Para empezar, como en el primer paso de la transición, todo consiste en explorar el momento presente. Permite que tu atención se desplace libremente mientras conservas la conciencia abierta al caminar. La única condición que debes respetar es la de permanecer plenamente en el presente, en el aquí y ahora. Hacia el final de esta etapa, sin embargo, tu atención estará permanentemente enfocada en las sensaciones asociadas con el caminar, al igual que ocurría en el cuarto paso de la transición a la respiración.

La exploración del caminar

Antes de comenzar la práctica formal de caminar, primero tienes que experimentar con distintas velocidades y observar cuidadosamente las diferencias. Empieza por caminar a un ritmo normal, sin prisas. Observa lo automático que es este proceso; casi no requiere que le dediques nada de atención. La mente es libre de ir adonde quiera. En un primer momento, percibirás todo tipo de objetos en el entorno, pero pronto te encontrarás atrapado entre pensamientos y recuerdos que te alejan del presente. Cuando descubras que tu mente está divagando, tráete de vuelta al presente por medio de centrar la atención en las sensaciones que experimentas en los pies. En los pasos siguientes, sostén la atención en los pies para que ello te ayude a mantenerte en el aquí y ahora. Date cuenta de lo parecido que es esto a lo que haces en la meditación sentada: puedes ser consciente de todo lo que hay a tu alrededor (impresiones visuales, sonidos y otras sensaciones) mientras sostienes la atención en los pies. Ahora deja de estar atento a los pies y permite que tu atención siga explorando el presente mientras caminas a un ritmo normal.

A continuación, acelera como si tuvieras prisa por llegar a alguna parte. Observa cómo en un primer momento tienes que prestar más atención que antes a la dirección que sigues, los obstáculos presentes y dónde pones los pies, si bien la conciencia periférica pasa a encargarse muy pronto de este trabajo. Cuando ocurra esto, enseguida te encontrarás pensando en cosas totalmente ajenas al lugar donde estás y lo que estás haciendo; tal vez olvidarás incluso que se suponía que debías estar meditando. Es mucho más difícil que te mantengas en el presente si prestas atención a las sensaciones de los pies: son demasiado breves y cambiantes para que la atención pueda aferrarse a ellas de un modo efectivo. La actividad completa del caminar (el balanceo de los brazos, el movimiento de las piernas, la basculación del torso, etc.) es un ancla mucho mejor para la atención cuando se anda deprisa. No es necesario que estés mucho tiempo realizando la meditación de caminar rápido, sino lo suficiente para que te muestre los distintos efectos que tiene sobre la forma en que la atención y la conciencia trabajan juntas y sobre tu capacidad de permanecer en el presente.

Por último, prueba a caminar muy lentamente, como si estuvieses andando a hurtadillas. Percibe la pérdida de la fluidez del movimiento y cómo casi todos los detalles del proceso requieren atención y un control deliberado. Nota sobre todo cómo caminar muy lentamente no solo te ayuda a mantenerte en el presente, sino que también ocasiona que, de forma natural, tu atención se deposite en los pies; cuando tu atención se desvía aunque sea por unos momentos, los tambaleos, la inestabilidad y la pérdida del equilibrio te traen rápidamente de vuelta al aquí y ahora.

Recuerda que solamente estás experimentando para familiarizarte con los efectos que tiene la velocidad sobre tu atención, tu conciencia y tu capacidad de permanecer en el presente. Te será muy útil disponer de esta información en distintas etapas de la meditación caminando, pues te permitirá ajustar la velocidad en función de tus propósitos. La mayoría de los meditadores encontrarán que una o dos sesiones de experimentar con distintas velocidades son suficientes, pero siéntete libre de continuar con esta práctica mientras sigas aprendiendo de ella.

La práctica

Para comenzar la práctica formal, elige un ritmo cómodo; uno que sea lo bastante lento para que puedas observar fácilmente la sucesión de sensaciones en las plantas de los pies, pero lo bastante rápido para que pueda ser esencialmente automático —un ritmo que podríamos denominar «lentitud normal»—. Dedica cada vez más y más tiempo a prestar atención a las sensaciones presentes en los pies al caminar. Acabarán por constituir tu principal objeto de meditación, pero no restrinjas tu atención a ellas por el momento. Por ahora, tu objetivo principal no es otro que permanecer en el presente mientras caminas. Esto significa que tu atención puede pasar de los pies a cualquier cosa que ocurra en el momento que te parezca interesante. Sin embargo, ¡estos movimientos de la atención deben ser siempre intencionales! Si te encuentras en el exterior, habrá sonidos, objetos visuales interesantes y atractivos y olores. Permite *intencionadamente* que tu mente los observe y explore. Siente el calor de la luz del sol, el frescor de la sombra y la brisa tocando tu cara. Investiga estas sensaciones e implícate plenamente con ellas; acéptalo todo. Siempre que un objeto de atención desaparezca o deje de ser interesante, regresa a las sensaciones en los pies.

Y no te olvides de permanecer siempre en el presente. Explora y experimenta totalmente tu entorno con la atención y la conciencia, pero no te pierdas entre tus pensamientos, lo cual te aleja del presente. Cada vez que te des cuenta de que los pensamientos «se te han llevado», vuelve a fijar la atención en las sensaciones que experimentas en los pies o las piernas para mantener esos pensamientos a raya. Cuando la novedad de caminar lentamente se desvanece, los pensamientos acuden con mayor frecuencia, y necesitarás anclar la atención en los pies más a menudo. Esto es completamente normal. Con el tiempo, vas a sostener el enfoque de la atención más o menos continuamente en las sensaciones relacionadas con el caminar.

Mientras aprendes a evitar que la atención se vea atrapada, también descubrirás cómo observar pensamientos en la conciencia periférica. Cuando te des cuenta de que has estado pensando o recordando, vuelve al presente por medio de centrar la atención en el andar, pero deja que el pensamiento o el recuerdo siga desplegándose en el segundo plano de la conciencia periférica. Cuando la atención se implica con los pensamientos o los recuerdos, no estás en el presente. Sin embargo, tener la conciencia periférica de pensamientos o recuerdos está bien, porque es lo mismo que tener la conciencia periférica de imágenes, sonidos o sensaciones. Cuando sabes que estás recordando algo, en el sentido de que eres consciente de un recuerdo que está apareciendo en segundo plano, esto forma parte de la conciencia del momento presente. Del mismo modo, ser consciente de que hay pensamientos discursivos surgiendo en el fondo, o incluso de que te habías identificado con esos pensamientos un momento antes, forma parte de estar completamente presente. Con la práctica, podrás observar las *actividades* de pensar y recordar, permitir que sigan teniendo lugar en segundo plano y dejar que cesen por sí mismas —todo ello sin tener que abandonar el presente.

El mero hecho de permanecer en el presente al caminar permite cultivar las mismas facultades mentales que sentarse y prestar atención a la respiración. Se trata de que dirijas la atención intencionadamente, ya sea a los objetos de interés que se presentan por mí mismos, ya sea a las sensaciones presentes en los pies. También se trata de que ejercites continuamente la conciencia periférica por medio de estar abierto a todo lo que hay en el entorno. Cada vez que te das cuenta de que la atención ha salido del momento presente, estás ejercitando también la conciencia introspectiva; y al ejercer intencionadamente la atención dirigida y sostenida junto con la conciencia periférica, estás practicando el *mindfulness* mientras caminas.

La meditación caminando que se acaba de describir debería experimentarse como agradable, relajante y fácil. La práctica sentada puede fácilmente llegar a ser demasiado intensa y orientada a unos objetivos, por lo que la cualidad relajada del caminar proporciona un antídoto valioso contra el esfuerzo excesivo, y esto otorga equilibrio a la práctica. Recuerda que las sensaciones de placer y felicidad son esenciales para sostener la motivación a largo plazo; por lo tanto, la mejor manera de apoyar y reforzar la práctica sentada es combinarla con al menos media hora diaria de meditación caminando.

ETAPAS SEGUNDA Y TERCERA: LA ESTABILIZACIÓN DE LA ATENCIÓN

Con la meditación caminando, es mucho más fácil sostener la conciencia periférica que estando sentado. Esto es así por el mero hecho de que hay más estímulos que tener en cuenta. Sin embargo, por la misma razón, también es mucho más fácil perder el enfoque de la atención en los pies en favor del olvido y la divagación mental. Pero ahora ya se te da mucho mejor permanecer en el presente, por lo que estás listo para que la estabilización de la atención sea tu prioridad en las próximas dos etapas de la meditación caminando.

Hasta ahora, has utilizado las sensaciones en los pies principalmente como un ancla para ayudarte a mantenerte en el presente cuando ya te habías dejado llevar. Ahora, en lugar de dirigir libremente la atención hacia lo que resulte ser atractivo o interesante, trata de sostener el enfoque de la atención más o menos continuamente en las sensaciones relacionadas con el caminar. Para ello, tendrás que cambiar la forma de andar.

La meditación de caminar paso a paso

Normalmente, cuando andamos, el pie de atrás empieza a levantarse antes de que el pie delantero esté completamente ubicado en el suelo. En la meditación de caminar paso a paso, se trata de completar un paso antes de que el otro pie empiece a moverse. Es probable que tengas que caminar un poco más despacio, pero el proceso es sencillo: no permitas que tu pie trasero se mueva hasta que todo tu peso repose sobre el pie delantero. Tu atención debe estar siempre puesta en las sensaciones que experimenta el pie que se está moviendo. *No trates de prestar atención a los dos pies a la vez.* Una vez que el pie que se estaba moviendo esté firmemente apoyado en el suelo, con todo tu peso sobre él, dirige la atención intencionadamente al otro pie. Mantén la atención en las sensaciones que experimenta el pie que se está moviendo hasta que el siguiente paso se haya completado. A continuación, cambia de pie y continúa.

Es fácil distinguir entre la atención y la conciencia periférica en el contexto de esta práctica. Tu atención está en los pies y la conciencia periférica, en general, se ocupa de sí misma, por lo que puedes centrarte sobre todo en la tarea de estabilizar la atención. Siempre que la conciencia introspectiva te avise de que te has olvidado de lo que estabas haciendo y de que la mente estaba divagando, DETENTE. Igual que cuando estás sentado, celebra tu momento «ajá» de volver a despertar al presente. Para fortalecer aún más la conciencia introspectiva, otórgale una etiqueta sencilla a aquello con lo que estaba ocupada la mente (consulta, en la tercera etapa, el apartado «El cultivo de la conciencia introspectiva por medio de etiquetar y comprobar»). Después, suavemente, vuelve a dirigir la atención a las sensaciones del caminar.

La pausa intencional

En la meditación sentada, lidiaste con las distracciones que estaban a punto de ocasionarte el olvido reforzando tu enfoque en la respiración. La manera de lidiar con las distracciones al caminar es un poco diferente. Al caminar, sobre todo en el exterior, hay todo tipo de cosas que ver, oír, tocar y oler. Estate alerta a la forma en que tu mente, en especial tu atención, reacciona frente a todo ello. Cuando un objeto externo atraiga fuertemente tu atención, en lugar de volver a enfocarte de inmediato en los pies, dedica un poco de tiempo a explorar la distracción. Se trate de lo que se trate (un sonido, una brisa o tal vez el calor agradable que experimentas al pasar de una zona de sombra a otra iluminada por el sol), detente donde te encuentres, aunque sea en medio de un paso. Dirige la atención, deliberadamente, al objeto distractor y haz que sea el nuevo foco de tu atención. Tómate tu tiempo para estudiarlo y disfrutar plenamente de él. Cuando tu interés decrezca, vuelve a dirigir la atención al pie que deberá moverse y empieza a caminar otra vez. La idea es que conserves el control *intencional* sobre los movimientos de la atención mientras acoges la totalidad de la experiencia. Si has estado realizando la práctica de caminar en un entorno relativamente cerrado y poco interesante, prueba a salir al aire libre o encontrar un lugar más estimulante.

Solo debes investigar de esta manera las distracciones *sensoriales*. Si la distracción es un pensamiento, un recuerdo o cualquier otro objeto mental, enfoca la atención más detenidamente en las sensaciones del caminar. Por otra parte, siéntete libre de pensar en los objetos sensoriales que estás viendo, escuchando o tocando *durante estas pausas*, pero hazlo *muy por encima*. Permanece completamente presente y no te dejes atrapar por los pensamientos. Por ejemplo, si oyes que un perro ladra en la distancia, puedes detenerte y, mientras escuchas, tener pensamientos acerca de dónde está el perro o por qué está ladrando. Pero no empieces a pensar en los dueños del perro, o a preguntarte de qué raza es, o cualquier otra cosa que te saque del aquí y ahora. Limítate a mantener la atención en el sonido y sé consciente de los pensamientos sutiles presentes en segundo plano. Cuando estés pensando, trata de ser consciente de que estás pensando. Tu actitud general, durante la práctica de caminar, debe ser siempre de interés y disfrute. Si empiezas a sentir que la práctica es difícil o tediosa, deja de caminar, relájate y examina tu estado mental: casi con toda seguridad, descubrirás que no estabas realmente en el momento presente.

Comprobar

Como puedes ver, la meditación caminando, en estas primeras etapas, implica muchas paradas y reanudaciones. Dejamos de caminar cuando nos damos cuenta de que ha acontecido el olvido o la divagación mental. También hacemos una pausa intencionada para hacer frente a las distracciones. No es un problema que la meditación consista en este detenerse y ponerse en marcha continuo; de hecho, es exactamente lo que se supone que va a ocurrir. Al igual que en la meditación sentada, el olvido y la divagación mental se presentarán cada vez menos a menudo. Además, las distracciones que una vez pudieron haberte llamado la atención con suficiente fuerza como para justificar una pausa intencionada pasarán a ser adecuadamente conocidas por medio de la conciencia periférica. Pronto, no te detendrás tan a menudo.

Cuando ya camines durante varios minutos entre interrupción e interrupción, empieza a realizar la práctica de *comprobar*. La próxima vez que te detengas para investigar una distracción, en lugar de volver a caminar inmediatamente, comprueba todo lo demás que se halle presente en el mismo campo sensorial al que pertenezca la distracción. Si te has detenido por el canto de un pájaro, por ejemplo, cuando hayas terminado de ocuparte de él, abarca e investiga todo el paisaje sonoro antes de volver a caminar.

Cuando las distracciones capaces de atrapar tu atención disminuyan, no esperes a que surja alguna antes de detenerte para comprobar. Por ejemplo, después de varios minutos de detectar minuciosamente las sensaciones del caminar, párate adrede y comprueba todas las otras sensaciones corporales presentes además de las que sientes en los pies y las piernas. Medita en ellas durante un minuto aproximadamente, y a continuación reanuda la marcha con la atención puesta en los pies. Después de repetir esto varias veces con las sensaciones corporales, pasa a otros sentidos. Medita en los sonidos ambientales durante un tiempo. Repite esto varias veces y pasa después a las sensaciones visuales. Alterna la meditación en las sensaciones del caminar con detenerte para meditar sobre los contenidos de estos tres campos sensoriales durante el tiempo que consideres beneficioso y agradable, y tan a menudo como te resulte útil y te plazca.

Cuando lleves a cabo la práctica de comprobar, es posible que tengas pensamientos sobre el contenido de estos campos sensoriales. De hecho, probablemente descubras la presencia de mucho diálogo interno —sobre lo que está sucediendo y cómo te está yendo la práctica—. Este diálogo interno puede ayudarte a mantener el rumbo, hasta cierto punto, pero cuando ya estés asentado en la tercera etapa, debes tratar de usar la menor cantidad posible de pensamiento *verbal*. Practica estar en el presente *en silencio*. Cuando los pensamientos empiecen a convertirse en palabras, deja que estas se vayan. Habrá, por supuesto, cierta cantidad de olvido, el cual también conduce al pensamiento verbal discursivo. Cuando la conciencia introspectiva te avise de la presencia de estos pensamientos verbales, siéntete satisfecho por esta toma de conciencia. A continuación, vuelve a dirigir la atención a las sensaciones que experimentes en los pies y deja que las palabras permanezcan en segundo plano. No trates de detener el pensamiento o de impedir que los pensamientos surjan. Permite que las palabras vengan y se vayan cuando quieran. Eso sí, no las sigas con la atención. Explora lo que se siente al observar, analizar e incluso pensar sin palabras. ¡Saborea este proceso de descubrimiento!

Recuerda siempre que la relajación y el placer deben predominar en todas las etapas de la meditación caminando. El objetivo de esta meditación más que «permanecer en el momento presente», sería «permanecer en el momento agradable» (esta expresión, cuyo origen fue un *lapsus linguae*, se ha convertido en mi forma favorita de describir esta práctica).[*]

ETAPAS CUARTA Y QUINTA: EL INCREMENTO DE LA CAPACIDAD CONSCIENCIAL

En las dos etapas siguientes, todo es bastante similar a lo expuesto para las dos últimas etapas. Trata de controlar los movimientos de la atención. Tu atención se centrará principalmente en las sensaciones presentes en los pies. Permite que los pensamientos que surgen permanezcan en segundo plano, pero no dejes que alejen tu atención de las sensaciones de los pies. Ten especial cuidado con los pensamientos verbales; *deja que vengan, deja que estén y*

---

[*] El autor se refiere a un juego de palabras entre *present* (presente) y *pleasant* (agradable, placentero) cuyas pronunciaciones casi idénticas en inglés han provocado el mencionado *lapsus linguae*.

deja que se vayan mientras caminas. La conciencia periférica de otras sensaciones corporales, sonidos y objetos visuales sigue siendo bastante fuerte.

Cuando se presente una sensación nueva o interesante, aún puedes dirigir la atención hacia ella, intencionadamente, y examinarla si quieres. *Pero no dejes de caminar.* A partir de ahora, cuando conviertas alguna otra sensación en el nuevo foco de tu atención, sigue caminando y *conserva la conciencia de las sensaciones del caminar en segundo plano.* Dicho esto, siéntete libre de hacer una pausa y realizar la práctica de comprobar en cualquier momento, intencionadamente. Es decir, no te detengas a causa de las distracciones que reclaman tu atención, pero si tu atención es estable, puedes parar en cualquier punto e investigar el entorno libremente. A medida que esta práctica madure, experimentarás nuevas revelaciones acerca del funcionamiento de la mente, lo cual te ayudará a sostener una actitud de interés, exploración y disfrute.

Investigar y observar

Investigar y observar es un nuevo ejercicio que puedes llevar a cabo a la hora de realizar la práctica de comprobar. Es una elaboración adicional de la práctica de comprobar que te ayuda a explorar algunas de las diferencias existentes entre la atención y la conciencia.

Para empezar, detente y dirige la atención a tu campo visual. Deja de enfocarte en los objetos más cercanos y presta atención a otros más alejados. Intenta no mover demasiado los ojos, de manera que tu campo visual permanezca estacionario; limítate a reajustar el enfoque. Date cuenta de cómo, según dónde enfocas los ojos, percibes claramente algunos objetos, mientras que otros aparecen desenfocados y poco claros. Ahora mueve los ojos y observa cómo los objetos que están en el centro del campo visual se muestran siempre nítidos mientras que aquellos que permanecen en la periferia se presentan menos claros. A continuación, enfoca la mirada en un solo objeto y observa cómo cuanto más intensamente lo examinas, menos claros aparecen los otros objetos del campo visual. Además, compara lo que experimentas al mirar, por ejemplo, un árbol y una rama o una hoja, o un dedo y una mano. Realiza estas actividades con la mente abierta. Hazlo con una sensación de descubrimiento, como si estuvieras viendo el mundo por primera vez.

Mucho de lo que se experimenta al investigar el campo visual es debido a la naturaleza de la visión y a la estructura única del ojo: se trata de un órgano móvil con una lente cuyo enfoque se puede cambiar. La audición, por otro lado, es diferente. El oído no es un órgano tan versátil como el ojo. Sin embargo, a pesar de que estos órganos tienen propiedades diferentes, la atención y la conciencia operan a través de ambos.

Así pues, repite este ejercicio con el sentido del oído. Esto te permitirá discernir qué efectos se deben a la estructura del órgano —el ojo contra la oreja— y cuáles a las distintas propiedades de la atención y la conciencia periférica. Observa cómo, a medida que centras la atención en un sonido, los otros se distinguen menos. Examina cómo cambia la percepción de los sonidos cercanos cuando escuchas sonidos distantes, y viceversa. Presta atención a un sonido muy tenue y a continuación a otro más fuerte. También es probable que oigas algún tintineo, silbido o zumbido interno, en los oídos; investiga la forma en que cambia tu percepción de los sonidos externos mientras escuchas los internos, y viceversa.

A continuación, escucha sonidos ambientales con la intención de percibir la diferencia entre *oír* el sonido e *identificarlo*. Observa cómo el proceso de identificación se produce de forma casi instantánea. Hay un proceso de análisis sutil que tiene en cuenta el origen del sonido y la dirección de la que viene, así como tus ideas acerca de lo que hay en tu entorno, todo lo cual contribuye a identificarlo por inferencia y deducción. Pero hay otros sonidos, más bien «ruidos», que no se dejan reconocer y etiquetar con tanta facilidad. Practica *oír* los sonidos como una actividad separada de *identificarlos*. Empieza con los «ruidos» y pasa a continuación a sonidos más fácilmente reconocibles. Cuando puedas, intenta «estar» con un sonido sin interpretarlo. Descubre la relación entre el surgimiento del sonido a partir de la estimulación del órgano sensorial, lo cual constituye la experiencia real, y todas las etiquetas, conceptos e inferencias que pone la mente a dicho sonido.

Repite este ejercicio con las sensaciones corporales. Esto es similar al método de exploración del cuerpo de la quinta etapa de la práctica sentada. Tu atención se puede desplazar, enfocarse en distintos objetos, expandirse y distinguir distintas modalidades de sensaciones, como la temperatura, la presión, el tacto, el movimiento y la vibración. También puedes explorar la sensación interna como algo extendido en el espacio, así como las sensaciones relativas a la forma, la posición y la ubicación de distintas partes del cuerpo.

Todas estas observaciones e investigaciones sensoriales resaltan las diferencias entre la atención y la conciencia periférica ya descritas. A medida que explores estas diferencias, puede ser que te preguntes qué es lo que cambia realmente cuando la atención se dirige de un objeto a otro. Para encontrar la respuesta, retoma la práctica de caminar paso a paso, esta vez a un ritmo un poco más rápido, más automático. Observa cómo distintas cosas van y vienen como objetos de la consciencia y el modo en que tu atención se desplaza de forma espontánea de una sensación a otra a medida que surgen y desaparecen. Compara esto con los movimientos de los ojos mientras caminas, pero *no pienses en lo que está cambiando* ni trates de averiguarlo conceptualmente. En lugar de ello, deja que surja una comprensión intuitiva a partir de la observación directa y la experiencia. Con este último ejercicio se desarrolla aún más la conciencia introspectiva y el control de la atención, y al mismo tiempo se cultiva el hábito de investigar sin analizar.

Caminar paso a paso en tres partes

Puesto que ahora ya dominas la meditación de caminar paso a paso, ha llegado el momento de que afines más el enfoque de la atención por medio de la meditación de caminar paso a paso en tres partes. Esta práctica requiere un ritmo mucho más lento, al menos al principio, con el fin de observar los detalles del ciclo de los pasos. También te ayuda a permanecer enfocado, puesto que caminar muy despacio está lejos de ser una actividad automática. El solo objetivo de conservar el equilibrio y la coordinación hace que se deba prestar más atención.

Elige un espacio de entre cuatro y medio y seis metros de largo para caminar lentamente por él, de ida y vuelta. Si esto no te es posible, busca un lugar donde puedas caminar en círculo. Tan solo asegúrate de que tu camino es sencillo, carente de obstáculos y relativamente libre de distracciones. El ciclo de cada paso se puede dividir en tres partes claramente diferenciadas: levantar el pie, desplazar el pie y apoyar el pie. Cuando apoyes el pie delantero, haz caer tu peso sobre él para prepararte para levantar el pie trasero. Cada paso completo consta de estas tres partes bien diferenciadas, y lo separa del siguiente paso el desplazamiento del peso del pie trasero al pie delantero. El ciclo es el siguiente: levantar el pie, desplazarlo, apoyarlo y a continuación desplazar el peso; levantar el otro pie, desplazarlo, apoyarlo y a continuación volver a desplazar el peso. La atención debe estar siempre puesta *en las sensaciones presentes en la planta del pie que se está moviendo*.

No cuentes los pasos. Puedes, sin embargo, utilizar temporalmente las etiquetas «levantar», «desplazar», «apoyar» y «cambiar». Todos los pensamientos y las otras sensaciones deben permanecer en segundo plano como distracciones sutiles, o como parte de la conciencia periférica. Ignora todas las distracciones en lugar de dirigir intencionadamente la atención hacia ellas. Recuerda que debes prestar atención *solo* a las sensaciones presentes en el pie que se está moviendo.

Observa lo que le sucede a la calidad de tu conciencia periférica mientras examinas estas sensaciones siempre cambiantes. Trata de conservar esta conciencia tan fuerte como antes, a pesar del aumento de la intensidad de la atención. Esto puede parecer difícil, pero la mente se adapta con rapidez. Sigue con las prácticas de detenerte, comprobar e investigar y observar, pero acude a ellas con menos frecuencia ahora; hazlo sobre todo cuando sientas que la conciencia periférica se está desvaneciendo. Realízalas justo en la medida en que lo necesites para permanecer arraigado en el presente y claramente consciente de todo lo que hay en tu entorno.

Cuando puedas mantener fácilmente una conciencia periférica fuerte, amplía el ámbito de la atención. Deja que incluya las sensaciones musculares de las piernas: la tensión de los músculos cuando el peso se desplaza a una pierna, la relajación de los de la otra pierna, la contracción de los que levantan la pierna, a continuación la tensión de los que desplazan la pierna y finalmente la relajación de los músculos elevadores cuando el pie llega al suelo. Practica expandir y contraer el alcance de la atención a voluntad. Desplázala entre las plantas de los pies solamente y llévala a todas las sensaciones presentes en ambas piernas. Por último, amplía su alcance para que incluya todo el cuerpo.

Puedes alternar la práctica de caminar paso a paso en tres partes con la de caminar paso a paso, permaneciendo siempre en silencio en el momento presente y conservando un enfoque de la atención disciplinado. A veces, encontrarás que es mejor caminar un poco más deprisa con un enfoque menos riguroso; en otras ocasiones, te resultará más apropiado caminar más despacio, prestando más atención al detalle. Aprende a discernir las diferencias existentes entre las distintas formas de caminar, para poder utilizarlas en tu mayor provecho.

SEXTA ETAPA Y SIGUIENTES

Caminar en el aquí y ahora es una experiencia rica, además de ser agradable y relajante. Es fácil que florezca una espontánea sensación de gozo. Piensa en caminar como en la práctica de «permanecer en el momento agradable». Si aún no has percibido el gozo, ábrete conscientemente a descubrirlo; foméntalo incluso. Esto es muy importante. Cuanto más cultives el gozo, más unificada y potente se volverá tu mente. Caminar en la naturaleza y en entornos bellos es especialmente propicio para el gozo.

Continuando con tu práctica de caminar, utiliza la técnica de caminar paso a paso en nueve partes y la de detectar las sensaciones, que se describen a continuación, para estabilizar cada vez más tu atención y para que tu percepción vaya siendo más nítida y clara. Tu conciencia periférica debe ser cada vez más metacognitiva. En la meditación sentada, permites que la conciencia extrospectiva se mitigue, y la conciencia metacognitiva se vuelve sobre todo introspectiva. En la meditación caminando, sin embargo, la conciencia extrospectiva se conserva siempre fuerte. Esto significa que la experiencia metacognitiva consiste en observar la mente mientras esta, al mismo tiempo, presta atención a las sensaciones presentes en los pies y permanece consciente del entorno. Los momentos de conciencia introspectiva metacognitiva toman como objeto el surgimiento y la desaparición de los momentos de atención y los momentos de conciencia extrospectiva.

En las dos prácticas siguientes, a veces te sentirás atraído por cosas que no son el objeto de meditación, y es posible que desees explorarlas con atención. Resiste este impulso. En lugar de ello, aprende a apreciar estos objetos con una conciencia periférica incrementada. A medida que tu mente se unifique más, se proyectará información sobre el entorno en la conciencia periférica *sin* la intención de que ello pase a ser también objeto de atención. Por lo tanto, el sostenimiento de un enfoque de atención exclusivo requiere cada vez menos esfuerzo. Al mismo tiempo, cuando establezcas en repetidas ocasiones la intención de reforzar la conciencia periférica, aumentará gradualmente la cantidad de momentos de conciencia periférica y la capacidad total de la consciencia. Con el tiempo, llegarás a la experiencia metacognitiva y desprovista de esfuerzo de la atención exclusiva sostenida, junto con una fuerte conciencia periférica.

Caminar paso a paso en nueve partes

Mientras caminas muy lentamente, divide cada una de las tres partes de un paso (levantar el pie, desplazarlo y apoyarlo) en tres partes más pequeñas, con lo cual habrá un total de nueve partes bien diferenciadas. Dónde establecer exactamente las divisiones depende totalmente de ti, pero voy a explicar cómo lo hago yo para ayudarte a empezar. La primera parte de la *elevación* del pie corresponde a cuando el talón y la parte media del pie dejan el suelo, la segunda parte corresponde al levantamiento de la bola del pie y la tercera, al fin de la toma de contacto de los dedos con el suelo. La primera parte del *desplazamiento* corresponde a cuando el pie se eleva verticalmente en el aire, la segunda parte corresponde a cuando se mueve hacia delante en posición horizontal y la tercera, a su descenso hacia el suelo. Al caminar muy lentamente como en este caso, me resulta más natural apoyar la parte delantera del pie en el suelo en primer lugar, y no el talón. La primera parte del *apoyo* corresponde a cuando los dedos de los pies y la bola del pie hacen contacto con el suelo, la segunda parte corresponde a cuando el resto del pie hace contacto y la tercera, al cambio de peso sobre el pie. Una vez que hayas decidido cómo dividir tus pasos, lleva a cabo la práctica de distinguir claramente cada una de las nueve partes en cada paso.

Detectar sensaciones al caminar

Una vez que te resulte fácil identificar las nueve partes de cada paso, estás listo para probar a detectar sensaciones específicas en cada una de las nueve partes. Empieza por identificar claramente una sensación en particular y recurrente en cada una de estas partes. Las más difíciles de encontrar serán las que tengan lugar durante las tres partes de la fase de desplazamiento, pero persiste hasta que puedas reconocer una sensación en cada una de ellas. Cuando ya se te dé bien identificar una sensación en particular en cada una de las nueve partes, busca una segunda, y luego una tercera. Proponte detectar al menos tres sensaciones en particular en cada una de las nueve partes de cada paso. Haz esto sin perder la conciencia periférica.

Por supuesto, se trata de caminar muy lentamente. Realiza esta práctica en un lugar aislado donde no llames la atención de nadie. Esto debería ser fácil, ya que al caminar tan despacio no necesitas más que un espacio muy pequeño.

Sigue con esta práctica hasta que las veintisiete sensaciones te resulten tan familiares que reconozcas inmediatamente cualquier variación en ellas. En este punto, tu conciencia será metacognitiva, tu percepción de las sensaciones bastante clara y nítida y tu atención exclusiva y desprovista de esfuerzo.

La meditación analítica

La meditación analítica es exactamente lo que parece: consiste en pensar en algo. Por supuesto, es un tipo de pensar más estructurado. Se trata de elegir cuidadosamente un tema y examinarlo de forma sistemática, con una mente estable, clara y enfocada. De hecho, para poder hablar propiamente de «meditación» analítica, el pensamiento y la contemplación deben tener lugar en un estado correspondiente a la cuarta etapa, en que el tema de análisis elegido nunca desaparece por completo de la atención. Si no gozas de la estabilidad correspondiente a la cuarta etapa, tu mente se desviará. Conservar una conciencia continua de la respiración en segundo plano es un modo potente de estabilizar la atención.

TEMAS PARA LA MEDITACIÓN ANALÍTICA

Los temas de la meditación analítica se dividen en tres categorías generales. En primer lugar están las enseñanzas, doctrinas u otras ideas que quieras entender más profundamente. En segundo lugar se incluyen los problemas que quieres resolver o las decisiones que debes tomar. La última categoría está compuesta por las experiencias, pensamientos o percepciones que parecen apuntar a un valioso *insight*.

La primera categoría puede incluir pasajes de escrituras tradicionales, doctrinas formales tales como el surgimiento dependiente o las Cuatro Nobles Verdades y conceptos específicos como el no yo o la vacuidad. Pero hay muchas otras posibilidades. Puedes meditar en las palabras de un amigo o un profesor, en un pasaje que has leído en alguna parte, en un poema, en un acontecimiento actual o incluso en una teoría científica.

Con respecto a la segunda categoría, los problemas que pueden constituir el foco de la meditación analítica pueden ser problemas personales, o bien pertenecer al ámbito de las relaciones, de la familia o de la vida laboral y profesional. Puedes experimentar *insights mundanos* sobre la forma en que acontecimientos pasados te han condicionado a ti o han condicionado a otras personas que están a tu alrededor, sobre tu propia conducta o la de otra persona, sobre dinámicas emocionales, sobre comportamientos grupales o sobre el funcionamiento del mundo. En la relativa calma de la meditación —y en la cuarta etapa, especialmente— las soluciones a problemas y otras revelaciones útiles aparecen de forma espontánea. Todo ello son objetos apropiados para la meditación analítica. Cuando surjan, planifica una sesión de meditación analítica formal para ahondar después en ellos, en lugar de dejar que interrumpan tu práctica del *śamatha-vipassanā*.

Y si bien el *Insight supramundano* no puede alcanzarse durante las meditaciones analíticas, sí puedes contemplar las *experiencias de Insight* que ya has tenido, lo cual es útil para que estos *Insights* alcancen mayor profundidad y se consoliden.

LA RESOLUCIÓN DE PROBLEMAS Y EL *INSIGHT*

La resolución de problemas consta de cuatro etapas: la preparación, la incubación, la solución y la verificación.

1. La preparación

Cuando nos preparamos para resolver un problema, centramos la atención en las ideas y la información relevantes en aras de la solución, y dejamos de lado todo lo irrelevante. Los psicólogos llaman *codificación selectiva* a este proceso consciente de distinguir lo que es importante de lo que es irrelevante.

2. La incubación

La siguiente etapa, la incubación, es aquella en que se resuelve el problema. En la etapa de incubación, combinamos y recombinamos toda la información relevante y buscamos una solución entre esas nuevas combinaciones. Este proceso de ensayo y error se denomina *combinación selectiva*. También comparamos el problema actual y sus *posibles* soluciones con problemas similares que se presentaron en el pasado y las soluciones *reales* que permitieron resolverlos entonces. Esta *comparación selectiva* nos ayuda a evaluar las posibles soluciones de las que ya disponemos y nos proporciona posibles soluciones adicionales. Estas actividades tienen lugar en un nivel inconsciente, así como en el consciente.

Cuando la combinación y la comparación se producen en el ámbito consciente, se experimentan como procesos de pensamiento lógicos, analíticos —es decir, como razonamiento—. La respuesta acude de forma lenta y metódica. La ves aproximarse de antemano, por lo que no te sorprende. Los pasos lógicos que conducen a la solución son conocidos y se pueden utilizar tanto para explicar la solución como para comprobar si es correcta. Esto se conoce como *resolución de problemas no basada en el Insight*.

Cuando la combinación y la comparación selectivas que tienen lugar en la mente *inconsciente* son las que resuelven el problema, la respuesta aparece en la consciencia de forma repentina e inesperada. No la ves venir, y también es difícil describir la lógica que hay detrás de la solución. Por lo tanto, el proceso se describe a menudo como intuitivo. Esto se llama *resolución de problemas por Insight*. En este caso, podemos establecer una equivalencia entre *intuición* e *Insight*, pues ambos términos hacen referencia a lo mismo: el procesamiento de la información en el ámbito inconsciente.

Hay otra diferencia fundamental e importante entre el razonamiento consciente y el *Insight* intuitivo. La mente *consciente* resuelve fácilmente los problemas «más simples», aquellos cuya solución solo requiere que la lógica se aplique a la información que está inmediatamente disponible. Pero la mente *inconsciente* es excelente a la hora de resolver problemas complejos que presentan características inusuales.

Cuando se trata de encontrar la solución a problemas complejos y sutiles, la resolución de problemas no basada en el *Insight* no es tan eficaz, sencillamente porque la consciencia es un proceso sencillo, secuencial. Por el contrario, la mente inconsciente aloja *una gran cantidad* de procesos mentales, todos los cuales tienen lugar a la vez. Para proporcionar una analogía moderna, es como la diferencia que existe entre el procesamiento secuencial y el procesamiento paralelo de los ordenadores. Solo hay una mente consciente, la cual, en aras de la eficacia, debe limitarse a las combinaciones y comparaciones *más probables*, *según lo que determina la lógica*. Esto es especialmente limitante en relación con el proceso de comparar las posibles soluciones con las experiencias anteriores (la *comparación selectiva*). Tienes una enorme cantidad de experiencias pasadas acumuladas, pero dentro de un determinado período de tiempo solo pueden efectuarse una cierta cantidad de comparaciones; además, este tiempo debe compartirse con otros procesos conscienciales. Sin embargo, el procesamiento inconsciente no tiene esas limitaciones, ya que hay muchas submentes inconscientes trabajando en el problema, en lugar de una sola. Es por eso por lo que al inconsciente se le da tan bien obtener respuestas que comportan formas inusuales de ver el problema. La mente inconsciente es mucho más libre de probar combinaciones y comparaciones radicales que pueden no parecer lógicas a primera vista. Además, debido a que la comparación selectiva juega un papel tan importante, las soluciones que brinda el *Insight* son a menudo alegóricas y metafóricas —es decir, la solución se describe y explica más fácilmente mediante el uso de analogías.

Por último, la mente inconsciente también tiene acceso a *todo* lo que ocurre en la mente consciente, incluidos sus éxitos parciales así como sus fracasos, por lo que puede utilizar esta información. La mente consciente, por otra parte, no tiene acceso a *nada* de lo que sucede en la mente inconsciente *hasta que eso se vuelve consciente*.

3. La solución

Cuando finalmente resolvemos un problema, la solución puede venir en forma de un *Insight* repentino, intuitivo, procedente del inconsciente. Por otra parte, podemos tener la experiencia consciencial de que «todas las piezas encajan en su lugar» mientras pensamos sistemáticamente en el problema, en cuyo caso la solución no procede de un *Insight*. En el ejemplo más simple de lo primero, una solución basada en un *Insight* recala inmediatamente en la consciencia, aparentemente procedente de la nada. La forma más básica de solución que no procede de un *Insight* acontece cuando el razonamiento consciente conduce directamente a una respuesta. Pero a menudo las cosas no ocurren de esta manera. Como veremos más adelante, en la mayoría de los casos ambos procesos, los conscientes y los inconscientes, han contribuido a la solución.

4. La verificación

El paso final en el proceso de resolución de problemas es comprobar la solución. Incluso las soluciones lógicas, que no son fruto de un *Insight*, necesitan ser comprobadas mediante la aplicación práctica. Pero las soluciones intuitivas, basadas en un *Insight*, *deben validarse antes por la lógica* —a menos que se esté dispuesto a actuar a partir de un mero «presentimiento»—. Esta verificación se produce siempre en la consciencia y, de hecho, es ahora cuando la mente consciente realmente entra en juego en el proceso de resolución del problema. Muchas soluciones que podrían ser eficaces son inaceptables por razones sociales, legales, morales o de otro tipo. Además, una solución que se ajuste perfectamente a las características *generales* del problema puede ser que no encaje con las características *específicas* del problema —es decir, podría funcionar «en principio», pero no en la práctica.

La resolución de problemas de la vida real suele ser un proceso recursivo, y se llega a la solución de la mayor parte de ellos resolviendo una serie de problemas menores. Las partes consciente e inconsciente del sistema mental interactúan, lo que significa que hay procesos tanto racionales como de *Insight* implicados en la resolución del problema. En un primer momento, la mente consciente plantea el problema. A continuación, tanto la mente consciente como la inconsciente empiezan a trabajar con él, al mismo tiempo. Mientras estamos pensando conscientemente en el problema, aparecen en la mente nuevas ideas acerca de cómo resolverlo. Se trata de *Insights*, aunque tal vez ninguno de ellos brinda la solución a la totalidad del problema. A continuación, evaluamos conscientemente estas ideas y decidimos si son útiles o no —es decir, las verificamos a través del análisis lógico—. Si estas ideas no constituyen la respuesta que estamos buscando, seguimos reflexionando sobre el problema y, a medida que lo hacemos, siguen apareciendo nuevas ideas en la consciencia para que las tomemos en consideración. Como puedes ver, ni el análisis consciente ni el *Insight* intuitivo son, inherentemente, uno mejor que el otro, pero se complementan perfectamente. Juntos, son mucho más potentes de lo que cualquiera de ambos procesos podría llegar a ser por sí mismo. Esto lo vemos también en la vida diaria: todos conocemos a personas que, en su perjuicio, se aferran demasiado a la lógica o a la intuición.

EL MÉTODO FORMAL

Esta es una práctica tradicional, estructurada, que se corresponde muy estrechamente con los principios psicológicos de la resolución de problemas que acabamos de discutir. La estructura de esta meditación también tiene cuatro fases: la preparación y el enfoque inicial del tema, la incubación y el análisis, el resultado y la verificación y revisión. Este método está pensado para que saques el máximo partido al uso de los procesos lógicos conscientes y los procesos intuitivos inconscientes.

Programa un temporizador como harías con la meditación normal; lo habitual es dedicar entre cuarenta y cinco minutos y una hora a esta práctica. Empieza como de costumbre, haciendo la transición de cuatro pasos a la respiración en la nariz, contando diez respiraciones y examinando la respiración hasta que la mente esté preparada.

1. La preparación y el planteamiento inicial

Una vez que estés completamente presente, con la mente clara y calmada y la atención bien enfocada, deja que las sensaciones de la respiración pasen a segundo plano y evoca el tema que has elegido para esta meditación. Es muy útil mantener las sensaciones de la respiración continuamente presentes en la conciencia periférica a lo largo de esta práctica. En esta primera fase, limítate a «sostener» el tema en la mente. «Escúchalo», explóralo y espera a que te «hable».

«Sostener» el tema significa mantenerlo en la mente sin analizarlo. Si tu tema es un pasaje de un texto o algo similar, abre los ojos y léelo sin pensar en él, memorizándolo. Si no se trata de algo escrito, repásalo en tu mente. Si es un problema, plantéalo en forma de una pregunta o una serie de preguntas, y repítelas para tus adentros. Si se trata de una idea o una observación, formúlala en tu mente.

«Escuchar» significa permanecer en un estado receptivo en lugar de hacer algo. Espera a que algo destaque. Al mantener el tema en la consciencia, posibilitas que los procesos inconscientes empiecen a trabajar en él. Cuando algo destaca (cuando te viene a la mente un pensamiento o idea, o cuando una palabra o frase en particular te llaman la atención), el tema te «ha hablado». Esto significa que un proceso mental inconsciente ha ofrecido el comienzo de una posible respuesta o solución.

A manera de símil, imagina que tienes un hermoso cordón de oro que se ha enredado mucho. Este es el tema. El proceso de sostener y escuchar es como girarlo suavemente entre tus manos, en busca de un cabo suelto para poder empezar a desenredarlo. Cuando encuentras el extremo suelto, el tema «te ha hablado».

En ocasiones, el tema te habla enseguida, en cuyo caso estás listo para pasar al análisis. Otras veces, puede ser que te encuentres sosteniendo y escuchando en la fase de preparación hasta que suena la campana del temporizador. Esto no sucede a menudo, pero si lo hace, puedes estar seguro de que tu mente inconsciente seguirá trabajando en el problema en el transcurso del día. Planifica tu próxima sesión de meditación analítica y retoma el tema entonces.

Si el tema tampoco te habla la próxima vez, puede ser que sea demasiado complejo. Tienes que simplificarlo. Por ejemplo, prueba a enfocarte en una sola frase del pasaje, o elige una versión más simple del problema o de la pregunta. Ten paciencia. Tratar de forzar el análisis puede impedir el procesamiento inconsciente que estás tratando de invocar.

2. La incubación y el análisis

Tras haber localizado el extremo del hilo, síguelo adondequiera que te lleve. Toma la palabra, la frase, el pensamiento o la idea que surgió como punto de partida y empieza a pensar en ello. Analízalo e investígalo desde varias perspectivas. Pon a prueba la lógica y la relevancia de distintos pensamientos que acudan a ti. Explora la relación existente entre el pensamiento inicial y otros conceptos relacionados con el tema, permaneciendo abierto a la posibilidad de que surja algún significado más profundo. Independientemente de lo abstracto que pueda parecer el tema, permanece abierto a pensamientos y recuerdos que puedan derivar de tu experiencia personal y pon a prueba su relevancia cuando lo hagan. Sea cual sea el tema, estás buscando un nivel de comprensión que vaya más allá de lo abstracto e intelectual, que incluya lo experiencial.

3. El resultado: la comprensión, la resolución y la decisión, o un Insight más profundo

El resultado deseado es que tus reflexiones desemboquen en algún tipo de conclusión natural (una comprensión, una solución o decisión o un *Insight* más profundo). Experimentarás una sensación de logro, de haber acabado. A menos que algún detalle requiera una mayor indagación, procede a la cuarta fase, la de verificación y revisión.

A menudo, la solución es solo parcial; está incompleta en términos del planteamiento original. Sin embargo, si sientes que este resultado es sólido y significativo, continúa con el cuarto paso. Puedes volver al tema principal para obtener una respuesta más completa en otro momento. Los temas grandes y complejos se resuelven a menudo a través de una serie de resultados parciales, y los resultados anteriores a veces se revisan antes de alcanzar la solución final.

Un resultado también puede consistir en reconocer la necesidad de más información, observación y experiencia. O puede ser que te des cuenta de que tienes que hacer algo más antes de poder seguir adelante. Este también es un resultado válido, y garantiza el paso a la siguiente fase. Puedes volver al tema original cuando hayas hecho lo que tengas que hacer.

A veces, sin embargo, la campana sonará para dar por finalizada la sesión antes de que obtengas un resultado claro. No te preocupes, porque tu mente inconsciente seguirá trabajando en el problema. Esto es así en relación con casi cualquier contexto de resolución de problemas, no solo la meditación analítica. Cuando no estés logrando ningún progreso con un problema, haz otra cosa y vuelve a abordarlo más tarde; cuando lo hagas, es probable que la mente inconsciente te presente una solución. A veces, el resultado puede aparecer inesperadamente en el curso de otras actividades, o bien tu mente puede regresar espontáneamente a esta contemplación en un momento de tranquilidad y brindar una respuesta. En el caso de esta práctica, si un resultado no aparece antes de la próxima meditación analítica, empieza de nuevo con la fase de sostener y escuchar. Lo que te hable la próxima vez podrá o no ser lo mismo, pero esto no importa; cuanto más medites sobre el problema de esta manera, más probabilidades tendrás de obtener una respuesta.

4. La verificación y revisión del resultado

Cuando hayas encontrado una respuesta, no querrás perderla, así que estate preparado para continuar con el proceso de verificación y revisión incluso si suena la campana para dar por acabada la sesión. Según cuál sea la naturaleza de tu tema de meditación y su resultado, es posible que quieras revisar el proceso de análisis que has seguido para poder repetirlo en el futuro o explicarlo a otra persona. Si hallas un defecto, vuelve a la fase de incubación y análisis.

Si no encuentras ningún fallo, lo más importante es que consolides e integres tu nueva comprensión para no tener que repetir todo el proceso de resolución de problemas. En algunos casos, es útil que concibas «señales» mentales que puedan ayudarte a traerte de vuelta a este estado de comprensión e *Insight*. Una forma especialmente eficaz de hacer esto es conservar el fruto de esta meditación en la mente como el objeto de una meditación *no* analítica. Es decir, toma el pensamiento, la idea o el *Insight* mismo como objeto de meditación y permite así que eche raíces en tu mente. Esto crea una fuerte impronta, de modo que puedes regresar fácilmente a este estado de comprensión en el futuro por medio de recordar el resultado de esta meditación y sostenerlo como el foco de tu atención.

La meditación de la bondad amorosa

Esta meditación condiciona la mente para que esté preparada para entrar en un estado de calma, paz, amor y felicidad. También constituye un cultivo de la bondad amorosa y la compasión hacia todos los seres, incluido tú. La práctica se basa en esta sencilla fórmula:

Que todos los seres estén libres de sufrimiento.
Que todos los seres estén libres de animadversión.
Que todos los seres estén llenos de bondad amorosa.
Que todos los seres sean realmente felices.

Esta práctica consta de tres partes. En primer lugar, vas a generar estos sentimientos tan fuertemente como puedas en tu mente. Se trata de que te esfuerces todo lo posible, ya que toda la práctica depende, en última instancia, de esta parte. Cuanto más a menudo cultives estos sentimientos, más fácil te será generarlos.

La segunda parte consiste en generar el fuerte deseo de que los demás experimenten estos mismos sentimientos. Esto requerirá la mayor parte de tu tiempo de práctica, y consiste en una serie de visualizaciones. Empezarás visualizando las personas por las que sientes más gratitud y amor. Seguirás con aquellas a las que no conoces tan bien, y proseguirás con personas por las que de entrada no sientes nada en particular, incluidas las que son totalmente desconocidas. A continuación será el turno de aquellas personas que no te gustan o con las que tienes problemas. Por último, extenderás este deseo hasta que incluya a todos los seres, en todas partes.

Para acabar la práctica, en la tercera parte te recordarás que tú también necesitas y mereces estar tranquilo, en paz, lleno de amor y feliz. No subestimes la importancia de esto; a pesar de nuestra tendencia al egoísmo, en última instancia nos encontramos con que aquellos a quienes más nos cuesta amar verdaderamente somos nosotros mismos.

LA PRÁCTICA

Ponte un tiempo para esta meditación (por ejemplo, entre treinta minutos y una hora) pero no dudes en ajustarlo de acuerdo con tus necesidades. Empieza la meditación como de costumbre, haciendo la transición de cuatro pasos a la respiración en la nariz, contando diez respiraciones y examinando la respiración hasta que la mente esté preparada.

1. La generación de los sentimientos

Una vez que estés completamente presente con la mente clara y calmada y la atención bien enfocada, deja que las sensaciones de la respiración pasen al segundo plano de la conciencia. Deben permanecer ahí durante la sesión, lo cual te ayudará a estabilizar la atención. Formula este deseo:

Que yo esté libre de sufrimiento.

Evoca en tu mente, tan claramente como puedas, lo que se siente al estar completamente libre de todo tipo de sufrimiento, mental o físico. Toma nota de las formas en que estás libre de sufrimiento en este momento. Recuerda momentos pasados en que te sentiste tranquilo y a gusto. Utiliza la imaginación. Haz todo lo necesario para generar una sensación fuerte y clara de lo que se siente al estar libre de sufrimiento, completamente cómodo y a gusto en la propia mente y en el propio cuerpo.

A continuación, sin perder esta sensación de tranquilidad y bienestar, formula este deseo:

Que yo esté libre de animadversión.

Evoca en tu mente, tan claramente como puedas, lo que se siente al estar completamente libre de todo tipo de mala voluntad, totalmente en paz con todo y con todos. Sintoniza con la paz que sientes en este momento. Como antes, recuerda, imagina o haz todo lo que puedas para generar una sensación fuerte y clara de lo que es estar libre de animadversión, sin ningún rastro de hostilidad, ira o resentimiento en el corazón. Siéntete totalmente en paz con el mundo.

A continuación, sin perder estas sensaciones de bienestar y paz, formula este deseo:

Que yo pueda estar lleno de bondad amorosa.

Evoca en tu mente, tan claramente como puedas, lo que se siente al estar lleno de los maravillosos sentimientos que son el amor y la bondad. Piensa en alguien a quien ames y céntrate en el sentimiento de ternura y afecto que suscita en ti. Al igual que antes, recuerda, imagina o haz cualquier otra cosa que puedas para generar un sentimiento fuerte y claro de bondad amorosa y profundo afecto.

A continuación, sin perder estos sentimientos de tranquilidad, paz y amor, formula este deseo:

Que yo pueda ser verdaderamente feliz.

Evoca en tu mente, tan claramente como puedas, lo que se siente al estar verdaderamente feliz, contento, sin querer ni necesitar nada, saturado de la mera dicha de estar vivo. Toma nota de la felicidad que ya sientes en este momento. Al igual que antes, recuerda, imagina o haz cualquier otra cosa que te ayude a tener sentimientos de felicidad.

Permanece un rato disfrutando de la experiencia de la total ausencia de sufrimiento, de estar en paz y lleno de amor y felicidad.

2. La generación del deseo para los demás

Sin perder estos preciosos sentimientos que has generado con tanto cuidado, dite a ti mismo:

Del mismo modo que quiero estar libre de sufrimiento, libre de animadversión,
lleno de bondad amorosa y verdaderamente feliz, que todos los seres deseen esto.

Ahora piensa en alguien que te importa profundamente y hacia quien tienes buenos sentimientos, alguien que te ha ayudado y consolado de alguna manera. Imagina a esta persona tan claramente como puedas, dondequiera que pienses que podría estar en este momento, sea lo que sea lo que podría estar haciendo, y formula este deseo:

Que [nombre] esté libre de sufrimiento.
Que [nombre] esté libre de animadversión.
Que [nombre] esté lleno de bondad amorosa.
Que [nombre] sea verdaderamente feliz.

Mientras lo haces, envíale estos sentimientos, de corazón a corazón, de mente a mente. Visualiza la expresión en su rostro mientras experimenta, salidos de la nada, estos sentimientos de tranquilidad y bienestar, de paz y buena voluntad, de bondad amorosa y verdadera felicidad. Cuando hayas terminado con esta persona, piensa en otra que te importe y haz lo mismo por él o ella. Elige tantas personas como quieras. Si en algún momento los sentimientos que has cultivado con tanto esmero empiezan a desvanecerse, dedica unos minutos a volver a fortalecerlos.

Cuando estés listo, piensa en gente con la que no tienes tanta cercanía y por la que sientes menos afecto. Puede tratarse de personas a las que conoces a través de tu trabajo, vecinos o conocidos casuales. Elige una de ellas e imagina dónde podría estar y lo que podría estar haciendo. Cuando puedas imaginarla, vuelve a realizar la práctica de formular el deseo y enviarle tus sentimientos positivos como regalo y visualiza la expresión de su cara al tomar conciencia de estos sentimientos. Haz esto una vez, o con tantas personas como te parezca apropiado. Una vez más, si los sentimientos de bienestar, paz, amor y felicidad dichosa decaen, dedica tiempo a revitalizarlos.

Cuando hayas terminado, piensa en personas con las que te encuentras de vez en cuando pero a las que en realidad no conoces, como cajeros, camareros o el guardia que regula el tráfico cuando los niños entran y salen de la escuela. Elige una de ellas y lleva a cabo la práctica de la bondad amorosa con ella. Repítela con tantas personas como quieras.

Cuando estés preparado, piensa en personas con las que has tenido dificultades, que te desagradan en cierta medida. Puede ayudarte el hecho de recordar que estas personas también están sujetas a toda clase de sufrimientos, como tú o cualquier otro individuo. Recuerda que cualquier animadversión que sientas hacia esas personas te ocasiona sufrimiento *a ti*, un sufrimiento que te quita paz y alegría. Del mismo modo, la mala voluntad que ellas puedan sentir hacia ti no hace más que añadir desdicha a sus vidas. Todo amor que sientan y toda felicidad auténtica de la que disfruten no puede hacer más que beneficiar a quienes las rodean.

Practicar la bondad amorosa con alguien que no te gusta puede ser difícil, así que, para empezar, no elijas a alguien que te suscite sentimientos muy intensos o con quien hayas tenido un conflicto reciente. Visualiza a esa persona, formula el deseo, envíale tus sentimientos positivos y observa cómo la afectan estos sentimientos maravillosos. Haz esto con tantas personas difíciles como puedas mientras te sientas a gusto con ello. No olvides nunca dedicar tiempo a revitalizar los sentimientos de bienestar, paz, amor y felicidad alegre si empiezan a desvanecerse. Llevar a cabo todo el procedimiento sin tener estos sentimientos en el corazón hace que la práctica no sea efectiva.

Puede ser que tengas que practicar la bondad amorosa durante semanas o incluso meses antes de estar listo para llevarla a cabo con las personas más difíciles presentes en tu vida, pero este es el objetivo final. Es importante que no tengas prisa, si bien en última instancia se trata de realizar la práctica con aquellas personas que te desagradan más intensamente —tus peores enemigos, aquellos que te han herido de formas que aún no has sido capaz de perdonar.

Cuando, durante una sesión, hayas llegado todo lo lejos posible con las personas difíciles, pasa a grandes grupos de personas. Piensa en todos aquellos que viven en tu vecindario. Formula el deseo en relación con ellos. Envíales tus sentimientos positivos. Imagina que todos se llenan simultáneamente de felicidad, amor, paz y bienestar. Tu corazón es una fuente inagotable de estos magníficos sentimientos. Cuanto más los envías, más fuertes se vuelven. Piensa en todos los habitantes de tu pueblo o ciudad y haz lo mismo. Repite el procedimiento con todos los habitantes de tu país. Sigue con todos los habitantes del mundo y después con todos los seres sensibles del planeta. Termina formulando el deseo y enviando los mismos sentimientos positivos a todos los seres de todo tipo que habitan el universo.

3. Dirigir el deseo hacia ti mismo

Ahora, dirige todos estos sentimientos hacia ti mismo. Recuérdate que eres tan digno y merecedor de paz, amor y felicidad como cualquier otra persona. Amarte y aceptarte —con todos tus errores y defectos— es el camino más directo hacia amar y aceptar a los demás. Dite a ti mismo:

Como no soy menos merecedor que cualquier otra persona,
que pueda seguir estando libre de sufrimiento.
Que pueda seguir estando libre de animadversión.
Que pueda seguir estando lleno de bondad amorosa.
Que pueda seguir siendo verdaderamente feliz.

Para concluir, sostén el fuerte deseo de que estos sentimientos sigan claramente presentes en ti y decide vivir de una manera que lo haga posible. Proponte encarnar estas preciosas cualidades de la mente para compartirlas con los demás. Es decir, comprométete a utilizar esta meditación como un modelo para la práctica de la bondad amorosa en la vida diaria.

UN APUNTE FINAL

No es raro que haya personas que se sientan reticentes a realizar esta práctica porque les parece artificial. Por favor, no la juzgues hasta haberla probado. Es una de las prácticas meditativas más potentes que se conocen para transformar el funcionamiento de la mente. No es necesario que creas que los sentimientos de bondad amorosa que envías tienen ningún efecto literal sobre los demás, aunque siempre es bueno creerlo. El tema clave es que todos poseemos infinitas «reservas» de paciencia, perdón, compasión, amor y felicidad dentro de nosotros. Esta práctica ejercita la mente y el corazón para que aprovechen esos recursos con mayor facilidad. La satisfacción y el disfrute que genera acaban por hacer que el acceso a estos recursos tenga lugar de forma automática.

Las jhãnas

¿QUÉ ES JHĀNA?

Jhāna puede referirse tanto a la meditación en general como a un tipo específico de estado meditativo avanzado. La palabra pali *jhāna* proviene originalmente del verbo *jhāyati*, que significa 'meditar', y el término tradicional para designar al meditador es *jhāyim*. Algunos han comparado, jocosamente, la palabra *jhāna* con el verbo *jhāpeti*, que significa 'quemar', porque la práctica *jhāna* «quema» las impurezas mentales.[1]

Utilizada en sentido general, *jhāna* indica cualquier tipo de meditación en que la atención es bastante estable, a diferencia de la meditación de los noveles, caracterizada por la divagación mental, las distracciones fuertes y el embotamiento. Por lo tanto, cualquier meditación que se aborde en la sexta etapa y más adelante se puede llamar *jhāna* en este sentido.[2] Utilizada en el sentido específico, *jhāna* se refiere a ciertos estados de «absorción» que tienen lugar en el contexto de la meditación. Estar absorbido mentalmente en algo es justo lo que parece: la mente permanece totalmente implicada con un objeto en particular. Algunos sinónimos habituales de *absorción mental* son *concentración*, *atención total*, *inmersión* y *estar absorto* o *cautivado*.

Todo el mundo ha estado mentalmente absorto con algo en un momento u otro y sabe que estas absorciones pueden adoptar muchas formas diferentes. Sin embargo, las *jhāna* difieren de otras absorciones mentales en tres aspectos importantes: la absorción es saludable, los factores *jhánicos* están presentes y la absorción tiene lugar en el contexto de la meditación.

En primer lugar, no todas las absorciones son saludables. Pueden estar basadas en la codicia, la lujuria, la ira, el odio, la apatía, la adicción, el escape, el miedo, la preocupación, la culpa, el cinismo, la inseguridad, la autocompasión o el odio hacia sí mismo. Todo esto son manifestaciones de los cinco obstáculos que se describen en el primer interludio. Para que una absorción sea del tipo saludable conocido como *jhāna*, no debe estar en absoluto presente ninguno de los cinco obstáculos, aunque solo sea temporalmente. Así es como los *suttas* explican esta distinción entre las absorciones saludables y las no saludables:

> Brahmán, el Bendito no alabó todo tipo de absorciones mentales, ni tampoco criticó todo tipo de absorciones mentales. ¿Qué tipo de absorciones mentales no alabó? Está el caso del individuo que vive con la conciencia vencida por la pasión sensual, presa de la pasión sensual. No discierne el escape, que ya está presente, de la pasión sensual una vez que ha surgido. Haciendo de la pasión sensual el punto focal, se absorbe a sí mismo en ella [...]
>
> Él vive con la conciencia vencida por la mala voluntad [...]
>
> Él vive con la conciencia vencida por la pereza y la somnolencia [...]
>
> Él vive con la conciencia vencida por la inquietud y la ansiedad [...]
>
> Él vive con la conciencia vencida por la incertidumbre, presa de la incertidumbre [...] Este es el tipo de absorción mental que el Bendito no alabó.
>
> Y ¿qué tipo de absorción mental alabó? La del monje —bastante retirado de la sensualidad, retirado de las cualidades (mentales) groseras— que entra en la primera *jhāna* y permanece en ella [...]
>
> *Gopaka Moggallana Sutta*, MN 108[3]

Sin embargo, la mayoría de las absorciones saludables (como la jardinería o la pintura, por ejemplo) tampoco son *jhānas*. Esto nos lleva a la segunda forma en que las *jhānas* difieren de otras absorciones: los llamados factores *jhánicos* deben estar presentes en la mente. Estos factores son: la atención dirigida y sostenida (*vitakka* y *vicara*), el gozo meditativo (*pīti*), el placer corporal y la felicidad mental —o el placer/felicidad, para abreviar (*sukha*)— y la ecuanimidad (*upekkhā*). La unificación de la mente (*cittas'ekagata*)[4] se cuenta a veces entre los factores *jhánicos*.[5]

La unificación de la mente está presente en diversos grados en cada *jhāna*, pero cuáles de los otros cinco factores están también presentes varía de una *jhāna* a otra. Para que sea una *jhāna*, debe accederse a la absorción desde un estado marcado por la estabilidad de la atención (los factores de *vitakka* y *vicara*), el gozo (*pīti*) y el placer o la felicidad (*sukha*).[6] Estos cuatro factores están también presentes en la primera *jhāna*, pero, como se va a explicar en detalle, se apartan de uno en uno en las *jhānas* posteriores. La ecuanimidad (*upekkhā*) solo se encuentra en la tercera y cuarta *jhānas*.

Sin embargo, la mera presencia de estos factores *jhánicos* tampoco es suficiente para calificar una absorción saludable como *jhāna*. Después de todo, la mayoría de nosotros hemos experimentado absorciones fuera de la meditación que incluían los primeros cuatro factores *jhánicos*. Piensa en momentos en los que has estado totalmente absorto en alguna actividad placentera y satisfactoria *que requería cierta habilidad*. Mientras realizabas la actividad, podías sentir como si se hubiese encendido un «interruptor» en tu interior, ya que la tarea pasaba, de pronto, a no requerir esfuerzo. En este estado todo fluye sin problemas, como por arte de magia. Si eres deportista, esto forma parte del *estado de zona*. Si eres un concertista de piano, significa que tienes una de esas raras actuaciones en que todo parece ir a la perfección. Estas experiencias óptimas, que surgen en el contexto de una absorción, se conocen en la psicología positiva como *estados de fluencia*.[7] Un destacado psicólogo describe la experiencia de fluencia de esta manera:

> Las personas acostumbran a sentirse fuertes, alertas, ejerciendo un control sin esfuerzo, inconscientes de sí mismas y en el punto álgido de sus capacidades. Tanto el sentido del tiempo como el de los problemas emocionales parecen desaparecer, y hay una estimulante sensación de trascendencia.[8]

Las experiencias de fluencia no *jhánicas* pueden tener lugar en una amplia variedad de actividades cotidianas, pero *jhāna* hace referencia solamente a las experiencias de fluencia que acontecen como parte de la meditación. En la sexta etapa se describe cómo la meditación puede convertirse en una experiencia de fluencia. Cuando se logra un estado de fluencia como parte de la práctica, esta experiencia se denomina *jhāna*. Esta es la tercera y última diferencia entre *jhāna* y las absorciones ordinarias.

Podemos resumir estos tres puntos diciendo que *jhāna* se refiere específicamente a *absorciones saludables, del tipo «experiencias de fluencia», que tienen lugar en el contexto de la meditación*.

LA PROFUNDIDAD DE LA ABSORCIÓN

¿Qué profundidad debe tener una absorción para que pueda considerarse que es una *jhāna*? Esta cuestión ha provocado un desacuerdo y una confusión considerables a lo largo de milenios. Algunos comentarios budistas describen *jhāna* como un estado de absorción extraordinariamente profundo. Por otro lado, los *suttas* y muchos otros textos budistas tratan *jhāna* (y sus equivalentes: *dhyāna* en sánscrito, *chán* en chino y *zen* en japonés) casi como sinónimo de *meditación*, lo que sugiere que el término *jhāna* incluía, en sus orígenes, estados de absorción relativamente ligeros. Una conclusión razonable, por lo tanto, es que *todos* los estados de absorción que tienen lugar en el contexto de la meditación, *de cualquier grado*, son *jhāna*, siempre que sean saludables y estables y estén asociados con los factores *jhánicos*.[9]

El estado desde el que se entra en *jhāna* se conoce como **concentración de acceso**.[10] A medida que se avanza por las diez etapas, la mente se unifica cada vez más. Cuanto más unificada esté la mente en el acceso, antes de que acontezca la absorción, más profunda será la *jhāna* en que se entre.

LOS DISTINTOS TIPOS DE *JHĀNA*: LAS CUATRO *JHĀNAS* CON FORMA Y LAS VARIANTES SIN FORMA DE LA CUARTA *JHĀNA*

Puede ser que hayas oído hablar de ocho *jhānas*. Técnicamente, sin embargo, solo hay cuatro *jhānas*, más cuatro variantes especiales de la cuarta. Las cuatro *jhānas* estándar se llaman las *jhānas con forma*, ya que conservan ciertas cualidades relacionadas con la esfera material de los sentidos, como una conciencia del cuerpo y un sentido de la ubicación en el espacio. Las cuatro variantes especiales de la cuarta *jhāna* se denominan *sin forma* porque se abandona toda conexión subjetiva con el ámbito material de los sentidos. Los *suttas* definen las cuatro *jhānas* con forma de esta manera:

Primera jhāna:

A. La mente del meditador ha dejado de buscar los placeres sensuales y está libre de todos los estados nocivos de la mente (es decir, los cinco obstáculos).

B. Hay cuatro factores *jhánicos* presentes como parte de la experiencia de absorción: la atención dirigida (*vitakka*), la atención sostenida (*vicara*), el gozo meditativo (*pīti*) y el placer corporal/felicidad (*sukha*). La atención está totalmente absorbida en el objeto de meditación, es decir, se *dirige* en repetidas ocasiones al objeto en cada nuevo momento de atención y se *sostiene* en él a lo largo de una serie continua de momentos. Los momentos de conciencia introspectiva tienen como objetos una «percepción verdadera pero sutil»[11] del *estado mental de gozo*, y *sensaciones de placer y felicidad*.

C. Se dice que el gozo meditativo y el placer/felicidad de la primera *jhāna* «nacen de la retirada»[12] (de la mente respecto de las distracciones, las cuales ignora completamente). El meditador alcanza un estado de fluencia a través de la actividad de sostener la atención exclusiva.

Segunda jhāna:

A. El meditador goza de confianza y unificación de la mente (*ekagata*).

B. Junto con la unificación, hay dos factores *jhánicos* presentes: el gozo meditativo (*pīti*) y el placer corporal/felicidad (*sukha*). Puesto que la unificación de la mente ha eliminado las posibles distracciones, la atención dirigida y sostenida (*vitakka* y *vicara*) ya no forma parte de la absorción. Es decir, puede ser que no haya momentos de *atención* en absoluto, especialmente con las formas más profundas de la segunda *jhāna*. Los momentos de conciencia introspectiva siguen teniendo lugar y tienen como objetos el estado mental de gozo y las sensaciones de placer corporal/felicidad.

C. En la segunda *jhāna*, se dice que el gozo meditativo y las sensaciones de placer/felicidad «nacen de la concentración»,[13] en lugar de hacerlo de la retirada, como en la primera *jhāna*. En otras palabras, el gozo y el placer/felicidad derivan de la unificación de la mente en un nivel inconsciente profundo, más que de la atención sostenida en un estado de enfoque exclusivo.

Tercera jhāna:

A. El meditador goza de *mindfulness* (*sati*) con clara comprensión (*sampajañña*). Por decirlo de otra manera, la consciencia está dominada por una potente conciencia introspectiva metacognitiva.

B. Hay dos factores *jhánicos* presentes: el placer corporal/felicidad (*sukha*) y la ecuanimidad (*upekkhā*). Aunque la mente sigue estando en un estado de gozo meditativo a lo largo de esta absorción, la conciencia introspectiva del gozo ya no forma parte de la experiencia consciencial. La conciencia del gozo es sustituida por la conciencia de una ecuanimidad que va en aumento.

C. Los *suttas* dicen del meditador que está experimentando la tercera *jhāna* que «tiene una morada agradable con ecuanimidad y *mindfulness*».[14]

Cuarta jhāna:

A. El meditador experimenta la forma más pura de *mindfulness* (*satisampajañña*) debida a la ecuanimidad profunda (*upekkhā*).

B. El único factor *jhánico* presente es la ecuanimidad (*upekkhā*). Las sensaciones de placer y felicidad ya no aparecen en la conciencia introspectiva.

C. En los *suttas* se dice que la mente del meditador que se encuentra en la cuarta *jhāna* está «concentrada, purificada, libre de imperfecciones», que es «brillante, intachable, dócil, maleable, manejable y estable», y que «ha alcanzado la imperturbabilidad».[15] La facultad de la conciencia introspectiva metacognitiva llena totalmente la experiencia consciencial. Cualquier información que entra en la consciencia procedente de cualquier otra parte de la mente se conoce a través de esta facultad. La cuarta *jhāna* es, pues, como una ventana a través de la cual pueden verse las profundas operaciones inconscientes de la mente. El «objeto de meditación» ha pasado a ser la mente misma.

Más allá de las primeras cuatro jhānas

Con el dominio de la cuarta *jhāna*, pasan a estar disponibles otras tres modalidades de práctica. Aquí solo se mencionarán brevemente; un análisis en profundidad está mucho más allá de las posibilidades de este apéndice.

La primera práctica consiste en cultivar los denominados *altos conocimientos de tipo mundano*. Son estos:

1. Los *poderes superiores*,[16] que se dice que permiten a un yogui realizar milagros como caminar sobre el agua o atravesar paredes.
2. El oído divino,[17] que permite al yogui oír palabras y sonidos producidos en lugares distantes a través de los oídos de otros seres.
3. El ojo divino,[18] que permite al yogui ver a través de los ojos de otros seres, y saber así lo que está sucediendo en lugares distantes y lo que sucederá en el futuro.
4. Conocer las mentes de los demás,[19] lo cual constituye una forma de telepatía.
5. Recordar «vidas pasadas».[20]

La segunda modalidad de práctica se sirve de la conciencia introspectiva metacognitiva para investigar la naturaleza de la mente y de los objetos proyectados en la consciencia por las submentes inconscientes.[21] Con esta práctica se eliminan las impurezas mentales, lo que conduce a un conocimiento superior en forma del *Insight* supramundano y el Despertar a la verdadera naturaleza de la realidad. Juntos, los cinco conocimientos mundanos de la primera modalidad de práctica y el conocimiento supramundano de la segunda constituyen lo que se conoce como los *seis conocimientos superiores*.[22]

La tercera modalidad de práctica consiste en cultivar las cuatro variantes sin forma de la cuarta *jhāna*.

Las jhãnas sin forma

En el avance a través de las cuatro primeras *jhānas*, primero la atención, después el gozo y finalmente el placer/felicidad se abandonan en favor de la ecuanimidad. Las cuatro variantes sin forma de la cuarta *jhāna* comparten los mismos factores mentales: la ecuanimidad y la unificación de la mente. Se las llama *sin forma* porque están totalmente separadas de cualquier conexión subjetiva con el continuo espacio-tiempo material. Cada *jhāna* sin forma es una absorción completa en la percepción particular que le sirve de base. Nuestras percepciones son fabricaciones de la mente, representaciones mentales que sirven para interpretar las aportaciones de los seis sentidos (el sentido mental es el sexto). La percepción consciente[23] tiene lugar cada vez que una de estas fabricaciones mentales pasa a ser un objeto de la consciencia. Lo que cambia de una *jhāna* sin forma a otra son las fabricaciones mentales de las que somos conscientes en cada caso.

La primera *jhāna* sin forma es conocida como la *jhāna* del espacio infinito. Se alcanza por medio de adoptar la percepción de estar situado en el espacio, y a continuación expandir esta percepción del espacio hasta volvernos conscientes del espacio «infinito».

La segunda *jhāna* sin forma, la *jhāna* de la consciencia infinita, deriva naturalmente de la consciencia del espacio infinito. Es decir, la consciencia del espacio infinito da lugar a la percepción de la consciencia infinita. Algunos han sugerido que, en esta *jhāna*, la consciencia se está literalmente conociendo a sí misma, pero esto es incorrecto. Una vez más, aquello de lo que se es consciente en estos logros «sin forma» es de *fabricaciones* mentales específicas que surgen *en* la consciencia. En este caso, simplemente somos conscientes de una fabricación mental que representa la «consciencia infinita».

La tercera *jhāna* sin forma es la *jhāna* de la nada, que procede directamente de la contemplación del espacio infinito y la consciencia infinita. Como en el caso de la *jhāna* anterior, esta «nada» es solo una invención mental, que en este caso está interpretando la *ausencia* de estímulos sensoriales. El hecho de que la base de la nada represente una *ausencia* hace que esta construcción mental sea única entre todas las demás, que representan inevitablemente distintos tipos de *presencia*. La experiencia de tomar conciencia de la percepción de la nada y absorberse completamente en ella se parece, superficialmente, al cese de las formaciones mentales, o *consciencia sin objetos*, que se describía en el sexto interludio, aunque es bastante diferente de ello.

La última *jhāna* sin forma se dice que ni es la base de la percepción ni de la no percepción. La percepción correspondiente a la nada se abandona, aunque la mente *no* entra en un estado de *no percepción*[24] (el término *no percepción* describe los estados de sueño profundo e inconsciencia). Al pasar «más allá» de la nada, pero no a la no percepción, se alcanza la cuarta *jhāna* sin forma.[25] Hay poco que decir acerca de este estado meditativo en términos de la experiencia subjetiva; solamente se puede afirmar que el meditador permanece consciente. Es un estado que tampoco tiene ninguna utilidad práctica, aparte de demostrar el estado de consciencia más sutil posible.

Una mayor discusión sobre las modalidades de práctica que están más allá de la cuarta *jhāna* sobrepasa lo que se podría exponer en este apéndice.

LA PRÁCTICA DE LAS JHĀNAS

Se entra en las *jhānas* desde un estado llamado **concentración de acceso**. Para facilitar el acceso a ellas, la concentración debe ser lo bastante fuerte como para sostener la *atención exclusiva* el tiempo suficiente para lograr la absorción. Por otra parte, la mente debe estar lo bastante unificada como para que los **cinco obstáculos** resulten eliminados. Por último, los factores *jhánicos* del gozo y el placer/felicidad deben estar presentes. Cuando se cumplen estos requisitos básicos y se entra en un estado de fluencia estable, el cual se describe en la sexta etapa, se está en *jhāna*. Lo «profunda» que sea la *jhāna* depende de lo unificada que esté la mente en la concentración de acceso. Cuanto mayor es la unificación en el acceso, más profunda es la *jhāna*.

Distintas técnicas para entrar en *jhāna* conducen a distintos grados de absorción. A continuación se exponen tres prácticas *jhánicas* diferentes para ilustrar tanto la naturaleza de *jhāna* como las distinciones entre las absorciones menos profundas y más profundas. Lo que se va a presentar no constituye, en modo alguno, una lista exhaustiva de las prácticas *jhánicas*.

Se accede a cada uno de estos tipos de *jhānas* desde una determinada etapa,[26] y deben sus nombres al objeto de meditación utilizado para entrar en la primera *jhāna*. Se entra en las *jhānas* de todo el cuerpo desde la sexta etapa, usando las sensaciones relacionadas con la respiración experimentadas en todo el cuerpo como objeto. A las *jhānas* del placer se accede desde la séptima etapa, por medio de centrarse en las sensaciones placenteras. Las *jhānas* luminosas, a las que se entra desde la octava etapa y más adelante, utilizan una luz generada internamente como objeto. Las cuatro *jhānas* con forma y las variantes sin forma de la cuarta *jhāna* pueden alcanzarse usando *cualquiera* de estas tres técnicas.

Estas tres variedades de *jhāna* se pueden disponer a lo largo de un espectro de profundidad: las *jhānas* de todo el cuerpo son «muy *light*», las *jhānas* del placer son «*light*» y las *jhānas* luminosas son «profundas». Se ha usado el término popular *light*, que hace referencia a que un determinado producto tiene los mismos ingredientes que otro, pero en menor cantidad. De la misma manera, las *jhānas light* y muy *light* tienen los mismos factores *jhánicos*, incluida la unificación de la mente (*cittas'ekagata*), pero no tan fuertemente desarrollados como en las *jhānas* profundas. *Light* también puede significar una versión más simple de algo: la renuncia a la complejidad en aras de una aplicación más fácil, lo cual también es apropiado. Las *jhānas* muy *light* y *light* son más simples y accesibles que las *jhānas* profundas: se puede entrar en *jhāna* en etapas anteriores por medio de retirar la mente de los sentidos (docilidad física). Por contraste con las *jhānas light* y muy *light*, las *jhānas* luminosas son *jhānas* profundas, en que se usa una «luz» interior como objeto de meditación para entrar en la primera *jhāna*.

LA PRÁCTICA DE LAS JHĀNAS DE TODO EL CUERPO

La sexta etapa es la más temprana en que se puede acceder a *jhāna* y sostenerla. Esto se debe a que se ha alcanzado una conciencia introspectiva lo suficientemente continua como para evitar perderse entre distracciones o hundirse en el embotamiento. Las *jhānas* de todo el cuerpo son un tipo de *jhāna* muy *light* al que se puede acceder desde un estado correspondiente a la sexta etapa. Incluso si no se está en la sexta etapa en la práctica diaria, se puede alcanzar este estado después de permanecer varios días en un retiro intensivo.

Se entra en las *jhānas* de todo el cuerpo utilizando las sensaciones de la respiración en todo el cuerpo como objeto de meditación. A diferencia de lo que ocurre en las *jhānas light* y profundas, la atención persiste a lo largo de las *jhānas* segunda a cuarta, lo cual hace que las *jhānas* de todo el cuerpo más elevadas constituyan una excepción a las definiciones que se dan en el último apartado. Esto se debe a que la mente no está todavía lo suficientemente unificada o no es lo bastante estable como para abandonar por completo un objeto de atención específico.

La entrada en la primera jhāna de todo el cuerpo

El método para entrar en la primera *jhāna* de todo el cuerpo se describe en detalle en la sexta etapa, por lo que no se va a repetir. Veamos ahora una descripción de lo que acontece con la primera *jhāna* de todo el cuerpo.

Se goza de una atención razonablemente estable, si bien el pensamiento discursivo sigue apareciendo en ocasiones, así como algunas investigaciones y evaluaciones intencionales. Además, cuanto más tiempo pasamos en estas *jhānas* de todo el cuerpo, más conscientes nos hacemos de un tipo de pensamiento no verbal que tiene lugar «por debajo de la superficie». Al igual que las corrientes que discurren bajo la superficie del agua, estos movimientos sutiles de la mente solo se hacen evidentes a través de las tenues ondas que producen. Su presencia en las *jhānas* muy *light* y *light* no altera la absorción.

Tiene lugar una conciencia del estado mental de gozo (el factor *jhánico* de *pīti*). El factor *jhánico* de *sukha* está presente como placer corporal y como felicidad mental, aunque no es tan intenso como las *jhānas* del placer y las luminosas. Los sentidos no se han apaciguado, por lo que, en la primera y segunda *jhānas* de todo el cuerpo, la conciencia periférica tiende a estar dominada por las sensaciones corporales, incluidas las sensaciones energéticas asociadas a *pīti*. Estas sensaciones interrumpen a menudo la *jhāna*, lo cual hace que sea muy inestable, si bien esto da al meditador muchas oportunidades de practicar no hacer caso a dichas sensaciones y regresar a la *jhāna* de inmediato.

La cantidad de tiempo que se permanece en *jhāna* depende de una especie de «impulso» que se genera a través de la intención antes de entrar en ella. Cuando la intención de permanecer en *jhāna* se ha agotado, «asomamos», como un corcho sumergido cuando irrumpe en la superficie. Cuanto más fuerte es la intención de permanecer en *jhāna*, más tiempo tarda en deteriorarse bajo la influencia de otras intenciones, y más tiempo se permanece en ella. Practica estar en *jhāna* durante períodos más largos por medio de generar una intención más fuerte en el acceso. Cuando la primera *jhāna* se haya estabilizado lo suficiente como para que puedas entrar fácilmente en ella y permanecer ahí durante quince minutos o más, estarás listo para intentar acceder a la segunda *jhāna* de todo el cuerpo. Recuerda que no es necesario aspirar a las *jhānas* superiores por sí mismas. La práctica de las *jhānas* siempre debe estar guiada por fines específicos, tales como acelerar el progreso a través de las etapas del *śamatha*, o por intenciones avanzadas, como alcanzar el *Insight*.

La segunda jhāna de todo el cuerpo

En la primera *jhāna*, las sensaciones de la respiración en todo el cuerpo son el objeto de la atención y están en primer plano, mientras que el gozo y el placer/felicidad están en segundo plano como parte de la conciencia periférica. Pasar a la segunda *jhāna* consiste en una especie de inversión de lo que se halla en el primer plano y en el segundo. La *atención* continúa centrada en

TABLA 6. COMPARACIÓN ENTRE LAS *JHĀNAS*		
Las *jhānas* de todo el cuerpo (*jhāna* muy *light*)	**Las *jhānas* del placer (*jhāna* *light*)**	**Las *jhānas* luminosas (*jhāna* profunda)**
Acceso: sexta etapa **Objeto para entrar**: sensaciones de la respiración en todo el cuerpo	**Acceso**: séptima etapa **Objeto para entrar**: placer sentido en el cuerpo	**Acceso**: octava etapa y más adelante **Objeto para entrar**: luz generada internamente (*nimitta*)
1.ª *JHĀNA* DE TODO EL CUERPO	1.ª *JHĀNA* DEL PLACER	1.ª *JHĀNA* LUMINOSA
Atención: *vitakka* y *vicara* en las sensaciones de la respiración en todo el cuerpo son acentuadas **Conciencia**: *pīti* y *sukha* (como placer y felicidad) están en segundo plano pero no son intensos • Sensaciones físicas energéticas asociadas con *pīti* dominan la conciencia periférica • Hay algo de pensamiento discursivo presente en la conciencia periférica	**Atención**: *vitakka* y *vicara* en las sensaciones físicas placenteras (*sukha*); sensaciones energéticas de *pīti* pueden estar también presentes en la atención **Conciencia**: *pīti* y *sukha* (como felicidad) son más intensos • Sensaciones físicas energéticas asociadas con *pīti* están presentes en la conciencia periférica • Ocasionalmente pueden aparecer pensamientos discursivos en la conciencia	**Atención**: *vitakka* y *vicara* en el *nimitta* luminoso **Conciencia**: *pīti* y *sukha* (como placer y felicidad) son bastante intensos • Sensaciones físicas energéticas asociadas con *pīti* están presentes en la conciencia periférica pero no son perturbadoras o desagradables • El pensamiento discursivo está totalmente ausente y la *jhāna* ahora es inestable, así que un pensamiento o intención puede aparecer brevemente cuando emerges momentáneamente
2.ª *JHĀNA* DE TODO EL CUERPO	2.ª *JHĀNA* DEL PLACER	2.ª *JHĀNA* LUMINOSA
Atención: *vitakka* y *vicara* en las sensaciones de la respiración en todo el cuerpo siguen estando ahí, pero ya no son acentuadas **Conciencia**: *pīti* y *sukha* (como placer y felicidad) dominan la experiencia consciencial • Sensaciones energéticas de *pīti* siguen presentes en la conciencia periférica • El pensamiento discursivo se está desvaneciendo	**Atención**: los últimos restos de *vitakka* y *vicara* en las sensaciones energéticas de *pīti* se ven pronto abandonados **Conciencia**: *sukha*, como placer, se suma a *pīti* y *sukha* como felicidad en la conciencia periférica • Sensaciones energéticas de *pīti* siguen presentes en la conciencia periférica • El pensamiento discursivo se desvanece	**Atención**: *vitakka* y *vicara* han cesado por completo **Conciencia**: El *nimitta*, *pīti* y *sukha* (como placer y felicidad) llenan la conciencia • Algunas sensaciones energéticas de *pīti* siguen presentes en la conciencia periférica • El pensamiento discursivo está totalmente ausente y la *jhāna* ahora es estable

TABLA 6. COMPARACIÓN ENTRE LAS *JHĀNAS*		
Las *jhānas* de todo el cuerpo (*jhāna* muy *light*)	**Las *jhānas* del placer (*jhāna* *light*)**	**Las *jhānas* luminosas (*jhāna* profunda)**
3.ª *JHĀNA* DE TODO EL CUERPO	3.ª *JHĀNA* DEL PLACER	3.ª *JHĀNA* LUMINOSA
Atención: *vitakka* y *vicara* en las sensaciones de la respiración en todo el cuerpo siguen presentes en segundo plano. **Conciencia:** la conciencia de *pīti* ha cesado y *sukha* (como placer y felicidad) domina la experiencia consciencial; la ecuanimidad empieza a aflorar • Las sensaciones energéticas de *pīti* desaparecen de la conciencia periférica • El pensamiento discursivo está casi totalmente ausente	**Atención:** *vitakka* y *vicara* han cesado por completo **Conciencia:** la conciencia de *pīti* ha cesado y *sukha* (como placer y felicidad) domina la experiencia consciencial; la ecuanimidad empieza a aflorar • Las sensaciones energéticas de *pīti* pueden desaparecer totalmente de la conciencia periférica, o ser tan intensas que queden algunos residuos débiles de ellas • El pensamiento discursivo está totalmente ausente	**Atención:** *vitakka* y *vicara* han cesado por completo **Conciencia:** la conciencia de *pīti* ha cesado y *sukha* (como placer y felicidad) domina la experiencia consciencial; la ecuanimidad empieza a aflorar • Las sensaciones energéticas de *pīti* desaparecen de la conciencia periférica • El pensamiento discursivo está totalmente ausente
4.ª *JHĀNA* DE TODO EL CUERPO	4.ª *JHĀNA* DEL PLACER	4.ª *JHĀNA* LUMINOSA
Atención: *vitakka* y *vicara* en las sensaciones de la respiración en todo el cuerpo pueden seguir débilmente presentes en segundo plano, o cesar por completo **Conciencia:** *upekkhā* reemplaza a *sukha* • Las sensaciones energéticas de *pīti* han desaparecido de la conciencia • El pensamiento discursivo está totalmente ausente	**Atención:** *vitakka* y *vicara* han cesado por completo **Conciencia:** *upekkhā* reemplaza a *sukha* • Los últimos restos de las sensaciones energéticas de *pīti* desaparecen de la conciencia • El pensamiento discursivo está totalmente ausente	**Atención:** *vitakka* y *vicara* han cesado por completo **Conciencia:** *upekkhā* reemplaza a *sukha* • Las sensaciones energéticas de *pīti* han desaparecido de la conciencia • El pensamiento discursivo está totalmente ausente

las sensaciones de la respiración en el cuerpo, pero ya no es prominente. En su lugar, la *conciencia del gozo* y el placer/felicidad pasa a primer plano y domina la experiencia consciencial —pero con una cualidad transparente que sigue permitiendo prestar atención a las sensaciones de la respiración en todo el cuerpo—. Esto difiere de las descripciones clásicas, en que la atención dirigida y sostenida cesa totalmente en la segunda *jhāna*. El pensamiento verbal y la investigación también siguen teniendo lugar, pero disminuyen considerablemente en la segunda *jhāna*, para finalmente desaparecer por completo hacia la cuarta. Con la experiencia, la segunda *jhāna* se vuelve más estable, y la intensidad de las sensaciones energéticas asociadas con el gozo meditativo pasa a ser más molesta y fatigosa. Este es el momento de intentar experimentar la tercera *jhāna*.

La tercera jhāna de todo el cuerpo

Para acceder a la tercera *jhāna*, primero hay que ser capaz de distinguir claramente el gozo (*pīti*) como *estado mental* del placer y la felicidad (*sukha*) como *sensaciones*. El gozo es enérgico y agitador, mientras que el placer/felicidad tiene una cualidad apacible, complacida, incluso calmante. Cuando se puede discernir claramente la diferencia entre ambos, se entra en la tercera *jhāna* por medio de permitir que el placer corporal y la felicidad mental llenen la conciencia. La conciencia del placer/felicidad desplaza por completo toda conciencia del gozo y las sensaciones físicas energéticas asociadas con él. El pensamiento discursivo rara vez aparece en la conciencia periférica. La conciencia tiene la misma cualidad de transparencia que en la *jhāna* anterior, y la atención sigue centrándose en las sensaciones de la respiración en todo el cuerpo. En algún momento durante la práctica de la tercera *jhāna*, es posible que experimentes una sensación creciente de ecuanimidad. La experimentarás como algo incluso más sereno y satisfactorio que el placer/felicidad. Será entonces cuando estarás listo para intentar alcanzar la cuarta *jhāna*.

La cuarta jhāna de todo el cuerpo

En esta *jhāna* se abandona el placer y la felicidad, de modo que solo permanecen la ecuanimidad y la unificación de la mente. Esto de soltar por completo el placer/felicidad es mucho más fácil decirlo que hacerlo: las submentes del inconsciente profundo seguirán aferradas a ello, así que no esperes que esto ocurra rápidamente. El éxito requiere una intención muy fuerte y clara desarrollada a lo largo del tiempo. Cuando puedas llenar totalmente de ecuanimidad la conciencia, serás capaz de entrar en la cuarta *jhāna*. La atención al objeto de meditación puede cesar en la cuarta *jhāna*, o puede seguir teniendo una débil presencia en la consciencia.

En general, es mucho más fácil dejar una *jhāna*, volver a la concentración de acceso y luego entrar en la siguiente *jhāna* desde el acceso. A medida que te familiarices con las distintas *jhānas*, sin embargo, es posible que solamente puedas establecer la intención de permanecer en una *jhāna* durante un tiempo, y a continuación pasar automáticamente a la siguiente.[27]

Aunque estas *jhānas* de todo el cuerpo son relativamente poco profundas, responden a todos los criterios de una auténtica *jhāna*. Son muy útiles para que la concentración sea más profunda y para unificar aún más la mente. También pueden producir el *Insight*.

LA PRÁCTICA DE LAS JHĀNAS DEL PLACER

Las *jhānas* del placer son una especie de *jhānas light*, a las que se accede desde un estado correspondiente a la séptima etapa. La concentración de acceso se caracteriza por la **atención exclusiva** con muy poco «ruido» de fondo y casi ningún pensamiento discursivo. Todos los pensamientos que siguen teniendo lugar son en su mayoría no verbales y aparecen con poca frecuencia en segundo plano, distantes. La respiración es débil, lenta y poco profunda, aunque las sensaciones que provoca siguen siendo bastante claras. De hecho, puesto que la percepción sensorial es muy aguda, pueden llegar a resultar casi incómodas. Es decir, estamos *totalmente presentes con la respiración*. Incluso si no se está en la séptima etapa en la práctica diaria, este estado de acceso puede alcanzarse a menudo después de varios días de retiro.

El objeto de meditación para entrar en la primera *jhāna* del placer es una sensación de placer corporal (*sukha*), a menudo en combinación con las sensaciones energéticas (corrientes, vibraciones, etc.) que acompañan al surgimiento del gozo meditativo (*pīti*). La concentración de acceso debe ser estable y sostenerse durante un período razonable antes de que se esté listo para asumir este nuevo objeto —durante diez o quince minutos inicialmente, que se van reduciendo hasta llegar a tan solo cinco minutos cuando se tiene más experiencia.

Encuentra una sensación agradable en alguna parte del cuerpo. Mantén la atención enfocada en esa sensación agradable, hasta llegar a sumergirte totalmente en ella. También es correcto prestar atención a sensaciones energéticas. En un primer momento, la sensación placentera acaso se desvanezca, y tendrás que volver a la respiración. Tarde o temprano, sin embargo, encontrarás que la intensidad del placer se incrementa al centrarte en él. Pero entonces se detendrá, y tendrás la tentación de «ayudarlo» a mantenerse. Resiste este impulso, ya que no te va a funcionar. Todo lo que puedes hacer es crear las condiciones adecuadas para *jhāna*, y a continuación quitarte de en medio. Una vez que se han creado las condiciones, se trata de *ser* más que de *hacer*, de *rendirse* a la experiencia más que de *aferrarse* a ella.

La entrada en la primera jhāna del placer

A medida que te centres en el placer, se hará más fuerte. En algún momento podrás sentir como si te estuvieras hundiendo en la sensación agradable, o como si se hubiese expandido para consumir todo tu «ancho de banda» consciencial disponible. Cuando ocurra esto, habrás entrado en la primera *jhāna*. Si ya has practicado las *jhānas* de todo el cuerpo, reconocerás la sensación inmediatamente (en el capítulo dedicado a la séptima etapa se ofrecen instrucciones más detalladas). Practica entrar y permanecer en la primera *jhāna* hasta que puedas entrar y permanecer fácilmente en ella durante quince minutos o más. Esto puede suponer varios días si estás en un retiro profundo, y mucho más tiempo en el curso de la práctica diaria.

A medida que te familiarices más con la primera *jhāna* del placer, acabarás por tomar conciencia de una cualidad «ocupada» o «ruidosa» que hará que sea poco satisfactoria. En ese momento estás listo para probar a entrar en la segunda *jhāna*.[28]

La segunda jhāna del placer

Al igual que ocurre con la segunda *jhāna* de todo el cuerpo, entrar en la segunda *jhāna* del placer implica una inversión de lo que está en primer plano y lo que está en segundo plano. En primer plano tenemos la *atención*, centrada principalmente en la sensación agradable (*sukha* en forma física), si bien también alterna con vibraciones energéticas, corrientes y otras sensaciones corporales asociadas con el surgimiento de *pīti*. En segundo plano está la conciencia periférica del estado mental de gozo y hay sentimientos de felicidad (la forma mental de *sukha*).

Para efectuar la inversión, trae la *conciencia* del gozo y la felicidad al primer plano, junto con la conciencia del placer corporal, para que dominen la experiencia consciencial. La *atención* a las sensaciones que se experimentan en el cuerpo empieza a menguar y pasa al segundo plano. Algún vestigio de la atención centrada en las sensaciones energéticas de *pīti* puede seguir presente durante algún tiempo, pero pronto se desvanece por completo. Todo el campo de la experiencia consciencial se deja a la conciencia periférica, ahora totalmente ocupada con *pīti*, sus efectos energéticos secundarios y las dos formas de *sukha*.

Observa que en la segunda *jhāna* del placer solamente se presentan la **conciencia introspectiva** del gozo y la felicidad, y la **conciencia extrospectiva** del placer y las sensaciones energéticas asociadas a *pīti*. La experiencia familiar de la **atención** centrada en un objeto de meditación específico (*vitakka* y *vicara*) está ausente de las *jhānas* del placer segunda a cuarta. Esta práctica difiere de las *jhānas* de todo el cuerpo en este sentido, y es más como las *jhānas* luminosas más profundas. El pensamiento y la investigación son abandonados por completo después de la primera *jhāna*, aunque en ocasiones se puede experimentar que un pensamiento raro pasa por la conciencia periférica. Estos pensamientos están generalmente asociados con una intención establecida previamente, como la intención de abandonar la *jhāna* o pasar a la siguiente.

La tercera jhāna del placer

Las sensaciones físicas y los movimientos de energía asociados con *pīti* son bastante fuertes en la segunda *jhāna*. Llegan a ser molestos y vas a querer acceder, de forma natural, a la tercera *jhāna*, que es más apacible. Con el fin de hacer esta transición, sin embargo, primero tienes que ser capaz de discernir claramente la diferencia entre el placer y la felicidad como sensaciones (*sukha-vedanā*) frente al gozo como estado mental (*pīti-sankhāra*).

Recuerda que el placer/felicidad, por una parte, y el gozo, por la otra, *son dos cosas diferentes*. El primero es una *sensación* (o una *sensación/sentimiento*), mientras que el otro es un *estado mental* que da lugar a esa sensación/sentimiento. El problema es que el estado mental de gozo también da lugar a mucha energía mental. Esa energía es lo que en ciertas situaciones nos hace vibrar, saltar, incluso verter «lágrimas de alegría». En meditación, provoca que experimentemos vibraciones y corrientes de energía perturbadoras. En la segunda *jhāna* experimentamos estas sensaciones perturbadoras no porque la mente se encuentre en un estado de gozo, sino porque somos *continuamente conscientes* de ese estado de gozo.

La solución es que la mente se halle tan completamente absorbida en la conciencia del placer y la felicidad que toda conciencia del gozo se desvanezca. Cuando esto sucede, la mente permanece en un estado de gozo, pero las cualidades perturbadoras desaparecen de la consciencia. En ese momento se ha alcanzado la tercera *jhāna*, mucho más serena. Las sensaciones corporales placenteras que se experimentan son fuertes, pero difusas. Cualquier conciencia que quede en el cuerpo de las sensaciones energéticas relacionadas con *pīti* queda bastante silenciada.

La cuarta jhāna del placer

A medida que pasas más tiempo en la tercera *jhāna*, surge la ecuanimidad y se fortalece de forma gradual. Bastante paradójicamente, empiezas a sentirte insatisfecho con el placer y la felicidad que son las características definitorias de la tercera *jhāna*.[29] ¡Estás insatisfecho por estar satisfecho! Esa sutil *falta* de ecuanimidad indica que estás listo para la cuarta *jhāna*; sin embargo, no puedes entrar en ella hasta que la ecuanimidad se haya vuelto muy fuerte. El apego al placer y la felicidad se interpone en el camino de la ecuanimidad. Alcanzar la cuarta *jhāna* requiere, por lo tanto, prescindir a propósito de las sensaciones de placer y felicidad en el acceso y permitir que la mente se incline de forma natural hacia la profunda paz de la ecuanimidad. Se pueden experimentar algunos restos de las sensaciones energéticas debidas a *pīti*, pero desaparecen pronto de la conciencia.

LA PRÁCTICA DE LAS JHĀNAS LUMINOSAS

Las *jhānas* luminosas son un tipo de *jhāna* profunda a la que se accede desde un estado correspondiente a las etapas octava y superiores. Se las llama *profundas* porque requieren una concentración y un grado de unificación de la mente mucho más profundos que las otras *jhānas* que hemos visto. En las *jhānas* profundas, la atención al objeto de meditación se abandona definitivamente después de la primera *jhāna*, y no hay ningún pensamiento o investigación, incluso en la primera *jhāna*. Al igual que en las *jhānas light*, las sensaciones corporales placenteras persisten en cierta medida en las *jhānas* luminosas hasta la tercera, pero desaparecen por completo en la cuarta.[30]

Estas *jhānas* se denominan *luminosas* porque el objeto de meditación que se utiliza para entrar en la primera es el fenómeno de iluminación —la «luz» interior asociada con el surgimiento del gozo meditativo—. La concentración de acceso a estas *jhānas* se caracteriza por una unificación de la mente significativa, un *pīti* y un *sukha* bien desarrollados y la presencia del fenómeno de iluminación. La práctica de las *jhānas* luminosas requiere el nivel de concentración propio de un experto, por lo que casi nunca se alcanza antes de haber dominado por completo, al menos, la séptima etapa —en muy raras ocasiones, personas que aún no han dominado esta etapa pueden experimentar las cualidades del acceso en el contexto de retiros largos e intensivos.

La luz interior que se utiliza como objeto de meditación se denomina a menudo **nimitta**. Para entrar en la *jhāna* luminosa, hay que abandonar las sensaciones de la respiración, o cualquier otro objeto de meditación basado en los sentidos, en favor de este *nimitta* luminoso. El hecho de que esté generado por la mente, en lugar de tratarse de algo sensorial, es lo que hace que el *nimitta* conduzca especialmente a retirar la mente de los sentidos.[31] Además, la estabilidad relativa de un objeto generado por la mente permite una absorción más estable, y por lo tanto más profunda. En la octava etapa se ofrecen instrucciones detalladas para cultivar el *nimitta*.

Estas *jhānas* luminosas comparten muchas de las características de las etapas novena y décima; la mayor diferencia es que las *jhānas* son estados de absorción y estas otras características no lo son. La práctica de las *jhānas* luminosas puede ayudarte a dominar estas etapas con mayor rapidez, y se puede utilizar con bastante eficacia para cultivar el *Insight*.

La entrada en la primera jhāna luminosa

Una vez que el *nimitta* es lo suficientemente estable como para pasar a ser el objeto de la atención exclusiva, centrada en un solo punto, ya se está listo para entrar en la primera *jhāna* luminosa. Las instrucciones detalladas para ello también se ofrecen en la octava etapa. Absorberse en este *nimitta* no es algo que *haga* el meditador; se trata más bien de una rendición que permite que la mente se introduzca en la experiencia del momento y se abra totalmente a ella, de modo que se convierte en un observador totalmente pasivo. La mente está relajada pero alerta, y la atención y la conciencia aparecen nítidas y claras. A medida que se alcanza el estado de fluencia a través de la atención exclusiva sostenida en el *nimitta*, surgen *el gozo y la felicidad nacidos de la retirada*.

El pensamiento discursivo está totalmente ausente, pero la *jhāna* en sí es inestable, y puede aparecer brevemente un pensamiento o una intención cuando se sale momentáneamente de ella. Practica entrar en la *jhāna* a voluntad, sostenerla durante un período predeterminado y salir de ella en el momento deseado. Después, examina las características que tuvo esa *jhāna*.

La segunda jhāna luminosa

En todas las formas de la *jhāna* profunda, la atención al objeto de meditación se abandona totalmente después de la primera *jhāna*.[32] Los **momentos de atención** cesan por completo. El *nimitta* todavía se percibe, pero solo se sabe de él a través de la facultad de la conciencia.

Para acceder a la segunda *jhāna* luminosa, aléjate de la atención enfocada (*vitakka* y *vicara*) en favor de la mera conciencia del *nimitta*.[33] En la segunda *jhāna*, la experiencia consciencial consiste enteramente en la conciencia del *nimitta* acompañada de una potente conciencia introspectiva del estado mental de gozo y sensaciones de placer y felicidad. La calidad de la *jhāna* es más brillante y mucho más estable que la de la primera *jhāna*, y su intensidad ya no fluctúa. La única forma de conciencia corporal que queda es el placer y algunas sensaciones energéticas relacionadas con *pīti*. Todos los otros tipos de sensaciones, incluidas las sensaciones del proceso de apaciguamiento generadas por la mente, han desaparecido. Puesto que la atención exclusiva ya no es un factor, se dice que el gozo y el placer/felicidad que se experimentan «nacen de la unificación de la mente», y no que «nacen de la retirada», como en la primera *jhāna*.

La energía vibratoria que se siente en la primera *jhāna* (que se describe en la octava etapa) persiste en la segunda *jhāna*. Aunque no sea desagradable, el meditador acaba por cansarse de la agitación que causa. Además, la conciencia de la excitación subyacente del gozo meditativo también altera la dicha apacible de la *jhāna*. Esta agitación y excitación dan lugar a una creciente sensación de insatisfacción y a un anhelo de algo más apacible, lo cual dirige a la mente, de forma natural, hacia la siguiente *jhāna*.

De todos modos, el avance por las *jhānas* no puede forzarse. La sensación de insatisfacción debe, primero, hacerse lo bastante fuerte, y su causa discernirse con la suficiente claridad, para crear las condiciones que permitan entrar en la tercera *jhāna*. Pero una vez que se cumplen estas condiciones, la transición tiene lugar fácilmente.

La tercera jhāna luminosa

Para entrar en la tercera *jhāna*, se abandona el gozo en favor del placer/felicidad. El gozo y el placer/felicidad, como se dijo anteriormente, son dos cosas diferentes: el gozo (*pīti*) es un estado mental (*sankhāra*), mientras que el placer/felicidad (*sukha*) es una sensación (*vedanā*). Sin embargo, no puede distinguirse claramente sus diferencias hasta que se ha practicado la segunda *jhāna* durante un tiempo. Para aprender a diferenciarlos, hay que seguir con la práctica de entrar en la *jhāna* a voluntad, salir de ella después de un período predeterminado y examinar las características de la *jhāna* tras salir de ella. En tu examen *posjhánico*, pon un acento especial en investigar el gozo y el placer/felicidad hasta que puedas discernir claramente la diferencia entre ambos. Una vez que tengas lo bastante clara la diferencia para que te resulte obvia en el estado de acceso *prejhánico*, ya estarás listo para entrar en la tercera *jhāna*. Haz esto por medio de crear la fuerte intención, en el acceso, de absorberte en el placer/felicidad hasta que esta energía exaltada quede excluida, y a continuación efectúa la transición al estado de fluencia.

La tercera *jhāna* se experimenta como una alegría tranquila saturada con las dichas de la docilidad mental y física (el placer y la felicidad). El estado mental subyacente no ha cambiado; sigue siendo de unificación y gozo. La única diferencia respecto a la segunda *jhāna* es que las percepciones de la energía y el entusiasmo debidos a ese gozo ya no se proyectan en la consciencia, sino que la experiencia consciencial está totalmente dominada por las sensaciones de placer físico y mental. El cuerpo se experimenta solo a través de las sensaciones de un placer sublime, agradablemente apacible, carente de movimientos energéticos y sensaciones físicas. La mente se experimenta como una felicidad serena.

Es probable que permanezcas mucho tiempo en la tercera *jhāna*. El apego al placer es muy fuerte, por lo que no es fácil soltarlo. Pero finalmente empieza a desarrollarse la ecuanimidad. La ecuanimidad es todo lo contrario del anhelo. Normalmente, anhelamos lo que es agradable y tratamos de evitar lo que es desagradable. El deseo es una *reacción* ante el placer, un impulso primario que nos lleva a aferrarnos al placer que tenemos y a buscar un placer aún mayor. Es la causa inmediata del aferramiento y el apego. La ecuanimidad, por otra parte, es *no reactividad* frente a lo que es agradable o desagradable. A medida que la ecuanimidad aumenta, la mente reacciona cada vez con menos fuerza ante el placer de la tercera *jhāna*, y el apego a ese placer también se reduce. Se empieza a experimentar un estado aún más sublime que se encuentra más allá del placer corporal y la felicidad mental.

Al igual que ocurre con la tercera *jhāna* del placer, estarás cada vez más insatisfecho con la satisfacción. Cuando esta insatisfacción se vuelva lo suficientemente fuerte, estarás listo para intentar acceder a la cuarta *jhāna*. Crea la intención, en el acceso, de abandonar el placer y la felicidad de la misma manera que abandonaste el gozo para entrar en la tercera *jhāna*. Esta intención proporciona la entrada a la cuarta *jhāna*.

La cuarta jhãna luminosa

Una vez que la ecuanimidad se ha hecho lo bastante fuerte como para abandonar el placer y la felicidad, se alcanza la cuarta *jhāna*. Por lo general, la mente siempre experimenta anhelo como reacción frente a las sensaciones agradables y desagradables, por lo que nunca experimentamos la ecuanimidad. Pero ahora, el deseo se ha aplacado por las muchas horas que ha pasado saturado con el placer y la felicidad sublimes (*sukha*) de la tercera *jhāna*. A medida que el deseo y el apego se desvanecen, el placer y la felicidad son reemplazados por sensaciones neutras que no son ni agradables ni desagradables. Surge la dicha mucho más refinada de la ecuanimidad.

La unificación de la mente es bastante profunda en la cuarta *jhāna* luminosa, y la tranquilidad, la calma y la ecuanimidad se describen a menudo como una especie de *frialdad*. Hay una aceptación radical de «lo que es», de la «talidad».[34] También se describen a menudo como *luminosidad*:

> Igual que un hombre que estuviera sentado cubierto de pies a cabeza con una prenda blanca de tal modo que no hubiese ninguna parte de su cuerpo que la prenda no cubriese, de igual modo, el monje se sienta e imbuye su cuerpo con una conciencia pura, luminosa. No hay nada en todo su cuerpo que no se vea invadido por la conciencia pura, luminosa.
>
> *Samaññaphala Sutta*, DN 2[35]

Lo único que queda en la conciencia es el *nimitta* luminoso y la sensación de ocupar un lugar en el espacio. Este *sutta* no está hablando de la luminosidad del *nimitta*, sino más bien sobre la cualidad lúcida de la conciencia misma.

La respiración se vuelve casi imperceptible, lo que lleva a algunos a creer que se detiene, a pesar de que no lo hace. La mente se retira cada vez más de los sentidos a medida que se avanza por las *jhānas* luminosas. Se hace cada vez más difícil que cualquier perturbación externa penetre en la *jhāna*. Si una puerta se cierra de golpe haciendo mucho ruido, por ejemplo, la alteración suele ser momentánea y no interrumpe la *jhāna*. La cuarta *jhāna* luminosa tiene una imperturbabilidad profunda. Sin embargo, si algo es lo suficientemente intrusivo como para «romper» la *jhāna*, la experiencia puede ser bastante desagradable. Por esta razón, lo mejor es practicar estas *jhānas* profundas en un entorno protegido.

La tranquilidad y la ecuanimidad de la cuarta *jhāna* persisten a menudo durante un tiempo tras salir de ella, e incluso después de abandonar la meditación. Y cuanto más tiempo se sienta uno en la cuarta *jhāna*, más tiempo permanecen después dicha tranquilidad y ecuanimidad. Sin embargo, se obtiene mucho más de entrar en repetidas ocasiones en la *jhāna*, permanecer en ella y a continuación salir de ella y examinarla. La práctica de revisar las *jhānas* y compararlas con los estados pre- y *posjhánicos* es más valiosa y eficaz que nunca. Esto contribuye en gran medida a la eliminación permanente de las impurezas y a la consecución del *Insight* supramundano. En la cuarta *jhāna*, la consciencia se convierte en una ventana a las partes inconscientes del sistema mental a las que normalmente no puede acceder dicha consciencia. En otras palabras, el funcionamiento interno profundo de la mente, y la naturaleza subyacente de la mente misma, se revelan a la conciencia introspectiva metacognitiva.[36]

A pesar de las muchas virtudes de la cuarta *jhāna* luminosa, esta no da lugar a la total ausencia del anhelo, o a la perfecta ecuanimidad que implicaría.[37] Sin embargo, al experimentar la dicha de la ecuanimidad en la cuarta *jhāna*, empezamos a entender la posibilidad de la dicha y la ecuanimidad perfectas.

La práctica de la revisión consciente

A medida que el *mindfulness* mejora en la meditación, también nos volvemos más plenamente conscientes en la vida diaria, de forma natural. Sin embargo, probablemente has notado que este incremento no es tan fuerte o constante como podría ser, y que a menudo falla justo cuando más lo necesitamos. Por la mañana, podemos decidir ser más plenamente conscientes, y por la tarde darnos cuenta de que no hemos tenido, ni de lejos, el éxito que esperábamos. La práctica que voy a presentar es la herramienta más potente que conozco para incrementar el *mindfulness* en la vida diaria. Las transformaciones personales que desencadena no solo quitan obstáculos a la práctica de la meditación, sino que conducen a una vida más feliz en general.

Se trata de que examines periódicamente tus pensamientos, emociones, palabras y acciones y que reflexiones sobre ellos. Al llevar a cabo esta revisión de forma constante, incrementarás la potencia y la eficacia del **mindfulness** en tu vida diaria, lo que a su vez contribuirá a que tu meditación avance por medio de eliminar los obstáculos a la **unificación de la mente**, el **apaciguamiento de los sentidos** y el surgimiento del **gozo meditativo**.

EL *MINDFULNESS* EN LA VIDA DIARIA

Gozar de *mindfulness* en la vida diaria significa que la **atención** y la **conciencia** se utilizan de forma óptima durante las actividades normales. Lo ideal sería que tuviéramos la suficiente **conciencia introspectiva** para ser plenamente conscientes de lo que estamos haciendo, diciendo, pensando y sintiendo, así como suficiente **conciencia extrospectiva** para ser igualmente conscientes del contexto en el que todo esto acontece. La conciencia extrospectiva e introspectiva trabajan juntas en prestar la atención adecuada a lo que más importa en la situación del momento.

Cuando el *mindfulness* se hace más potente, se convierte en el **mindfulness con clara comprensión**.[1] Esto significa que también tenemos la **conciencia metacognitiva** de las causas de lo que estamos haciendo, diciendo, pensando y sintiendo, y de si eso es o no adecuado en la situación actual, de acuerdo con nuestros objetivos inmediatos y nuestros valores y aspiraciones personales. En última instancia, todos los actos del cuerpo, el habla y la mente son objetos adecuados para el *mindfulness* con clara comprensión.

Gozar de este *mindfulness* en la vida diaria es crucial para el éxito en el *śamatha-vipassanā*. El hecho de no gozar de él obstaculiza dolorosamente el progreso en la meditación, lo cual hace que estemos en riesgo de caer en una *noche oscura del alma* (un período prolongado de angustia psicológica grave y potencialmente debilitador; ver el apartado sobre las experiencias de *Insight* y el logro del *Insight* en el sexto interludio y en el apéndice F). En otras palabras, no se puede separar lo que sucede en la vida diaria de la práctica meditativa, porque ambas cosas se influyen entre sí de maneras que no son siempre evidentes.

Gozar de mayor *mindfulness* afecta tanto a nuestro comportamiento como a nuestra psicología. Cambia la manera en que hablamos y actuamos de formas que reducen drásticamente, o eliminan por completo, las causas de la **agitación debida a la preocupación y el remordimiento**. Sin embargo, los beneficios psicológicos son mucho más profundos y, en última instancia, mucho más importantes: el aferramiento al yo se reduce en gran medida y los pensamientos, las emociones y las intenciones se ven mucho menos impulsados por el **deseo mundano** y la **aversión**. Es por eso por lo que el cultivo del *mindfulness* con clara comprensión en la vida diaria es un componente indispensable de la práctica.

UNA BREVE DESCRIPCIÓN DE LA PRÁCTICA DE LA REVISIÓN CONSCIENTE

Estos son los pasos básicos de la práctica de la revisión consciente:

1. Resérvate hasta media hora cada día. Lo ideal es que coincida con tu práctica diaria de meditación sentada, pero no tiene por qué ser así.
2. Elige varios eventos del día, o que hayan tenido lugar desde tu última revisión, que hayan destacado como actividades especialmente nocivas[2] del cuerpo, el habla o la mente. A pesar de que se trata de poner el acento en lo perjudicial, es importante que también tomes nota de lo saludable y te felicites a ti mismo por las veces en que fuiste plenamente consciente y compasivo. Como siempre, el refuerzo positivo es sumamente potente a la hora de ejercitar la mente.
3. Revisa en dos partes cada evento nocivo:

a. En primer lugar, recuerda de cuánto *mindfulness* gozaste durante el evento. A continuación, repasa las consecuencias de todo lo que dijiste o hiciste y piensa en lo que podría haber sido diferente si hubieses sido más plenamente consciente.

b. En la segunda parte, practicarás el *mindfulness* con clara comprensión; te centrarás en las intenciones más profundas que impulsaron esos pensamientos, esas emociones, esas palabras o esas acciones en particular.

Recomiendo realizar esta práctica una vez al día, aunque puedes llevarla a cabo más a menudo si quieres. Es conveniente efectuarla en el contexto de la práctica sentada diaria porque ello ayuda a mantener la regularidad y la constancia, y además ambas prácticas se apoyan mutuamente. Al principio acaso te parezca que necesitarías horas para revisarlo todo, pero intenta limitarte a media hora como máximo. De lo contrario, sentirás esta práctica como una carga que entra en conflicto con tu práctica habitual, y no vas a querer hacerla. No te preocupes; pronto aprenderás a seleccionar bien los eventos.

La práctica regular de la revisión consciente incrementará constantemente el *mindfulness* del que gozas en la vida diaria y aumentará el aspecto metacognitivo de la conciencia que constituye la comprensión clara. El *mindfulness* con clara comprensión te permite cambiar los pensamientos, las emociones, las palabras y las acciones con que reaccionarías normalmente ante los eventos. Tu comportamiento se verá menos impulsado por los anhelos y el apego al yo, de modo que tus palabras y actos nocivos serán sustituidos por palabras y actos saludables. Tu vida será más feliz y tu práctica meditativa prosperará.

LA ELECCIÓN DE LOS EVENTOS QUE SE DEBEN REVISAR

Elige unos cuantos eventos especialmente nocivos que hayas protagonizado desde tu última revisión consciente, consistentes en pensamientos y emociones, palabras o acciones. Estos eventos aparecen asociados a menudo con la confusión o la agitación, y pueden ser claramente manifiestos, como una discusión en que se dijeron cosas hirientes, o más sutiles, en cuyo caso pueden consistir en irritación o pensamientos críticos sobre alguien. Sin embargo, los eventos nocivos no producen siempre agitación, mientras que los saludables pueden originarla en ocasiones. Por lo tanto, para distinguir entre ambos, rígete por este principio: un evento es nocivo si te ocasiona *daño y sufrimiento* a ti mismo o lo ocasiona a los demás, un daño y un sufrimiento que son *innecesarios y podrían evitarse*.

No podemos existir y sobrevivir sin provocar daño y sufrimiento. Siempre habrá dolor y sufrimiento en el mundo —esta es la naturaleza de nuestra realidad—. Por lo tanto, la cuestión no es tan simple como si ocasionas daño y sufrimiento o no lo haces. Sea como sea, es evidente que hay una enorme cantidad de daño y sufrimiento que es innecesario y podría evitarse. Es por eso por lo que lo nocivo es cualquier cosa que aumenta *innecesariamente* el dolor y el sufrimiento en el mundo, mientras que todo aquello que no lo incrementa, o incluso lo reduce, es saludable.

LAS PALABRAS Y ACCIONES SALUDABLES Y NOCIVAS

Esta definición nos proporciona un principio para elegir los eventos. Aun así, debemos discernir muy bien. Si un evento es o no saludable, depende de sus consecuencias; sin embargo, no siempre podemos saber tan siquiera las consecuencias inmediatas de lo que hacemos, ¡mucho menos sus efectos a largo plazo! Otro reto evidente es el de sopesar cualquier daño ocasionado frente a los beneficios generados. Estas son cuestiones con las que todos estamos obligados a lidiar de todos modos, pero con esta práctica tenemos que pensar en ellas mucho más profundamente que antes.

Afortunadamente, la tradición ofrece algunas pautas muy útiles en relación con el habla,[3] la acción[4] y los medios de vida.[5] El discurso falso, el lenguaje áspero, las palabras que crean desunión y los chismes acostumbran a ser nocivos. Por otro lado, el habla sincera, las palabras amables y de apoyo y el tipo de conversación que crea armonía entre las personas tienden a ser saludables. Sin embargo, esto no son más que *directrices* que han de aplicarse en un estado de *mindfulness*. Con demasiada frecuencia, son tratadas como *reglas* muy estrictas que deben seguirse mecánicamente, en cuyo caso no te ayudarán en absoluto en esta práctica. La verdad no es siempre beneficiosa, y a veces se puede utilizar para causar daño intencionadamente. Por otra parte, el discurso falso no es siempre perjudicial. El lenguaje áspero puede ser beneficioso a veces, y el habla dulce no siempre contribuye a un mayor bien. A veces es necesario alertar a alguien de que se aleje de las malas compañías, y no tienen nada de nocivo las palabras que separan a alguien de aquellos que podrían ocasionarle daño, robarle o explotarlo.

Actos como matar o herir a los demás son casi siempre nocivos, y proporcionar protección y consuelo acostumbra a ser saludable. Tomar aquello que no se nos ha ofrecido libremente acostumbra a ser nocivo, mientras que respetar y proteger las pertenencias de los demás, y compartir lo que se tiene, más allá de lo que dictan las convenciones sociales o el intercambio justo, suelen ser actos muy saludables. Las interacciones personales marcadas por el abuso, la explotación o el daño a los demás, aunque sea indirectamente, se considerarían sin duda nocivas en casi cualquier situación,[6] mientras que sus opuestos serían saludables. Pero si atendemos a las consecuencias, es posible imaginar situaciones en las que, en calidad de reglas simples, estas directrices generales podrían verse invertidas —situaciones en que el daño y el sufrimiento ocasionados requerirían una inversión completa de sus designaciones habituales como saludables o nocivas.

En el ámbito de los medios de vida, lo saludable y lo nocivo son cuestiones más amplias y complejas, pero se basan exactamente en el mismo principio. Obviamente, ganarse la vida como mercenario, ladrón o «camello» no serían ejemplos de vida saludable, mientras que cuidar de los enfermos, dar de comer a los hambrientos o enseñar a los niños sí lo es. Sin embargo, los medios de vida atañen a muchos más aspectos que a la forma de obtener ingresos. También incluyen aquello en lo que gastamos el dinero, lo que comemos y la forma en que lo comemos, dónde y cómo vivimos y cómo viajamos. Y requiere que consideremos cuestiones complejas, como si comprar o no productos baratos fabricados en países pobres o cuánta gasolina es razonable utilizar. ¿Cuánto sufrimiento evitable e innecesario —tuyo y de otras personas y seres de todo tipo— se requiere para que puedas sostener tu estilo de vida? ¿Existe la posibilidad de que avances hacia posturas más saludables en cualquiera de estas áreas? Puedes prescindir de hacerte estas preguntas durante un tiempo, pero al final vas a tener que ocuparte de ellas.

Date cuenta de que los actos, en sí mismos, son *siempre* neutros. Son las consecuencias de un acto las que hacen que sea saludable o nocivo, y estas consecuencias dependen de muchísimos factores. Por lo tanto, utiliza estas listas proporcionadas por la tradición como una guía general. En última instancia depende *solo de ti* determinar, con tu mejor criterio, lo saludables o nocivos que son tus pensamientos, emociones, palabras y acciones. Es algo que vas a determinar por ti mismo caso por caso en función de las consecuencias previsibles a corto y largo plazo. Nunca lo sabrás con certeza; muchas veces estarás equivocado y cambiarás de opinión a menudo sobre las distinciones que habrás realizado antes. Sin embargo, nada de esto importa en realidad, siempre y cuando lo hagas lo mejor que puedas a la hora de seleccionar una serie de eventos apropiados y dediques tiempo a reflexionar sobre ellos. La calidad de tu *mindfulness* aumentará, tu comportamiento cambiará y estarás menos sujeto a los anhelos y al apego al yo.

LOS PENSAMIENTOS Y EMOCIONES SALUDABLES Y NOCIVOS

Los pensamientos y las emociones también tienen consecuencias en ti, incluso si nunca has actuado a partir de ellos. Desempeñan un papel importante en la conformación de lo que eres y cómo vas a pensar y actuar en el futuro. Para citar un dicho muy conocido:

Los pensamientos se convierten en palabras, las palabras se convierten en actos, los actos se convierten en hábitos, los hábitos se convierten en el carácter y el carácter se convierte en el destino.

Por lo tanto, no olvides incluir estos eventos puramente mentales a la hora de elegir aquello sobre lo que vas a reflexionar. Al igual que en el caso del habla y la acción, la tradición nos proporciona algunas directrices útiles para evaluar nuestros pensamientos y estados mentales:[7] los pensamientos nocivos tienen su origen en el deseo, la codicia, la lujuria y la envidia; en la ira, el odio y la animadversión, y en la indiferencia cruel hacia el otro, o incluso el deseo de que el otro experimente dolor y sufrimiento. Por otra parte, el pensamiento saludable renuncia a la ilusión de que la verdadera satisfacción procede de cualquier lugar que no sea el interior, y reconoce que todos los seres son iguales en su deseo de encontrar el placer y evitar el dolor. Los pensamientos sanos tienen sus raíces en la generosidad, la bondad amorosa, la paciencia, la comprensión, el perdón, la compasión y la empatía por la felicidad de los demás.

PRIMERA PARTE: EL *MINDFULNESS*

Evocar los detalles: una vez que hayas elegido los objetos de reflexión, examina minuciosamente cada uno de ellos. Empieza por recordar con esmero los detalles de lo que desencadenó el evento y los pensamientos y emociones que surgieron en el momento. Cuanto más puedas traer de vuelta las emociones que sentiste, tanto mejor. El hecho de evocar con claridad los pensamientos y las emociones presentes en el incidente original hace que sea más probable que las submentes implicadas sintonicen con tu reflexión consciente. Esto es esencial porque, si bien lo que aparece en la consciencia está *potencialmente* disponible para cada submente, cualquier submente en particular puede o no sintonizar con ello. Sin embargo, ten cuidado: ¡no te quedes atrapado en esos pensamientos y emociones! Nunca pierdas la conciencia de dónde te encuentras ahora y qué estás haciendo.

Grado de mindfulness: ahora, reflexiona sobre el grado de *mindfulness* presente mientras el evento tenía lugar. Piensa en dónde estaba centrada tu atención y en lo consciente que eras del contexto más amplio de la situación. ¿Con qué claridad y objetividad estabas percibiendo a los demás participantes y elementos del evento (entre ellos, tal vez, objetos inanimados) y su papel en lo que estaba ocurriendo? ¿Cuánta conciencia introspectiva tenías y cómo de metacognitiva era esa conciencia? Si gozaste de algo de *mindfulness* en la situación, asegúrate de felicitarte a ti mismo antes de hacer ninguna otra cosa. Luego, continúa con el siguiente paso.

Consecuencias: a continuación, piensa en las consecuencias de tu comportamiento, especialmente si en el evento hubo palabras o actos físicos. Reflexiona acerca de las consecuencias inmediatas y sus efectos posteriores, incluida la forma en que te hacen sentir *ahora*. La satisfacción que obtuviste (si fue el caso), ¿compensa el precio que tú y otras personas pagasteis por ello? Piensa en otras opciones de respuestas, comparando las consecuencias de lo sucedido con lo que podría haber ocurrido.

Arrepentimiento, resolución y recompensa: ¿te arrepientes de algo de lo que dijiste o hiciste? ¿Preferirías haber respondido de forma diferente? ¿Habría mejorado el resultado un mayor *mindfulness*? Si es así, toma la firme determinación de tener un mayor *mindfulness* en situaciones similares en el futuro. A continuación, piensa en si hay algo que puedas hacer para revertir o compensar los efectos adversos de cualquier cosa que lamentes haber dicho o hecho, o para reducir su impacto. Si es así, prométete a ti mismo hacerlo en la primera oportunidad razonable que se presente. Esta parte de la práctica se puede resumir en tres palabras: *arrepentimiento*, *resolución* y *recompensa*.

Sentir un pesar profundo y sincero por ser responsable de cosas que no deberían haber sucedido, o que al menos podrían haber sucedido de otra manera, es saludable. Sin embargo, no hay absolutamente ningún lugar en esta práctica para la culpa, la autoinculpación o la autorrecriminación. Una parte importante de ser verdaderamente consciente en el transcurso de esta práctica de revisión implica sostener una actitud de objetividad desapasionada sobre los acontecimientos en sí, y paciencia y compasión en relación con todos los implicados, incluido tú mismo. Las únicas emociones apropiadas son un sincero pesar, una fuerte determinación de ser más consciente en el futuro y la voluntad de hacer todo lo posible para reparar el daño. Pero también hay que tener cuidado de no intentar racionalizar, justificar o explicar lo que sucedió.

Resumen: esta primera parte de la práctica se centra en lo consciente que eras en el momento del evento a medida que aplicas el *mindfulness* de forma retrospectiva a lo que ocurrió y sus consecuencias. A través de este tipo de reflexión, puedes ejercitarte para observar con *mindfulness* los actos del cuerpo, verbales y mentales, a medida que tienen lugar en tiempo real. Serás más continuamente consciente en general y más plenamente consciente cuando más importe. Al principio, aunque esta práctica te ayude a ser más consciente, esto no va a cambiar siempre de inmediato lo que piensas, sientes, dices o haces. Esto es normal; algunos patrones de comportamiento están más profundamente arraigados que otros. Con el tiempo, sin embargo, tu comportamiento *cambiará*. La segunda parte de la revisión consciente resulta de ayuda al permitir entender mejor las raíces del propio comportamiento.

SEGUNDA PARTE: EL *MINDFULNESS* CON CLARA COMPRENSIÓN

Mindfulness con clara comprensión significa conocer nuestros motivos e intenciones subyacentes y cómo se relacionan con nuestros valores y aspiraciones personales. En esta parte de la revisión, nos centraremos en las *intenciones* que impulsan los pensamientos, las emociones, las palabras y las acciones del evento seleccionado. De las dos partes de la práctica de la revisión consciente, esta es la que en última instancia tiene el mayor impacto y significado. Sus potentes efectos psicológicos van a acercarte rápidamente al Despertar.

Del mismo modo que las consecuencias de un pensamiento o un acto pueden ser saludables o nocivas, también pueden serlo las intenciones que hay detrás de ellos. Si bien las consecuencias de un evento pueden ser saludables, la intención que hubo tras él pudo no serlo, y viceversa, por lo que las intenciones deben examinarse por separado. Las intenciones son un tema completamente diferente de las acciones y tienen sus propias consecuencias.[8] En esta parte de la revisión consciente, se trata de reconocer y aceptar las intenciones malsanas que estaban presentes durante el evento original. Las intenciones que hay detrás

403

de nuestros pensamientos, emociones y acciones pueden ir desde el amor y la generosidad hasta el odio y la codicia, y no es nada raro que nos impulse una mezcla de motivaciones. Toda intención arraigada en el anhelo, la ilusión (como espejismo) y el apego al yo es malsana.

Como te confirmarán fácilmente tus reflexiones, siempre que, *a sabiendas*, hagas o digas algo cuyas consecuencias son nocivas, la motivación subyacente es el deseo egoísta o la aversión. Estas son las dos formas en que se manifiesta el **anhelo**. Este, a su vez, está impulsado por el apego a la creencia en un yo separado, junto con la suposición de que nuestra felicidad e infelicidad dependen de la satisfacción de nuestros anhelos. Estos dos espejismos se refuerzan mutuamente. Por lo tanto, el anhelo, la ilusión y el apego al yo están inextricablemente entrelazados y son interdependientes.

LAS INTENCIONES Y LAS CONSECUENCIAS NO DESEADAS

Puesto que los actos que tienen consecuencias nocivas pueden estar basados en intenciones sanas, y viceversa, hay que abordar el tema de las consecuencias no deseadas. A veces, aquello que lamentamos haber hecho fue fruto de la ignorancia o de nuestra capacidad limitada de predecir acertadamente los efectos de nuestros actos, a pesar de nuestras buenas intenciones. En estos casos, se trata de que aprendamos de nuestros errores para poder evitar cometerlos en el futuro. Sin embargo, a menos que esos eventos obedeciesen, al menos en parte, a intenciones malsanas, no es preciso que los incluyamos en esta parte de la revisión consciente.

De la misma manera, a medida que adquieras habilidad a la hora de reconocer y comprender la naturaleza de las intenciones malsanas, entre los eventos que selecciones para reflexionar estarán a veces los que tuvieron resultados favorables pero surgieron de intenciones malsanas. Lo que aquí nos ocupa es lo malsano de nuestras *intenciones*, sean cuales sean las *consecuencias* externas.

Por ejemplo, si estás recordando cómo, enojado, le cortaste el paso a otro conductor, o cómo te irritaste con tus ancianos padres por su lentitud, comprueba si puedes detectar el anhelo que hubo detrás de ese acto o estado mental. A continuación, examina si se puede decir que ese anhelo depende de la creencia en un yo separado cuya felicidad procede del exterior: «Si *esto* fuese diferente, *yo* sería feliz». A continuación, reflexiona sobre cómo el anhelo podría haber sido reemplazado por intenciones más sanas y desinteresadas, como la generosidad, la bondad amorosa, la paciencia, la comprensión, el perdón o la compasión. Esta recreación imaginativa reducirá poderosamente la influencia de las intenciones malsanas sobre la reacción ante situaciones similares en el futuro.

Si bien las instrucciones para esta parte de la revisión consciente son sencillas, se requieren algunas explicaciones más para que las practiques con la mayor eficacia posible.

LA COMPRENSIÓN DE LAS CONSECUENCIAS DE LAS INTENCIONES MALSANAS

Al igual que en el caso de las acciones, lo que hace que una intención sea malsana es el daño que ocasiona, pero en este caso el daño recae sobre la persona que *tiene* la intención. Ya es bastante perjudicial que las intenciones malsanas nos lleven a actuar de formas nocivas, pero también ocasionan este otro tipo de daño, que no tiene nada que ver con las acciones exteriores. Las intenciones malsanas que subyacen a nuestros pensamientos, emociones e impulsos a hablar o actuar —aunque nos contengamos y no lo manifestemos— *refuerzan nuestro anhelo y nuestra ilusión*.

Cuando un consenso entre submentes inconscientes sostiene una intención consciente basada en el anhelo, condiciona a todo el sistema mental a ser más proclive al anhelo en el futuro (ver el apartado «Las funciones ejecutivas, las interacciones del sistema mental y las intenciones», en el quinto interludio). Por lo tanto, cada vez que actuamos a partir del anhelo, o incluso cuando pensamos en la posibilidad de hacerlo, y cada vez que albergamos pensamientos o emociones que son fruto del anhelo, nos habituamos más a este, lo que fortalece los obstáculos del deseo mundano y la aversión. Así pues, cada vez que logramos satisfacer un anhelo, se refuerza nuestro apego al yo, y nos convencemos más de que esta es la manera de alcanzar la felicidad.

La otra cara de la moneda es que cuanto menos satisfacemos nuestros anhelos, más insatisfechos estamos. Por desgracia, la naturaleza de este mundo es que, en general, no logremos satisfacer plenamente nuestros anhelos, e incluso cuando lo hacemos, el premio a menudo no compensa el esfuerzo. Y como todos nuestros anhelos no pueden verse nunca satisfechos, el anhelo genera más anhelo, lo cual imposibilita que alcancemos un estado en el que seamos siempre totalmente felices. Es por eso por lo que, a medida que aumenta nuestra inclinación al anhelo, también lo hace nuestro sufrimiento.

Una vida guiada por intenciones malsanas sobre la base del anhelo y la ilusión producirá como mínimo resultados decepcionantes. Satisfacer deseos no es un camino efectivo hacia la verdadera felicidad, y actuar a partir de la aversión no puede hacer más que reducir temporalmente nuestro sufrimiento. Nuestra felicidad no puede estar separada del sufrimiento de los demás ni construida sobre este sufrimiento. De hecho, nosotros mismos no somos entes que estén realmente separados de los demás.

Sin embargo, en el caso de quienes se han comprometido con un camino de meditación, crecimiento espiritual y Despertar, el daño causado por las intenciones malsanas va mucho más allá de esto. El apego al yo es el mayor obstáculo para el Despertar espiritual. Recuerda que el Despertar es el resultado de una serie de *Insights*, y que el *Insight* cumbre es la comprensión de que nuestro yo separado es una ilusión. Antes de que el *Insight* haya madurado, y mientras seguimos aferrados a la noción del yo, puede ser muy perturbador tener *Insights* de la impermanencia, la vacuidad y la interdependencia causal entre todos los fenómenos.[9]

Mientras sigas aferrado al yo, no vas a despertar, y los otros *Insights* no harán más que contribuir a tu sufrimiento, ya que sentirás que «tú» no tienes nada en que apoyarte en un mundo que es, en última instancia, impermanente y carente de sentido. El anhelo es una manifestación del aferramiento al yo, y todos los casos de anhelo refuerzan el deseo, la aversión y el apego al yo.

Sin embargo, esto también funciona a la inversa. Cuanto más a menudo te niegues a actuar a partir del anhelo, menos poder tendrá sobre ti y más fácil te resultará no actuar a partir de él la próxima vez. Cada vez que renuncias conscientemente a la creencia de que puedes alcanzar la felicidad o evitar el sufrimiento por medio de manipular el mundo que te rodea, niegas el anhelo y estás menos sujeto a esta ilusión. Cuanto más a menudo reconozcas las intenciones malsanas basadas en el apego al yo y las sustituyas por intenciones sanas, más desinteresadas, como la bondad amorosa, la compasión, la paciencia y la comprensión, más se debilitará tu apego al yo. Aprenderás que se puede obtener mucha más felicidad por medio de aumentar la felicidad de los demás que por medio de perseguir los propios deseos.

Esta práctica hará que goces de más *mindfulness* con clara comprensión en tu vida diaria, y serás más hábil a la hora de sustituir pensamientos e intenciones malsanos con alternativas sanas. Esta práctica, por sí misma, no acabará con el anhelo; esto solo acontece cuando se llega a una etapa superior del Despertar.[10] Lo que *hará* será reducir la frecuencia con que actúas impulsado por el anhelo y acortará los períodos en que moras en un estado de anhelo. El deseo y la aversión aflojarán sus garras de hierro y tendrás más generosidad, amor, paciencia, comprensión y compasión. Tu práctica meditativa florecerá, lo que facilitará tu paso por las etapas de la fase experta. Y, lo que es aún más importante, tanto el aferramiento al ego como tu apego a la noción de la individualidad separada se erosionarán de forma constante. Cuando llegue el momento, el *Insight* del no yo surgirá de forma rápida y sencilla, y alcanzarás el Despertar sin pasar por una prolongada y dolorosa «noche oscura del alma».

El *Insight* y la «noche oscura»

Una de las grandes ventajas del *śamatha* es que hace más fácil lidiar con los *Insights* de la impermanencia, la vacuidad, el carácter universal del sufrimiento y la insustancialidad del yo que desembocan en el Despertar.

Sin el *śamatha*, puede ser que estos difíciles *Insights* lleven al practicante a girar en espiral en una «noche oscura del alma».[1] Esta expresión cristiana proviene originalmente de los escritos de san Juan de la Cruz, que supuestamente pasó cuarenta y cinco años en esta noche oscura. Es una expresión que refleja bellamente los sentimientos y las sensaciones de desesperación, falta de sentido, ansiedad no específica, frustración y enojo que acompañan a menudo a estas grandes revelaciones.

¿Qué tienen estos *Insights* para poder catalizar unas reacciones tan fuertes? Esencialmente, ocurre que contradicen por completo el «modelo operativo» de la realidad que proporciona la base lógica en cuanto a cómo nuestras submentes llevan a cabo sus funciones específicas. La mayor parte de estas submentes presuponen que estamos en un mundo compuesto de «cosas» relativamente duraderas y que existen por sí mismas (objetos, eventos, personas y lugares), que tienen sus propias naturalezas inherentes y que pueden ser comprendidas con cierta exactitud. También construyen el supuesto básico de que una de esas cosas perdurables es el yo. Este yo puede verse como eterno o como algo que va a cesar con la muerte. Otro supuesto básico de todos estos modelos de la realidad es que la felicidad y el sufrimiento provienen de las interacciones entre el yo y este mundo de cosas: obtener ciertos objetos presentes en el mundo «me» hará feliz. Perder cosas que «yo» amo o tener que enfrentarme a personas o lugares que «me» desagradan me ocasiona sufrimiento. Estos tres supuestos (que las cosas existen, que soy un yo separado y que la felicidad proviene de la interacción entre ambas realidades) caracterizan a este conjunto de modelos, inconscientes, de la realidad. Constituyen la base de todo el sentido que tiene para nosotros la vida y nuestros propósitos en ella.

Todo lo que entre en conflicto con estos supuestos puede minar negativamente el sentido que la persona atribuye a la vida y sus propósitos en ella. Y la «verdadera» naturaleza de la realidad, tal como se revela a través de las experiencias de *Insight*, entra en conflicto directo con *todos* estos supuestos. La impermanencia nos enseña que no hay «cosas», sino solo procesos. La vacuidad implica que todas nuestras percepciones (todo lo que hemos experimentado siempre como la realidad) son meras fabricaciones de la mente. Por otra parte, el yo que pensamos que somos es tan impermanente y vacío como todo lo demás. Y, por último, el mundo no es la fuente de nuestra felicidad. Aunque podamos sentirnos cómodos con estas ideas en un nivel intelectual, consciente, cuando las mentes inconscientes, profundas, las reconocen a través de la experiencia directa, pueden ser gravemente perjudiciales.

Requiere tiempo que las submentes inconscientes asimilen estos potentes *Insights* y creen nuevos modelos de la realidad. Hasta ese momento, la agitación que tiene lugar en el inconsciente puede crear la desesperación y la ansiedad de una noche oscura. El hecho de que estas sensaciones surjan del inconsciente profundo sin razón aparente no hace más que empeorar las cosas, lo que lleva a algunos a cuestionar incluso su propia cordura. De todos modos, la comprensión intelectual de lo que está sucediendo puede proporcionar algún alivio. Es más eficaz, sin embargo, el gozo, la tranquilidad y la ecuanimidad del *śamatha*. Estos estados mentales agradables proporcionan una importante cualidad «lubricante» que contrarresta toda esta fricción interna. En otras palabras, cuando no hay nada más a lo que aferrarse, estas cualidades de la mente proporcionan un paliativo.

A medida que el *Insight* madura, las submentes individuales reorganizan sus modelos internos para dar cabida a la nueva información. La persona que pasa por esta transformación con éxito acaba por tener una visión del mundo totalmente diferente. La vida adquiere un significado y un propósito nuevos y más profundos que nunca, y hay una sensación de tranquilidad mucho mayor, independientemente de lo que pueda suceder en el exterior.

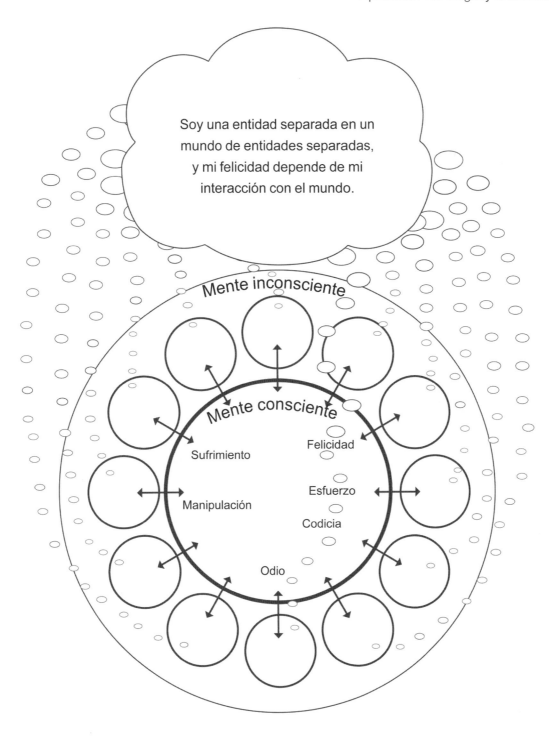

Figura 57. Las submentes que componen el sistema mental comparten tres supuestos: que soy un yo separado, que vivo en un mundo de «cosas» relativamente duraderas que existen por sí mismas y que mi felicidad procede de las interacciones entre mi yo y este mundo de cosas. Estos supuestos constituyen la base de todo el sentido que tiene para nosotros la vida y nuestros propósitos en ella.

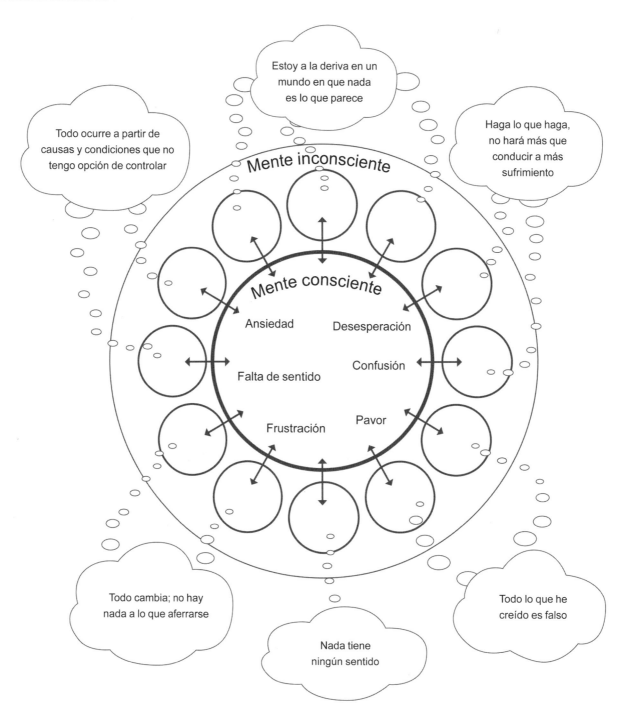

Figura 57 (cont.). La «verdadera» naturaleza de la realidad, tal como se revela por medio de las experiencias de *Insight*, entra en conflicto con todos estos supuestos: no hay «cosas», solo procesos; todo lo que experimentamos en realidad son las construcciones de nuestras propias mentes; el yo que pienso que soy es tan impermanente y vacío como todo lo demás; el mundo no puede ser nunca la fuente de mi felicidad. Cuando las mentes del inconsciente profundo se aperciben de estas realidades, la experiencia es profundamente perturbadora.

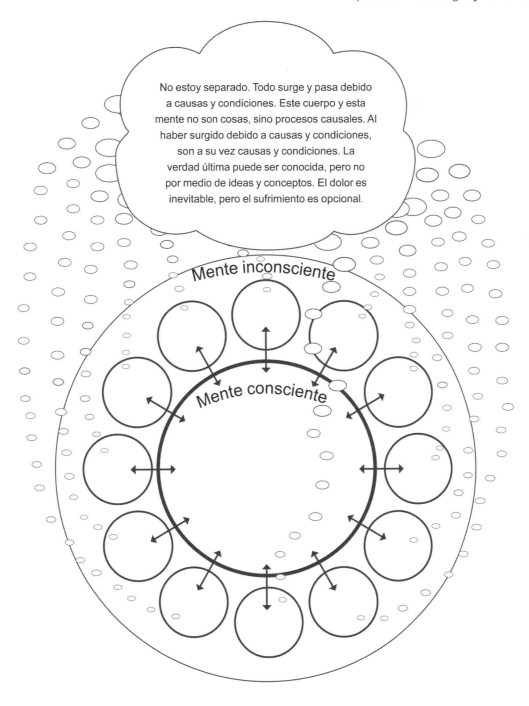

Figura 57 (cont.). A medida que el *Insight* madura, las submentes individuales reorganizan sus modelos internos para ubicar la nueva información. Esta transformación trae una visión del mundo totalmente nueva, la vida adquiere un sentido y un propósito más profundos que antes y hay una sensación de tranquilidad mucho mayor, independientemente de lo que pueda ocurrir.

Absorción meditativa (*jhāna*): estados de absorción en un solo punto en que tanto el enfoque de la **atención** como el **mindfulness** están cada vez más refinados. Como técnica formal, puedes empezar con la práctica de **jhāna** en la sexta etapa.

Agitación debida a la preocupación y el remordimiento: Uno de los **cinco obstáculos**.

Ámbito (o alcance) de la atención: la amplitud o la estrechez del enfoque de la **atención**. En meditación, aprender a controlar el alcance de la atención tiene una importancia capital a la hora de desarrollar la **estabilidad de la atención**.

Anhelo: el fuerte impulso de que las cosas sean diferentes de como son. El anhelo puede manifestarse como deseo o como aversión.

Apaciguamiento de la mente: el proceso que conduce a una reducción drástica de la cantidad de objetos mentales que son proyectados en la consciencia por parte de la **mente pensante/emocional** y de la frecuencia con que son proyectados. Con el tiempo, los objetos mentales desaparecen tan completamente de la **consciencia** que raramente se muestran tan siquiera en la **conciencia periférica**. El proceso empieza en la sexta etapa y sigue a lo largo de la séptima. El **apaciguamiento total de la mente discernidora**, o **docilidad mental**, es la característica definitoria de la octava etapa.

Apaciguamiento de los sentidos: un aquietamiento temporal de los sentidos físicos o las submentes sensoriales durante la meditación. Tiene lugar sobre todo en la octava etapa, pero puede constituir también una parte importante de la séptima. Cuando se produce el apaciguamiento total de los sentidos, todos los sonidos externos se desvanecen —excepto los más intrusivos— y la conciencia auditiva se ve dominada a menudo por un sonido interior, todas las imágenes desaparecen —y el sentido visual se ve dominado a menudo por una luz interior (el **fenómeno de iluminación**)— y los dolores y molestias habituales del cuerpo, así como los picores, entumecimientos y otras sensaciones, se ven reemplazados por una agradable sensación de estabilidad y quietud.

Apaciguamiento total de la mente discernidora: la culminación del proceso llamado **apaciguamiento de la mente**, que empezó en la sexta etapa. El apaciguamiento total de la mente discernidora (pensante/emocional) significa que los planes en conflicto de sus submentes individuales se dejan de lado mientras dichas submentes se unifican en torno a una sola intención consciente: sostener la **atención exclusiva**. Los pensamientos y otros objetos mentales han sido eliminados como distracciones potenciales, porque ya no se proyectan en la consciencia. El apaciguamiento y la unificación de la mente son dos caras de la misma moneda. Con el apaciguamiento total, la **vigilancia** y el esfuerzo ya no son necesarios, y se ha alcanzado la **atención estable** carente de esfuerzo.

Aspecto adquirido (*uggaha-nimitta*): cuando el objeto de meditación aparece libre de superposiciones conceptuales. Esto ocurre generalmente alrededor de la sexta etapa, en que, por primera vez, el objeto de meditación son realmente las sensaciones de la respiración. Compáralo con el **aspecto inicial**.

Aspecto inicial (*parikamma-nimitta*): hace referencia al aspecto ordinario, altamente conceptual, del objeto de meditación. El meditador principiante no experimenta tanto las sensaciones de la respiración como las ideas asociadas con la respiración, como «inhalación» o «exhalación», que a su vez están construidas a partir de conceptos como «aire», «nariz», «dirección», etcétera.

Atención: la habilidad cognitiva de seleccionar y analizar información específica e ignorar otra información procedente del vasto campo de los estímulos internos y externos. La atención es una de las dos formas que presenta la **conciencia percibida**. La **conciencia periférica** es la segunda: prestamos atención a algunas cosas mientras somos conscientes de otras en las que, sin embargo, no enfocamos la atención. La atención aísla una pequeña parte del campo de la conciencia percibida del resto para que sea identificada, interpretada, etiquetada y categorizada, y su significatividad sea evaluada. La función de la atención es el discernimiento, el análisis y la discriminación.

Atención alternante: **atención** que pasa rápidamente de un objeto a otro. La atención alternante produce la sensación de estar atento a dos o más objetos a la vez. Sin embargo, en realidad el enfoque de la atención se está desplazando entre distintos objetos con extrema rapidez. Este movimiento rápido de la atención se vuelve experiencialmente claro a medida que se avanza por las etapas. La atención alternante es la base de la multitarea y también de la **distracción**. Ver también **distracción fuerte** y **distracción sutil**.

Atención dirigida: ver **Atención dirigida intencionalmente**.

Atención dirigida intencionalmente (*vitakka*): la capacidad de decidir intencionadamente a qué prestar **atención**. La **atención dirigida** es uno de los cinco **factores de la meditación**.

Atención en un solo punto: la capacidad de seleccionar y sostener un objeto o unos objetos de **atención** específicos frente a estímulos distractores o que compiten por la atención. En meditación, esto significa poder enfocarse en el **objeto de meditación** excluyendo todo lo demás. La atención deja de alternar entre la respiración y las distracciones que están en segundo plano. Puesto que la denominación *en un solo punto* parece implicar que el enfoque es estrecho o pequeño, o que la conciencia periférica ya no está presente, nada de lo cual es correcto, la denominación preferida es *atención exclusiva*.

Atención estable: la capacidad de dirigir y sostener intencionadamente el enfoque y de controlar el ámbito de la **atención** es una de las dos grandes habilidades que se desarrollan con la meditación. La otra es el **mindfulness**.

Atención exclusiva (*ekaggatā*): la capacidad de seleccionar y sostener un objeto o unos objetos de atención específicos frente a estímulos distractores o que compiten por la atención. En meditación, esto significa que podemos enfocarnos en el objeto de meditación y excluir todo lo demás. La atención ya no alterna entre la respiración y las distracciones presentes en segundo plano. También recibe el nombre de **atención en un solo punto**.

Atención introspectiva: **atención** que se enfoca en objetos mentales tales como pensamientos, sentimientos y emociones.

Atención sin elección: técnica usada en la octava etapa en que se permite que la **atención** se desplace libremente en busca de los objetos que llegan con la más fuerte intención de que se les dedique atención. A la vez, se hace el seguimiento de este desplazamiento libre de la atención con la **conciencia introspectiva** metacognitiva.

Atención sostenida (*vicara*): la capacidad de mantener la atención enfocada con el paso del tiempo. La atención puede quedar fija en un objeto a causa del miedo, el deseo u otras emociones fuertes. Sin embargo, en el contexto de la meditación, *vicara* hace referencia específicamente a la atención sostenida intencionadamente, no a la fijación de la atención. Es uno de los cinco **factores de la meditación**.

Ausencia de esfuerzo: tiene lugar cuando la mente permanece en un estado de **atención exclusiva** y **mindfulness** sin que sea necesario aplicar ninguna **vigilancia** o esfuerzo. La ausencia de esfuerzo se produce cuando se ha completado la séptima etapa, en el tercer hito, que marca la transición del meditador hábil al experto.

Aversión: uno de los **cinco obstáculos**. Un estado mental negativo que implica juicio, rechazo, resistencia y negación. En su forma más extrema, la aversión se convierte en odio, con el intento de dañar o destruir. De todos modos, cualquier tipo de deseo —por más sutil o ligero que sea— de liberarse de un objeto o experiencia desagradable es una manifestación de este estado mental. Todas las formas de insatisfacción y resentimiento, la mayor parte de las formas de crítica e incluso la culpa, la impaciencia y el aburrimiento son manifestaciones de la aversión.

Campo de la conciencia percibida: la totalidad de los objetos sensoriales y mentales presentes en la consciencia durante un intervalo de tiempo dado. Algunos de los objetos presentes en el campo de la conciencia percibida son objetos de la **atención**, y el resto son objetos de la **conciencia periférica**.

Cinco obstáculos: predisposiciones psicológicas innatas y universales: el **deseo mundano**, la **aversión**, la **pereza y el letargo**, la **agitación debida a la preocupación y el remordimiento** y la **duda**. Todos los problemas que se presentan en la meditación pueden ubicarse en uno de estos obstáculos o en alguna combinación de ellos.

Claridad: si bien la claridad depende parcialmente de las cualidades objetivas de un objeto percibido, como la nitidez y el contraste, aquí se refiere principalmente al aspecto subjetivo de la cognición, como en la claridad de percepción o comprensión. Una percepción clara está libre de dudas, incertidumbres, ambigüedades u opacidad. En términos del modelo del sistema mental, la claridad viene determinada por la cantidad de submentes que están sintonizadas con un evento del que se es consciente. **Claridad**, **viveza** e **intensidad** son términos que se solapan y que se utilizan para describir las cualidades asociadas con un mayor **mindfulness**.

Comprobar: esta práctica implica dirigir la atención hacia dentro para ver lo que está ocurriendo en la mente. Es más útil en la tercera etapa como una forma de fortalecer la **conciencia introspectiva** y comprobar si existen distracciones fuertes antes de que conduzcan al olvido.

Concentración de acceso (*upacāra-samādhi*): un estado de concentración mental que ofrece «acceso» a la **absorción meditativa (jhāna)** y al **Insight** (*vipassanā*). Las enseñanzas tradicionales definen que los factores específicos que se necesitan para la concentración de acceso son la **atención exclusiva** (*ekaggatā*) y la **unificación de la mente** (*ekodibhāva, cittas'ekagata*), la **atención dirigida intencionalmente** (*vitakka*), la **atención sostenida** (*vicara*), el **gozo meditativo** (*pīti*) y el **placer/felicidad** (*sukha*).

Conciencia: en esta obra, *conciencia* tiene siempre el mismo significado que **conciencia periférica**. Nunca significa **atención**, y tampoco se refiere a la **conciencia no percibida u oculta**. Con respecto a la diferencia entre conciencia y **consciencia**, ver dicho término y **conciencia en el sentido general**.

Conciencia en el sentido general (nota: *conciencia* no se utiliza *nunca* en este sentido general en el texto principal de esta obra. Solamente aquí, en el glosario, para ayudar a explicar la distinción entre la **conciencia percibida** y la **conciencia no percibida**): aunque *awareness* (conciencia) y *consciousness* (consciencia) se tratan a veces como sinónimos, en el uso común *awareness* (conciencia) tiene a menudo un sentido más general e inclusivo que *consciousness* (consciencia). Por ejemplo, *awareness* (conciencia) se refiere generalmente a la capacidad que tiene un organismo de percibir un estímulo y reaccionar ante él. Esto incluye a organismos muy rudimentarios, como las lombrices. Además, una persona puede responder a un estímulo sin ser tan siquiera consciente de ese estímulo. Por lo tanto, definimos *awareness* (conciencia) en el sentido general como cualquier impronta o registro del sistema nervioso que es capaz de producir un efecto, ya sea inmediatamente o con cierta demora. Puesto que este registro puede o no dar lugar a la experiencia subjetiva que llamamos *consciousness* (consciencia), la conciencia en el sentido general toma dos formas distintas: la **conciencia percibida** y la **conciencia no percibida**.

Conciencia extrospectiva: conciencia que es dirigida hacia los objetos externos (lo que se puede ver y oler, las sensaciones presentes en el cuerpo, etc.).

Conciencia inconsciente: la **conciencia no percibida** es de dos clases: la conciencia inconsciente y la **conciencia subconsciente**. La primera está compuesta por los contenidos de la conciencia no percibida que nunca pueden llegar a la consciencia. He aquí algunos ejemplos de elementos del ámbito de la conciencia que pueden tener efectos pero nunca llegar a la consciencia: los estímulos subliminales (los estímulos que son demasiado débiles o demasiado breves como para alcanzar el umbral de la consciencia); el fenómeno conocido como *visión ciega* en las personas que, a causa de la lesión de la parte del cerebro responsable del procesamiento visual, son ciegas desde el punto de vista perceptual pero muestran la capacidad de responder a estímulos visuales en una situación de respuesta obligada o de adivinación, o lo que hay detrás de las sensaciones de hambre o sed; en este

último caso, podemos ser conscientes de estas sensaciones, pero nunca de los estímulos específicos que las originan, que son varios parámetros fisiológicos, como la presión arterial, las concentraciones de O_2 y CO_2 en las arterias, las cantidades de nutrientes disponibles en la sangre circulante y el grado relativo de hidratación del cuerpo.

Conciencia introspectiva: conciencia de los pensamientos, los sentimientos y los estados y actividades de la mente. Ver también **conciencia introspectiva metacognitiva**.

Conciencia introspectiva metacognitiva: **conciencia introspectiva** en que la mente, «desde atrás», observa su propio estado y sus propias actividades —una conciencia de la mente misma.

Conciencia metacognitiva: conciencia introspectiva metacognitiva.

Conciencia no percibida: la parte de los contenidos de la **conciencia en el sentido general** de la que no somos subjetivamente conscientes, de modo que después no podemos recordar o comunicar dichos contenidos. A veces se denomina *conciencia encubierta* (se «sabe» algo sin saberlo *conscientemente*). La **conciencia no percibida** presenta dos modalidades: la **conciencia inconsciente** y la **conciencia subconsciente**. La primera está compuesta por los contenidos de la conciencia no percibida que nunca pueden llegar a hacerse conscientes. La segunda, consiste en todos esos estímulos que se registran en el sistema nervioso, de los que se puede ser *potencialmente consciente*, pero de los que no somos conscientes en el momento.

Conciencia percibida: la parte de los contenidos de la **conciencia en el sentido general** de la que somos subjetivamente conscientes en cualquier momento dado. Los contenidos de la conciencia percibida son potencialmente comunicables. Los contenidos de la conciencia en el sentido general de los que no somos subjetivamente conscientes constituyen la **conciencia no percibida**, y no pueden ser recordados o comunicados.

Conciencia periférica: conocimiento general de la información sensorial; de los objetos mentales tales como pensamientos, recuerdos y sentimientos, y de la actividad general de la mente. Cualquiera de estos conocimientos, o todos ellos, pueden estar presentes en la conciencia periférica simultáneamente. A diferencia de la **atención**, que aísla y analiza objetos específicos presentes en el **campo de la conciencia percibida**, la conciencia periférica es inclusiva, holística y solo mínimamente conceptual. Tiene más que ver con las *relaciones* de los objetos entre sí y con el todo, y proporciona el trasfondo y el contexto general para la experiencia consciencial (dónde estamos, qué está ocurriendo a nuestro alrededor, qué estamos haciendo y por qué).

La conciencia periférica es el producto de una enorme cantidad de procesos seriales que tienen lugar simultáneamente en múltiples flujos sensoriales (esto es denominado *procesamiento paralelo masivo*). Su función es ensamblar el contexto y buscar elementos relevantes, supervisar las cuestiones marcadas como importantes e iniciar respuestas motoras automáticas cuando es apropiado.

Conciencia subconsciente: la **conciencia no percibida** es de dos tipos: la conciencia subconsciente y la **conciencia inconsciente**. La primera consiste en todos los estímulos que se registran en el sistema nervioso *de los que se puede llegar a ser consciente*, pero de los que no se es consciente en el momento. Por ejemplo, las sensaciones que se experimentan en el dedo gordo del pie izquierdo cuando no se es consciente de ellas pertenecen a esta categoría.

Conexión: una práctica para generar un mayor interés por la respiración y una mayor implicación con ella. Consiste en establecer comparaciones entre distintas partes del ciclo de la respiración, así como en conectar los detalles de la respiración con el estado mental. Esta práctica es más útil si se empieza con ella en la cuarta etapa o en la quinta.

Consciencia: hace referencia a la experiencia subjetiva, en primera persona, de «conocer» algo en el momento. [En castellano podríamos usar también el término *conciencia* para designar esto mismo, pero en esta obra se otorgan unos significados específicos a *consciencia* y *conciencia*; en cuanto a esta distinción, ver en este glosario **conciencia en el sentido general**.] La consciencia implica inevitablemente ser consciente *de* algo, de modo que no hay consciencia si no hay objetos. Los objetos conscienciales incluyen cualesquiera de las diversas cosas que se ven, se oyen, se saborean o se huelen, así como las sensaciones corporales que surgen por medio de la estimulación de los órganos sensoriales; incluyen también los objetos mentales que se generan internamente, tales como pensamientos, recuerdos, emociones y **sensaciones hedónicas**. La capacidad de recordar y comunicar cualquiera de estas cosas depende totalmente de la consciencia. De todos modos, la incapacidad de recordar y comunicar un evento no implica ausencia de consciencia, pues la inmensa mayoría de las experiencias conscienciales desaparecen rápidamente de la memoria.

El **modelo de los momentos conscienciales** y el del **sistema mental** conceptualizan la consciencia como un *lugar* dentro de la mente en el que se produce el intercambio de la información. Aunque pensar en la consciencia como un lugar es útil en los modelos teóricos de la mente más simples, esta idea acaba siendo problemática. Por lo tanto, cuando estos modelos evolucionan, el concepto final de *consciencia* es que no es un lugar, sino el *proceso* de intercambio de la información, basado en la receptividad compartida de las submentes inconscientes. La receptividad compartida y el intercambio de información tienen lugar en todos los niveles del sistema mental de forma análoga a como tienen lugar en la consciencia. Sin embargo, solo los procesos de intercambio de información que se desarrollan en el nivel superior del sistema mental se experimentan subjetivamente y son susceptibles de ser recordados y comunicados, y por lo tanto *conscientes*.

Consciencia que une (en sánscrito, *manas*): dentro del **modelo de los momentos conscienciales**, la consciencia que une integra la información proporcionada por los otros sentidos para generar los **momentos conscienciales de unión**.

Deseo mundano: uno de los **cinco obstáculos**. Consiste en perseguir cualquiera de los placeres relacionados con nuestra existencia material, deleitarse en ellos y aferrarse a ellos. Esto también significa que existe el deseo de evitar los contrarios de dichos placeres. Estos deseos incluyen: obtener objetos materiales y evitar perderlos; tener experiencias placenteras y evitar el dolor; lograr fama, poder e influencia y evitar la infamia, la sumisión y el descrédito y obtener el amor, los elogios y la admiración de los demás y evitar el reproche o ser objeto de odio.

Despertar: significa comprender la realidad tal como es en lugar de cómo creemos, equivocadamente, que es. Esto implica comprender la verdadera naturaleza de la mente. Por medio de asumir esta verdad en un nivel profundo, intuitivo —por oposición a un nivel meramente conceptual—, obtenemos la verdadera sabiduría, lo cual nos libera de la ignorancia, la ilusión, la insatisfacción y el sufrimiento. Antes del Despertar, estamos atrapados no por las condiciones externas, sino por nuestros errores de percepción y prejuicios.

El Despertar acostumbra a tener lugar progresivamente, por etapas. El *theravada* distingue cuatro senderos progresivos que nos conducen a él, conocidos como *sotāpatti, sakadāgāmi, anāgāmi* y finalmente *arahant*. Para el *mahayana* existe una gran cantidad de etapas progresivas, llamadas *bhumis*. Cabe esperar que los lectores experimenten múltiples niveles de Despertar en el curso de su práctica. De todos modos, siempre que se nombre el Despertar en el texto, a menudo se está haciendo referencia a alcanzar el primer sendero, lo cual se conoce habitualmente como entrar en la corriente o *sotāpatti*.

Dicha de la docilidad física: placer corporal (*sukha*). Es una maravillosa sensación de placer y bienestar corporal que parece o bien llenar todo el cuerpo desde dentro o bien cubrirlo como una manta o como una segunda piel en una sensación placentera. Aunque es de naturaleza corporal, es totalmente independiente de la estimulación sensorial externa. La dicha de la docilidad física surge con la docilidad física, y ambas son el resultado del apaciguamiento de los sentidos.

Dicha de la docilidad mental: sensaciones de placer y felicidad (*sukha*) producidas por el **gozo meditativo** (*pīti*) mientras la mente se unifica. La dicha de la docilidad mental surge con la maduración del gozo meditativo (quinto grado de *pīti*).

Diligencia: en meditación, diligencia significa implicarse de todo corazón con la práctica. Al principio, significa practicar en lugar de emplear el tiempo en el cojín planificando o soñando despierto. En las últimas etapas, ser diligente significa permanecer vigilante frente a las posibles distracciones y el posible embotamiento y sostener la fuerte intención de permanecer enfocado en la respiración. Es un estado mental de disponibilidad y compromiso que combina la **vigilancia** y el esfuerzo.

Dispersión de la atención: durante la meditación, la atención puede dejar de enfocarse exclusivamente en la respiración y dispersarse dirigiéndose también hacia otros objetos presentes en el **campo de la conciencia percibida**. Del mismo modo, el embotamiento puede quitar la atención de la respiración y conducirla a un vacío en el que no se percibe nada.

Distracción: es todo aquello (un sonido, un pensamiento, un sentimiento, etc.) que compite con el objeto de meditación por obtener la atención.

Distracción fuerte: cuando algún objeto mental o sensorial pasa a ser el principal foco de la atención y empuja al objeto de meditación a un segundo plano pero no fuera de la **conciencia**. Ver también **atención alternante**.

Distracción sutil: breves momentos de **atención** dirigida a las **distracciones** presentes en el segundo plano que es la **conciencia periférica**, mientras el **objeto de meditación** sigue siendo el foco principal. Ver también **atención alternante**.

Divagación mental: la divagación mental es lo que ocurre *después* de que se ha olvidado el **objeto de meditación**, cuando la mente va a la deriva de un pensamiento a otro. Forma parte de la secuencia **distracción → olvido →**

divagación mental → despertar de la divagación mental. Durante la divagación mental, la **atención** normalmente se desplaza de un objeto a otro por asociación. Cuando la atención se cansa de una distracción, pasa a otra. Esto ocurre a menudo en las primeras etapas, porque la mente produce todo tipo de distracciones que atrapan la atención y conducen al olvido de la respiración.

Docilidad física: permite que el meditador se siente durante horas seguidas sin experimentar malestar físico, libre de todas las distracciones sensoriales. Surge cuando el **apaciguamiento de los sentidos** se ha completado y está acompañada por la **dicha de la docilidad física**.

Docilidad mental: la **atención estable** y el **mindfulness** potente sostenidos sin esfuerzo. Esto se logra con el apaciguamiento total de la **mente discernidora** al final de la séptima etapa.

Duda: Uno de los **cinco obstáculos**.

Ecuanimidad (*upekkhā*): un estado no reactivo en que las experiencias agradables y desagradables ya no suscitan **anhelo**, en forma de deseo o aversión. La ecuanimidad es una de las cinco características del *śamatha*.

Embotamiento: falta de energía mental. Hay varios grados de embotamiento: desde el sueño profundo o la inconsciencia, pasando por el embotamiento fuerte (como la somnolencia), hasta formas más sutiles de embotamiento, como sentirse un poco distraído. El embotamiento es una forma que presenta la dispersión de la **atención**. Pero a diferencia de las distracciones, en que la atención se «dispersa» hacia otros objetos de la **conciencia**, el embotamiento saca la atención de la respiración para depositarla en un vacío en el que no se percibe nada.

Embotamiento fuerte: carencia significativa de energía mental que se manifiesta a menudo como somnolencia. En la meditación, la **atención** sigue aferrada a la respiración, pero el enfoque es débil y difuso, y las sensaciones se perciben vagamente. Los detalles no se presentan nada claros. Es como intentar ver a través de una niebla densa. A menudo, la respiración se percibe distorsionada, transformada por imágenes oníricas, y pensamientos sin sentido empiezan a vagar por la mente. Al final, la persona se queda dormida.

Embotamiento sutil: ligero **embotamiento** que hace que el **objeto de meditación** sea menos vívido e intenso y que ocasiona que la **conciencia periférica** se diluya. Este tipo de embotamiento tiene un carácter agradable y, por lo tanto, es fácil pasarlo por alto.

Embotamiento sutil estable: ligero grado de **embotamiento** que no se convierte en **embotamiento fuerte**. Ver también **embotamiento sutil progresivo**.

Embotamiento sutil progresivo: grado sutil de **embotamiento** que, con el tiempo, avanza hasta convertirse en **embotamiento fuerte** y, si no se frena, en sueño. Ver también **embotamiento sutil estable**.

Energía vital (*jīvitindriya cetasika*): la fuerza vital contenida en un momento consciencial. Esta energía es uno de los siete atributos de los **momentos mentales**.

Estabilidad de la atención: ver **Atención estable**.

Etiquetar: técnica utilizada para fortalecer la **conciencia introspectiva**. Consiste en identificar la distracción con una mera etiqueta en el momento en que uno se da cuenta de que ya no está enfocado en la respiración.

Examinar la respiración (examen de la respiración): es una técnica para aumentar el interés por la respiración, y la implicación con ella, durante la meditación. Consiste en identificar partes específicas en el ciclo de la respiración, así como todas las sensaciones distinguibles que tienen lugar en el curso de cada inhalación y exhalación. Al plantear un reto, y por lo tanto generar más interés por las partes del ciclo de la respiración, este tipo de investigación minuciosa ayuda a contrarrestar la tendencia natural que tiene la atención a cambiar de foco. El resultado son períodos más largos de **atención sostenida**.

Experiencia de Insight: una experiencia que desafía nuestros supuestos y expectativas de una manera que nos obliga a reconsiderar y revisar nuestra comprensión intuitiva de cómo son realmente las cosas. Las experiencias de *Insight* pueden tener lugar tanto en la meditación como en el curso de la vida diaria. Experiencias de *Insight* potenciales son a menudo ignoradas, rechazadas o racionalizadas.

A medida que se avanza por las etapas, no obstante, se vuelven más frecuentes y potentes; a la vez, es menos probable que se pasen por alto, de modo que es más factible que conduzcan realmente al **Insight**.

Extrospectiva: **atención** o **conciencia** que es dirigida hacia los objetos externos (lo que se puede ver y oler, las sensaciones presentes en el cuerpo, etc.).

Factores de la meditación: la **atención dirigida**, la **atención sostenida**, el **gozo meditativo**, el **placer/felicidad** y la **unificación de la mente**. Cada uno actúa como un antídoto contra uno o más de los **cinco obstáculos** y contribuye con un objetivo clave de la meditación: purificar la mente de estas potentes facetas de nuestra programación biológica y de sus influencias negativas. A veces se denominan *factores jhánicos*.

Fenómeno de iluminación: una luz interior que a menudo se presenta con el apaciguamiento del sentido visual. A veces se denomina *nimitta*, el cual, cuando es estable, puede usarse como **objeto de meditación** para entrar en **jhāna**.

Fluencia (o flujo): un concepto desarrollado por el psicólogo Mihaly Csikszentmihalyi que describe un estado de absorción que incluye una sensación de estar alerta, ejerciendo un control sin esfuerzo, inconsciente el individuo de sí mismo, mientras sus capacidades se manifiestan en su máxima expresión. Tanto el sentido del tiempo como los problemas emocionales parecen desaparecer y hay una estimulante sensación de trascendencia. En meditación, los estados de fluencia se denominan **jhāna** o **absorción meditativa**.

Funciones ejecutivas: en psicología, las funciones ejecutivas son habilidades cognitivas de orden superior, tales como regular el comportamiento, organizar la información, inhibir acciones y otros tipos de actividades que requieren que se responda a situaciones nuevas para las que los comportamientos previamente aprendidos no tienen respuesta. Dentro del sistema mental, estas funciones ejecutivas implican que muchas submentes interactúen entre sí por medio de la consciencia con el fin de llegar a un consenso operativo en cuanto al comportamiento.

Gozo meditativo (*pīti*): un estado de la mente gozoso y único que surge de la **unificación de la mente** en meditación. Cuanta mayor es la unificación, mayor es el gozo. El gozo trae consigo sensaciones de **placer/felicidad**. Hasta que ha madurado, el gozo meditativo se presenta a menudo acompañado de la experiencia de potentes corrientes energéticas que recorren el cuerpo. El gozo surge sistemáticamente en la octava etapa, y con la mayor unificación de la mente, pasa a ser la característica definitoria de la novena etapa. Es uno de los cinco **factores de la meditación**.

Grados de *pīti*: *pīti* es un término pali que significa 'gozo'. En el contexto de la meditación, se traduce a menudo como 'éxtasis', 'deleite' o 'rapto'. *Grados de pīti* hace referencia a cinco niveles en el proceso de desarrollo que culminan en la **docilidad física** y el **gozo meditativo**.

Individuo natural: una entidad definida por la receptividad compartida y el consiguiente intercambio de información entre sus partes constitutivas.

Insight (*vipassanā*): el *Insight* hace referencia a revelaciones profundamente intuitivas, distintas del conocimiento intelectual, que transforman radicalmente nuestra comprensión de nosotros mismos y nuestra relación con el mundo. El *Insight* se ve activado por unas **experiencias de Insight** específicas que penetran el velo de las apariencias, lo que nos permite ver las cosas como son en realidad. Aunque estas experiencias generadoras de *Insights* pueden presentarse en cualquier etapa, la probabilidad de que tengan lugar se incrementa enormemente con cada etapa sucesiva. Los *Insights* más importantes son los de la impermanencia, la vacuidad, la interdependencia causal entre todos los fenómenos y la ilusión del yo separado o no yo.

Intención: la determinación de actuar de cierto modo con el propósito de alcanzar un fin u objetivo en particular. Esta acción puede ser mental o física. La intención subyace a todos los **momentos mentales**, desemboquen o no, esos momentos, en unas palabras o acciones manifiestos. En el **modelo de los momentos conscienciales**, la intención está presente en todos los momentos mentales de percepción. El **modelo del sistema mental** distingue entre las **intenciones conscientes** y las **intenciones inconscientes**.

Intenciones conscientes (*cetanā cetasika*): ver también **intención**. Todas las intenciones se originan en la **mente inconsciente**. Cuando es proyectada en la **mente consciente**, una **intención inconsciente** pasa a ser una intención consciente. A partir de ese momento podemos actuar a partir de ella, modificarla o bloquearla totalmente. El uso inteligente de la intención constituye la mismísima esencia de la meditación: repetir intencionadamente unas tareas básicas una y otra vez desemboca en la reprogramación de los procesos mentales inconscientes.

Intenciones inconscientes: intenciones que dan lugar a acciones automáticas antes de volverse conscientes. Todas las intenciones tienen su origen en la **mente inconsciente**. Una intención pasa a ser consciente cuando se proyecta en la **mente consciente**; es entonces cuando puede actuarse a partir de ella, modificarse o bloquearse totalmente. Las intenciones a partir de las cuales se ha actuado de forma repetida como intenciones conscientes pueden, posteriormente, dar lugar a acciones sin necesidad de que seamos conscientes de dichas intenciones. En el caso de estas acciones automáticas, si la intención llega a mostrarse en la consciencia, es solo después de que la acción se ha ejecutado.

Intensidad: en relación con la percepción, es la fuerza o potencia subjetiva de una experiencia perceptual. La intensidad refleja el interés o la importancia asociados con el objeto percibido. En meditación, está estrechamente relacionada con la **viveza** y la **claridad**; las tres derivan de un aumento de la potencia del **mindfulness**. De todos modos, una percepción puede ser muy intensa aunque la información en que se base no sea vívida ni clara, como cuando se confunde una cuerda con una serpiente.

Introspectiva: **atención** o **conciencia** que se dirige internamente a los pensamientos, a los sentimientos y a los estados y actividades de la mente. Aunque se pueden dirigir introspectivamente tanto la atención como la conciencia, solo la conciencia introspectiva puede observar los estados y las actividades de la mente.

Jhāna: estados de profunda **absorción meditativa** en que tanto el enfoque de la **atención** como el **mindfulness** están ya bastante perfeccionados. *Jhāna* es un tipo especial de estado de **fluencia** que se alcanza solamente en meditación; se trata de un medio para acelerar el progreso a partir de la sexta etapa, y puede usarse como vehículo para alcanzar el **Insight**.

Magia del mindfulness: la capacidad que tiene el **mindfulness** de ocasionar transformaciones psicológicas y espirituales profundas. A diferencia de la más básica y breve aplicación del *mindfulness* que modera el comportamiento, la magia del *mindfulness* empieza cuando se puede sostener un *mindfulness* más potente durante períodos más largos. Como resultado, nos mostramos menos reactivos y más responsivos en la vida diaria. En la práctica de la meditación formal, sostener un *mindfulness* potente puede reprogramar los condicionamientos psicológicos profundos. El *mindfulness* tiene la capacidad de transformar por completo nuestras concepciones más profundamente arraigadas sobre el mundo y sobre nosotros mismos.

Meditación analítica: una práctica reflexiva que implica un recuerdo y análisis sistemáticos. Esencialmente, consiste en pensar acerca de un tema cuidadosamente elegido de forma estructurada y con un estado mental muy estable, calmado y enfocado. Esto debería ocurrir en un estado correspondiente a la cuarta etapa, en que el tema de análisis elegido nunca desaparece por completo de la atención.

Meditación en los elementos: como parte de la práctica de exploración del cuerpo, esta meditación tradicional nos puede ayudar a enfocar la observación en las sensaciones corporales. Estos elementos son: la tierra (solidez y resistencia), el agua (cohesión y fluidez), el fuego (calor y frío), el viento (movimiento y cambio) y el espacio.

Meditador experto: alguien que ha pasado del desarrollo de las habilidades pertinentes (el meditador hábil) al dominio de dichas habilidades. La séptima etapa es un punto de transición en que todas las habilidades previas, como la atención exclusiva y el mindfulness, pasan progresivamente a ejercerse sin esfuerzo. En la octava etapa, el meditador hábil ya se ha convertido en experto, y ha alcanzado el tercer hito.

Meditador hábil: el que ha alcanzado los dos grandes objetivos del entrenamiento meditativo: la atención estable y el mindfulness. El dominio de la tercera etapa, que es el primer hito, constituye el principio de la meditación hábil. El coronamiento de la sexta etapa, que es el segundo hito, señala el final de la adquisición de las habilidades meditativas básicas.

Mente consciente: en el modelo del sistema mental, es la parte de la mente en la que tiene lugar la consciencia. Como una pantalla de cine o un lugar, es totalmente pasiva, el receptáculo de la información proyectada desde las mentes inconscientes. No hay ninguna parte del cerebro que se corresponda con la mente consciente, y cuando la mente es vista como un proceso, la mente consciente pasa a ser un proceso dentro de un proceso más grande, más que un lugar.

Mente discernidora: dentro del modelo del sistema mental, la mente discernidora es una gran parte de la mente inconsciente, la parte donde tienen lugar el razonamiento y el análisis. También se la denomina la mente pensante/emocional, porque genera estados mentales afectivos y emociones. Como otras partes del sistema mental, la mente discernidora se compone de muchas submentes individuales; entre estas, una muy importante es la mente narrativa.

Mente inconsciente (en pali, *bhavanga*; en sánscrito, *ālayavijñāna*): el mayor componente del sistema mental. La mente inconsciente se compone de la mente sensorial y la mente discernidora. A su vez, estas dos mentes se componen de muchas submentes.

Mente narrativa (*manas* en sánscrito): una submente de la **mente discernidora** en el **modelo del sistema mental**. La mente narrativa toma toda la información que es proyectada en la **consciencia** por otras submentes. Su función es integrar toda esta información que aparece en **momentos conscienciales** separados por medio de combinarla, organizarla y resumirla de una forma coherente y significativa. Específicamente, la mente narrativa utiliza la estructura *yo-ello* o *el yo-lo otro* para integrar los distintos componentes de la experiencia. La autoconciencia (esa sensación continua e intuitiva de ser un yo separado en relación con un mundo de objetos) deriva de la forma en que la mente narrativa combina eventos conscienciales separados procedentes de muchas submentes en una historia que proyecta de nuevo en la consciencia.

Mente pensante/emocional: las submentes de la **mente discernidora** implicadas en conceptualizar, realizar abstracciones, imaginar y crear constituyen, en conjunto, la *mente pensante*. Otras submentes discernidoras implicadas en generar estados mentales y emociones específicos constituyen la *mente emocional*. La combinación de estas dos submentes es la mente pensante/emocional, y suman la mayor parte de las submentes de la mente discernidora. La otra gran submente dentro de la mente discernidora es la **mente narrativa**.

Mente sensorial: dentro del **modelo del sistema mental**, la mente sensorial constituye una de las dos grandes partes de la **mente inconsciente**. La otra es la **mente discernidora**. La mente sensorial procesa información procedente de los cinco sentidos físicos. Genera **momentos conscienciales** cuyos objetos son las imágenes, los sonidos, los olores, los sabores y las informaciones somatosensoriales procedentes de los sentidos físicos.

Mindfulness (*sati*): una interacción óptima entre la **atención** y la **conciencia periférica**. Este tipo de optimización requiere incrementar la capacidad consciencial general de la mente. El pleno desarrollo del *mindfulness* es uno de los grandes objetivos de la práctica meditativa.

Mindfulness con clara comprensión (*sati-sampajañña*): un aspecto importante del **mindfulness** es ser conscientes de lo que estamos haciendo, diciendo, pensando y sintiendo. El *mindfulness* con clara comprensión también tiene dos aspectos importantes más. El primero es la clara comprensión del propósito, lo cual significa ser metacognitivamente conscientes de *por qué* estamos haciendo, diciendo, pensando y sintiendo lo que sea que estemos haciendo, diciendo, pensando y sintiendo. El segundo es la clara comprensión de la adecuación —de si lo que estamos haciendo, diciendo, pensando y sintiendo es *adecuado* o no en esa situación en particular, si es coherente con los propios objetivos y propósitos y si está de acuerdo con las propias creencias y valores.

Modelo de la experiencia consciencial: este es el primer modelo presentado que proporciona las bases para la práctica de la meditación. Describe la forma básica en que experimentamos varios objetos internos y externos por medio de la **atención** y la **conciencia periférica**. Este modelo también explica cómo funcionan la atención y la conciencia periférica, para poder trabajar hábilmente con ellas en el contexto de la meditación a fin de generar **mindfulness**.

Modelo de los momentos conscienciales: el segundo modelo de la mente, cuyo origen fueron los textos budistas *Abhidhamma*. Este modelo presenta la experiencia consciencial como dividida en **momentos conscienciales** individuales procedentes de los seis sentidos, incluido el **sentido mental**, más los **momentos conscienciales de unión**. Estos **momentos mentales** conscienciales tienen lugar de uno en uno, de un modo muy similar a como la cinta de una película está dividida en fotogramas separados. Puesto que los fotogramas se suceden con mucha rapidez, y como hay muchos, el movimiento parece fluido en la película. De la misma manera, estos momentos conscienciales individuales son tan numerosos y breves que parecen constituir un flujo consciencial continuo e ininterrumpido.

Modelo del sistema mental: el tercer modelo de la mente presentado, basado en la escuela del budismo *yogācāra*. Este modelo representa la mente como un sistema complejo compuesto de dos grandes partes: la **mente consciente** y la **mente inconsciente**. La primera es la parte de nuestra psique que experimentamos directamente, mientras que la segunda es la parte cuyas complejas actividades «entre bastidores» pueden ser conocidas solo

indirectamente por la persona, por medio de la inferencia y la deducción.

Momentos conscienciales: eventos mentales individuales o **momentos mentales** producidos por los cinco sentidos físicos, el **sentido mental** y la **consciencia que une**, que dan lugar a un total de siete tipos distintos de momentos conscienciales. La imagen tradicional de la experiencia consciencial es un collar de cuentas en el que cada cuenta representa un momento mental.

Momentos conscienciales de unión: el contenido de este tipo de **momento mental** se genera por medio de integrar los contenidos de los otros seis tipos de **momentos conscienciales**. Por ejemplo, cuando los *inputs* visuales y auditivos son integrados por la **consciencia que une**, el producto de esta combinación se proyecta en la **consciencia**, y la experiencia subjetiva resultante es la de oír palabras que salen de la boca de alguien.

Momentos de atención: en el **modelo de los momentos conscienciales**, los distintos tipos de **momentos mentales** procedentes de diferentes sentidos pueden tomar la forma de la **atención** o de la **conciencia**. Los momentos de atención tienen una única área focal, que contiene solamente un objeto o unos pocos, que pasan por un procesamiento mental exhaustivo.

Momentos de conciencia: momentos de conciencia periférica.

Momentos de conciencia periférica: en el **modelo de los momentos conscienciales**, los distintos tipos de **momentos mentales** procedentes de los diferentes sentidos pueden tomar la forma de la **atención** o de la **conciencia**. Los momentos de conciencia periférica son abiertos e inclusivos y ofrecen una representación panorámica de todo lo que se halla dentro de su campo sensorial específico. Los muchos objetos contenidos dentro de cada momento de conciencia periférica reciben solamente un procesamiento mental mínimo.

Momentos mentales: eventos mentales separados cuya secuencia constituye la experiencia consciencial. Los momentos mentales son de dos tipos: los **momentos conscienciales** y los **momentos mentales de ausencia de percepción**. Cada momento mental tiene ciertos atributos, como el de ser unitario, provocar una **sensación hedónica** y acarrear cierta cantidad de **energía vital**. Los momentos conscienciales también incluyen un objeto y una intención, mientras que los momentos mentales de ausencia de percepción no lo hacen.

Momentos mentales carentes de intención: momentos mentales de ausencia de percepción.

Momentos mentales de ausencia de percepción (*bhavanga citta*): **momentos mentales** de baja energía y carentes de objetos. El nivel de energía de la mente depende de la proporción de momentos de percepción frente a los momentos de ausencia de percepción. Cuanto mayor sea la proporción de estos últimos en un período dado, más **embotamiento** habrá. Por otra parte, no tienen ninguna intención asociada, y por eso son también **momentos mentales carentes de intención**. Aunque carezcan de intención, no tengan objetos y les falte **energía vital** (*jīvitindriya cetasika*), cuentan con la cualidad del placer (*vedanā cetasika*).

Movimientos espontáneos de la atención: movimientos de la **atención** controlados «desde abajo hacia arriba», procesos mentales inconscientes. La atención se desplaza espontáneamente de tres maneras distintas: explorando, viéndose atrapada y alternando.

Nimitta: palabra pali que significa 'aspecto', como cuando hablamos de que «la montaña presenta un aspecto diferente bajo la luz de la luna». En la vieja literatura de la meditación budista, *nimitta* hace referencia a los distintos aspectos que presenta el objeto de meditación en estados meditativos cada vez más profundos. Sin embargo, modernamente, se considera que *nimitta* significa 'objeto de meditación' en general o, mucho más a menudo, que designa el **fenómeno de iluminación** que se utiliza como objeto para entrar en las **jhānas** luminosas. De acuerdo con la acepción moderna habitual, a la hora de hablar de las **jhānas** luminosas también utilizamos el término *nimitta* para designar el fenómeno de iluminación.

Objeto de meditación: cualquier objeto que se ha elegido a propósito para que sirva como el foco de la **atención** durante la meditación. El principal objeto de meditación utilizado en la práctica que desarrolla este libro son las sensaciones de la respiración en la nariz.

Obstáculos: los cinco obstáculos.

Olvido: aquí, *olvido* significa arrinconar el objeto de meditación, así como la intención de centrarse en la respiración. La causa del olvido es la **distracción**: algún pensamiento, sentimiento, sonido, etc., distractor tiene éxito a la hora de atrapar la **atención**. Esto hace que el **objeto de meditación**, para empezar, pase a segundo plano, y que después desaparezca totalmente del campo de la conciencia percibida. Cuando ocurre esto, la intención de observar la respiración también se ha olvidado.

Percepciones sensoriales: representaciones mentales básicas de un estímulo percibido por los sentidos. Ejemplos de ello son el calor, el frío, el sabor salado, el sabor dulce, el color amarillo o el color azul. Estas percepciones sensoriales básicas son el material con el que se construyen las percepciones y los conceptos.

Pereza y letargo: uno de los **cinco obstáculos**.

Placer/felicidad (*sukha*): hace referencia al placer corporal y a sentimientos de felicidad. El placer/felicidad que surge en meditación con la progresiva **unificación de la mente**, el **gozo meditativo** y el **apaciguamiento de los sentidos** es conocido como **dicha de la docilidad física** y **dicha de la docilidad mental**. Es uno de los cinco **factores de la meditación**.

Purificación mental: proceso natural por el que recuerdos potentes, condicionamientos pasados, pensamientos y emociones fuertes emergen a la superficie en la silenciosa quietud de la meditación. El hecho de observar este material cargado con el poder esclarecedor del **mindfulness** conduce a que acontecimientos pasados se integren y acepten en la realidad presente, los condicionamientos nocivos se reprogramen y la psique se purifique. Este proceso de purificación tiene lugar más habitualmente en las etapas cuarta y séptima.

Receptividad compartida: la capacidad de recibir y dar información. La receptividad compartida es una expresión de la interconexión radical que se da entre todas las cosas, desde los quarks hasta el cosmos.

Śamatha: estado mental muy especial alcanzado por medio del cultivo de la atención estable y el *mindfulness*. El *śamatha* tiene cinco características. La primera es la **atención estable** sin esfuerzo (*samādhi*). La segunda es un **mindfulness** potente (*sati-sampajañña*), lo cual significa ser plenamente consciente no solo de los objetos de la **atención** inmediatos, sino también de cualquier otra cosa que acontezca en la mente momento a momento. Las tres últimas características son el **gozo meditativo** (*pīti*), la **tranquilidad** (*passaddhi*) y la **ecuanimidad** (*upekkhā*).

Sensaciones hedónicas (*vedanā*): sensaciones de agrado, desagrado o neutras. Todos los momentos conscienciales están asociados con una de estas tres sensaciones hedónicas.

Sentido mental (*mano-āyatana*): una sexta categoría sensorial que incluye objetos mentales

tales como pensamientos, emociones, imágenes y recuerdos.

Submentes: unidades autónomas que tienen su propia especialidad y función que llevar a cabo dentro del conjunto del sistema mental. Dentro de la **mente sensorial** hay cinco submentes, cada una de las cuales posee su propio campo sensorial correspondiente a uno de los cinco sentidos físicos. Una submente trabaja exclusivamente con los fenómenos que atañen a la visión, otra exclusivamente con los fenómenos que atañen a la escucha, etcétera. La **mente discernidora** también está integrada por muchas submentes. Hay, por ejemplo, submentes responsables del pensamiento abstracto, del reconocimiento de patrones, de las emociones, de la aritmética y de la lógica verbal, por nombrar solo unas cuantas de sus actividades de mayor nivel. Otras submentes de la mente discernidora son responsables de las emociones, por ejemplo el enfado, el miedo y el amor. La **mente narrativa** es otra submente de la mente discernidora.

Tranquilidad (*passaddhi*): un estado de felicidad y placer sereno que surge específicamente como resultado de la meditación. Una de las cinco características del *śamatha*.

Unificación de la mente (*cittas'ekagata*): la unión de un gran número de submentes o procesos mentales diversos, independientes e inconscientes en favor de una intención elegida conscientemente. Uno de los cinco **factores de la meditación**.

Vigilancia: con este término hacemos referencia a la conciencia periférica introspectiva cuando es clara y está alerta y preparada para detectar cualquier cosa que amenace la **atención estable** y el **mindfulness**. Como un centinela vigilante, la conciencia observa intencionalmente.

Viveza: cualidad que presenta al observador un objeto percibido. En el ámbito visual, la viveza es una función del brillo y la intensidad del color. En el ámbito de la memoria o la imaginación, denota una experiencia fresca e inmediata. En el ámbito táctil, al que pertenece la percepción de la respiración en la nariz, indica cualidades similares, de intensidad e inmediatez sensorial. En términos del **modelo de los momentos conscienciales**, la viveza de la percepción depende de la cantidad de **momentos de atención** que representan a un objeto en particular en la consciencia. *Viveza*, **claridad** e **intensidad** son términos que se solapan y se utilizan para describir las cualidades asociadas con un mayor **mindfulness**.

Notas

Introducción

1. Despertar significa comprender la realidad tal como es, en lugar de como creemos que es (equivocadamente); consiste en entender la auténtica naturaleza de la mente y del mundo del que nosotros, y todos los seres sensibles, formamos parte. El Despertar acostumbra a tener lugar de forma progresiva, por etapas. El *theravada* distingue cuatro senderos graduales que llevan hacia él, conocidos como *sotāpatti, sakadāgāmi, anāgāmi y arahant*. Para el *mahayana* existe una mayor cantidad de etapas progresivas, llamadas *bhumis*.

2. *Mahāsatipaṭṭhāna Sutta, Digha Nikaya* 22.

3. Los nueve estados por los que se avanza antes de alcanzar el *śamatha* se describen en las obras de Asanga *Śrāvaka-bhūmi* («El camino de los seguidores de las enseñanzas»), *Abhidharma-samuccaya* («Compendio de conocimiento») y *Mahāyāna-sūtrālamkāra-kārikā* («Ornamento para los sutras *mahayana*»).

4. También, como era de esperar, estas hojas de ruta para la práctica, antiguas pero precisas, se han vuelto mucho más crípticas con el paso del tiempo. Recuerdo cuando descubrí las nueve etapas de la meditación de Asanga. Un lama perteneciente a la tradición tibetana estaba presentándolas. Yo ya estaba muy familiarizado con cómo se desarrolla el entrenamiento meditativo, a partir tanto de mi propia experiencia como de la orientación de mis maestros. Hubo dos cosas que me llamaron enseguida la atención. En primer lugar, quedé impresionado por la precisión y la brillantez de la descripción de Asanga. En segundo lugar, me di cuenta de lo confusa y distorsionada que era la comprensión que tenía del material ese lama en concreto. Dudo que alguien pudiese haber mejorado su práctica meditativa tras escuchar esa presentación. No fue un incidente aislado; experiencias similares me han demostrado que, a pesar de que los textos han sido cuidadosamente conservados, no son siempre bien comprendidos por sus preservadores.

5. Mi primera etapa, «El establecimiento de la práctica», no existe en el modelo tradicional derivado de Asanga. De todos modos, no me he limitado a insertar una nueva etapa y subir un grado todas las demás. Las etapas segunda a sexta se corresponden mucho con las de Asanga y están numeradas igual. Esta es la correspondencia entre los dos modelos:

CULADASA	ASANGA
1. El establecimiento de la práctica	
2. La atención interrumpida y la superación de la divagación mental	1. Parada (sthaapaya) 2. Parada continua (samsthaapaya)
3. Mayor continuidad de la atención y la superación del olvido	3. Parada reparadora (avasthaapaya)
4. La atención continua y la superación de la distracción y el embotamiento fuertes	4. Parada ascendente (upasthapaya)
5. La superación del embotamiento sutil y el incremento de *mindfulness*	5. Abrillantado (ramayet)
6. Dominar las distracciones sutiles	6. Apaciguamiento (shamaya)
7. La atención exclusiva y la unificación de la mente	7. Apaciguamiento total (vyupashamaya) 8. Habituación (ekotiikurva)
8. La docilidad mental y el apaciguamiento de los sentidos 9. La docilidad mental y física y el apaciguamiento de la intensidad del gozo meditativo 10. La tranquilidad y ecuanimidad	9. Equilibrio/Equiponderación (samaadatta)

El *sthaapaya* (1) y el *samsthaapaya* (2) de Asanga están incluidos en mi segunda etapa. El *avasthaapaya* (3), el *upasthapaya* (4), el *ramayet* (5) y el *shamaya* (6) de Asanga corresponden a las etapas tercera a sexta en ambos. Mi séptima etapa incluye tanto el *vyupashamaya* (7) como el *ekotiikurva* (8) de Asanga. Por último, mis etapas octava, novena y décima no están identificadas por separado por Asanga, pero tienen lugar durante su *samaadatta* (9). La ausencia de esfuerzo del *samaadatta* (9) corresponde a la coronación de la octava etapa y tiene lugar en el mismo punto en ambos sistemas. El «apaciguamiento de la intensidad» que se traduce en la tranquilidad y la ecuanimidad es lo suficientemente importante como para justificar que se le dedique una etapa, la novena. Puesto que se necesita tiempo para que la culminación del proceso madure, muestro mi reconocimiento al respecto por medio de distinguirlo como la décima etapa.

6. Puesto que al inglés [y al castellano] a menudo le faltan palabras equivalentes a los conceptos que se describen en la literatura de meditación tradicional, se ha vuelto una práctica habitual utilizar palabras en pali o en sánscrito en los textos de meditación escritos en inglés [o en castellano]. De todos modos, he utilizado términos ingleses en la medida de lo posible [obviamente, traducidos al castellano] para describir las diez etapas. En parte, lo he hecho para que las instrucciones sean más accesibles, pero también porque las palabras en pali y sánscrito evocan significados diferentes para distintas personas. Por desgracia, el significado de estos términos ha cambiado con el tiempo y según la geografía, así que no es raro que las mismas palabras indiquen cosas diferentes incluso para distintos profesores de la misma tradición, por no hablar de las diferencias que se encuentran entre los profesores de diversas tradiciones. Como resultado, incluso la terminología más básica del ámbito de la meditación es objeto de interpretaciones y traducciones confusas y a menudo conflictivas. Con demasiada frecuencia esto conduce a que se utilicen las mismas palabras pero con significados diferentes, lo que puede hacer que las explicaciones referentes a la meditación sean bastante desconcertantes.

7. Los estados profundos de absorción se conocen como *jhāna* en pali y *dhyana* en sánscrito. Se accede a ellos desde un estado en que tanto el enfoque de la atención como el *mindfulness* están ya muy afinados. Las *jhānas* se pueden utilizar como un vehículo para la consecución del *Insight* (*vipassanā*).

8. *Bodhi* en pali y sánscrito.

9. *Śamatha* en sánscrito. También se traduce como 'serenidad', 'quietud' o 'meditación estabilizada'.

10. *Vipasyana* en sánscrito.

11. Las etapas finales que preceden al Despertar (en particular, el conocimiento de la ecuanimidad respecto a las formaciones) tal como las describe Mahasi Sayadaw en *The Progress of Insight*, y tal como se esbozan en el *Vissudhimagga* (el clásico manual de meditación *theravada*), corresponden precisamente al *śamatha* de las etapas novena y décima que aquí se describe. De las dieciocho etapas de *The Progress of Insight*, solo las diez primeras (hasta el «conocimiento de la reobservación») pueden alcanzarse antes de llegar al *śamatha*. La decimoprimera es el *śamatha*.

12. Se dice en el *Yuganaddha Sutta* (Anguttara Nikaya 4.170): «Amigos, todos los que [...] declaran que han alcanzado el *arhatship* en mi presencia, todos lo han hecho por medio del [...] *vipassanā* precedido por el *śamatha* [...] el *śamatha* precedido por el *vipassanā* [...] el *śamatha* estrechamente unido con el *vipassanā* [...] A medida que siguen el camino, desarrollándolo y buscándolo, sus cadenas se ven abandonadas, sus obsesiones destruidas». Ver también el *Kimsukka Sutta, Samyutta Nikaya* 35.204.

13. El *samādhi* sin esfuerzo se vuelve posible cuando se alcanza la **docilidad mental** al principio de la octava etapa.

14. Estos tres últimos son *pīti* (*prīti* en sánscrito), *passaddhi* (*prasrabdhi* en sánscrito) y *upekkhā* (*upekshā* en sánscrito).

15. El *samādhi* y el *sati* se desarrollan por igual, pero si no van acompañados por la investigación diligente (*viriya* y *dhamma vicaya*), no van a conducir al Despertar. Sin embargo, a medida que el *śamatha* se desarrolla y madura, el *Insight* es casi, pero no completamente, inevitable. Pero si alguien de alguna manera se las arregla para alcanzar el *śamatha* sin el *Insight*, esa persona va a llegar al *Insight* y el Despertar muy rápidamente. Casi cualquier práctica en aras del *Insight* dará fruto de inmediato.

16. Impermanencia es *anicca* en pali, *anitya* en sánscrito; vacuidad es *suññatā* en pali, *śūnyatā* en sánscrito; sufrimiento es *dukkha* en pali, *duhkha* en sánscrito; interdependencia causal entre todos los fenómenos es *paticcasamuppāda* en pali, *pratītyasamutpāda* en sánscrito, y no yo es *anattā* en pali, *anātman* en sánscrito.

17. En los *suttas*, una mente dotada de *samādhi* se describe como «maleable y manejable». Esto significa que la atención puede posarse de forma estable sobre cualquier objeto elegido y desplazarse con facilidad y de forma fluida de un objeto a otro sin perder el enfoque exclusivo. Esta flexibilidad mental también se conoce como *khaṇika samādhi*, una forma esencial de concentración para llevar a cabo ciertos tipos de práctica de *vipassāna*. La forma más perfeccionada de *samādhi* es una «conciencia abierta», que permite que los objetos conscienciales surjan y desaparezcan sin convertirse en objetos de la atención.

18. *Sati* (*smrti* en sánscrito) significa ser plenamente consciente, momento a momento, no solo de los objetos inmediatos de la atención, sino también de todo lo demás que ocurra en la mente. El desarrollo más completo de esta facultad se llama *sati-sampajañña* en pali (*smrti-samprajanya* en sánscrito), que se traduce como 'mindfulness con plena comprensión'. Esto significa saber a cada momento *lo que* uno está haciendo, diciendo, pensando y sintiendo; *por qué* están teniendo lugar estas actividades, y si eso es o no es *apropiado* en términos de las propias creencias y valores, así como del propósito que se tiene en el momento.

19. *Dharma-vicaya* en sánscrito.

20. *Vīrya* en sánscrito.

21. Los siete factores necesarios para el Despertar (*satta bojjhaṅgā* en pali, *sapta bodhyanga* en sánscrito) son *samādhi, sati, pīti, passaddhi, upekkhā, dhamma vicaya* y *viriya*. Los cinco primeros son característicos del *śamatha*: *samādhi, sati, pīti, passaddhi* y *upekkhā*. Se requieren cuatro factores para el *vipassanā*: *samādhi, sati, dhamma vicaya* y *viriya*. Dos factores, *samādhi* y *sati*, los tienen en común el *śamatha* y el *vipassanā*. Por lo tanto, la combinación del *śamatha* y el *vipassanā* proporciona los siete factores del Despertar. Una mente en estado de *śamatha* está madura tanto para el *vipassanā* como para el Despertar; solo requiere que estos fenómenos sean investigados (*dhamma vicaya*) con persistencia (*viriya*). Del mismo modo, a una mente con *vipassanā* solo le falta el *śamatha* para que acontezca el Despertar.

22. Esta afirmación puede resultar sorprendente a quienes se les ha enseñado que las prácticas de meditación son de dos tipos; que por una parte están las que se basan en la concentración y la tranquilidad (*śamatha*) y por otra las que se basan en el *mindfulness* y el *Insight* (*vipassanā*). Esta distinción es falsa y engañosa.

23. Entre otros, los profesores de las prácticas denominadas *del Insight* seco (*sukkha-vipassana*) del sudeste asiático (p. ej., Mahasi Sayadaw, U Ba Khin y Goenka) y los métodos terapéuticos inspirados en ellos (por ejemplo,

la reducción del estrés basada en el *mindfulness*) asocian el *mindfulness* con el *Insight* y excluyen la atención estable. A estos métodos no se los llama *secos* porque no requieran que la atención sea estable. Sí lo requieren. De hecho, *la verdadera práctica del* Insight *requiere que la potencia de la concentración y el* mindfulness *sea equivalente a la que se define en esta obra como necesaria para entrar en la séptima etapa*. Se los llama *secos* porque les falta la «humedad» lubricante del *śamatha*: el gozo, la tranquilidad y la ecuanimidad que hacen que sea mucho más fácil afrontar las experiencias perturbadoras y temibles del *Insight* de la impermanencia, la vacuidad y el sufrimiento. La mente de un meditador que cultiva el *śamatha* antes de alcanzar el *Insight* está llena de estas cualidades, y es mucho menos probable que experimente una larga y estresante «noche oscura del alma» (los conocimientos del sufrimiento, o *dukkha ñana*).

En las prácticas del *Insight* seco, el pleno desarrollo del *śamatha* se pospone hasta después del surgimiento del *Insight*. Sin embargo, una vez que el meditador ha llegado a aceptar estos *Insights* como realidades ineludibles, debe seguir practicando hasta alcanzar el *śamatha* en la forma del conocimiento de la ecuanimidad respecto a las formaciones (*sankharaupekkha ñana*). *La culminación del* Insight (*la experiencia del Despertar*) *tiene lugar desde un estado de śamatha*.

24. Uno de mis primeros profesores solía insistir en que el embotamiento dichoso es incluso perjudicial, puesto que entumece la mente. A tenor de las últimas investigaciones científicas que muestran que la forma en que usamos la mente puede cambiar el cerebro, esto podría ser perfectamente cierto.

25. La forma en que se combinan el *śamatha* y el *vipassanā* es variable. Buda describió tres enfoques de la meditación: cultivar el *śamatha* primero, seguido del *vipassanā*; practicar el *vipassanā* seguido por el *śamatha* y, por último, el desarrollo conjunto del *śamatha* y el *vipassanā*.

El śamatha seguido por el vipassanā

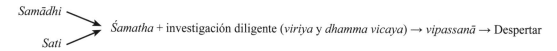

El *samādhi* y el *sati* se desarrollan por igual, pero no se aplican a la investigación diligente hasta más tarde. Este enfoque es especialmente adecuado para alguien cuya predisposición natural hacia la concentración esté dentro de la media, y el éxito se alcanza de forma bastante rápida. Es el más utilizado en el método de la tradición indotibetana y en el budismo *mahayana* en general. También fue el más habitual en la tradición *theravada* hasta finales del siglo XIX y principios del XX, cuando las prácticas del *Insight* seco se hicieron más populares.

El vipassanā seguido por el śamatha

Se pone el énfasis en el *sati* a expensas del *samādhi*; el gozo se evita deliberadamente, por lo que la tranquilidad y la ecuanimidad no se desarrollan hasta más tarde. Esto es especialmente apropiado para quienes se concentran bien de forma natural y pueden pasar largos períodos retirados; no es tan útil para quienes llevan a cabo períodos cortos de práctica diaria. En el *mahayana* hay también una variante de este enfoque: el meditador lleva a cabo una meditación analítica sobre la vacuidad para desarrollar un *Insight* que cuente con una base intelectual muy fuerte. Por supuesto, la meditación analítica ayuda a desarrollar una fuerte concentración, pero no lo bastante fuerte como para alcanzar el *śamatha* (el meditador desarrolla el *śamatha* más tarde). Después de que se ha alcanzado el *śamatha*, la comprensión intelectual de la vacuidad previamente cultivada se toma como objeto de meditación en una «unión del *śamatha* y el *vipasyanā*».

El śamatha y el vipassanā estrechamente unidos

Este enfoque es apropiado para las personas cuyas capacidades naturales en cuanto a la concentración estén dentro de la media, pero por lo general requiere un poco de orientación por parte de un profesor bien formado. En el caso de quienes no tengan este profesor, otra forma de practicar el *śamatha* y el *vipassanā* estrechamente unidos es alternar el *śamatha* con las prácticas del *Insight* seco, y avanzar de manera constante en ambos. Para ello, basta con aprovechar el *śamatha* cuando esté presente, acudir a los profesores del *Insight* seco cuando los haya disponibles y participar en retiros de meditación que pongan el acento en ambas prácticas.

Descripción general de las diez etapas

1. El Dalai Lama ha dicho: «Aquel que conoce correctamente la naturaleza y el orden de los niveles que se han explicado y las diferencias entre ellos y cultiva la calma mental puede lograr fácilmente la estabilización meditativa impecable en un año aproximadamente». Tenzin Gyatso, *The Buddhism of Tibet*. 3.ª ed. Ed. Jeffrey Hopkins. Boston, EE.UU.: Snow Lion, 2002. Cuando empecé a enseñar yo también pensaba que, con una práctica diligente, la mayoría de las personas deberían ser capaces de dominar las diez etapas en menos de un año. Desde entonces me he dado cuenta de que este planteamiento no es realista en el caso de *la mayor parte* de las personas, de modo que esta declaración tan general puede resultar desalentadora para aquellos que han estado practicando durante mucho más tiempo sin alcanzar ese dominio.

2. En sus *Principles of Psychology*, William James refleja la esencia de la atención ordinaria: «*La atención no puede conservarse durante más de unos pocos segundos seguidos*. Lo que se denomina atención voluntaria sostenida es una repetición de esfuerzos sucesivos que hacen volver el tema a la mente [...] y si [el tema] es interesante atrae la atención de forma pasiva por un tiempo [...] Este interés pasivo puede ser corto o largo. La atención se ve desviada por cualquier cosa irrelevante que la llame, y después un esfuerzo voluntario puede traerla otra vez de vuelta al tema; y así sucesivamente, bajo condiciones favorables, durante horas seguidas *[el énfasis es mío]*».

    James describe bastante bien la mente no ejercitada. La estabilidad de la atención depende normalmente de lo interesados que estemos en el objeto en que nos estamos enfocando. Cuando nuestro interés decrece, la atención se desplaza. Hasta que hayas dominado las tres primeras etapas, tu atención será «ordinaria». En estas etapas, aprendes a sostener deliberadamente la atención en un objeto elegido sin estas interrupciones. Esta es una habilidad adquirida que supera con creces nuestras habilidades ordinarias, y James pudo muy bien sorprenderse por los poderes que poseen los meditadores expertos en cuanto a la atención. Sin embargo, es una habilidad que cualquiera puede adquirir por medio de una ejercitación sistemática.

    Los cirujanos, los jugadores de ajedrez, los deportistas profesionales y los controladores del tráfico aéreo son también ejemplos de personas que han desarrollado la extraordinaria capacidad de una atención estable, enfocada. Pero la atención estable de los meditadores expertos es diferente; ellos *pueden sostener la atención independientemente de lo importante que consideren que sea el objeto*. Además, la calidad de la atención de los profesionales ejercitados no llega más allá de la cuarta etapa (el primer hito). Alcanzar los niveles más altos requiere técnicas que solo se aplican en el ámbito de la meditación. Es decir, lo que para un cirujano es el dominio de la atención, solo es el comienzo para el meditador hábil.

3. En las descripciones tradicionales, esto marca el principio de lo que se denomina *parikamma samādhi* en pali. *Samādhi* se traduce a menudo como 'concentración', en referencia a la concentración única que se desarrolla en la meditación, pero literalmente significa 'reagrupamiento' de la mente. *Parikamma* significa 'inicial', 'primero' o 'preliminar'. No hay ningún *samādhi* antes del *samādhi* preliminar de la cuarta etapa.

4. *Sati-sampajañña* en pali.

5. A partir de la séptima etapa ya no se desarrollan nuevas habilidades, sino que se aprenden nuevos métodos para aplicarlas.

6. Una mente que puede sostener de forma estable la atención en un solo punto junto con un *mindfulness* potente es una mente dócil, que se describe en los *suttas* budistas como maleable (*mudubhūta*) y manejable (*kammanīya*). La maleabilidad hace referencia a que la atención reposa de forma estable allí donde se la dirige, junto con una calidad de conciencia que permanece aguda y brillante sin caer en el embotamiento. La manejabilidad de la mente indica la capacidad de desplazar libremente la atención de un objeto a otro sin perder la estabilidad. También indica la capacidad de sostener un estado de observación simple, abierto, que percibe todo lo que entra en el campo de la conciencia pero no se deja «atrapar» por ello. Cuando se dirige el *mindfulness* de la mente dócil hacia dentro y se utiliza para examinar las actividades y estados mentales (por ejemplo, utilizando la conciencia introspectiva metacognitiva), la mente dócil es también denominada la *mente superior* (*mahaggatam citta*).

7. Este es el comienzo del *samādhi* denominado *upacāra*, que se suele traducir como 'acceso', que alcanza su máximo desarrollo en la décima etapa. El acceso hace referencia al hecho de que se puede acceder fácilmente tanto a *jhāna* (absorción) como a *vipassanā* (*insight*) desde el *upacāra samādhi*.

8. *Mano-āyatana* en pali.

9. Lamentablemente, el dominio de la décima etapa no incluye la liberación permanente respecto de las aflicciones mentales del deseo y la aversión, así como el sufrimiento que causan, aunque los frutos de esta práctica los eliminan temporalmente. El sufrimiento y las causas del sufrimiento vuelven a surgir cuando tiene lugar cualquier interrupción prolongada de la práctica, y también debido a los efectos corrosivos del tiempo y la enfermedad en el cuerpo y la mente.

10. *Anuttaram citta* en pali. La mente inmejorable tiene acceso inmediato a la forma más profunda de absorción meditativa (*jhāna*) y es la forma más plenamente desarrollada del *upacāra samādhi*, o concentración de acceso. Con la persistencia de todos estos factores entre las sesiones de meditación, las aplicaciones del *mindfulness* (*satipatthāna* en pali, ver *Mahāsatipatthāna Sutta*, *Digha Nikaya* 22) pueden practicarse en la vida diaria con una efectividad incomparable. Esta mente inmejorable es la situación mental ideal para alcanzar rápidamente el *Insight* profundo de la auténtica naturaleza de la realidad y una liberación que *no* es susceptible de desaparecer.

11. Estas cinco cualidades del meditador experto constituyen cinco de los siete factores de la iluminación (*satta sambojjhaṅgā* en pali) que describió Buda: la atención estable sin esfuerzo (*samādhi*), el *mindfulness* (*sati*), el gozo o rapto (*pīti*), la tranquilidad (*passaddhi*) y la ecuanimidad (*upekkhā*). Los otros dos *sambojjhaṅgā* son la investigación de los fenómenos (*dhamma vicaya*) y la persistencia vigorosa (*viriya*) –ambas se ejercitan por medio de la práctica de las diez etapas.

Primer interludio: la experiencia consciencial y los objetivos de la meditación

1. La consciencia es un proceso de intercambio de información que tiene lugar en el interior de la mente.

2. La atención y la conciencia periférica están asociadas a dos redes cerebrales distintas que procesan la información de formas fundamentalmente diferentes. El enfoque de la atención requiere una red dorsal bilateral de estructuras que incluyen el surco intraparietal posterior, la región del campo ocular frontal y el giro fusiforme de ambos hemisferios cerebrales. Esta red dorsal se acopla selectivamente a objetos específicos; es descendente, voluntaria e intencional, focal, altamente verbal, abstracta, predominantemente conceptual y evaluativa. La conciencia periférica requiere una red ventral lateralizada a la derecha que incluye la unión temporoparietal y la corteza frontal ventrolateral derechas. La red ventral proporciona una conciencia abierta que se orienta automáticamente hacia los nuevos estímulos, que puede soltar la atención y redirigirla, que opera de forma ascendente, que es conducida por los estímulos y que es panorámica, mínimamente verbal, concreta, principalmente sensorial y no enjuiciadora. Lo principal que tienen en común estos dos sistemas es que ambos contribuyen a la experiencia consciencial. Las actividades de los sistemas dorsal y ventral son coordinadas por el giro frontal inferior y el giro frontal medio derechos. Véase Austin, James H. *Selfless Insight: Zen and the Meditative Transformations of Consciousness*. 2.ª ed. Boston, EE.UU.: The MIT Press, 2011, pp. 29-34, 39-43 y 53-64.

3. Tampoco significa **conciencia en el sentido general**, que incluye tanto la **conciencia percibida** como la **conciencia no percibida**.

4. La atención dirigida (o *atención enfocada*, en la psicología moderna) es la capacidad a corto plazo de responder selectivamente a unos estímulos específicos, sea intencionada o espontáneamente, como cuando la atención se ve atraída por el *ring* de un teléfono o alguna otra eventualidad inesperada. Aquí interesa específicamente la **atención dirigida intencionalmente**, y siempre que se hable de *atención dirigida* se hará referencia a la variedad intencional de ella. El concepto de atención dirigida no implica nada en cuanto a la *duración* de dicha atención.

5. La **atención sostenida** (o *vigilancia*, en la psicología moderna) es la capacidad de conservar una respuesta de atención constante a lo largo del tiempo durante la ejecución de una actividad continuada y repetitiva. Esto es diferente de la atención que queda fija en un objeto a causa del miedo, el deseo u otras emociones fuertes. Aquí estamos específicamente interesados en la *atención sostenida intencionalmente*, no en la atención fija.

6. Si piensas en ello, te darás cuenta de que este proceso inconsciente es crucial para el uso eficiente de la limitada capacidad que tenemos de enfocar la consciencia. El trastorno del déficit de atención (TDA) constituye un ejemplo del mal funcionamiento de este proceso. Los medicamentos para el TDA, como las anfetaminas, parecen actuar sobre este mecanismo y permitir al usuario sostener la atención con mayor facilidad.

7. La atención exclusiva es una versión extrema de lo que la psicología moderna denomina *atención selectiva*, es decir, la capacidad de seleccionar y sostener un conjunto específico de objetos en los que centrarse frente a los estímulos distractores o que compiten por la atención.

8. Como dijo Buda: «La intención, te lo digo, es el *kamma*. Con la intención, uno expresa *kamma* por medio del cuerpo, el habla y la mente» (*Anguttara Nikaya* 6: 63). *Karma* es el equivalente sánscrito de *kamma* en pali.

9. La atención debe ser selectiva y enfocarse en lo que es más importante en cualquier momento dado. Esto es así porque los sentidos incorporan millones de bits de información cada segundo. Nuestros cerebros pueden procesar únicamente parte de esta información, y el ritmo de procesamiento consciente de la información es incluso menor: solo de unos 30 a 70 bits por segundo (Zimmerman, M. «Neurophysiology of Sensory Systems». *Fundamentals of Sensory Physiology*. 2.ª ed. Ed. Robert F. Schmidt. Berlín/Heidelberg, Alemania: Springer-Verlag, 1986, p. 116; ver también Nørretranders, Tor. *The User Illusion: Cutting Consciousness Down to Size*. Nueva York, EE.UU.: Penguin Books, 1999, pp. 124-156 y Wilson, Timothy D. *Strangers to Ourselves: Discovering the Adaptive Unconscious*. Boston, EE.UU.: Belknap Press, 2004). En otras palabras, solo podemos percibir un pequeño fragmento de lo que hay en la conciencia. La capacidad de expandir y contraer el alcance de la atención es una parte importante de la selectividad de la atención.

10. Ampliar o contraer el alcance de la atención siempre tiene un precio. Cuanto más extenso es dicho alcance, más ampliamente distribuida está la capacidad de la consciencia, y menos plenamente conscientes somos de nada en particular. Es decir, cuanto más abarca nuestra atención a todos los jugadores presentes en el campo, menos conscientes somos de cualquier jugador en particular. Por otra parte, cuanto más plenamente enfocados estamos en ciertos objetos, menos conscientes podemos ser de otros. Por lo tanto, cuanto más intensamente nos centramos en enhebrar la aguja, menos conscientes somos de todo lo demás. Esta limitación es lo que hace que el control intencional sobre el alcance de la atención sea tan importante para la práctica.

11. La conciencia periférica implica un gran número de procesos en serie que tienen lugar simultáneamente en múltiples flujos sensoriales —es decir, se da un procesamiento paralelo masivo—. El propósito de este procesamiento es articular un contexto y buscar lo que sobresale, hacer el seguimiento de las cuestiones marcadas como importantes y desencadenar respuestas motoras automáticas.

12. El muy extenso procesamiento de la información que tiene lugar en la atención es ejecutado por una cantidad relativamente pequeña de procesos mentales en cualquier momento dado, y por lo tanto es predominantemente serial. Este es otro factor importante que afecta a la diferencia de velocidad entre la conciencia periférica y la atención.

13. Como parte de la ejercitación de la mente, se cultivan las formas tanto extrospectivas como introspectivas de la conciencia periférica. En las etapas superiores, nos centramos exclusivamente en la conciencia introspectiva.

14. De hecho, muchos de los problemas que se atribuyen normalmente al trastorno del déficit de atención se deben a un déficit de conciencia provocado por una atención hiperactiva. No es casualidad que el TDA se trate con medicamentos que estabilizan la atención por medio de reducir su constante desplazamiento. En meditación, estabilizar la atención es esencial para incrementar el *mindfulness*.

15. Anteriormente se comparó la relación entre la atención y la conciencia con la que se da entre el enfoque visual y la visión periférica. Date cuenta de que si tus ojos se están desplazando constantemente de un objeto a otro, pierdes la visión periférica. Del mismo modo, cuando la atención se está desplazando rápidamente, la perspectiva holística y relacional de la conciencia se ve sustituida por una corriente de impresiones y proyecciones muy subjetivas. Por lo tanto, el cultivo de la estabilidad de la atención es esencial para tener también la conciencia periférica que requiere el *mindfulness*. Y siempre que la atención esté alternando entre el objeto de meditación y las distracciones sutiles, tampoco podremos alcanzar la potente conciencia introspectiva metacognitiva.

16. Existen cada vez más pruebas de que la multitarea es ineficiente: incrementa los accidentes, las lesiones y los errores, que requieren volver a realizar el trabajo. Hay, por supuesto, situaciones en que es inevitable hacer varias cosas a la vez, y tenemos esa capacidad con el único fin de poder hacer frente a ese tipo de situaciones. También hay situaciones en que la relación entre el tiempo que se ahorra y el riesgo de cometer errores hace que la multitarea sea algo razonablemente comprometido, como cuando se mantiene una conversación mientras se pican cebollas. Pero sufrimos, en el ámbito individual y colectivo, a raíz de nuestra tendencia a hacer varias cosas a la vez de forma innecesaria y excesiva.

17. Así como es imposible desarrollar el *mindfulness* sin contar con una atención estable, no se puede alcanzar una atención verdaderamente estable sin contar con el *mindfulness* en forma de conciencia introspectiva.

18. Con frecuencia, esto conduce a una experiencia directa y a un *Insight* de la impermanencia y la vacuidad de los fenómenos.

Primera etapa: el establecimiento de la práctica

1. Una *kasiṇa* es un disco coloreado utilizado como objeto visual en meditación.

2. La parte de la corteza cerebral dedicada a interpretar las sensaciones que tienen lugar en la cara es significativamente mayor que la dedicada a interpretar las que se experimentan en el abdomen.

3. El cerebro y el resto del cuerpo humano siguen un ritmo diario (circadiano) en que el metabolismo de la energía y el estado de alerta alcanzan el pico en algún momento entre las 4 y las 8 de la mañana, y llegan a su nivel más bajo en algún momento comprendido entre el mediodía y las 4 de la tarde.

4. *Upaḍḍha Sutta*, «La mitad (de la vida santa)», *Samyutta Nikaya* 45.2.

Segundo interludio: los obstáculos y problemas

1. A menudo son conocidos como los factores *jhánicos*.

2. *Cittass'ekagata* en pali. *Cittassa*, 'mente'. *Ekagata*, de *eka*, 'uno' y *gata*, 'ido', significa 'ido al uno' o unificado. Lamentablemente, *ekagata* se traduce a menudo como *ekaggatā* en los *suttas* en pali (*ekāgrāta* en sánscrito) y es ampliamente traducido al inglés como '*single-pointedness*' [y ahora al castellano como 'en un solo punto'], a partir de *eka*, 'uno', *agga*, 'pico' o 'promontorio', y *tā*, '-idad' o '-ismo'. Sin embargo, las enseñanzas de Buda fueron transmitidas oralmente durante varios siglos antes de ser tan siquiera escritas, y la palabra hablada transcrita como *ekaggatā* pudo haberse formado con la misma facilidad a partir de los elementos *eka*, que significa 'uno', y *gata*, que significa 'ido'. Es así como *cittass'eka gata* o *ekagata* se traduce como 'ido al uno' o 'unificado'.

3. El factor *jhánico sukha*, que se refiere a la dicha de la docilidad física (placer corporal) y la dicha de la docilidad mental (felicidad). Cabe remarcar el hecho de que, de acuerdo con el *Visuddhimagga*, no es *sukha* sino el gozo meditativo (*pīti*) el que se opone a la aversión, mientras que *sukha* se opone a la agitación debida a la preocupación y el remordimiento. Sin embargo, mi experiencia personal ha sido la contraria. Para más información, consulta el apartado «La purificación mental» del final del sexto interludio.

4. *Vitakka* en pali, *vitarka* en sánscrito.

5. *Sīla* en pali, *śīla* en sánscrito.

6. *Pīti* en pali, *prīti* en sánscrito.

7. El solo hecho de que le cuelguen a uno la etiqueta de que padece el TDA puede producir los síntomas que se le suponen a este trastorno, en una especie de efecto nocebo. El efecto nocebo, una respuesta dañina basada enteramente en alguna creencia, es la versión negativa del efecto placebo.

8. *Vicāra* en pali y en sánscrito.

Segunda etapa: la atención interrumpida y la superación de la divagación mental

1. Como señala el filósofo Schopenhauer: «Un hombre puede ciertamente hacer lo que quiere hacer, pero no puede determinar lo que quiere».

Tercer interludio: cómo opera el *mindfulness*

1. La investigadora de la consciencia Susan Blackmore nos reta a que nos preguntemos tantas veces como podamos, cada día: «¿He hecho esto conscientemente?» (Blackmore, Susan. *Consciousness: An Introduction*. Oxford, Gran Bretaña: Oxford University Press, 2003). Si lo haces, pronto te darás cuenta del papel menor que juega la consciencia en la mayor parte de nuestros comportamientos. Cuando empieces a preguntarte lo consciente que eres en cualquier momento dado, también deberás preguntarte de dónde vino en ese momento el pensamiento de preguntarte: «¿He hecho esto conscientemente?».

2. Para una explicación acerca de cómo lo hace, consulta los interludios cuarto y sexto.

3. *Avijjā* en pali (*avidyā* en sánscrito) se traduce a menudo como 'ignorancia', pero sería más preciso traducirlo como 'ilusión' (en el sentido de engaño), desde el momento en que el problema no es tanto la falta de información como una comprensión ilusoria de cómo son las cosas en realidad. Esta programación es innata, porque fue evolutivamente ventajoso para un organismo verse a sí mismo como una entidad separada que competía con otras por comida, por el territorio, por el apareamiento, etcétera.

Cuarta etapa: la atención continua y la superación de la distracción y el embotamiento fuertes

1. *In the Buddha's Words: An Anthology of Discourses from the Pali Canon*. Ed. Bhikkhu Bodhi. Boston, EE.UU.: Wisdom Publications, 2005, p. 31.

2. Mientras experimentaba con el óxido nitroso, al filósofo y psicólogo William James le sobrevino una idea que era tan importante y profunda que se sintió obligado a escribirla. Posteriormente, cuando se apresuró a consultar sus notas, solo decían: «Ígamo, ógamo. La mujer es monógama. Ógamo, ígamo. El hombre es polígamo» (!).

3. La meditación analítica es un componente importante del sistema *vipaśyanā* (un sistema del *mahayana*) denominado *la unión de la sabiduría y la calma mental*. Este sistema se puede aplicar de manera útil a partir de esta etapa, pero solo alcanza su plena potencia en la octava, cuando se puede emplear como método alternativo para alcanzar las experiencias meditativas propias de las etapas novena y décima. Por ahora, sin embargo, es importante mantener las actividades analíticas bastante separadas de la práctica del *śamatha-vipassanā*; de lo contrario, se interrumpirá el desarrollo de la concentración y el *mindfulness*.

4. Para ser más precisos, existe un bucle de retroalimentación entre el tronco y la corteza cerebrales que normalmente nos mantiene despiertos y alertas. Cuando la corteza está activa, como cuando está procesando pensamientos e información sensorial, se estimula el tronco cerebral, que a su vez excita la corteza. El resultado es que la corteza sigue siendo sensible a la información sensorial entrante y sigue estando activa de otras maneras; por ejemplo, pensando. Esta relación mutuamente excitante entre el tronco cerebral y la corteza hace que el cerebro y la mente sigan estando alertas y activos. Si la estimulación de la corteza por parte del tronco cerebral o la estimulación cortical del tronco cerebral disminuyen significativamente, el cerebro empieza a descender hacia el sueño y la mente se embota. Esto sucede por la fatiga o como parte del ciclo diario normal del sueño y la vigilia, pero también puede ocurrir si uno se enfoca demasiado en el objeto de meditación, excluyendo todo lo demás. La disminución de la actividad mental y el menor procesamiento de las sensaciones se traduce en una reducción de la estimulación cortical del tronco cerebral. El nivel de energía de la mente empieza a decaer y surge el embotamiento.

Cuarto interludio: el modelo de los momentos conscienciales

1. Hay personas con lesiones en determinadas regiones de la corteza visual que experimentan un trastorno conocido como *acinetopsia*, o ceguera al movimiento. No tienen ningún problema para ver objetos quietos, pero no pueden percibir el movimiento. Ven el mundo como una serie de fotogramas estáticos. Un paciente informó de la dificultad que tenía a la hora de verter té en una taza, ya que veía una serie de fotos con la taza vacía, después medio llena y finalmente rebosante.

2. Según el *Abhidhamma*, cada momento consciencial tiene estos siete atributos (*cetasika*, literalmente 'factores mentales'):

    1. El momento es el resultado del contacto (*phassa*) entre un objeto sensorial y el órgano sensorial correspondiente a ese objeto (es decir, los objetos visibles → *rupa-ayatana*, los sonidos → *sabda-ayatana*, los olores → *gandha-ayatana*, los sabores → *rasa-ayatana*, los objetos tangibles, etc. → *sparsa-ayatana* y los objetos mentales → *mano-ayatana*).
    2. Su contenido es unitario (*ekaggatā*) en el sentido de que corresponde en exclusiva a un órgano sensorial en concreto en un momento temporal en particular, de modo que comprende un objeto consciencial único, irreductible.
    3. Conlleva percepción (*saññā*), lo que significa que una representación del objeto es creada en la mente y por la mente.
    4. Lleva una intención (*cetanā*) que puede conducir a pensamientos, palabras o actos, o, cuando menos, a posteriores momentos conscienciales.
    5. Su contenido, en forma de representación mental, pasa a estar disponible para el conjunto de la mente para que reflexione sobre él y lo evalúe (*manasikāra*).
    6. Provoca una sensación (*vedanā*) agradable, desagradable o neutra.
    7. Tiene «fuerza vital» o energía vital (*jīvitindriya*, cuyo significado es similar al de *qi* o *prāṇa*).

    El Abhidhamma también identifica otros cuarenta y cinco atributos que pueden estar o no presentes en cada momento consciencial dado.

3. Esta descripción también es coherente con las teorías actuales de la ciencia cognitiva que postulan que la consciencia corresponde a un estado de actividad eléctrica del cerebro que está en continuo cambio. El contenido de la consciencia en cualquier momento dado es «representado» por el estado eléctrico de los ensamblajes neuronales que tienen lugar a gran escala en la relación de retroalimentación que mantienen entre sí en ese preciso instante. El cerebro es un sistema dinámico, y su estado eléctrico correspondiente a la consciencia no es nunca exactamente el mismo en dos momentos consecutivos. Su estado momentáneo viene determinado causalmente por una combinación de factores: cómo estaba el cerebro en el momento inmediatamente anterior, las actividades separadas de todas sus áreas y las aportaciones de los sentidos. Los estudios científicos apoyan la idea de que la percepción consciente es separada y no continua (van Rullen, R. y C. Koch. «Is perception discrete or continuous?». *Trends in Cognitive Science*. Mayo 2003; 7 [5], pp. 207-213).

4. *Mano-āyatana*.

5. Estos seis tipos de consciencia son la consciencia visual (*cakkhu-viññāṇa*), la consciencia auditiva (*sota-viññāṇa*), la consciencia olfativa (*ghāna-viññāṇa*), la consciencia gustativa (*jivhā-viññāṇa*), la consciencia corporal (*kāya-viññāṇa*) y la consciencia mental (*mano-viññāṇa*).

6. La cuestión de cómo se combina la información procedente de sentidos diferentes es un aspecto de una cuestión mucho más grande conocida en ciencia cognitiva como *el problema de la unión*. En concreto, al proceso por el que se combinan distintas modalidades sensoriales se le da el nombre de *unión perceptual*. El proceso por el cual algo experimentado por los sentidos en el momento se combina con recuerdos y conceptos almacenados para dar lugar al reconocimiento y la identificación es la *unión cognitiva*. El proceso por el cual la información interna y externa de todo tipo se combina para dar lugar a la experiencia de un «mundo» o una «realidad» unitarios se denomina *unión fenoménica*. Es por medio de los *momentos de unión* por lo que los productos de estos distintos procesos de unión se vuelven conscientes.

7. *Bhavanga-citta.*

8. *Jīvitindriya cetasika.* Si la energía no estuviese en absoluto presente en estos momentos mentales de ausencia de percepción, al no haber ningún momento consciencial de percepción (como en el sueño profundo o en el coma) no solo no habría ninguna percepción consciente, sino que la vida dejaría de tener lugar.

9. *Saññā cetasika.*

10. *Cetanā cetasika.*

11. ¿Cuántos de estos hipotéticos «momentos mentales» podría haber en un segundo? Se han llevado a cabo muchos intentos de estimar el «ancho de banda» de la consciencia en términos de bits de información procesados conscientemente por segundo (ver Nørretranders, Tor. *The User Illusion: Cutting Consciousness Down to Size*. Nueva York, EE.UU.: Penguin Books, 1999). Estas estimaciones acostumbran a ser de entre 16 y 40 bits por segundo, y a veces llegan hasta los 70 bits. De todos modos, lo que se está midiendo en realidad es solamente la capacidad de procesar información que tiene la *atención*, e incluso esto representa probablemente, sobre todo, la información que contienen los momentos de unión correspondientes a la atención. La actividad eléctrica rítmica del cerebro, a veces denominada frecuencia gamma o de unión, también presenta un rango de frecuencia de entre 30 y 70 Hz, y habitualmente tiene lugar a un ritmo de unos 40 Hz (Lutz, Antoine; Lawrence L. Greischar, Nancy B. Rawlings, Mathieu Ricard y Richard J. Davidson. «Long-term meditators selfinduce high-amplitude gamma synchrony during mental practice». *The Proceedings of the National Academy of Sciences USA* 101 [46], 16369-16373, 2004). La similitud de estas cifras hace que sea tentador inferir que la cantidad aproximada de momentos conscienciales de unión que tienen lugar por segundo sea de entre 16 y 70. Además de ello, cada momento de unión debe integrar cuando menos otros dos momentos mentales. Además, también están presentes los momentos de la conciencia periférica, y hay una cantidad significativa de momentos mentales de ausencia de percepción, a menos que el tema se halle en un estado de máximo surgimiento consciencial. Por lo tanto, la cantidad de momentos mentales que tienen lugar por segundo según este modelo es potencialmente muchísimo mayor de lo que sugieren las mediciones usadas en esos estudios preliminares.

12. Acaso hayas escuchado que la atención exclusiva o en un solo punto es incompatible con un *mindfulness* potente. Esto es cierto si, y solo si, no ha aumentado la capacidad total de la consciencia. Si lo ha hecho, no supone ningún problema permanecer altamente concentrado a la vez que se mantiene una fuerte conciencia periférica.

Quinta etapa: la superación del embotamiento sutil y el incremento del *mindfulness*

1. Los meditadores que utilizan un objeto de meditación distinto de las sensaciones de la respiración, como un mantra o una imagen visualizada, acaso no puedan sacar partido de esta práctica. Sin embargo, serán capaces de alcanzar el mismo fin por medio de concebir una variación en su práctica que les exija una agudeza perceptual considerablemente mayor.

2. He aquí un experimento que puedes llevar a cabo para descubrir algo interesante acerca de la naturaleza del elemento *espacio*. Pon una mano sobre cada rodilla, de tal manera que las puntas de los dedos pulgares e índices se toquen. Examina las sensaciones que experimentas en una mano, después en la otra, y a continuación en las dos a la vez. Las terminaciones nerviosas en que se originan estas sensaciones se encuentran en la piel y en los tejidos más profundos de las manos y los dedos. Las señales nerviosas que generan pasan a la médula espinal, y todas las sensaciones de una mano van a un lado del cerebro (el lado opuesto a dicha mano, pero esto no es lo importante), mientras que todas las sensaciones procedentes de la otra mano van al otro lado del cerebro. Por lo tanto, tienes dos conjuntos de sensaciones claros y distintos, que se perciben como procedentes de lados opuestos del cuerpo. Ahora, pon ambas manos en el regazo, con el pulgar y el índice de cada mano tocándose, como antes. Esta vez, sin embargo, coloca las manos juntas para que las puntas de los dedos pulgares también se toquen entre sí, así como el dorso de los dedos índices. Una vez más, examina las sensaciones que experimentas en una mano, después en la otra, y a continuación en las dos a la vez. Por supuesto, las terminaciones nerviosas aún están en los mismos tejidos de cada mano, de modo que los impulsos nerviosos siguen yendo a parar al lado del cerebro correspondiente, según la mano. Sin embargo, las sensaciones han cambiado. ¿Cómo? ¿Por qué son las sensaciones relacionadas con el elemento espacio tan diferentes ahora de como eran hace unos momentos? ¿Dónde puede decirse que «reside» el elemento espacio?

Quinto interludio: el sistema mental

1. La fuente específica del modelo del sistema mental es la descripción de la mente que se ofrece en el *Laṅkāvatāra Sūtra*.

2. Por ejemplo, describo cómo la *ālaya*, o mente inconsciente, está dividida en siete submentes inconscientes separadas y distintas: las cinco mentes sensoriales, la **mente discernidora** y la **mente narrativa**. También explico cómo cada una de estas submentes constituye la fuente de una de las siete *vijñānas* o consciencias respectivas. Esto no se formula nunca explícitamente en el *Laṅkāvatāra Sūtra*, aunque parece que está claramente implícito, de modo que la descripción al respecto puede considerarse una contribución única del libro que tienes en las manos.

   El *Laṅkāvatāra Sūtra* tampoco identifica explícitamente las siete primeras *vijñānas* como manifestaciones de un proceso (o cualidad) único y habitual que es el que denominamos consciencia. Aun así, esto está tan claramente implícito en el *Laṅkāvatāra* y el *Abhidhamma* que se ha dado siempre por supuesto. De la misma manera, el *Laṅkāvatāra* no describe un «lugar» o «espacio» mental en el que aparecen las *vijñānas*, aunque está bastante claro que todas surgen en el mismo «espacio mental». No hemos hecho más que dar el siguiente paso, evidente –más allá del habitual de establecer la equivalencia entre el término sánscrito *vijñāna* y el término *consciencia*–, de etiquetar el «espacio mental» en el que aparecen las siete *vijñānas*/consciencias como la *mente consciente*.

   Finalmente, el *Laṅkāvatāra* no formula nunca explícitamente que la función de las *vijñānas* sea intercambiar información, aunque la única disquisición acerca de cómo operan es en estos términos. Esta función puede deducirse, obviamente, de todas las otras afirmaciones del sutra sobre el sistema mental.

   En síntesis, he aprovechado el hecho de que, a diferencia de lo que ocurre con los idiomas pali o sánscrito, la palabra *consciencia* es conocida universalmente por referirse a uno solo de los dos aspectos de la mente (el otro es el inconsciente). Esta distinción moderna entre la mente consciente y la inconsciente me ha permitido definir las diferencias, en cuanto a su naturaleza y función, entre la *ālaya* y las otras siete *vijñānas* con una claridad que no era posible en el lenguaje original del *Laṅkāvatāra*. Esto también puede considerarse una contribución única de la obra que tienes en tus manos.

3. La mente se describe mejor como consistente en al menos muchos miles de procesos altamente interconectados pero separados, cada uno de los cuales responde a una función específica. Estos procesos individuales están organizados en disposiciones jerárquicas de complejidad creciente (Minsky, Martin. *The Society of Mind*. Nueva York, EE.UU.: Simon & Schuster, 1985). Date cuenta de que esta estructura jerárquica no tiene la forma de una sola pirámide organizacional en que hay un proceso dominante que lo controla todo desde la cima, sino que el sistema mental consiste en múltiples jerarquías autónomas que operan en paralelo y están conectadas por un solo proceso: una interfaz por vía de la consciencia. La única función de este proceso es proporcionar comunicación y colaboración entre las jerarquías separadas.

4. El modelo del sistema mental que se presenta en este interludio describe solamente el nivel superior de las múltiples jerarquías de los procesos mentales y la integración de sus diversas actividades a través de la consciencia. En el séptimo interludio se ofrece una descripción más completa.

5. No hay que confundir la experiencia subjetiva de la **conciencia percibida** con la mente consciente o **conciencia en el sentido general**. Aquello de lo que somos conscientes en un momento dado puede incluir desde cualquier cosa de las que se hallan en la mente consciente hasta una parte muy pequeña de ese contenido. Otra forma de decir esto es que una parte de los contenidos de la mente consciente constituye normalmente la **conciencia subconsciente**. Esta incluye procesos u objetos de los que acaso no tengamos la experiencia subjetiva, aunque podríamos tenerla si quisiésemos. Por ejemplo, puede ser que no estés experimentando conscientemente el dedo gordo de tu pie izquierdo en este momento, pero sin duda podrías hacerte consciente de esta experiencia. A medida que tu conciencia percibida se vuelva cada vez más potente con la meditación, te harás consciente de mucha actividad previamente subconsciente que no has advertido nunca antes.

6. La **mente consciente** se compone del *pravṛritti-vijñāna* (las cinco consciencias sensoriales más la consciencia mental) y del *manas-vijñāna* (la consciencia que une).

7. La **mente inconsciente** corresponde al *bhavaṅga* en el Abhidhamma *theravada*, y a la *ālaya-vijñāna* en los sutras del *yogācāra*.

8. *Discernir* significa reconocer o trazar distinciones sutiles, separar en componentes distintos o analizar. La mente discernidora se llama así a causa de su capacidad de establecer distinciones, juzgar, seleccionar, razonar, sacar conclusiones y sintetizar nuevos conceptos e ideas. Se sirve de conceptos y representaciones simbólicas, incluido el lenguaje, para analizar, organizar e integrar la información. La consciencia que conoce pensamientos y sentimientos (*mano-vijñāna*) por medio del sentido mental (*mano-āyatana*) está asociada con la mente discernidora.

9. La mente discernidora es responsable de las funciones intelectuales tales como el pensamiento, pero además genera nuestros estados mentales afectivos y nuestras emociones, por lo que también podemos decir que es la *mente pensante/emocional*.

10. A pesar de que se va a seguir la tradición al hablar de las cinco mentes sensoriales correspondientes a los cinco sentidos físicos, de hecho hay más de cinco, como se discutió en el anterior interludio.

11. Una percepción sensorial es el dato sensorial básico a partir del cual se forman las percepciones y los conceptos. No todos los estímulos se traducen como percepciones sensoriales, y un solo estímulo rara vez da lugar a una percepción. El estudio de ilusiones e imágenes ambiguas ha demostrado que la mente sensorial, de forma activa y preconsciente, organiza e interpreta los datos que le llegan, e intenta darles sentido.

12. Esta base de datos o inventario corresponde a *vāsanā*, que se traduce a menudo como 'energía-hábito', 'memoria' o 'residuos kármicos'.

13. *Vedanā* en pali y sánscrito.

14. La percepción es el proceso de adquirir conciencia del entorno y comprenderlo por medio de organizar e interpretar las percepciones sensoriales. La percepción se ve conformada por los efectos «descendentes» del aprendizaje, la memoria y las expectativas, así como por el procesamiento «ascendente» de *inputs* y percepciones sensoriales. Es una función compleja de la mente discernidora, aunque parece que se lleva a cabo sin esfuerzo porque todo este procesamiento tiene lugar al margen de la consciencia.

15. Por ejemplo, hay submentes responsables de aspectos del pensamiento abstracto, el reconocimiento de patrones, las emociones y la lógica verbal, por nombrar solo algunas de las actividades de mayor nivel de la mente discernidora.

16. Es decir, cada submente –incluidas las submentes sensoriales– tiene su propia representación de los fenómenos que tienen lugar dentro de su dominio cognitivo en particular, representación que está evolucionando continuamente.

17. Este proceso es inevitable, excepto en las circunstancias muy especiales en que se han desarrollado un *Insight* y una ecuanimidad suficientes como para que no surja el anhelo, ni el consiguiente apego.

18. Norman, D. A., y T. Shallice. «Attention to action: Willed and automatic control of behavior». *Consciousness and self-regulation: Advances in research*, vol. IV. Eds. Davidson, R. J., G. E. Schwartz y D. Shapiro. Nueva York, EE.UU.: Springer, 1986.

19. Como se ha insinuado anteriormente, cada submente sensorial puede interactuar de forma directa con el sistema nervioso motor para iniciar acciones físicas.

20. Acaso te preguntes: «¿Y qué sucede con el libre albedrío personal?». El *libre albedrío* es esencialmente la idea de que existe una entidad, el yo, que de alguna manera puede actuar con independencia de las causas y las condiciones. Pero tanto la ciencia moderna como las enseñanzas de Buda afirman que todo, sin excepción, está totalmente sujeto a causas y condiciones. En el modelo del sistema mental, el agente causal no es un yo que se propone algo, decide y actúa, sino que la causa se halla en el nivel de las submentes individuales. *Ellas* son los agentes causales, e incluso su comportamiento es determinista (no en el sentido newtoniano absoluto, sino en el sentido probabilístico de la física cuántica). Como seres humanos, somos sistemas abiertos, dinámicos, y por lo tanto nuestro futuro y nuestras acciones no están predeterminados, ni pueden predecirse con absoluta precisión.

21. Cuando ocurre esto, experimentas estados meditativos más avanzados que los correspondientes a la última etapa que has dominado.

22. *Manas* en sánscrito. *Manas-vijñāna*, también conocida como *klista-manas-vijñāna*, es la séptima de las ocho consciencias que se describen en el *Laṅkāvatāra Sūtra*, y hace referencia a la consciencia de unión generada por la mente narrativa. No debe confundirse con *mano-vijñāna* (la consciencia de los objetos mentales generada por la mente pensante/emocional), que es la sexta consciencia.

23. Es mejor describir la mente narrativa como una submente de la mente discernidora. Sin embargo, los expertos del *yogācāra*, que fueron quienes la describieron por primera vez, la consideraron como una mente en sí misma dentro del conjunto del sistema mental. La descripción que hace el *yogācāra* del sistema mental se basó en la visión de la mente que planteaba el *Abhidhamma*, según la cual consiste solo en seis tipos de consciencia (los cinco sentidos externos más el sentido mental). (Dicho sea de paso, es debido a que los autores del *Abhidhamma* equipararon la mente con las seis consciencias, sin distinguir claramente entre ambas, por lo que la palabra pali *viññana* y su equivalente sánscrito *vijñāna* se pueden traducir como 'consciencia' o como 'mente'). Los expertos del *yogācāra* añadieron una séptima consciencia a estas seis: la mente inconsciente o *ālaya-vijñāna*. Cuando advirtieron la presencia de la consciencia de unión, y su importancia dentro del conjunto del sistema mental, la consideraron como una octava mente, la cual ubicaron entre las otras seis consciencias y la mente inconsciente. Así pues, según el *yogācāra*, el sistema mental constituye un conjunto de ocho mentes (*aṣṭa-vijñāna*). Las cinco primeras corresponden a las consciencias de los sentidos físicos (visual, *caksur-vijñāna*; auditiva, *śrotra-vijñāna*; olfativa, *ghrāṇa-vijñāna*; gustativa, *jihvā-vijñāna*; y somatosensorial, *kāya-vijñāna*). La sexta corresponde al sentido mental, o consciencia de los objetos mentales (*mano-vijñāna*). Los momentos conscienciales de unión producidos por la mente narrativa son la séptima mente (*manas-vijñāna*). Y la octava es la mente inconsciente (*ālaya-vijñāna*), que constituye la fuente de estas siete consciencias.

24. Cuando tiene lugar el **Despertar** completo, la mente discernidora ya no genera intenciones basadas en esta percepción errónea fundamental.

25. Esta secuencia de eventos mentales se conoce como *origen dependiente* (*paṭicca samuppāda* en pali).

26. En la terminología budista clásica, el yo narrativo es la fuente de una aflicción mental denominada *la vanidad del yo soy*, o *el sentido inmanente del yo*. El yo conceptualizado producido por las submentes discernidoras da lugar al grillete del *punto de vista de la personalidad*, o apego al constructo que es el ego como real, como autoexistente. Tras la *entrada en la corriente* (*sotāpanna*), el grillete del punto de vista de la personalidad, o la creencia en la realidad del yo construido por la mente, se desvanece por completo. Sin embargo, tanto el yo narrativo como la sensación inherente de ser un yo separado a que da lugar siguen estando ahí hasta la cuarta y última etapa del Despertar, la *arahantidad*. La mente narrativa de un *arahant* sigue usando el constructo *yo-lo otro*, ya que es esencial para realizar esa función natural de la mente, pero la narrativa *yo* ya no da lugar a la sensación de ser un yo separado.

Sexta etapa: dominar las distracciones sutiles

1. «En un solo punto» puede evocar que el enfoque es estrecho o pequeño, pero no significa esto en absoluto. Hace referencia a la capacidad de excluir totalmente todas las distracciones potenciales, de modo que la atención deje de dispersarse. Tanto si se presta atención a las sensaciones de todo el cuerpo como a las sensaciones de la punta de la nariz, se está ejerciendo igualmente la atención en un solo punto, si no hay distracciones. El grado de exclusividad de la atención, o de concentración en un solo punto, también es relativo. Aumenta progresivamente a lo largo de las diez etapas hasta llegar a las absorciones meditativas profundas (*jhāna*), donde hay una total ausencia de pensamiento y cesa la totalidad de la conciencia sensorial normal.

2. Cuando se ha creado, entre varias submentes, un consenso lo suficientemente fuerte en torno a la intención de prestar atención a la respiración en exclusiva, hay un menor número de submentes proyectando contenidos distractores en la consciencia.

3. Este es el mismo proceso que se describía en el primer interludio de *ponderar* el interés y la importancia de los objetos que compiten por la atención.

4. Los estudios muestran que es mucho más fácil ignorar los estímulos no relacionados con la tarea (las distracciones) cuando están presentes muchos estímulos relacionados con la tarea. Por lo tanto, incrementar en gran medida estos últimos por medio de ampliar el ámbito de la atención ofrece una manera más rápida y eficaz de obtener el mismo resultado.

5. *Parikamma-nimitta* en pali.

6. *Uggaha-nimitta* en pali.

7. A veces, esta perspectiva más elevada es denominada *estar en el estado testigo* cuando requiere atención. El «testigo» se limita a observar los eventos y actividades mentales desde una perspectiva desapegada, sin reaccionar ante ello. Esta es una práctica valiosa de la que se hablará con mayor detalle más adelante. La etiqueta *testigo* resulta útil por lo descriptiva que es, siempre y cuando no se identifique erróneamente este «testigo» con algún tipo de «yo verdadero». Pero sea como conciencia o como atención, la introspección metacognitiva tiene una cualidad especial, no reactiva, que es el resultado de esta perspectiva más elevada, y por lo tanto más distanciada.

8. Csikszentmihalyi, Mihaly. *Flow: The Psychology of Optimal Experience.* Nueva York, EE.UU.: Harper & Row, 1990.

Sexto interludio: las etapas del meditador experto

1. Tradicionalmente, todos estos fenómenos poco habituales se engloban dentro del hiperónimo pali *pīti* (*prīti* en sánscrito), que significa 'gozo', porque forman parte de un solo proceso, la unificación, que culmina en el gozo.

2. La docilidad mental hace referencia a la atención exclusiva *sostenida sin esfuerzo*, que se alcanza con el dominio de la séptima etapa, cuando se cuenta con la suficiente unificación mental. La atención exclusiva, también denominada atención en un solo punto (*ekaggatā* en pali, *ekāgrāta* en sánscrito), se alcanza por primera vez en la sexta etapa. La unificación (*ekagata* en pali) que conduce a la ausencia de esfuerzo y a la docilidad mental se logra por medio de sostener la atención exclusiva durante largos períodos a lo largo de la séptima etapa. Hemos encontrado muy útil reinterpretar *ekaggatā* como *ekagata* o *eka gata* allí donde, en los textos en pali, se esté haciendo claramente referencia a esta unificación y no a la atención en un solo punto que es el medio para alcanzarla. Para mayores explicaciones sobre el razonamiento que hay detrás de esta interpretación, consulta la segunda nota del segundo interludio, la primera de la séptima etapa y la quinta del apéndice D. (Otros términos pali que tienen un significado similar a *ekagata* son *cetaso ekodhibhavam* y *cittam ekodim karohi*. Para leer más al respecto, ver Shankman, Richard. *The Experience of Samadhi.* Boston, EE.UU.: Shambhala Publications, 2008, pp. 42-43). *Ekagata* como unificación tiene perfecto sentido en el contexto de las etapas de la meditación experta correspondientes al *śamatha*, mucho después de que *ekaggatā* como atención en un solo punto se ha manifestado engañosa y ha sido una fuente de confusión. De todos modos, interpretar la palabra *ekaggatā*, todas las veces que aparece, como 'atención en un solo punto', es con mucho la práctica más habitual. Así pues, cuando compares lo que encuentres en este libro con otras descripciones de la meditación, deberías tener en cuenta la forma en que cada autor está usando e interpretando este término.

3. La razón por la que el apaciguamiento de la mente discernidora precede al apaciguamiento de los sentidos es simple: se utiliza la atención y la conciencia de los sentidos para lograr la docilidad mental. Se domina un tipo de distracción potencial (los fenómenos mentales) utilizando otra posible distracción (los fenómenos sensoriales) para desplazarla. Cuando la mente discernidora está apaciguada por completo o casi por completo, empieza realmente el apaciguamiento de los sentidos.

4. *Sukha* (en pali y sánscrito), que significa la cualidad hedónica del placer. Aquí, *sukha* se refiere específicamente al placer físico que se presenta junto con la docilidad física debida a la unificación de la mente. La dicha de la docilidad física parece de naturaleza corporal, si bien es completamente independiente de la estimulación sensorial externa. Para distinguirla de los placeres corporales más habituales, se traduce como 'dicha'. De ahí surge la denominación *dicha de la docilidad física*.

5. *Pīti* en pali, *prīti* en sánscrito, y a veces la forma combinada *pīti-sukha* (*prīti-sukha* en sánscrito). La traducción más precisa de *pīti* es 'gozo', pero a menudo se traduce como 'rapto', para distinguirlo del gozo ordinario y también porque *pīti* se emplea a menudo de una manera que además incluye experiencias de apaciguamiento sensorial inusuales, la estabilidad de la docilidad física, la dicha de la docilidad mental y la dicha de la docilidad física (ver el apartado «El apaciguamiento de los sentidos y el gozo meditativo aparecen juntos: los cinco grados de *pīti*» y la nota 16). Si bien *rapto* es una traducción adecuada en algunos sentidos, confunde más que aclara.

Específicamente, *pīti* como gozo meditativo es un estado mental. Es distinto de la felicidad (la dicha de la docilidad mental), que es el sentimiento agradable (*sukha vedanā*) que acompaña a este estado mental. Ver la octava etapa para una explicación del gozo como estado mental. Puesto que el gozo meditativo es una consecuencia directa de la unificación de la mente, no se desarrolla por completo hasta que la mente discernidora y la mente sensorial están apaciguadas.

6. También *sukha* (en pali y en sánscrito). *Sukha* significa tanto 'placer corporal' como 'felicidad mental', de modo que tanto la dicha de la docilidad física como la dicha de la docilidad mental son *sukha*. Cuando no interese distinguir entre el placer corporal y la felicidad, se traducirá *sukha* como 'placer/felicidad'. El placer y la felicidad surgen a causa de la unificación de la mente. Puesto que ninguno de los dos pertenece al ámbito de la experiencia normal, usamos el término *dicha* para describirlos. Por eso hablamos de la dicha de la docilidad física y la de la docilidad mental.

   Date cuenta de que la aparición de la docilidad física está acompañada por la aparición de la dicha de la docilidad física, mientras que la docilidad mental *no* ocasiona inmediatamente la dicha de la docilidad mental. La dicha de la docilidad mental es, en realidad, la dicha del gozo meditativo. Solamente se produce la unificación suficiente para experimentar el gozo meditativo cuando los sentidos se están acercando al total apaciguamiento. Así pues, la dicha de la docilidad mental surge siempre junto con la docilidad física y el gozo meditativo.

7. Concretamente, a medida que se acerca el *śamatha*, el gozo meditativo se convierte en el estado mental del gozo con tranquilidad. El gozo meditativo era al principio muy energético, exaltado, incluso perturbador. Esto se debe a que cuando empezó a producirse la unificación de la mente, la energía neta disponible para la consciencia aumentó, puesto que ya no estaba siendo utilizada por varias submentes con propósitos contrapuestos. Sin embargo, esa mente débilmente unificada seguía siendo un recipiente incapaz de dirigir y contener esa energía tan abundante. A medida que la mente se unifica más, puede hacer un uso más eficiente de esa energía y darle cabida de un modo más eficaz, lo cual hace que el estado exaltado del gozo meditativo desemboque en el estado de gozo con tranquilidad.

8. Esta experiencia parecen tenerla solamente los meditadores muy experimentados, lo que sugiere que tiene lugar una nueva modalidad de funcionamiento cerebral solamente tras haberse alcanzado la atención exclusiva sostenida en repetidas ocasiones, durante períodos largos. Una reorganización funcional del cerebro podría explicar por qué las primeras manifestaciones de la iluminación y de los fenómenos sensoriales relacionados con ella son tan breves e inconstantes. Podrían tener lugar cambios mensurables en la actividad de las partes del cerebro asociadas con la visión, correspondientes a este estado de quietud visual, y podrían estudiarse de forma científica.

9. Si tu autoimagen alterada se combina con el fenómeno de iluminación, puedes experimentar la imagen de un hermoso cuerpo que irradia luz pura. Es interesante comparar estas experiencias meditativas con las representaciones de la luz en la iconografía religiosa.

10. Los fisiólogos denominan *adaptación sensorial* y *ajuste perceptual* a esta normal ausencia de conciencia.

11. Las alucinaciones sensoriales son un resultado habitual tanto de la privación sensorial como de la pérdida de sensibilidad fisiológica, como en el síndrome de Charles Bonnet y la experiencia del miembro fantasma. Es tentador especular que presentan un mecanismo en común con los fenómenos sensoriales asociados con el apaciguamiento de los sentidos que tiene lugar en el contexto de la meditación. También es interesante observar que, por lo que he podido determinar, las personas que meditan con los ojos abiertos no parecen experimentar nunca el fenómeno de iluminación. Como lectura entretenida e informativa al respecto, ver Sacks, Oliver. *Alucinaciones*. Barcelona, España: Anagrama, 2013.

12. La práctica de *jhāna*, tal como la enseñan varios profesores modernos, utiliza el fenómeno de iluminación como objeto de meditación con este propósito. Ver, particularmente, Ajahn Brahm. *Mindfulness, Bliss, and Beyond*. Somerville (Massachusetts), EE.UU.: Wisdom Publications, 2006; Shaila Catherine. *Focused and Fearless*. Somerville (Massachusetts), EE.UU.: Wisdom Publications, 2008; y Snyder, Stephen y Tina Rasmussen. *Practicing the Jhānas: Traditional Concentration Meditation as Presented by the Venerable Pa Auk Sayadaw*. Boston, EE.UU.: Shambhala Publications, 2009.

13. Las corrientes de energía y las sensaciones inusuales no son exclusivas de esta práctica. El *kundalinī yoga* habla de idénticos movimientos tambaleantes, sensaciones de insectos que se arrastran por la piel, sensaciones punzantes, piel de gallina, escalofríos, sensaciones sexuales y zumbidos y tintineos que aquí se describen.

14. Esto es análogo, en cierta forma, a las corrientes eléctricas directas y alternas. Las corrientes alternas son una forma eficaz de hacer frente a los problemas creados por la resistencia al flujo eléctrico, pero son innecesarias cuando hay poca o ninguna resistencia. No sabemos lo que corresponde a las corrientes energéticas que se experimentan en el cuerpo, pero a medida que disminuye la resistencia al flujo, este parece pasar de una forma de corriente pulsátil, alternante, a una corriente directa.

15. La totalidad del cuerpo humano está mapeado en la corteza cerebral, y en menor grado en otras zonas del cerebro, así que estas sensaciones tienen una base fisiológica –que es más probable que se encuentre en el cerebro mismo; no en el cuerpo–. Al igual que ocurre con los otros fenómenos que hemos analizado, es posible que estas corrientes de energía indiquen una reorganización funcional en el interior del cerebro. Una vez que esta reorganización se ha completado y la mente está lo suficientemente unificada, se experimentan la docilidad física, el gozo meditativo, la dicha de la docilidad física y la dicha de la docilidad mental.

16. Algo importante acerca de la terminología: *pīti* hace referencia literalmente al estado mental de gozo meditativo que es fruto de la unificación de la mente. El *theravada* habla de *grados de pīti*, y no de grados de apaciguamiento o unificación, porque nunca aborda por separado el apaciguamiento de los sentidos, la docilidad física, la dicha de la docilidad física y la dicha de la docilidad mental. Cuando se considera que todas estas experiencias subjetivas son manifestaciones de un mismo proceso subyacente (la unificación de la mente) y que *pīti* es la culminación de este proceso, tiene sentido utilizar *pīti* como un término general que abarca toda esa serie de eventos.

17. La aversión está en conflicto con la dicha de *sukha* (placer/felicidad). Sin embargo, en el *Visuddhimagga* (IV-86), Buddhaghosa asegura que es *pīti* (el gozo meditativo) el que es incompatible con la aversión, y alega que cita a Buda cuando dice: «La mente concentrada es incompatible con el deseo, el gozo [*pīti*] con la aversión, la atención dirigida con la pereza y el letargo, el placer/felicidad [*sukha*] con la agitación y la preocupación, y la atención sostenida con la duda». Pero la cita de Buddhaghosa no se encuentra por ninguna parte en el canon pali. ¿De dónde procede, pues? Y ¿fue una cita correcta? No hay manera de saber de dónde la extrajo, pero según mi experiencia, el gozo no se opone directamente a la aversión. La oposición *pīti*/aversión tampoco resiste un análisis cuidadoso cuando se examina la relación existente entre la aversión, el placer y el dolor. Por otra parte, se cree que Buddhaghosa era un erudito y compilador, no un meditador experto. Por ello, se ha optado por seguir la lógica y la experiencia en lugar de la tradición basada en Buddhaghosa.

18. Al igual que cuando se contraponía la aversión y *sukha* en la nota anterior, nos separamos una vez más de la tradición que se remonta a Buddhaghosa, en el siglo v, cuando se afirmó que la agitación debida a la preocupación y el remordimiento está en conflicto con el gozo meditativo (*pīti*). Sin embargo, si se reorganiza la lista de Buddhaghosa de los obstáculos y los factores de meditación que se les oponen en el orden en que se superan los obstáculos en la meditación, y también se cambian las posiciones del gozo y el placer/felicidad, nos encontramos con esto: la atención dirigida supera la pereza y el letargo (*vitakko thinamiddhassa*); la atención sostenida supera la duda (*vicāro vicikicchāyāti*); la concentración supera el deseo sensual (*samādhi kāmacchandassa*); el gozo meditativo, que es una consecuencia de la unificación, supera la agitación y la preocupación (*pīti uddhaccakukkuccassa*), y el placer/felicidad, que es una consecuencia del gozo, supera la aversión (*sukhaṃ byāpādassa*). Los dos últimos eventos (la superación de la agitación por parte del gozo y de la aversión por parte del placer/felicidad) tienen lugar en paralelo mientras el meditador avanza desde el *pīti* ondulatorio (de tercer grado) a través del *pīti* estimulante (de cuarto grado) hasta el *pīti* omnipresente (de quinto grado).

19. El gozo y la tristeza, u otras emociones que están en oposición, a veces puede parecer que existen simultáneamente, pero si se examina el asunto con más detenimiento, se descubren varias dinámicas en funcionamiento. Tomemos, por ejemplo, la capacidad que tenemos de disfrutar de una balada trágica. En este caso predomina el gozo, lo que nos permite aceptar y trascender los dolores y las tragedias de la existencia humana, o incluso nos inspira a trabajar para superarlos. En otras ocasiones, experimentamos la tristeza de la pérdida mezclada

con el gozo de saber que lo que ha ocurrido es, en última instancia, para mejor. En este último ejemplo, lo que ocurre es que los dos estados alternan entre sí. El modelo de los momentos conscienciales y el modelo del sistema mental compuesto de múltiples partes nos ayudan a dar sentido a este tipo de situaciones aparentemente contradictorias.

20. Son los denominados *conocimientos del sufrimiento*, o *dukkha ñanas* en pali: el conocimiento del miedo (*bhayatupatthana-ñana*), el conocimiento de la aflicción (*ādīnava-ñana*), el conocimiento de la aversión (*nibbidā-ñana*), el conocimiento del deseo de la liberación (*muñcitukamyatā-ñana*) y el conocimiento de la reobservación (*paṭisaṅkhānupassanā-ñana*). Ver Sayadaw Mahasi. *The Progress of Insight*. 3.ª ed. Sri Lanka: Buddhist Publication Society, 1998.

21. Esto se conoce como la *lubricación* del *Insight* por medio del *śamatha*.

Séptima etapa: la atención exclusiva y la unificación de la mente

1. *Mente unificada* es nuestra interpretación de lo que en pali es *cittass'ekagata*. *Cittassa*, 'mente'. *Ekagata*, a partir de *eka*, 'uno' y *gata*, 'ido', significa 'ido al uno' o unificado. La palabra que aparece en los *suttas* pali se escribe *ekaggatā*, interpretada como un compuesto de *ek[a]-agga-tā*, en que *eka* significa 'uno' o 'solo', y *agga*, 'punto' o 'promontorio'. De ahí que se traduzca a menudo como '[atención] en un solo punto'. Sin embargo, esta interpretación es muy problemática por muchas razones, y no es, casi con seguridad, lo que pretendía Buda. Otra posibilidad es que *agga* sea una forma contraída de *agāra*, 'lugar', lo que hace que *ekaggatā* tenga, de alguna manera, un significado similar a *ekagata*: 'ausencia de dispersión', 'unión', 'conectividad', 'composición' o 'no por todas partes' (me di cuenta de esta posibilidad en el contexto de una conversación con Kumara Bhikkhu). Según esta interpretación, *cittass'ekaggatā* significa algo así como 'quietud mental', lo cual, como la unificación de la mente, es un concepto mucho más útil que *la mente en un solo punto*.

2. Tampoco estás aprendiendo a dejar que la mente se asiente en un estado «natural» de quietud. Más bien estás usando el proceso natural de la unificación de una manera inusual: para unificar submentes inconscientes en torno a una intención compartida, lo cual da lugar a un profundo estado de quietud, que es todo menos natural. El apaciguamiento total de la mente discernidora requiere un grado de unificación que solo es posible por medio de una ejercitación mental intensiva.

3. Como ya se ha comentado en otros lugares, los contenidos de los momentos conscienciales más simples se «juntan» en los momentos conscienciales de unión. A medida que las submentes inconscientes se unifican más en su intención de discernir sensaciones a un nivel muy sutil, estas intenciones actúan como una especie de filtro perceptivo. Esto hace que ciertas categorías de momentos de unión, correspondientes a niveles cada vez más sutiles de unión de la información, se distingan de todo lo otro que hay en la consciencia. Los aproximadamente 10 (entre 8 y 12) «fotogramas fijos» por segundo son la misma información que se había unido para producir los «tirones incrementales» que tienen lugar a un ritmo de uno o dos por segundo.

4. Cuando los contenidos sensoriales de los momentos conscienciales individuales ya no se ensamblan entre sí en los momentos de unión, no se puede discernir ningún orden ni sentido en el flujo continuo de los datos sensoriales primarios.

5. *Anicca* en pali, *anitya* en sánscrito. Esta es una de las tres características de la existencia (*tilakkhaṇa* en pali, *trilakṣaṇa* en sánscrito), cuyo *Insight* conduce al **Despertar**. El examen minucioso también puede describirse como *meditación sobre la impermanencia*.

6. *Suññatā* en pali, *śūnyatā* en sánscrito. La experiencia que aquí se describe proporciona específicamente el *Insight* de que la naturaleza percibida de los objetos de la experiencia fenoménica es impuesta por la mente, y de que estos objetos percibidos están desprovistos de cualquier naturaleza propia (es decir, no son lo que parecen). Por sí misma, esta experiencia no acostumbra a conducir al *Insight*, mucho más importante, de la vacuidad del yo (*anattā* en pali, *anātman* en sánscrito). *Anattā* es la segunda de las tres características. El sufrimiento (*dukkha* en pali, *duḥkha* en sánscrito) es la tercera característica, y es el resultado del fracaso a la hora de comprender adecuadamente las otras dos (*anicca* y *anattā*).

La experiencia que aquí se describe tampoco es la misma que la *experiencia directa de la vacuidad* (*nibbāna* en pali, *nirvāṇa* en sánscrito). El *nibbāna/nirvāṇa* tiene lugar cuando la mente deja de proyectar cualquier contenido en la consciencia, si bien las submentes del sistema mental permanecen totalmente sintonizadas con la consciencia. Esto se describe a veces como *consciencia sin objetos*.

7. *Upacāra samādhi* en pali.

8. Esta descripción acerca de cómo acceder a las *jhānas* del placer la aprendí de Leigh Brasington, quien originalmente aprendió el método de Ayya Khema.

9. En realidad no sabemos por qué responden de esta manera las mentes sensoriales, de modo que esto no es más que una especulación. De todos modos, la actividad cerebral normalmente se conserva estable gracias a que algunas células inhiben a otras. La desinhibición (la reducción de esta actividad inhibidora) incrementa la actividad cerebral. Por ejemplo, se ha propuesto que la luz que se ve en las experiencias cercanas a la muerte se debe a la desinhibición causada por la insuficiente cantidad de oxígeno que llega a las neuronas inhibidoras, lo cual conduce a un incremento de la actividad eléctrica en la corteza visual (Blackmore, S. J. 1991. «Near-Death Experiences: In or out of the body?», *Skeptical Inquirer*, 16: 34-45; Cowan, J. D. 1982. «Spontaneous symmetry breaking in large-scale nervous activity». *International Journal of Quantum Chemistry*, 22: 1059-1082). Ingentes cantidades de información entran continuamente en los centros sensoriales del cerebro. Si la información se selecciona normalmente a través de la inhibición y la represión, lo cual parece probable, cuando no hay ninguna intención de prestar atención a *inputs* derivados del exterior, el resultado sería la desinhibición a gran escala. Es posible que, con el apaciguamiento de los sentidos, la meditación esté ocasionando una desinhibición que podría aumentar el «ruido» eléctrico (la actividad eléctrica) en las submentes sensoriales. Los fenómenos sensoriales raros (insectos que se arrastran por la piel, oír música en la distancia, notar un sabor a néctar, etc.) pueden ser el equivalente al fenómeno de iluminación de la mente visual por parte de las otras mentes sensoriales, que se expresan a través de sus respectivos dominios sensoriales.

10. Los eventos que tienen lugar como parte del apaciguamiento de los sentidos se denominan a menudo *grados de pīti*, aunque *pīti* significa, literalmente, 'gozo'. Para saber más al respecto, ver el sexto interludio. Los tres primeros grados se describen mejor como grados de apaciguamiento de los sentidos que de gozo meditativo.

Séptimo interludio: la naturaleza de la mente y la consciencia

1. Los estados conscienciales más potentes tienden a darse en las situaciones de vida o muerte. Como dijo el poeta inglés Samuel Johnson: «Cuando un hombre sabe que lo van a colgar [...] concentra su mente de forma maravillosa». Podríamos parafrasearle y afirmar: «Nada unifica de forma tan maravillosa las submentes del sistema mental como la perspectiva de la muerte inminente». La práctica del *śamatha* conduce casi al mismo nivel de unificación.

2. Por lo general, las medidas objetivas de aumento de la activación durante el sueño se correlacionan bien con los informes de la mala calidad del sueño. Paradójicamente, las mediciones polisomnográficas efectuadas en meditadores muestran un aumento de la activación durante el sueño a pesar de que dichos meditadores informan de que la calidad de su sueño ha mejorado. Ver Peck T., Lester A., Lasky R. y Bootzin R.R. «The paradoxical effects of mindfulness meditation on subjective and objective measures of sleep». *Sleep* 35: A84, 2012, y Britton W.B., Haynes P.L., Fridel K.W. y Bootzin R.R. «Polysomnographic and subjective profiles of sleep continuity before and after mindfulness-based cognitive therapy in partially remitted depression». *Psychosomatic Medicine* 72 (6): 539-548, 2010.

3. *Samādhi* y *ekagata*.

4. Esta cesación es muy diferente de lo que se denomina *asaññā* o *saññā-nirodha* en pali, que es el cese de la percepción correspondiente al sueño profundo, el coma o la anestesia. En estos estados siguen produciéndose momentos conscienciales *potenciales* de ausencia de percepción. Aquí estamos hablando de un estado en que no hay momentos mentales fabricados de ningún tipo, conocido como *saññā-vedayita-nirodha*; es el cese de las sensaciones y las percepciones.

5. La ecuanimidad (*upekkhā* en pali, *upekṣhā* en sánscrito) significa que ya no se responde con anhelo a las sensaciones (*vedanā*) de agrado, desagrado o neutras asociadas con los objetos presentes en la consciencia.

6. *Nibbāna* en pali, *nirvāṇa* en sánscrito, significa literalmente 'extinción', como cuando hablamos de extinguir un fuego. El *nibbāna* tiene lugar como resultado de la confluencia de la ecuanimidad y el *Insight*.

7. La consciencia es el proceso de intercambio de información entre las submentes inconscientes, por lo que acaso te cuestiones cómo puede haber «consciencia sin objetos». ¿Cómo puede darse un intercambio de información si no hay ningún tipo de información? En sentido estricto, esto es cierto; la consciencia debe ser siempre «consciencia de» algo. Sin embargo, el proceso de la consciencia tiene dos componentes: el objeto de la consciencia, o la información que debe intercambiarse, y lo que es consciente, o el destinatario de la información. Con la cesación, el primer componente no está ahí, pero el segundo sigue estando presente. Sí, nos salimos de nuestra definición de la consciencia, pero el evento en sí pertenece a un ámbito que es totalmente ajeno a la experiencia ordinaria, así que para poder hablar de él debemos ser flexibles en el uso del lenguaje. Vale la pena señalar que la interpretación a posteriori de un evento de cesación como *consciencia sin objetos* o como una *experiencia de la consciencia pura* puede conducir con facilidad a atribuir erróneamente algún tipo de naturaleza sustantiva, autoexistente, a la consciencia. Dado que esto concuerda muy bien con la intuición común, y con el deseo de encontrar algo que se pueda identificar con el alma, con el *ātman* o con el yo verdadero, es una tendencia especialmente insidiosa. Recuerda siempre que la consciencia es un *proceso* dinámico, que aparece y desaparece momento a momento y que depende totalmente de sus partes componentes. Lo que es consciente (el destinatario de la información que se intercambia a través de la consciencia) no es más que distintas submentes del mismo sistema mental que es la fuente de la información.

8. Tanto si toma la forma de la no consciencia subjetiva como de la consciencia sin objetos, el período de cesación puede durar desde una fracción de segundo hasta minutos, e incluso (muy raramente) horas.

9. Este escenario en concreto, que requiere una mente totalmente unificada, corresponde a la forma única del *saññā-vedayita-nirodha* conocida como *nirodha-samāpatti*. La tradición afirma que este evento de cesación extraordinariamente inhabitual solo es posible para los que no regresan (*anāgāmi*) y para los budas (*arahants*) que alcanzan la cesación por medio de *jhāna*. A veces se ve como una novena *jhāna*, posterior a las cuatro *jhānas* con forma y a las cuatro *jhānas* sin forma. Este *nirodha-samāpatti*, en el que participan todas y cada una de las partes de la mente totalmente unificada, también es conocido como *anupādisesa nibbāna*, que significa 'extinción sin residuos'. Todos los otros *saññā-vedayita-nirodha*, en que la unificación de la mente no es total, son conocidos como *sa-upādisesa nibbāna*, o 'con residuos'.

10. El *theravada* distingue cuatro etapas progresivas o *caminos* hacia el **Despertar**, conocidos como *sotāpatti*, *sakadāgāmi*, *anāgāmi* y *arahant*. El *mahayana* distingue un mayor número de etapas progresivas, llamadas *bhumis*.

11. Digo «parece estar» porque algunos estados alterados de consciencia podrían explicarse como la experiencia subjetiva del intercambio de información que tiene lugar en el nivel más bajo de la jerarquía del sistema mental. Esto podría ocurrir en circunstancias en que el intercambio de información en el nivel más alto no fuese posible debido, por ejemplo, a una lesión cerebral, a la hipoxia o a la alteración de la química sanguínea, a la fatiga extrema o a las drogas.

12. Una ingeniosa serie de experimentos científicos ha confirmado que el papel de la consciencia en la intención es permitir o reprimir las intenciones que se originan en el inconsciente. Benjamin Libet, investigador pionero de la consciencia humana, descubrió que la actividad cerebral que indicaba la decisión de moverse tenía siempre lugar alrededor de medio segundo *antes* de que el sujeto, conscientemente, decidiese moverse. La experiencia subjetiva era que la intención se originaba en la consciencia, pero la decisión de moverse la habían tomado antes unos procesos *inconscientes*. La sensación de que se trataba de una «decisión consciente» se generaba de forma retrospectiva. La secuencia era: primero la **intención inconsciente** surgida en forma de disponibilidad para la acción, seguida 500 milisegundos (ms) más tarde por la «decisión» consciente del sujeto de moverse, seguida unos 200 ms más tarde por el movimiento real. El experimentador sabía que el sujeto había decidido moverse antes que él mismo. Investigaciones posteriores mostraron que, si bien la consciencia no desempeña ningún papel en la *instigación* de los actos intencionales, la volición consciente se ejerce en forma de poder de veto. Este veto se realiza en el lapso de 200 ms que existe entre que la intención se hace consciente y lo que sería la ejecución del movimiento.

13. Un fenómeno muy interesante conocido como *color phi* ilustra esto con bastante claridad. Una luz roja destella en un lado de una pantalla y luego, alrededor de medio segundo después, una luz verde destella en el otro

lado. En lugar de ver dos luces distintas, los observadores afirman sistemáticamente que hay una luz que se desplaza y cambia de rojo a verde en algún punto de la mitad del recorrido. Esto no es solamente una ilusión de movimiento donde no lo hay: *¿cómo pudo saber la mente de qué color iba a ser la luz cuando llegase al otro lado?* Esto significa que lo que aparece en la consciencia es una historia acerca de lo que sucedió, la cual no se manifiesta hasta *después del evento.*

14. Ver la nota 10 del primer interludio.

15. *Uggaha-nimitta.*

16. La cantidad aparente de «tiempo de reloj» que puede condensarse en un solo «momento» consciencial no se corresponde con la duración temporal del «momento» en sí. La forma en que funciona esto es un misterio, pero parece que hay momentos de unión individuales que pueden unir múltiples sucesos que tienen lugar durante muchos segundos. Las experiencias oníricas constituyen un ejemplo rotundo de cómo el tiempo subjetivo difiere del tiempo objetivo. En los sueños, períodos de tiempo subjetivo bastante largos se pueden condensar en unos pocos minutos o incluso segundos de sueño. Las *jhānas* que duran horas según el reloj, pero que parecen breves, se deben a la situación contraria: hay una sensación de duración mínima vinculada a cada «momento», aunque los «momentos» en sí duren mucho tiempo.

17. Cuando esta información sensorial preconceptual, ligada por el tiempo, es utilizada como objeto de meditación para acceder a las *jhānas* más profundas, se la conoce como *patibhāga nimitta* o *aspecto de la contraparte mental.*

18. Otro ejemplo es la *jhāna* del espacio infinito. En ella, los momentos de unión espacial ya no se proyectan en la consciencia, de modo que no hay ninguna sensación de estar ubicado en el espacio. La *jhāna* de la consciencia infinita viene a continuación de la *jhāna* del espacio infinito, lo cual tiene sentido: si el mapa del espacio habitual, interiorizado, ya no se proyecta en la consciencia, nuestra sensación habitual de que la consciencia está en una ubicación específica (en algún lugar detrás de los ojos) también desaparece. En este caso, la consciencia se experimenta como omnipresente e ilimitada.

19. Para un examen más exhaustivo de la receptividad compartida, el concepto de individuo natural y la naturaleza de la consciencia, ver Rosenberg, Gregg. *A Place for Consciousness: Probing the Deep Structure of the Natural World.* Oxford, Gran Bretaña: Oxford University Press, 2004.

20. En «On the Intrinsic Nature of the Physical», Rosenberg señala: «Debemos apreciar plenamente el papel de la receptividad en la creación de individuos naturales a varios niveles. La receptividad de un individuo natural es un elemento de su ser que une individuos de menor nivel dentro de sí, haciendo que los estados efectivos de esos individuos sean relevantes entre sí de una manera directa. Como tal, la receptividad es una propiedad global irreductible de un individuo natural. El término *irreductible* se utiliza aquí en su sentido más contundente: la receptividad de alto nivel de un individuo no es la suma, lineal o no lineal, de la receptividad de sus componentes de nivel inferior. Es un elemento nuevo en el mundo, exclusivamente propio del individuo que ayuda a constituir», en Hameroff, Stuart R., Alfred W. Kaszniak y A. C. Scott, eds. *Toward a Science of Consciousness III.* Boston, Ee.UU.: MIT Press, 1999].

Octava etapa: la docilidad mental y el apaciguamiento de los sentidos

1. Se ha afirmado que la mente no puede conocerse a sí misma, que la consciencia no puede tomarse a sí misma como objeto, de la misma manera que un cuchillo no puede cortarse a sí mismo. Esta afirmación, que es una expresión del *principio de la antirreflexividad* en filosofía, puede parecer lógica. Sin embargo, como suele ocurrir, los supuestos lógicos son traicionados por la experiencia. Por ejemplo, en la década de 1930, cuando la comprensión del vuelo y la ciencia de la aerodinámica estaban haciendo rápidos progresos, ¡se determinó que era imposible que las abejas volaran (M. Magnan. *Le vol des insects.* 1934)! Por supuesto, las abejas vuelan, y en 1996 Charlie Ellington explicó cómo pueden hacerlo (Helen Phillips. «Secrets of Bee Flight Revealed». *New Scientist* 16: 57, 28 de noviembre de 2005). Por lo tanto, dejemos de lado el principio de la antirreflexividad. El hecho es que incluso quienes nunca han meditado han tenido la experiencia de ser conscientes de ser conscientes. Evidentemente, si la persona no se ha ejercitado en la meditación, esta conciencia puede ser tan opaca y confusa que le sea difícil saber si ha sido directamente consciente de su propia consciencia *en el*

momento o si solo ha sido consciente en retrospectiva de haber sido consciente en el momento anterior. Pero incluso para quienes no han meditado, la distinción entre estas dos percepciones puede aclararse mucho cuando la consciencia de la propia consciencia tiene lugar durante el proceso de quedarse dormido. En esta situación, hay casos en que tenemos muy claro que estamos más plenamente conscientes en el momento presente que en los momentos inmediatamente anteriores. Esta experiencia tiene su contraparte en la práctica meditativa. La conciencia introspectiva presenta en cada etapa, como su propio objeto de consciencia, el estado relativo de percepción consciente. Por ejemplo, el meditador principiante, al «despertar» al hecho de que su mente había estado divagando, experimenta subjetivamente estar más consciente de sí mismo y más plenamente consciente en el momento presente que en el período precedente. En las prácticas de meditación avanzadas, esta consciencia puede girarse totalmente sobre sí misma; cuando lo hace, este mismo conocimiento pasa a ser el objeto de la percepción consciente. Las limitaciones del lenguaje y de la conceptualización hacen que sea muy difícil expresar estas experiencias, y que por lo tanto resulte fácil malinterpretarlas.

2. *Paticca samuppāda* en pali, *pratītya samutpāda* en sánscrito. En concreto, los *eslabones del surgimiento dependiente* hacen referencia al proceso mental por el cual *dukkha* o la insatisfacción surge en la mente. La comprensión de este proceso es una herramienta valiosa para superar, con el tiempo, el *dukkha* existencial. Aunque la cantidad y disposición de los eslabones, tal como lo enseñó Buda, varían de un *sutta* a otro, la tradición budista identifica doce eslabones en total, en esta secuencia: con la *ignorancia* como condición, surgen las *formaciones mentales*; con las formaciones mentales como condición, surge la *consciencia*; con la consciencia, hay *mente* y hay *cuerpo*, y con la mente y el cuerpo hay consciencia, por lo que en este caso se da un vínculo mutuo. La secuencia sigue así: con la mente y el cuerpo como condición, se presentan las *bases de los seis sentidos*; con las bases de los sentidos como condición, surge el *contacto*; con el contacto como condición, emergen los *sentimientos afectivos*; con los sentimientos como condición, brota el *anhelo*; con el anhelo como condición, nace el *apego*; con el apego como condición, aparece el *devenir*; con el devenir como condición, se produce el *nacimiento*; con el nacimiento como condición, aflora toda la *masa del sufrimiento, el envejecimiento y la muerte*. El eslabón débil de la cadena, que puede romperse a través del esfuerzo, la meditación y la aplicación del *mindfulness*, es el *anhelo*. La parte de la secuencia de doce eslabones que aquí nos interesa son los eslabones sexto (*contacto*) a décimo (*devenir*), los cuales, segundo tras segundo y hora tras hora, constituyen un ciclo que se repite continuamente. Ten en cuenta que los eslabones del origen dependiente no son más que una herramienta conceptual. Examinados más de cerca, su aparente linealidad se disuelve, lo cual apunta al hecho de que todo es, en realidad, la condición para que exista todo lo demás. En palabras del filósofo Ludwig Wittgenstein: «El mundo es todo lo que es el caso».

3. Esto también suele ocurrir en los experimentos de privación sensorial.

4. El gozo (*pīti* en pali, *prīti* en sánscrito) pertenece a la categoría de los cinco agregados denominados formaciones mentales (*saṅkhāra khandha* en pali, *saṃskāra skandha* en sánscrito). Este grupo incluye todo lo que es, primero, de naturaleza mental y, segundo, compuesto, construido y causal por su naturaleza y origen. Cualquier estado mental reconocible representa una combinación única de factores mentales que acontecen juntos para producir un efecto en particular en la experiencia subjetiva. En calidad de «estado», su impacto sobre la actividad mental tiende a ser global. Todas las emociones son estados mentales y pertenecen al grupo de las formaciones mentales. El gozo es tanto un estado mental como una emoción.

5. En meditación, estas sensaciones y movimientos peculiares suelen *preceder* a las experiencias reales de gozo y felicidad, lo que sugiere que los patrones sensoriales y motores de las emociones se activan mucho antes de que tenga lugar la percepción consciente de las emociones.

6. La felicidad, que es la *vedanā* placentera producida por el sentido mental, se distingue claramente del gozo como *saṅkhāra* (término pali; *saṃskāra* en sánscrito).

7. El punto de quietud y el testigo son lo mismo; este último surge cuando la mente divide conceptualmente la experiencia del punto de quietud por medio de concebir un observador para quien el punto de quietud puede ser un objeto.

8. No estoy en desacuerdo con las filosofías no dualistas (*advaita*) que hablan de un «verdadero yo». Es importante tener en cuenta que el verdadero yo al que se refieren no es un yo *separado*; de hecho, los maestros del

advaita rebaten la posibilidad misma de dicha separación. Realizar el «verdadero yo» no significa más que tener el *Insight* de que todo lo que existe constituye un todo único e interconectado. El *advaita* reconoce el testigo e indica claramente que no es el verdadero yo.

9. *Anatta* en pali; un *Insight* profundo dentro del cual tiene lugar la *entrada en la corriente*, la primera etapa del **Despertar.**

10. *Nimitta* es una palabra pali que significa 'aspecto', como cuando decimos «el aspecto de las montañas es diferente bajo la luz de la luna». En la antigua literatura de la meditación budista, *nimitta* hace referencia a los distintos aspectos que adquiere el objeto de meditación en estados meditativos cada vez más profundos. Hay tres de estos *nimittas*: el *parikamma nimitta*, o el 'aspecto inicial'; el *uggaha nimitta*, o el 'aspecto adquirido', y el *patibhāga nimitta*, o el 'aspecto de la contraparte mental'. Sin embargo, las interpretaciones modernas de estos textos suelen asumir que *nimitta* significa 'objeto de meditación' en general, o el fenómeno de iluminación como objeto para acceder a las *jhānas* luminosas. De acuerdo con esta costumbre moderna, usamos el término *nimitta* para designar el fenómeno de iluminación a la hora de hablar de las *jhānas* luminosas.

Novena etapa: la docilidad mental y física y el apaciguamiento de la intensidad del gozo meditativo

1. *Pīti-sukha* en pali; *prīti-sukha* en sánscrito.
2. *Passaddhi* y *upekkhā* en pali; *prasrabdhi* y *upeksha* en sánscrito.
3. Esta práctica es similar a la práctica tibetana *kagyu* denominada *el gran sello* (*mahamudra*) y a la práctica *nyingma* de la gran perfección (*dzogchen*).
4. Aunque no se puede alcanzar el conocimiento directo de la naturaleza de estas fuerzas, es evidentemente posible conocerlas por deducción. De otro modo, nos sería imposible interactuar con éxito con el mundo exterior. No seríamos capaces de alimentarnos, no digamos ya de acciones como viajar a la Luna.
5. *Suññatā* en pali, *śūnyatā* en sánscrito.
6. La consecución del *śamatha* constituye cinco de los siete factores del Despertar (*satta sambojjhaṅgā*): la atención estable sin esfuerzo (*samādhi*), el *mindfulness* (*sati*), el gozo o rapto (*pīti*), la tranquilidad (*passaddhi*) y la ecuanimidad (*upekkhā*). Los otros dos factores son la investigación de los fenómenos (*dhamma vicaya*) y la diligencia (*viriya*), que se ejercitan en muchas de las prácticas que se describen en este libro. Realizar la vacuidad del yo (*anattā*) es el *Insight* clave para entrar en la corriente (*sotāpanna* en pali, *srotāpanna* en sánscrito), la primera de las cuatro etapas del Despertar. Finalmente, también debe haber, además de la ecuanimidad del *śamatha*, la ecuanimidad del *Insight*, que surge por medio de asimilar estos *Insights* más pequeños: el *Insight* de la interconexión, el de la impermanencia (*anicca*), el de la vacuidad de los fenómenos (*suññatā*) y el del sufrimiento (*dukkha*).

Décima etapa: la tranquilidad y la ecuanimidad

1. *Anuttara citta* en pali.

Pensamientos finales

1. Vwe «*Mahāsatipaṭṭhāna Sutta*», *Digha Nikaya*, 22.

Apéndice D: las jhānas

1. La palabra *samādhi* se usa muy asociada con *jhāna*. *Samādhi* deriva de *sam-a-dha*, que significa 'reunir' o 'juntar'. Traducido a menudo como 'concentración', *samādhi* sugiere específicamente el proceso de unificar la mente por medio de la práctica de enfocar la atención. El término, por lo tanto, tiene un ámbito de significado más amplio que *jhāna*. Incluye tanto *jhāna* en el sentido más específico (en cuyo caso es *apannā samādhi*) como todos los niveles de «reunión» (concentración) que preceden a las *jhānas* (en cuyo caso es conocido como *parikamma* y *upacāra samādhi*).

Otra palabra muy relacionada con *jhāna* es *śamatha*, que significa 'serenidad'. A veces se usa casi con el mismo significado que *samādhi*, pero hace referencia específicamente al estado de serenidad gozosa que sigue a la unificación de la mente. Es decir, *śamatha* es la culminación, descrita en términos de la experiencia subjetiva, resultante de la unificación de la mente por medio de la práctica del *samādhi*.

2. De la misma manera, todo lo que hay en las dieciséis etapas del progreso del *Insight*, desde la cuarta (el conocimiento del surgimiento y la desaparición) en adelante, también corresponde a *jhāna* en el sentido general. Son meditaciones que implican un estado de concentración estable, enfocado.

3. Traducido al inglés por Thanissaro Bhikkhu. *Gopaka Moggallana Sutta. Access to Insight*. Web. 14 de junio de 2010. www.accesstoinsight.org/tipitika/mn/mn.108.than.html.

4. *Citta* significa 'mente', *eka*, 'uno' o 'solo' y *gatā*, 'ido' de cierta manera, como cuando se está o se ha entrado en un determinado estado o condición. Así pues, *cittas'ekagata* hace referencia a una mente (*cittas*) que se ha ido (*gata*) a la unicidad o la unidad (*eka*), es decir, una mente unificada. Lamentablemente, *ekagata* se presenta a menudo con la forma *ekaggatā* en los *suttas* en pali. Aquí, la adición de una segunda *g* da lugar a la palabra *agga*, que significa 'punto' o 'promontorio', y *tā* pasa a ser un sufijo que significa '-idad' o '-ismo' ('*-ness*' en inglés). En consecuencia, esta palabra clave se ha malinterpretado ampliamente como '*single-pointedness*' en inglés ('en un solo punto' en castellano; más literalmente, 'en-un-solo-puntismo'), asumiendo que se refiere a la práctica de la atención exclusiva. Es comprensible que este término homófono haya dado lugar a esta confusión si recordamos que las enseñanzas de Buda fueron transmitidas oralmente durante varios siglos antes de ser reflejadas por escrito. Además, la atención exclusiva, en un solo punto, es un medio importante para alcanzar la unificación de la mente, de modo que ambas formas (*ekagata* y *ekaggatā*) pudieron haberse encontrado en distintos lugares en la transmisión oral original. Sin embargo, lo significativo de esta distinción es que, una vez que la mente está unificada (*cittas'ekagata*), *la atención exclusiva en un solo punto ya no es necesaria*. La unificación de la mente, y no la atención exclusiva, es el rasgo verdaderamente esencial de la absorción en *jhāna*. De hecho, la atención exclusiva se utiliza *solamente* para entrar en la primera *jhāna*. *Vitakka* y *vicāra* (la atención aplicada y sostenida en algún objeto) se abandona en todas las *jhānas* superiores (de la segunda a la cuarta). Sin embargo, en el caso de las *jhānas* muy *light* (como las *jhānas* de todo el cuerpo), que se practican antes de que la mente haya alcanzado una unificación significativa en la concentración de acceso, puede ser que haya que usar la atención en un solo punto en cada *jhāna* para sostener la suficiente *ekagata*.

5. Date cuenta de lo mucho que se solapan los factores *jhánicos* y las características del *śamatha*: la unificación de la mente (*cittas'ekagata*) es común en ambos; la estabilidad de la atención como *samādhi* es característica del *śamatha*, y aparece en los factores *jhánicos vitakka* y *vicāra*; el *mindfulness* como *sati* es la segunda característica del *śamatha*, y aparece como *sati sampajañña* (*mindfulness* con clara comprensión) en las descripciones tradicionales de las *jhānas* superiores. El gozo (*pīti*), el placer/felicidad (*sukha*) y la ecuanimidad (*upekkhā*) también son comunes a ambos. Podemos ver *jhāna* como un estado de absorción mental único pero transitorio que imita fuertemente al *śamatha*, mientras que el *śamatha* es un estado mental más estable y sostenido que tiene las mismas características que *jhāna*. Por lo tanto, la práctica de las *jhānas* se convierte en una herramienta potente para cultivar el *śamatha*.

6. Si estás familiarizado con la obra *The Progress of Insight*, de Mahasi Sayadaw, reconocerás que la mayor parte de los estados meditativos que describe no responden a los criterios de *jhāna* a causa de la ausencia de los factores del gozo y el placer/felicidad. En consecuencia, las denominadas *jhānas* del *vipassana* que se describen en la obra *In This Very Life* de Sayadaw U Pandita, difieren significativamente de las *jhānas* que definió Buda. Sin embargo, hay estados meditativos en la práctica del *Insight* seco (*sukkha-vipassana*) que sí incluyen los factores *jhánicos*. En primer lugar está el estado denominado *diez corrupciones del Insight*, que da lugar al *conocimiento del camino y el no camino* (cuarta etapa). Este incluye la atención dirigida y sostenida, el gozo y el placer/felicidad –los mismos factores *jhánicos* que están presentes en la primera *jhāna* de Buda–. En segundo lugar está el *conocimiento de la ecuanimidad en relación con las formaciones* (decimoprimera etapa). Esto incluye la unificación de la mente y los factores de ecuanimidad que están presentes en la cuarta *jhāna* de Buda. Finalmente tenemos el *conocimiento de la realización* (decimosexta etapa), que incluye el placer/felicidad y la ecuanimidad, que son los factores característicos de la tercera *jhāna* de Buda.

7. Para saber más acerca de la fluencia, consulta el apartado «El uso de la absorción meditativa para mejorar las habilidades de meditación», en la sexta etapa.

8. Csikszentmihalyi, Mihaly. *Flow: The Psychology of Optimal Experience*. Nueva York, EE.UU.: Harper & Row, 1990. (En castellano: *Fluir [flow]: una psicología de la felicidad*. Barcelona, España: Debolsillo, 2011).

9. Las *jhānas* que se describen en el *Visuddhimagga*, un compendio de doctrinas budistas llevado a cabo alrededor del año 430 d. de C., son un tipo de *jhānas* que raramente se alcanzan, porque solo se puede acceder a ellas por medio de una práctica prolongada, intensiva. El *Visuddhimagga* es el texto más importante del *theravada*, además del *Tipitaka*, de modo que la visión de *jhāna* que presenta ha prevalecido en los países de tradición *theravada* durante muchos siglos. Una definición igualmente restrictiva y exclusiva de *dhyāna* se encuentra en el *mahayana* tibetano. Ambas tradiciones afirman que la absorción debe ser tan completa como para implicar que la mente se retire por completo de los sentidos para ser *jhāna* o *dhyāna*. Estos puntos de vista extremos han hecho que la práctica de las *jhānas* sea relativamente inusual tanto en la tradición *theravada* como en la tibetana, a pesar de que se hable exhaustivamente de *jhāna*/*dhyāna* tanto en el *Tipitaka* pali como en el *Tripitaka* sánscrito.

El tono general de las disquisiciones acerca de las *jhānas* que presentan los *suttas*, sin embargo, sugiere que no solo se pueden alcanzar, sino que todos los discípulos serios del Noble Óctuple Sendero deberían practicarlas. Cuando se le preguntó en qué consiste la *concentración correcta* (*samma samādhi*), Buda respondió describiendo las *jhānas*. Las descripciones detalladas que aparecen en muchos de los *suttas* no dan a entender las interpretaciones estrictas que hacen que las *jhānas* parezcan tan elevadas, distantes e inalcanzables en el *Visuddhimagga* y en otros comentarios del *theravada* y el *mahayana*.

Unos cuantos años atrás, algunos eruditos y profesores de meditación occidentales empezaron a distinguir entre dos tipos de *jhānas*: las denominadas *jhānas* «de los *suttas*» y las *jhānas* «del *Visuddhimagga*» o «de los comentarios». Estas distinciones han resultado útiles a la hora de comparar distintas descripciones de las *jhānas*, y el discurso basado en estas distinciones ha resultado algo clarificador. Sin embargo, también ha dado lugar a un desafortunado debate en torno a qué *jhānas* son las «reales». Un examen minucioso de los *suttas* revela que también incluyen descripciones de *jhāna* coherentes con las que se hacen en los comentarios del *theravada* y el *mahayana*. Así pues, de hecho, ambos tipos de *jhānas* son «*jhānas* de los *suttas*», y ambas son *jhānas* «reales». Este reconocimiento ha conducido recientemente a que los distintos tipos de *jhānas* se distingan como «más *light*» o «más profundas». Lamentablemente, las denominaciones «*jhānas* de los *suttas*» y «*jhānas* del *Visuddhimagga*» siguen en boga, y el debate acerca de cuáles son las *jhānas* «reales» va a continuar durante un tiempo.

10. *Upacāra samādhi* en pali.

11. *Potthapada Sutta*, Digha Nikaya, 9.

12. *Samadhanga Sutta*, Anguttara Nikaya 5.28; *Kāyagatāsati Sutta*, Majjhima Nikaya 119; *Samaññaphala Sutta*, Digha Nikaya 2; *Mahāassapua Sutta*, Majjhima Nikaya 39.

13. *Ibid.*

14. *Ibid.*

15. *Ibid.*

16. *Iddhi-vidhā* en pali.

17. *Dibba-sota* en pali.

18. *Dibba-cakkhu* en pali.

19. *Ceto-pariya-ñāṇa* en pali.

20. *Pubbe-nivāsanussati* en pali.

21. Esta es la práctica conocida como *mahamudra* (y como *dzogchen*) en la tradición tibetana. Aunque la consecución de la cuarta *jhāna* favorece extraordinariamente esta práctica, no es un prerrequisito absoluto. Los practicantes expertos que se hallen entre las etapas octava y décima del *śamatha* también cuentan con una buena base para esta práctica.

22. *Chalabhiññā* en pali.

23. *Saññā* en pali.

24. *Asaññā* en pali.

25. Ni el *Abhidhamma*, con sus momentos conscienciales, ni ninguno de los últimos comentarios proporcionan una explicación teórica adecuada para este estado. Basándonos en el modelo del sistema mental, podemos postular que los momentos de unión generados por la mente narrativa son los que no dan lugar ni a la percepción ni a la ausencia de percepción con el contenido que la distingue de la ausencia de percepción.

26. Esto no implica, por supuesto, que alguien que ha alcanzado una etapa superior sea de algún modo incapaz de practicar las *jhānas* a las que se accede desde una etapa inferior.

27. Ajahn Brahmavamso y otros han sugerido que este es el único mecanismo por el que se puede entrar en las *jhānas* superiores. En otras palabras, la experiencia subjetiva de entrar directamente en una de las *jhānas* superiores a partir de la concentración de acceso es una ilusión debida a que el desplazamiento por las *jhānas* inferiores es demasiado rápido para ser detectado. En cualquier caso, la capacidad de permanecer en las transiciones a través de las *jhānas* inferiores el tiempo suficiente para que su presencia sea claramente discernible lleva más tiempo desarrollarla.

28. Las cuatro *jhānas* del placer corresponden aproximadamente a las etapas séptima a décima del *śamatha-vipassanā*. Tanto en la primera *jhāna* como en la séptima etapa, la atención exclusiva sostenida ignora totalmente todas las distracciones potenciales. El gozo y el placer/felicidad que se experimentan derivan y dependen de esta retirada de la atención. En *jhāna*, sin embargo, esta retirada se ve muy facilitada por haber alcanzado un estado de fluencia, mientras que en la séptima etapa la retirada requiere una vigilancia y un esfuerzo continuados.

    Tanto la segunda *jhāna* del placer como la octava etapa contienen el gozo meditativo (*pīti*) y el placer corporal y la felicidad (*sukha*), que proceden de la unificación de la mente que tiene lugar en un nivel profundo, inconsciente. La conciencia introspectiva es bastante fuerte, y la unificación, más que la atención exclusiva, es la responsable de eliminar las distracciones. Una diferencia importante es que la octava etapa no es, en sí misma, la absorción, de modo que puede accederse a muchas otras prácticas desde ella.

    Tanto en la tercera *jhāna* como en la novena etapa hay una potente conciencia introspectiva metacognitiva. Además, aunque la mente sigue permaneciendo en un estado de gozo meditativo, a causa de una mayor ecuanimidad, la conciencia del gozo meditativo ya no domina la experiencia consciencial.

    Tanto en la cuarta *jhāna* como en la décima etapa nos encontramos con un *mindfulness* puro (*sati-sampajañña*) debido a la ecuanimidad (*upekkhā*). Además, la mente del meditador se describe en ambas como «concentrada, purificada, brillante, intachable, libre de imperfecciones, dócil, maleable, manejable, estable y que ha alcanzado la imperturbabilidad».

    A causa de estas similitudes entre las *jhānas* y las etapas correspondientes al meditador experto, la práctica de las *jhānas light* puede ayudar mucho al meditador a avanzar por las etapas octava a décima. También pueden ocasionar el *Insight* (*vipassanā*).

29. El placer mental en calidad de felicidad es la característica definitoria de la tercera *jhāna*; y en todas las *jhānas*, excepto en las más profundas de las *jhānas* profundas, también hay cierto grado de placer físico.

30. Las formas de práctica más profundas (que no se describen en esta obra) constituyen una excepción. En este caso, el placer asociado con el cuerpo está ausente incluso en la primera *jhāna*, y *sukha* adopta la forma de un placer puramente mental solo en las *jhānas* primera a tercera.

31. No puede utilizarse nunca ningún objeto derivado de los sentidos para acceder a una absorción meditativa tan profunda que la mente esté por completo apartada de los sentidos. El *aspecto ordinario* (*parikamma nimitta*) de la respiración es una construcción conceptual compleja que postula la existencia de unas entidades hipotéticas, como el aire, la nariz, la piel o «dentro y fuera», como explicación de las sensaciones experimentadas. Es algo demasiado conceptual e implica demasiado procesamiento mental para ser un objeto adecuado para *jhāna*. En la sexta etapa, el aspecto ordinario del objeto de meditación cambia para convertirse en el llamado *aspecto adquirido* (*uggaha nimitta*) de la respiración. Esta es una experiencia más inmediata, menos conceptual y menos complejamente elaborada de las sensaciones mismas, que se puede utilizar para entrar en las *jhānas* de todo el cuerpo. Pero como el objeto sigue siendo sensorial, las *jhānas* de todo el cuerpo son muy *light*. El objeto utilizado para entrar en las *jhānas* del placer está más lejos de las sensaciones, pero no tanto como para que la mente pueda retirarse por completo de los sentidos. El *nimitta* luminoso, sin embargo, sí permite esta retirada, lo cual da lugar a una *jhāna* verdaderamente profunda.

32. Es posible, sin embargo, experimentar una especie de *jhāna* intermedia, a medio camino entre la primera y la segunda. En este caso, al igual que ocurre con las *jhānas* de todo el cuerpo, la atención al objeto de meditación sigue teniendo lugar más allá de la primera *jhāna*. En otras palabras, el *nimitta* sigue siendo objeto de la

atención exclusiva, aunque menos destacado, ya que la experiencia consciencial está dominada por la conciencia periférica. Los comentarios *theravádicos* llaman a esto «*vicara* sin *vitakka*».

33. A pesar de que los *suttas* dicen que la atención dirigida y sostenida ya no está presente después de la primera *jhāna*, Shaila Catherine afirma en *Focused and Fearless*, respecto a la tercera *jhāna*, que «la atención permanece enfocada en un solo punto, en el *nimitta*». Al igual que ocurre con las *jhānas* de todo el cuerpo, las *jhānas* luminosas en que la atención sigue activa son posibles, pero no serían tan profundas como las describe. Una explicación mucho más probable radica simplemente en el hecho de que Catherine no hace la misma distinción entre *conciencia* y *atención* que se hace aquí. Su «atención en un solo punto», el *nimitta*, corresponde a nuestra conciencia estable y brillante del *nimitta*.

34. *Tathatā*.

35. Traducido al inglés por Thanissaro Bhikkhu. *Samaññaphala Sutta. Access to Insight*. Web. 12 febrero 2012. www.accesstoinsight.org/tipitaka/dn/dn.02.0.than.html.

36. Esto sirve como base para los *seis conocimientos superiores* (*chalabhiññā*).

37. La ecuanimidad perfecta y el cese total del anhelo se denominan *nibbāna* en pali (*nirvāna* en sánscrito).

Apéndice E: la práctica de la revisión consciente

1. *Sati-sampajañña* en pali, *smṛti-samprajanya* en sánscrito.

2. *Akusala en pali*, *akuśala* en sánscrito.

3. *Sammā-vācā* en pali, *samyag-vāc* en sánscrito.

4. *Sammā-kammanta* en pali, *samyak-karmānta* en sánscrito.

5. *Sammā-ājīva* en pali, *samyag-ājīva* en sánscrito.

6. Malas conductas interpersonales. A menudo se habla de ello en términos de malos comportamientos sexuales (*kāmesu micchācāra* en pali), pero merece una interpretación mucho más amplia. Las interacciones sexuales constituyen un ejemplo importante de las interacciones interpersonales que pueden ser nocivas, pero no son más que una pequeña parte de una categoría más grande.

7. *Sammā sankappa* en pali, *samyak-saṃkalpa* en sánscrito.

8. «Os digo, monjes, que la intención es el karma. Una vez que uno tiene una intención, crea karma por medio del cuerpo, del habla y de la mente», *Nibbedhika Sutta*, Anguttara Nikaya 6.63.

9. Esta angustia es lo que da lugar al *Insight* del sufrimiento.

10. Esto acontece en la tercera de las cuatro etapas del Despertar esbozadas por Buda, denominada la *etapa del que no regresa* (*anāgāmi* en pali y sánscrito) –es decir, el que no regresa a los viejos hábitos del deseo y la aversión–.

Apéndice F: el *Insight* y la «noche oscura»

1. La forma en que experimentamos la noche oscura depende en gran medida de nuestro marco conceptual preexistente. Un cristiano la experimentará de una manera y un ateo de otra. Para san Juan de la Cruz, la noche oscura implicaba sensaciones de haber perdido toda conexión con Dios (esencialmente, de haber sido abandonado por Dios).

Índice temático

N

O

de meditación 26, 27, 28, 29, 41, 45, 46, 55, 57, 58, 59, 61, 62, 63, 67, 68, 69, 71, 81, 85, 93, 94, 97, 98, 99, 100, 101, 103, 107, 110, 111, 112, 115, 120, 125, 135, 136, 140, 141, 143, 144, 146, 147, 148, 150, 151, 153, 154, 156, 158, 170, 174, 175, 177, 180, 181, 184, 185, 186, 189, 190, 191, 202, 228, 229, 230, 233, 235, 236, 237, 242, 243, 244, 246, 274, 278, 286, 300, 301, 316, 325, 335, 349, 352, 360, 369, 380, 381, 384, 388, 389, 390, 391, 392, 414, 415, 420, 421, 422, 428, 429, 434, 438, 439, 441, 446, 451, 453, 456, 469.
visualizado 62.

Objetos
de la consciencia 292, 336, 358.
mentales 29, 37, 140, 151, 161, 162, 168, 169, 181, 196, 222, 223, 228, 229, 233, 234, 235, 238, 246, 271, 274, 275, 282, 307, 308, 312, 335, 413, 414, 415, 418, 419, 429, 440, 444.

Observar 26, 45, 50, 51, 55, 65, 67, 96, 98, 99, 100, 105, 107, 112, 114, 120, 124, 138, 151, 152, 156, 157, 170, 181, 184, 185, 187, 188, 198, 200, 213, 222, 228, 229, 230, 232, 233, 234, 236, 237, 239, 258, 274, 277, 279, 292, 299, 300, 312, 314, 317, 335, 336, 351, 352, 353, 356, 357, 359, 360, 403, 424, 429, 445, 446.

Obstáculo de la aversión 263.

Obstáculos 17, 19, 22, 24, 33, 57, 59, 69, 72, 79, 80, 81, 82, 83, 89, 90, 94, 95, 99, 109, 157, 179, 263, 269, 270, 274, 283, 284, 305, 329, 338, 339, 351, 359, 378, 380, 383, 397, 405, 413, 415, 416, 419, 421, 422, 429, 438, 447.

Ocho dharmas mundanos 82.

Octava etapa 33, 34, 53, 140, 247, 248, 249, 256, 262, 281, 284, 286, 300, 305, 306, 307, 317, 320, 321, 325, 329, 330, 334, 335, 384, 386, 392, 393, 413, 415, 423, 425, 432, 433, 446, 456.

Oído divino 382.

Ojo divino 382.

Olfato 161, 162, 256.

Olvido 19, 25, 26, 27, 89, 91, 94, 95, 96, 97, 106, 109, 110, 111, 112, 113, 115, 116, 118, 119, 125, 135, 136, 137, 138, 173, 174, 202, 353, 354, 355, 356, 416, 420, 421, 429, 432, 469, 470.

P

Paciencia 7, 30, 33, 58, 84, 93, 94, 265, 266, 270, 274, 307, 329, 347, 368, 375, 402, 403, 404, 406, 471.

Passaddhi 429, 430, 433, 434, 436, 453.

Pausas 98, 99, 112, 114, 153, 185, 355.

Pensamientos 11, 29, 37, 41, 42, 47, 50, 51, 59, 60, 63, 64, 65, 68, 83, 89, 99, 100, 101, 103, 104, 107, 110, 116, 123, 127, 131, 132, 136, 137, 140, 142, 144, 147, 148, 149, 151, 152, 154, 157, 159, 161, 162, 167, 172, 173, 177, 180, 182, 184, 195, 196, 198, 200, 201, 205, 211, 213, 220, 221, 222, 227, 228, 229, 232, 233, 234, 235, 238, 239, 240, 241, 243, 244, 246, 264, 265, 271,

274, 275, 283, 300, 301, 307, 308, 314, 318, 321, 337, 351, 352, 353, 355, 356, 359, 363, 368, 386, 388, 390, 397, 398, 399, 401, 402, 403, 404, 405, 406, 414, 415, 417, 418, 419, 421, 424, 429, 430, 439, 440, 443, 470.
nocivos 401.
sanos 402.

Pensamiento simbólico 275.

Percepciones 28, 86, 115, 164, 197, 198, 199, 205, 210, 220, 235, 236, 237, 251, 253, 256, 262, 296, 298, 299, 300, 301, 302, 316, 318, 319, 333, 338, 382, 393, 408, 429, 443, 449, 452.
sensoriales 197, 198, 199, 205, 210, 235, 236, 296, 298, 299, 300, 301, 302, 429, 443.

Perdón 87, 265, 329, 375, 402, 404.

Pereza y letargo 81, 429.

Pies 42, 74, 186, 187, 259, 260, 331, 349, 351, 352, 353, 354, 356, 359, 360, 361, 394. *Véase también* .

Pīti
de quinto grado 330, 332, 333.
estimulante 447.
grado menor 261.
grado momentáneo 261.
ondulatorio 262, 447.
penetrante 333.
quinto grado 330, 332, 333.
quinto grado de 262, 320, 332, 420.

Pīti (gozo meditativo) 242, 250, 261, 262, 263, 270, 274, 280, 281, 283, 306, 310, 313, 317, 320, 323, 324, 328, 329, 330, 332, 333, 334, 338, 345, 378, 380, 385, 386, 387, 388, 389, 390, 391, 393, 416, 420, 423, 429, 433, 436, 438, 445, 446, 447, 449, 452, 453, 454, 456.

Poderes superiores 382.

Posición sentada 10.

Postergación 25, 35, 59, 69, 70, 71, 72, 81, 84, 85, 89, 93.

Postura 41, 58, 59, 60, 64, 65, 69, 72, 74, 75, 91, 119, 143, 183, 272.

Práctica
de la revisión consciente 265, 266, 268, 281, 282, 315, 329, 397, 398, 403, 457.
de las jhānas del placer 280.
de las jhānas luminosas 391, 392.
del examen minucioso 300, 343.

Preocupación 49, 59, 80, 81, 85, 86, 87, 89, 90, 222, 263, 264, 265, 269, 284, 305, 316, 329, 377, 398, 413, 416, 438, 447.

Primera etapa 24, 25, 26, 33, 57, 69, 77, 88, 91, 93, 103, 107, 119, 350, 431, 438, 453.

Primera jhāna 243, 244, 280, 326, 327, 328, 378, 380, 381, 382, 384, 385, 389, 390, 391, 392, 393, 454, 456, 457.

Primera jhāna del placer 280, 389.

Primera jhāna luminosa 326, 392.

Primer interludio 17, 71, 114, 117, 159, 164, 170, 274, 378, 444, 451.

Problema de la aridez 273.

Proceso de unificación 247, 262, 270, 290, 306, 315, 320.

Propiocepción 162, 252, 253.

Índice de figuras

Agradecimientos

Estoy eternamente agradecido a mis maestros Upasaka Kema Ananda y Joti Dhamma Bhikkhu. Fue Kema quien me introdujo al poder y la claridad del *buddhadhamma*; me inspiró a tomar los votos del *upasaka* y dedicarme a la meditación y a alcanzar las metas más altas del camino espiritual. Posteriormente, Joti Dhamma guio mis estudios y mi práctica durante muchos años, a lo largo de miles de horas de charlas e instrucción. También estoy en deuda con Namgyal Rimpoché, Karma Tenzin Dorje, también conocido como el venerable Bhikkhu Ananda Bodhi, quien fue el maestro de mis maestros y estableció un linaje que trasciende las fronteras sectarias del budismo tradicional.

El hecho de que este libro sea legible se debe a las contribuciones cualificadas y a la paciencia de mis coautores, Matthew Immergut y Jeremy Graves, que trabajaron conmigo de buen grado reescribiendo una y otra vez todos los capítulos. También es casi imposible reconocer adecuadamente la contribución de mi muy querida amiga Anne Meyer. Su experiencia y el tiempo y esfuerzo que ha dedicado a esta obra han dado lugar a la calidad del diseño del libro, de las ilustraciones y de su aspecto general (en inglés). Por esto y mucho más, cuenta con mi eterna gratitud.

Doy también las gracias a mis queridos amigos Terry Moody, en cuanto al diseño de la cubierta (en inglés), y a Eve Smith y Claire Thompson por sus consejos extremadamente útiles y su trabajo entre bastidores para hacer que esta obra sea un éxito de ventas (en inglés). Mi sincero reconocimiento y agradecimiento también para Nicolette Wales, cuyo pensamiento visual nos ayudó a encarnar conceptos abstractos y cuyo arte original ilustra el libro; y para Chris Vallo por sus ilustraciones de las etapas de la meditación. Gracias también a Gwen Frankfeldt y Maureen Forys, que crearon el diseño de la maquetación (en inglés), los diagramas y las tablas.

Han contribuido a esta obra muchas más personas de las que podría mencionar. Gran parte de la información que se encuentra en estas páginas tiene su origen en mis compañeros de viaje en el camino, y en los cientos de personas con las que he tenido el privilegio de trabajar como profesor. Gracias a todos por participar en el gran experimento de la meditación. Todos vosotros constituís el «laboratorio de la vida real» donde se probaron las técnicas que aquí se presentan. He aprendido tanto de estas personas maravillosas a las que llamo mis alumnos como ellas han aprendido de mí.

En particular, quiero expresar mi reconocimiento a Pam y Tim Ballingham, Blake Barton, Jesse Fallon, Michelle Garvock, Terry Gustafson, Brian Hanner, Shelly Hubman, Brian Kassel, Jon Krop, Sara Krusenstjerna, Alison Landoni, Barbara y David Larsen, Cynthia Lester, Ying Lin, Scott Lu, Tessa Mayorga, René Miranda, Michael Morgenstern, Sanping Pan, Lyn Pass, Tucker Peck, Wanda Poindexter, George Schnieder, Jessica Seacrest, Hisayo Suzuki, Debra Tsai, Nick Van Kleeck, Trisangma y Peter Watson, Autumn y Jordan Wiley-Hill y a todos los que han formado parte del Consejo del Centro de Meditación de la Comunidad de Tucson.

Por último, pero no menos importante, mi agradecimiento muy especial a Michael Chu y Tracy Young, Aaron y Frieda Huang, C. C. Lee, Tina Bow y todos los otros miembros de la comunidad budista china del sur de California, que han apoyado generosamente mi labor de enseñanza durante muchos años. Sin vosotros, este libro nunca habría sido posible.

Sobre los autores

Culadasa (John Yates) ha practicado la meditación budista durante más de cuatro décadas y es el director de la Dharma Treasure Buddhist Sangha en Tucson (Arizona). Ha estudiado a fondo tanto dentro del linaje *theravada* como dentro del linaje tibetano, lo que le permite ofrecer una perspectiva amplia y profunda de las enseñanzas budistas. Ha integrado dichas enseñanzas con los nuevos hallazgos científicos acerca de la mente para dar a los estudiantes una oportunidad única de progresar con rapidez y alcanzar revelaciones profundas. Como exprofesor, Culadasa enseñó neurociencia durante muchos años. También trabajó en la vanguardia de los nuevos campos de la educación en el cuidado de la salud por medios complementarios, la medicina física y el masaje terapéutico. Se retiró del mundo académico en 1996 para llevar una vida contemplativa en el desierto, en una antigua fortaleza apache. Allí, él y su esposa, Nancy, dirigen un retiro de meditación, que acoge a estudiantes de todo el mundo.

Matthew Immergut es profesor asociado de Sociología en el Purchase College-SUNY. Sus áreas de investigación incluyen los nuevos movimientos religiosos, la autoridad carismática, la intersección de la teoría social y la filosofía budista y prácticas contemplativas para el aula universitaria. Es un meditador veterano y apasionado, y un estudiante serio de Culadasa.

Jeremy Graves se graduó con honores en la Universidad de California, en Berkeley, donde estudió la convergencia de la globalización y la literatura. Estudiante de Culadasa desde 2011, ha acumulado aproximadamente un año y medio de retiro intensivo bajo la tutela de su profesor. El enfoque de Jeremy de la práctica budista combina los puntos de vista de la ciencia, el arte y la práctica devocional.

Índice

31901062538006